明朝第 4 位皇帝洪熙帝(明仁宗)

明朝第 5 位皇帝宣德帝(明宣宗)

明宣宗朱瞻基画像

宣德帝第二位皇后：孙皇后

宣德朝巡抚江南的名臣周忱

宣德朝首席文臣杨士奇

宣德朝负责南粮北运的陈瑄

宣德帝御作：壶中富贵图

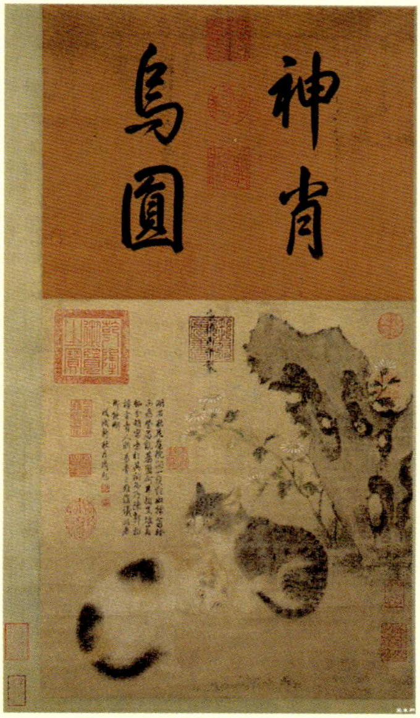

宣德帝御作：花下狸奴图

宣德帝御作：三阳开泰

长乐郑和雕像

郑和题改的福建长乐三峰塔

长乐显应宫“巡海大臣”群塑，据考证：中间这位为郑和

宣德帝御作：花石狸奴图

长乐显应宫"巡海大臣"泥塑，据考证此人便是郑和

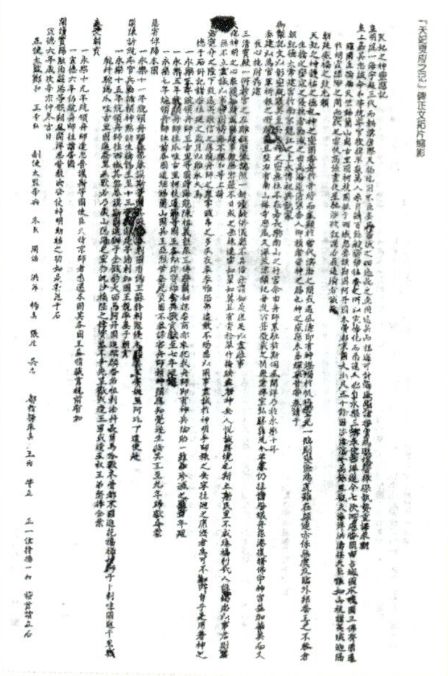

长乐天妃灵应之记碑正文拓片缩影

长乐显应宫"巡海大臣"番人泥塑

三清宝殿铜钟：俗称郑和铜钟。郑和第七次下西洋前为长乐南山三清宝殿而铸造

郑和开航扬帆标志：长乐五虎礁

郑和航海图(局部)

宣德六年郑和第七次下西洋前所立天妃灵应之记碑

大明帝国 系列⑨

The Great Ming Empire Ⅸ

洪熙、宣德帝卷㊤

Gallant Peaceful Emperors: Zhu Gaochi, Zhu Zhanji (Volume 1)

马渭源 著

Ma Weiyuan

东南大学出版社

SOUTHEAST UNIVERSITY PRESS

图书在版编目(CIP)数据

大明帝国.洪熙、宣德帝卷:全2册/马渭源著.
--南京:东南大学出版社,2014.1
ISBN 978-7-5641-4195-0

Ⅰ.①大… Ⅱ.①马… Ⅲ.①中国历史—研究—明代
②明仁宗(1378～1425)—传记③明宣宗(1398～1435)
—传记 Ⅳ.①K248.09②K827=48

中国版本图书馆CIP数据核字(2013)第089323号

洪熙、宣德帝卷㊤

出版发行:东南大学出版社
出 版 人:江建中
社　　址:南京市四牌楼2号(邮编　210096)
经　　销:全国各地新华书店
责任编辑:谷　宁　马　伟
责编邮箱:editor_ma@163.com
印　　刷:南京玉河印刷厂
版　　次:2014年1月第1版
印　　次:2014年1月第1次印刷
开　　本:890mm×1240mm　1/32
印　　张:21.625
字　　数:613千
书　　号:ISBN 978-7-5641-4195-0
定　　价:49.00元(上、下)

(本社图书若有印装质量问题,请直接与营销部联系,电话:025-83791830)

序　言

2012年底前一月，马渭源教授跟我说，他的《大明帝国》系列之⑨、⑩《洪熙、宣德帝卷》（上、下）已定稿交给出版社了。我真为他感到高兴，细细想来，除了上述《洪熙、宣德帝卷》出版外，马教授这一年还有四件大喜事临门：

第一，应United Nations（联合国）Chinese Language Programme和美国纽约美中泰国际文化发展中心等邀请，马渭源教授前往美国纽约、旧金山等地，作《大明帝国兴亡300年》和《破解600年第一谜案 建文帝出亡福建宁德》等学术讲座，引起了海外学者的普遍关注，美国《世界日报》称他为著名的明史专家，中国大陆媒体称他为“第一位走上美国讲坛的明史专家”。

第二，马教授的《大明帝国》系列专著在美国和澳大利亚等西方国家颇受重视。至今为止，澳大利亚国家图书馆（National Library of Australia）、美国国会图书馆（Library of Congress）以及哈佛大学（Harvard University）、哥伦比亚大学（Columbia University in the City of New York）、普林斯顿大学（Princeton University）、加利福尼亚大学（University of California）、斯坦福大学（Stanford University）、芝加哥大学（University of Chicago）、弗吉尼亚大学（University of Virginia）等世界一流的高等学府都珍藏了马教授的明史系列著作。据相关的媒体报道：我国是当今世界上的头号出版大国，但我国出版的各类书籍为西方国家收藏的，却不到20%，社科类不到10%，而历史类书籍被收藏的更是凤毛麟角。马教授的著作被这么多的西方著名高等学府所珍藏，真是可喜可贺！

第三，马教授的《大明帝国》系列专著出版后深受国内外广大读者喜爱，最近应广大读者的要求，东南大学出版社决定对马教授的系列明史专著进行全媒体出版，配以适当的英文，以满足海内外不同读者的需求。在市场经济的今天，明史专著有着这样的影响力实属不多。

第四,马教授与日本关西学院校长、国际明史专家阪仓笃秀教授正式被确认为老一辈著名明史专家黄云眉先生的第二代传人。这是 2011 年底海内外云眉先生的儿孙们云集一堂,经过反复研究、讨论,最后作出的慎重的决定。作为云眉师的第一代传人,我闻讯后激动万分。回忆五六十年前云眉师的谆谆教诲,反复思索、总结先师的治学精神,恐怕其不外乎三个方面:第一方面,言必有据,即每个学术论点提出都要辅以大量的事实依据,反复论证;第二方面,开拓创新,即决不人云我云,富于开拓;第三方面,既要价值中立,又要弘扬史德。这三个方面在云眉师的鸿篇巨著《明史考证》中得以充分的体现。云眉师家做出这样的决定十分到位,无论是阪仓笃秀教授还是马渭源教授,他们的学术都是尊奉黄先生的治学精神,以《明史考证》为基础展开明史研究,用马渭源教授的话来说,每处理一段史料都要翻翻黄先生的《明史考证》。虽说两人身处异国,各自学术侧重点也不一致,但他们都曾在明史研究方面做出了很大的贡献,都可称得上有国际影响的历史学者。阪仓教授兼任大学校长之职,但他十分勤勉好学,已出版、发表了《明王朝中央统治机构之研究》、《中国长城史》、《建文帝研究》等一系列论著,别开生面,有些论断还为牟复礼、崔瑞德编著的《剑桥中国明代史》所引用;而马渭源教授则几乎年年推出历史文化新论著,目前为止,除了出齐 10 本明朝前期历史专门论著外,他还在有国际影响的澳门《中西文化研究》等杂志上发表了《论西画东渐对明清中华帝国社会的影响》、《论明清西画东渐及其与苏州“仿泰西”版画的出版、传播》和《论辛亥革命定都南京及其历史影响》等有分量的学术论文,马教授的论著视角独特,立论新颖。

马教授先前出版的《洪武帝卷》(上、中、下)、《建文帝卷》(上、下)、《永乐帝卷》(上、下)等已作介绍,在此我要着重讲的是马教授新作《洪熙、宣德帝卷》(上、下)。说起明朝前期这两位皇帝,向来就有两种观点:一种就是 20 世纪 50 年代开始的标签化,将仁、宣两帝贴上守成之主、保守之君,进而基本上否定他们的历史功绩,甚至到现在为止,还有人将他们极度丑化,说明仁宗的“仁”是虚假的“仁”,明仁宗无所作为,又极度好色,云云;说明宣宗是个只知道玩乐的皇家公子哥,由此推论出明朝的鼎盛在永乐时代,而不在仁宣时期。另一种就是明清以来的传统论点,将仁宣时代极度美化,说那时“吏称其职，政得其平，纲纪修明，仓庾充羡，闾阎乐业，岁不能灾。盖明兴至是历年六十，民气渐舒，蒸然有治平之象矣”(《明史·明宣宗本纪》卷九，本纪第九)。

对此，马教授从明代官史《明实录》入手，首先详细考证了明仁宗与明宣宗父子两代的不同点。在前3章中他将并不为人重视的“洪熙之政”做了单独的分析论证，肯定了尽管当政只有10个月却在明朝历史中有着极大影响的明仁宗之地位，即“稳固明基，肇启转型”，具体地说，“朱高炽以自己独特的方式和智慧，矫正了永乐朝决策之失误，将永乐‘战车’变道为‘和平之列’，肇启转型，宽政恤民，培育元气，夯实大明根基。”(详见本书第2章)接着马教授从“赈灾蠲税 省工罢役”、“抑官厚民 体恤下情”、“拨乱反正 平反冤狱”、“纳谏求言 奋励致治”、“完善科举 求贤任官”、“整顿吏治 明刑慎罚”、“隆升内阁 重用文臣”等七、八个方面展开论证与阐述，夯实了他提出“洪熙新政 治世阳光”的学术新论根基，这在明史研究领域尚属首次。

随后马教授考察了明仁宗的生死谜案，既列举了大量的史实依据，又向现代医学专家请教求证，最终否定了历来既定的明仁宗死于床第之欢的陈论，将洪熙之死的幕后黑手逐渐地锁定为由魔鬼的天才皇帝朱棣一手调教出来的明宣宗身上。古人云：“最是无情帝王家”，隋炀帝弑父、武则天杀子、赵光义弑兄……这样的历史悲剧不断重现；且马教授引用的都是向来为人捧为圭臬的《明实录》与《李朝实录》，因此说他的考证应该说是可靠的。不仅如此，马教授还把明仁宗的还都南京与实际上明宣宗的反还都之争结合到了里边去，将这父子俩貌似相似的“恪遵成宪”做了细致的分析与区别，客观地阐述与论证了明仁宗是个有作为、有魄力的“仁爱之君”，这些立论都让人耳目一新，也无疑使得明朝前期历史研究得以了深入。

从第4章起，则主要讨论的是宣德朝历史。惊心动魄的皇家争斗，朱瞻基绕开了叔叔朱高煦的伏击与暗杀，顺利地返回北京登基即位。马教授在第4章“翦灭汉王 根治藩乱”中向人们展示了一个有血有肉的朱瞻基的人格形象，由此引入了明初数代一个极其沉重又敏感的老话题—— 削藩，他这样写道：“经过建文、永乐和洪熙三朝不同方式的削藩，到了宣德时期，在打着维护‘祖制’的旗号下，明宣宗花样翻新，软硬兼施，铲除藩乱，由此困扰大明帝国50多年的地方藩乱隐患从根本上得以根治。”

除了削藩，马教授还客观评价朱瞻基对明朝政制的“变革”。这里边有两大问题值得注意：一是明朝政制，目前为止我们对此研究还相当不够，说起明初历史，人们往往将注意力集中在朱元璋起义反元、朱元璋政权蜕化变质和废相集权、地方“三权分立”，但如何解释明朝宣德以后冲龄天子明英宗当政时，君权疲软而大明中央与地方官僚机制却能运行自如？这里边就存在一个地方“三权”粘合和中央“三权”玩转的问题（见本书第5章）。马教授通过列举史料与制作直观图表等形式，对内阁票拟权的取得、司礼监批红权的获取以及各部院衙门执行权的削夺等一系列考察，从而揭开了明代高度专制集权政制即使是在君幼或君阁情势下，大明帝国中央政体照样运转自如的秘密所在。如此系统研究与叙述在明史研究领域尚属首次，由此说明马教授的目光相当锐利、思维十分敏捷，这也在相当程度上填补了明初政制研究的一些空白。其实除了马教授，日本的阪仓笃秀教授也有这个优点。好多年前他来南京，我跟他讲起了明史研究的一大缺憾，即明朝政制研究不够深入，大多浮光掠影。他回到日本后花了数年时间进行专攻，终成《明王朝中央统治机构之研究》、《建文朝政体研究》等。而在我看来，无论是阪仓教授对明代中央政制的专论，还是马渭源教授对明初真正玩转中央最高层面“三权”和地方“三权分立”的研究，都承继了吾师云眉先生的务实开拓创新精神，回头再想想云眉先生的儿孙们将阪仓教授和马渭源确定为第二代传人是相当有道理的。

几乎令人拍案而起的还有，马教授在书中第6章“敷宣德意守成‘致治’”中，由宣德朝的“‘恪遵成宪’宣德‘致治’”的治国理念出发，分别从“选贤任能 厘清吏治”、“理性监察 整饬风纪”、“谨选守令 重农固本”、“宽刑慎罚 清整刑狱”等五个方面，论证了明宣宗在恪遵祖宗成宪的前提下有意或无意地承继了父皇明仁宗的尚德宽仁精神，将洪熙开启的大明宽和局面给稳定、巩固下来。这样的史识一方面向人们详尽地解释了明宣宗治国理念与年号“宣德”的含义与真谛；另一方面也客观地肯定了明宣宗内政治理的历史功绩，从而否定了人们长期以来一直误以为是的定论：明宣宗是个无所作为的玩乐皇帝。除此之外，该章中还有两个细微之处尤其令人感慨，一个是在谈到仁、宣两帝注意“谨选守令，教养小民”时，马先生制作了《仁、宣时期为老百姓所喜爱的地方官留任复职情况简表》，还有一处是在谈到明宣宗“亲自鞫问断案与清理冤狱”时，他制作了《宣德元年～宣德九年皇帝朱瞻基御裁清狱简表》，这样一来就与书中引用的前人研究成果《洪武、永乐、洪熙、宣德时期土地和人口数据比较简表》相配套，从政治、社会、司法到经济等方面，立体地向人们展示了仁、宣时期国泰民安的可人形势，无形之中告诉了人们：作者将明朝的“黄金时代”锁定在仁、宣两朝是有着充分的依据，而不是一拍脑袋“定论”的。这种论从史出的治学态度不正是吾师云眉先生《明史考证》精神的发扬光大！

虽然马教授认为，明宣宗整体上承继的是父亲明仁宗的治国精神，但在对外问题上却是更多地受到好大喜功的皇爷爷朱棣的影响，派遣郑和第 7 次下西洋，打造“万国”来朝，渲染宣德“盛世”，但缺乏对海外进一步交往的欲求，等等。在没有过多罗列的情况下，马教授无形之中点出了宣德对外交往的失误，然而他又肯定了郑和下西洋对南洋等地区开发的历史贡献。2010 年马教授应马来西亚的邀请前往那里做讲座，故而有缘获得马六甲等地的一手资料，这样就使得本章对外关系的论述更加丰满，其中很多在我们国内还是第一次看到这样的历史叙述。

宣德朝民族周边关系研究过去相当薄弱，尤其是西疆问题，一般谈论明史的就一笔带过，但马教授却没有这样。他在叙述西疆问题时，用了“洪宣两朝隆升西北地位，使其与乌斯藏不分伯仲”这样的标题，从《明实录》中寻找第一手资料，制作了《明朝洪武、永乐、洪熙和宣德四朝封赏藏区与西北地区高级僧官简表》，最后他论述道：“洪武 31 年中封赏的国师只有 5 人，其中 4 人在乌斯藏；永乐 22 年中共封国师 21 人，其中 5 人在乌斯藏，8 人在西北，3 人在川藏地区，还有 5 人目前无法弄清楚其确切的受封地；仁宣 11 年间共封国师 10 人，其中 6 人在乌斯藏，4 人在西北。再说大国师，洪武时期封赏的大国师只有 1 人，受封者就在乌斯藏；永乐时期封为大国师的共有 10 人，10 人中只有 1 人在西北，其余 9 个受封者都是乌斯藏地区的；而仁宣时期封赏的大国师就有 10 人，除智光 1 人不属于西北地区外，其余 9 个受封者全是西北地区的。比大国师级别高一层的王，在内地它绝不可能被授予朱明皇家以外人士的，洪武、洪熙和宣德都没封过，永乐封了 5 人，全在乌斯藏地区；再说大法王，洪武根本就没封过，永乐时期封了 2 个，全在乌斯藏，宣德时期封了 1 人，即崛起于西北的格鲁派创始人宗喀巴之大弟子。由此我们不难看出：明初‘多封众建’藏僧藏官相对过于偏重乌斯藏地区的格局，经过两朝皇帝的努力，到了仁宣中后期得以改变，基本上达到了乌斯藏与西北地区不分伯仲的地步了。”（本书第 7 章下半部分）原来有明一代西疆稳定的关键性步骤在这里，而不是以往人们所说的“永乐盛世”之贡献，由此更说明了马教授对明史深入研究是有着相当的贡献。

而对于北疆问题，过去人们常常关注的是永乐亲征。其实永乐亲征根本就没解决什么问题，尤其永乐朝北疆的最大的败笔—— 大宁军事区的放弃和将都城迁到北疆线，使得大明帝国就此过上心惊肉跳的日子。明仁宗时规划还都南京，明宣宗上台后废弃还都，由此反倒看出，在这个问题上明仁宗要比父亲与儿子高出一筹，朱瞻基与他的皇爷爷有着一样的浅薄！ 他没法子，只是沿用了皇爷爷的“笨”办法—— 到北疆去遛遛，所以马教授特别指出了明宣宗“恪守成宪”有着很大的局限性。加上他在前面几个章节里分析、提到，宣德治政中对于吏治整顿的相对放宽和对宦官的进一步重用，等等，这些都在很大程度上影响了明朝中期的历史走向。明宣宗作为明代一个历史转折的时代坐标，这样的定位十分恰当，在本书的最后一章前半部分中马教授作了详细的阐述。

作为曾经鲜活的历史人物，明宣宗跟我们普通人一样，有着很多的个人爱好与丰富的情感生活，马教授用了三个“讲究”来概括，即讲究爱情品位、讲究文化品位、讲究生活品位。理性而言，出生于皇家，父亲、母亲疼，爷爷、奶奶爱，叔叔、姑姑亲，加上绝对优越的皇家生活养成了朱瞻基的公子哥脾性，这种脾性最能反映问题的，就是在登基即位后朱瞻基废皇后立艳妃、逗蟋蟀和玩“宣德炉”以及到北疆去遛遛，任何人劝谏都不行。尤其令人啼笑皆非的是，一个皇帝如同顽童一般地逗蟋蟀没完没了，竟然还下令让况钟等地方官协助内廷特使办好此等皇差，明朝中期内使危害地方的历史闹剧已开始预演，朱瞻基由此也“享受”到了“蟋蟀皇帝”和玩乐君主的“美名”，马教授在这些论述中的分析都十分恰当、到位。

最后要特别指出两点：第一，马教授引用黄云眉先生的《明史考证》纠正了《明史》的一些错误，譬如：在讲到宣德时期周忱进行江南赋税改革时，《明史》中载有广西布政使周干在巡视苏松后上奏给明宣宗一段话："诸府民多逃亡，询之耆老，皆云重赋所致。如吴江、昆山民田租，旧亩五升，小民佃种富民田，亩输私租一石。后因事故入官，辄如私租例尽取之。十分取八，民犹不堪，况尽取乎？"（《明史·食货二·赋役》卷七十八，志第五十四）云眉师认为《明史》中这段话有误，查《明宣宗实录》卷6周干原文，"盖涉'后因'字，而误脱'没入官'至'每亩旧租输一石'文，不然，十分取八之语，何由而来？"（黄云眉：《明史考证》，中华书局1980年6月第1版，P629）对此，马教授在第8章"太平'盛世' 风流天子"的第一部分"仁宣之世　太平'盛世'"中对周干上奏的译文作了厘清。

历史文化研究就不应该动不动来个做大做强，也不应该搞什么计划工程项目，那是理工科干的事，而是应该注意到细微之处，马教授的这种治学精神难道不值得我们大力倡导吗？

第二，马教授在书中又一次提出历史新论："自然政治"。与传统社会自然经济相对应的传统社会政治形态应该就是"自然政治"，虽说目前为止海内外提出"自然政治"之说就马教授一人，但其不无道理，且富于创意，他列举了自然政治的五大特征，将宣德时期宦官地位的腾升、为非作歹的宦官被惩处与自然政治结合起来，指出了明代宦官政治的特征是皇权的异化与"暂寄"，进而向人们预告了宣德后的不堪局面即将到来—— 明英宗在宦官的怂恿下亲征北疆，不料被俘，大明由盛转衰。这就在无形之中为他的下一部专著《大明帝国》系列之⑪、⑫《正统、景泰帝卷》做了伏笔，但愿马教授的新著早日与读者们见面！

权作为序

南京大学中国思想家研究中心原常务副主任、教授

潘群

2013年1月28日

目　录(上册)

第3章　还都南京　梦断北京

第4章　翦灭汉王　根治藩乱

目录(上册)

Chapter 2 Firmed the foundation and started to transform

Chapter 5 Separation and centralization of three powers; the system in Ming was settled

第1章 步步惊心　“仁政”监国

永乐二十二年(1424)七月,魔鬼般的天才皇帝朱棣在第五次亲征漠北蒙古归途中因误中了鞑靼人的伏击,驾崩于榆木川,从而结束了“空中花园”似的“圣君盛世”,永乐帝国这列超速行驶的“高铁”拉起了车闸,驶入了“普快”的轨道。当时GDP绝对占据世界第一的大明由“大跃进”时代逐渐地过渡到平和发展与解决好民生问题的理性年代,并成功地实现了帝国转型,由此奠定了大明数百年稳定之根基,这就是历史上有名的“仁宣之治”。说起“仁宣之治”,其开创者却是不太为今人所重视的永乐皇帝的皇位继承者朱高炽。就此,可能有人会问:朱高炽在位时间很短,一年都不到,他有那么大的功劳吗?

要想说清楚问题,我们不得不从朱高炽其人其事说起。

● 大智若愚　初显才能

◉ 生性沉静　大智若愚

洪武十一年(1378)七月二十三日,朱高炽出生于凤阳。据说出生那天夜里,“仁孝皇后(即后来的徐皇后)梦冠冕执圭者,上谒寤而生”(《明仁宗实录》卷1上)。这是旧史学家对天生龙种的过度渲染,其实那时的孩子他爸朱棣还是18岁的小杆子,他妈则更小,是个只有16岁的小妹妹。若从政治与社会地位角度来讲,朱高炽的父亲朱棣虽是大明帝国皇家贵族的一分子，但他不属于皇家嫡出龙种那一类，要不是后来他亡命发动"靖难"战争，大明君位绝对与其无缘。（详见笔者的《永乐帝卷》）

不过明代官方史书却记载道，自从来到这个世上起，朱高炽就表现出与众不同的气质："帝自幼端重，沉静言动有经，四五岁宫中闻读书辄喜，自是书册翰墨不去手。稍长，习射数日，辄造精艺，发无不中。左右问：'何若是巧也？'曰：'心志既正，无难者。'然绝口不自矜，盖于驰射及奇巧玩适之具，悉非所好，独好学问，日从儒臣，论说不厌"（《明仁宗实录》卷1上）。

这是讲朱高炽从小起就性格温和，行为端重，言行举止十分得体。大约四五岁时听到宫中"大本堂"里朗朗的读书声，他就十分好奇地走近一探究竟，并从此就喜欢上了读书，一生几乎是书本笔墨不离手。

小朱高炽不仅喜文，而且还"善射"。据说他刚学射箭没几天就精通了，且百发百中。身边的人十分好奇地问他："你怎么能学得这么快，射箭射得这么准？"他回答说："一个人的心思正了，学什么都不难！"而后他绝不以此作炫耀，至于"驰射及奇巧玩适之具，悉非（其）所好"，唯"独好学问"，天天跟着儒臣学习、探讨传统经典，从不厌倦。（《明仁宗实录》卷1上）

明代官书留下的这些记载，整体上较为正确地把握住了朱高炽的个性特征和喜好特长，不过其中还是充斥着溢美之词。事实上朱高炽年轻时就是个胖子，行动多有不便，尤其他不善于马背上射箭等活动，这就与"少而悍勇，及长，有落落大志，好游侠，善骑射"（【明】大岳山人撰《建文皇帝遗迹》）的父亲朱棣形成了巨大的反差，或许也因为此，他很不得父亲的喜欢。

出人意料的是，不得父亲喜欢的朱高炽却很受皇爷爷朱元璋的喜爱。早在洪武二十八年时朱高炽就被立为燕世子，之所以如此，一来他是燕王朱棣的嫡长子，二来朱高炽所言所行甚合皇爷爷朱元璋的心思。

大明开国后，为了确保帝国江山长治久安，朱元璋特别看重拱卫朝廷的边疆宗藩，曾专门下令，召秦、晋、燕、周四个世子到京师南京。皇爷爷拿出他老人家当年要饭和摇曳在马背上及浴血于战火中学到的看家本领，亲授给四个王世子，并让他们见习一些国家政事。

有一天，朱元璋给四个王世子布置了任务，让他们第二天早上分别上南京皇城四个城门去检阅那里的守护卫士。秦、晋、周三个世子没多大一会儿就回来了，唯独朱高炽拖拖拉拉，弄得很晚才到皇宫里复命。皇爷爷见到姗姗来迟的朱高炽便问："你怎么搞得这么晚？"本来做事不快的朱高炽脑子反应却极快，他马上应对道："我看到早上天气很冷，守护城门的士兵们正在吃早饭，我等他们吃完了早饭后再检阅，所以弄迟了！"原本心中不快的皇爷爷朱元璋听到这里，顿时龙颜大悦，开始夸起小高炽来："孙儿，你能体恤下人，正合皇爷爷我的心思啊！"(《明仁宗实录》卷1上)

又有一次，皇爷爷朱元璋让四个王世子分别批阅朝廷内外一些臣民的奏疏。朱高炽受命后就将一些有关帝国军事、民生疾苦和江山社稷大计的奏疏挑选出来，奏报给了皇爷爷。朱元璋边看奏疏边夸朱高炽，忽然间他发现其中有几处错误居然朱高炽没看出来，顿时心就往下一沉，随即指着错误之处跟他说："你疏忽了吧？"没曾想到朱高炽语出惊人："臣孙不敢马虎，只是这些小小的错误不足以渎天听！"朱元璋听到这里，顿时心里乐开了花，不由自主地称赞道："我这个孙儿有为君者的风度啊！"(《明仁宗实录》卷1上)

当时朱元璋已经立好了朱允炆为皇太孙，竟然还会亲口说另一个皇孙儿朱高炽有为君者的风度，岂不是给自己身后种下动乱因子？老辣的朱皇帝断不可能那般信口开河，前番说辞只能是当时史学家的一片阿谀之词罢了。不过朱高炽处事能抓重点、要点，倒是不假。更难能可贵的是他拥有一颗仁爱之心，这在十个中有九个凶的明朝列帝中他算得上是个另类的好皇帝，而这样另类好皇帝的仁爱之心早在青少年时代就有所流露。有一次皇爷爷朱元璋问朱高炽："唐尧时代曾经连续九年发生了水灾，商汤时代连续七年发生大旱，当时的老百姓靠的是什么？"朱高炽不紧不慢地回答："靠的是唐尧、商汤这些圣人推行的恤民之政！"皇爷爷朱元璋听到这里就更加看重皇孙朱高炽了。(《明仁宗实录》卷1上；《明史·仁宗本纪》卷8)

正是拥有非常的智慧和仁爱之心，朱高炽在父亲朱棣不喜欢的情势下还是被立为燕世子，并为皇祖朱元璋所喜爱。不过随着皇爷爷的驾崩，他的尊位开始受到了空前未有的挑战。

◉ 善拊军卒　初显才能

挑战首先来自于自己的同胞兄弟朱高煦。朱高煦是朱棣的二儿子，与大哥朱高炽的性格刚好相反，他生性凶悍，好武不好文。洪武年间朱元璋曾召诸藩王之子到南京明皇宫内的"大本堂"去读书，朱高煦"言动轻佻"，不好好学不说，尽干些不上路子的事情。朱元璋听说后相当生气，十分厌恶这个皇孙。

洪武三十一年，老皇帝朱元璋驾崩，根据他老人家生前立下的遗嘱之规定，为了不惊扰大明新主朱允炆，诸子藩王都必须在各自的藩邸举哀，而诸皇孙则可奔赴京师南京哭灵尽孝。当时燕王朱棣派了世子朱高炽和二儿子朱高煦兄弟俩上南京，朱高煦本是个整日游手好闲又喜欢拈花惹草的无赖恶少，除了父亲朱棣，他什么人都不怕，所以一到南京，就像一匹脱缰的野马，任意胡为，无恶不作。舅舅魏国公徐辉祖（即徐达长子）实在看不下去，就把他叫来狠狠地训斥了一通。可谁知他全然不当一回事，不但不听舅舅的劝诫，反而跑到魏国公府去偷了一匹良马，迅速跨上马背，扬鞭快马，径向北平奔去。途中他还没忘作恶，残害官民，打死涿州驿丞。就是这么一个劣迹斑斑的恶棍、无赖，回到了北平城里，居然没有受到他的父亲燕王朱棣的任何处置。（《明史・诸王三・成祖诸子》卷118；《明宣宗实录》卷20）

燕王没有处置儿子朱高煦的原因大约有两个：一是朱棣不喜欢长子朱高炽，却十分喜欢这个无赖儿子，常常不无得意地说："此儿类我"；二是朱棣事实上也不是什么好东西，他压根儿也没想把这个恶棍儿子怎么的，因为此时他正在密划着一场惊天大阴谋、大劫难。在《永乐帝卷》中我们已经说过，朱棣庶出，与大明君位原本无缘，但为了实现自己的野心，也为了满足自小就形成的极度的"恋母—超父"情结，他发动了亡命的"靖难"战争。不过，"靖难"兵起时，朱棣已经40来岁，要说这个岁数守守江山、视察视察还差不多，但要攫取大明帝国最高权力，需要的是无数次的冲锋陷阵和疆场拼搏，而人到中年绝非是厮杀战场最佳之际。为了夺取帝位朱棣十分需要得力的帮手，于是与他有着一般脾性又谙熟武艺的无赖儿子朱高煦成了他的最爱。

相比之下，令他郁闷的是，能文不善武的长子朱高炽好端端的一个小伙子，中看不中用，反而成了难以"派活"的尴尬对象。思虑再三，最终朱棣决定留下长子朱高炽，在军师道衍和尚和燕王妃徐氏的辅佐下守护老巢北京，自己则带了次子朱高煦和大将张玉、朱能等出征。

朱棣的这番布局冒着很大的风险，"将士精锐者皆从征，（北平）城中所余老弱不及什一"，而当时建文朝廷发兵数十万围困北平城。在这样危急的情况下，朱高炽勇敢地承担起守卫北平的重任。他一方面"旦暮督治守备及御敌之具，抚绥城中兵民"，以至于在大敌当前的情势下，"人人欢悦"；另一方面又不耻下问，经常向懂得军旅知识的老兵和拥有才识的文官们学习，推诚相待，使得大家都能尽心尽力。此时的朱高炽做事格外谨慎，凡是自己想要做的事必定先禀告母亲燕王妃徐氏。每天四更起床，二更休息，底下的人劝他多多注意身体，不要过于操劳，他回答道："我的父亲正带领将士们在外亡命拼搏，而我做儿子的却在这个时候悠闲享乐？况且北平是我们的大本营，敌人肯定会有所图谋的，难道我们就不应该做好些准备？"

果不出其所料，没多久，建文朝廷第二次北伐主帅李景隆在听到朱高炽的父亲远征辽东的消息后，决计率领 50 万大军乘虚进军，围困北平。而当时北平城里虽说军事守备工作已经完成，但城里能打仗的将士都给朱棣带去远征了，剩下的是些老弱病残妇幼者，他们全都加在一起还不到 1 万人。而李景隆在探得朱棣外出作战的消息后，加紧了进攻，打算在燕军回归前拿下北平城。在这十分危急的情势下，朱高炽毫不畏惧，发动城里一切可以发动的力量，激励大家奋力抗敌。当时连北平城里的妇女儿童也给组织起来，登临城头投掷瓦砾和砖块，击退了李景隆军队的数次进攻。与此同时，朱高炽又挑选了一些勇士，乘着黑夜出城去偷袭敌人。

旷日持久的攻城战不能取胜，夜里又要受到北平城里出来的勇士们的偷营，李景隆手下的将士可遭罪了，他们得不到休息，疲于奔命，士气由此一蹶不振。就在这时，远征辽东已经攻下大宁等东北军事要隘且打算回师的朱棣接到了北平攻守战的消息后，马上指挥燕军向着北平城外李景隆的朝廷军迅猛推进，在连破 7 营后，直逼李景隆的大本营。而此时城中的朱高炽也及时地组织军士发起了攻击，这下城下的李景隆军队顿时成了风箱里头的老鼠，两头受击，大败而溃。这就是明初历史上有名的北平保卫战。(《明仁宗实录》卷 1 上)

在北平保卫战中，朱高炽指挥得当，不仅成功地守住了燕军大本营北平，而且还为父亲朱棣远征的胜利赢得了宝贵的时间，可以看出，他是个具有相当组织才能的领导者。如果从后来朱棣成功篡位角度来论功的话，二儿子朱高煦随行出征果然有功，而长子朱高炽的奉献也不小啊！更有一个绝对的天然优势，朱高炽为嫡长子，早在洪武时期就被立为燕世子，如果父王造反成功了，按理燕世子也就自然而然地升为皇太子，皇太子就是未来皇帝。这些在有着很大野心的朱高炽二弟朱高煦看来绝非是什么好事，于是他就利用自己跟随父王出征的有利时机竭力诋毁哥哥朱高炽。

二弟朱高煦的这般做法，隐含着未来大位不是百分之百归属于大哥朱高炽，换言之，为兄者并不是绝对拥有继承大位的天然优势。螳螂捕蝉黄雀在后，素有“机灵鬼”之称的朱高炽三弟朱高燧也逐渐开始有了自己的想法了。朱高燧的开窍很大程度上要“归功”于时常在朱棣跟前跑腿的贴心宦官黄俨。宦官本是在宫中干些洒扫粗活的贱役，地位低得不能再低了，于是生理不健全导致了身心的扭曲。为了改变自身的地位，在那个随时都充满杀机的绝对权力中心，他们必须得保持着高度的警觉，明察到秋毫，博得最高主子的欢心，这样才能将自己从人下人变为人上人。黄俨就是这么一个狡黠的宦官，他多次接受朱棣委派的秘密使命，并能很好地完成，因而很得燕王朱棣的喜欢。不过黄俨并没有至此停下脚步，他要谋求更为长远的利益，因为现在的燕王毕竟已经 40 岁了，即使夺到了皇位也干不了多长时间，因此自己必须要结交好现在主子的未来接班人。朱高炽早就是世子了，身边不乏有人；朱高煦虽是恶棍加武夫，但在战争中也交识了一些“战友”将士，在这两个王子身上下工夫，将来他俩之中无论哪个登基了都不会首先感激自己的。而三王子朱高燧倒是个"潜力股"，他既是燕王朱棣的嫡子，有着继位的优势，又是家中排行老三，在存活的朱棣"龙种"中最小，天下父母多偏爱最小的，朱棣也不例外。黄俨看准了，从朱棣喜爱之子朱高燧入手，他阴结朋党，千方百计地宣传三王子朱高燧的"美德"，并与二王子朱高煦一派逐渐达成了默契，建立起"统一战线"，想共同扳倒王世子朱高炽。

看到燕王朱棣出兵远征建文朝廷军，黄俨逮住机会让人散布谣言，说："燕世子朱高炽留守北平，有暗通建文朝廷之嫌，用不了多少时间他就会让父王回不了北平大本营！"谣言是可怕的，本来就对朱高炽不满意的燕王朱棣开始犯起了嘀咕："会是真的吗？"他吃不准，就问身边的二儿子朱高煦："人们在谣传，说你大哥暗通建文朝廷，共同对抗为父？"一直对大哥鸡蛋里挑骨头的朱高煦听到这般问话，知道父亲的疑心病又犯了，这可是整治大哥的好机会！于是他就在父王面前添油加醋地说："你别看我大哥那憨厚的样子，其实呀早在皇爷爷在世时，他就与皇太孙朱允炆关系很密切啊！"朱棣听后没吭声，但心里十分恼火，可惜分身无术，自己在外打仗，"老家"的那些迷惑事再多也只好忍忍了。

正好这时建文朝廷军队打了败仗，皇帝朱允炆采纳了大臣方孝孺的建议，实施"离间计"，想让朱高炽背叛父亲向着建文朝廷，建文朝廷则许诺封他为燕王。计策谋是后修书一封，派上使臣前往北平，递交给燕世子朱高炽。朱高炽拿到建文朝廷的信件后认真地思虑了一番，从常理角度来讲，自己与朱允炆关系不错，堂兄弟之间书信往来纯属正常。但现在是战争期间，双方又处于敌对的阵营，总不会堂兄弟之间送封书信嘘寒问暖吧?！再说我那个多疑又暴躁的父亲本身就很鬼，他对我一向不满意，我要是拆了建文皇帝的书信，即使内容为堂兄弟间传递友情与亲情的，也将会招来大祸！与其这样，倒不如不拆为好。想到这里，朱高炽下令，让人将朝廷使者押解起来，并原封不动地将书信一同送往父亲朱棣的兵营里去。（《明仁宗实录》卷1上；【清】谷应泰：《明史纪事本末·燕王起兵》卷16，P260；【明】吕毖：《明朝小史·洪熙纪·书不启封》卷5）

再说此时的朱棣在兵营里刚刚会面了一个秘密使者，这使者便是宦官黄俨派来的,他告诉燕王朱棣:"世子朱高炽与建文朝廷暗中密谋通好,并有书信往来。现在带着建文皇帝书信的朝廷使臣已到了世子殿下留守的北平城里呐!"话音刚落,营外有军士来报:"世子朱高炽派遣的使者到军营!"朱棣立即吩咐,赶紧让他进来!

看到被绑的建文朝廷使者,开启原封不动的信件,朱棣几乎一口气就将它读完了,随即惊呼道:"我差一点错杀了我儿高炽啊,父子之间,亲人至爱,尚且被人离间,更何况说君臣之间就没有小人的挑拨吗?"(《明仁宗实录》卷1上;《明史·仁宗本纪》卷8)

正因为自身拥有常人不察的大智慧,朱高炽才及时地化解了一场可能会致命的危机。事后有人十分好奇地问他:"你料想到了别人要离间你们父子之间关系吗?"朱高炽说:"我不知。"左右又有人问道:"这个节骨眼上你能不知吗?"朱高炽智慧地回答:"我所应该知道的是,恭恭敬敬地尽到一个做儿子的应尽之责"(《明仁宗实录》卷1上)。

与二弟朱高煦锋芒毕露相比,大哥朱高炽的憨厚为人和智慧处事及时正确地应对了随时都可能降临的杀机,坐稳了燕世子的宝座。

建文四年六月,在经过长达四年的"靖难"战争后,燕军取得了最后的胜利,朱棣总算如愿以偿地抢夺到了大明君主的宝座,这就是历史上有名的永乐皇帝。

◉ 储君之争　不争也争

永乐皇帝登基后迅速升格北平为北京,"以其地大民众且藩邸之旧",让嫡长子朱高炽居守在那里。(《明仁宗实录》卷1上)不过朱棣还不放心,出了北京城向北不远就是北方蒙元残余势力活动比较猖獗的地方,让不善骑射的嫡长子镇守在那里,显然很不保险,于是他又命令一路随征的二儿子朱高煦"将兵往开平备边"(《明史·诸王三·成祖诸子》卷118)。

对诸子分别"派活"的做法,明眼人一看便知,新皇帝首先想要巩固一番来之不易的大明君主宝座,对于大明帝国未来的接班人问题并不想马上一锤定音。

朱棣的这番布局也不无道理，自从立了长子朱高炽为燕世子后，自己心里总有一种说不出的感觉。如果从人品与学问等角度来看，高炽确实没什么问题，这也是当年老爷子高皇帝钦定他为燕世子的至关重要的因素；但若要从外表来看，他"体肥重，且足疾，两中使掖之行，恒失足"(【清】谷应泰:《明史纪事本末·高煦之叛》卷27)。这样的人哪有一点影子像我朱棣?

朱棣越看越生气，他曾想让朱高炽减肥，命令他与其他兄弟一起练习骑射。可没一会儿朱高炽就气喘如牛。朱棣见到儿子这般"不中用"顿时火冒三丈，下令给主厨者限制朱高炽的饮食，每天只让他吃七、八成饱，以此来给他减肥。可朱高炽实在是太胖了，"圣体肥硕，腰腹数围"，几天下来不仅没减肥，反而将他给饿慌了。主厨者看到朱高炽饿得可怜，就偷偷地将自家的菜肴送去。为此，朱高炽感激涕零。可没多久，不知怎么的，这事让他的父亲给知道了，残忍无比的魔鬼朱棣下令，将主厨者给活活地煮了。(【明】祝允明:《九朝野记》卷2;【明】吕毖:《明朝小史·洪熙纪·益肴被醢》卷5)

处死了管饭的，但行动不便的世子朱高炽却并没有瘦下来。更糟糕的是有关世子不受喜欢的消息却不胫而走，成为当时公开的秘密。或许传播消息者无意，可有两个听者绝对有心，那就是朱高炽的二弟朱高煦和三弟朱高燧，他们不失时机地向父亲朱棣进谗言，中伤大哥，其结果是父亲朱棣的内心天平终于发生了倾斜。

"成祖起兵，仁宗居守，高煦从，尝为军锋。白沟河之战，成祖几为瞿能所及，高煦帅精骑数千，直前决战，斩能父子于阵。及成祖东昌之败，张玉战死，成祖只身走，适高煦引师至，击退南军"(《明史·诸王三·成祖诸子》卷118)。

"靖难"之役中朱棣第三次临难是在建文四年的浦子口之战，当时他被建文朝廷大将徐辉祖打得一败涂地，眼见无望了。忽然间朱高煦率领蒙古骑兵冷不丁地杀出，救下了父亲。这下可把父亲朱棣感动得一塌糊涂，只见他边拍着朱高煦的背，边不无骄傲地说道:"吾病矣，汝努力，世子多疾"(【清】谷应泰:《明史纪事本末·高煦之叛》卷27)。实际上这是朱棣"许以为太子"(《明史·金忠传》卷150)。

战争中的生死之情，我们老百姓一般不易理解，而"成祖屡濒于危而转败为功者，高煦力为多”(《明史·诸王三·成祖诸子》卷118)。所以说朱棣的感情倾斜度发生变化，也属情理之中。于是我们看到，当朱棣通过“靖难”这种极端的手段篡得大明帝国最高权力后，并没有因自身由燕王上升为皇帝，而马上顺理成章地将朱高炽由燕世子升格为皇太子，相反他犹豫不决。从自身情感角度来讲，他是极想立朱高煦为皇太子，“以为类己”，但自古以来废长立幼所引发的历史悲剧又告诉了朱棣：必须保持清醒的头脑！因为一旦在立储问题处置不当，其招致的后果可能就是自己亲骨肉之间的血腥厮杀。

永乐改元之初，群臣们上表请立皇太子，皇帝朱棣先冠冕堂皇地给大家来个“讲政治”，接着就讲：“我家那个大儿子现在这个年龄正是‘进学之时’，等到他学识长进、智慧丰沛和德行修炼到家时，我们再讨论立皇太子之事也不迟！”(《明太宗实录》卷16)

朱棣的这番托词用一句话来概括，那就是我家大儿子还嫩了，正需要入学读书呐。

朱高炽生于洪武十一年，到永乐元年时至少已有25岁了，比起当年朱棣之藩燕邸的年龄整整大了7岁，即使是在600年后的今天，25岁也该是大学毕业的岁数了，一般不会被看做为进学的小年轻；再说朱高炽生于和平年代，自小起就在大明“大本堂”等顶级学校里接受过精英教育，哪能要等到25岁了还得专门“进学”？

其实大臣们明白新皇帝的心思，但是为了国家的未来，他们还是不断地上表请立皇太子。永乐元年的头四个月，大臣们一共集体上表了3次，但都给新皇帝朱棣一一拒绝了。明摆着的事情：燕王已升为皇帝，燕世子自然也应升格为皇太子，但新皇帝就是不愿办理。这样的情势意味着什么呢？至少说明迟迟得不到升格的燕世子朱高炽不受他老爸的喜欢，或者说新皇帝朱棣心目中还有中意但又不好说出口的皇太子候选人呐。

新皇帝左右摇摆着，底下的大臣也有不同的倾向。一些曾经跟随朱棣“靖难”而幸存下来的战斗英雄们已同朱高煦结下了生死感情，他们纷纷上疏要求册立二皇子为未来的皇位继承人，甚至还直接称朱高煦为“二殿下”(【清】谷应泰：《明史纪事本末·高煦之叛》卷27)。在这些人中，最有头有脸的就要数淇国公丘福、驸马永春侯王宁等，尤其是丘福“与之(高煦)善，数劝立为太子。(永乐)帝犹豫久之”(《明史·丘福传》卷145)。

另外有人则主张立嫡长子朱高炽为皇太子。当朱棣在南京明皇宫里与“靖难”英雄们讨论起立储问题时,昔日参与“靖难”造反密谋的心腹金忠“在(永乐)帝前历数古嫡孽事”(《明史·金忠传》卷150),这下篡位皇帝更犯难了,到底立谁为皇储呀?朱棣突然想起:建文朝投降过来的那29个大臣中不是有个人称“大明第一才子”的解缙吗?对了,既然他是“大明第一才子”,那么就不会有什么事能难倒他了,于是下令将解缙找来。解缙一听新皇帝在皇储问题上犯迷惑,他可挺“清醒”的,旗帜鲜明地坚决支持兵部尚书金忠的观点。可篡位皇帝心里还不踏实,又去问内阁首席大臣、宫廷机要秘书翰林官黄淮和建文朝吃里扒外一心向着朱棣的尹昌隆,没想到这两个人也主张“立嫡以长”(《明史·黄淮传》卷147)。可朱棣还是拿不定主意,有一天他又密问大才子解缙。解缙回答道:“皇长子仁孝,天下归心。”朱棣听后没吭声,解缙一看自己回答得不得要领,马上跪下叩头说:“陛下还有好圣孙!”(《明史·解缙传》卷147)

解缙的这番应答是很对路子的,因为在此之前发生过这样一件事:有一天朱棣在宫中要大臣们为《虎彪图》题诗,画境为一老虎领着一群憨态可掬的小老虎,大老虎不停地回头看着自己的孩子,场面活跃又充满了浓浓的爱意。新皇帝喜欢这画,其心境不言而喻。解缙援笔而成四绝句:“虎为百兽尊,谁敢触其怒?惟有父子情,一步一回顾”(【明】陈沂:《畜德录》;【清】夏燮:《明通鉴·成祖永乐二年》卷14,纪14,中华书局,第二册,P638)。

所以当皇帝朱棣再次询问起立谁为储君时,大才子解缙最终以皇帝的至爱皇孙朱瞻基来应对,路是绕了一点,但着实点到了要害。这样过了没多久,朱棣终于决定立嫡长子也就是朱瞻基的父亲朱高炽为皇太子。

可主张拥立朱高炽弟弟朱高煦的“靖难”功勋丘福和驸马都尉永春侯王宁等却并不罢休,他们还是不断地劝说皇帝朱棣册立朱高煦。朱棣主意已定,跟他们说:“居守功高于扈从,储贰分定于嫡长。且元子仁贤,又太祖所立,真社稷主,汝等勿复言”(【清】谷应泰:《明史纪事本末·高煦之叛》卷27)。

永乐二年正月己巳日,朱棣“遣驸马都尉永春侯王宁、隆平侯张信赍玺书诏世子及郡王高煦赴京(即京师南京)”(《明太宗实录》卷27)。永乐二年(1404)四月甲戌日,册立世子为皇太子,封第二子高煦为汉王,第三子高燧为赵王,诸王子未受封爵者,嫡长子封为世子,众子为郡王,册长子妃张氏为皇太子妃,第二子妃韦氏为汉王妃,第三子妃徐氏为赵王妃。(《明太宗实录》卷30)随即“授帝(即朱高炽)金册金宝,立为皇太子;封高煦为汉王;高燧为赵王”(《明仁宗实录》卷1上)。几乎差不多同时,丘福被提升为“太子太师”(《明史·丘福传》卷145),金忠等“为东宫辅导官,以兵部尚书兼詹事府詹事”(《明史·金忠传》卷150)。

● 五经大浪　步步惊心

永乐皇帝朱棣最终做出这样的选择,颇为耐人寻味。他喜欢朱高炽的嫡长子朱瞻基,最终决定立朱高炽为皇太子,但在东宫辅导官的配备上却用足了心思。永乐二年四月辛未日,朱棣“简东宫官属,命淇国公丘福兼太子太师、成国公朱能兼太子太傅、吏部尚书蹇义兼詹事府詹事、升工部右侍郎金忠为兵部尚书兼詹事兵部右侍郎、墨麟工部左侍郎、赵毅俱兼少詹事升吏科都给事中、朱原贞刑科左给事中、陆善俱为詹事府丞”(《明太宗实录》卷30)。既以拥护朱高炽的文臣如金忠、黄淮等人为东宫的老师,又以反对派头面人物丘福为太子太师,这种看似矛盾的做法其实玄机多多,一方面他希望自己的皇太子在文臣们辅导下迅速地熟稔为君之道,以便日后成为有为之君,但另一方面他又不信任自己的皇太子和他的文官辅臣,让他们的反对者丘福等人看着,防止他们结成尾大不掉的“太子党”,危及到自己的君位。

对于这样的微妙处置,当时大明帝国还不乏有“高人”看懂,并在私下里加以评点与议论,于是围绕着皇太子之废立问题掀起了一波又一波政治大浪,错案、冤案由此迭出。

◉ 永乐朝皇太子之位争夺的第一波政治大浪

第一个政治大浪发生在永乐皇帝朱棣第一次北巡前后,肇启者是朱高炽的二弟朱高煦及其同党。

永乐二年朱高煦与皇储之位失之交臂的主要原因不仅有“成祖卒以元子仁贤，且太祖所立”，更有“高煦又多过失”(《明史·诸王三·成祖诸子》卷118)。按理说人到了这个份上就该好好地反省自己了，可朱高煦原本就是武夫加无赖，他压根儿就不会收敛与自省，相反自恃“靖难”有功，大有受封不公之忿。当时父皇将他封为汉王，藩邸远在云南。朱高煦从头到脚浑身不舒服，赖在南京迟迟不去赴任，并愤愤道：“我又没犯什么罪，为何要将我赶到万里之外的夷蛮之地?!”无所不能又无恶不作的魔鬼皇帝朱棣居然对这个流氓儿子的无赖行为颇为无奈，只好听之任之。(《明史·诸王三·成祖诸子》卷118)

永乐七年朱棣巡行北京，二儿子朱高煦被要求跟随同行。可去了没多久他就上请要回京师南京，可能是考虑到朱高煦与哥哥朱高炽之间的矛盾，父皇朱棣一开始就没同意。可朱高煦不罢休，继续不停地上请，皇帝朱棣实在没辙，最终还是同意了朱高煦及其儿子的南还请求。

父亲的宠爱与纵容，使得朱高煦得寸进尺。他早就听人说起唐太宗李世民的故事。李世民为唐高祖李渊的二儿子，起初皇位也与其无缘，但自从李世民当了天策上将后，幸运之神就此降临了，最终通过玄武门之变他夺得了大位。同为二儿子的我朱高煦为何就不能学学唐太宗他老人家的那一招呢？朱高煦的性格与哥哥朱高炽正好相反，高炽城府很深，凡事不轻露；朱高煦则将喜怒哀乐全都写在脸上，还会常常挂在嘴边。同儿子几个人回到南京没多久，朱高煦就向父皇朱棣请得天策卫为自己的护卫，并公开跟人说：“唐太宗天策上将，吾得之岂偶然?!”随后他又向父皇朱棣请得两护卫，这下更把他乐坏了，满大街逮住人就说：“我英武，岂不类秦王世民乎?”(【清】谷应泰:《明史纪事本末·高煦之叛》卷27;《明史·诸王三·成祖诸子》卷118)

自比李世民，李世民谋反夺取储君之位，朱高煦之心已经路人皆知。对此，作为皇太子的朱高炽似乎反应很“不灵敏”，甚至看上去还有点“迂腐”。二弟朱高煦不肯就藩云南，父皇朱棣要撵他，朱高炽却出来为弟弟高煦说情；现在二弟高煦对满大街的人说自己要做当代的李世民了，朱高炽却又出人意料地大度，不作任何的反击，保持着沉默。这时有人实在看不惯出来说话了，这个人就是解缙。解缙自从投降了朱棣后，一开始好运连连，“成祖入京师，擢（解缙为）侍读，命与黄淮、杨士奇、胡广、金幼孜、杨荣、胡俨并直文渊阁，预机务。内阁预机务自此始。寻进侍读学士，奉命总裁《太祖实录》及《列女传》。书成，赐银币。永乐二年，皇太子立，进缙翰林学士兼右春坊大学士”（《明史·解缙传》卷147）。

春风得意伴随之的往往是马失前蹄，永乐初年解缙很受篡位皇帝朱棣的重用，年少时代的浮躁毛病再次复发。当朱棣密问立储之事时，他力挺朱高炽，并以人性之弱点入手，提醒皇帝朱棣：千秋江山的后继贤君应该是“好圣孙”朱瞻基，殊不知他得罪了争夺皇储的另一方朱高煦，他护卫了朱高炽又为朱高炽之后的大明之主“找”好了人，这简直就是将朱高煦的登极之路全给断了。你说这个朱高煦能不恨他吗？问题是光朱高煦恨还不太要紧，要紧的是永乐皇帝自立朱高炽为皇太子后一直也没安心过，屡有废弃重立之念。对于当朝皇帝这样的微妙心理，“大明第一才子”解缙似乎没有充分地意识到，他一如既往地力保朱高炽，当发现朱高煦受宠益隆、“礼秩逾嫡”时，解缙终于又忍不住进谏了：“皇帝陛下，现在汉王的仪仗礼制已经超过了皇太子，这可不好，会引发日后的争端！”朱棣听后相当恼怒，认为这是解缙在离间大明皇家的骨肉，于是对他的“恩礼寖衰”（《明史·解缙传》卷147）。而此时朱高煦一党乘机发起了进攻，先是丘福将宫廷密议之事透漏出去，朱高煦适时向父皇朱棣进谗言，说是解缙泄漏了宫中秘密。皇帝朱棣听后很恼火，但并没有马上发作，而是在寻找机会来惩治解缙。

永乐五年，有人出来告发说：解缙在主持大明科举考试的廷试读卷时有不轨之举。朱棣正找不到合适的借口来惩治解缙，这下可有了，他马上下诏，将解缙贬谪为广西布政司参议。墙倒众人推，解缙被贬外放时，昔日他得罪过的礼部郎中李至刚也乘机向皇帝进谗言：“解缙对自己外放很不满，怨气冲天。”朱棣听后恼羞成怒，马上下令将解缙改戍交趾（即安南），命令他负责安南化州一带的大明军军饷筹划与运输。

解缙在安南任上干了三年左右，永乐八年因事他上大明都城南京去奏事，不巧的是刚好永乐皇帝北征蒙古去了。见不到皇帝，顺便拜谒一下皇帝的接班人皇太子朱高炽也属于常理啊。可就是这么一个常理却给解缙招来了灭顶之灾。汉王朱高煦一直在暗中盯着解缙，看到解缙去拜谒皇太子哥哥，他的心里极度不爽，马上向父皇朱棣偷偷地打起了小报告："解缙乘着皇上外出时，私见皇太子，事后又若无其事地回去了，毫无人臣之礼。"朱棣听到这样的谗言，顿时震怒。刚好当时解缙在回安南的途中与好友翰林检讨王偁绕道广东，饱览山川，出于为国为民考虑，他提出了开凿赣江贯通南北的建议，并将其写成了奏疏，上呈给远在北京的皇帝朱棣。朱棣哪有心思顾及这些，立即下诏将解缙逮捕起来，送到锦衣卫大牢里去。

狂傲的"大明第一才子"解缙平时得罪人多，锦衣卫的人个个都是猴精，他们逮住了解缙，这下可要好好"伺候"他了，于是解大才子被"拷掠备至"，就是说他身上没有一个地方不受刑的，遍体鳞伤。案件深究下去，还将解缙昔日的同事、朋友如大理丞汤宗、宗人府经历高得旸、中允李贯、赞善王汝玉、编修朱纮、检讨蒋骥和潘畿及萧引高，甚至连仇人李至刚等都一一牵连进去。由于用刑严酷，涉案人大多被折磨至死。解缙因为曾经是永乐皇帝跟前的密臣，锦衣卫用刑时可能留了一手，这才使得解大才子活到了永乐十三年。

那年冬天，按照常规做出，锦衣卫头子纪纲将诏狱里囚犯名录上奏给皇帝朱棣过目圣裁。朱棣看着诏狱囚犯名录，忽然眼前一亮："解缙"，他随口就问纪纲："解缙还活着？"纪纲听"懂"皇帝的话，回去后马上买了好酒好菜招待解缙，解缙被灌得酩酊大醉。纪纲看到火候到了，命人将醉酒的解缙拖到户外，然后将他埋在了雪堆里，没多时解缙就命赴黄泉，年仅47岁。

解缙案发时，家被抄，老婆与儿子等亲族一同被远戍辽东，好端端的大明第一才子、永乐帝的首批内阁阁臣解缙最终落得这般下场，悲乎?!（《明史·解缙传》卷147）

其实可悲和倒霉的还不仅仅是解缙及其朋友，永乐时围绕着储君之位的争夺而兴起第一波政治大浪中还有一个直臣死得更悲、更惨和更冤，他就是大理寺右丞耿通。

大理寺是明代中央最高的司法机关，它的主要职责是复核刑部和都察院移送上来的案件。从常理讲，大明帝国皇储之废立与他们不大相干。但大理寺右丞耿通这人纯粹是个书生，洪武、建文之际，他出任襄阳府学教授；朱棣篡位登基后被擢升为刑科给事中，历左右给事中，他刚直敢言，"尝劾都御史陈瑛，御史袁纲、覃珩朋比为蒙蔽，构陷无辜，纲、珩已下狱，瑛长官，不宜独宥。又言骁骑诸卫仓坏，工部侍郎陈寿不预修，粮至无所受，多损耗病民；工部尚书宋礼不恤下，匠役满，不即遣归，多至失所。瑛等皆被镌责。当是时，给事中敢言者，通与陈谔，举朝惮其风采。久之，擢大理寺右丞"(《明史·耿通传》卷162)。

可能是当纪检干部当久了，工作习惯使然，也可能是为了践行儒家理想政治道德操守，耿通在永乐皇帝首次北巡南还京师处置皇太子监国是否有失问题上又一度表现出惊人的正与直。当时汉王朱高煦利用父皇朱棣北巡之际加紧谋夺太子之位的步伐，"阴结帝左右为谗间，宫僚多得罪者"(《明史·耿通传》卷162)，还与赵王朱高燧联手"间太子，(永乐)帝颇心动"(《明史·杨士奇传》卷148)，一回到南京就将朱高炽监国时期所行之事全部推倒重来，甚至打算更换皇太子，但他吃不大准，这样做到底好不好，于是就将直臣耿通找来密问。耿通不慌不忙地回答道："监国期间皇太子殿下所做之事并没有什么大失误，所以说勿需更换皇太子！"朱棣听了没吱声，耿通又重复了几次，永乐皇帝顿时很不开心，后来他又去问侍臣杨士奇，"士奇以孝敬对，且曰：'殿下天资高，即有过必知，知必改，存心爱人，决不负陛下托。'帝悦"(《明史·杨士奇传》卷148)。

杨士奇是永乐朝为数不多的宠臣和重臣，朱棣听到杨大臣这么评价皇太子，顿时疑虑就消除了一大半。不过一心想要谋夺太子之位的朱高煦可不干了，明摆着朝中正直大臣都不向着自己，除去这些可恶的"太子党"已迫在眉睫。但怎么除呐？杨士奇之类的父皇近臣很难一下子除去，耿通当纪检干部当久了，得罪的人也多。对，就从他这儿下手容易！

永乐十年，有人向皇帝朱棣报告："大理寺右丞耿通接受别人的请托，给本该治罪的人减免了处罚。"对耿通印象已经不佳的朱棣听到后暴跳如雷，命令中央最高监察机构都察院会同文武大臣，在南京明皇宫的午门一同会审耿通"故出人罪"案，并恶狠狠地说："一定要杀了这个该死的耿通，绝不宽宥！"帝国最高统治者已经定了调子，永乐时代严酷政治下的人们只有遵命之分，午门会审的最终结果不言而喻，耿通"故出人罪"成立，判决为斩首。谁知，听到会审后的这样判决结果，永乐皇帝还是不满意，愤愤说道："工作中的失误本来算不了什么大事，但耿通却为东宫皇太子充当说客，坏了我大明祖宗之法，离间我皇家父子，罪大恶极，绝不可饶恕，应当处以极刑。"按理说，极刑不就是将人处死，但明代立国开始在《大明律》之外还有极其残酷的"法外用刑"，最令人毛骨悚然的就要数凌迟刑。说实在的，耿通"错"就"错"在自己"睁眼瞎"，说了真话，大臣们都知道他冤，可就没人敢出来为他说句公道话。最终他被定为犯有"奸党罪"而被千刀万剐了，想来实在太惨，也实在是冤！(《明史·耿通传》卷162)

◉ 永乐朝皇太子之位争夺的第二波政治大浪

"冤大头"耿通为何惨死，在当年的最高指示里边说得够明白了，皇帝老爷的心思昭然若揭，他所宠爱的二儿子朱高煦由此更是有恃无恐，变本加厉地"日夜谋夺嫡，复造飞语"(【清】谷应泰:《明史纪事本末·高煦之叛》卷27)，于是围绕着皇储废立问题又兴起了第二波政治大浪。

永乐十一年(1413)，朱棣第二次北巡，目的是为了大规模建造与"四方远夷无不臣服"的"永乐盛世"相匹配的新都城北京，并就近解决蒙古问题。永乐十二年三月，永乐皇帝发动第二次亲征漠北蒙古的战争，并取得了小胜。(《明太宗实录》卷149)八月初一日回北京。闰九月辛丑日，他"以皇太子所遣使迎车驾缓，且奏书失辞"为名逮捕了皇太子朱高炽身边的老师黄淮、杨士奇、金问、杨溥和芮善等人。(《明太宗实录》卷156)

逮捕黄淮等"太子党"骨干分子时，同样受命辅佐太子监国的杨士奇因为有事外出晚至，皇帝朱棣宽宥了他，并向他询问了有关皇太子的事情。杨士奇跪下叩首道："太子孝敬如初。凡所稽迟，皆臣等罪。"朱棣听到这里心情稍稍好些，但北京行在的大臣交相章劾:"既然东宫使臣'迎车驾缓且奏书失辞'皆有罪,怎么能独独宽宥了辅佐太子监国的大臣杨士奇呢?"皇帝朱棣听到大臣们的这番议论和劾奏,也只好下令将杨士奇"下锦衣卫狱",但没多久又将他给放了。(《明史·杨士奇传》卷148)

其实除了杨士奇,朱棣还宽宥了另一个辅佐太子监国的心腹大臣金忠,"以(金)忠勋旧不问,而密令审察太子事"。可使朱棣没想到的是,当年与他一起密谋"靖难"造反的算命大师金忠之回答与他自己先前的怀疑正好相反,顿时永乐皇帝暴怒不已。金忠只好拼命地磕头,将官帽也给磕掉了,且边磕头边泪流满面地说:"陛下,皇太子监国确实没有什么大过啊,小臣愿以全家的性命来担保!"至此,皇帝朱棣的怀疑大体上消除,朱高炽的皇太子之位总算保住,东宫辅佐官黄淮、杨溥、金问等人的性命也得以保全(《明史·金忠传》卷150),但他们一直被关在锦衣卫大牢里,直到朱高炽登基后才获自由。

永乐皇帝之所以如此处置,归根到底还是他对嫡长子朱高炽当皇太子不满意,加上他疑心病特重,几乎不信任任何人,同时天才皇帝的本性又让他时不时地发挥着皇权的魔力作用:当底下出现不同势力角逐的时候,作为君主最佳的做法,就是将较强的一派打压一番,以此来保持势力的均衡,朱棣对待漠北蒙古的瓦剌与鞑靼是这样,对待自己两个不同派系的儿子势力也是如此。

在处置完朱高炽"太子党"前后,朱棣不断地听到"太子党"对立阵营汉王朱高煦等人的不轨之事。朱高煦原本封在云南,因为不肯就藩,哥哥朱高炽还为他求情,父皇朱棣于永乐十三年将他改封到山东青州,但他还是赖在南京不走。这时朱棣开始怀疑了,并跟他说:"既然你已经接受了分封,怎么能不赴藩邸而老呆在京师呢!上一次朕封你上云南就藩,你说远,不肯去,现在将你的藩邸改在山东青州,怎么又推三托四不赴任?你前后两次都是这样,没有一点点的就藩实意。朕告诉你:这次敕命不可再更改了,赶紧赴任!"(《明史·诸王三·成祖诸子》卷118)

可朱高煦还是没当一回事,想想也是的,老爸你快要战死时是我朱高煦救了你。你说将来让我当皇太子,可如今皇太子之位却让别人给占了。老爸你“靖难”成功了，升格为皇帝，我拼死拼活地帮你“靖难”，就弄个破藩王当当，你当我是谁呀？

朱高煦心中确实有窝火，但他不好明说。所以当父皇朱棣将他的藩邸改到青州时，他压根儿就不想去，依然我行我素地在南京逍遥着、行动着，他要夺取父亲原本许诺给他的皇储之位。朱高煦的想法不是没道理，自己“靖难”立功，又当上了唐朝篡位皇帝李世民才当过的天策卫的统帅，这是什么？天意啊！再看看自己身上“两腋若龙鳞者数片”，龙鳞只长在真龙身上，我朱高煦不是未来的真龙天子还有谁是？难道是我的那个连走路都要别人扶着的大哥朱高炽？不可能！想想我老爸的皇位原本是他的侄儿朱允炆的，还不是他老人家死皮赖脸拼死去抢的，而我身“长七尺余，轻趫善骑射”（《明史·诸王三·成祖诸子》卷118），拥有这等优势，就不能从我大哥手中将皇储之位给抢夺过来吗？

朱高煦不肯就藩“迁延如旧”的根本原因就在这，不过他公开说辞可不这样。看到父皇大搞北京新都建设，颇有迁都之势，已经跟随父皇再度巡行北京的朱高煦却“屡辞还南京，上（指永乐帝）留之，不从”（《明太宗实录》卷186）。

到了南京，朱高煦就以留守之名坚持呆在京师不走。对此，无所不能的魔鬼般的天才皇帝犯难了，但他要了解自己北巡时这个“老赖”儿子朱高煦都干了些什么事，以便从中把握住形势。朱棣先找皇太子监国辅佐大臣、“为人质直孝友”的太子詹事蹇义来问问，可蹇义什么都没说。他又找来杨士奇问话，杨士奇说：“臣与（蹇）义俱侍东宫，外人无敢为臣两人言汉王事者。然汉王两遣就藩，皆不肯行。今知陛下将徙都，（又）辄请留守南京。惟陛下熟察其意”（《明史·杨士奇传》卷148）。

聪明的杨士奇没直说，但已经把意思表明了，皇帝朱棣听后“默然”。就在第二次北巡南还京师后没几天，朱棣掌握了汉王朱高煦所有不轨之事。先前“其后府中有从征军士三千余人不隶籍兵部，又侵占各公主府牧地及民田为草场”。汉王府长史蔡瑛、纪善周岐凤数次进谏，汉王当做耳边风，尤其那个周岐凤说起来就没完没了，实在令人讨厌，朱高煦下令将他送到锦衣卫大牢里去了。正在监国理政的哥哥朱高炽听说后哭笑不得，任其自然吧，锦衣卫大牢又不是汉王府的内设机构，汉王这样乱来，一旦父皇回来知道了，肯定不会轻饶，更为可怕的是父皇还要追究他太子监国的失察之职；那么干脆叫人到锦衣卫大牢去将那无罪的周岐风给放了，冤案倒是得以平复，但无赖弟弟岂能善罢甘休？思来想去，仁厚的朱高炽决定，将周凤岐由汉王府纪善降格为长洲县教谕。（《明太宗实录》卷186）

听到这样的处置结果，朱高煦开怀大笑，认为皇太子哥哥朱高炽怕他，于是就更加肆无忌惮，纵容手下士兵在南京城里抢劫，弄得鸡飞狗跳、人心惶惶。当时大明兵部指挥徐野驴实在看不下去，下令将抢劫的兵士逮捕起来。这下可捅了马蜂窝，暴戾的朱高煦听说徐野驴与他过不去，马上派人带上铁瓜等凶器上兵部，将指挥徐野驴当堂给活活打死。

朱高煦见自己作恶后监国的皇太子连吭都不敢吭一声，就更加胆大了。有人要是他看不顺眼或挡他的道，他要么下令将人给肢解，要么投入长江里，简直就是草菅人命，无法无天。

朱高煦如此作恶除了满足了他的一己之欲外，还有就是以其父皇为榜样，滥杀无辜，树立绝对的淫威，来为他的夺位做准备。说到夺位，朱高煦还偷偷让人准备了好多逾越藩王规制的"乘舆器物"，提前过过皇太子的瘾。当然，军旅中摸爬滚打过来的朱高煦更懂得：要想夺得大位必须要有足够的军队，尽管自己的军队兵士已经达到了大明藩王配置的最高数——三卫（近20 000精兵），但他总感觉还是不够强大，于是又在南京汉王府里偷偷地招募了3 000个军士，"私造兵器，阴养死士，招纳亡命及漆皮为舟，教习水战等事"（《明太宗实录》卷186）。

朱高煦的这番举动，哪像个藩王所为？至此，一心宠爱与庇护汉王的父皇朱棣也感到事态的严重性了，当即下令将汉王朱高煦召到明皇宫大殿上，当面予以诘问，并将其所作的数十件不法之事一一记录下来，让朱高煦当场给个确切的说法。

再说此时的朱高煦早已吓破了胆，他没想到父皇朱棣会发那么大的火，没想到自己的不轨行为父皇会了如指掌，没想到……嗨，事到如今还有什么可说的！

朱高煦沉默无语，等于承认了自己的造反阴谋属实。此时父皇朱棣犹如一只失控了的野兽，不停地在明皇宫大殿上咆哮着："把朱高煦的衣服、帽子全给扒了，随后将其关押到明皇宫西华门内，由宦官黄俨等人日夜监守！"不过，此番处置并没有消减他心中的恼怒，思虑再三，朱棣终于作出了最为严厉的处罚决定：将汉王朱高煦废为庶人！

按理说，一向作恶的弟弟落到今天的地步，该是咎由自取！不过，在仁厚的朱高炽看来，父皇一生生育的就我们四个兄弟，老四早亡，现在就剩下我、老三朱高燧以及这个不知好歹的二弟朱高煦。如今二弟王爵真给废了，可父母兄弟之间的血缘亲情也能这样给废了？不可能！再说父皇一向宠爱二弟，一旦日后他老人家反悔起自己的处置太严了，还不是一道圣旨将二弟给解救了！更麻烦的还有，本来就对我横挑鼻子竖挑眼的父皇会不会就此反感我毫无为兄者的风范？由此看来，我朱高炽这时还绝对不能不作为！

想到这里，朱高炽马上上奏，为二弟朱高煦辩解求情。可出人意料的是，皇帝朱棣听后反将对朱高煦的恼怒逐渐转向了皇太子朱高炽："我现在去此蟊贼，就是为了我们大明的未来呀，你却要我放了他，岂不养虎为患？"朱高炽听到这里马上跪下说："启禀父皇，所谓二弟不轨谋反之事都没有十分确切的证据呀，再说他也不一定存心要害死儿臣我啊！"朱棣听后更不高兴了："为父者难道还不知道自己的儿子吗？我晓得你为人宽厚、友爱，但你二弟却时时以李世民自诩，将你看做是李建成（李世民大哥、皇太子），这样的孽障怎能留下？"说完，朱棣拂袖而去。

过了几天，朱高炽找了个机会再次向父皇朱棣开口，请求宽宥二弟。可永乐皇帝朱棣的态度还是十分坚定，跟皇太子朱高炽这样说道："我现在所做的都是为我大明未来着想，如果你不明白我的一片苦心，将来你可要后悔的呀！"接着他又说："你说说看，你二弟做了那么多的不法之事，现在能将他放在什么地方？当初分封到云南，他不肯去；后来改封到青州，他又赖着，直到现在还不走。京师南京是绝不可再留他了，即使是京畿地区也不可让他呆。我今天看在你的面子上暂不削夺汉王的爵位，将他放置到近畿地区去。一旦要是那里有什么风吹草动，朝廷早上发兵，晚上就能到那

里将他给擒获。就这样吧，将汉王分封到山东乐安去！”（《明太宗实录》卷186）

◉ 永乐朝皇太子之位争夺的第三波政治大浪

永乐十五年三月丙午日，皇帝朱棣强行“命汉王高煦居山东乐安州”（《明太宗实录》卷186）。朱高炽皇太子之位的最大威胁一时得以解除，但并不意味着他从此就可以高枕无忧了。相反，从父皇朱棣的似是而非的言语和对待汉王朱高煦处置的前后几乎180度大转弯之态度来看，朱高炽的皇太子之位还是不牢固。对此，素有“机灵鬼”之称的永乐帝三皇子朱高燧顿时眼睛一亮，机会来了！二哥天天喊着叫着要当李世民第二，弄得地球人都知道，这下可好了，终于将自己弄到了远离大明政治中心的乐安去，何日才能东山再起，只有天晓得了；而大哥朱高炽向来不得父皇喜爱，这次处置二哥表面上是父皇依了大哥，但实际上还是暴露了父皇对二哥的偏爱——犯了谋反罪居然没受到重处。因此说，原本与皇太子之位有着很大距离的我朱高燧现在可得抓住机会呀，父皇只有我们三个亲生儿子，如今两个哥哥都不合他老人家的心意，剩下的我只要好好地表现一番，鹿死谁手，还是很难预料的。想到这些，朱高燧就特别亢奋，不过他也意识到，大哥这个皇太子毕竟当了10多年，周围已经形成了一批向着他的“太子党”。欲使自己登上皇太子之位，当务之急就是清除“太子党”。而所谓的“太子党”其实不过是大哥朱高炽东宫老师或言与其气味相投的直臣而已，这样的人在永乐朝廷内外还真不少，要想一一清除他们那是不可能的，打蛇打七寸，找几个关键人物下手，且得要找准机会。说起机会，朱高燧发现：前两次“太子党”倒大霉都是在父皇北巡南还时发生的，这说明父皇离开时对于在南京监国的大哥朱高炽很不信任，这可是个绝妙的时机啊！

永乐十五年三月，朱棣第三次北巡，仍然留下皇太子朱高炽监国。由于父皇几乎将所有的监国大权都给剥夺了，剩下的就是大哥照章办事，因而要想从中找些茬子还真不容易。不过朱高燧比二哥朱高煦要有城府，他表面上什么都不说，暗地里却勾结宦官黄俨等加紧活动。

永乐十六年，在南京监国理政的朱高炽接到报告：有个姓陈的千户为官不正，“擅取民财”。一向主张仁政恤民的皇太子听后当即决定：将陈千户发配到交趾去，戴罪立功。可事后没有多久，仁厚的朱高炽觉得，先前对陈千户的处置太重了点，毕竟人家还是老干部，想当年他为我大明朝流血流汗，再说他所犯的事情也没有造成太大的伤害和过分恶劣的影响，算了，就饶了他这回吧！想到这里，朱高炽下令宽宥陈千户。（《明太宗实录》卷202；【清】谷应泰：《明史纪事本末·太子监国》卷26）

就这么一件在当时人们看来普通得不能再普通的事情却引起了个别人的特别关注。赵王朱高燧的同党、宦官黄俨偷偷地向皇帝朱棣密报说：“陛下您在北京有所不知，南京监国的皇太子对您所要严惩的犯罪之人却曲意宽宥，不知他到底想干什么？”经这么一挑拨，朱棣当即就火冒三丈，不过细细想想：老大朱高炽“体肥重且足疾”，看他那个唯唯诺诺的熊样，谅他也不敢自作主张，一定是他周边的辅导官之过！于是永乐皇帝下令诛杀陈千户，并逮捕皇太子朱高炽身边的侍从官翰林院侍读兼右春坊右赞善梁潜和司谏周冕，将他们从南京押往北京行在，由皇帝亲自诘问。梁潜如实以对，顿时场面出现了尴尬。下不了台的皇帝朱棣将目光转向近臣杨荣和吕震，且这样说道：“难道南京发生的事情就像梁潜所说的那样？”再说北京行在的官员早就成了永乐帝的应声虫，他们没有一个敢出来说句公道话，最终梁潜和周冕“以辅导皇太子有阙，皆下狱死”（《明史·成祖三》卷7）。梁潜的妻子听到丈夫冤死的消息后，悲愤不已，最终绝食而亡。（《明史·梁潜传》卷152）

这是永乐朝发生的皇太子之位争夺的第三波政治大浪。兴风作浪者宦官黄俨及其幕后主使赵王朱高燧固然可恶，但永乐皇帝对皇太子朱高炽及其周边的辅佐官的不信任才是悲剧屡屡发生的主因。随着皇太子之位争夺的第三波政治大浪的逐渐平息，善良的人们可能以为朱高炽的皇太子之位总可稳定些吧?！可事实恰恰相反，就在东宫辅佐官梁潜、周冕“辅导皇太子有阙”案处理后不久的永乐十六年六月，肩负特殊使命的礼部左侍郎胡濙出巡江浙诸郡，临行前他上北京行在皇宫向永乐帝陛辞。朱棣密语胡濙：

"有人讲皇太子在南京监国多有失误,胡爱卿,你到京师后可要多留些日子,替朕看看到底是怎么一回事?然后你秘密上奏给朕,奏疏上的字要大些,这样即使奏疏送达北京时已是夜里了,朕还能览阅。"胡濙不负使命,到达南京后,每日随着其他大臣按时上朝,凡是他所听到和看到的朱高炽之言行,退朝后立即一一记下。

一晃几个月过去了,作为出巡使者的胡濙还没有要巡行的意向,一向心思缜密的东宫辅导官杨士奇逐渐怀疑起胡濙的秘密使命来了,他私下里跟胡濙说:"胡公肩负皇上交托的巡行使命,应该早日成行啊!"不料胡濙听后却这样回答道:"我叫老家的人给我置办些冬衣,可到现在为止常州家里人还没有把它们送来,看来还得要等等。"

后来胡濙离开南京出巡了,走到安庆时,他就将自己在南京所见到的朱高炽"诚敬孝谨七事"秘密上奏给了永乐皇帝,朱棣"览之大悦"(【清】谷应泰:《明史纪事本末·太子监国》卷26;【清】夏燮:《明通鉴》卷17;【明】叶盛:《水东日记》卷5)。

◉ 永乐朝皇太子之位争夺的第四波政治大浪

从胡濙密报后的朱棣反应来看,似乎是永乐皇帝终于对自己一向不喜欢的皇太子开始信任起来了。但其实这又是一种错觉。永乐二十年(1422)三月,已经迁都北京的大明帝国在朱棣的一意孤行下发动了第三次皇帝亲征漠北蒙古的战争,由此有了皇太子朱高炽的第四次监国。从永乐朝前四次朱高炽监国来看,此次监国时间最短,只有6、7个月,可就在这短短的半年时间内又发生永乐朝储君之位受冲击的第四波政治大浪。

永乐二十年九月,大明鸿胪寺序班给永乐帝上言:"陛下北征蒙古期间,礼部尚书吕震的女婿、户部主事张鹤朝参失仪。皇太子朱高炽却因顾忌重臣吕震的面子,曲意宽宥他的东床快婿。"朱棣听说后顿时就火冒三丈,下令将留守北京辅佐皇太子监国的礼部尚书吕震、吏部尚书兼詹事府詹事蹇义、左春坊大学士杨士奇等下"锦衣卫狱",罪名是"匡正有失"。大约关押了半年,到永乐二十一年春这三位大臣才被放出来。(《明太宗实录》卷251;《明史·蹇义传》卷

149;《明史·杨士奇传》卷148)

此次朱高炽皇太子之位受冲击的表面缘由是皇太子过于宽宥过失大臣和鸿胪寺序班的"适时"参奏,但事实上却再次暴露了永乐皇帝对自己钦定的皇太子之不满或言不信任。对此,一直在暗中活动着的赵王朱高燧及其同党黄俨、江保等人顿时感觉机会又来了。

◉ 永乐朝皇太子之位争夺的第五波政治大浪

朱棣晚年多病,且常外出而不视朝,于是"中外事悉启皇太子"。朱高炽与建文帝很相像,"仁明恤下",但对于宦官似乎非常讨厌,"往往裁抑宦侍",由此永乐朝晚期十分活跃的宦官黄俨、江保等人"尤见疎斥"。常受到疎斥的黄俨等本来就是赵王朱高燧的死党,他们利用永乐晚年皇帝不常亲政且与监国的皇太子心理上有距离的有利时机,不断地中伤朱高炽。永乐二十一年(1423)黄俨到处制造舆论,着力渲染:永乐皇帝对皇太子朱高炽一直就不满意,将要更立赵王朱高燧为皇储了。谣言越传越广,传播者不一定全有心,而听者却也不一定无心。当时赵王朱高燧的护卫——常山中护卫指挥孟贤听到流言后就萌发了不轨的想法,恰好他的好朋友钦天监官王射成又告诉他自己研究天象的最新发现。王射成神秘兮兮地说道:"我最近观察天象,发现了一个天大的玄机,要不了多久,我大明帝国就要变换君主了!"孟贤听后心里一怔:现在我大明君主永乐皇帝年老多病,莫非要更换皇太子朱高炽当皇帝了?要真是这样的话,这可对咱们赵王府的人来说绝非是什么好事。既然上苍呈兆要更换君主,若是赵王当上了皇帝,咱们不就是新朝中的元老啊!想到这些,孟贤的心一时狂跳。他偷偷地找到自家的弟弟孟三、常山左护卫老军马恕、田子和、兴州后屯卫老军高正、通州右卫镇抚陈凯等人一起谋划,打算用重金买通永乐皇帝身边的近侍,乘着皇帝最近身体不爽服药期间在进御中下毒,毒死朱棣。等到老皇帝一死,马上就派兵去内库劫夺兵杖符宝,分兵数路控制住公、侯、伯、五府、六部大臣。孟贤等还让高正先伪造好永乐皇帝的遗诏,交给宦官杨庆的养子,打算届时宣布废黜皇太子朱高炽而立赵王朱高燧为皇帝。

一切准备得差不多了，高正找到自己的外甥、常山中护卫总旗王瑜，神秘兮兮地告诉他，自己正在参与一场非同寻常的政变，一旦改变成功就有享不完的荣华富贵，并劝王瑜一同参加。没想到王瑜听后大惊失色，一把眼泪一把鼻涕地哭劝道："舅舅，万万使不得，这可是要灭门灭族的忤逆之举呀！"高正哪里听得进去，舅甥俩闹得不欢而散。

再说王瑜事后想想，按照《大明律》的规制，舅舅他们密谋的事情一旦失败了，灭族就要灭到我这个外甥家的头上。他实在不敢设想下去，干脆就将舅舅高正他们密谋之事上报给了朝廷。永乐皇帝听后惊讶得几乎半天说不出话来，最后冒出一句："竟然还有这样的事?!"而后他愤愤地下令逮捕孟贤、高正等，搜出伪造之遗嘱等物。匆匆看完伪诏却已暴跳如雷的朱棣立即下令，诛杀杨庆之养子，并召朱高炽、朱高燧及文武大臣迅速到北京新皇宫的右顺门，鞫治孟贤等人的谋逆大案。

脸上布满了杀气的皇帝朱棣盯着赵王，责问道："这是你干的好事吧?"朱高燧早已吓得魂飞魄散，一句话也说不出来。还是大哥朱高炽仁厚，及时出来为三弟打圆场："启禀陛下，高燧一定不会参与如等大逆不道之事，这事肯定是他的部下秘密所为！"听到皇太子这番舒心的解释，皇帝朱棣的火气稍稍平息了些，但最后还是命令文武群臣及三法司官员共同审理这个特大谋逆案。

群臣们一致认为，孟贤、高正等人所犯大逆之罪，证据确凿，按大明律例应处以极刑，籍没其家。朱棣立马批示："即日就籍没其家，王射成以天象诱人使坏，命人速速将其诛杀，而对孟贤等人不要立即处死，要进一步严究深查，将他们的同党一一挖出。"法司部门遵照皇帝的指示，先将孟贤等人收治在锦衣卫大牢里，然后逐一过关，直至最后将其一网打尽。这是永乐朝发生的皇太子之位争夺的第五波政治大浪。（《明太宗实录》卷259；【清】谷应泰：《明史纪事本末·太子监国》卷26；《明史·诸王三·赵王高燧传》卷118；《明史·王瑜传》卷153）

● 笑到最后　缘由多多

从上述永乐朝发生的皇太子之位争夺的五次政治大波浪来

看，朱高炽当了20余年的皇太子，其地位很不牢固，步步惊心，时不时就有被废黜的可能，但最终他还是保住了自己的储君之位并顺利地登基即位。朱高炽胜利的原因很多，笔者将其归纳如下：

第一，传统的嫡长子继承制是朱高炽最终得以修得正果的主要依靠。

在传统中国社会里，嫡长子继承制是数千年不变的信条和必须遵循的政治游戏规则。之所以如此关键在于它具有相对的“价值中立”和客观性，这种客观性主要看谁最早来到这个世上，且必须是嫡出。有这两个“天然优势”基本上可以消除皇位继承所引发的危机或祸害，故而在中国传统社会中普遍实行。但这并不意味着每朝每代都能很好地照此执行，恰恰相反，真正执行好这种皇位继承制的皇帝与朝代并不太多，但它确实是家国一体化的传统社会里没有比这更平稳更保险的皇位继承法了。所以当初朱元璋在皇太子朱标英年早逝的情况下，经过反复权衡，最终还是理性地选择了朱标嫡子朱允炆为皇储，可他老人家对“来路不明”的燕王朱棣却缺乏足够的防备和算计，由此种下了大明帝国皇家骨肉相残之祸根。

朱棣亡命“靖难”夺得大位后也面临着“乃父”一般艰难的抉择。选择自己最为舒心的就要数二皇子朱高煦，但这种废长立幼的做法会导致身后骨肉相残的历史悲剧之重现；按照历代最为保险的做法，就该立嫡长子朱高炽，可永乐皇帝却偏偏又不喜欢他。所以人们不难看到，尽管朱棣自己由藩王升格为皇帝了，但对立谁为储君问题却一直迟疑不决。当丘福等“靖难”英雄们鼓噪着，大有非立汉王朱高煦不可之势时，曾经帮助朱棣谋划“靖难”起兵的心腹金忠却坚决反对，并援引历代废长立幼所产生的悲剧给永乐皇帝作历史的借鉴，这样才使得“（永乐）帝不能夺”（《明史·金忠传》卷150）。

金忠在朱棣心目中的分量很重，想当年朱棣谋反作乱陷入心理危机时，是金忠帮助他走出了人生的心理低谷。“靖难”成功后，金忠先被提升为工部右侍郎，受命辅助朱高炽镇守北平，后没多久又被“召升（为）兵部尚书兼詹事府詹事”，即为皇太子朱高炽的东宫主要辅佐官。他“在皇太子前尽诚赞辅，居官以宽惠为心，有官守者来谒，必勉之恤民，嫉苛刻吏如鬼魅，于治公务恒推尚其同官之能，或有阙失必引为己过，人有片善，称之不置，未尝念旧恶，赐赉有余，以散宗族赈贫乏不靳”(《明太宗实录》卷263)。

在永乐朝严酷政治下，金忠是个忠信正直的好官，他曾推波助澜的“靖难”之役后来成功了，他所匡正的时弊不久也初见成效了，朱棣心目中的金忠确实非同一般。“(金)忠博览史籍，善谈论。初议建储，上(指朱棣)以问忠，所对悉合上意。上喜赐白金百两，詹事之除，盖旌其直云，闲有诬人过失于上者，密令忠审察，多为直之”(《明太宗实录》卷163)。永乐十二年发生皇太子之位争夺的第二波政治大浪时，东宫辅佐官黄淮、杨士奇、金问、杨溥和芮善个个倒霉，唯独金忠因为他是燕藩心腹旧人而得以宽免。不仅如此，皇帝朱棣还命令他秘密审察太子之事。(《明史·金忠传》卷150)

显然金忠的立储观念很大程度上影响了一向刚愎自用的永乐皇帝朱棣，而这位从燕藩旧邸出来的算命大师所坚守的立储观念恰恰是传统的嫡长子继承法，即拥护朱高炽为皇太子。

除了金忠以外，大明永乐朝尚有一大批正直大臣，他们恪守儒家的正统观念，拥护嫡长子朱高炽为皇太子。这些人中有名的，如:解缙、黄淮、杨士奇、金问、杨溥、芮善、蹇义、夏原吉、耿通等等，“上又密以问黄淮，淮亦曰:‘长嫡承统，万世正法’”(【清】谷应泰:《明史纪事本末·太子监国》卷26)。

如果从人数规模上来看，这批坚持嫡长子继承制的大臣可以说是蔚为壮观，这就给本来疑心病十足的永乐皇帝以很大的心理压力，从而导致永乐朝朱高炽的“太子党”屡屡受摧之悲剧的出现。反观之，传统的嫡长子继承制在客观上成为朱高炽最终修得正果的主要依靠了。

第二，在一次次皇储之争的政治大浪中，大智若愚的处事风格使得朱高炽总能化险为夷。

朱高炽人很胖，腿脚行动不便，给人感觉木讷、憨厚。可就在这大智若愚的背后，却隐藏着极大的智慧。在早年的生活中朱高炽的杰出才智已经有所显露(前文已述)，综合起来看，可以这么说，他“总大纲疏小节”，凡事能抓得住主次，对人说话处事非常讲究艺术。

尽管当了20多年的皇太子很不舒心，时时都有被废黜的危险，但朱文炽从不流露出对于争夺其皇太子之位的兄弟们的不满和怨恨。更令人一头雾水的是，当弟弟出事时，他总是设法为其辩解。这在一般人看来是个地地道道的傻瓜，其实不然。在中国传统社会里，作为合格的皇储首先要做到“孝”和“友”，“孝”就是对父母之类的长辈要恭敬、孝顺；“友”就是对待自己的兄弟姐妹要友好、要仁爱。倘若做不到这些，那至少在道德品质方面失去了继承皇位的优势，更会失掉一大批饱读儒家经典的文臣们支持。对此，“独好学问”的朱高炽再清楚不过了。

明代文人笔记记载：朱高炽“好学右文，词翰并精。尤喜科举之业，在青宫已然践祚，犹不废。”据说当时科举考试的答卷，作为皇太子的朱高炽总喜欢拿来看看，而一旦看了就能挑出里边的毛病，随即提笔在旁边加以指正，过后再交与大臣一同讨论。大臣们一致认为这位皇太子很有学问，而朱高炽自己也曾不无得意地对人说：“假如让我去参加科举应试，难道就中不了状元?”后来朱高炽登基即帝位了，时人尊称其为“状元天子”(【明】吕毖:《明朝小史·洪熙纪·状元天子》卷5;【明】祝允明《前闻记·仁庙右文》)。

不管有关“状元天子”的记载是否属实，但朱高炽的好学右文是不容置疑的。既然如此，朱高炽当然要竭力将自己塑造成正统儒家理论中的理想君主了，否则就会失去一大批自小起就以儒家理念安身立命的臣工们的支持。

再说，朱高炽在永乐二年时就被父皇朱棣立为皇太子，若再与弟弟们争个高低、对错，不仅没有实质意义，反而将自己给降格了。不争、木讷，反倒映衬出自己的良好品格来了。永乐十二年八月，由于皇帝朱棣听信谗言，大明朝廷兴起了皇储之争的第二波政治大浪，朱高炽身边的黄淮、杨士奇、金问、杨溥和芮善等五六个“太子党”骨干分子相继锒铛入狱。有好事者就此曾问他：“殿下知谗人乎?”朱高炽表面木讷实际上却十分机智地回答道：“吾不知，知为子耳”(【清】谷应泰:《明史纪事本末·太子监国》卷26)。

朱高炽过人的才智还体现在他能识人。对于正直的大臣如夏原吉、“三杨”、蹇义、解缙、金问等等，他十分尊敬，虚心向他们学习，于是博得了大臣们的好感；那么对于父皇朱棣宠信的佞臣呢？他采取了敬而远之的态度，尽可能不予人把柄。永乐十九年正月辛卯日，礼部尚书吕震跟朱高炽讲："皇太子殿下以前一直在南京监国，有好多次派遣宦官前来北京上进奏牍，可每次宦官来了，随即就发生殿下有过事件。所幸的是当今永乐皇帝英明，认为这些谣言纯粹属于瞎传。而今太子殿下来北京了，对于那些妄传流言的小人就该好好地清算一番？！"从表面来看，佞臣吕震对皇太子充满了"关心"，但朱高炽岂能不知吕震是个佞臣呀，所以他十分机警地回答道："我怎么能没有过失呢？既然皇帝陛下都不相信了，我又何必跟那些说闲话的人计较呀！"（《明太宗实录》卷 233；【清】谷应泰：《明史纪事本末·太子监国》卷 26）

大智若愚的处事风格使得朱高炽渡过了一个个的人生难关。不过，在这里还必须指出，在他的身边云集了一批同样也充满了智慧的正直大臣，他们及时地规谏、指导也在相当程度上帮助了朱高炽赢得了最后的胜利。

永乐二十一年十一月的一天，朱高炽听人说：内侍黄俨、江保数次在父皇朱棣面前中伤自己。他想了解一下底细，于是就命人将左春坊大学士杨士奇召到了文华殿。杨士奇告诉他："皇帝陛下听到谗言后没说什么，这表明他不信！"屡次经历政治大浪拍打却一直没倒的朱高炽听到这话后不由得感慨道："苍天难道可欺骗的？要不是当今皇帝陛下圣明，我现在怎么能还在这个地方啊？！"一向十分谨慎的杨士奇听后立马提醒朱高炽："殿下益宜自处尽道！"聪明的朱高炽听懂了杨大臣的话中话，立即补上一句："尽心做好为臣为子之职，除此之外，难道还有其他之道？！"（《明太宗实录》卷 265）

第三，朱高炽最终没被父皇废黜还有一些重要的因素，朱棣喜欢朱高炽的嫡长子，有意将皇位传给朱瞻基（下章我们将详述），而要传位给朱瞻基，就必须要将皇位传给朱高炽。另外还有，永乐皇帝朱棣与他的老婆徐皇后都十分喜欢他们的大儿媳妇即朱高炽之妻张氏。

据说有一天永乐皇帝召集皇家全体成员在一起聚聚，忽然间大儿媳妇张氏不见了，朱棣马上下令去找，找了好久，终于在庖爨里找到了，底下的人问她："皇太妃你在干什么呀？"张氏说："我在做汤饼给大家吃！"皇帝朱棣听到下人们的汇报后顿时大喜。等到张氏恭恭敬敬地将赶制的汤饼送到朱棣面前时，这个不可一世的暴君居然激动得直掉眼泪，边吃边指着张氏说："新妇贤，他日吾家事多赖也！"最终"痛饮而罢"，"自此无易储意"（【清】谷应泰：《明史纪事本末·高煦之叛》卷27；【明】祝允明：《九朝野记》卷2；【明】吕毖：《明朝小史·洪熙纪·手制汤饼》卷5）。

第四，朱高炽监国理政期间，力求涵濡休养，宽以济猛，德化天下，从而赢得了大明朝廷内外的一片赞誉。自古道：得人心者得天下，朱高炽最终赢得了大明君主大位，事实上与他监国期间实施的宽政恤民举措密不可分。（参见《明史·仁宗本纪·赞语》卷8）

那么朱高炽监国期间究竟推行了哪些宽政恤民之举措？

● 六次监国　恤民固本

说起朱高炽监国，一般人往往泛泛而论，少有人真正弄清楚永乐年间朱高炽监国究竟有多长时间？监国期间他又到底做了哪些值得称颂的事情？

翻阅明代正史，我们发现朱高炽在当皇太子期间前后一共6次监国：

◉ **第一次监国**　永乐七年正月～永乐八年十月——22个月

朱高炽在永乐朝当皇太子时，时常担当起监国之责。之所以如此，主要是因为他的父皇朱棣老北巡或北征。我们在《永乐帝卷（下）》中说过：永乐七年以前从北京来的篡位皇帝朱棣还算"老实"，基本上一直待在南京。但从永乐七年年初起他的魂全被勾走了，屁颠屁颠地老北巡，一共跑了三次，最后一次北巡后就再也没回南京。永乐十九年（1421）干脆就将大明国都也迁到了北京。因此说永乐朝22年，只有1/3时间永乐皇帝在南京，还有2/3时间在北京。而朱棣每次北巡时，大明帝国京师就由皇太子朱高炽来负责监国。

永乐七年(1409)正月,朱棣打着"(仿)古人省方观民"的旗号,决定巡幸北京。临走前他给皇太子留下了治国为君的经典理论指导《圣学心法》,划定了朱高炽监国工作范围——《皇太子留守事宜》,并命令兵部尚书兼詹事金忠、吏部尚书兼詹事蹇义、左春坊大学士兼翰林侍读黄淮、左谕德兼翰林侍讲杨士奇等辅佐朱高炽监国理政。(《明太宗实录》卷 88)

永乐八年(1410)十一月初,"车驾至京师,遣官祭告天地、太庙、社稷、孝陵、承天门及京都祀典、旗纛诸神。上御奉天殿,受朝贺,大宴文武群臣"(《明太宗实录》卷 110)。皇帝朱棣一回到京师南京,迅速地收回了"暂寄"于皇太子处的那部分皇权。

这就是明史上皇太子朱高炽第一次监国,监国时间为 22 个月,即将近两年。

◉ **第二次监国**　永乐十一年二月～永乐十四年十月——45 个月

从南京到北京,又从北京回南京,上台后的第一次北巡凯旋,不仅使得"一代雄主"朱棣了却了"北回"的部分心愿,而且还标志"后朱元璋时代"大明帝国政治权力中心首次尝试性北移的成功以及不断"做大做强"的所谓"永乐盛世"开始到来。

此时的永乐帝国"旭日东升",此时的大明皇帝光彩照人,开创一个亘古未有的"四夷宾服"和万国来朝的"盛世之治"就在眼前,朱棣曾十分自信地跟近臣们这样说道:"朕初即位,恒虑德不及远,今四方夷狄皆归忠心,更自警惕,盖虑志得则骄,骄则患生。朕与卿等虽隐微之际皆当慎之。古人有言,不见是图"(《明太宗实录》卷 117)。

不愧为天才皇帝,看问题的眼光就是独特。可永乐帝说过话没多久,有人来报,北方蒙元残余势力又开始蠢蠢欲动,且有进犯大明帝国北疆之势。

是可忍孰不可忍,大明"圣主"终于愤怒了,小小夷虏居然对天朝上国存有非分之心,看来不教训教训这些不知好歹的夷虏,我永乐"圣主"还怎么能开创超越古今的"盛世之治"和与此相匹配的"天下一统"之新都?!

自第一次北巡回来在南京明皇宫待了两年的朱棣再也坐不住了，随即上演了永乐皇帝二次北巡的一幕。

永乐十一年二月，永乐帝“以狩巡北京告天地、宗庙、社稷，辞孝陵”又开始北巡。为了让自己喜爱的皇太孙增长见识，朱棣下令带上朱瞻基随行，并命兵部尚书兼詹事金忠、左春坊大学士黄淮、左谕德杨士奇、太子洗马杨溥等共同辅佐“皇太子监国，其留守事，悉准永乐七年之制”(《明太宗实录》卷137)。

永乐十二年三月庚寅日，永乐皇帝发动第二次亲征漠北蒙古战争，并取得了一定的胜利。永乐十四年十月癸未，“车驾至京师。遣官祭告天地、宗庙、社稷及京都祀典诸神，躬谒孝陵，还御奉天殿受朝贺”(《明太宗实录》卷181)。

从永乐十一年二月到永乐十四年十月(笔者注:《明太宗实录》错将朱棣回北京的永乐十二年九月当做了回南京的时间，《明史》照抄未曾纠正过来)前后共有45个月永乐皇帝在北巡，皇太子朱高炽在南京监国监了近4年。

◉ 第三次监国　永乐十五年三月～永乐十八年十二月——46个月

永乐十五年三月丁亥日，朱棣命令大明礼部修订《东宫留守事》，为他第三次北巡作准备；辛亥日，“以巡狩北京，告天地、宗庙、社稷，辞孝陵，遣官祭承天门、旗纛、京都诸庙、祀典及大江之神，凡经陵寝祠庙，祭祀悉如旧”(《明太宗实录》卷186)。第二天也就是壬子日，“车驾发京师”(《明太宗实录》卷186)，永乐朝皇帝第三次离宁北巡开始了。走前朱棣下令：留下尚书蹇义、谕德杨士奇、侍读兼赞善梁潜等大臣辅佐皇太子监国。

事实上，此次北巡后朱棣再也没有回南京，也根本没有返回南京的打算，所以说永乐迁都名义上是永乐十九年正月，实际上应该是从永乐十五年年初已开始了。

又一次从南京到北京，从北京回南京，再从南京到北京，伴随着永乐皇帝第二次“巡狩”的终结与第三次北上“巡省”的开始，大明帝国的政治权力中心实际上已经一起被北移了。相比之下，此时在南京监国的皇太子就更没有什么大的实权了，人们不妨从重修的《东宫留守事》所载的五款内容可以看出，当时的朱高炽能做到的就是按部就班地维护大明帝国君主专制机器的正常运转罢了，而这样的格局又维系了将近四年。永乐十八年九月己巳日，"北京宫殿将成。行在（北京）钦天监言：'明年正月初一日上吉，宜御新殿受朝'"（《明太宗实录》卷229）。朱棣"遂遣行在户部尚书夏原吉赍敕召皇太子，令道途从容而行，期十二月终至北京。原吉陛辞，赐钞二百锭"（《明太宗实录》卷229）。

从永乐十五年三月到永乐十八年十二月，朱高炽第三次监国时间为46个月，这也是他监国时间最长的一次。

◉ **第四次监国** 永乐二十年三月～永乐二十年九月——7个月

永乐二十年（1422）三月丁丑日，朱棣"以亲征告天地、宗庙、社稷，命皇太子监国，谕之曰：'军国之务重，当明恕勤慎以处之，明则能照物，恕则能体物，勤则无怠事，慎则无败事，修是以率下庶几其可'"（《明太宗实录》卷247）。

同年九月壬戌日，永乐皇帝"乘法驾入京城（北京），躬告天地、宗庙、社稷毕，御奉天门朝百官，百官上表贺平胡"（《明太宗实录》卷251）。第二天恰巧是中国传统的重阳节，皇帝朱棣大宴文武群臣，突然间"以左春坊大学士杨士奇辅导（皇太子）有阙，下锦衣卫颂系；鸿胪寺丞刘顺奏事失辞，下锦衣卫狱"（《明太宗实录》卷251）。

从永乐二十年三月到永乐二十年九月，永乐皇帝朱棣发动了第三次亲征漠北蒙古的战争。在此期间，已经迁都北京的大明帝国主要是由皇太子朱高炽按照其老子划定的范围维系着君主专制机器正常的运转，前后监国时间为7个月。

◉ **第五次监国** 永乐二十一年七月～永乐二十一年十一月——4个月

永乐二十一年（1423）七月戊戌日，"虏中有来降者言，虏寇阿鲁台将犯边。"愤怒不已的永乐皇帝随即决定发动第四次亲征漠北蒙古的战争。(《明太宗实录》卷 261)七月辛丑日,朱棣"告天地、宗庙、社稷,发京师兵,命皇太子监国"(《明太宗实录》卷 261)。同年十一月甲申日,"车驾至京师"(《明太宗实录》卷 265)。

从永乐二十一年七月到十一月,朱高炽在北京监国时间为 4 个月。

◉ **第六次监国** 永乐二十二年四月~永乐二十二年七月——4 个月

永乐二十二年(1424)四月己酉日,"车驾发北京"(《明太宗实录》卷 270),皇帝朱棣发动了第五次亲征漠北蒙古的战争,命大臣杨士奇辅佐皇太子朱高炽监国。七月庚寅日,"车驾榆木川,上(指朱棣)大渐,遗命传位皇太子"(《明太宗实录》卷 273)。辛卯日,"上崩,太监马云等以六师在远外秘不发丧,密与大学士杨荣、金幼孜议丧事,一遵古礼,含敛毕,载以龙舆,所至御幄朝夕上食如常仪"(《明太宗实录》卷 273)。

从永乐二十二年四月到七月,朱高炽在北京监国时间为 4 个月。

我们将永乐年间朱高炽 6 次监国的时间做了综合统计,应该为 128 个月,即 10.67 年或言 11 年。(有人说是 9 年,似乎不够正确,详见《明帝列传·洪熙宣德帝》第一章第三节,吉林文史出版社 1996 年 1 月版)另外,据《明太宗实录》所载:"(朱棣)晚(年)有疾,鲜御外朝,政事悉付皇太子决之,至军国重务必自决"(《明太宗实录》卷 274)。由此看来永乐朝 22 年中,朱高炽实际监国时间要超过 11 年。

既然是监国,那么监国者朱高炽的权限到底有多大?永乐七年二月,根据皇帝朱棣的谕旨,大明礼部制定了《皇太子留守事宜》,共计 10 条,大致划定了皇太子朱高炽在南京监国的工作范围:第一,"常朝于午门左门视事,其左右侍卫及在京各衙门官员人等各启事务如常仪",就是说皇帝朱棣不在时由皇太子代替父皇主持日常朝议等活动;第二,"在京文武衙门,凡有内外军机及王府切要事务悉奏请处分"的,应火速派人向北京行在的永乐皇帝奏报请示；第三，为了增强京师卫戍军师力量，应该督促京军每日操练。不过一旦要有什么军队调动的话，那就必须得奏请北京行在的永乐皇帝批准方可执行；第四，按时举行万寿圣节、正旦、冬至等节日的礼仪活动；第五，适时进行太庙、社稷、风云、雷雨和山川之神等祭祀；第六，根据礼仪规制接待和宴请前来朝贡的四方远夷，“命礼部遣人送（北京）行在所”，这是说皇太子朱高炽象征性地先接待一下外宾，真正的外交大权紧握在他的父皇朱棣手中；第七，“每日赏赐，有例者循例，无例者临时斟酌赏之”；第八，循例发放军需品给京师卫戍部队与地方边卫军；第九，中央朝廷六部、都察院、翰林院、太医院、钦天监等堂上官，尚宝司、通政司、大理寺、太常寺、光禄寺、鸿胪寺、国子监和地方布政司、王府长史等衙门的正职官或言主持工作的负责人一旦有缺，除了按照常规替补外，其余的“悉奏（永乐皇帝）处分”；第十，朝廷“内外文武大小官员有犯，所司具启，准问者准问之，若案情重大、涉案者身份地位高的，应奏报给行在的永乐皇帝裁定”（《明太宗实录》卷 88）。

从永乐七年二月制定的《皇太子留守事宜》10 条内容来看，当时在南京监国的皇太子权力还是挺大的。正因为如此，极其嗜好专制集权的魔鬼皇帝朱棣对儿子朱高炽监国极度不放心，于是他就运用常人无法想象的手段，“窥视”、“遥控”甚至打击监国的皇太子。

先是，永乐七年二月庚寅日，朱棣北巡到达黄河边时就听人密报说，有外国人到南京朝贡后不肯马上回去，皇太子朱高炽居然听之任之，不遵《皇太子留守事宜》。皇帝朱棣很为恼火，立马遣使赐书谕皇太子，令他务必要将“老外们”赶紧送走，以免节外生枝。（《明太宗实录》卷 88）

一波未平一波又起，早已不为皇帝朱棣喜爱的“大明第一才子”解缙之好友、前右春坊右赞善兼翰林院检讨王汝玉“坐修礼书紊制度，当谪戍边”。但皇太子朱高炽偏偏爱惜王汝玉的才华，又可怜他年老，最终宽宥了他的罪过，只是将他降为翰林院典籍。（《明太宗实录》卷 88）

对于南京明皇宫内的这些事情，远在千里之外巡幸北京的朱棣却知道得一清二楚，不仅如此，就连皇太子发火的事情，皇帝老爸也知道了。有一次，刑部尚书大贪官刘观“坐事为皇太子谴责，（永乐）帝在北京闻之，以大臣有小过，不宜遽折辱，特赐书谕太子”（《明史·刘观传》卷151;《明太宗实录》卷90）。

可能使永乐皇帝最为敏感或反感的还是当年立皇太子时朱高炽的铁杆支持者、已经被贬谪到交趾的解缙回南京“私觐太子”之事了。明代国史说：“（解）缙先为翰林学士兼右春坊大学士，甚见宠任，坐廷试读卷不公，出为广西布政司右参议。会有言缙尝洩（泄）建储时密议者，遂改交趾（趾）布政司，命专督化州馈饷”（《明太宗实录》卷116）。“永乐八年，（解）缙奏事入京，值帝北征，缙谒皇太子而还。汉王言缙伺上出，私觐太子，径归，无人臣礼。帝震怒”（《明史·解缙传》卷147）。

虽然史书说皇帝朱棣震怒是由于汉王朱高煦的挑拨，但从根本上来说还是朱棣疑心病发作所致。朱棣是个绝对专制的君主，他的皇权是容不得别人的半点染指。朱棣的这等心思所产生的最终结果，只能是臣下自认倒霉了。皇太子朱高炽受惊不消多说，最为无辜的当数解缙了，他落了个身陷囹圄与冻死雪堆的悲惨结局。

永乐八年年底，永乐皇帝朱棣一回到京师南京，迅速地收回了“暂寄”于皇太子处的那部分皇权，同时也宣告了皇太子朱高炽第一次监国的终结。

朱高炽第二次监国的权限“悉准永乐七年之制”（《明太宗实录》卷137），但实际情形不然。永乐十二年闰九月辛丑日，永乐皇帝朱棣第二次亲征漠北“凯旋”南还，“以皇太子所遣使迎车驾缓，且奏书失辞”为名逮捕了监国皇太子朱高炽身边的老师黄淮、杨士奇、金问、杨溥和芮善等人。（《明太宗实录》卷156）

一夜之间五个“太子党骨干分子”被投入了大牢，永乐朝廷莫不为之震惊。那么真是皇太子朱高炽出问题了吗？非也，从史实来看，虽说朱高炽武功远不如乃父，但文治却很得人心，永乐朝大臣大都还是喜欢这个皇太子的，那么皇帝父亲朱棣为什么要鸡蛋里挑骨头和杀鸡给猴看？原因大约有两个：第一，朱高煦和朱高燧等人的不断蛊惑与诬告，使得皇帝朱棣不能不对皇太子大加怀疑；第二，朱棣在召见皇太子特使时发现多了一个自己不认识的金问

(《明太宗实录》卷 156),金问当时是詹事府的正字,就是给皇太子批改作业的老师,品秩为从九品(《明史·职官二》卷 73),即为大明帝国公务员队伍中级别最低的官员。如果对照一下永乐七年二月制定的《皇太子留守事宜》相关规定,我们发现监国的朱高炽应该拥有大明帝国中下级官员的人士任免权,而给自己找个批改学业的老师,将其行政级别定于大明官僚品秩中的最低档,这无论怎么说都算不上什么。可谁曾料想,在朱棣二次北巡南还时,看到皇太子派遣的迎候专使中多了一个金问,"(永乐)帝益怒曰:'问何人,得侍太子!'下法司鞫,连(杨)溥,逮系锦衣卫狱。家人供食数绝。而帝意不可测,旦夕且死"(《明史·杨溥传》卷 148)。

从表面来看是皇帝朱棣看不起金问,但实际上是魔鬼皇帝疑心病犯了:此人不是我给皇太子"配好"的老师或言近臣,皇太子在私自结党或言没把我老爸放在眼里!南京监国的皇太子大有分离皇权的势头!是可忍孰不可忍,魔鬼皇帝充分发挥皇权的魔力,对任何游离自己专制皇权的势头,哪怕是一点点的萌芽,也要予以彻底的打击和毁灭!以此而言,遭罪的金问与杨溥等人只不过是永乐帝雄猜的无辜牺牲品和不讨朱棣喜欢的监国皇太子之替罪羊。

同时二次北巡期间监国皇太子的"分权"行为也给了嗜好集权的永乐皇帝这样的启示:除了打击正在形成和逐步壮大的"太子党"外,还有必要对于原来皇太子监国之权限进行修改。永乐十五年三月,皇帝朱棣"将巡狩北京,命礼部定《东宫留守事宜》",其有五条:"一,常朝于文华殿视事,其左右侍卫及在京各衙门官员人等,启事皆如常仪,其在外文武衙门合奏事,具奏待报而行;一,近侍官、内使传令旨处分事者,所司行之,仍具实奏闻;一,凡摄祭天地及享太庙、祭社稷、风云、雷雨、山川之神,如期斋戒,敬谨严肃,其祀典神只,太常寺预期具启,遣官祭之;一,内外文武大小官员俱从行在吏部、兵部奏请铨选;一,皇亲及军职王府护卫指挥、长史等官并各处土官有犯,俱奏请收问,其在京文职官有犯,堂上官奏闻待报,五品以下,具启收问,在外文职官员有犯,方面及四品以上官,所司奏闻收问,五品以下者,具启问之,余悉从永乐七年巡狩所定事宜"(《明太宗实录》卷 186)。

再对照永乐七年二月制定的《皇太子留守事宜》，人们不难发现：永乐十五年三月修订的《东宫留守事宜》中所赋予皇太子朱高炽监国权限已大为缩小，最为明显的是皇太子监国期间的官员人事任免权。原来除了中央朝廷部院等机关和地方布政司、王府长史等衙门的正职官或主持工作的负责人人事变动权外，监国皇太子已拥有的中级以下官员的人事权到了永乐十五年的《皇太子留守事宜》中给剥夺了。“内外文武大小官员俱从行在吏部、兵部奏请铨选”，这句话是说，大明帝国大小官员的所有人事权全都掌控在北京行在永乐皇帝那里，皇太子在南京监国仅仅是个空架子。

而后在永乐二十、二十一和二十二三年中，皇太子朱高炽又三次监国，虽说那时他监国的权限没作大修改，基本上沿袭了永乐十五年三月的《东宫留守事宜》，但一来朱高炽的这三次监国时间都很短，最长不超过 7 个月，短的只有 4、5 个月；二来父皇朱棣继续不断地打击和摧残意念中的“太子党”，如朱高炽第四次监国前后，皇帝朱棣突然下令逮捕与皇太子关系甚善的重臣夏原吉和“以辅导皇太子有阙”为名将大学士杨士奇下狱，制造出朝廷上下绝对的恐怖气氛，作为监国的皇太子朱高炽那时能自我保全就算不错了，根本不能也无法施展自己的才干。除了照章办事、例行公务和举办一些纪念和祭祀等活动以外，他能做的最多和最频繁的也就是下令赈济灾民和蠲免赋税等类恤民固本工作：

朱高炽六次监国期间下令赈济灾民和蠲免赋税等恤民固本史实举要

	时　间	赈济灾民和蠲免赋税史实	史料出处
第一次监国前后	永乐六年九月乙丑	户部启：“江西建昌、抚州及福建建宁、邵武等府自五年至今年正月，疫人死七万八千四百余口。”皇太子命速遣人巡视灾疠之处，令有司加意赈恤	《明太宗实录》卷 83
	永乐八年正月癸巳	皇太子以去年江北水患，遣都察院右副都御史虞谦、户科给事中杜钦往扬州、淮安、凤阳直抵陈州，视军民疾苦，悉免其年被灾田租，先有勘覆未尽者，审实一体，蠲免若以输在官者，准作今年之数，军民有迫于艰难典卖子女者，官为赎还	《明太宗实录》卷 100

续 表

	时　间	赈济灾民和蠲免赋税史实	史料出处
第一次监国前后	永乐八年二月庚戌	户部启:"江西建昌府新城县永乐五年八月民多疫死,官民田四百八十余顷俱荒,宜遣官核实除税。"皇太子从之	《明太宗实录》卷 101
	永乐八年三月乙亥	右副都御史虞谦、给事中杜钦启:"颍州及颍州卫军民缺食,请发廪赈贷。"皇太子遣人驰谕之曰:"军民困乏,待哺嗷嗷,卿等尚从容启请待报,汲黯何如人也? 亟发仓赈之,勿缓!"	《明太宗实录》卷 102
	永乐八年四月丙午	应天府江宁县知县王恺言:"工部近于龙山官民田地置厂储营造木,乞蠲除其税粮。"皇太子从之	《明太宗实录》卷 103
	永乐八年四月壬戌	陕西按察司言:"平凉、临洮、巩昌、凤翔、庆阳、秦州、阶州等处,永乐六年、七年夏税、秋粮及刍茭拨输甘肃永昌、宁夏庄浪等处,民因灾伤多逃亡,不能输运至,中途者又车摧牛死不能前进,致粮刍逋负者多。"皇太子命户部免被灾逃亡之民徭役一年,所负粮刍,悉停征	《明太宗实录》卷 103
	永乐八年五月甲戌	皇太子令户部赈直隶滁州、宿州饥民四千五百余户,发粟三千四百石有奇	《明太宗实录》卷 104
	永乐八年五月壬午	巡按广西监察御史李贤启:"浔州递运所至南宁府千余里,滩多水险,往复甚艰,宜于横州海棠桥增置一所,以本处囚徒充水夫,置船递送。又言:各卫所屯军比年征进,亡没者多,所存幼男寡妇,追纳子粒艰难无措。宜令巡按监察御史覆实,除免。"皇太子悉从之	《明太宗实录》卷 104
	永乐八年六月乙巳	皇太子免直隶凤阳府、颍州并太和县水被灾田赋	《明太宗实录》卷 105
	永乐八年七月辛巳	皇太子命户部赈直隶安庆、徽州、镇江、凤阳等郡县饥民六千七百余户,给稻万六千一百二十石	《明太宗实录》卷 106
	永乐八年十月戊申	户部言:"直隶苏州府昆山县、山东青州府日照县民饥尝贷预备仓储,以累岁水灾不能偿,乞折输钞。"皇太子从之	《明太宗实录》卷 109
	永乐八年十月丁巳	户部言:"江西建昌府广昌县永乐五年、六年民疫死者八百余户,乞蠲其税。"皇太子从之	《明太宗实录》卷 109
	永乐八年十一月癸亥	治水官朱逢吉言:"直隶郡县民种官田者,其租重于民田,宜付粮长或里长顺带纳京仓庶,以宽恤小民。"户部会议:"官租既重又令远输,诚为劳费,宜令输纳旁近官仓。"皇太子从之	《明太宗实录》卷 110

续 表

	时 间	赈济灾民和蠲免赋税史实	史料出处
第二次监国前后	永乐九年二月庚戌	山东齐东县知县张升言:“境内小清河纳明鸡诸山溪涧之水,去年洪水横流,陂堰冲决,渰没下固堤官台等处盐场及清州郡县民田,请浚上流,修堤防使水由故道。”皇太子命工部速遣官,相度修浚	《明太宗实录》卷 113
	永乐九年闰十二月庚申	户部言:“广东雷州府九月飓风暴雨,遂溪、海康二县坏庐舍千百余间、田禾八百余顷,民溺死千六百余人,府县匿不以闻。”皇太子曰:“守令民之父母,不恤其患,又不以闻,是岂有人心?”令御史按视鞫治	《明太宗实录》卷 123
	永乐十年三月戊申	河南汝宁府遂平县雨山水决河堤,没田四十余顷,被灾一百三十六户。事闻,皇太子遣人赈恤之	《明太宗实录》卷 126
	永乐十年五月甲寅	江西宁县大雨,山水泛涨,漂没民舍。事闻,皇太子令户部遣人抚恤	《明太宗实录》卷 128
	永乐十一年三月甲辰	皇太子命赈济浙江乌程等五县饥民,计户万二千八百一十三,给粟三万七千六百石	《明太宗实录》卷 138
	永乐十一年夏四月己未	户部言:“浙江衢严西安、寿昌等县饥。”皇太子命给谷贷之,凡万三千石有奇	《明太宗实录》卷 139
	永乐十二年正月庚申	“赈凤翔、陇州饥,按长吏不言者罪”	《明史·成组本纪三》卷 7
	永乐十二年三月壬寅	户部言:“直隶之灵璧、怀远、桐城、宿松、潜山、太湖、舒城、常熟,河南之洛阳、汝阳、项城,山东之安丘、诸城,陕西之安化、华亭诸县民饥。”皇太子命郡县各发官廪赈之,凡赈谷九万一千六百三十石有奇	《明太宗实录》卷 149
	永乐十二年五月丁丑	皇太子命赈给直隶苏州府吴县及河南新蔡、鲁山、汝阳、西华四县之民被水灾者,凡赈五千七百余户	《明太宗实录》卷 151
	永乐十二年五月乙酉	皇太子除山东沂水县户绝荒田三百八十二顷二十四亩租税	《明太宗实录》卷 151
	永乐十二年六月戊申	皇太子免直隶扬州府通州被水灾田九十一顷六十四亩租税	《明太宗实录》卷 152
	永乐十二年六月丁卯	皇太子命户部赈济直隶常熟县被水饥民万三千四百陆十余户,计谷四千二百三十石	《明太宗实录》卷 152
	永乐十二年六月己巳	皇太子除河南府嵩县户绝荒田租四千四百六十石有奇	《明太宗实录》卷 152

续 表

	时　间	赈济灾民和蠲免赋税史实	史料出处
第二次监国前后	永乐十二年七月丙午	蠲北京州县租二年	《明史·成组本纪三》卷 7
	永乐十三年六月	赈北京、河南、山东水灾	《明史·成组本纪三》卷 7
	永乐十四年九月甲寅	直隶淮安府言:盐城县飓风海水泛溢,伤民田二百十五顷有奇。皇太子命蠲今年田租,凡千一百七十余石	《明太宗实录》卷 180
第三次监国前后	永乐十七年五月戊辰	福建建安县知县张准言:"建宁、邵武、延平三府,自永乐五年以来,屡大疫,民死亡十七万四千六百余口。"巡按御史赵昇已经核实,其徭赋及卫勾补军役,俱未豁除。皇太子命户部兵部悉除之	《明太宗实录》卷 212
	永乐十八年十月丙辰	是日,皇太子过滁州,登琅琊山,指示学士杨士奇曰:"此醉翁亭故址也。因叹欧阳修立朝正言不易得,今人知爱其文而知其忠者鲜矣。"盖皇太子为文章尤善修,每曰三代以下文人,独修有雍容和平气象,尤爱其奏议切直,尝命刊修文,以赐群臣,且谕之曰:"修之贤非止于文,卿等当考其所以事君者而勉之。"	《明太宗实录》卷 230
	永乐十八年十一月己丑	是日,皇太子过邹县,见民男女持筐盈路拾草实者,驻马问所用。民跪对曰:"岁荒以为食。"皇太子恻然,稍前下马入民舍,视民男女皆衣百结不掩体,灶釜倾仆不治。叹曰:"民隐上闻若此乎?"顾中官,赐之钞,而召乡之耆老问所苦,具以实对,辍所食,赐之。时山东布政使石执中来迎,责之曰:"为民牧而视民穷如此,亦动念否乎?"执中言:"凡被灾之处,皆已奏,乞停今年秋税。"皇太子曰:"民饿且死,尚及征税耶?汝往督郡县,速取勘饥民口数,近地约三日,远约五日,悉发官粟赈之,事不可缓!"执中请人给三斗,曰:"且与六斗,汝毋惧擅发廪,吾见上当自奏也。"	《明太宗实录》卷 231
	永乐十八年十二月辛酉	是日,皇太子奏:"前过山东境内,遇民饥,即令布政司发粟赈之。"上(指永乐帝)曰:"正是昔范仲淹之子犹能举麦舟济其父之故旧,况百姓,吾赤子乎?"	《明太宗实录》卷 232

续表

	时 间	赈济灾民和蠲免赋税史实	史料出处
第四次监国前后	永乐二十年四月庚寅	吏部尚书兼詹事府詹事蹇义言:"巡抚至直隶凤阳府、颍州民多缺食,乞以见储粮赈之。"皇太子从之,凡给粟八万六千八百八五十石	《明太宗实录》卷248
	永乐二十年五月己未	广东广州等府飓风、暴雨、潮水泛溢,人溺死者三百六十余口,漂没庐舍千二百余间,坏仓粮二万五千三百余石。事闻,皇太子令户部遣人驰驲抚问	《明太宗实录》卷249
	永乐二十年七月辛未	户部言:"应天府溧阳县、扬州府宝应县、徐州萧县、济南府新城县、青州府莒州及诸城寿光二县、莱州府胶州、登州府蓬莱黄县、开封府中牟、原武、祥符、荥泽四县、大名府长垣县、顺天府蓟州及玉田县永平府滦州霪雨伤稼。"皇太子令遣官巡视	《明太宗实录》卷250
	永乐二十年七月癸酉	皇太子免南北直隶并山东、河南郡县被水灾粮二十三万八千三百四十石有奇,马刍三十八万一千三百余束	《明太宗实录》卷250
	永乐二十年八月壬寅	皇太子谓吏部刑部、都察院臣曰:"比年各处闲吏群聚于乡,起灭词讼,扰搅官府,虐害平民,为患不小。今后吏考满不给由,丁忧服满不起得代不赴京,因事赴京,还不着役者,悉发保安卫充军。"	《明太宗实录》卷250
第五次监国	永乐二十一年八月辛酉	是日,皇太子赈湖广靖州会同县饥民千一百五十八户,给米千五百四十九石	《明太宗实录》卷262
	永乐二十一年八月丁丑	皇太子谕户部尚书郭资曰:"今年南北直隶并山东郡县水旱之处,粮刍皆无出而有司征索不已,甚为朝廷敛怨,其悉蠲之。"	《明太宗实录》卷262
第六次监国前后	永乐二十二年四月乙卯	皇太子令赈河间府吴桥县饥民九百一十七户,给粟千四百五十石	《明太宗实录》卷270
	永乐二十二年五月丁丑	浙江台州府临海县言:"广济等处河道淤塞,水闸颓坏,乞修浚。"皇太子谕工部臣曰:"春秋慎用民力,而饥不时可令农隙修筑。"	《明太宗实录》卷270
	永乐二十二年七月壬寅	皇太子除福建建宁县户绝粮千六百一十石有奇	《明太宗实录》卷273

笔者作了粗略统计,永乐22年中皇太子监国11年,朱高炽发出赈济灾民、蠲免赋税之类的固本恤民具体指示总计不下44条,

平均每年至少有 4 条左右，这是很了不得的。因为在举国上下不断地做大做强的情势下，最容易被忽视的就是赈灾和免税之类的“细务小故”。古人云：民为邦本，如果一个国家的统治者不真正关心民生、不顾百姓死活盲目地追求 GDP、不断地打造政绩形象工程，即使他们再声嘶力竭地高唱“和谐”主旋律，其治理下的社会与小民生存无论如何也不会好到哪里去。因为作为国本的小民都没得安宁，何谈国家和社会的稳定与和谐呢？相比于其他的帝王来，或许是自己长期处于父皇绝对专制的恐怖高压底下，朱高炽难能可贵的是，更多地关注弱势群体问题，这在客观上帮助了他的父皇稳固了国本。

除此之外，监国时期的朱高炽还秉着宽仁的精神，在力所能及的范围内对永乐政治进行了“纠偏补漏”。可以这么说，他是那个疯狂年代里的清醒储君。

◉ 疯狂年代里的清醒储君

永乐七年(1407)皇帝朱棣北巡，留下太子朱高炽在南京监国理政。永乐皇帝的宠臣、酷吏陈瑛在上朝时出来弹劾兵部主事李贞，说他利用职务之便收受皂隶叶转等 4 人的贿赂，随即便将“案犯”全部逮捕入狱。李贞的妻子闻讯后急忙去猛击登闻鼓喊冤，皇太子朱高炽马上命令六部大臣会集在朝廷的大殿上共同审理这个案件。按照太子的指示，大臣们从早上八九点钟一直等到下午一点，足足等了 5 个小时，大家伸长脖子，瞪大了眼睛，只等来了一个“人犯”叶转。那么还有李贞等 4 个“人犯”都到哪里去了？叶转说都被拷掠死了。案件再往下仔细一查，压根儿就没有李贞受贿这事。

事情的起因是这样的：李贞的下属兵部皂隶叶转等人不知怎么得罪了袁纲、覃珩等人，这两个酷吏御史冲到兵部去捉拿叶转等皂隶等，刚巧碰上了李贞。李贞知道这些家伙不是东西，压根儿就没搭理他们。谁知道袁纲、覃珩两个坏蛋就此恨上了他，故意诬陷李贞受贿。

案件真相大白，原本是陈瑛、袁纲和覃珩等酷吏精心策划和制造的一场冤案，刑科给事中耿通等人马上上奏给监国的皇太子朱高炽，弹劾陈瑛等结党行奸、蒙蔽圣上、滥杀无辜，奏请太子迅速将他们绳之以法。朱高炽是个极其聪明的人，父皇朱棣是什么人，别人不知道，自己做儿子的难道不知？于是他十分智慧地说道："陈瑛是父皇的股肱之臣，肯定是袁纲之流太奸诈，将陈大人也给蒙骗了。"最终作出这样的处置：陈瑛之罪不论，将袁纲、覃珩两人打入大牢，并将他们的罪状写好了送往北平，听候永乐皇帝的处置。

太子朱高炽的谨慎是有道理的，因为他的父皇是历史上少有的雄猜之主。虽然朱棣远在北国，但对在南京城里监国的自己亲儿子也不放心，时不时地派人来暗中监视。这一切都给奸佞之徒陈瑛看得一清二楚，因此他压根儿也没把太子放在眼里。

有一次，有个学官犯了点事，被陈瑛等人发配到太学里当伙夫，干起了下等人的话。皇太子朱高炽知道后，觉得这样做有辱于学官，也怕那学官受不了体力活之累，于是他就叫负责大明都察院的长官陈瑛给学官换个工种，谁知陈瑛却将太子的命令当做耳边风。这时有人出来弹劾陈瑛，说他妄自尊大，目无皇太子殿下，犯下"大不敬"之罪，按律应予以治之。朱高炽没有应允大臣所奏，但十分严肃地跟陈瑛说："你用心刻薄，不明政体，这绝不是一个大臣所应行之道啊。"尽管内心很恨陈瑛，但想起雄猜的父皇，想起父皇对陈瑛宠信之用意，朱高炽都一一忍了。（《明史·奸臣·陈瑛传》卷308；《明太宗实录》卷109）

朱高炽体谅父皇心中之隐是什么？《明史》说得很到位："帝以篡得天下，御下多用重典。"其意思至少包括两个方面：第一，对于出逃在外的建文帝及其残余势力，篡位上来的朱棣每时每刻都得保持警惕，因为这天下原本不是他的，一旦建文帝卷土重来，后果不堪设想，而通过重用奸佞酷吏专事告讦，则可将一切潜在的危险消灭在萌芽状态；第二，朱棣上台时，建文朝大臣压倒多数地选择了出亡，南方人对朱棣"恢复祖制"极度反感与憎恶，不用奸人告讦，不用重典，篡位者朱棣是难以坐稳皇帝宝座的。

正因为如此，"（陈）瑛首承风旨，倾诬排陷者无算。一时臣工多效其所为，如纪纲、马麟、丁珏、秦政学、赵纬、李芳，皆以倾险闻"（《明史·奸臣·陈瑛传》卷308）。

除了实行酷吏政治和大兴弹劾、告讦之风外，永乐皇帝还不断地发出最高指示，接二连三地打造“天下第一”政绩形象工程，不断地做大做强，创造了一个天才皇帝、“盛世圣君”的神话。他下令编撰中国历史上最早最大的一部百科全书或言类书——《永乐大典》，开凿天下最大的“神功圣德碑”材——阳山碑材，倾力打造天下最为壮丽的佛寺佛塔——南京大报恩寺塔，几乎与此同时，又下令动工建造天下第一道观——武当宫观，浚通世界上最长的人工运河——京杭大运河，修建明十三陵之第一陵——长陵，营建当时世界上最为奢华最为壮丽的皇宫——北京明皇宫，铸造世界上佛教铭文最多的精美铜钟——永乐大钟，派遣心腹太监郑和率领当时世界上最大的海上船队六下西洋，大搞空前绝后的“朝贡贸易”工程，调集数十万军队 3 次平定安南之乱、郡县交趾，发动对漠北蒙古的五次亲征……

大明帝国到处“莺歌燕舞”，遍地大工大役……这是一个伟大的年代，也是一个疯狂的年代，同时还是一个灿烂阳光下充满罪恶和亮化工程遮掩下丑恶不堪、危机四伏的年代。

◉ 毒热太阳 & 和煦春风

早在朱棣第一次亲征漠北蒙古期间，有个叫李公敏的监察御史特别聪明、特别能来事，自己当了纪检干部，把犯人送进了监狱，突然间怜香惜玉起来，想起那些犯人家里的那“一亩三分地”不要给荒了？于是就借着各种公务的名义找犯人的妻子谈谈。不过这个李御史还算有点廉耻之心，还没有到当下某些腐坏了的“人民公仆”那般不要脸，居然带着别人的妻子到酒店开房，还厚颜无耻地对媒体与大众说：“我跟她谈公务！”相比之下，当年的李御史要汗颜多了，他今天在某个罪犯妻子那里过个夜，明天打一枪换个地方。同事们见到李御史没能“自律”住，连连撞上“桃花”好运，这等美事岂能错过?！于是刘先、刘勉、张睿、郭衡、商忠等御史各显神通，个个都把自己磨炼成了采花高手，到底在民间开垦了多少“空闲荒地”，今已无法统计，因为《明实录》说他们“皆娶离异不明之妇，恬不为耻”。不过丑事总见不得阳光，永乐八年六月甲寅日，北

京监察御史邹师颜参劾李公敏及犯事的同僚。桃花惊梦，李公敏等纪检干部最终被关了大牢。(《明太宗实录》卷 105)

永乐年间这样的案例还有许多，治标不治本，不仅从根本上不可能把大明帝国吏治搞好，相反，在那疯狂的年代里如此“细节末故”所应起到的警示作用却被湮没在不断地打造超级“政绩形象工程”的政治热情之中。于是人们看到大明永乐末年的吏治状况越发糟糕。

永乐二十二年十二月十二月癸丑日，大理寺右少卿弋谦给刚刚登基即位的朱高炽上书，他说：“民为邦本，本固邦宁，审知为邦之根本，则栽培不可以不厚……洪惟圣朝太祖高皇帝起自布衣，于凡民间之事罔不周知，故其发号施令，未尝不为民是，以三十余年之间仓廪充积，天下太平。太宗文皇帝缵承大宝，恢弘治化，南拓交趾，以扩疆宇，北讨胡寇，以靖边陲，营建北京，以固中原，其志盖欲暂劳而永逸事，虽不同其所以为安民之心，则一旦牧民之吏不体朝廷仁民之意”(《明仁宗实录》卷 5 下)。

弋谦没敢公然否定永乐皇帝及其酷政，而是委婉地说：下面的官吏没有贯彻好中央朝廷的精神，他们为国家收取一份的税收却指着十个人索要。富商大户闻听征赋，纷纷前去暗中打点、交易，原本应该成为赋税征收重点对象的大户们被“放走”，让生活据拮的细民小户去承担大头的赋税。如此下来，官吏们中饱私囊，“愈肆贪毒，远近视效，海内成风”，终使百姓们流离失所……

再说说司法系统的腐败吧。洪武时期对于较轻犯罪的笞刑和杖刑各有不同的等第，而今法司部门基本上不再将它们区分开来了。一旦有人被认定为犯罪了，立马就用大杖伺候。目的十分明确，提高破案率，多搞出些政绩来。至于什么人命，说到底还不如一条狗命。

洪武时期太祖皇帝规定，任何部门都不能擅自滥设隶兵，而今军队的都司、卫所和地方上的省级布政司、按察司以及府州县官多从富商大户那里选人作隶兵，每个官员自配隶兵少则 30～50 人，多则达 70～80 人。一个官员有这么多人陪伴，不仅他的“办事效率提高”了，而且还十分威风，比“我爸是李刚”还要牛！至于这么多人的工资开支和生活来源，那只有靠创收了。永乐朝有办不完的“皇差”，让办事人充分发挥自己的聪明才智，靠山吃山，靠水吃水。

洪武年间规定，官员家属不得在官员自己管辖的范围内做生意，可如今都司、卫所、布政司、按察司、府、州、县，每级官员管辖区内都有自己的孩子、兄弟或亲友在做买卖。他们依仗自家的“青天大老爷”，在辖区内强买强卖，巧取豪夺，十倍于利。尽管朝廷多次下令，蠲免上供柴炭等物，但官府衙门却视作耳旁风；朝廷下令蠲免逃亡百姓所欠下的粮税，官府衙门却指着没逃走的百姓索要，甚至睁着眼睛瞎说没逃走的富户为逃民，以便自己从中渔利；朝廷诏令恩赐布帛给 80 岁以上的百姓，可有关衙门不仅不肯拿出来，反而将其负担转嫁到别的老百姓头上。官府里的迎来送往不断，费用也由治辖下的老百姓出。那军队里这种费用从何而来？从军粮中出：督运粮草的，就从粮草中出；南粮北运的，就从北运粮中出，说到底这样的费用最终还是由老百姓来出。最令人气愤的是，就连给皇上和朝廷写贺表所用的纸笔墨砚等物品，官员们也要老百姓来“买单”，“诛求百途，费倍正数，未足公府，先满私家……”(《明仁宗实录》卷 5 下)

以上是大理寺右少卿弋谦讲的当时大明吏治的实况。其实，吏治败坏是专制社会常见的顽疾或言绝症，说到底其最根本的原因就是官员们的考核与升黜皆取决于“上”而不是“下”。作为人中之精的“人民公仆”都明白，只要与上面中央朝廷保持高度的一致，就能保证自己前途无量。所以说在传统社会里往往出现这样的怪现象：王朝越是专制，吏治越容易出问题，正如近代西方著名法学家孟德斯鸠所言：绝对的专制，绝对的腐败。永乐朝就是这么个典型。

当全国臣民都在为永乐皇帝那永无休止的大工大役亡命时，吏治败坏下的大明帝国社会出现了一幕幕令人瞠目结舌的历史惨剧：永乐八年秋七月丁丑，“皇太子谓礼部尚书吕震曰：‘人情相爱则祝以多男，而民庶者国家之祥。近闻京师愚民有厌多男子，生辄弃之不育者，伤天地之仁，失父母之道，宜严禁止之，再有犯者并两邻加罪’”(《明太宗实录》卷 106)。

皇太子代表皇帝发狠话了，严禁弃溺男婴，一旦有人再犯，不仅其本人要判刑，就连他的邻居也要一同治罪。小民们可听话了，痛改前非。但自古以来饮食男女不能没有男欢女爱呀，一不留心又是个男孩出生了，怎么办？很多做父母的早就听说了：当今永乐皇帝可喜欢宦官了！宦官，不就是将男人给阉割了炼狱而成的，于是“自宫”之风在光芒四射的永乐皇帝阴影底下悄然流行。直到永乐十九年七月，大明朝廷才意识到问题的严重性，最终下令“严自宫之禁”（《明太宗实录》卷 239）。

阉割虽然过于残忍，但毕竟还有一条小命在。与之相比还有更为悲惨的是，有的小民居然暴死在路上，这事还发生在永乐朝红太阳升起的地方——京师及附近地区。永乐十三年三月壬寅日，“皇太子（朱高炽）遣御史巡视畿内，有暴路骸骨者，督郡县瘗之”（《明太宗实录》卷 162）。

……

如果仔细阅读《明太宗实录》的话，你就会发现，所谓的“永乐盛世”其实就是个美丽的肥皂泡。当这个美丽的肥皂泡破裂时，人们惊觉：大明帝国却是一个破败不堪的烂摊子，而当时监国理政的皇太子朱高炽犹如大明帝国消防队总司令和国家贫困办主任。

如果说永乐帝朱棣是灼热毒人的夏日太阳的话，那么皇太子朱高炽则可谓拂面而来的和煦春风，丝丝如缕，沁人心肺。明末清初史学家傅维鳞评价朱高炽的仁政举措为“沦浃肌髓，人乐盈宁”（【清】傅维鳞：《明书·仁宗本纪》卷 6，本纪 4，《丛书集成本》，P83），明代国史《明实录》曾这样记载道“帝（指当时的皇太子朱高炽）亦孜孜惟仁之施，或有水旱饥馑兵民失所，未尝不戚焉思，有以赈恤之，每谕文武大臣曰：‘卿等为国柱石，宜深体至尊圣仁以惠黔黎，毋为苛刻，以摇邦本’”（《明仁宗实录》卷 1 上）。我们换个角度来讲，朱高炽以一个人间最高臣子的身份默默地为父皇的永乐帝国的相对稳定作出了极大的奉献。这些都是以往明史研究中所不曾重视的。

诚然在大明历史上朱高炽更多更大的贡献应该是拨乱反正，将永乐“战车”变道为“和平之列”，肇启转型，宽政恤民，培育元气，夯实大明根基。不过这一切没发生他在监国期间，而是在登基即位之后。那么这位仅仅当了 10 个月皇帝的明仁宗又是如何处理这些的？请看下章。

第2章 稳固明基　肇启转型

在大明帝国历史上，朱高炽与朱允炆有着很大的相似：他们都喜欢读书，推行儒家的理想治国方略，仁政恤民……更有他们都生活在历史上少有的强势皇帝的夹缝之中，在强烈的阳光照射下，在光彩夺目的举世伟业与形象工程的光环炫耀下，大明帝国历史上不多有的两位好皇帝却似乎显得黯然失色，甚至微不足道。

不过历史真正的看点就在于人们的不注意间，朱允炆一反洪武酷政，推行建文新政，不曾想到，最终却招来了灭顶之灾——朱棣"靖难"。比起朱允炆来，朱高炽似乎要幸运多，或许朱允炆推行新政太操之过急，或许是率先改革者注定要成为历史的牺牲品，或许……而朱高炽却以自己独特的方式和智慧，矫正了永乐朝决策之失误，将永乐"战车"变道为"和平之列"，肇启转型，宽政恤民，培育元气，夯实大明根基。

朱高炽的这些贡献与杰出才能自他登基那一刻起就开始充分展露出来了。

● 成功继位　一新庶政

永乐二十二年七月辛卯日，老皇帝朱棣突然驾崩榆木川，跟随北征的随身太监马云秘密找来永乐皇帝随行文臣杨荣和金幼孜等人，一同商议处理朱棣的后事问题：对外绝对保密，皇帝的生活起居一切照常，这样至少可以避免因皇帝的突然驾崩而可能引发的不安或动荡。与此同时，派遣文渊阁大学士兼翰林院学士杨荣、御马监少监海寿火速赶往北京，向监国皇太子朱高炽奉上永乐帝的传位遗命。

◉ 朱高炽稳稳登上大明帝位

朱高炽闻听噩耗，哭恸几绝，勉强站了起来，接受遗命，随即就向杨荣询问起父皇驾崩之事。杨荣向他一一道来，朱高炽听着听着，不一会儿又恸哭起来。皇太孙朱瞻基听到哭声，也跟着一起放声大哭，整个北京明皇宫顿时陷入无比悲哀的伤痛之中。(《明太宗实录》卷273～274；《明仁宗实录》卷1上)

不过国丧期间的朱高炽却保持着高度的警觉与理智，并开始作出一系列周密的安排：

首先他命令自己的嫡长子即当时还是皇太孙的朱瞻基赶赴开平，恭迎大行皇帝龙舆，并传令跟随朱棣北征的将士"悉听皇太孙节制"，这样便把行在大军牢牢地掌控在自家手中。

随即他召集尚书蹇义、大学士杨荣、杨士奇等大臣，商议处理父皇朱棣的身后事，并与礼部尚书吕震议定大行皇帝的丧礼，实行北京全城戒严。

鉴于当时严峻形势：老皇帝出师在外突然驾崩，除了数千名军士留守北京城外，大明军事主力几乎全给他带走北征了，京师十分空虚！为防止不测，朱高炽当即决定：派人迅速赶赴行在，给随征大营五军总兵官下达书谕：命令宁阳侯陈懋、阳武侯薛禄率领原随驾3 000精壮马队星夜赶回北京；倘若这3 000人马队因军事急需不能马上返京的话，就在各营中选取10 000人组成精壮马队，火速还京。(《明仁宗实录》卷1上)

事情处理到这一步，朱高炽才稍稍松了口气，忽然间他潜意识里头涌现出这样一个念头：通过如此布局，北方局面应该来说已经全在自己的掌控之中了，但南方尤其是大明故都南京却不能掉以轻心啊！永乐二十二年八月丁未日，朱高炽"命驸马都尉沐昕掌南京后军都督府事，命太监王贵通率下番官军赴南京镇守。宫中诸事同内官朱卜花、唐观保，外事同驸马都尉西宁侯宋琥、驸马都尉

沐昕计议而行。”(《明仁宗实录》卷1上)

在完成一系列非常举措之后,朱高炽终于接受众臣上表劝进之请,于永乐二十二年(1424)八月丁巳日(十五)正式宣布,接受父皇朱棣遗命,登基即位,改明年为洪熙元年。由此朱高炽在历史上被人称为洪熙帝或明仁宗。

洪熙帝的谨慎举动从表面看来好像是多此一举,老皇帝朱棣不是老早就确定他为皇位接班人,而且还有让他登基即位的大行皇帝的临终遗嘱?

其实大为不然,朱高炽的严密部署一点也不多余,因为就在这时,原本他的皇位最有力的竞争者,一直要将他整倒的二弟朱高煦及其同党正在加紧暗中活动,并企图寻隙政变呐!

◉ 毒父亲:偷鸡不成蚀把米

自永乐十五年三月被父皇朱棣强制之国乐安后,朱高煦从未安分过。他“深怀怨望,异谋益急,造伪钞,造兵器,纵护卫军为盗,及占民田地,强取马牛,境内骚然。”当时还是皇太子的朱高炽听到二弟犯下了如此多的罪恶,十分气愤,他写了劝诫书谕,派人送到山东乐安汉王府去。可汉王朱高煦压根儿就没把这当回事,依旧是我行我素,怙恶不悛。

不仅如此,朱高煦还派了自己儿子和亲信潜伏到北京,刺察朝廷的机密。明成祖朱棣第五次亲征漠北蒙古归途中突然遭遇鞑靼与兀良哈人的伏击,一代帝王由此突然驾崩(吴晗:《朝鲜李朝实录中的中国史料上编卷四》,中华书局1980年3月第1版,第1册,P318,P324~325)。当时朱高煦的儿子朱瞻圻正在北京,他将自己耳闻目睹的朝廷举动都一一记了下来,并不断地派人偷偷地回去,向父王朱高煦作回报,据说一昼夜之间赶往山东乐安的密使就有六七批次。而远在山东的朱高煦更没闲着,前后几十次派人潜伏到京师北京,伺机刺探朝廷的机密。无奈,朱高炽及其辅佐大臣将永乐皇帝突然驾崩的消息封锁得严严实实,朱高煦最终几乎一无所获。与此相反,自己的不轨之举倒是被皇太子及其心腹大臣给看了出来。有人向朱高炽作了汇报,也有人建议乘着朱高煦谋反尚未来得及付诸行动之际，立马发兵将其擒获。可朱高炽不仅没采纳，反而更加厚待二弟朱高煦，并派人将他召到北京来，加倍增加汉王的年禄，“赐赉宝物，动以万计”(《明宣宗实录》卷 20)。

再说做贼心虚的朱高煦原本不大想到北京来的，无奈新皇帝派遣的特使那么真诚地邀请与催促，自己也只好来了。本来担心皇帝兄长可能会就此收拾自己，没想到到了北京却得到了更加丰厚的赏赐，朱高煦越发心中没底了，会不会皇帝兄长故意迷惑自己，随后再收拾人？尤其这样，倒不如干脆来个痛快的。就在面见新皇帝朱高炽时，朱高煦主动上告，将儿子朱瞻圻派人送给自己的几十封刺察朝廷的密信交给了朝廷。其中有封信中还写下了这么一则谣言，说新朝廷议定，将要发兵攻取乐安城。洪熙帝朱高炽看完后十分生气，立即令人将侄儿朱瞻圻召到大殿上来，让他先看看自己写的那些信，然后对他说：“你尚且凭空捏造事实，离间我与你爸的兄弟关系，更何况其他人啊！”在场的朱高煦听到这番话后顿时十分来劲，马上跟皇帝兄长这样说道：“我是这小子的父亲，他竟敢在大行皇帝前谮毁我，更何况陛下您了。以这个不孝子所作的罪孽，皇帝陛下应该把他给斩了。”

古人云：虎毒不食子。恶棍加无赖的朱高煦总不至于恶毒到了要杀害帮助自己谋反的亲生儿子吧，或者说究竟是什么原因促使朱高煦如此口出呓语？

原来朱高煦与朱瞻圻父子之间有着很深的过节。朱高煦十分凶残，有一次他与朱瞻圻的母亲发生了争执，一怒之下竟把她给杀了。为此，朱瞻圻十分悲痛又极其恼火，一气之下他就离开了山东乐安，前往北京向皇爷爷朱棣告状。

在朱棣的眼里，朱高煦本来是自己的宝贝疙瘩，储君之位没给他，就有点对不大起他了。后来把他改封到了乐安就国，心里更是有点说不大过去了，但也没办法。现在孙子来告状，说我的心肝宝贝杀了个性伙伴，杀个把女人算得了什么？三国时期的刘备不是说过：女人如衣服。旧的不去，新的不来，我永乐皇帝糟蹋了多少美女，又咋样的?！朱棣的这些心里话不好直接说给孙子朱瞻圻听，但自己的主意已定，所以对孙子的告状左耳朵进，右耳朵出。这些事外人不知道，可朱高炽和朱高煦等皇族内的人还是挺清楚的。

此次来京是为了解救自身的危机，朱高煦灵机一动，利用皇帝兄长之手，既能除掉自家不听话的逆子，又可让新皇帝一上台就背负杀害侄儿的恶名，真可谓一石两鸟！可令他万万没想到的是，自己的兄长皇帝压根儿就不吃这一套，相反让他碰了一个软钉子。当朱高煦嚷着要杀自己的亲儿子时，洪熙帝朱高炽十分聪明地回答道："小孩子家不懂事，杀了他不值得。这样吧，让他到凤阳去看守祖宗的皇陵吧！"(《明宣宗实录》卷20)

朱高煦本来是想使坏耍赖，却最终落得个偷鸡不成蚀把米的结局，自感没趣，只好怏怏返回乐安，等待时机。而朱高炽在人们不经意间以含而不露的手法赢得了皇权稳固战的胜利。

从临危受命到登基即位，朱高炽的言行举止老练、稳重，处置得当，步步为营，或言无懈可击。由此可以看出，他是一个了不起的政治家，正如他当年回答皇爷爷朱元璋提问时那般一语中的，抓住了问题的实质和要害。

其实，采取上述非常举措仅仅是取得皇权后的朱高炽小试牛刀罢了，而他的更大更重要的功劳就在于在短短的十个月皇帝生涯里迅速地拉起车闸，将永乐帝国这列超速行驶的"高铁"转入了"普快"的轨道，结束了"空中花园"般的"圣君盛世"之美丽神话，进而使得当时GDP绝对占据世界第一的大明王朝由不断做大做强的"大跃进"时代逐渐地过渡到平和发展与解决民生问题的理性年代，并成功地实现了帝国的转型。

换言之，洪熙皇帝的如此贡献大大稳固了大明帝国的根基，将尚武动荡的永乐之世转向了相对安宁的"仁宣致治"。那么朱高炽如何做到的？对此，《明史》有过这样的概括，那就是"一新庶政"(《明史·选举三》卷71)，具体说来如下：

● 赈灾蠲税　省工罢役

洪熙元年正月十五日，洪熙朝君臣来到北京南郊祭祀天地。活动结束后新皇帝朱高炽向中外颁布诏书，再次申明新朝廷的施政宗旨："朕惟君国之道，事天为大，事天之实，恤民为本……(朕)

嗣位以来，夙夜只慎，上惟天命之重，下念生民之艰，式严昭事，庶臻康济”（《明仁宗实录》卷6下）。

新皇帝明确说，他要“上惟天命之重，下念生民之艰”，落实到关节点上那就是过去朱高炽监国的基本精神——“恤民为本”，即将恤民作为治国理政的根本。如此“恤民”、亲民的朱高炽与不断“做大做强”又善于作口头秀的父皇朱棣形成了鲜明的对比。

其实洪熙帝朱高炽的这个治国宗旨早在他的登基即位诏书里就已经明确表达过。笔者研究了明朝前期五位皇帝的即位诏书，发现了这样一个史实：朱元璋即位诏书278字（详见《明太祖实录》卷29上），朱允炆即位诏180字（详见【明】谈迁：《国榷》卷11，太祖洪武三十一年，P789；【明】朱鹭：《建文书法拟》前编七），朱棣即位诏书2 000多字（详见《明太宗实录》卷10），朱高炽即位诏书2 230多字（详见《明仁宗实录》卷1上），朱瞻基即位诏1 600多字（《明宣宗实录》卷1），即在明朝前期五位皇帝中朱高炽的即位诏书字数最多，多达2 200多字。除文字表达方式因素之外，新皇帝即位诏书的字数在某种程度上与他所面临的和所要解决的问题存在着很大的关联。在洪熙朝开启之际那份厚实的即位诏书里，朱高炽及其心腹大臣们既提纲挈领地概括了新朝廷的施政纲要，又务实地采取了列举表达方式，即将洪熙朝所要着手解决的大问题给一一列举出来，总计不下35条。笔者将其归类，大致是：赈灾蠲税，救济细民；省工罢役，舒缓民力；整顿秩序，抑官养民，而其核心为恤民为本。我们先讲第一个。

◉ 经济方面①：赈灾蠲税　恤民宁过

从永乐二十二年八月继承皇位起，到洪熙元年五月突然驾崩，朱高炽颁布或下发了数十条的恤民御旨，其中最多的还是他当皇太子时所干的“老本行”——赈灾蠲税。不过，与过去监国时期相比，取得皇权后的朱高炽之上已没那座父皇“大山”重重地压着，让他喘不过气来。相反，老皇帝的驾崩给予了新皇帝更多的自我发展空间，因而在推行赈灾蠲税、恤民固本方面，朱高炽做得更加有声有色，其主要体现为：

◎ 第一，不厌其烦地关注民生，将赈灾蠲税落实在实处

昔日为皇太子时，父皇霸道，朱高炽充其量是全国扶贫办主任、抗震防洪救灾总指挥。现在老皇帝不在了，全国政务重担一下子撂倒了自己的身上，洪熙皇帝会不会因为公务繁忙而减少了对老百姓的体恤？没有！

永乐二十二年八月十五日，朱高炽在即位诏书中列举了35条自己亲政后将要推行的新举措，其中有近10条是有关赈灾蠲税和恤民固本的。如第2条规定："永乐十九年十二月以前拖欠及亏兑未完税粮料豆户口塩粮及有报数在官而未曾送纳者，尽行蠲免，仍免永乐二十二年户口盐粮，其各处拖欠马草柴炭，自永乐二十年十二月以前，尽行蠲免。"第3条规定："自永乐二十二年八月十五日以前各处递年拖欠农桑诸色课程、仓粮盐课等项，并倒死及亏欠马驼驴骡牛羊等畜及拖欠芦柴纳欠铜铁颜料席麻竹木等物、追陪珍珠等项，并未纳各项赃罚陪追未完段匹等件，尽行蠲免。"第4条规定："各处军民有因追陪孳生马匹，为官府所逼不得已，将男女妻妾典卖与人者，诏书至日，官府悉为赎还，不许托故延缓，如女子年长已成婚配者，不在此例。今后倒死孳生马匹，只照洪武中例追陪。"第5条规定："各处逃移人户，悉宥其罪，许于所在官司首告，发回原籍复业，免其差徭二年，其户下所欠税粮，尽行蠲免。"第18条规定："凡被水旱灾伤缺食贫民，有司即为取勘赈济。"第19条规定："民间应有事故，人户抛荒田土，有司即为从实取勘，开报以凭覆实，除豁别召人承佃内，系官田者，即照民田例起科。"第20条规定："天下一应税课，悉依永乐二十年以前旧额征收，不许指以钞法为由妄，自增添扰害伤民"(《明仁宗实录》卷1上)。

洪熙即位半个月后的九月，黄河水泛滥，淹没了河南祥符、陈留等好几个县。灾情上报朝廷，洪熙帝朱高炽果断地"敕免今年税粮、马草"(《明仁宗实录》卷2上)。与河南相距不远的凤阳、五河等县在这时也上奏说：那里的雨水将庄稼全淹了，看来今年老百姓的收成是无望了。朱高炽随即命令户部尚书夏原吉："凤阳等地严重受灾，农民是否能生活还是个问题。这样吧，你们户部马上下文，将他们那里今年的税收给全免了！"(《明仁宗实录》卷2中)几乎与此同

时，素有“天堂”之称的苏、松、嘉、湖、杭、常等江南六府也发生了水涝，“田稼多为水渰没”。奉命前往江南治水的通政使司左通政乐福向朱高炽请示：“江南六府水灾严重，陛下能否宽限那里六府百姓今年的税赋，等明年收成好了再一并征收?”洪熙帝答复：“今年有灾荒当然要宽限，倘若明年一并征收，本来就赋税繁重的江南百姓可能要吃不消了。干脆这样吧，明年让他们补缴大明宝钞和棉布。方便、简捷，也好减轻一下那里百姓的负担!”(《明仁宗实录》卷 2 下)事后洪熙帝想想好像没做到位，为防止征税过程中衍生出种种害民之弊端，他针对江南六府宽限赋税问题作出专门批示，明确以“永乐五年恤民之例”，受灾的江南百姓原来每户要缴纳 1 石税粮的，现在只要上缴棉布 1 匹或宝钞 6 锭就可以了。当时棉布已是江南地区普及的家庭经济产品，缴纳棉布对于普通农户家庭来说是轻而易举就能做到的；而大明宝钞自洪武中后期就开始贬值，有人估计，到洪熙时大明宝钞可能已经贬值到了 100%左右，甚至更多。所以朱高炽的如些举措，一来可以激活大明宝钞的流通，二来大大减轻了受灾的江南六府百姓之负担(《明仁宗实录》卷 3 上)。

新皇帝一即位就如此不厌其烦地关注民生，将赈灾蠲税与恤民固本落实在实处，这在历史上是不多见的。

永乐二十二年十月，杭州府仁和县有人上奏说：当地田土濒临大海，连年受到海潮冲塌，而国家税收却不会因此而减免除豁，老百姓深以为患。洪熙帝听说后“命户部速遣人阅视除豁”(《明仁宗实录》卷 3 上)。同月，山西浑源州官上奏说：他们那里大约有 100 多户人家逃荒去了，留下了许多荒芜的土地和政府的税额，朝廷是否允许将那些多年未能完成的税额平摊到未逃亡的当地百姓的头上?皇帝朱高炽听后很生气，立即回答道：“老百姓为什么要逃亡?不就是因为太穷了。现在你们官府要将未能完成的税额平摊到未逃亡的当地百姓的头上，这岂不是让这些人也一贫如洗进而大逃亡?!”随即他“命户部速除税额，若民有愿耕者或逃者复归就耕，则三年后征税”(《明仁宗实录》卷 3 下)。

由河南、江南、杭州、山西等地连续发生灾荒百姓生活艰难，朱高炽联想到一个带有普遍性的问题，那就是永乐以来各级各地官员对于明摆着要蠲税赈灾的，他们却往往视而不见、充耳不闻，一心为了自己的政绩却不顾百姓死活，照征不误。为此，他在永乐二十二年十二月专门命令户部下文到各地："凡今被灾处田土，悉准永乐二十年山东逋租例，蠲其粮税"，并"分遣人驰谕各府州县停免催征"。与此同时，为防止官员利用赈灾蠲税之际中饱私囊、大发国难之财，他还命刑部、都察院、通政使司："自今内外官贪赃者并录其罪名，藏于官以便稽阅"(《明仁宗实录》卷 5 下)。

除了制度上予以完善外，洪熙帝朱高炽还一如既往地继续做好他在做皇太子时就曾担当的全国扶贫和抗震防洪救灾总指挥的工作。永乐二十二年十月，洪水淹没北京郊区蓟州、平峪等州县田五千五百三十顷，徐州萧沛等州县田七千二百九十顷。洪熙帝闻讯"诏悉蠲其今年租税。"同月，浙江于潜、乐清两县发生饥荒，朱高炽下令"发预备仓粟赈之"(《明仁宗实录》卷 3 上)。永乐二十二年十二月江南常州府宜兴、武进等县上奏："今岁田土水灾无收者九百五十顷有奇，(洪熙)命户部蠲其粮税"(《明仁宗实录》卷 5 下)。洪熙元年二月丙辰日，"户部言：'睢宁县有饥民八百余户。'(洪熙)命发本县仓粟赈之。"同日，"清河县奏县饥民千八百户有奇。(洪熙)命户部发本县仓粟赈之"(《明仁宗实录》卷 7 下)。庚戌日，"舞阳县言有饥民千三百余户，请发本县仓粟贷之。上(洪熙)命以赈之"(《明仁宗实录》卷 7 上)。洪熙元年三月己卯日，浙江黄岩县上奏："累岁旱涝，民多散徙。去秋雨水漂民居五百余家，凡溺死八百余人。"洪熙帝"命户部遣官驰赴赈恤"(《明仁宗实录》卷 8 上)。洪熙元年四月己酉日，巡按河南监察御史潘纯上奏说："河南郑、许、钧、汝四州及延津祀襄城、汜水、考城、临颍、通许、太康、永城、郾城、原武、扶沟、河阴、登封、卢氏、孟津、鲁山、南阳、郏河、内武、陟遂、平西等二十三县民饥，乞发所在仓粟赈济。"朱高炽当即准奏，并命人迅速予以落实。(《明仁宗实录》卷 9 下)

○ 第二，闻听地方有灾，先行救济而后核实

尽管朱高炽赈灾蠲税工作做得十分务实，但长期的官场积弊还是时不时地暴露了出来。譬如赈济灾荒过程中为防止地方上瞎报受灾情况，侵吞国家财物，明初朝廷规定，一旦地方上发生灾异，就必须派遣相关官员前往当地去核实，再实施赈灾蠲税。

永乐二十二年十月癸丑日，河北顺德府广宗县上奏说："今年我县雨水特多，庄稼受灾严重，恳请朝廷宽免今年本县的租税。"洪熙帝听后如数家珍般地跟户部官员说道："前年登莱等州府发生了大水灾，当年他们那里的税赋就给全免了，第二年他们那里的赋税也改用大明宝钞来折算上缴。现在广宗县发生水灾，可参照登莱之例！你们户部官应该注意，不要动不动等到地方灾情核实以后再实施赈济蠲免，灾区百姓可等不了官府那一套程序，他们时刻都有生命之虞。干脆就这样吧，一旦地方上发生灾异，你们马上赈济，然后再命令巡按御史去一一核实。要是发现有人营私舞弊、中饱私囊的，一律按照《大明律》论处；'自今各处有告灾者，悉准此例'"（《明仁宗实录》卷3下）。

○ 第三，皇帝要求第一时间过问灾情

洪熙皇帝心心挂念受灾百姓，有人觉得很不值得。永乐二十二年十月，大明通政司官员向朱高炽上奏，说："陛下是万尊之躯，总理天下事务。而各地发生灾异有大有小，恳请陛下允准，让我们通政司将收到的各地灾异报告先送到给事中处收贮起来，个别特大灾异再上报给您？"平日心情比较平和的朱高炽听了很不高兴，他激动地反问起通政司官员："我大明祖宗立下规矩，将天下灾异报告迅速送达御前，就是要皇帝第一时间知道灾情，这样便可迅速实施恤民之政，真可谓良法美意啊。而今你们却要将各地灾异奏章先堆积在你们通政司那里，那皇帝还能知道什么？接着再收贮到给事中处，那就是让皇帝永远不知道天下灾情？照这样下去的话，各地州县还用得着上报？"说到这里，洪熙帝已经十分生气了，语气也变得严厉起来："听好了，从今以后，各地灾异奏章一到，你们必须立即将它们封好送到宫里来，'朕亲阅焉！'"接着皇帝朱高炽耐人寻味地这般说道："作为皇帝的近臣，你们应该'究事理恤民难'，不能像过去那样'徒苟应故事（成例）也！'"（《明仁宗实录》卷3上）

作为一个皇帝，关爱苍生到了这一步应该来说是很不多见的，但事实是朱高炽还没满足。永乐二十二年十一月，他跟心腹大臣户部尚书夏原吉等这样说道："你们要下文到各地去，告诉地方官吏与百姓：'凡政令不便于民者，条具以闻，被灾之处早奏赈恤，有

稽违者,守令处重罪'”(《明仁宗实录》卷4上)。

拖延或迟报地方灾情的,相关官员要被处以重罪。这样的爱民、惜民皇帝自古以来还真找不出几个。

○ 第四,“恤民宁过厚,为天下主可与民寸寸计较耶?”

洪熙元年四月南京明皇宫派人上北京汇报事情,皇帝朱高炽听说十分高兴,马上召见了南京来者,一见面就问:“你一路过来看到民情怎么样?”来者说:“淮安、徐州及山东境内的老百姓大多缺衣少食,可当地官府却不顾百姓生计,依然不断地派人上门催逼夏收税粮。”朱高炽听到这里脸就往下一沉,随即他下令传召太子少师老臣蹇义上殿来问话。

正当洪熙帝阴着脸焦躁不安地等待之际,蹇义来到了明皇宫的大殿上。两人一照面,朱高炽就亟不可待地问:“蹇爱卿,南京来使说,他一路上见到老百姓日子不好过,你可知此事?”蹇义说:“这早已是公开的秘密。”听到这话,朱高炽再也没说什么。

他心情沉重地一人走着,走到了西角门终于停下了脚步,若有所思了好一阵子,最终开口,召大学士杨士琦等亲近大臣上殿,随即命令杨士奇起草诏书:“悉免其今年夏税及秋粮之半,官买物料,一切停罢”。杨士奇听到洪熙皇帝发出的是这样的口诏,马上应对道:“皇上出于天生仁心,体恤民情,爱民惜民,此乃我大明万民之福!不过蠲免赋税和省工罢役一类的事情最好也要叫户部和工部等具体主管部门的官员一起来商议一番。”一向对杨士奇十分敬重的朱高炽听到这话就显得很不耐烦,随口便说:“你说慢慢叫他们一起来商议?要知道,救民之穷如同救人于水火之中,稍稍迟缓,人就要被淹死或烧死。朕知道有关衙门往往从国家财政开支角度来考虑问题,反对朕的宽免旨意,杨爱卿你等就不必多说了。”说到这里,朱高炽招呼内官,准备好笔墨,让杨士奇当即起草诏书。诏书刚写好,朱高炽马上取来御览,随即命人用上自己的玉玺。就这样,不到几分钟的时间,一份蠲免赋税和停办官买的皇帝诏书从北京皇宫里头“飞”了出来,飞往全国各地。再说此时的洪熙皇帝朱高炽如释重负一般,回头对身后的杨士奇说:“杨爱卿现在可以跟户部和工部的官员们说了,朕将今年受灾地区的夏秋税粮蠲免了一半，并下令停办一切不急官买。"这时，边上有人实在忍不住出来说话了："一个地方受灾果然要赈灾和蠲免，但你也不能肯定这个地方到处都是灾情严重，颗粒无收啊，朝廷应该分清灾情轻重再予以恩施，可不能滥施皇恩！"朱高炽听了气不打一处来，愤愤说道："朕为天子，恤民宁愿过分一点、厚道一点，这有什么错？难道身为天下之主竟然要与天下子民斤斤计较吗？"(《明仁宗实录》卷9上)

◎ 第五，正视物价飞涨的现实，宫廷购物遵循民间市场行情。

洪熙帝主张，作为天下之主不仅不应该与天下子民斤斤计较，恤民宁过厚，而且还要从百姓利益角度出发，管好自己的宫廷官买。

洪熙元年四月，北京行在太常寺卿杨溥上奏说："我们太常寺现在用来祭祀的牲畜已经不多了，恳请陛下允准，派遣相关官员前往牲畜产地去购买。"朱高炽一听到这话就感慨万千，随即跟杨溥说："能做到仁爱待人然后才够资格祭祀神灵。朝廷事神的精神大家都知道，不用朕多说了，我大明开国以来难道怜惜过这样的一笔开支?！只是近年来有关部门不达大体，不从国本——黎民百姓出发，在购买祭祀用的牲畜时只顾照着洪武中后期定好的价格强行购买，市场上的物价时涨时跌，朕可从来没有听说过它有不跌不涨固定不变之理。现在我们民间物价比起洪武时期要涨了几十倍，而我们宫廷出去官买的人却按照洪武时期的旧物价强行购买，老百姓能没怨言吗？老百姓有怨言，神灵还能敢享用我们的祭祀之物？所以说我们朝廷出去官买，一定要按照市场价格将钱给足给卖主，如果实在钱不够，就找地方官衙，让他们从没收的赃款、罚款中取出一部分来补足。在买卖过程中，京畿地区让巡按御史，外省让按察司全程监督，'毋致扰民'"(《明仁宗实录》卷9下)。

◎ 第六，关注社会边缘弱势群体

与历代帝皇相比，朱高炽恤民治国理政还有一个明显的特征，那就是关注社会边缘弱势群体。永乐二十二年十月甲辰日，洪熙帝跟礼部官员说："我家父皇在位时曾经几次下诏，让有关部门关注社会边缘弱势群体。各地郡县都设立了养济院，专门是为了安置那些鳏、寡、孤、弱者。可近来朕听说朝廷的这些规定都成了一张废纸，养济院破旧不堪，生活必需品都不能及时供给，许多在养济院生活的人饥寒交迫，度日如年，而主管部门的官员却置若罔闻。你们礼部应该赶紧下文下去，对于分管养济院的官员与衙门要严加戒约，让他们认真对待，把我朝廷的恩惠落实在实处，勿使社会边缘弱势人群流离失所”(《明仁宗实录》)。

◯ 第七，变通旧例，方便于民

对于社会边缘弱势群体尚且能做到细致入微的关怀，谁能说洪熙帝的恤民之举是在作秀呢？这也许是朱高炽与他的父皇作秀高手朱棣的又一大区别。再说透一点，朱高炽的恤民是真正用了心思的。永乐二十二年九月，洪熙帝听说了这样一件匪夷所思之事：北京城里的老百姓烧饭、取暖所用的柴火要到一千几百里以外的山上去采取，他觉得这实在是苦了小民们了，细问缘故，这才知道相关部门不仅将明太宗长陵所在地天寿山作为禁止采樵之地，而且还将其不远的西山也划为了禁区。洪熙帝当即下令，让大明工部发文，开放西山樵采之禁。可兵部尚书李庆听说后当即反驳皇帝的谕旨：“陛下，西山樵采不应该对小民们开放，只有我朝廷衙门才有权樵采。”朱高炽听后很不高兴，随即回击李庆：“古代圣人王者之时，常常与民共享山林川泽之利，虽然有时也有禁樵，但一般都是取之有时，用之有节，实际上还是官民共享，而不是由官府独霸的。现在我们北京城内外军民共计不下几百万人家，柴火不从山上采取，还能从别的什么地方产出？人君治民之道如同父母教养孩子之道，如果能惠民的，就应该予以实施，更何况山川所产之物。从目前来看除了天寿山及其与之相连的居庸关以东山区应该禁止樵采，以防惊扰了祖宗外，其他山区一概不禁！”(《明仁宗实录》卷3上)

由北京城内外军民柴火采伐开禁，洪熙帝联想到了南京，因为不久以前有人曾跟他说：南京原本就是大明帝国的首都，那里的抽分场所和龙江提举司保管的专门特供给朝廷衙门的竹木堆积如山，有的竹木据说已经被存放了二三十年，如果不马上处置的话，保不准要出事。想到这些，他立即下令，将工部官员召到大殿上来，当面跟他们说：“积聚本来是为了方便日后人们使用。现在北京城柴火供应不足，而南京又有大量的积压，你们为什么不找个万全之策？这可都是老百姓的血汗！朕是这样想的，你们工部赶紧将南北两京官府掌控的柴火数量作了清点，除了足够官府使用外，其余的全卖给军民，每一百斤柴火官价 5 贯宝钞，这样一来，不仅多余的官府柴火得到合理地使用，而且还可以将民间模糊不清和贬值发烂的大明宝钞收回一大部分，方便穷苦百姓”（《明仁宗实录》卷 4 上）。

○ 第八，屡诏求言，冀达民隐

虽然柴火供给无论怎么说都算不上什么大事，但它是我们饮食男女生活所必需的。洪熙皇帝的可贵之处就在于他以一般帝皇所不曾拥有的细心与耐心来关爱百姓。见此，有人可能要说，这是不是抬高了洪熙帝，享受人间顶级之乐但又行动不便、身居庭院森森的皇家大内里头的皇帝再怎么爱民如子毕竟有限，他又不是千里眼、顺风耳，民间隐疾也不会长着翅膀飞到皇帝那里？这样的发问果然很有道理，但洪熙帝自有他的一套关爱民众生计的办法——屡诏求言，冀达民隐。

洪熙元年四月，针对山东及淮安、徐州等地的严重水灾，朱高炽来个特事特办，直接下诏，蠲免那里的“夏税秋粮之半”，并“停罢一切官买物料”。为了克服自己掌握民隐、民疾的局限性，洪熙帝还在诏书号召大家敢于直言：“朕承大统，主宰天下，上惟天命之重，下念民生之艰，夙夜忧劳，惟恐一夫不得其所，屡诏求言，冀达民隐”（《明仁宗实录》卷 9 上）。

登基即位才半年多一点，洪熙帝已经屡次下诏鼓励大家直言民隐。就此透露了这样的一个史实：当时所谓的“永乐盛世”后的大明子民们依然没有走出严酷政治的阴影，而另一方面却反映出新皇帝恤民固本、着力致治的迫切心情和非常胆识。因此，从这样的角度来讲，明代人称朱高炽为仁宗皇帝，我看也没什么不妥的。

◉ 经济方面②：省工罢役　以纾民力

洪熙帝朱高炽为贯彻恤民固本的治国宗旨而采取的第二方面

的做法，即为省工罢役、舒缓民力。而省工罢役、舒缓民力的首要举措，就是迅速叫停永乐朝延续下来的大工大役。

永乐朝政绩工程、形象工程迭出，原本常挂在朱棣嘴边的“恤民为本”的治国理想最终成了泡影。就在北京新皇宫修成，大明行将迁都之前，朱高炽和他的儿子朱瞻基接到了永乐皇帝的御旨，迅速赶往北京。在前往北京的途中，皇太子朱高炽亲眼目睹了“莺歌燕舞”的永乐帝国的另一面：老百姓生不如死。而真正揭开永乐“圣君盛世”疮疤的，则是在北京明皇宫三大殿火灾之后，尤其是那个叫邹济的直臣公开数落了永乐朝的大工大役所带来的祸害。由此，更多的人开始关注起永乐皇帝的政绩形象工程的是与非了。

笔者在《永乐帝卷》中曾对永乐朝的政绩工程做了详细的阐述与归纳（详见笔者《永乐帝卷》第 6、7 和 10 章），发现朱棣自篡位登基起直到驾崩榆木川，永乐朝 22 年间几乎没有一年不在大搞工程大役，有的一年内同时并举好几项大工程，折算下来大约 4～5 个男性青壮劳动力中就有 1 人在外为自诩为“一代圣君”朱棣做苦力和玩命。不幸中的万幸，永乐中晚年，南北大运河修浚畅通，江南治水和黄河故道疏通初见成效，武当宫观和明长陵也大体告竣，宛如蓬莱仙阁且绝对壮丽奢华的北京明皇宫终于大功告成并开始了使用。谁知老天爷不开眼，一把火把三大殿给烧了个精光，无所不能与无恶不作的永乐皇帝一下子蔫了，除了拿几个不知趣的直臣出气外，再也不敢公开提出修复三大殿。到永乐驾崩时，尚在继续进行的且最为靡费的大工大役有：下西洋工程、朝贡贸易工程、建造南京大报恩寺、北征漠北蒙古与南平交趾之乱等。

下西洋工程历时永乐朝近 20 年，给当时的大明帝国带来了什么样的负面影响？

据明人笔记所载：“国初，府库充溢，三宝郑太监下西洋，赍银七百余万，费十载，尚剩百万余两归”（【明】王士性：《广志绎・方舆崖略》卷 1）。就这剩下的百余万两银子朱棣也没有让它们回归国库，而是用来打造另一个巨型的政治形象工程——南京大报恩寺塔。以此来推算，当时郑和仅三下西洋用去了 600 万两，每次平均要花去 200 万银子。永乐朝郑和共计 6 次下西洋，大约要花去 1 200 万两银子。永乐时石粟不过值银二钱（《明史・食货志一》卷 77）。明中叶时,岁支不过300余万两。也就是说郑和下西洋总共花费的银两是明朝中期年支出的400%。明初物价低廉,大明公务员低薪,这样对比下来,我们就不难发现,郑和下西洋就成了绝对高消费的劳民"政治形象工程"了。由此可以这么说,它充其量也只能算作是永乐皇帝皇冠上的彩带或响铃,点缀和装饰着明皇宫里的专制君主罢了。

对此,长期处于永乐帝绝对专制底下担惊受怕的皇太子朱高炽再清楚不过了,永乐二十二年八月十五日他在自己的登基即位诏书中旗帜鲜明地提出了悉罢下西洋诸役:"下西洋诸番国的宝船全部停止,如果已经在福建、太仓等地停泊的宝船全部返回南京,将带去的货物交由南京内府保管;来我大明进贡的西洋诸番国使臣本来要回去的,有关部门拨些船只与人手送他们走;原本差去各地办理下西洋之事的内官和外官在接到本诏书后迅速返京,被征发去为下西洋之役服务的老百姓也各自回家"(《明仁宗实录》卷1上)。

下西洋工程喊停,下西洋的筹备工作也得停歇,朱高炽在即位诏书的第9条规定:"各处修造下番海船,悉皆停止。其采办铁梨树,只依洪武中例,余悉停罢。"第10条规定:"但是买办下番一应物件并铸造铜钱,买办麝香、生铜、荒丝等物,除见买在官者于所在官库交收,其未买者,悉皆停止。"第11条规定:"各处买办诸色纻丝、纱罗、缎匹、宝石等项及一应物料、颜料等并苏杭等处续造缎疋,各处抄造纸札、磁器,采办黎木板诸品、海味、果子等项,悉皆停罢。其差去官员人等即起程回京,不许指此为由,科敛害民"(《明仁宗实录》卷1上)。

朱高炽明令叫停下西洋之役,与此密切相关的永乐朝另一项劳民伤财的大役——蔚为壮观的朝贡贸易也随之喊停,"往迤西撒马儿罕、失剌思等处买马等项及哈密取马者,悉皆停止;将去给赐缎疋磁器等件,就于所在官司入库,马驼驴匹系官给者,仍交还官;系军民买办者,给还原买之人;原差去内外官员俱限十日内起程赴京,不许托故稽留"(《明仁宗实录》卷1上)。

那么实际执行得怎么样?四、五个月后的永乐二十二年十二月丁未日,礼科给事中黄骥给新皇帝朱高炽描述了自己目睹的情景:"从西域来我大明帝国进行所谓的'朝贡'使者大多是西域商人，这些商人假借进贡之名入关，获得我大明官方允许与支持，从中谋取私利。其中有一些西域人原本十分贫穷，他们往往投靠前来朝贡贸易的西域商人，充当其仆人，入关营利；还有一些西域人借了别人的马匹，打着朝贡的旗号，来到我大明边关驿站。驿站的人一听说是朝贡使者，岂敢怠慢，赶紧备马备车，派遣专人护送使者和贡品前往京师。从甘肃到京师，每个驿站上都要解决好吃喝拉撒，等到了京师，不仅要用国宾规格来招待这些使者，而且还要给予赏钱，赏钱的价值往往要高出贡品的好几倍，因而西域商人大获其利。这个赚钱的'秘密'一经传开，西域人不约而同地竞相来华，从此朝贡之路上入贡使者络绎不绝。而沿路军民皆须按照规矩一路护送，一里之内至少要有三、四十人在为朝廷的朝贡贸易工程忙碌着。经时累月，妨碍农事，其祸害之大没有别的什么可比的了。等到朝贡的西域商人要回去时，除了带上朝廷丰厚的赏赐钱物外，更有大宗的则是他们利用朝贡机会进行买卖交易所得的商品货物。而我大明官府衙门这时还得派出军士与车马，帮助他们载运，多的时候一个贡使要有 100 多辆车马来护送。这样一来，造成沿途的成年男性劳动力资源十分紧张，男丁不足，就用女人来替代。贡使每到一处，往往风风火火，又盛气凌人，一旦伺候不周到，他们常常会对驿站官吏破口大骂，甚至还要鞭挞被征来服役的民夫。而我大明无论是官府还老百姓长期以来一直被要求与中央朝廷保持高度的一致，无条件地坚决拥护中央朝贡贸易，招徕远人，因而对颐指气使的远夷贡使们也只好忍气吞声了。不过从朝贡贸易的实际来看，它的祸害实在是不浅啊！今小臣恳请皇帝陛下降敕给陕西行都司，告诉他们：哈密忠顺王及亦力把里、撒马儿罕等处的藩王遣使朝贡，沿途官府要用车马护送，但规模不能搞大，最多不超过一、二十人，正使、副使给予驿马，其余随从人员给予驿骡。除此之外，一律不搞接待和护送。这样一来，陕甘地区的老百姓可稍稍舒缓一下了。(《明仁宗实录》卷 5 上)

另外，小臣还想到：西域一带所产的不过是马匹、硇砂、梧桐等，这些物品中只有马匹是我大明帝国所需的，其余都没什么用。因此小臣在此恳请陛下降敕：日后若有西域使者来我大明贡马的，就让他就近交给甘肃军士，其余东西一概不受，任由他们与当地老百姓进行交易，这样便可大大节省官府开支。”

听完奏言，洪熙帝十分高兴，好好地表扬了黄骥一番，随后便把黄骥奏章交给了当时主管大明对外事务的礼部尚书吕震，且跟他这样说道：“黄骥曾奉命出使过西域，因而他对西域朝贡贸易究竟是怎么回事十分清楚。你是陕西人，难道就一点也不知道？作为朝中大臣应该心中始终惦记着国家，体恤百姓困苦，不得侵夺和毁坏国家的根本——老百姓！黄骥所言很有道理，就照着他的奏请，发令下去，务必要有关部门好好执行！”(《明仁宗实录》卷5上；【明】余继登：《皇明典故纪闻》卷8)

除了叫停下西洋工程、朝贡贸易工程外，洪熙朝还对北征漠北蒙古与南平交趾之乱及建造南京大报恩寺等大工大役有意或无意地表露出了与永乐朝截然不同的态度：漠北远征洪熙朝不再进行；对待南方交趾问题，皇帝朱高炽也将过去的以战为主的策略改为“招抚为主，谨慎用兵”；至于南京大报恩寺的建造，尽管洪熙帝照顾到父皇永乐的面子而没有明令叫停，但他基本上采取了一种不闻不问的处理方式。所有这些无不透露出这样的一个重要信息：洪熙朝开始，大明帝国境内的大工大役行将逐渐叫停——这无疑是洪熙帝恤民固本的治国宗旨开始得到切实的落实。

而与此同时，洪熙朝另一项省工罢役、舒缓民力的重要举措即罢一切不急之务，也在紧锣密鼓地进行着。永乐二十二年十一月甲戌日，洪熙帝朱高炽跟户部尚书夏原吉等大臣说：“农业是老百姓生活的根本，耕耘收获万万不可误失时机。从现在开始，一切不急之役要用人力的，必须要等到农闲时分。过去有着这样的前鉴：有的帝王往往不顾农时征发徭役，以至于荒废了农业。农业荒废了，老百姓还怎么能生存？如此行事不招致变乱才怪呐！因此说我朝行事不能不引以为鉴啊！”(《明仁宗实录》卷4上)

朱高炽的话意是否影射了前朝永乐帝？我们一下子没法肯定，但有一点可以确认，那就是他要罢歇一切不急之务，且这样的心情还十分急切。同月丙子日，在召见北京郊区大兴、宛平两县官时他又这样说道：“朕即位之初，首罢不急之务，以纾民力”(《明仁宗实录》卷4上)。

见此，有人可能会产生疑问：朱高炽是否与他的皇帝老爸朱棣一样善于作秀?

若是这样看待洪熙帝的话,那确实是将人看扁了。

永乐二十二年八月十五日发布的朱高炽即位诏书所列举的35条要推行的举措中有12条即1/3以上是关于停办大工大役和所要停罢的不急之务的。如第8条规定:“往云南、木邦、缅甸、麓川、车里等处,采取宝石等项及收买马匹等件,悉皆停罢,其给赐之物发与差来进贡使臣带去,但系朝廷差去内外官限十日内即起程回京;官军各回原卫着役,不许稽留。”第12条规定:“各处开办金银,除已煎销见收在官外,自今停止。敢有不遵法度私自煎销者,罪之。所差去开办官员人等,限十日内即起程赴京,不许托故稽留,其旧额岁办银课并差发金,不在此例。”第13条规定:“交阯采办金珠、香货之类,悉皆停止。交趾一应买办采取物料,诏书内开载未尽者,亦皆停止。所差去内外监督官员,限十日内即起程赴京,并不许托故稽留,虐害军民。”第14条规定:“各处为营造采办木植,如已起运者,随到所在堆垛。其未采办者,悉皆停止。军民各发宁家,所差去采办官员人等,限十日内起程赴京,不许托故稽留,扰害军民。”第15条规定:“各处造作除军需外,其余不急之务,尽皆停罢。今后各衙门非奉朝廷明文,不许一毫擅自科扰军民。”第16条规定:“浙江、福建官台山、鸟峰峒等处人民,有被府县及闸办官吏逼迫不得已逃命山林出没为盗,诏书至日,悉宥其罪,令各回原籍,安生乐业,永为良民。”第17条规定:“陕西、四川僭运茶课有已起运者,即赴所指茶马司交收;未起运者,悉皆停止”(《明仁宗实录》卷1上)。

从洪熙即位诏书中列举的所要停罢的不急之务内容来看,其基本上覆盖了当时大明帝国“做大做强”政绩工程的方方面面了。但就此新皇帝朱高炽还不放心,一月后的永乐二十二年九月壬午日,他找来大明工部(相当于建设部)官员,当面跟他们说:“古时候制定赋税制度的宗旨是,根据田土中有所产出,绝对不强求当地所不产的。但好多年以来像丹漆和石青之类的东西,朝廷衙门从不过问哪些地方有产,哪些地方不产,一概下令到各地州县去征收。州县官接到中央的命令后就不管三七二十一逼迫小民上缴,因为当地没得产,小民们只好变卖自己的家产,凑足了钱币,跑到京师去想方设法购买丹漆和石青，以此来完成官府摊派下来的任务。在此过程中，商贩们乘机抬高丹漆和石青的价格，获取暴利，于是就带来了'物价腾踊数十倍'，加上一些贪官污吏与奸商们狼狈为奸，肆意营利，朝廷最终所得千百之一，其余的却养肥了奸商奸吏。你们工部的官员听好了，从今以后要坚决革除此弊政，凡是朝廷所需之物，一定要到该物出产地去按照当地市场价购买。如果有人胆敢沿袭旧例，大肆摊派、扰民害民，定斩不饶！"（《明仁宗实录》卷2中；【明】余继登：《皇明典故纪闻》卷8也载）

朱高炽与朱允炆有着很多的相似之处，但两人之间有个最大的区别，那就是在大是大非问题上朱高炽能当机立断，击中要害。既然要恤民固本、罢一切不急之务，那么势必要做到底和落实到实处。

就在即位后的八九个月里，有人告诉洪熙帝，南北大运河沿岸和四川等处还有许多百姓在为完成朝廷的皇差而玩命着。朱高炽听后十分气愤，洪熙元年四月壬寅日，他降敕给主管运河漕运的平江伯陈瑄。敕文这样说道："多少年了，我大明军中兵士和老百姓为了运木而餐风饮露，饱受疾苦，朕每每想起这些，心里就十分不安。从今以后，从扬州仪真到北京近郊的通州沿运河地带的木材全部停运；已在运木的在接到本皇帝敕令后就地堆垛起来，派人看管，相关的服役军士与百姓全部遣散放回；那些被差去负责木材运输的官吏不许以堆垛木材为由，故意拖延或不办，扰害百姓，违令者一律治罪"（《明仁宗实录》卷9上）。

同是四月朱高炽还处理了另一项大役——四川采木。永乐朝四川采木十分频繁，尤其在营建北京城、明皇宫及建造武当宫观等超级大工程时，朱棣屡屡派遣宦官上四川去督办。这对于宦官来说，谁要是被派上这样的皇差，那就是前世修来的福分，尽管在明皇宫里，宦官还不太被人所看重，但一旦肩负皇命，来到天高皇帝远的四川，这些狗奴才们可神气了，他们往往打着办皇差的旗号，胡作非为，肆虐百姓。当时还是皇太子的朱高炽早就有所耳闻，因苦于父皇宠信那些不男不女之人，他只好等，等到自己即位后就开始着手解决这个扰民害民的采木"工程"。

考虑到危害四川的这些宦官特别狡黠和凶残，朱高炽觉得必须要派一个刚正不阿的清廉直臣才有可能解决问题。这时有一个人在他的脑子里闪现出来,他就是北京行在大理寺右少卿弋谦。

弋谦原本是个正直的地方小官,是朱高炽听取了大臣的推荐,将他调到中央朝廷任大理寺右少卿。这次为了解决四川采木之役,新即位的洪熙帝将弋谦召来,当面嘱托:"弋大臣向来就有清直的美名,此次朕想派你前往四川去,解决那里的采木苛政问题。朕老早就知道你的人品与能力了,你也不要怀有疑虑或畏惧心理,放开手脚,把那儿给治好!"随后他升弋谦为北京行在都察院右副都御史,并令其速往四川。(《明仁宗实录》卷9上)

以上所讲的都是洪熙帝朱高炽所罢的涉及面很广大的不急之务,那么对于那些相对不太显眼的地方性"小修小补"是否也要叫停或延缓?

洪熙元年正月丁酉日,有人向洪熙帝奏请:"北京密云中卫旧城坍塌七百余丈,是否要修筑?"朱高炽说:"今东作将兴,未可以妨农事,姑俟秋成"(《明仁宗实录》卷6下)。

连修筑坍塌城墙也要等到秋收以后的农闲时间,朱高炽的恤民固本精神可见一斑。不过有时世界上的有些事情往往超出了人们的理想范围,拷问着人们的价值取向。

永乐二十二年九月庚辰日,工部官员上奏洪熙帝,请求皇帝下旨,向民间征收些布匹等物品,以此来修理兵器。朱高炽听后回复:"兵器不可不修,只是朕刚刚即位,已经下达了恤民诏谕。民力尚未恢复,朕怎么忍心再下令从疲惫不堪的百姓那里征收财物?这不是横征暴敛吗?这样吧,我朝廷出钱,按市场价去购买修兵器之物,免得扰民!"(《明仁宗实录》卷2上)

国防果然重要,但与恤民固本的治国宗旨相撞了,恤民占据上风。从这样的角度来看,洪熙帝被称为明仁宗,可不像某所谓的"学者"一拍脑袋就说他虚伪,而是有依据的。

更难能可贵的是,在主张百事孝为先的传统社会里,朱高炽的恤民固本治国精神的贯彻还顶着巨大的血缘亲情压力。洪熙元年四月壬子日,鲁王朱肇煇向洪熙帝上奏说:"鲁王府坏损得很厉害,有的地方还会漏雨,我们想叫鲁王府护卫官军修修。由此恳请皇帝陛下开恩,能否就免除了今年鲁王府护卫官军的军屯粮了?"朱高炽书面答复道:“屯田是我大明朝的大政,是皇祖、皇考制定的万世不变之法。愚兄我刚即位,怎么能因徇你贤弟之私情而忘了祖宗大法呢?且朕之恤民诏书已下,现在独独对贤弟你网开一面,世人将会怎么说朕呢?况且鲁王府护卫官军屯田军粮本来是主要供给你们鲁王府的。有了军屯粮,你鲁王府也肯定大为受益。至于居室损漏,不妨等到农闲时再修,这样就免得伤农劳民了”(《明仁宗实录》卷9下)。

● 稳固明基　转型致治——将大明“高铁”变为“普快”

无论是赈灾蠲税、恤民宁过,还是省工罢役、以纾民力,朱高炽的恤民固本国策的推行所涉及的人群不外乎两大类:一类是官吏,另一类就是老百姓。前者是专制主义统治的执行者,占据了绝对优势的公共资源,拥有可以无限放大的国家权力,是社会群体中的绝对强者;相对而言,老百姓则是专制主义统治的被执行者,毫无政治权力可言,虽然人数占据绝对优势,但他们是社会的弱势群体。这种对立的两极如果在一个社会中处理不好,就会引发社会结构的断裂与王朝的更替,其常见者就是历代农民起义为其先导或充当调节器。永乐末年威震华北地区的唐赛儿起义的爆发,充分表明了永乐22年治政的严重失误和社会对立两极之间的矛盾激化。朱高炽的聪明之处就在于,他不仅看到了问题的症结,而且还力图予以解决。

综观洪熙朝治政,在社会矛盾对立两极中,朱高炽难能可贵的是他往往抑官厚民,具体说来就是严肃吏治,宽政厚民。

◉ 政治方面①:抑官厚民　体恤下情

或许是由于长期处于极度压抑下的亲身感悟,朱高炽常常表现出对弱势群体的相当亲厚与关注。永乐八年五月的一天,吏科给事中陶玮向当时还是皇太子的朱高炽奏报,说自己的一个老乡工匠不仅不好好地为大明官府服役,反而偷偷地溜到“劳务市场”去接活赚钱。朱高炽听后当即便说:“你以为你这样做是忠于我大明吗？朝廷专门设置你们六科给事中一类的官职，虽说主要是让你们来监察奏章案牍，防止官员欺骗蒙蔽，但也赋予你们检查政事得失的权利和义务，要你们留心国家政策的实施对于百姓之利有无损益。如今好多朝廷政事都与老百姓和军中兵士休戚相关，难道你就没有一点点可说的？可我从来没听你说起过，今天你突然来唠叨起那老乡工匠的琐事来了，莫非你与那个工匠有什么过节？”随后朱高炽明令刑部，将那个工匠召来详细询问。工匠说：“我为官府服役期满了，本该老早就回家了，只是身无分文，就到‘劳务市场’去揽活，想换取回家的路费。没想到昔日与我家有私仇的吏科给事中陶玮借机陷害，真太气人了！”刑部官员听完工匠的表白后随即就向皇太子朱高炽作了汇报，朱高炽下令将吏科给事中陶玮下狱。（《明太宗实录》卷 104）

朱高炽判断政事的是非与官员的好坏常常是以百姓的意愿作为价值取向。

永乐八年二月甲辰日，有人向当时监国的皇太子朱高炽报告说：“广德州知州杨翰因延误公事被人逮到了大明京师南京，可滑稽的是，不少于 200 号的老百姓却跟着一起来了。”朱高炽听后觉得十分好奇，于是追问道：“这 200 号人跟着来京师干吗？”报告人说：“听说这个叫杨翰的广德知州对老百姓可好了，当地老百姓听说杨翰因工作之误而要被治罪，他们便不约而同地跟着杨翰来到南京，想向朝廷请求宽宥杨翰之罪。”朱高炽听到这里，马上就说：“能使 200 来号老百姓自发地来到京师求情，可见这个叫杨翰的知州必有惠民之政，延误公事是小事，马上宽免杨翰之罪！”随后朱高炽叫人宣布自己的决定，恢复杨翰之职，并赐钞 300 贯，作为对他恤民、惠民的嘉奖。（《明太宗实录》卷 101）

永乐晚年，朱高炽听说基层胥吏危害不浅，于是将吏部、刑部和都察院等相关衙门的官员找来，当面做出这样的指示：“好多年来我就听说了，基层胥吏闲居在各地的乡里，他们包揽词讼，扰搅官府，虐害平民，为患不小啊。以后任用吏员要从严把关，对于那些考核不合格的、无事生非的和为非作歹的吏员或已经不在岗的吏员，一律发往军卫去充军。只有这样，才可能使我大明百姓过上安宁的生活啊！”（《明太宗实录》卷 250）

父皇朱棣死后，朱高炽放开了手脚，大胆表达他对社会弱势与边缘群体的同情和亲厚，仅他即位诏书中就列举了近10条。如第21规定："文武官吏、军民、匠作人等有为事发运砖、拖石、砌城、运粮、做工等项，悉宥其罪，官吏复还职役，军还原伍，匠仍当匠，民放宁家。"第22条规定："军官并旗军、力士、校尉、舍人、余丁等犯罪，发各处立功及哨瞭等项者，悉宥免之，复其职役。"第23条规定："军官犯罪发各处充军养马、种田等项者，悉宥复职。"第24条规定："军官、总小旗犯罪，除谋逆外，军官被刑及罢闲者，本身见在，复其原职；已故者，子孙依例承袭；总小旗革役、充军者，亦准此例，复其原役。"第25条规定："文武官并总小旗有为事已复职役，住支俸粮及支半俸者，俱照旧支给。"第26条规定："递年为事发买马当站及充递运驿夫、皂隶、膳夫、军伴之类，法司即拨人代替，放回为民，不许延缓。"第27条规定："逃军、逃囚、逃匠人等，诏书到后，许一月内赴官自首，与免本罪，军还原伍，民还原籍，匠复本业。"第28条规定："军民中有鳏寡孤独者，所司依例存恤，毋令失所。民年七十以上及笃废残疾者，许令一丁侍养；不能自存者，官为赈给。凡军民年八十以上，所司给与绢二疋、绵二觔、酒一斗、肉十觔，时加存问。"第31条规定："凡军民利病，许诸人直言无隐"。第35条规定："法司论囚，今后一依《大明律》科断，不许深文。"等等。（《明仁宗实录》卷1上）

以此相对，洪熙帝对社会强势群体官吏等可没这么"宽仁"了。譬如他在即位诏书中虽然宣布大宥天下，各复其职，但同时特别强调，监察官犯赃罪等则不可宽恕，"其风宪官有犯赃罪，不许复职，放回原籍为民当差。"第32条中规定："凡有贪污官吏，蠹政坏法，作弊害民，诏书到后，不即改悔，仍前贪虐者，巡按监察御史、按察司，即拿问解京。"第33条规定："自今官吏敢有以催办为由，辄自下乡科扰平民者，许诸人首告，所司即拿问解京。"第34条规定："诸司官敢有容隐吏卒、弓兵、皂隶、牢子久占衙门，连年不替，专一浸润官长起灭词讼，说事过钱及称主文等项名色，在衙门结揽写发，把持官府，虐害良善，许诸人首告，所在按察司及巡按监察御史即拿问解京"（《明仁宗实录》卷1上）。

如些诏命措施所要贯彻的核心精神，那就是朱高炽的一贯主张：抑官厚民，体恤下情。

当然皇帝发个诏令那是再容易不过的事情，难能可贵的就在于付诸实践。永乐二十二年十月戊辰日，早朝结束后，朱高炽在西角门便殿跟翰林院学士说："今天天气很冷，可能从现在开始要进入严冬季节了，朕与众爱卿待在皇宫大殿里尚且还觉得冷飕飕的，我大明守边将士日夜巡逻，再这样下去他们可能要支撑不住了了，这样吧，赶紧起草一份敕书，派专使到边境去，送些宝钞奖励奖励他们，再送些衣被暖和暖和他们。"户部尚书夏原吉等大臣在旁听后大为感动，说："我朝廷对于守边将士的待遇原本就不错，吃穿什么的都不成问题。现在陛下又要优渥他们，此乃边关将士的福分。但愿陛下今后经常以这样的仁爱之心对待您的下属臣民！"(《明仁宗实录》卷3下)

苦孩子出身的夏原吉说这番话是想提醒新皇帝朱高炽不要像有些帝王那样，刚上台还能体恤下情，过不了一年半载就忘得一干二净。朱高炽是聪明人，当然懂呀，而且他还要努力去做。洪熙元年正月癸未日，朝廷举行了南郊大祀之礼，礼仪结束后按照常规，祭祀所用之物要分给大臣们共享。皇帝朱高炽乘着这个机会，借题发挥了："祭祀神灵之道在于一时的虔诚？代天治理百姓应该在日常之间要对他们真诚，这样神灵才会接受你的一片孝心，从而在冥冥中保佑着你。我们君臣一起祭天就是要在治国中体现天道，即'仁恤斯民'，只有这样才能真正体现上天的一片苦心，我大明才能'风顺雨调，年谷丰稔，使斯民蒙福'"(《明仁宗实录》卷6上)。

在那个年代借祭祀说天道，果然有效，但从根本来讲，体恤下情还得靠皇帝去催促、推及，并将其落实到真正的实处。洪熙元年初，朱高炽听人说亲军中的士兵有情绪，不是当值的不到位，就是守城的轮不到换班，还有的甚至几个月都没落得回一次家(明代军队有专门的军籍和军户)，究其原因，主要是军中兵士缺额。为此，洪熙帝将英国公张辅、兵部尚书李庆找来，作出专门指示，让他们在京师散卫中挑选出精壮士兵，补充到亲军守卫中去，并对守卫兵士要每隔3天赏赐1次。兵部尚书李庆听后很不以为然，他说："祖宗的做法中还没有亲军守卫不足用散卫兵士来补充的。"平日不紧不慢的朱高炽此时有些不耐烦了："你们大臣恪守祖制，这本身没什么错的，但朕想一个人长期得不到休息，甚至几个月都不能与家人见过面，这似乎太不近人情了吧?! 现在先从散卫中挑选一些补充到守卫中去，使得守卫士兵也能适当休息休息，赏赐经常在岗的士兵，这都是一时的权宜之计。等到了亲军缺额补足了，一切照旧不就行了。”“一根筋”的李庆还是不同意，他说：“守卫京师与宫廷关系重大，散卫军士能让人全放心?”这时的洪熙帝从丹陛上走了下来，笑容可掬地说道：“李尚书，古话说得好：对人不能全信，但也不可老怀疑啊。作为国家的统治者和管理者如果布德施仁，那么就能得到小民们真心的拥戴。做事要是有诚心的话，即使是仇敌也能化为父子亲人一般的关系；但做事要是没有诚心，即使是平日里的亲朋好友也会反目为仇。古人不是说舟中敌国，这样的事以往多着呢!”听到这里，李庆无由反驳，只好照着皇帝的指示去办了。(《明仁宗实录》卷 9 上)

在不否定祖宗做法的前提下，对于大明积弊和制度运行之误进行及时的补救与修正，洪熙帝朱高炽的如此做法大有正本清源、拨乱反正之势。而从当时的实际来看，他也确实在明朝历史上跨出了这很重要的一步。

◉ 政治方面②：拨乱反正　平反冤狱——包括建文帝君臣

朱高炽在正式即位后的第二天就开始对永乐朝冤假错案进行大刀阔斧的平反工作。永乐二十二年八月戊午日，“复前户部尚书夏原吉官……复刑部尚书吴中、右侍郎杨勉官”(《明仁宗实录》卷 1 下)。

一日之内为三位高官平反，朱高炽的魄力不能不令人叹服与惊讶。惊讶之余，好奇的人们不禁要问了，这三位高官在永乐朝为何要被关进监狱呢?

事情还得从三位高官之首夏原吉讲起。

○ 曾经的永乐朝模范官僚夏原吉冤案及其平反

夏原吉少时父亲早亡，但他学习十分刻苦，终于考上了大明帝国官学生。官学生可能相当于现在的公费学生，即国家给予十分微薄的生活补贴，而就这十分微薄的生活补贴在夏原吉那里还要一分为二,除了自己必要的开支外,他得接济家中孤母。洪武中晚期因为博学有才,夏原吉被地方上推荐到国子监去读书,后又被选入明皇宫中实习,草拟皇帝"制"、"诰"一类的诏令。在一拨子喧笑不已的国子监实习生中,唯独夏原吉始终正襟危坐,不苟言笑。洪武皇帝朱元璋偷偷地看在眼里,内心十分欣赏这个后生。实习结束时,夏原吉就被擢升为户部主事,可能相当于财政部的一个局长。

当时大明财政部不仅仅管财政,还得管户口、田地和钱粮等等,曹务丛脞,但夏原吉处理起来却忙而不乱,井井有条,就连十分古板、苛刻的财政部长郁新也对他刮目相看。不过人太有才、太优秀了,也会引起同僚的妒忌,有个姓刘的郎中就十分妒忌夏原吉的才干。刚巧碰上部长郁新上奏,弹劾朝廷衙门中有人上班不做事混日子,但当时皇帝朱元璋可能心情好,没发脾气要惩治怠事官员,可部长郁新"一根筋",非要洪武皇帝深究其罪,朱元璋被逼火了,就问:"谁跟你说我大明朝官员都在混饭吃?"郁新说:"我们户部大堂后面的那个搞计算的小年轻跟我说的。"朱元璋立马下令将那小年轻抓起来,打入大牢。这时刘郎中出来火上浇油,他说:"陛下有所不知,教唆部长郁新出来弹劾的,本不是那个小年轻,而是夏原吉!"朱元璋听到这儿就更火了:"夏原吉辅助郁新部长处理户部工作井然有序,他怎么可能是那种无事生非、嚼舌头根的人,分明是你在诬陷的不成!来人啊,将这个奸佞之徒,还有那个年轻后生一同拉出去,斩了!"(《明史·夏原吉传》卷149)

可能是老皇帝器重因素的影响,建文帝登极之初就擢升夏原吉为户部右侍郎即财政部副部长,后来又派遣他充任采访使,巡视福建和湖北。或许自己是穷苦人出身的缘故吧,夏原吉接受皇命后极度认真,每到一处就深入民间,了解百姓疾苦,考察吏治得失,其所作所为很受人们称誉。

"靖难"军攻占南京时,夏原吉被燕军俘获,朱棣让他出任新朝的户部左侍郎即财政部第一副部长,没过几个月又将他与蹇义一同提升为尚书,即让夏原吉出任财政部长。叫苦孩子出身又很能"把家"的夏原吉当财政部长,永乐帝朱棣用人确实很有水平。再看夏原吉一上任,就与蹇义等人一起"详定赋役诸制",提出了 30

多条十分简洁和易于执行遵守的政事举措，上进永乐帝下令执行。

永乐初年江南发生大水灾，地方官员治之无效。永乐帝朱棣委派夏原吉为正使、侍郎李文郁为副使治水江南，随后又派遣佥都御史俞士吉带着水利书前去一同治理水患。

在江南进行徒步实地考察后，夏原吉向皇帝奏请：循着古代大禹治水的三江入海遗迹，浚通位于今天上海的吴淞，打通上游的太湖，在此段距离内每隔一段设置一座水闸，适时蓄水或排涝。朱棣看了夏原吉的报告后，觉得他讲得很在理，就下令征发了10多万民力，开始整治江南水患。

治水期间，夏原吉穿上老百姓的衣服，徒步穿梭于抗洪第一线，日夜操劳。盛夏时分，烈日当空，酷热难忍，有人看到堂堂的大明帝国部长挥汗如雨地奔波着，觉得实在过意不去，就想给他撑把伞，遮遮阳。可夏原吉死活都不要，他说："工地上的10万民工那么辛苦，我怎么能独自享受呢？"

经过官民日夜奋战，江南大水灾终于消除了。夏原吉回朝复命，但他不像有些官员那样，尽说自己的功劳，而是不无担忧地对皇帝朱棣说："江南大洪水虽然都给排泄到大海里去了，但上游支流却没来得及疏通。因此，此次治水只解决了问题的一半，决非长久之计。"

永乐帝听后觉得有道理，随后决定让夏原吉他们一干到底。永乐二年正月夏原吉再次走马上任治水正使，大理寺少卿袁复为副使。他们召集民工，花了9个多月的时间，浚修了白茆塘、刘家河、大黄浦等江南主要水系，使得当地的排洪系统得以通畅。

浚修水利工程搞好了，过不过关就得接受洪水的考验。永乐二年夏江南再次爆发大洪水，可整个苏松地区却完好无损，由此可见夏原吉的才能与功劳了。

永乐三年江南发生大饥荒，永乐帝朱棣又命令夏原吉带领俞士吉、袁复及左通政赵居任等前去赈灾，发放官粟30万石和耕牛、种子，组织和鼓励当地民众恢复生产。当时有人提出，把洪水中退露出来的田地租佃给百姓耕种，以此来增加政府的赋税收入。夏原吉听到后马上上疏给皇帝朱棣，认为江南百姓刚刚从自然灾害中舒缓过来，政府千万不能做这样急功近利的事情了！由此，夏原吉广受人们称誉，就连原先对立阵营里头的朱棣头号军师姚广孝也大受更感动，他从苏州赈灾回南京后盛赞夏原吉为"古之遗爱也"(《明史·夏原吉传》卷149)。

从江南回京师(南京)没多久，夏原吉被指定为全面负责管理大明户部事务。他首先奏请皇帝同意，整顿大明帝国的财税，"裁冗食，平赋役；严盐法、钱钞之禁；清仓场，广屯种，以给边苏民，且便商贾。"夏原吉工作起来十分认真，身为财政部长，对于天下人口、户数了如指掌。之所以如此，有人看到夏原吉经常用一张张小纸条，将大明户口、府库、田赋等类的增减之数一一抄录下来，然后再放在自己怀中，一有空就拿出来看看。有一天皇帝问他："当今我大明钱谷数为多少？"夏原吉脱口而出，朱棣马上叫人上户部去将本子拿来核对，竟然发现一个不差，由此从内心更加看重这个财政部长了。当然光记钱粮数是不行的，还必须要有全面统筹和管理的能力，而夏原吉上任负责户部全面工作之际，正值永乐朝开始大花钱之时。"靖难"后北方大萧条，需要大笔资金予以抚恤和进行恢复生产；皇帝朱棣大封"靖难"英雄，又需要一大笔钱用来赏赐；还有恢复旧有的藩王规制和增设军队的卫所等机构，这些都是扔钱的"无底洞"。永乐三年开始郑和不断下西洋、永乐四年开始大明出征安南和营建北京，如些大工大役，动辄"供亿转输以钜万万计，皆取给户曹。(夏)原吉悉心计应之，国用不绌。"由此可见夏原吉确实是个了不起的经济人才。(《明史·夏原吉传》卷149)

永乐六年夏原吉受命出外巡视，皇帝朱棣让他带上锦衣卫一同出去。从南京到北京，夏原吉目睹了许多地方的军队士兵和老百姓很不情愿地在为皇帝的新逍遥宫——北京明皇宫运输建筑材料，甚至还有人在磨洋工应付上司。随行的锦衣卫特务马上要将他们抓起来治罪，夏原吉可不同意，他对消极怠工的民众好言相劝，并告诫他们下不为例，众人莫不为之感动。

永乐七年皇帝朱棣北巡时带上夏原吉，到了北京，任命他兼摄行在礼部、兵部、都察院事，即一人兼管中央三部的工作，工作压力可想而知。可夏原吉任劳任怨，从不马虎了事。有一次，两个官衔为"指挥"的军官冒领月饷，皇帝朱棣知道后十分恼怒，下令要将他们斩了。夏原吉听说后马上进谏，说："两个军官冒领了月饷，陛下就要将他们斩首，这可在《大明律》中找不到定罪的依据啊；假如他们要是真偷盗了，陛下您又将他们如何处置？”经夏原吉这么一提醒，朱棣顿悟，立即下令不再处死那两个军官了。

永乐八年皇帝朱棣北征漠北蒙古，走前命令夏原吉辅助留守北京的皇太孙朱瞻基，“总行在九卿事”，即实际上让夏原吉负责北京行在的日常行政庶务，从中可以看出，永乐皇帝对夏原吉还是十分器重的。但夏原吉并没有因此有半点的傲慢或懈怠，每天早上早朝时，他辅助皇太孙处理好庶务，退朝后应对和解答诸司衙门的各种请示与疑难问题。那时北京诸司草创，事务繁乱，但夏原吉处置起来从容不迫，无论口头回答还是书面批复，他从不表露出自己的喜怒哀乐，总将政务处理得干净利索，使得北征回来的朱棣龙颜大悦，“赐(夏原吉)钞币、鞍马、牢醴，慰劳有加”。随后夏原吉跟随永乐皇帝一同回了南京，但没多久又受命侍奉皇太孙，到乡间去考察百姓之疾苦。夏原吉是个有心人，有一次他取了一把薊黍交给皇太孙朱瞻基，这样说道：“请将这老百姓用来填饱肚子的野菜吃了，殿下您就会知道草民们的日子有多苦啊！”

九年“大考”时夏原吉与蹇义都被考评为好官，皇帝朱棣很高兴，曾在明皇宫便殿上设宴款待，席间当着众大臣的面，指着蹇、夏兴奋地说道：“这是高皇帝举贤养士给朕准备的人才啊！人们一直想知道古代的贤臣名卿到底是啥样的，朕告诉你们，现在在你们面前的这两位就是！”“自是屡侍太孙，往来两京，在道随事纳忠，多所裨益”(《明史·夏原吉传》卷149)。

从执掌大明财政部到辅助皇太子、皇太孙，向来喜欢极端专权的永乐皇帝朱棣对夏原吉的态度确实令人刮目相看，这不仅要归结于夏原吉杰出的才干与胆识，更重要的是大明这位财政部长有非凡的雅量与品格。《明史》说：“(夏)原吉有雅景，人莫能测其际。”在朝为官时，要是同僚有长处，夏原吉就向他学；要是人家有什么小的失误，他总是想办法帮人掩盖。有一次有个小吏不小心将皇帝赐给夏原吉的一件用金线织成的十分高档的衣服给弄脏了，按照当时的规矩，如果这事张扬出去，这个小吏恐怕要被治以“大不敬”之罪。但夏原吉却对浑身发抖的小吏说：“别害怕，衣服弄脏了，洗一洗不就好了！”

还有一次在工作中，有个小吏将夏原吉要交与皇帝的精美小纸条给弄脏了，这可把他给吓坏了，他趴在地上不停地向夏原吉叩头请罪。夏原吉只当这事没发生，拿了被弄脏的小纸条，直接呈给朱棣，说是自己不小心弄脏的，并引咎请罪。皇帝一听是一向谨慎的夏爱卿不小心弄脏的，他宛然一笑，“换一份不就得了！”这事后来传了出去，夏原吉的品格可让人肃然起敬。

奸佞小人吕震很看不惯夏原吉，经常在皇帝朱棣面前说他的坏话。可夏原吉却只当什么也不知道，对吕震来了个以德报怨。吕震的儿子逐渐长大了，按照当时的荫官规制，一定品级的大明官员子孙根据自己父祖辈官品大小都可以谋得相应低一点的官衔品秩，而对于这样的事情，当官的最好自己不说，要由别人帮着提出。可吕震因为经常使坏，没人愿意为他孩子的事向皇帝恩请荫官。这时夏原吉走了出来，跟皇帝朱棣说：“吕震曾在‘靖难’中为陛下您立过守城之功，根据我大明规制，有功大臣的子孙应该荫袭一定的官职。”皇帝朱棣听了觉得有理，也就批准了夏原吉的请求。

平江伯陈瑄原是建文朝的水师头领，但他王八吃秤砣铁了心投靠朱棣，并对昔日建文朝的同僚尤其是夏原吉很不友好，经常恶语中伤，可夏原吉只当没听见，经常称赞陈瑄有才。有人见了实在忍不住，就问夏原吉：“一个人的雅量可学得来吗？”夏原吉回答说：“我年轻时一旦有人侵犯，就立即发怒。后来学会忍，开始于外表上不发怒，到了中级阶段就是内心不发怒，再到最后阶段就没有什么不可以忍的了！”(《明史·夏原吉传》卷149)

夏原吉为人厚道，凡事都能做到“忍”字当头，委曲求全。在永乐十九年的那场迁都之争中，当时对垒的双方有着明显互不相让之势及隐含着随后要发生大明政局震荡的可能，夏原吉从大局出发，适时地挺身而出，向皇帝朱棣和言官们自动揽下了迁都决策失误之责，从表面上看是他向皇帝服软，可在事实上却为言官们求得了生存的机会，整个过程中闪烁着专制底下为臣者巧妙生存的智慧火花。对此，《明史》曾论说道，永乐朝“(夏)原吉与士奇尤持大体，有古大臣风烈”(《明史·夏原吉传》卷149)。

正因为如此，尽管夏原吉是财政部长，主管的是国家钱财税粮，但永乐皇帝却把他当做国家政治决策智囊来看待。每逢朝廷有大事需要讨论决策时，皇帝朱棣总在明皇宫便殿阕门召见夏原吉。一旦君臣见面，总说个没完，有时会说上好几个时辰还没结束，连周围的侍者都不知道他们在谈些什么；而一旦从明皇宫出来，夏原吉会表现得好像什么事也没发生似的。夏原吉的谨慎不仅体现在处理国家事务上，而且还反映在他自己的日常言行举止当中，哪怕是在没人的黑夜里，他也从不随便马虎。有一次，夏原吉与同事们外出喝酒，半夜时分回来，正赶上天下大雪，路上空无一人，坐着轿子里的同事早已陶醉在酒香梦甜之中，可夏原吉却突然喊道："赶快下轿，前面就是明皇宫大门口，尽管现在没人，但作为君子就不应该这样无礼啊！"

夏原吉谨慎是一面，而另一面则是凡事他看本质、看主体、看全局，由此他深得皇帝朱棣的喜爱。凡是拿不定主意的事情，永乐皇帝朱棣总喜欢去问问夏原吉。

安南平乱后，皇帝朱棣曾问夏原吉："给大明战斗英雄们加官好呢还是赏钱好？"夏原吉说："赏钱的话，会带来大明财政一时的吃紧，但毕竟限于一时；而升官呢，则会引发日后财政没完没了的负担！"

朱棣上台后心心挂念要迎请西藏大宝法王哈立麻来南京，而就在哈立麻即将到达之际，朱棣实在无法抑制内心的激动，打算上郊外去迎接哈立麻。夏原吉听说后觉得很不妥，朱棣静心想了一下，认为夏原吉讲得不无道理；哈立麻到达南京后，众臣皆拜，唯独夏原吉不拜，朱棣笑着对他说："夏爱卿，莫非想学唐朝韩愈(斥佛)？"

山东唐赛儿起义平定后，有 3 000 多名起义参与者被逮捕入狱。夏原吉知道后向皇帝朱棣进谏，认为这些人不是主犯，是糊里糊涂地参加了叛乱，因此不能将他们杀了，而是应该全放了。永乐帝听后觉得有理，也就依了他。

永乐中期谷王谋反案发，主犯谷王朱橞等人被削爵为民，但皇帝朱棣并不罢休，总怀疑谷王府邸所在地长沙有同谋者。夏原吉听说后规谏朱棣，并以自己的身家性命担保，说：不可能有这事！这下朱棣才作罢。(《明史·夏原吉传》卷 149)

可以这么说，夏原吉是永乐朝一位典型的君子风范的直臣，直臣要是碰上了正君，天下大治就不远了，可问题是永乐皇帝根本就不是什么正君，于是悲剧最终还是发生了。

永乐十九年冬天，永乐皇帝朱棣决定发动第四次对漠北蒙古的亲征，但他又吃不准能不能一定打胜仗以及大明自身的军力与财力够不够打胜这一仗，于是就将户部尚书夏原吉与礼部尚书吕震、兵部尚书方宾和工部尚书吴中等几个重臣叫在一起议议。除夏原吉之外，其他几个大臣平日里都是拍马溜须的奸佞之徒，可令永乐皇帝做梦也没想到的是，此次这几个重臣却出奇地一致——反对出兵蒙古。朱棣很不高兴，事后单独找兵部尚书方宾谈话，方宾如实相告，军事乏力，费用匮乏，这仗不能保证打赢！永乐帝听了更不高兴，于是找来户部尚书夏原吉问话："大明边境的军力与粮食储备尚剩多少?"夏原吉说："连年征战，军马储蓄'十丧八九，灾眚迭作，内外俱疲'，再说圣上常年出征也够疲劳的，恳请陛下派一员大将带兵北征就可以了。"可一心想要在自己有生之年建立一个超越古今的"四方远夷无不来朝"的"盛世之治"的永乐皇帝哪儿听得进这话，他当即命令夏原吉上长城以外的开平去准备粮食。随即又召吴中来问话，没想到吴中居然与方宾讲得几乎一模一样。病态中的朱棣顿时暴怒，由粮食匮乏转而怀疑起夏原吉是否贪污了钱粮，于是马上派人追赶夏原吉，将他抓回京城，并抄了夏家，结果发现，夏家除了皇帝赏赐的钱钞外，"惟布衣瓦器。"

再说那个方宾，听到皇帝发怒，顿时被吓坏了，他越想越害怕，回家后干脆自杀了。

第二年、第三年皇帝朱棣又两次亲征漠北，一路上一直都没打到敌人，反倒大明军自己的军粮没了。永乐二十二年夏，朱棣只好率军退回，走到榆木川时，又中了北虏的埋伏，临死前，他不无感慨地说："夏原吉是为我好啊!"可为时已晚了。(《明史·夏原吉传》卷149)

十分明显，夏原吉一案属于冤案，就连朱棣临死时也感悟到了，更不用说原本一直处于老皇帝绝对专制高压底下的皇太子朱高炽了。朱高炽与夏原吉的关系还非同一般，南京监国时他曾得到夏原吉的辅佐，君臣两人相知相识，感情笃深。

据说有一次在北京的皇帝朱棣想召见皇太子，敕令已下，就是没有明确讲派谁去南京传令。细心的杨士奇马上进言:“陛下,请派遣夏原吉去传令!”朱棣十分好奇地问:“为什么?”杨士奇说:“皇上好久没有召见皇太子了,今天突然传令下去,恐怕皇太子殿下会大受惊吓或过于疑虑以至于不测。”朱棣听后长叹一声,随即就以杨士奇所请。

再说夏原吉赶到南京时,已经有人在明皇宫里传讯了。朱高炽一听到消息就惊恐万分,甚至想自杀了,但忽然间他好像想起什么了,就问:“父皇派谁来传令?”底下人回答说:“听说是夏原吉。”听到这里,朱高炽的脸上马上阴转晴,这样说道:“原吉来传令,一定是帮我调节父子关系的,我应当召见他!”随后下令夏原吉晋见。(【明】祝允明:《九朝野记》卷 2)

虽说上述故事不一定全真,但从中可以看出,夏原吉与朱高炽的关系确实是非同一般。朱棣驾崩的噩耗传到北京后的第三天,朱高炽亲自到监狱里去,大呼“原吉! 原吉!”并告诉了老皇帝的死讯,夏原吉伏地而哭,朱高炽令人立马将夏原吉接出监狱。(《明史·夏原吉传》卷 149)

夏原吉出狱后,朱高炽“慰劳之咨以国事”,“复其官,赐冠带”,甚至连衣服、被褥、和帐帏等样样都给他准备好了。可令朱高炽没想到的是,夏原吉并不想马上重返自己的工作岗位,还是要回家葬母。他说:“小臣在坐牢的时候,家中慈母不幸病故,做儿子的未能在她老人家面前尽孝,更没给她出殡下葬,这是小臣的不孝啊! 今恳请陛下恩准小臣回家去守制。”夏原吉刚说完,朱高炽立马反驳:“夏爱卿为老成之臣,识大体,今国家有大丧,朕正期待着夏爱卿与朕共度艰难呀,怎么能说离去呢? 爱卿所说有家丧,难道朕就没有吗?”顿时把夏原吉说得哑口无言,随后朱高炽下令赐予夏原吉米十石、钞一万贯、胡椒一百斤,并传令相关部门,让夏原吉家属将夏母尸体护送到老家去安葬,大明兵部提供驿舟,相关部门负责夏原吉母亲的丧葬事宜。(《明仁宗实录》卷 1 下)

可以这么说,夏原吉是洪熙帝朱高炽拨乱反正、平反昭雪的第一个人。随后与夏原吉同案的吴中等人也相继被平反,并恢复了刑部尚书的职务。(《明仁宗实录》卷 1 下)

◯ “大明第一才子”的冤家对头李至刚也平反了

三天后，朱高炽下令给大臣李至刚平反，重新任命他为通政使司左通政。(《明仁宗实录》卷1下)读到这里，细心的读者朋友或许会想起笔者在《永乐帝卷》曾经讲过，李至刚是个善于阿谀奉承的佞臣，佞臣也会被朱棣下监狱，有没有搞错啊？

翻阅《明实录》，查找李至刚入狱的原因为“坐事”，用今天话来说，因一个案件的牵连而被连坐进监狱。那么这是个什么样的案件？《明实录》避而不言，《明史·李至刚传》说：“(解)缙下狱，词连至刚，亦坐系十余年”(《明史·李至刚传》卷151)。再追问下去：解缙为何要被关进锦衣卫大牢？《明史·解缙传》中说：永乐初年解缙参与了皇太子立储之争，力挺朱高炽，反对朱棣立二儿子朱高煦，“永乐八年，(解)缙奏事入京(即南京)，值帝北征，缙谒皇太子而还。汉王言缙伺上出，私觐太子，径归，无人臣礼。帝震怒。缙时方偕检讨王偁道广东，览山川，上疏请凿赣江通南北。奏至，逮缙下诏狱，拷掠备至。词连大理丞汤宗，宗人府经历高得旸，中允李贯，赞善王汝玉，编修朱紘，检讨蒋骥、潘畿、萧引高并及至刚，皆下狱。汝玉、贯、紘、引高、得旸皆瘐死。”株连甚广的冤案之主角解缙也于永乐十三年被锦衣卫头子纪纲冻死雪堆。(《明史·解缙传》卷147)

冤案过去十余年后，好多当事人都不在了，可因解缙案牵连坐了十几年监狱的佞臣李至刚却没死，洪熙帝朱高炽秉着正本清源的精神，给李至刚平反，并重新委任官职。永乐二十二年八月辛酉日，“以李至刚为通政使司左通政。至刚先为礼部尚书，以有罪降本部郎中。无几坐事系锦衣卫狱者十余年，至是遇赦，上(指洪熙帝)悯其旧人，故复用之”(《明仁宗实录》卷1下)。

李至刚一平反，冤案“头面人物”解缙也就成了人们的关注对象。虽然解缙早已不在了，但他还有子孙呀，确切地说不是解缙的亲子，而是他的侄儿，这究竟是怎么回事？

◯ 烈女演绎凄美爱情故事，羞煞永乐重臣、父亲大人胡广

原来解缙在永乐初年得宠时犯了一个致命的错误。有一次永

乐皇帝朱棣曾写了几个朝中大臣的名字，让解缙对他们的优缺点作些评述。少年得志的解缙当时自我感觉特好，当即就评论起自己的朝中同事来了，他说："吏部尚书蹇义天资厚重，但内心却是没有多少主张的人；夏原吉有德量，但毛病在于他对小人不能远离；刘儁有才干，就是不知顾义。郑赐可称得上是个君子，但没有什么才能；李至刚趋炎附势，虽然有才但品行不端；黄福秉心易直，做事认真执着，且很有操守，是个不错的大臣；陈瑛用法太苛刻，但本朝起他自身尚能廉洁；宋礼这个人很戆且直，为人苛刻，对下属与百姓等弱势群体没有同情心，陈洽善于疏通人际关系，聪明、警觉又不失正；方宾簿书之才，驵侩之心"（《明史·解缙传》卷147）。

解大才子一口气将永乐初年有分量的朝廷大臣评了个遍，倒也客观，辩证唯物主义，没想到自己的这番评论可将朝廷同事都给得罪了，以至于他出事时几乎无人出来救他一把，甚至出现了自己的亲家胡广反目的尴尬局面。

胡广与解缙原本是江西老乡，同年科考又同朝为官，篡位皇帝朱棣早就听说了这些，觉得十分有趣——天下竟有这么巧的事，有一次当着解缙和胡广的面说："听说解爱卿家已有公子了，胡爱卿，你家呢？"胡广回答说："回禀陛下，前几日郎中说，贱内刚刚有喜，还不知是男还是女。"没等胡广说完，朱棣抢着说："一定是个女孩，将来就把你的女儿嫁给解爱卿家的公子！"要是在民间的话，这样说着玩的，未必当真。但在那个以君主绝对至高无上的年代里，即使是皇帝的戏言也成了金口玉言了。君臣三人闲聊后没多久，胡广妻子果然生了个丫头，胡广与解缙赶紧攀起了儿女亲家，且立好了婚约，只等双方孩子长大了就完婚。没想到孩子还没成婚，解缙出大事了，被整到锦衣卫大牢里去，解缙的妻子和儿子解祯亮受到株连，被发配到辽东。儿女亲家胡广听说后害怕极了，心想自家的宝贝女儿要是不退婚的话，还不得上辽东去与"罪犯"结婚，这可万万使不得啊！想到这里，胡广提出了悔婚的主张。没想到解家还没反应过来，胡广自己家里却闹起了"地震"，宝贝女儿无论如何不同意退婚，胡广及其家人反复劝导，最终逼急了，胡广女儿将自己的耳朵给剪了下来，且对天发誓："我与解祯亮是薄命婚姻，但那也是当初圣上做的媒，父亲大人您是当着皇上的面答应的，怎么能说反悔就反悔？小女生是解家的人，死是解家的鬼，如果还要硬逼的话，那么小女只有一死了之了。”胡广被逼无奈，只好同意女儿的主张，让她上辽东去与解祯亮完婚。可最终还没等到洪熙帝大赦天下的那一天，解祯亮就病死在辽东流放地。胡广女儿归葬解祯亮，演绎了委婉凄美的明代爱情悲歌。(《明史、解缙传》卷 147)

◯ 大明第一才子解缙冤案的平反

这曲爱情悲歌流传很广，好多人都听说了，就连当时还是皇太子的朱高炽也有所耳闻。朱高炽想起了：父皇曾将解缙解大才子评述朝廷同僚的意见给自己看过。出于好奇，当初自己也曾问过解大才子对东宫属官尹昌隆和王汝玉的看法，解缙这样说：“尹昌隆像个君子，但气量实在不弘。王汝玉的文笔世间少有，可惜他有市心！”如些评述多有道理啊，十余年了，朱高炽暗暗观察，解缙之言皆一一应验。即位登基时，洪熙帝拿出当年解缙对朝中同僚的评语，十分感慨地对大臣杨士奇说：“人们都说解缙狂妄，朕看他所言，都十分有道理，一点也不狂啊！”(《明史·解缙传》卷 147)

随即新皇帝下诏，让在辽东服苦役的解缙妻子和儿子及其宗族一同返回江西老家！鉴于解缙之子解祯亮已亡，洪熙元年正月戊戌日，朱高炽“擢(解缙侄儿)解祯期为中书舍人。祯期，前翰林院学士缙之从子。初缙坐事下狱，籍其家徙边，至是召还，以祯期尝工书，故擢用之”(《明仁宗实录》卷 6 下)。

与解缙案有着类似性质的永乐年间还有一场大冤案，那就是永乐十二年“太子遣使迎稍缓”案，受害者也是朱高炽东宫官属，如黄淮、杨溥、金问等，因为朱高炽二弟朱高煦的诬告和进谗以及朱棣的极度疑心，这些东宫辅佐官白白地坐了十多年的监狱，直到朱高炽登基后才得以平反昭雪。(《明史·黄淮传》卷 147)

洪熙帝即位后的平反冤假错案还不仅仅限于有地位、有影响的朝廷大人物、大事情，就是不起眼的小人物和小事情也被他纳入了拨乱反正、革故鼎新的范畴。

◯ 理性对待“陷害”过自己的仇人

永乐二十二年九月一天的朝会，专门负责大明皇家饮食等工作的光录寺卿井泉向新皇帝朱高炽启奏:“依照每年的旧例,当下应该派遣朝廷特使上南京去征收一种用于制作美味佳肴的玉面貍……”井大臣的话还没讲完,洪熙帝就气不打一处来,厉声呵斥道:“你这个小人,不识大体。朕刚刚下诏,悉罢不急之务,就是要老百姓休养生息。而你倒好,要用这样的饮食小事来破坏我朝廷的信誉?”新皇帝爱民如子,这是满朝文武无人不知的。不过御史们却闻到了一股异常的气息,他们赶紧出来弹劾光录寺卿井泉、寺丞萧成及署丞王鼐等,说他们几个人狼狈为奸,乘新帝登基之际盗取内府法物,按律当斩。正在大臣们议罪时,井泉等人百般抵赖,力图逃脱制裁。洪熙帝实在忍无可忍,愤愤说道:“井泉等人按律当斩,其犯下的罪行岂止盗取内府法物?!”

新天子的这番言语顿时引起了大臣们的纷纷议论,个别知道内情的人嘀咕着:看来洪熙帝要老账新账一起算了。这究竟是怎么一回事?

永乐迁都北京时,南京明皇宫典膳局原有厨子 20 人,他们随同皇太子朱高炽一同来到北京,继续烧饭做菜。大约一个月后的一天,永乐帝忽然发出这样的指示:“典膳局新来厨子 20 人,你们为什么不向朕奏报? 快去,将他们全放回家去!”随即命令法司部门处理这件事情。但实际上这 20 个厨子并没有被放归,法司部门向永乐帝汇报时说:放了,而实际上让井泉等人给弄到了光禄寺去做活了。这样一来,原本专门给皇太子做菜做饭的典膳局厨子没了,它的工作由光禄寺来替代。但光禄寺每日给皇太子朱高炽只供应两餐,其余的什么也没了,哪怕是皇太子朱高炽要杯茶水也不行,相反光禄寺还振振有词地说:“这是奉当今圣上的圣旨不得不这样!”可把皇太子朱高炽给气得肺都要炸了,但最终他还是忍了。永乐晚年朱棣时不时地生病,有时竟然一个多月都不临朝,对于大事能过问一下就算不错了,像皇太子肚子都吃不饱的小事理所当然也就一无所知了。

转眼间永乐帝驾崩,皇太子朱高炽登基,他可有机会阅读大臣们的奏章,读着读着,突然发现,原来那 20 个厨子的事让人给蒙了。所谓典膳局有厨子不奏报,其实是给井泉和萧成等奸人给扣押了。朱高炽读到这里,尽管十分恼火,但想到自己即位没几天,还是忍忍再说吧。刚好今天御史们出来揭发光录寺内的“新”罪恶，弹劾井泉等人盗取内府法物，新皇帝这才在大殿上将奸人们的诬陷奏章公开出来，他拿着奏章质问井泉：“还有谁参与了你和萧成的诬陷阴谋?”井泉眼见大事不好，抵赖肯定抵赖不过去，只好如实回答：“署丞王鼐一起参与起草那奏章的。”洪熙帝马上下令召王鼐来问话，王鼐当即认罪。洪熙帝又问：“这事谁为主谋?”井泉等人拼命磕头，嘴里不停地念：“臣等罪该万死!”洪熙帝愤愤地说：“你们这几个小人，欺天罔上，伪造圣旨，离间我与父皇，又构陷无辜，幸亏我父皇圣明，没有中你们的奸计，也幸好那 20 个厨子没事，否则的话还不得全给冤枉死了！按照规制，这事发生本皇帝登基即位之前，属于本朝开启时大赦的时间范围之内，因而也就不再追究了。只是你们这几个奸人如此肆意欺罔，还有什么事做不出来?!”说到这里，洪熙帝转过脸去问御史：“本皇帝大赦令下发后发生的这起内府盗窃案，你们查过没有，这三个奸人全参与了吗?”御史们说：“我们查过了，他们全参与了，事实上还不止这三人呐!”听到这里，洪熙帝实在是怒不可遏了，他当即下令处死光禄寺寺丞萧成和署丞王鼐，但对于井泉还相对宽大，他告诉法司部门的官员：“井泉伺候先帝时间较久，可以饶他不死，但决不可再让他为官了，将其罢归为民，其余的人就不要再追究了”(《明仁宗实录》卷 2 中)。

看了以上几个平反的冤案，多多少少给人这样的感觉：它们似乎都与洪熙帝当年当太子时所受的冤屈有关。就此有人认为朱高炽的平反冤假错案全是在给自己出口气！那么真相真是如此吗?

非也，有史为证。《明史・陈祚传》说：永乐十五年，河南参议陈祚“与布政使周文褒、王文振合疏言建都北京非便，并谪均州太和山佃户。躬耕力作，处之晏然。仁宗立，诏选用迁谪诸臣，祚在选中”(《明史・陈祚传》卷 162)。

○ 以时人无法想象的魄力和勇气部分平反建文君臣

更有洪熙朝开启不到四个月，新皇帝朱高炽就以时人无法想象的魄力和勇气为过去自家对立阵营中落难或死亡的建文君臣进行部分平反。

中国历史上皇帝级的大冤案很多，但再冤可能都没有建文帝及其忠臣那般冤。笔者在《建文帝卷》曾说过：建文帝是一位有理想、有作为的人格品德高尚的"宽仁"君主，也是中国历史上少有的一个好皇帝。正因为如此，在魔鬼朱棣攻占南京时，满朝的文臣学士及其家眷们演绎了一曲曲威武不屈、忠君报恩、视死如归和舍生取义的建文悲歌。

不过这一曲曲建文悲歌实在太悲壮了，诛灭"十族"、肢解活人、洗刷、油煎、火烧、阉割宫刑、剥人皮、"瓜蔓抄"、群体轮奸女家眷、挖祖坟……（详见笔者《永乐帝卷》）"自有历史以来，中国人是一向被同族和异族屠戮，奴隶，敲掠，刑辱，压迫下来的，非人类所能忍受的楚毒，也都身受过，每一考查，真教人觉得不像活在人间"（鲁迅：《鲁迅全集·且介亭杂文·病后杂谈之余》第6卷，P180～181，人民文学出版社1981年北京第1版）。

笔者曾在《永乐帝卷》中作了考证，至少有四、五万建文朝臣民被魔鬼朱棣所虐杀，"国初杀运烈不除，越三十载还相屠"（【明】王士祯《池北偶谈·致身录考》卷6）。对此，300年后的清初史学家谷应泰无比愤慨地抨击道："嗟乎！暴秦之法，罪止三族，强汉之律，不过五宗，故步、阐之门皆尽，机、云之种无遗。世谓天道好还，而人命至重，遂可灭绝至此乎！又况孔融覆巢之女，郭淮从坐之妻，古者但有刑诛，从无玷染，而或分隶教坊，给配象奴，潘氏承恩于织室，才人下降于厮养，此忠臣义士尤所为植发冲冠，椎胸而雪涕者也"（【清】谷应泰：《明史纪事本末·壬午殉难》卷18）。

大明朝积压的怨气太重太重了，一个精神分裂的魔鬼通过军事手段居然堂而皇之地当上了国家的最高统治者，在不断地做大做强的超级政治形象工程光环照耀下居然恬不知耻地享受起"盛世圣君"的美誉来，期间所付出的代价，别人不知，作为精神分裂症者的儿子、也是直接的大受害者朱高炽难道还不知！想当年自己当皇太子时时不时地被精神病父亲吓得半死，自己的东宫官属一个个地被魔鬼皇帝投入了锦衣卫大狱或送上西天，朱高炽能不怨不恨吗？在绝对专制的传统中国社会里，除了皇帝，其他任何人都没有追求正义和诠释真理之权，即使是贵近人主的皇太子也是如此，朱高炽何尝不知之?！不过，与其他人不同的是，皇太子还拥有一个主宰未来江山社稷的权力和机会，代价是默默地忍受现实的一切。朱高炽当了二十来年的储君，能做的都做到了，而今自己当政总该可以表达一下自己的想法了。

永乐二十二年十一月壬申，朱高炽试探性地给礼部尚书吕震下了个御札，说："建文朝的'奸臣'正犯早就给杀光了，其女家眷们被弄得教坊司去做妓女，男性被发配给军中功臣武将当奴隶，好多人都被折磨而死，现在要是还有存活下来的，朕登基即位诏中已经宣布大赦天下了，他们也该被宽宥呀，官府得发还其被没收了的田地和家产。再有，先前因评说政事而遭连坐流放边境的官员及其家属也该被宽宥为民！"(《明仁宗实录》卷4上；【明】吕毖：《明朝小史·洪熙纪·御劄》卷5)

要说洪熙帝的这个御札之意义实在是非同寻常，魔鬼父皇灭绝人性地残害建文朝文臣学士及其家眷，朱高炽要将他们中的幸存者宽宥为民，这不仅仅体现出明仁宗朱高炽的"仁爱之心"，而且还隐含了新皇帝要推倒老皇帝的做法，建文朝臣大冤案有望平反昭雪，更有显示出了大明新君之绝大勇气——大明权力最高层的这番拨乱反正冒着两个不为常人所注意的巨大危险：第一，老皇帝朱棣夺权正当不正当，有没有合法依据？第二，一直流亡在外的建文帝原本就是大明的合法君主，那么朱高炽的这番举措是否会给自己或刚刚开启的洪熙朝带来不利？或言之要是建文帝还幸存于世的话，朱高炽会不会给自己的皇位稳固带来麻烦？

对于这样的问题，新即位的洪熙帝似乎已经想到了，从他给大臣吕震的御札这事本身来看就是投石问路。吕震不同于永乐—洪熙朝的主要文臣学士，他同建文帝没有直接的瓜葛，又是永乐朝的宠臣，所以洪熙帝的试探应该说是富有很大的智慧。那么吕震如何回应新皇帝的？《明实录》未作任何记载，但在一月后的"永乐二十二年十二月癸卯"条中却留下这样的一番话："上(指洪熙帝)闻建文奸臣齐、黄等外亲全家谪戍边者，有田在乡悉荒废。令兵部每家存一丁于戍所，余放归为民"(《明仁宗实录》卷5上)。

对照前面御札，不难发现，原本洪熙帝欲将蒙受大难的建文朝文臣学士及其家眷全部宽宥为民之想法没能全部实现，他遇到了阻力，所以才下令给大明兵部：戍边的建文"奸臣"齐、黄等外亲留一人在戍所，其余全都释放回乡为民。

即位后四个月不到的时间内洪熙帝两次发出御旨，宽宥建文朝文臣学士之家眷，除了原本洪武时代他与皇太孙朱允炆有着不错的个人关系以外(《明仁宗实录》卷1上)，更多地表露出他的“仁慈”之心，所以说尽管朱高炽亲政时间很短，但被人称为“仁宗”，我看是名副其实的。十分可惜的是，洪熙帝仅当了10个月皇帝就突然驾崩，已经开启了的建文朝臣平反工作骤然被停，这一停就停了200来年，直到明万历年间才有其后续。当然，这是后话了。不过作为政治家的朱高炽肇启建文冤狱平反之意义实在重大，它化解了大明帝国空中积压许久的重重怨气和紧张政治气氛，将一个绝对政治高压的永乐时代转向平和的洪熙时代，很大程度上培植了大明的元气，稳固了大明帝国的根基。

◉ 政治方面③：纳谏求言　奋励致治

以“仁宗”著称的皇帝在历史上并不多，朱高炽能享受这般称誉一方面可能是遗传了他母亲“仁孝慈懿诚明庄献配天齐圣文皇后”的优良品格(《明仁宗实录》卷1上)，而绝不是他的父亲朱棣的魔鬼兽性，另一方面可能要归结于他从小接受了正统儒家思想的熏陶。朱高炽和父亲朱棣有所不同的是，与建文帝朱允炆平辈作为大明帝国皇家的第三代完全可以在和平年代里接受正规的儒家教育，这也是大明开国皇帝朱元璋所竭力主张与提倡的。洪武晚年，明太祖朱元璋曾问孙子朱高炽：“‘尧九年之水，汤七年之旱，当时百姓奚所恃？’对曰：‘恃圣人有恤民之政耳’”(《明仁宗实录》卷1上)。

年纪轻轻就对儒家精髓有了较深的了解，加上青年时代的东宫老师夏原吉、杨士奇、解缙、杨溥等一批明初重臣名儒的不断熏陶，朱高炽自身的儒学功底日渐积厚。有一次身为皇太子的朱高炽在读《汉书》，当读到汉朝名臣张释之时，他就情不自禁地称赞起来。在他身边的东宫辅佐官太子洗马杨溥赶紧插话：“张释之果然是个贤臣，但要是没有贤君汉文帝的宽仁，他怎么也施展不了自己的才华啊！”朱高炽听后不停地点头称是。杨溥十分高兴，随后便将汉文帝一朝发生的大事做了归类汇编，再以书的形式进献给皇太子。据说朱高炽接到该书后相当兴奋，后竟然到了爱不释手的

地步。(《明史·杨溥传》卷148)

◯ 明仁宗一登基就下诏:纳谏求言,以图天下大治

由此看来,作为储君的朱高炽所接受的教育是以儒家理想的贤君作为自己未来施政所要效仿的榜样,于是人们看到在他即位之初就表现出与大明众多君主的不同,他多次下诏,纳谏求言,奋励致治。翻阅《明仁宗实录》,尽管洪熙帝只当了10个月的皇帝,但在这10个月中每月最少有2条、最多多达7条的新皇帝"纳谏求言,奋励致治"方面的记载。最早是在永乐二十二年八月丁未日,即"大行皇帝凶问至之三日,首释原吉于颂系,慰劳之咨以国事"(《明仁宗实录》卷1上)。数天后的永乐二十二年八月十五日,朱高炽在即位诏书第31条明确号令:"凡军民利病,许诸人直言无隐"(《明仁宗实录》卷1上)。

新皇帝号召天下臣民:凡是有关我大明帝国军队与百姓的事情不论好坏都可直言不讳。新官上阵三把火,新皇帝上台作秀一番,这是历朝历代常见的景观,所以当洪熙帝在即位诏书中表达要"纳谏求言"时,大明子民们只当其为"政治秀",谁也没有去理会。这可急坏了新皇帝朱高炽,永乐二十二年九月丁亥日,他跟翰林儒臣这样说道:"为政之大患在于上下之情不通畅。最近一段时间朝野之中人们有何议论?凡对我大明军队与百姓有利当兴之事和有害当革之事,你们都可以给朕讲讲,朕会审视考察一番,可行不可行,要是可行,全部予以实施,这样就可稍稍舒缓一下我大明的国力与民力"(《明仁宗实录》卷2下)。

新皇帝如此诚恳求言,本应该会得到一定的回音,可好多天过去了,还是没人前来进言。朱高炽想了好久,最终觉得还是从自己身边的饱读儒家经典的文臣学士身上入手。永乐二十二年九月戊戌日,洪熙帝"赐少傅兼吏部尚书蹇义、少保兼华盖殿大学士杨士奇、太子少傅兼谨身殿大学士杨荣、太子少保兼武英殿大学士金幼孜银图章各一,其文曰:'绳愆纠缪'",朱高炽跟他们说:"四位爱卿都是我朝的老臣了,你们先前侍奉父皇二十余年,同时还辅佐朕之东宫,练达老成,劳苦功高啊。而今朕才即位,军国大事压在肩上,非同寻常,有劳诸位爱卿协心赞辅。凡政治有所缺失,或群臣进言

而朕不能接受的，或诸卿进言朕没听的，都可以写下来，再用这‘绳愆纠缪’图章钤印密封送给朕。你们不要怕烦，也不要以为自己讲过了就不必再唠叨。如果君臣之间坦诚相待，那么朝政就不会有什么缺失，老百姓就不会流离失所了，而朕与诸位爱卿也就不会辜负祖宗之重托了！”蹇义、杨士奇、杨荣和金幼孜听到这里，赶紧顿首受命。(《明仁宗实录》卷 2 下)

皇帝给大臣亲授刻文图章，这在以往的大明历史上不多见，洪熙朝得到皇帝的“绳愆纠缪”图章还有一位重臣，那就是夏原吉。永乐二十二年十一月丙戌，(洪熙帝)“赐原吉‘绳愆纠缪’图书，谕勉之，如蹇义等”(《明仁宗实录》卷 4 下)。

◯ 姗姗来迟的群臣进言和大明政治的宽和

新皇帝一而再再而三地表示要纳谏求言，给人的感觉是他并不像人们先前想象的那样——做做政治秀，而是要实实在在地贯彻执行。可文臣们早就领教了本朝太祖皇帝朱元璋和太宗皇帝朱棣的“纳谏”把戏了，打死他们谁也不敢率先“乱说”，还是大明自开国起就实施的“抑文右武”国策所保护的重点对象军中武将、永乐朝宠臣平江伯陈瑄打响了进谏第一炮。

永乐二十二年九月壬辰日，“平江伯陈瑄上言七事，一曰重国本，南北二京，实乃国家根本，不可不为深远巩固之谋，今明诏下颁，军民忻忭鼓舞，咸起回銮之望，乞留圣意任将益兵，以严守备，为国家万年之计。二曰择贤能。庶民服田力穑，以供赋税，军士被坚执锐，以备战守，皆国家赤子，必得贤能之人长之，则政事脩明，人淂其所然，选能在于推举，推举在于覆实，乞令诸司举人惟其贤能，不必悉拘资格。又乞命朝臣之公正者，分巡天下，咨考百司政治得失，进廉能，黜贪鄙，如此，则官使得人而天下理矣。三曰苏民力。今天下岁运粮饷惟湖广、浙江、江西三布政司及直隶苏、松等府州县，去北京甚远，又河道有洪闸坝及浅冻之阻，往复逾岁，所费数倍正粮，上逋公租，下妨农务，皆由于此。乞令运于近便淮安、徐州等处交纳，别令官军接运至北京，如此则民力可苏而农务不妨，又快船、马船二三百料者所装运物货不过五六十石，每船已有官军二三十人，又于缘河军卫有司添差军民递送，常拘集军民听候接递，听候日久，有至冻饿失所者，乞行革罢。四曰兴学校。夫建学校以育贤材以备官使，今府州县教职多非其人，生员务学亦少，乞令中外风宪官及守令频加考劝，其教职不称、生员无成者，黜之。而于杂职或军民中访举老成儒士，以补教官，仍选乡里俊秀补生员，责其成效，军中子弟，亦宜使之入学读书，习知礼法，庶几将来官使得人。五曰整军伍。夫兵，所以御侮卫民国家之大计也。方今军伍自京师至外服，窜亡者多，在役者少，加以官长私役科扰军士，鲜有得其所者。乞敕都府、兵部及都司卫所时加清理，老疾者令以子弟代役，窜亡者令约期限追补，户绝者验实开豁，庶几军伍实武备修缓急可恃。六曰谨边防。边防之要在于足兵足食，比年开平等处往往城不足兵，兵不足食，二者既皆虚乏，所守何由完固。乞择武臣有勇畧者，授以精壮军士，足其衣食，给之坚甲利器，使日操月习，有沃野者，令耕守兼务如此，外寇绝窥伺之心则边民免侵扰之患矣。七曰专漕运。各处官军每岁运粮，北京运毕，已财力殚乏，及归又须修整坏船，下年再运，是终岁勤劳，有可矜悯，而该卫所于其归，又加他役困之，及当再运，军之困者，未苏舟之坏者，未修公私俱妨。乞禁约各卫所运粮军士归者，不得别有后使”（《明仁宗实录》卷2下）。

洪熙帝接到陈瑄的奏章后，反复读了几遍，随后边将奏章交给翰林侍臣边说：“陈瑄所言数事都是相关部门应该马上办理的！”稍稍停了一下，他接着又颇为耐人寻味地继续说道：“做大臣的能这般用心于国事，不容易啊！”随后发出奖励敕谕，敕文这样说道：“朕继承大统，治理好国家与百姓之心夙夜惓惓，无一刻敢懈怠。陈爱卿上书所言之事，都是当今应该迅速办理的。朕看了奏章好几遍，感慨万分，已降敕给相关部门着手办理执行。爱卿忠君爱国之诚心，朕嘉念不忘，特兹奖谕。”敕谕下发后，洪熙帝周围有人就不以为然，他们说陈瑄上奏所言的都是些老生常谈的事情，怎么足以让皇帝陛下特地降敕奖谕？可洪熙帝却不这么看问题，他向大臣们解释说：“武将能说出这么多的国家存在问题，已经不容易了；况且在我朝中大臣都惧怕祸从口出时直谏进言，实在是难能可贵啊，朕不能不奖掖他！这就好比是战国时代燕国贤君叫手下人去买良马，手下人先购得一堆的良马骨头，最终才买到了天下最好的宝马

良驹。朕今日之举的意义难道还不超过它吗?!”(《明仁宗实录》卷2下)

洪熙皇帝纳谏求言与奋励致治的良苦用心至此一览无遗,但长期处于永乐恐怖政治下的大臣们一时还没能反应过来,不过也有例外。永乐二十二年九月庚子日,“监察御史金庠上言四事:一曰任贤。夫贤者,国家之利器,不可一日而无。古之圣王劳于求贤,逸于用人,古圣尚然况后世乎。迩者明诏有云,军民之中有怀材抱德堪任用者,所司荐举以闻。夫惟贤知贤,今槩令所司荐举,恐未能尽出于公,宜令在内五品以上、在外四品以上文官各举所知,严其缪举之罪,如此则朝廷有得贤之实。二曰固本。盖京师者,四方之本。世云钟山龙蟠石城虎踞,真帝王所都,我太祖高皇帝定鼎于此三十余年,宗社奠安,生民无事,且皇祖陵寝所在,宜命皇子之贤者,率重兵以镇之,外以杜觊觎之心,内以壮两京之势,他日回銮亦可以省东南转输劳费,此古人居重驭轻之策,不可以不加意。三曰讲武。盖兵者,所以威四夷安诸夏。古人三时务农,一时讲武,以备不虞。迩者王师北归休逸已久,宜择将臣有勇畧者率之,以时操练,精其艺能,有备如此,则外侮不足忧矣。四曰裕民。盖民为邦本,今四海之广,寒者欲衣,饥者欲食,颠连困苦者,欲淂安逸,皆所当恤,宜选廉干亲民之官,常专抚恤,不得数更,如此则上下交孚,本固而邦宁矣。惟皇上留意”(《明仁宗实录》卷2下)。

监察御史金庠所言四事与陈瑄的奏事大同小异,从根本上来说并没有很大的新意,但为了鼓励更多的人直言,洪熙皇帝还是大大地表扬了金庠一番。

表扬归表扬,曾被魔鬼暴君吓怕惯了的大臣们无论怎么聆听新天子的劝谕就是放不开胆子,尤其是杨士奇、杨溥那几位新天子十分亲近的重臣虽然老早就接到了御赐的“绳愆纠缪”图章,取得了秘密奏报的特权,但他们就是“持矜”、“稳重”,没有根本性的动作,于是皇帝朱高炽不得不将纳谏进言之范围作个实质性的扩大。永乐二十二年十月庚戌日,洪熙帝跟鸿胪寺大臣说:“朝会以后各衙门若有急切机务要汇报的,但又不能马上见到朕,按照祖宗的做法即撰写上题本,投到宫门口,再由内官迅速转呈给皇帝本人。可现在有些大臣就一些私人小事或想求得朕对他的好印象而滥用题本奏进，掩奸欺众，以图侥幸，坏法乱政，没有比这更恶劣的了。从今以后，除国家警急机务不能在大殿上上奏的，可以使用封进题本外，其他的大小公私事一律都在朝堂上公开上奏，有什么大家不可以公开听的？有什么大家不可以公开讲的？切记，决不可滥用题本而破坏了祖宗之法，违者治以重罪！”（《明仁宗实录》卷 3 上；【明】余继登：《皇明典故纪闻》卷 8）

◯ 胡濙的“千言书”

洪熙帝的这般做法倒是颇有几分他所效仿的贤君对象唐太宗的模样，曾经是建文朝大臣后投降了朱棣并深受其重用的“人中之精”胡濙见到洪熙朝这般情势，他终于出来说话了。永乐二十二年十月壬戌日，礼部左侍郎胡濙给洪熙帝上“千言书”，“一曰勤庶政。谓人君一日二日万机，故必明以烛之，勤以理之，分轻重缓急之序，审是非可否之宜，如是，则政无不当事，无不理。若帝舜之无怠，大禹之克勤，文王之自朝至于日中昃不遑暇食，皆勤政之实也，唯陛下法之。二曰任贤良。谓明王立政，不惟其官，而惟其人，用人之道当致谨取舍，不以文华而以德行，不以虚誉而以实材。如是，则贤者在位，而不肖者不得容。若舜之举八元八凯，汤之佑贤辅德显忠遂良，文王之任三宅三俊，皆任贤之实也。唯陛下用之。三曰务节俭。《易》曰：‘天地节而四时成’，节以制度不伤财、不害民，盖侈用则伤财，伤财必至于害民欤。《器图》曰：‘富有四海，守之以俭’，若尧之茅茨，不剪土阶三尺，禹之菲饮食，恶衣服。惟陛下法之，则天下仰德，自然无害民之事矣。四曰笃亲亲。《书》曰：‘克明峻德，以亲九族。九族既睦，平章百姓。’又曰：‘立爱惟亲，立敬惟长，始于家邦，终于四海。’惟陛下于宗亲诚能推恩，义以怀之，分玉食以遗之，则亲亲恩笃而天下化矣。五曰纳谏诤。谓四海之广，庶务之繁，非一人耳目计虑所能周悉。而忠良明智之言，必有可采。故舜舍已从人，禹闻善言则拜，成汤从谏弗咈，高宗亦曰从谏则圣。愿陛下厚直言极谏之赏，宽愚昧狂戆之诛，以来忠告，以裨治道。六曰明赏罚。谓赏以劝善，罚以惩恶，一惟至公，不私而已。是以赏一人而千万人悦，刑一人而千万人惧，故爵人于朝，与众共之，刑人于市，与众弃之。唯陛下扩至公至明之心，持信赏必罚之志，以服天下，以致化理。七曰亲经史。谓经以载道，可以观帝王致治之本，史以纪事，可以鉴前代兴亡之由，仗愿万机之暇，法干行健，继离向明，常接儒臣讲论经史，则圣智益慱，睿谟益广，而与二帝三王同一揆矣。八曰守成宪。盖创业之君，其得之也难，故其防患也深，其虑之也远，故其立法也密，如或有过不及可损益，以就中，苟为宜，民当守而勿失。且如南京，龙蟠虎踞，气旺地灵，水陆交通，四方辐辏之地，我太祖高皇帝定鼎于此，良有以也，伏愿终丧之后，上顺天心，下慰民望。苏南方转输之劳，省北地供给之费，仍置留守于北京，以备时巡，则祖宗帝业永全，而南北之人心皆悦矣。九曰严祀事。《书》曰：'鬼神无常，享享于克诚。'仲尼曰：'祭如在祭神，如神在近见各处应祀神，只坛庙倾颓栖神，无所甚失国家，所以祀神之道。乞令所司以时修葺此，有国者之大事也。十曰精武备。今四海升平，万民底乂，虽若无事于兵，然有备无患，自古明诫。近各处军伍缺人，守备无法脱，有不虞何以制御。古人有言：'安不忘危，治不忘乱。'伏望陛下深留圣意，宜进五府及兵部之臣，与计议斯事，早为处置，不可缓也。《易》曰：'慢藏诲盗，诚不可久示人以虚也。然西北临边，东南际海，其守备官军所系皆重，不宜轻调别用，而北虏出没尤不可测，为今之计，但当守其要害，严其防御，务农以足食，练卒以养威。寇至则御寇，退不追，此上策也，尤不可自启边衅，边衅一启，所得无几，所失不赀矣"(《明仁宗实录》卷 3 下)。

胡濙的千言书将洪熙朝所要亟待解决的大问题几乎都囊括进去了，朱高炽在接到胡大臣的奏章后高兴至极，"嘉纳之"(《明仁宗实录》卷 3 下)。

对于解决举国大事之谏言"嘉纳之"，那么对于细民小户之事呢？即位后的朱高炽不仅依然保持着他当皇太子时的那颗"仁慈"之心，而且还表现出急不可耐地要解决民生隐患问题的决心与信心。永乐二十二年十一月洪熙帝将北京郊县的县官找来问话，开口便说："朕即位之初，最先罢停的就是那些困民、扰民和害民的政绩工程，以此来舒缓民力。你们都是京畿近地的父母官，对于治下的百姓理当加意抚绥，让他们首先享受到实实在在的好处。朕曾听说，过去北京地区的老百姓一直深受工程大役与徭役之害，这都是你们不称职所造成的吧！昨天朕已下敕，要大臣们去调查和了解百姓们的疾苦。本来有人知道这类事的，但就是不说出来，当然也有人想说，可就是不知详情。你们距离百姓最近，不会不知道，但朕就是没听你们说起过，这是为什么？今天朕与你们约定，三天后将你们知道的百姓方便与不方便之事一一给奏来，朕来帮你们处理。倘若再坐视不理，本皇帝将严惩不贷。"说到这里，洪熙帝稍稍停了一下，回过头去跟侍臣长叹一声："嗨，朕朝朝暮暮都在为百姓们的生计所担忧，然而一个北京地区尚且这样上下不通音讯，何况千里之外呐。古人曾说：为天下之主者决不可偷闲安乐！看来这话是相当有道理的"(《明仁宗实录》卷4上)。

◯ 由身边重臣身上做文章，为洪熙朝营造纳谏进言新局面

朱高炽纳谏求言，讲究实效，不作"政治秀"，这是有借鉴于永乐朝或更早的政治实际而做出的非凡举措。永乐二十二年十一月丁亥日，洪熙帝在皇宫西角门阅览京官们撰写的诰词。他看着看着，忽然停了下来，回过头去跟侍臣大学士杨士奇、杨荣、金幼孜等人说："三位爱卿和蹇尚书、夏尚书都是先帝时代的老臣，朕想依靠你们奋励致治，凡朕所言所行，诸卿天天都能看到，要是有什么不妥的，你们尽管向朕直言。朕看前朝人主，有的人一登上皇帝之位就立马妄自尊大，拒绝谏言。尽管他身边有些大臣跟他关系不错，想直言几句，但见到皇帝这样讨厌直言，出于对君主权势的畏惧也就不敢再说什么了。保持沉默或顺着皇帝的御旨，以此来讨好皇帝，进而保住自己的权位；有个别贤良直臣不甘保持沉默，出来讲几次，看看皇帝不听，就此退下不语，以图自全。如此下来，君臣之间相安无事，永享富贵，殊不知没多久就招致灾祸的降临。朕与诸位爱卿都应该对此予以深思，引以为戒啊！朕以为，君臣之间一定要自始至终同心同德，拧成一股劲，精心治国。也只有这样，才会最终实现国泰民安，君臣互利！"说到这里，洪熙帝抽出杨士奇等五人的诰词，拿起御笔在上面加上两句："勿谓崇高而难入，勿以有所从违而或怠"，就是说你们几位大臣不要因为看到皇帝位高权重而左顾右盼不肯直言，也不要因为自己进言有可能引发皇帝的不悦而懈怠了献言直谏。诸位爱卿，你们得明白，这是朕的一片真心实意啊，但愿以后我们君臣共勉吧！情真意切，又鞭辟入里，朱高炽

的一番话将近臣们说得都低下了头。杨士奇算反应快，赶紧稽首，众大臣赶紧跟着齐呼："此陛下圣德，臣等其敢不勉?!"再看此时的洪熙帝脸上终于露出了宽慰的微微笑容。(《明仁宗实录》卷4下)

君臣一体，海阔天空，任由驰骋，或浪声淫语，胡作非为，古往今来，这样的例子不在少数；而圣君贤臣，纳言进谏、励精图治的"黄金搭档"却少得可怜，这是数千年中国专制社会的实际。再看朱高炽主政下的洪熙朝，虽说十分短暂，但在大体上它做到了或言正在朝着这个方向大踏步前进，真不容易啊！更为不容易的是君臣之间纳言进谏要有始有终，从这一方面来看，洪熙帝似乎也早已注意到了。

永乐二十二年十一月丙申日，翰林学士杨溥密疏言事，洪熙帝十分高兴，在御札中跟杨溥这样说道："阅览了爱卿的奏疏，朕知道爱卿一心在为国家谋虑，正合朕意。只是希望爱卿能始终如一，辅佐朕治理好国家。为感谢爱卿的一片诚意，今特赐爱卿彩币一双，宝钞一千贯。爱卿接旨后就到相关部门去领取！"(《明仁宗实录》卷4下)

见此，有人可能要说，这是洪熙帝有意为之吧？此言差矣！永乐二十二年十一月己亥日，少傅兼华盖殿大学士杨士奇密疏言事，洪熙帝十分高兴地览阅奏疏，并下发了御札，大大褒扬杨士奇："读了爱卿的奏疏，朕知道爱卿在用仁德之义导引朕、辅佐朕，想把朕锤炼成尧舜之君，并希望我洪熙朝珍惜俊良之臣，共成王化。这些都是金石之言，爱卿不愧为忠良股肱之臣啊！朕曾每时每刻都在焦虑，卿等会不会因为朕现在位居宸极，当了人间之主了而害怕逆鳞，招惹祸害，从而缄默不言。今天看到爱卿的奏疏，朕相当之开心，内心也稍稍得以安宁些。只是希望爱卿能始终如一，知无不言，言无不尽，不辜负了朕之重托，共成王道之美啊！为了表达朕之谢意，现特赐爱卿白米十石、彩币二表里、宝钞二千贯。爱卿接旨后即可上相关部门去领取！"(《明仁宗实录》卷4下)

洪熙帝如此诚恳求言纳谏，赢得了当时大明朝臣的一致好评。而要想做一位真正的贤君，有一个十分重要的标志，那就是要做到从善如流，尤其是要容纳不合御意的直谏者。朱高炽似乎也已意识到了这一点，做到大臣"弗意必自思"。永乐二十二年十一月庚子日，洪熙帝在皇宫的右顺门跟侍臣杨士奇说："近来有些大臣说话做事依然沿袭过去的习惯，看着为君者的颜色或捉摸着天尊的心思，你说这样处理国家政务怎么能没有过失呢？幸好早朝结束，朕回到后宫就发现了问题，正想办法予以补救，外廷大臣的进谏奏疏也已送达内廷来了，朕感到实在惬意啊！”杨士奇听后回应：“宋代名臣富弼有句名言：‘贤者不以别人意见不同于自己而发怒，不以相同而欣喜，不以自己喜欢就留着，不以自己不喜欢就舍弃不用。”洪熙帝听到这里马上补充道：“杨爱卿所言极是。《尚书》有言：‘有人说些不好听的话，说不定里面就有些道理。’朕常常琢磨这句话的含义，一旦在大殿上听到群臣说些不合自己胃口的话，退居后宫后一定得反思一番。有时候朕说错了或做错了什么，一旦想到了，就连肠子都快要悔青了。”杨士奇听到洪熙帝这么从善如流，感觉有望将其导为尧舜之君，于是及时进言：“商朝开国之君成汤犯过错，但很快就改正，他仍然不失为一代贤君圣人！”洪熙帝听懂了杨大臣的话里话，顿时心里充满了无比的喜悦，但嘴上还是十分谦虚地说：“朕有缺点与过失，怕就怕在自己不知道，知道了就不难于改，这些爱卿你们都知道的啊”(《明仁宗实录》卷 4 下)。

杨士奇、杨荣、金幼孜、蹇义、夏原吉、杨溥……朝廷大臣中该动员的都动员了，尽管各人多多少少都提了些建议，但洪熙帝还是不满意，他希望有更多的人进谏直言。永乐二十二年十一月甲戌日，朱高炽降发新敕谕，其文这么说道：“朕以菲德继承大统，君临天下。可天下之大，庶务之繁，岂止朕一人所能料理的？惟赖文武群臣，相与协德，共图康济。自朕即位起就下诏，广开言路，务求直言。可几个月下来，直言进谏者寥寥无几。京师为首善之地，四方各地都会效仿它，但现在京师下层之事我们却一无所知，陈规陋习相袭不改，这样下去如何治好？治理好国家最重要的事就是任用贤人能臣，做臣子的对皇帝与朝廷忠不忠关键还要看他能否推荐贤人。如今我大明官场的格局是清官与贪官混在一块儿，贤臣与奸臣没有区别对待，这样下去如何还能指望天下大治啊！领兵者要么他的部队兵士逃亡了不补，要么军纪不正，这样的军队怎么能保家卫国？现任为官者往往连俸禄都得不到保障，可吃空饷的‘官员’却越来越多；法司部门本该按律断案理狱，正本清源，可如今这些衙门办案要么法外开恩，把有罪之人给放了，要么深文苛罪，把本来无罪之人判为有罪，糊涂官判糊涂案，最终要想澄清案件还得动用其他衙门的官员一起来断案。这些难道是我们京师地区所应该发生的吗？也是大明帝国其他地方所应该仿效的吗？这难道又不是监察不力、言路壅塞所造成的吗？有功必赏，有罪必罚，贤者必进，不肖者必退，至公之典，朕不存任何私心杂念。你们都是国家的股肱之臣，深受国家的重托，但就是因为害怕招惹是非祸害而不敢直言进谏，你们这样做对得起国家吗？我们君臣是同体的，应该相互至真至诚，你们应当辅佐朕纠偏补漏，革故鼎新。只有这样，才符合君正臣贤的理想政治啊！”(《明仁宗实录》卷4上)

依照朱高炽温文尔雅的个性，上述求言纳谏的敕谕显然说得很过了，但大臣们因为长期被永乐朝变幻莫测的政治风浪给搞怕了，不管你洪熙帝再怎么鼓励、鞭策甚至责备，大家还是不大敢多言。这下可把朱高炽给急坏了，为了给大家树立一个榜样，他想了又想，忽然想到了一个敢于直言的小官，他叫弋谦，原来是大明监察御史，因巡视江西，切诊时弊，上书直言，给朱高炽留下很深的影响，现在我洪熙朝真需要这样的人才！洪熙帝想到这里，马上降敕，将已经削职为民的前峡山县知县弋谦提升为大理寺右少卿，让他回到朝廷零距离地向本皇帝直言进谏。(《明仁宗实录》卷4上)

再说那个弋谦还真不赖，他一回到朝廷就向洪熙帝上书进谏道：“陛下刚刚登基即位，要做的事情实在太多，如何下手？小臣以为，陛下您在每日早朝结束后就应该召集廷臣，讨论政事之得失，询察政务之疏忽，看看有什么好的举措没落实，有什么弊端没清除，天下盗贼究竟有多少，民风到底淳朴不淳朴，不要以为天下太平已久了就忘了戒敬之心。要是天天都能这样做的话，传说中唐虞尧舜那圣君贤臣的美好时代不久就会到来。”洪熙帝看完弋谦的上书后十分高兴，拿了它跟礼部尚书吕震说：“弋谦讲的都很可取，让大家议议看究竟怎么实行！”(《明仁宗实录》卷5下)

洪熙朝一开始就有如此新气象，新皇帝如此喜欢纳谏求言，进言必应，直谏升官。大明朝廷上下就此开始纷纷动心，就连万里之外的地方官吏也闻风而动了。那么进言究竟应该说些什么？好多旷居尸位的官吏为了自己能及早地升官发财，就挖空心思地找些“进谏直言”的素材，用那些陈芝麻烂谷子的事情来敷衍和忽悠洪熙帝，没想到遭到朱高炽的一顿臭骂。

永乐二十二年十二月甲子日，湖广等布政司左参政黄泽等来朝上章言事，洪熙帝看了他们的奏章后十分生气地说道："朕广求进言，就是想听听与老百姓休戚相关的事情，想了解一下底下官吏好不好。没想到你们尽说些末节杂务，而对于民情和吏治却几乎没谈，该不会来敷衍敷衍朕的吧？你们都是各地的地方父母官，应该体察国家与朝廷的一片良苦用心，应该给朕多讲讲那些有关国计民生之事，不然的话，怎么能对得起你们的官职和国家给予你们的俸禄啊！"随即命令礼部让湖广布政司左参政黄泽等人重新上书言事。(《明仁宗实录》卷5下)

◯ 废除诽谤罪——明仁宗功莫大焉！

为了给广开言路创造一个良好的氛围，洪熙帝还做了一件在大明历史上有着划时代影响的好事——废除诽谤罪。明初所谓的诽谤罪不同于我们现代诽谤罪的概念，它十分宽泛。洪熙元年三月丁亥日，洪熙帝跟刑部尚书金纯、都察院左都御史刘观、大理寺卿虞谦等三法司高官说："过去我大明法司部门没有什么公平宽厚之意，只会罗织罪名，一旦案犯及相关人员的只言片语中稍稍涉及一下国事，就以诽谤罪论处。更为恶劣的是，朝廷内外争相仿效，有些奸人嫁祸于良民，编造诬陷之词，以诽谤罪名到官府告发，随后便是毁家灭族，没有什么天理可言的了。最近朕发现，这股歪风又有抬头的趋势。治国之道所急需要做的就是广开言路，所害怕的就是有人文过饰非，不说真话。而今我大明所亟须要解决的是下情能上达，你们应该充分体谅朕的一片苦心啊！从今开始，凡是有告诽谤罪的一概不受理。"说到这里，洪熙帝回过头来，跟侍臣杨士奇说："这件事一定要办，诽谤罪必须废除，以朕的诏书广发下去！"

明仁宗废除诽谤罪，从当时来讲可能仅仅是为洪熙朝广开言路创造了一个有利的条件，但它的实际意义却更大——大明帝国由昔日的严酷、恐怖时代逐渐开始转向了平和时期。

不过对于这样的重大贡献，当时的洪熙帝自己可能并没有意识到，他所关心和所要达到的目的是，大明帝国如何才能真正大治,用他的话来说就是求言纳谏,奋励致治。

为了实现自己的政治理想,洪熙帝学起贤君唐太宗的做法。有一天他跟吏部尚书蹇义、兵部尚书李庆等大臣说:"诸司衙门中的官员好不好,与我大明军队、百姓利益休戚相关。唐太宗李世民当政时把各地方长官刺史名字写在自己宫中的屏风上,早晚都能看到,一旦听到这些封疆大吏有什么善政,就把它写在刺史名下。所以当时所用的官员大多都能积极进取,奋励致治。贞观年间物价低廉,一斗米也不过三钱,道不拾遗,夜不闭户,堪称太平盛世。朕父皇也曾效法唐太宗的做法,将朝廷内外官员的姓名写在武英殿的南廊上,一旦空闲下来他就看看。现在我大明中枢五府六部的官员,朕每日早晚朝都能碰到,但也得要询察一下他们是否贤良。至于地方上的都指挥使司、布政司和按察司的官员,朕既不全认识,又不知道他们的姓名,即使偶尔听说过他们的贤患正邪,但时间一长就忘了。臣下有好的品行而主上将它给忘了,还有谁会自勉奋力?臣下有不良的言行而主上也把它忘了,还有谁会引以自戒?这样下去,我大明还怎么能奋励致治?你们吏部、兵部应该出具地方各都指挥使司、布政司和按察司官员的姓名与履历,将它们刻写在皇宫西序上,朕于闲暇间看看,再根据各人的政绩言行来决定他们官职的升降。"吏部、兵部官员接旨后立即照办。(《明仁宗实录》卷五上;【明】吕毖:《明朝小史·洪熙纪·姓名履历揭西序谕》卷5)

洪熙帝用心关注大明高官,询察他们的言行而决定其黜陟,这在大明帝国历史上并不多见。因此从这个角度来讲,洪熙帝完全可以称得上是一代明君了。不过话得讲回来,官员也是人,是人有所长也必有所短。譬如,明初开始,大明一直缺乏精通货币的经济人才,加上朱元璋开国立政所推行的货币政策本身就有问题。到永乐—洪熙时代时,大明帝国出现了"钞法不通,(洪熙帝)两日与卿等商略未决"的尴尬局面。不过一代明君洪熙帝的"明"就在于他不像专制社会里的某些统治集团那般无耻,吹嘘自己是世界上最伟大的,最正确的,且无所不能,而是实事求是地面对问题,解决问题。永乐二十二年十二月辛亥日,洪熙帝跟户部尚书即财政部长夏原吉商议解决钞法不通问题,商量来商量去,两人都觉得实在是无路可走了。忽然间洪熙帝想到了一个主意,就跟夏原吉说:

“朕是这么想的，对于农事我们不懂，可以问老农；对于丝枲不懂，可以问丝妇；而对于钞法不通，那就得问闾阎市井间的商人了。我们不妨将自己的问题原原本本地告诉他们，通过在大街小巷张榜告示，凡我大明军士、百姓看到皇榜后只要他有解决的方法，就可上我大明京师皇宫里来直言，或上通政司去投递上言书。说得有道理的，我们就按着办；说错了，我们也不要去追究什么罪责！”（《明仁宗实录》卷5上）

◯ 洪熙元年明仁宗取消登基新年欢庆会

发挥群众智慧，奋励致治，洪熙帝的这般求言纳谏在大明历史上可谓独树一帜。不过在某些人看来，洪熙帝再怎么情真意切地纳谏致治，说到底还不是政治上“秀一把”的需要，哪个人不喜欢听好话？没有！当时，永乐朝的宠臣、佞臣吕震就是这么想的。

经过四五个月紧锣密鼓的拨乱反正，转眼新年就要到了。新年，新皇帝洪熙的元年，佞臣吕震一想起，他的心就像小兔子一样怦怦跳，在这个节骨眼上我应该在新皇帝面前好好地表露一番。

永乐二十二年十二月底的一天，礼部尚书吕震在朝会时向洪熙皇帝请示：“陛下，新年马上就要到了。陛下初登大宝，应该普天同庆，天下文武之臣及海外诸国使者皆来朝圣，陛下应该接受他们的祝贺，就像大朝之仪那般办一场‘走进新时代’的盛大欢庆音乐会。”洪熙帝听后觉得很不舒服，但看在吕震是前朝老臣的面子上没有当廷数落他。谁知第二天吕震又喋喋不休地重拾老话题，在旁的大学士杨士奇、杨荣、金幼孜、黄淮等实在忍不住了，冲着他愤愤地说：“昨天陛下事实上已经表态过了，不办！圣上英明啊！”此时内心细腻的洪熙帝赶紧出来解释说：“父皇的长陵刚刚修好，朕怎么忍心说现在天下大吉、举国欢庆？明日庆典朕也不想来见群臣！”吕震赶紧补充说：“四方万国特使都不远万里来我大明，想朝见新主，一睹天颜。陛下原本就是至诚圣孝，但也应该勉狥下情吧！”听到这里，洪熙帝转过头去，问杨士奇等四人：“朕不见群臣，从礼节规制上讲，有问题吗？”四大臣回答说：“诚如圣上所说，不过下情也应该俯狥，就是不该完全按照新年欢庆礼节办事。”洪熙帝当即决定，就以此行事。

洪熙元年正月元旦，朱高炽亲临奉天门，象征性地朝会群臣。因为先皇帝朱棣驾崩不久，洪熙帝还下令："新年欢庆音乐会取消，群臣只行五拜三叩头之礼"(《明仁宗实录》卷 6 上)。

不就是一场新年音乐会要不要办的小事，在许多人看来，新皇帝朱高炽的那般言行颇有小题大做的味道。那么朱高炽到底怎么考虑问题的？

新年元旦过后的第二天，洪熙帝召见大学士杨士奇、杨荣、金幼孜、黄淮等，一开口他就直奔主题："为君以受直言为贤，为臣以能直言为贤。不接纳直言，君主的过失就会越来越多；不能直言，这表明做臣子的对皇帝没有尽忠。像昨天的朝会，要是朕依了吕震所请，今天就后悔不及了。所幸的是有赖于诸位爱卿同心谏朕，这才免除了朕今天的后悔。从今以后，朕所言所行要是有所不当的话，你们尽管直言，不要考虑朕会不会依从你们的意见。"说完，他又下令给杨士奇等直言大臣各赐钞一千贯，文币一表里，以表示对他们直言的奖励。(《明仁宗实录》卷 6 上)

再说佞臣吕震原本想露一手，没想到遇上明君洪熙帝，弄得个马屁拍在马脚上。朱高炽心里明着呐，所以他最终奖赏的不是阿谀奉承的小人吕震，而是直言大臣杨士奇等人。

不过明君朱高炽再明毕竟还是个凡人，从卡内基所说的人性的弱点来讲，作为凡人的洪熙帝有时也不免会犯上我们常人所犯的错误。好在他不像父亲朱棣那般刚愎自用，而是知错就改。

○ 对犯颜直谏大臣尽管有过不妥的处置，但明仁宗最终还是改过自责，重用提升直臣弋谦

洪熙元年二月庚申日，大理寺少卿弋谦上书言五事，因言辞激烈，洪熙帝很不愉快。要说这个弋谦，前面我们已经讲过，他是永乐九年进士，入仕后曾任永乐朝的监察御史，巡按江西，上表言事，因没对皇帝朱棣的胃口，而被贬为峡山知县。不久又由于案件的牵连，被罢职为民。当时明仁宗朱高炽还是皇太子，不过他久闻弋谦鲠直，所以在自己登基上台后不久就召弋谦到大明朝廷，升其为大理寺少卿。弋谦上任后不负洪熙帝的知遇之恩，经常上书"直陈时政，言官吏贪残，政事多非洪武之旧，及有司诛求无艺。(洪熙)

帝多采纳”(《明史·弋谦传》卷164;《明仁宗实录》卷7下)。

不过弋谦忘了关键的两点:第一,除仙界以外凡人都喜欢听好话,自己老说皇帝治下如何不好,皇帝会不会一直能接受下去呢?第二,自己从一个削职为民的平头百姓一步登天,出任宫中要职,如此快速晋升会不会引发朝廷同僚的妒忌?弋谦可管不了这些,新皇帝喜欢纳谏求言,我就尽管多说。没想到洪熙元年二月庚申日那天,自己上书言事可能用词太激烈了,弄得新皇帝很不高兴,更没想的是重逢才没多久的朝中同事们居然联合起来恶狠狠地向他发难。尚书吕震、吴中,侍郎吴廷用,大理卿虞谦等弹劾弋谦诬罔,都御史刘观几乎赤膊上阵,命令手下御史联合劾奏弋谦。永乐朝遗留下来的“宝贝”佞臣和小人们纷纷出动,舆论汹汹。

洪熙帝当场没表态,朝会后召来近臣杨士奇等人问:“这到底是怎么一回事?”杨士奇说:“弋谦这个人的毛病就在于不谙大体,但他的心里绝对充满了对皇上您的感激之情,所以一心想要尽心图报。主圣则臣直,陛下,您就多多包涵吧!”洪熙帝听完后没表示要对弋谦怎么的,但每次在朝堂上遇见弋谦时,他就把脸拉得老长,说起话来没好声好气。杨士奇发现后找了个机会,跟洪熙帝这样说:“陛下下诏广求直言,弋谦上书言事有所不当,触犯了陛下,外廷朝臣们全知道了,大家都引以为戒。眼下可有件棘手的事,那就是万国四方的朝觐特使都已来到我大明朝廷,要是‘老外’们知道弋谦之事的话,他们将会说陛下您不能容纳臣下的直言啊!”洪熙帝听后一脸严肃,却又不无实事求是地解释说:“弋谦所说的,朕本来就不能容纳,而吕震等人的弹劾恰恰迎合了朕的心理,这就大大地增加了朕的过错,朕意识到了,所以没依他们。不过爱卿今天这么一说,朕倒是觉得该是要好好处理这件事的时候了,总不能老拖着。”随后洪熙帝下令:“免(弋)谦朝参”,专心管好大理寺工作。(《明史·弋谦传》卷164)

洪熙帝的这番处置,明摆着是冷落直言者,外廷朝臣们顿时纷纷竖起了耳朵,光听光看就是不说。过了些日子,洪熙帝终于发现,上书言事的官员越来越少,于是十分着急地召来大学士杨士奇等表明心迹:“朕火的是弋谦说话太过头,且还有些不符合实际,但没想到的是,朝臣们就此一个多月都不上书言事。杨爱卿,你代朕向众大臣解释解释?”没等皇帝说完，杨士奇就插话了:“陛下让小臣去向众大臣解释，空口白牙，没有什么凭证。与其这样，倒不如陛下您自个儿下个御书!”朱高炽一听到杨大臣出了这么个好点子，顿时就不停地点头称是，随即命令杨士奇代笔写下引过敕谕，敕谕是这样写的:“朕自即位至今已有四五个月，众臣和百姓上书言事就有几百起，朕几乎没有一个不接纳的。一旦有什么不妥的，朕也仅仅听听而已，从不加以追究。前些日子大理少卿弋谦上书言事，他所讲的大多不符实际，朝中有人迎合朕的心理，交相上奏，弹劾弋谦沽名钓誉，卖弄直臣美名，要求朕将其治罪。朕拒而不听，只是罢免了弋谦朝参的权力，没想到从此以后上书言事的人越来越少。去年冬天无雪，今春又偏偏少雨，如些天象说明了什么?阴阳失和！阴阳失和，必有其咎，难道大家就没有一点什么可言的？做臣子的怀着保全自己的想法，缄默忌口，何以说明他是忠于朝廷的？朕因为弋谦所言一时不能容纳而未尝不自愧自责！你们群臣不要将弋谦之事作为什么警戒而不敢言语，凡是有关国家利弊、政令不当的，都可直言勿讳。大理少卿弋谦恢复参加朝会!”(《明史·弋谦传》卷164;《明仁宗实录》卷8上)

在明朝几乎个个都是“一根筋”的列帝中，洪熙帝是个知错能改的好皇帝，尽管其中有过波折，但最终他还是走过来了。更难能可贵的是，他还继续重用犯颜直谏大臣——弋谦。就在弋谦恢复朝参没多久，洪熙帝听到手下有人说，到四川去督促采木的宦官横行霸道，残害百姓，地方官吏居然听之任之。一向“仁慈爱民”的朱高炽意识到，四川积弊甚厚，非派上刚正不阿之大臣则无法解决问题。派谁去？他想到了清直刚正的弋谦，于是就提拔他为都察院副都御史(相当于最高检察院副检察长)，并赐宝钞以送行。再说弋谦到达四川没多久，劳民伤财的采木之役终于被喝停，百姓们无不拍手称快。(《明史·弋谦传》卷164)

◉ 政治方面④:完善科举　求贤任官

从永乐朝罢官为民的一介书生到洪熙朝一夜之间跻身于大明朝臣行列，再到出任全国最高检察院副检察长，弋谦的人生仕途极富传奇色彩，不过从另一个侧面来看：新上台的洪熙皇帝对于贤直人才的提拔是何等重视！说到人才选拔，读者朋友自然会想到明太祖朱元璋与明成祖朱棣的科举改制（笔者在《洪武帝卷》和《永乐帝卷》中已作过详述），如果从纯理论角度来讲，明初科举经过五十多年的实践、磨合和调整、改进，理应发展到了一个比较完善的地步。但从实际角度来看，当时实施的科举制度还是存在着一定的问题。

○ 完善科举，首创南北中卷制

传统中国是个大一统的绝对专制的国家，姑且不说天南海北各地的差异，就南北大格局而言，南方人相对比较勤劳、精明，北方人则相对比较纯憨、质朴，加上轻视文治的元朝定都北京百年之影响和明初绵延数十年的北伐战争与靖难之役的破坏，使得当时南北方文治人才呈现出较大的落差，其直接的反应就是大明科举选拔中北方优秀文人寥寥，南方则为人才济济。这是个客观事实，洪武时期已经暴露出问题了——洪武三十年（1397）录取的宋琮为首的整榜 51 个进士都是南方人。为了使得自己的大一统帝国能够长治久安，1397 年朱元璋制造了“南北榜”事件，丧尽天良地杀害了主考官、复查官白信蹈和张信等人，另一位主考官刘三吾因为年老，免去死罪，发配边疆。老魔鬼朱元璋还亲自阅卷，录取了任伯安为首的整榜 61 个北方籍进士。但就此而言，录取南北士子人数到底几何，这个问题并没有解决。（参见《明史·选举二》卷 70）

转眼到了“无所不能”的永乐时代，尽管那时人才辈出，“喜报”频传，“佳绩”连连，可对于科举中南北士子录取比例和各省乡试录取额数等问题还是没有触及。

自称“状元天子”的朱高炽即位后在大幅度地调整前朝国策时，注意到了科举制的进一步完善——在大一统帝国内推行“平均主义”。

据说有一次，洪熙帝与侍臣们在宫中探讨科举弊端解决办法时，大学士杨士奇这样说道：“科举选拔应该南北都兼顾。”洪熙帝不解地问：“怎么兼顾法？北方人的学问本来就不如南方人。”杨士奇解释说：“一些经国大才多出自北方，南方人虽然有才华，但轻浮者不在少数。”听到这里，洪熙帝更为大惑不解了：“那科举选拔时怎么能做到南北都兼顾呢?”杨士奇一边手里比划起来,一边慢悠悠地说:“按照过去习惯的做法,考试试卷上的姓名等信息都给密封起来,但我们可以在试卷上设计一个凸出的地方,要求考生在上面标明自己的南或北的籍贯。譬如录取 100 名士子,那么南方籍的录取 60 名,北方籍的录取 40 名,这样一来‘南北人才,皆入彀矣。’”洪熙帝听到这里,连声叫“好!”并颇为感慨地说:往年北方籍士子考取者寥寥无几,故而怠惰成风。从今开始要是按照杨爱卿所说的那样去实行的话,那么北方士子也当“感奋兴起”(【清】谷应泰:《明史记事本末·仁宣致治》卷 28)。

随后的洪熙元年四月庚戌日,明仁宗降谕给大明礼部,谕文说:“科举取士必须得南北兼顾,南方人虽然擅长文词,但没有北方人厚重。以往科举取士中录取的北方人只有十分之一,这不合天下公道啊!从今以后科举取士,以十分论,南方士子录取为十分之六,北方士子录取为十分之四。你们礼部官员再议议看各省士子的录取名额吧。”(《明仁宗实录》卷 9 下)

这道谕令还没来得贯彻下去,明仁宗朱高炽就突然驾鹤西去。有幸的是,他的皇太子朱瞻基在即位以后将其推广开来。宣德二年举行全国会试,首开南北卷制度,后来又发展为南北中卷制。“北卷则北直隶、山东、河南、山西、陕西,中卷则四川、广西、云南、贵州及凤阳、庐州二府,徐、滁、和三州,余皆南卷”(【清】谷应泰:《明史记事本末·仁宣致治》卷 28;参见《明史·选举二》卷 70)。

○ 严把乡试生员关,规定生员应试最低年龄

洪熙帝在对科举进行南北兼顾改制的过程中,对各省乡试录取额数也做了改革探索。不仅如此,他还下令,严格把关科举考试后备队伍——生员的人选。生员就是参加科举考试第一大关——省级乡试的考生,因为乡试过关后考生就取得了做官的基本资格,所以说乡试特别重要。明洪熙、宣德时期全国生员人数大约有 30 000人,队伍十分庞杂,既有 20 来岁的小青年,又有十几岁的少年,更不用说 50、60 岁的老生员了,因为朱元璋科举成式定制时规定,以“四书五经”为考试内容,说白了就是要死记硬背,所以不少后生就年纪轻轻地轻易“夺魁”了,但由此带来了一些人们意想不

到的问题。

洪熙元年四月庚戌日，郑府长史司审理所审理正俞廷辅上书说："陛下制敕里讲：治国理政得以任用贤良之才为重，侍奉皇上是否忠心就看大臣们能不能推荐贤才。小臣读后颇为感慨，私下里以为进贤之路没有比科举更重要了。但近年来科举考试中不少举子全凭死记硬背，很轻松地考中了，而真正拥有真才实学的士子被录取的却不到十分之二三。有的小后生不过20来岁，虽然称得上聪明，但从来没曾探究过修己治人之道，一旦侥幸考上了，让他去当官治政，往往就束手无策，本职工作都做不好，老百姓岂不受罪！今小臣恳请皇帝陛下下令给各省地方官员，要求相关部门严把生员关：先寻访一下地方，只有通今博古、行止端重和年龄超过25岁的举子，才可以让他们参加考试。科举阅卷时，一定要选拔和录取那些文词典雅、议论切实的士子。而会试时尤其要认真和谨慎。这样一来，真正有本领的国家贤才才能被选拔出来。"洪熙帝阅完奏书后，立即降谕给礼部，要求礼部照着俞廷辅的办法去做，并把它推广到各地去。(《明仁宗实录》卷9下)

其实不仅年轻举子容易出问题，年老的也叫人不省心。当时就北京国子监而言，其内"老、残疾、貌陋、不堪教用者"不下数千人。永乐二十二年十二月甲辰日，明仁宗朱高炽降谕给吏部，说："师儒之职不可滥授此，欲其成就人才德古以模范称之，模范不正，其所造器，何由得正。比来国子生务实学者甚少，大率于诸司历事，苟延岁月，以图出身，固是学者志趋卑下，亦由师范失职所致。卿等每引选国子监官，皆循资格升之，不闻举一道德老成之士，如何望太学之师皆得人。自今宜慎重其选"(《明仁宗实录》卷5上)。

洪熙时期，明科举进一步走向完善，不过从小就喜文的朱高炽还辩证地看到：以文化考试选拔上来的士子不一定全是人才，因此他和他的儿子朱瞻基当政时还十分重视荐举。

◯ 号召朝廷官、朝觐官举荐乡间遗贤，又严把荐举关

有一次，洪熙帝朱高炽在宫中跟大学士杨士奇等大臣说："卿等各有职务，朕想另外找几个学行端谨的老儒，天天侍候在朕的身边，备作顾问，要是朕有什么不懂的也好随时向他们问问。"杨士奇

等大臣当即推荐翰林侍讲王进等可担当此任。(《明仁宗实录》卷6上)洪熙帝又问:"山林田野之中还有名士没有出来为我大明做事的?"杨士奇说:"有,小臣听说苏州名儒陈继就是这么一个隐居于民间的人才。"听到这里,明仁宗朱高炽不由得好奇地追问:"这个叫陈继的好在哪里?"杨士奇说:"臣尚未见过陈继,但听人说过好多次。陈继从小就失去父亲,母亲吴氏纺纱织布换些养命钱,好不容易将他一手扯大。而这个陈继也不赖,自幼好读,贯通经学,人称'陈五经'。永乐皇帝在位时,地方府县官多次推荐他出来做官,不料都被他以侍奉母亲养老为名而拒绝了。据说后来他母亲死了,陈继哀毁过人……先前夏原吉前往江南治水时,耳闻其名,还曾读过他的文章,发现这是一个奇才。回京后夏尚书曾将陈继的文章推荐给小臣看,小臣读后发现其名不虚传,故而今天向陛下作推荐"(《明史·陈继传》卷152)。

洪熙帝听到这里,立即命令吏部召陈继来京,同时还下令在思善门附近建造弘文阁,制作印章,命先前自己的东宫老师、翰林学士杨溥掌阁事,杨士奇等人推荐的翰林侍讲王进辅佐之。印章制好后,洪熙帝亲自将它交给杨溥,还意味深长地说道:"朕将卿等放在身边,不仅仅是要向卿等求助学问,还想通过卿等充分了解民间百姓之事,以此作为行政决策的参考。卿等如果有什么好的想法,就写下来,封好后再盖上这枚图章,送到后宫来。"

再说那陈继接到圣旨时,因为老母不在了,无所牵挂,就跟着朝廷特使很快来到了北京,到京后皇帝朱高炽就授予他翰林院五经博士。一介乡野寒儒一夜之间成为翰林院五经博士,这事在当时成为美谈。不久以后,吏部尚书蹇义向明仁宗推荐:"学录杨敬、训导何澄皆敦实。"洪熙帝随即授予杨敬为翰林院编修,何澄为礼科给事中,并命其于弘文阁与王进一同辅佐杨溥,做好弘文阁阁事,即为洪熙帝提供政务决策准备。(《明仁宗实录》卷6上)

除了中央朝廷官推荐以外,洪熙时代的举荐还有很绝一招,那就是地方贤者由朝觐官负责推荐。"初,兵部尚书李庆言于上(指明仁宗)曰:'民间牧马蕃衍,已散之军伍,尚余数千。请令朝觐官领之,太仆苑马,岁课其息。有亏,罚与民同。'杨士奇不可,庆忿不纳。士奇奏曰:'朝廷求贤任官,今乃使养马而课,责与民同。且所

散不及三千，而朝廷负此名于天下，岂贵贤贱畜之意乎？’”（【清】谷应泰：《明史记事本末·仁宣致治》卷28）

在上述记载中，杨士奇明确地讲了朝觐官的职责是为“朝廷求贤任官”。洪熙帝的如此选贤任能在中国历史还真不多见。

科举有弊，以举荐补救，殊不知举荐有时还不如科举选拔，这样的怪圈当年开国皇帝朱元璋绕了好久才最终绕出头——以科举为选官的主干。现在明仁宗在继续完善科举的同时，大搞举荐，那么举荐上来的人就个个有才能吗？要是没什么才能怎么办？

永乐二十二年十一月甲申日，有个朝臣要举荐一人，但先前洪熙帝已听说过，那个要被举荐的人不怎么样，于是他冲着举荐者这般说道：“君主应该以求贤作为治国之要务，臣子应该以荐贤作为对皇帝与国家的忠诚。古时候即使是圣人贤君用人，也不苛求其为全才，而是根据其才能的大小合理使用。然而天下这么大，难道就没有与皋夔、颜曾差不多的优秀人才吗？假如能得到其中的一个人，就能胜过千百人。你身为朝臣，理当体谅朕的一片苦心，全力去寻找人才，不要苟且为事、狥私情而忘公义。古人曾说：要是能推荐贤能为官，这说明你推荐者有本领；要是被推荐者不称职，那说明你这个当官的也没什么能耐。朕就是以此来观察你啊！”随后明仁宗下令：加强对不称职的被举荐者的责任追究——连坐举荐者，同时还让吏部严把被举荐者的审查关。被举荐者一到京城就要进行考试，只有考试合格了，才可以委任官职。（《明仁宗实录》卷4下）

◉ 政治方面⑤：整顿吏治　明刑慎罚

科举选拔也罢，举荐也罢，明仁宗选贤任能的终极目标就是为了创立一个良好的吏治环境，奋励致治。而为了实现自己理想中的政治，明仁宗朱高炽在选贤任能的同时，还着力进行整顿吏治。

○ 明仁宗上台后一天内处理2个省部级领导干部

永乐二十二年八月也就是朱高炽即位登基的那个月，针对老皇帝朱棣的突然驾崩而有可能引发的北疆不稳，新皇帝洪熙下令，将中都留守司都指挥佥事牛谅调往到山西去，辅佐武安侯郑亨镇守大同。可谁也没想到，就这个调令，差一点让相当于军区副司令员的牛谅在明皇宫大殿上与新天子“扭”了起来。在牛副司令员看来，自己好端端地在凤阳呆着，现在新皇帝要他到北疆前沿去抵御那些神出鬼没的“北虏”，弄不好哪一天“北虏”一阵风吹来把自己给弄死了，牛副司令员心里别提有多委屈；另一方面，原本牛谅在凤阳吃香的喝辣的，虽说自己还是个军区副职——中都留守司都指挥佥事，但在和平年代和平地带那可是绝对算得上是个军中高官了，现在突然间要调到山西去当总兵官郑亨的副手，餐风饮露不说，还要接受别人的领导，牛副司令员认为自己倒了大霉了，当场就与新皇帝朱高炽顶了起来，他反问道：“陛下，您叫我到山西是去管事的，还是当奴仆的？”洪熙帝一听这话，心里便来气，不过他还是尽量克制住自己，回应牛谅：“养兵就是为了军事防御，我朝向来重视边防，今朕任命你上山西跟随总兵官郑亨，就是要起到赞画、辅佐的作用。你怎么将其看做是做奴仆呢？哪来这样的奇谈怪论！朕刚刚即位，你竟敢抗命不遵，日后我朝廷还将如何号令天下？”随后他下令，让朝中大臣对违抗皇命的高级军官牛谅进行责任追究。永乐时代长期形成的迎合之风顿时再次刮起，有大臣上奏说：“牛谅这家伙本来就不是什么好东西，他怀诈不忠，轻慢君上，毫无人臣礼法，应该立即将其处死！”还有的大臣说：“像牛谅这等不忠不孝之徒不杀不足以平众愤……”明仁宗听到这里，立马将其打住：“杀，就不必了。本来保家卫国是军人的天职，但牛谅贪生怕死，像这样的军官留下来也没什么用。这样吧，将他发配到交趾去！”(《明仁宗实录》卷1下)

干脆、利索，虽说洪熙帝朱高炽与建文帝有着很大的相似，但两人处理政事风格有着很大的不同。朱允炆优柔寡断，洪熙帝则该出手时就出手，在这方面他可能是遗传了父亲朱棣的个性特征。不过与老爸永乐帝相比，朱高炽在整治官员方面则赋予更多的理性。就在处置牛谅的同一天，也就是永乐二十二年八月辛酉日，有人向新皇帝报告说：“军官指挥林茂诬陷他人一案查清了，幕后教唆者为当朝刑部右侍郎杨勉。”洪熙帝一听到这个名字，惊讶得说不出话来，等了好一阵子缓过神来，但还充满疑惑地自言自语道：

"怎么会是他？想当年永乐晚期他与尚书吴中差不多都是蒙冤入狱的。朕登基下即位诏的第二天就给他平反昭雪。他自己曾是冤案的受害者，现在怎么会成为加害者……"手下人解释说："当年杨勉入狱时与指挥林茂被关在锦衣卫同一个大牢里，林茂是因为贪生怕死和奸贪双罪并罚而被判入狱的，但他一直心存侥幸，想通过检举立功来逃脱制裁，于是就像疯狗一样乱咬了不少人，结果一查都是子虚乌有的。法司部门由此再查查他是如何想到诬告的？结果发现，原来是与他同系一狱的杨勉所教唆的。"听到这里，洪熙帝当即下令，将刚刚平反和恢复工作的刑部右侍郎杨勉贬为山东布政司使右参政。(《明仁宗实录》卷1下)

即位一日之内就漂亮地处理了两起吏治案件，这足以反映出明仁宗整顿吏治和励精图治的能力和胆识了。

其实朱高炽的这种胆识早在他当皇太子时就已经显现出来了。永乐十年四月的一天，都察院右副都御史王彰等上奏说："监察御史陈孟旭身为监察官，执法犯法，收受贿赂，徇私枉法，按律当以斩罪论处。"一向仁慈的监国皇太子朱高炽毫不犹豫地回复："御史执法而违法如此，罪之如律"(《明太宗实录》卷127)。

整顿吏治尤为要注意对执法官和高官的管理，这是朱高炽治国理政的一贯思想指导。永乐十四年七月甲寅日，朱高炽在南京明皇宫大殿上朝会群臣，有个叫李能的刑科给事中突然上奏说："河南布政司左参议(可能相当于副省长或省长助理)王征响应中央朝廷的号召，到地方上去考察民情。可这个王副省长实在不是什么好东西，他不仅不好好地体恤百姓，反而恣肆贪酷，为所欲为，每到一地横挑鼻子竖挑眼，要是哪个地方接待不周到了，他便滥发淫威。曾在河南新郑等县，因几个下级官吏与百姓的接待不合他王副省长的口味而将人家活活打死。皇太子殿下，王征身为副省级干部，居然饕如豹虎，草菅人命，哪像个高级领导干部，简直就是个恶魔，按律理应将其重罪论处……"没等李能讲完，朱高炽发话了："王征执行朝廷命令，巡视地方，本来是要让人好好地活着。结果呐，他将好多人给搞死了，这样的恶官罪不容赦！都察院官员们，你们听好了，不管犯法者有多大的官衔，一旦违法犯罪，坚决查处！"(《明太宗实录》卷178)

而一些相对轻微的犯罪，朱高炽对其论处表露出了他“仁慈”的一面。永乐十四年三月，有人举报：“负责守卫南京三山门的都指挥佥事孙胜玩忽职守，夜间水闸应该上锁的，他却忘了，按律要治以重罪。”监国皇太子朱高炽听后，马上命人传唤孙胜上殿对质，可孙胜死不承认。后来朱高炽让人扩大范围调查，终于发现，孙胜说谎了。欺骗皇太子，比照欺君之罪，按律要将孙胜判处斩刑。可朱高炽不同意，下令将孙胜发配到贵州总兵官都督梁福那里，让他立功赎罪。（《明太宗实录》卷174）

朱高炽上台亲政后在整肃吏治方面更是搞得有声有色，他首先澄清自己要恢复的“祖制”不同于父皇朱棣“复祖制”那般，挂羊头卖狗肉，只不过他说得比较委婉、含蓄。永乐二十二年十一月庚辰日，洪熙帝朱高炽跟侍臣说：“守成之主，动法祖宗，斯鲜过举。《书》曰：‘监于先王成宪，其永无愆。’后世为嗣君者，往往作聪明，乱旧章，而卒至丧败不救，可为鉴戒。朕十余岁侍太祖皇帝侧，亲见作《祖训》，屡经改易而后成书。是时，秦、晋、周世子皆在，太祖闲暇即召太孙及诸世子于前，分条逐事委曲开谕之，皆持身正家以至治天下之要道。为天子，为藩王，能每事遵守，岂有不福禄永远者？朕寤寐不忘。今已命司礼监刊印，将赐诸子及弟侄”（《明仁宗实录》卷4上）。

从上述最高指示来看，明仁宗强调的是，自己作为守成之主所要恪守的是太祖皇帝朱元璋的《祖训》。有意思的是，他说：“为天子，为藩王，能每事遵守，岂有不福禄永远者？”这话怎么理解都可以，似乎也包含对他父皇“靖难”篡位的否定？更有“朕十余岁侍太祖皇帝侧，亲见作《祖训》……”这就更加强调朱高炽自己继承的才是高祖皇帝朱元璋的正统。大臣们也不赖，赶紧应对：“陛下此心即太祖皇帝之心也”，即说皇上您所表达的就是当年太祖皇帝朱元璋的心愿啊！（《明仁宗实录》卷4上）

○ 重现民告官案件，废除永乐时通行的“罚工作之令”，整顿吏治

众所周知，朱元璋整治官吏有一项非常举措，那就是允许老百姓将害民官吏捆绑起来，拿了皇帝“语录”——《大诰》进京告御状。

永乐时期恢复“祖制”，民告官案件与越诉案件不断上升，与此同时，越级上告之弊端也日渐明显。民间小案件集中到司法部门上层、直至中央朝廷；还有一些不法之徒利用越诉，诬告仇家，以此来达到宣泄私愤的目的，这些都影响了正常的司法程序。为此，永乐二十二年五月，监国皇太子朱高炽对刑部、都察院官员说：“军民词讼自下而上陈告已有定律，今顽民动辄赴京越诉，及逮问十，率五六不实，虽平民终无罪，然道路往还数千里，不耐辛苦而死者多矣。今后所告非重事，悉发巡按监察御史及按察司理问，无干涉者就遣宁家；有罪者送赴京”(《明太宗实录》卷271)。

朱高炽的这番指示是要对越诉进行严格控制，但对于民告官的重大案件他还是十分重视的，“有罪者送赴京”。随着洪熙时代的到来，朱高炽的这种致治思想更加明显、强烈。

永乐二十二年十月戊申日，通政使司转递了一个折子，折子是由苏北兴化县乡民所写，状告兴化知县李逊苛刻苦民，纵容儿子横行霸道，巧取豪夺，强买强卖。有人列出了李逊父子非法所得金银数百两、锦绮数百匹。新皇帝登基大赦天下时，李氏父子也没闲着，又攫取了好多宝物。这下可激怒了乡民，大家一起动手，把李逊父子给捆了起来，然而押着他们前往北京去告御状。再说李逊父子见到如等情势，赶紧上奏诡辩说：“乡民所说的赃款其实都是在陛下登基以前取得的，按照新皇帝的大赦诏令，理应不追究责任。”

洪熙帝听后决定，派人调查清楚案件的来龙去脉，然后下令将案子交由都察院审理，并与都察院长官都御史刘观这么说道：“我大明朝廷选取郡守县令就是想叫他们让地方上的老百姓能休养生息，没想到兴化知县李逊这般害民，居然还纵容儿子作恶，当地的百姓还有什么活路啊！且大赦后他们还不思悔改，看来是永远也不会改了！你们法司部门一定要按照法律条文认真加以论处。”说到这里，洪熙帝似乎想起了什么，稍稍停了一下，接着继续说：“近年来(实际上就是指摘永乐朝——作者注)社会风气很不好，有些人尤其是为官者胆大妄为，肆行犯法，之所以这样不就是他们仗恃着朝廷曾经颁发的‘罚工作之令’(即永乐时代通行的做法，犯罪者一旦东窗事发，只要交纳罚金，再去为永乐朝廷服役，就可以免去刑事责任的追究了)。有钱者可以买得平安,那么国法呐?现在该是我们改改纳钱赎罪的坏毛病的时候了。听好了,从今以后,凡是有罪的,不论'死生轻重,一断如律',只有这样,才有惩戒作用。"(《明仁宗实录》卷3上)

○ 重现御史出巡制度化和淘汰昏官冗员

由重视民告官案件到废除永乐时期的"罚工作之令",打击职务犯罪,从中我们可以看出,当年洪熙帝整顿吏治之力度与胆识是相当之大的。除此之外,他还十分重视御史出巡制度化,加强对官员的监督和民生、民情的考察。永乐二十二年十一月丙子日,皇帝朱高炽跟都察院右都御史刘观说:"御史,朝廷耳目,当清心正已以振宪纲。比年贪黩之风甚矣,自今有差遣者,循洪武中例,赐以衣钞。若复贪黩,罪之不恕"(《明仁宗实录》卷4上)。

洪熙以前,大明御史出巡监察时而有之,建文、永乐派了几次,但始终没有形成制度化。洪熙元年明仁宗"定巡按以八月出巡。"明朝御史出巡制度化由此开启(《明史·职官二》卷73)。

洪熙帝整肃吏治第三个重要举措为淘汰昏官冗员。永乐二十二年八月甲子,"上(指明仁宗)以文官员冗,命吏部汰之,曰:'古称官不必备,惟其人',今过冗矣。且贤否廉汙(污),混殽(淆)无别。廉汙无别,则廉者之心或怠;君子小人并处,则小人之势常胜。且老病昏懦之人在位,徒糜廪录,何裨政理?其在内诸司令堂上正官、在外令巡按监察御史及按察司明公廉察,凡贤材者留,其贪刻庸鄙及老疾者,悉送吏部罢之。自今吏部宜精选勿滥。"(《明仁宗实录》卷1下;【明】余继登:《皇明典故纪闻》卷8?)

整治官吏是为了净化大明帝国政治生存环境,其最终目的是为了实现理想中的大治。不过净化政治环境除了整治官吏外,还有好多事情要做,传统观念中的"大治"还应包含着法律宽平和明刑慎罚。世人皆知,永乐时期诛十族、剥人皮、肢解活人、轮奸妇女、挖人祖坟……一次性凌迟处死近3 000名宫中"妹妹",历史上从未出现或少见的悲惨场面在所谓的"圣君盛世"都一一出现了,法律在魔鬼朱棣那里成了他任意使用的橡皮尺和杀人屠刀,什么明刑慎罚、"三覆奏"和"五覆奏",在"一代圣君"的嘴里都成为随时可以吹出来的泡泡糖。

◯ 努力实现法治宽平和明刑慎罚

对此，受尽魔鬼老爸惊吓与精神折磨的朱高炽再清楚不过了，我大明帝国到处都有冤魂屈鬼，再不实行宽平法律和明刑慎罚的话，何来长治久安？何谈大治？

为此，洪熙帝在以下三个方面作出努力，以确保法律宽平和明刑慎罚：

第一，严禁法外用刑和实施宫刑。

在永乐二十二年八月十五日的即位诏书中，洪熙帝强调："法司论囚，今后一依《大明律》科断，不许深文……君民一体，爱人必务于宽弘，赏罚有经，为国必彰于明信"(《明仁宗实录》卷1上)。

登基即位后的第二个月，大明通政司官员向朱高炽上报说："长沙府有个平民，竟然将自己的那个玩意儿给割了，想到内廷来当宦官。"朱高炽听到这里，十分气愤地说："长沙自宫者既不爱惜自己，又不孝敬父母，这样的人怎么会忠君呢？怎么能放到朕宫中作使唤呢？将他发配到边疆去当兵！"(《明仁宗实录》卷2下；【明】余继登：《皇明典故纪闻》卷8)

事过五个月后的一天，洪熙帝在跟刑部尚书金纯讨论刑事案件审理时，不知怎么地又扯到了民间自宫问题了，朱高炽说："自宫的人忍着无比巨大的痛苦，想到我大明宫中来当差，其真实的目的就是想自身富贵，但他弃绝祖宗与父母，这是不孝啊！古时候圣人君主往往在孝子中寻找忠臣，那些自宫的人对父母都不顾，难道还会用什么赤诚之心来侍奉君主？朕早就决定，决不用这样的人！还有，这种自宫行为者所触犯的不孝之罪必须要严加惩处。自今以后，凡有自宫者，严惩不贷。假设有人将别人擅自阉割了，即处以宫刑，朕也深恶痛绝。自古以来，宫刑是十分残酷的刑罚，比死刑低一等，因此我们必须要加以严厉禁止！"说到这里，洪熙帝回过头去，看着杨士奇说："此事须以诏书行之！"(《明仁宗实录》卷8上)

从正史记载来看，至少说永乐时期灭绝人性的宫刑至此还没被禁绝，所以才会有朱高炽上台后的这个诏令。而从另一个角度来说，朱高炽严禁宫刑，确实也体现出他的"仁"。

第二，对于重大死刑案件，洪熙帝规定必须由杨士奇等三人会同三法司一同审理。

永乐二十二年十月丁巳日，大明最高法院大理寺官员向新皇帝洪熙奏请："今日要举行会审，判决重大案件的罪犯，恭请皇帝陛下指示。"朱高炽说："人命关天，帝王以爱护人命为其美德。你们法司官员断罪量刑，理应辅佐朕实行德政，不使无辜者含冤于九泉之下，伤了我大明帝国的和顺之气啊。过去有法司官员在死刑犯案件中发现了疑点，救人于鬼门关，老天爷对他有很好的报应，不过不在他自己身上，而在他的子孙，你们要以此勉励自己！"随后洪熙帝命令五府、六部、通政司、六科等衙门的官员上承天门去，与三法司官一同会审重大死刑案件。至此，洪熙还是很不放心，不巧的是那天他刚好身体不适，于是就命人将大学士杨士奇、杨荣、金幼孜等亲近大臣叫到自己的床前，不无担忧地说道："过去法司部门乱断冤狱，朕未尝不知。他们所议定好的所谓'大逆不道'之重罪，往往是通过刑讯逼供而任意罗织比附出来的。先帝曾几次警告他们不要这样，也为此下令过，要对重大死刑案件实行三覆奏、四覆奏，甚至五覆奏。但我们法司部门的官员却根本不当一回事，他们甘为酷吏而毫无愧疚之心。这样吧，从今以后，凡是审理重大案件，你们三人必须要一起去参见会审。要是发现有什么冤屈的，即使再小得一点点儿，你们也要来告诉朕！"随后洪熙帝又下令给三法司："今后审理重大案件必须要与杨士奇等三大臣一同会审！"（《明仁宗实录》卷 3 下）

第三，要求法司部门不要迎合皇帝意志，要公正执法和贯彻"三覆奏"和"五覆奏"。

永乐二十二年十二月庚戌日，刑部尚书金纯、太子少保兼都察院左都御史刘观等奏报刑名。刚结束，洪熙帝就说："朕对于定罪量刑从未敢以个人的喜怒哀乐而任意增减，你们审案定罪时也一定要虚心多听、细细观察，全面掌握案情。有罪的，决不能任其逍遥法外；无罪的，更不可滥施刑罚，要执法明信，这样一来人们就有所畏惧而不敢轻易犯法；倘若不掌握案情，任由自己的好恶，罪轻罪重，或者迎合朕的意志使人含冤抱恨，这些都是朕所深恶痛绝的，你们一定要以此为戒啊！列位都是我大明帝国的大臣，你们也不要仅仅自己做到明刑慎罚。如果朕因为对某一罪行过于厌恶而处置案犯不合法规,你们就应该站出来及时更正,不要以为这样做,会乖迕了朕的意志,相反这是帮助朕从善事施仁政啊!”(《明仁宗实录》卷5上)

数月过去了,洪熙帝发现治下的大明帝国司法系统依然问题多多。洪熙元年三月己丑日,他忧心忡忡地下了这样一道诏书:“朕恭承大统,为天底下军民之主,只要是皇爷爷、皇父的仁政,就坚决地执行下去,绝不敢有半点懈怠。刑罚,人命关天。哀矜庶狱,明刑慎罚,务必惓惓在怀。但朕也经常困惑:刑罚本来是用来禁抑凶暴,制止邪恶,引导百姓从善,怎么能专搞杀戮呐?故而法律之精髓应该是保护和弘扬好的,打击和制裁坏的,刑罚孰轻孰重,最好是适中。再来看看我们司法队伍里的法官们是怎么干?好多人都不能以宽平的心态来对待案犯,他们刑讯逼供,制造冤案,几乎置人于死地。比附谬妄,尤其冤枉好人,朕实在可怜那些被冤枉的无辜者。五刑之中,处置最为严厉的为大辟,一旦大辟实施,案犯立马身首异处,这已经是处刑最高级别了。从今以后,除非有特别重大犯罪的要处以凌迟刑外(也必须依照法律论定),其余犯死罪的,只用绞刑或斩刑。法司部门决不可附会敷衍,虚构事实,任意攀引,以至于冤狱迭出。如果朕因为对某一罪行过于厌恶而将罪犯处以超出我《大明律》规定之范围的凌迟刑或籍没,你们法司部门要再三上奏纠正,三次上奏没批准,就来第四次、第五次,第五次还没批准,你们就会同三公和朝中大臣联合上奏,一直到批准为止,并以此‘永为定制’。从今以后文武各衙门不许恣肆暴酷,不许法外用刑,如鞭刑鞭背,伤人生命,尤其要禁止施行宫刑,让人断子绝孙,太缺德!倘若有人自宫,就以不孝罪论处。一个人犯罪本来就不一定是父子密谋好的,所以唐尧虞舜为天下之主时,其刑罚也只不过处置犯罪者本身而不涉及其子孙;周文王在世时,处理罪犯也限于其本人。从今以后,除非是谋反、谋大逆者,按照法律条文加以连坐外,其他的犯罪只处置罪犯本人,决不能滥用连坐法。上古盛世时,经常采集民言,作为国家治理的警戒。如今有些居心不良的恶徒,常常以道听途说作为上告之词,诬陷忠良,法司部门的官员一旦接案后就要做大做强,非得要搞出个大案来,以此来博得破案效率高的美名,殊不知冤狱就此锤炼而成。刑罚失中,百姓手足无措。所以说从今以后如果再有人来告诽谤罪一类的，一概不受理。我大明内外文武群臣一定要端正思想，悉心敬天爱民，一定要崇尚宽平、明刑慎罚，这样才能辅佐朕治理好天下；倘若有人抗旨不遵，必将严惩不贷，布告天下臣民皆知之”(《明仁宗实录》卷8下)。

整顿吏治也罢，明刑慎罚也罢，还有前面说过的赈灾蠲税、省工罢役以及拨乱反正、平反冤案等等也罢，洪熙帝的如些做法就是为了矫正永乐朝决策之失误，将永乐“战车”、“快车”改为“和平之列”、“平和之列”。问题是原本洪武时代一天就要批阅800来份奏章、处理几百件政务的大明天子面对如等繁重的肇启转型工作忙得过来吗？聪明的朱高炽在巧妙地承继“祖制”的基础上为自己找好工作帮手，那就是完善文官制——隆升内阁。

◉ 政治方面⑥：隆升内阁　重用文臣

内阁制正式开启于永乐时代，不过那时的内阁充其量只能说是皇帝的最高幕僚团和参议机构。其主要职责为“参预机务”，就是参与国家大事的讨论。内阁阁臣品秩不高，整个永乐朝阁臣官品都没有超过五品，可能相当于一个地级干部。且“入内阁者皆编、检、讲读之官，不置官属，不得专制诸司。诸司奏事，亦不得相关白”(《明史·职官一》卷72)。

这样的格局显然不利于朝廷有效行政，阁臣品秩低于六部尚书，六部衙门就不一定会将阁臣的建议当回事，什么事情最终还得由皇帝亲自过问，毋庸赘言在皇帝屁颠屁颠老往外跑的永乐时代，这样的体制有着很大的弊端，尤其是永乐晚年朱棣较少理政，皇太子朱高炽在很大程度上替代了父皇，这倒反而给他创造一个近观内阁制的良机。而要发挥内阁的作用，很重要的一点就是提高内阁阁臣的品秩与阁权，但又要不破坏祖制。于是从明仁宗开始，皇帝往往让内阁大学士“兼职”。通常的做法是先任命某个阁臣或将要入阁的大臣为某部尚书或侍郎，再冠以“某殿或某阁大学士”，这样，阁臣的品秩或言行政级别和权力大大提高了。

朱高炽监国时间很长，对于操作专制官僚机器十分娴熟，在即位后的第三天即永乐二十二年八月己未日，他就下令恢复正一品武官“三公”即太师、太傅、太保和从一品文官“三孤”即少师、少傅、少保。对于这样的官职设置，新皇帝向吏部尚书（相当于人事部部长或言组织部部长）蹇义十分巧妙地解释说：“三公、三孤这些官职都是我家皇爷爷太祖皇帝时期设立过的，皇考（指朱棣，笔者注）圣明天纵，可以不设此类官职。但朕历事未广，恢复祖制之官职，还不就是指望三公、三孤与蹇爱卿等一同辅佐朕治理好国家！”随后洪熙帝下令，任命蹇义为少保，仍兼吏部尚书，一人拿两份俸禄即工资加倍。蹇义赶紧叩首谢恩，且这样说道：“皇恩浩荡，愚臣恐怕有负于圣上，日后唯有竭尽犬马之劳！”与蹇义一同享有傅、保待遇的还有永乐朝头号军事功臣、英国公张辅，他被新皇帝晋升为太师，也是一人兼领两份俸禄。（《明仁宗实录》卷1下）

当天加官晋爵的还有六位重要文臣，文渊阁大学士兼翰林院学士杨荣升为大常寺卿，正三品；文渊阁大学士兼翰林院学士金幼孜升为户部右侍郎，正三品，“俱仍兼前职”；左春坊大学士杨士奇升为礼部左侍郎，正三品，兼华盖殿大学士；前右春坊大学士兼翰林院侍读黄淮升为通政使司通政使，正三品，兼武英殿大学士；司经局洗马兼翰林院编修杨溥升为翰林院学士；前司经局正字金问升为翰林院修撰。而杨荣、金幼孜、杨士奇和黄淮等只管内阁事务，即“俱掌内制，不预所升职务”（《明仁宗实录》卷1下）。

永乐二十二年九月丁酉日，洪熙帝“进少保兼吏部尚书蹇义为少傅，礼部左侍郎兼华盖殿大学士杨士奇为少保，俱兼职如故，太常寺卿兼文渊阁大学士翰林院学士杨荣为太子少傅，置谨身殿大学士命兼之。户部右侍郎兼文渊阁大学士、翰林院学士金幼孜为太子少保兼武英殿大学士。升吏科给事中陈山为左春坊左庶子，左春坊左中允张瑛为左春坊左谕德，右春坊右中允戴纶为右春坊右谕德”（《明仁宗实录》卷2下）。

永乐二十二年十一月丙戌日，洪熙帝“进少傅兼吏部尚书蹇义为少师少保兼华盖殿大学士，杨士奇为少傅俱兼职如故，太子少傅户部尚书夏原吉为少保仍兼原二职，太子少保、礼部尚书吕震为太子太保，仍兼礼部尚书、太子宾客，都察院左都御史刘观为太子少保，仍兼左都御史，工部尚书兼詹事府詹事吴中为太子少保，兼工部尚书，俱给二俸”（《明仁宗实录》卷4下）。

永乐二十二年十二月甲寅日，洪熙帝“加太子少傅兼谨身殿大学士杨荣工部尚书”（《明仁宗实录》卷5下）。

洪熙元年正月丙子日，洪熙帝“升通政使兼武英殿大学士黄淮为少保、户部尚书，仍兼武英殿大学士；加少傅兼华盖殿大学士杨士奇兵部尚书；太子少保兼武英殿大学士金幼孜礼部尚书。俱三俸并支，仍掌内制”（《明仁宗实录》卷6上）。

从上述史料记载中我们可以看出，朱高炽在自己登基后的3天内便将杨士奇、杨荣、金幼孜和黄淮等内阁大臣由永乐时代的五、六品官立即晋升为正三品高官。在随后的一月内，又将杨士奇、杨荣、金幼孜等人的正三品官迅速地提升为位近人主的从一品高官。通盘看起来，40天不到的时间内，大明内阁大臣官秩跳了大约五品十级，其速度不能不令人惊叹。

尤其是新皇帝洪熙在永乐二十二年八月己未日的谕令中明确指出，杨荣、金幼孜、杨士奇、黄淮等内阁大学士掌内阁事务，参与朝政，但不管所升官职份内事，即不参与部内工作。由此看来，大学士的身份已显然超越了六部。

明朝大学士参与朝政是从建文朝开始的，永乐时代更加频繁，但这仅仅是皇帝个人意志的展现，从明朝官制的本身角度来讲，大学士并不具有这样的权力。明仁宗朱高炽上台后就授予内阁大学士兼任六部尚书职位，并形成了一种习惯性或制度化的做法，这就大大改变了洪武废相以来大学士充当顾问的性质，使得内阁大学士参与政策制定有了合法的根据。

尤其是明仁宗升前司经局洗马兼翰林院编修杨溥为翰林院学士，前司经局正字金问为翰林院修撰，明眼人一看便知，新皇帝要重用当年为他担惊受怕甚至白白坐了十几年牢的东宫老师与文臣。这不仅反映出朱高炽不忘昔日共患难的东宫辅佐官，也表明新皇帝对内阁大臣与朝中文臣的信任与重视。

对此，《明史》是这样阐述的：“（明）仁宗以杨士奇、杨荣东宫旧臣，升士奇为礼部侍郎兼华盖殿大学士，荣为太常卿兼谨身殿大学士（谨身殿大学士，仁宗始置），阁职渐崇”（《明史·职官一》卷72，志第48）。

阁职渐崇一个十分明显的标志就是内阁取得票拟权。票拟在永乐时期是没有的，一般来说，上朝时朱棣与内阁一起讨论国家大事，但最终都由他一人说了算。朱棣儿子朱高炽登基亲政后，除了上朝廷议外，他还允许内阁阁臣以密封奏疏的方式来决断事情。“每退还宫，遇机务须计议者，必亲御翰墨，书（杨）荣等姓名，识以御宝，或用御押封出，使之规划。荣等条对，用文渊阁印封入，人不可得闻”（【明】黄佐：《翰林记·参予机务》卷2）。还有内阁大学士对政策所讨论的结果，也可写在密封的奏议上，供皇帝参考。明仁宗“遇有急务，赐手敕访公（指夏原吉）。凡内外诸司所进章疏，多命公先条进其旨，而后从中批出”（【明】夏原吉：《夏忠靖公集》，《附夏忠靖公遗事》）。

为了便捷决策、提高行政效率和防止机密外泄，永乐二十二年九月戊戌日，明仁宗赐给少傅兼吏部尚书蹇义、少保兼华盖殿大学士杨士奇、太子少傅兼谨身殿大学士杨荣和太子少保兼武英殿大学士金幼孜等银章各一枚，上刻‘绳愆纠缪’等字样及其相关图案。与此同时，他还特地下发谕旨给四大臣，说：“卿等皆国家旧臣，祇事先帝二十余年，又事朕于春宫，练达老成。今朕嗣位，军国之务重，须卿等协心赞辅。凡政事有阙，或群臣言之而朕未从，或卿等言之朕有不从，悉用此印密疏以闻，其毋惮于再三言之。君臣之间尽诚相与，庶几朝无阙政，民无失所，而朕与卿等皆不负祖宗付托之重！”（《明仁宗实录》卷2下）

洪熙帝朱高炽如等信任与重用内阁文臣，很大程度上取决于永乐年间他与杨士奇等人共患难、同生死的那段非常经历。每每想起往日的岁月，他常常是感恩不尽。洪熙元年四月甲寅日，朱高炽在给少傅、兵部尚书兼华盖殿大学士杨士奇的敕文中这样说道：“往者国家肇建两京，政务方殷。朕膺监国之命，卿以翰林亲臣兼职春坊留侍左右，赞助庶务，敷答章奏，筹画之际，适中惟难，朕恒以为虑，尚赖卿一二臣僚，同心合德，狥国忘身，屡历艰虞，曾不易志。及朕嗣位以来，嘉谟嘉猷入告于内，期予于治，以惠黎元，正固无二简在朕心，兹以已意创制杨贞一印一枚，赐卿用藏于家传之后世，惟卿子孙由是知卿克致显荣不易，惟艰思保守之，惟朕子孙亦由是知卿弼朕之功，以保全尔子孙与国咸休永世无斁。诗曰：‘无言不酬，无德不报’又曰：‘靡不有初，鲜克有终，尚克交修，以成明良之誉，钦哉！”（《明仁宗实录》卷9下）不过到了第二天，洪熙帝觉得自己做得还是很不够，于是就于洪熙元年四月乙卯日再次召见杨士奇与蹇义等，他不无唏嘘与感慨地说道：“朕监国二十年，为谗慝所搆，心之艰危，吾三人共之，赖皇考仁明，得荷保全……”至此再也说不下去了，朱高炽早就成了泪人。皇帝一哭，大臣蹇义与杨士奇也跟着哭，宫中顿时呜呜一片，最终还是洪熙帝先打住，他说：“即吾厌世后，谁能知吾三人同心。”说完又取出两篇敕文与两枚印章赐给蹇义与杨士奇，并特别关照他们：“惟后非贤不乂，惟贤非后不食，君臣相遇难矣”（【清】查继佐：《罪惟录·帝纪·仁宗昭皇帝纪》卷5，浙江古籍出版社1986年5月第1版，P99～100）。

不论史料记载有何等的差异，目前为止有一点是可以确认，那就是内阁大学士杨士奇、杨荣、金幼孜和尚书蹇义等各得御赐银章一枚，可以书写、报告各种事情，然后密封起来，盖上银印，直接送达皇帝那里。至此可以说，明代内阁“票拟”制已正式开启了。

到了明仁宗儿子朱瞻基登基以后，内阁事权又扩大了一些，阁臣或大臣经常“条旨”或言“票拟”，即“用小票墨书，贴各疏面已进。”这话翻成白话文就是阁臣对奏疏的内容大致拿个主意，然后用毛笔将这个主意写在小纸片上，再将小纸片贴在奏疏上面，一同送给皇帝御览定夺，这就是完整意义的“票拟”。

重用文臣和内阁取得票拟权，标志着明朝内阁制基本完成和文官制体系的完善，大明文治没有在天天自吹为“文皇帝”的朱棣手中实现，而是在他一向不看好的皇太子登基称帝后的几个月内轻易地搞定了。

● 洪熙新政　治世阳光

赈灾蠲税，恤民宁过；省工罢役，以纾民力；喝停朝贡贸易与下西洋工程；弘施霈泽，悉罢科买；励志图治，推诚任人（《明仁宗实录》卷10）；抑官扬民，体恤下情；拨乱反正，平反冤狱，甚至连永乐朝头号政治忌讳——建文帝君臣之冤狱也开始得以平反；纳谏求言，奋励致治；完善科举，选贤任能；整顿吏治，明刑慎罚；隆升内阁，重用文臣……明仁宗朱高炽的每一招每一式都在开启大明的转型，培植了帝国的根基。

对此，明末清初史学家傅维鳞十分中肯地评述道："明之初兴，若太祖、太宗，皆雄烈之主，高明而少柔克，而国家元气，培于仁宗实多。在位十月，不啻必世之久，沦浃肌髓，人乐盈宁"（【清】傅维鳞：《明书·仁宗本纪》卷6，本纪4，《丛书集成本》，P83）。

傅维鳞说洪熙朝虽然短暂，但它的历史功绩实在不可低估，"不啻必世之久，沦浃肌髓，人乐盈宁"和培植国家元气。清人谷应泰也持相似的观点："故人以仁宗之历祚短，而予以仁宗之沛泽长也"（【清】谷应泰：《明史纪事本末·燕王起兵》卷16）。我们将上述史学家的评述换一种说法，那就是洪熙帝朱高炽最大的功绩就在于，他调整了大明的发展方向，将永乐酷政转变为洪熙"仁政"，将武治转向文治，大明帝国体制由此开始步入定型期，明基得到夯实与稳固，明仁宗完全可以堪称影响有明一代的一位明君，洪熙朝也开始露出了传统人们津津乐道的"治世"之笑脸与阳光。

第3章 还都南京 梦断北京

正当明仁宗踌躇满志又有声有色地推行省工罢役、恤民宽政和进行拨乱反正、夯实大明根基之时，意想不到的事情发生了，这位完全可以堪称影响有明一代的明君朱高炽突然驾崩。蹊跷的是中年明仁宗的死是在他决意还都大明国本南京一个月之后，有人说那是巧合，真是这样吗？有人说明仁宗好色，最终是被美女掏空了身体而死的？还有人说明仁宗是被他儿子朱瞻基害死的，原因是小子等不及了，要抢班夺权和破坏还都南京进程……那么历史的真相到底如何？

● 还都南京　以固邦本

明仁宗朱高炽与南京的关系同他的父亲朱棣正好相反，朱棣生在南京，可自小“父皇”朱元璋的残忍和生母硕妃的突然“失踪”以及母亲不洁的传言，使得朱棣从小起就对南京的印象不佳，“尝不得于君亲，然不知何以为计”，且“太祖恒欲废弃，赖廷臣力谏得免”（【明】大岳山人撰《建文皇帝遗迹》）。

◉ 对立的两极：朱棣、朱高炽父子心目中的北京和南京

在朱棣的记忆中，南京和南京明皇宫就是他童年与青少年时代危险与苦难的同名词，这样的心理创伤在随后的日子里一直没

有愈合，相反越来越严重。虽然后来就藩北平，但他还时不时地担心从南京明皇宫里传来对他不利或置其于死地的敕令。“老东西”朱元璋临死时不仅没把皇位传给他，反而还给东北辽王与守将杨文、郭英等发出敕谕，像防贼似地防着燕王（详见笔者的《永乐帝卷》）。而随后南京建文朝廷削藩“削”的就是朱棣与他的兄弟一类的强藩；“靖难之役”中几次将朱棣送到了地狱鬼门关附近的，也是南京派出来的朝廷军队。再说燕军闯入南京后，非但建文皇帝人间蒸发，更有95％的建文朝臣选择了不合作的道路，别提那方孝孺之辈甘冒诛灭“十族”的危险誓死不降，这一切使得魔鬼朱棣几乎快要癫狂了，南京，太可怕；南京，太可恶……在朱棣的意识和潜意识中，南京成了一个绝对不可多提及或尽最大可能要回避的痛苦名字。

与父皇朱棣恰恰相反，朱高炽对南京的印象好得很，这个好首先来自于他金色童年中皇爷爷朱元璋的慧眼识才与“独爱”。洪武晚年，“（明）太祖皇帝思宗藩之重，特召秦、晋、燕、周四世子，朝夕亲教训之，历试诸事，尝命分阅皇城四门卫士。帝还奏独后，太祖问之，对曰：‘旦寒甚，卫士方食，俟（候）其既食，乃阅之，故后。’太祖喜曰：‘能体恤下人，是吾心也。’又命分阅中外臣民奏疏，独取其切于兵民疾苦，及关宗社大计者，白之。太祖览之称善，其间有一语一字之谬者，悉置之不以白。太祖指示之曰：‘尔忽之耶？’对曰：‘不敢忽，顾小过失不足以渎天听。’太祖喜曰：‘孙有君人之度哉！’尝问之曰：‘尧九年之水，汤七年之旱，当时百姓奚所恃？’对曰：‘恃圣人有恤民之政耳。’自是益见重”（《明仁宗实录》卷1上）。在北平燕王府中得不到父王欢心的朱高炽到了南京却得到皇爷爷的“独爱”，从心理学角度来讲，那时的小朱高炽内心对于南京与皇爷爷几乎是等同的，他的自信与自强或许就是这样被培植起来的，直至几十年后在他的印象中南京与皇爷爷还是有着那么美好的和永不磨灭的记忆。

永乐二十二年十一月庚辰日，登基即位差不多四个月的明仁宗朱高炽在皇宫里与近臣谈起了作为守成之主应该怎么治理国家时，他说了这样一番话：“守成之主应该遵循祖宗制定的条规与准则，否则的话就会有大失误。《尚书》说：‘以先王成宪作为规范，就不会招致失败与祸害。'后世有些君主往往自作聪明，变乱祖宗规制，最终惨败不可救，这足够给我们后世子孙作鉴戒啊。朕10多岁时在太祖皇帝身边，亲自见到他老人家制定《祖训》，屡经更改，最终才成书的。那时，秦、晋、周诸王之世子都在南京，太祖皇帝在闲暇之际就召集皇太孙朱允炆和诸王之世子到跟前，针对皇明《祖训》进行逐条讲解，要说那《祖训》中所讲的全是持身正家以至治理天下的根本啊。做皇帝、做藩王如果做每件事都能遵循《祖训》的话，难道还不会福禄永远吗！朕一直铭记在心，无论白天黑夜，一刻也不敢忘。现在朕已经下令给司礼监刻印了，将《祖训》发到诸王诸子及其他们的弟侄手中。"侍臣们赶紧对答："陛下此心即太祖皇帝之心也"(《明仁宗实录》卷4上)。

虽然洪熙君臣谈的是《祖训》问题，但从朱高炽的言语中不难看出他小时候在南京的欢愉、自豪和自信，隔代亲不仅使得他留下了美好的童年与少年记忆，而且也让他喜欢上了南京。

明仁宗喜欢南京的第二方面缘由，是永乐时代他在南京监国期间一次次地化险为夷，度过了储君时代的危机。尽管朱棣偏爱二子朱高煦，甚至有传位给汉王之意，尽管朱高煦和丘福为首"靖难"武臣们以及赵王朱高燧等狼狈为奸，蓄意构陷皇太子及其东宫辅佐官，但朱高炽与南京监国辅臣们沉着应对，以静制动，以柔克刚，最终赢得了胜利。这一切对于朱高炽来说，南京不仅是他童年幸福与快乐的摇篮，也是他后来皇储危机的"避风港"。

相反，对于北京，尽管朱高炽早早就跟随父王朱棣就藩燕邸，并在那里度过了20来年的岁月，但他亲身感受到的是父亲朱棣的不喜欢甚至是冷漠。要说这20来年的童年、少年和青年时代最为愉快的，就数上南京去，在皇爷爷朱元璋那里享受一番舐犊之情以及与志同道合的堂兄弟皇太孙朱允炆一起吟诗弄月、谈古论今。虽然永乐二年起自已被立为皇太子，没过几年又开始监国，但在南京监国期间一次次几乎置己于死地、东宫大臣一个又一个地被投入锦衣卫大牢之敕令，大都来自于"巡视"于北京等地的父皇那儿。北京是父皇的大本营，但对朱高炽和东宫辅佐官来说，那几乎是灾祸与苦难的发源地。

由此对比下来，在南京与北京之间的感情天平上，明仁宗是有着一定倾向的，但绝无他父亲那般痴迷和偏激。自永乐十九年自称为高祖皇帝“好儿子”的朱棣正式迁都北京后，朱元璋亲自钦定的大明国本（古代人往往将都城视为国家的根本）的南京顿时被放弃，到朱棣死后的第二年即洪熙元年，前后不到4年时间，南京明皇宫出现了较为严重的毁损和漏雨，以至于洪熙元年四月朱高炽不得不下令给南京镇守太监王景弘稍作修理。（《明仁宗实录》卷9上）

相比父皇厌恶、废弃南京，朱高炽一上台就表现出对南京的极大兴趣与关注。永乐二十二年八月丁未日，也就是在北京监国的朱高炽在接到父皇驾崩的噩耗之后第四天，他一边派人“书谕随征大营五军总兵官，先委宁阳侯陈懋、阳武侯薛禄，率领原随驾精壮马队三千星驰回京”，加强北京的军事守卫；另一边“命驸马都尉沐昕掌南京后军都督府事，命太监王贵通（即王景弘，笔者注）率下番官军赴南京镇守。宫中诸事同内官朱卜花、唐观保，外事同驸马都尉西宁侯宋琥、驸马都尉沐昕计议而行”（《明仁宗实录》卷1上）。

明仁宗一上台就命令驸马都尉沐昕掌南京后军都督府事，也就是主持南京军事工作，但又让太监王景弘率领下西洋官军奔赴南京，与沐昕等共同镇守大明国本，并嘱咐南京宫中之事同内官朱卜花、唐观保商议，外事同驸马都尉西宁侯宋琥、驸马都尉沐昕讨论后再行动。原先几乎被废弃的南京一下子成为两个皇家铁杆心腹驸马沐昕、宋琥，外加一个贴心太监王贵通的重点保护对象，顿时大明原先的国本成为了帝国人们视野中的重点看台，这到底为哪般？更有，大致一个月后的永乐二十二年九月戊子日，明仁宗“命遂安伯陈英充总兵官往山海、永平，巡视关隘，整肃兵备；命襄城伯李隆同驸马都尉宋琥、沐昕于南京操兵守备”（《明仁宗实录》卷2下）。

一边下令对边疆军事要地进行调兵遣将，一边下令给大明皇族亲家、襄城伯李隆会同驸马都尉宋琥、沐昕在南京操兵守备，南京地位的重要更是一再被凸显出来，这到底是怎么一回事？就因为朱高炽对南京有着很深、很好的印象吗？真要是这样，朱高炽还可以称得上是一代明君？

我们不妨来看看《明实录》的相关记载，“太宗皇帝北征晏驾，高煦之子瞻圻时在北京，凡朝廷所设施皆潜遣人驰报高煦，一昼夜六七遣行，高煦亦数十遣人潜伏京师，伺察事浸。上（指明仁宗）闻左右，或言宜乘其谋未著发兵禽之易耳”（《明宣宗实录》卷20）。

原来在朱高炽登基之际，一直与他叫板皇储的二弟朱高煦和他的儿子朱瞻圻等正在暗中加紧谋反活动。朱瞻圻从北京派回山东乐安的神秘信使有六七批，而朱高煦从乐安派往北京的密探就达数十人次，形势十分严峻。但朱高煦这个人最大的毛病就在眼光短浅、做事没什么城府，他当时犯了两个致命的错误：第一，没有与永乐朝文臣搞好关系，相反不断地加害他们，就连经常在父皇朱棣面前说得上话的杨士奇等人都得罪了，而正是杨士奇、杨荣这些永乐近侍文臣最早掌握了老皇帝晏驾的消息，并将其封锁起来。朱高煦父子尽管忙碌得很，但最终只能当了回“杨白劳”；第二，朱高煦没有及时充分意识到南京地位的重要。南京曾为大明帝国京师，这是高皇帝朱元璋钦定的，尽管我们现在看到的《明实录》记载说，朱元璋晚年有迁都的意向，但谁能说这个《明实录》不是篡位皇帝朱棣一手篡改、制造出来的？在中国传统社会里，祖宗的规制一向是子孙们所必须遵守的铁条，子孙可以根据自己的需要解释《祖制》，但就是不能公开否定或反对《祖制》。朱允炆的失败原因很多，其中有一条就是后来被朱棣抓住小辫子——“违反祖制”。而朱高煦的愚蠢就在于他没有意识到既成的“祖制”定都南京的重要，于是也就没有利用合适的时机，从山东乐安迅速南下，占领南京。事实上他不仅没意识到，就连父皇驾崩的确切消息都没掌握。

不过这些史实都是后来人们才知道的，对于当时的明仁宗等当事人来说，他们相互之间并不明了对方手中所掌握的“底牌”，只不过朱高炽或他身边的幕僚能高屋建瓴地预见到，南京无论如何不能不加强防卫，因为南京一旦被占领了，敌对方完全可以以“祖制”的名义指摘北京政权是“不合法”的。这样，即使有着皇帝老爸朱棣的传位遗嘱，朱高炽的即位登基也会变得说不清道不明了。

历史送给了朱高炽一个绝好的机会，加上他大智若愚的天赋，当人们告诉他，二弟汉王朱高煦正在图谋不轨时，洪熙帝“不听，待之加厚，遣书召之。既至，倍增岁禄，赐赉宝物，动以万计”（《明宣宗实录》卷20）。

朱高炽含而不露的表演十分管用，将肤浅的朱高煦给糊弄了过去，确实也印证了老辣的皇爷爷朱元璋对他的评价十分中肯，说他“有君人之度”(《明仁宗实录》卷1上)。

◉ 还都南京成为大明帝国洪熙朝朝臣们的共识

但新皇帝洪熙的非常之举却没有逃过一个“非常之人”，他就是当时总督漕运的总兵官陈瑄。陈瑄之事我们在《建文帝卷》中已做过介绍，他是安徽合肥人，父亲叫陈闻，早年因为跟随朱元璋闹革命，做官一直做到都指挥同知。后来陈瑄替代了父亲的官职，但不久因事牵连，陈闻要被发配辽阳戍边。陈瑄闻讯后上南京明故宫向皇帝朱元璋提出请求：代父戍边。朱元璋大为感动，宽宥了陈闻与陈瑄父子。

陈瑄从小就跟随大明军队作战，因为当时年少，开始时常在军中充当大将军幕僚，因而获得了很多的军事与政治经验。陈瑄个人特长是射箭，他一拉弓就能将天空正在飞翔的大雁给射下来，这样的才能使得他在明初军事战争频繁的年代里很快崭露头角。洪武年间他跟随大明军远征西南少数民族的叛乱，激斗中被射下了马，且伤了脚，但裹扎好后继续战斗。后他随军远征云南，战“百夷有功，迁四川行都司都指挥同知”。

建文帝上台后陈瑄并没有得到升迁，直到建文末年，才被提升为右军都督佥事，受命总督长江水师，抵御燕军南下。在建文帝与朱棣的最终较量中，他选择投降朱棣，终使燕军顺利地渡过长江，直抵南京，为朱棣篡位的最后成功立下了汗马功劳。为此，即位后的永乐皇帝朱棣对他优渥有加，封他为平江伯，“食禄一千石，赐诰券，世袭指挥使”。永乐元年任命他为总兵官，总督海运和漕运。史书说陈瑄“凡所规画，精密宏远，身理漕河者三十年，举无遗策”(《明史·陈瑄传》卷153)。

从《明史》的记载来看，陈瑄历经了洪武、建文、永乐直至洪熙等四朝，尽管有才，但在那风云变幻莫测的明初50多年时间里，他能屹立不倒且不断地加官晋爵，这说明他政治眼光十分敏锐、深邃，从建文转向永乐是这样，从永乐转向洪熙也是这样。陈瑄听说新皇帝洪熙在老皇帝驾崩后的第四天就对南京、北京同时做出加强军事力量的布防，随后又在一个月内，在强化北方边疆军事布防的同时对南京军事力量作了重新布控与强化，新皇帝朱高炽的心思是什么，老辣的陈瑄已经琢磨出来了。不是最近新皇帝不断地下诏，要求臣下广进谏言，甚至放出了高调：言者无罪！自己何不乘此机会进言一番，说不准就能在洪熙朝博得个“大彩”？!

永乐二十二年九月壬辰日，“平江伯陈瑄上言七事，一曰重国本，二曰择贤能，三曰苏民力，四曰兴学校，五曰整军伍，六曰谨边防，七曰专漕运。”(《明仁宗实录》卷2下;《明史·陈瑄传》卷153)

如果我们将陈瑄上言七事与明仁宗即位诏书作个对比的话，就会发现其没有多大新意，绝大部分都是“抄袭”于新皇帝那里的，所以当时朝中就有大臣向洪熙帝朱高炽一针见血地指出：“陈瑄的上言七事都是些老生常谈之事，不足以烦劳皇帝陛下去听、去看、去想!”可朱高炽却不以为然，他大大地表扬了陈瑄一番。其实朝廷大臣说的是对的，而朱高炽的感觉也是对的，更确切地说是他敏锐的政治嗅觉在起作用，因为在陈瑄上言七事中的头一条，就讲到要强固南北两京国本问题，“南北二京，实乃国家根本，不可不为深远巩固之谋，今明诏下颁，军民忻忭鼓舞，咸起回銮之望，乞留圣意任将益兵以严守备，为国家万年之计。”(《明仁宗实录》卷2下)

尽管陈瑄这个老政客或言老滑头说话时，左顾右盼，什么“南京与北京都是国家的根本，我们不能不从深远巩固角度来考虑问题。如今皇帝陛下的诏令下发到各地，我大明将士和老百姓莫不欢欣鼓舞”，先来了一段马屁话，然后就步入了一个十分关键但又非常敏感的话题：“全国军民都有盼望着陛下您回南京去的想法，小臣在此恳请陛下留意派遣将领、增加兵士，严加守备，这是国家江山社稷的万年大计啊!”

这里有个很模糊的说法：“派遣将领、增加兵士”守备哪里？南京还是北京？陈瑄老滑头没有说明，其过人之处还不在这里，而是他借着别人的嘴巴说：全国军民都有盼望着陛下您回南京去的想法。陈瑄这样会说话，两边都说得过去，要是大家都赞成还都南京了，他是头号功臣，因为他已经品出了新皇帝心中隐言；但要是反对者占据优势呢？或言新皇帝不是这个意思，那么我陈瑄上书之语都是从别人那儿听来的，你们不要怪我，新皇帝不是要求大家上书言事，百无禁忌呐。不过从本质上来讲，陈瑄确实是赞成还都南京，且将其列为上书言事的第一件大事。

对此，聪明的明仁宗完全读懂，但就是不知还都南京要趟过的水到底有多深，于是他十分含蓄地回应陈瑄："卿所陈数事，皆今切务，览之再三，良契于怀，已敕所司施行，惟卿忠爱之诚，嘉念不忘，特兹奖谕，想宜知悉"(《明仁宗实录》卷2下)。

新皇帝的主张尽管委婉，但在权力高级野兽角斗场上一路斗过来且有着敏锐嗅觉的大明公务员"精英们"与监察御史还是闻出了其中的味道。永乐二十二年九月庚子日，"监察御史金庠上言四事：一曰任贤，二曰固本，三曰讲武，四曰裕民。"金庠讲的"任贤"、"讲武"、"裕民"三事与陈瑄上奏的大同小异，唯独"固本"一事讲得很独特。金庠说："京师为天下四方之根本。自古以来人们常说，南京钟山龙蟠，石城虎踞，真是实实在在的帝王之都啊。我太祖高皇帝在此定鼎了30多年，国家太平，百姓安宁，再说我大明皇陵、祖陵皆在南京(这里金庠所讲的南京是个大概念——当时明朝南京的概念包括今天安徽省与江苏省，笔者注)，因此，皇帝陛下您应该敕命皇子中的贤能者统率重兵前去镇守。这样一来，既可以杜绝别有用心者的觊觎之心，又能壮大两京之势，日后陛下您若还都南京，还可以减省东南诸省转输劳费，这就是古人所说的君主位居冲要而能轻易驾驭天下的策略。陛下，您不可不加以特别留意啊！"(《明仁宗实录》卷2下)

明仁宗在收到金庠的上书后是什么反应？史书记载说"上嘉纳之"(《明仁宗实录》卷2下)。至此，我们不妨将历史镜头做个回放：明仁宗上台一开始就隆升南京地位，随后不久平江伯陈瑄含含糊糊地放了还都南京的第一炮，再接下来就是监察御史金庠直截了当地提出了还都南京的重要性，而新皇帝洪熙对此都表现出极大的兴趣与愉悦。由此看来，当时的洪熙朝廷已将还都南京问题纳入了公开或半公开的决策讨论日程中，而在这些讨论中，以礼部左侍郎胡濙所上的千言书立论最为全面、最为透彻。

胡濙原本是建文二年的进士，最初被建文朝授予兵科给事中。朱棣"靖难军"攻入南京时，他与茹瑺、解缙、杨士奇、杨荣等人一同归降了。在建文朝大臣压倒性多数选择不合作的情势下，胡濙等人"识时务"让魔鬼朱棣捞到了一把政治救命稻草。当然朱棣也没有亏待他们，永乐元年，胡濙调任户科都给事中，数年后受命秘密外出，踪迹建文帝下落。胡濙一走就走了将近20年，直到永乐二十一年才"还朝，驰谒(永乐)帝于宣府。帝已就寝，闻濙至，急起召入。濙悉以所闻对，漏下四鼓乃出。先濙未至，传言建文帝蹈海去，帝分遣内臣郑和数辈浮海下西洋，至是疑始释"(《明史·胡濙传》卷169)。

胡濙秘密出外巡访时，皇帝朱棣让他"顺便"上南京去观察在那里监国理政的皇太子朱高炽。后来胡濙向朱棣交差时，"密疏驰上监国七事，言诚敬孝谨无他，(永乐)帝悦。"或许朱高炽的表现确实不错，或许心思缜密的胡濙特会处事，在那个风云多变的永乐年代，胡濙不仅没被政治大浪淹没，相反能官运亨通，其政治本领确实不容小觑。"(明)仁宗即位，召(胡濙)为行在礼部侍郎。"(《明史·胡濙传》卷169)

永乐二十二年十月壬戌日，升官没几天的礼部左侍郎胡濙响应洪熙帝的号召，上疏直言十事："一曰勤庶政，二曰任贤良，三曰务节俭，四曰笃亲亲，五曰纳谏诤，六曰明赏罚，七曰亲经史，八曰守成宪，九曰严祀事，十曰精武备"(《明仁宗实录》卷3下)。

在胡濙上言十事中，除了第十"精武备"外，第八"守成宪"即还都南京、固守大明之本讲得最详尽。胡濙说："大凡开国创业之主，因夺取江山社稷十分艰难，故而在其成功后往往采取的防患举措十分严实，考虑问题极为深远，制定规章法度也很周密。要是有所过了，他会适当地加以缓减；要是不到的话，他会及时地予以增补，总之以适中为宜。而臣下与小民当以好好地遵循之，万万不可丢弃！譬如说南京，其地龙蟠虎踞，气旺地灵，水陆交通，四方辐辏，我太祖高皇帝定鼎在那里，深思熟虑，用心良苦啊！小臣在此恳请皇帝陛下在服完太宗皇帝大丧之后还都南京，这样便可上顺天心，下慰民望，南方各省百姓为'南粮北运'所折磨的转输苦难也就此可以消除，长江以北诸省为北京朝廷供给的靡费也可省去。陛下不妨仍保留北京行在，以备日后巡行。如此下来，祖宗帝业可得永远保全，而南北百姓也将会拍手称快"(《明仁宗实录》卷3下)。

胡濙的上书有两大亮点：第一，将被明成祖朱棣丢弃了的京师南京给重新"捡了回来"，不仅仅视作其为"国本"，而是将定鼎南京当做祖宗的"成宪"，其潜台词为，要是谁再反对还都南京，那就是背弃祖宗的不孝逆子，这是传统中国社会的政治底线；第二，还都南京可以解除"南粮北运"给南北诸省人民带来的苦难，民为邦本，这是儒家治国理论中一项基本的信条，谁要反对，不仅是逆民心，而且也是违背中国传统社会治国平天下理论中最为基本的一项原则。因此说胡濙的上书，为后来明仁宗下旨还都南京找到了最为权威、最为透彻的诠释。所以明仁宗在接到胡濙的上书后，"嘉纳之"(《明仁宗实录》卷3下)。就是讲他很高兴地接受了奏章且大大地表扬了胡濙一番。

既然南京地位这样重要，甚至超过了北京，而就目前格局来讲：派三个皇家驸马加上几个亲信太监统帅重兵镇守在那里，十分显然，南京的分量远不足于北京那么重。有人看出了还都南京的理论与实际的脱节问题，并提出了自己的想法，他就是监察御史胡启先。永乐二十二年十二月丁未日，胡启先上言："南京龙蟠虎踞之势，长江天堑之险，国家根本所在。若使臣下镇之，是授以控御之柄。伏乞命皇太子留守，以系人心，以固邦本"(《明仁宗实录》卷5上)。

◉ 系人心、固邦本：好皇帝明仁宗还都南京五步骤

监察御史胡启先提出让明仁宗派遣皇太子朱瞻基去南京留守，这样在还都南京之前，大明帝国的格局等于恢复到了永乐迁都以前的状态，可系人心、固邦本。问题是皇太子朱瞻基愿不愿意呢？或言在还都南京的讨论中朱瞻基到底持有什么样的态度？《明实录》只字未提，只字未提是不是意味着皇太子不乐意？洪熙帝朱高炽似乎品出味道来了，故而在场面上他对胡启先上言未知可否，但在实际上"有君人之识"的明仁宗却顾不了这么多，并开始有所行动。

○ 第一步：稳固南京的大明皇家基础

朱高炽上台后关注南京的第一个皇家亲戚是他外公徐达家，确切地说是徐达长子徐辉祖家。徐辉祖因为忠于建文帝，"靖难

军”攻占南京后，他被妹夫朱棣软禁于南京城南的魏国公府内，不久抑郁而死。徐辉祖死后，他的魏国公爵位由他的儿子徐钦来继袭。在这之前，徐钦的堂兄弟徐景昌继承了父亲徐增寿的定国公爵位。说起徐增寿，我们在《建文帝卷》已经讲过，他是建文朝的叛徒，手里端着建文朝的饭碗，暗中却为谋反篡位的朱棣“打工”，不断地将朝廷情报偷偷地送给朱棣，最终让忍无可忍的建文帝杀死于朝堂上。朱棣篡位成功后追赠徐增寿为定国公，并让他的儿子徐景昌继袭爵位。按理说，事情到了这一步也该差不多了，可在朱棣的眼里，老丈人家的两个舅子不同道，看看那两个内侄儿，感觉也就不一样，大舅子徐辉祖的儿子徐钦越看越让人不舒服。

永乐九年三月的一天，六科给事中曹润等劾奏：“五军都督府掌府事成国公朱勇、魏国公徐钦、定国公徐景昌、永康侯徐忠、右都督郭义等皇亲显贵，在主持军官后代袭职武官考试时，纵容手下僮仆胡作非为，将武官考试视为儿戏，居然抢夺考试者手中的弓槊。法司部门接到报案后前去缉拿案犯，不料那些案犯被朱勇、徐钦等皇亲显贵给藏了起来。小臣曾看过太祖高皇帝戒约功臣的《铁榜》，其文中说道：‘功臣奴仆倚恃权贵，欺压良善，法司执问，君命诛之。’大臣们都不知君上保全和爱护功臣之心，就产生了怨恨与怀疑，唯恐累及自己，以至于什么都不敢说了。陛下您登基以后多次重申了祖宗的规章制度，这都是为臣下造福啊！而朱勇、徐钦等人却全然不明陛下您的一片好心，更不知儆戒。在此小臣恳请陛下将他们都一一治罪。”朱棣听到这里，马上就说：“朝廷何尝不是想尽办法保全功臣，像今天所讲的这些事，难道不是他们咎由自取的，抑或我们朝廷无故开罪？”当即命令锦衣卫派出人手前去捕拿案犯，送交法司部门处置，但对于朱勇等皇亲显贵们却没有追究。事情到此应该说差不多了，没想到自称为一代“圣君”的朱棣却突然开口说：“徐钦这个年轻人不熟悉朝廷政事与法令，让他回南京去好好学习学习，长长知识，以便将来能继奉好宗祀，也免得他以后冷不丁地又犯什么事，作过自累！”(《明太宗实录》卷 114)

五、六个皇亲显贵纵容家僮胡为，最终只处罚一个徐钦，老魏国公徐辉祖的儿子。徐钦有话说不出，只好遵循永乐皇帝的谕旨在家好好地“学”。这一“学”学了十年多，永乐十九年，徐钦特地从南京赶往北京去，向沉浸于迁都狂喜中的永乐皇帝祝福。当见到朝廷对他十分冷淡的情景时，徐钦非常知趣地返回了南京。可没曾想到，徐钦刚回，皇帝朱棣就跟吏部官员说："中山王徐达功在社稷，为我大明之元勋。徐钦继承魏国公爵位，理应好好地继承他爷爷的光荣传统。可他不曾那样做，奉行公事而不知法，辜负了朕的一片厚望，所以朕才不得不让他回南京去好好读书，学学习习，以此来增长些才智。没想到十年过去了，他来北京，不等皇命下达就急急忙忙地走，这哪像是个学有所成立有大志的人啊?！传令下去，将魏国公徐钦罢为草民，让他到凤阳去看守祖坟，以此来顿挫他一下，只有这样才能使得魏国公家日后真正有人啊！"(《明太宗实录》卷 233)

从徐钦被贬一案的来龙去脉来看，一直自称为"盛世圣君"的朱棣心胸狭隘，十几年前的细务小故记得清清楚楚，"父债子还"，通过鸡蛋里挑骨头来整治昔日政敌建文帝之忠臣徐辉祖的儿子，由此可想永乐年间的冤狱为何那般之多了。

朱高炽上台以后几乎一反昔日父皇的做法，仁恤宽政。永乐二十二年十月乙巳日，在凤阳守了四年祖坟的徐钦听到明仁宗登基的消息后，赶紧奔赴北京。表兄弟见面十分亲热，一番寒暄后，明仁宗朱高炽当即下令："念中山武宁王开国元勋，复钦爵录，俾奉宗祀"(《明仁宗实录》卷 3 上)。

让徐钦恢复魏国公爵位，有人认为充其量只能看做是朱高炽上台后拨乱反正的一个小插曲，跟还都南京搭界？我们不妨再看下面的例子：

永乐二十二年十一月甲申日，"平阳王美圭来朝，(洪熙帝下令)加各长公主(即皇帝的姑姑，笔者注)号及岁禄。"为此，明仁宗专门跟礼部和户部的官员解释道："与朕皇考同根生的至亲，就是那些皇叔和皇姑。各个皇叔及他们儿子，朕都一一册封了，而皇姑们却一直住在南京，路远还来不及顾及。虽说朕即位之初已经派人对她们大加赏赐过，但名号一直都没给她们，朕内心十分不安啊。这样吧，宁国、怀庆、大名、南康、永嘉、含山、汝阳、宝庆等八位长公主，都封为大长公主。你们户部与礼部的官员议议看，给她们增加些年禄！"(《明仁宗实录》卷 4 下)

永乐急速迁都北京，丢弃了南京。四年了，大明皇家长公主们还在南京待着，这说明无论是朝廷内还是朝廷外，明成祖朱棣迁都北京都不得人心，它不仅违背了民意——“南粮北运”给广大人民带来了无尽的苦难，而且连大明皇家内部也没获得普遍的支持。不过在那个魔鬼肆虐的永乐年代里，大明子民们为了保全自己常常噤若寒蝉。好在一切都过去了，现在是宽和的洪熙时代。洪熙帝是南京大明皇家诸姑的侄儿，在讲究血缘家族辈分的传统社会里，做小辈的应该对其长辈行孝，包括给他（她）们予以经济上的实惠和精神的抚慰，这才符合儒家的孝道，才为天下人所称誉。朱高炽做到了，这不仅在当时做到了政治上的“有为”，而且还在情感上拉近了与南京大明皇家亲属的关系，为自己日后还都南京加固了根基。

在完成还都南京第一步准备工作的基础上，朱高炽于洪熙元年正月开始实施第二步。

◯ 第二步：调整和加强南京军事防卫

洪熙元年正月丁酉日，“分南京留守左卫所辖聚宝、通济、正阳、朝阳、太平五门，五千户所官军设留守左卫、左、右、中、前、后，五千户所守北京正阳、顺承二门。南京留守右卫所辖三山、石城、清凉、定淮四门。四千户所官军设留守右卫、左、右、前、后，四千户所守北京平则、西直二门，南京留守中卫所辖金川、神策、钟阜、仪凤四门，四千户所官军设留守中卫、左、右、前、后，四千户所守北京东直门。南京留守前卫所辖江东、驯象、安德、凤台、双桥、夹江、上方、高桥八门，四千户所官军设留守前卫、前、后、中左、中右，四千户所守北京文明门，南京留守后卫所辖沧波、麒麟、仙鹤、姚坊、观音、佛宁、上元、金川八门，四千户所官军设留守后卫、右、前、后、中、左，四千户所守北京德胜、安定二门。盖南京留守五卫官军皆先调其半于北京分守城门，至是始改设卫所，云升燕山右卫指挥佥事阎福都指挥佥事，命镇守淮安”(《明仁宗实录》卷 6 下)。

洪熙元年二月戊申日，“(明仁宗)命太监郑和领下番官军守南京，于内则与内官王景弘、朱卜花、唐观保协同管事，遇外有事，同襄城伯李隆、驸马都尉沐昕商议。”(《明仁宗实录》卷 7 上)

◎ 第三步:敦促肃清南京附近地区的社会不安定势力

正在明仁宗调兵强将,重新布防南北两京,尤其加强南京军事防卫时,突然从南方传来这样的消息:昔日京师南京附近地区社会不安定势力活动猖獗。为此,明仁宗于洪熙元年二月庚戌日给驻守南京的襄城伯李隆、驸马都尉沐昕、兵部尚书兼都察院事张本等颁发敕谕,说:"最近朕听人讲,直隶镇江、常州、苏州一带经常有强贼出没劫掠,你们几位好好协商一下,适量拨些官军船只,慎选廉洁奉公又有智慧的军事头目率领官军前去清剿和围捕,一定要将他们一网打尽,再用坚实的枷锁将他们锁起来,订好了,派专人押送到北京来。不过你们得注意军纪,严令官军不得借着清剿强贼的名义,惹是生非,祸害百姓。只有这样,那里的盗贼才会被捕获,百姓之祸害也会被消除,这岂不是两全其美!倘若官军不能捕盗,反而祸害百姓,那么罪责就在你李隆、沐昕等人身上,朕拿你们是问。因此说你们一定要用心剿贼,决不能有半点懈怠。张本听好了,你兼管的都察院应该慎选一名耿介公正的御史前往南京去,监督、巡视那里的工作"(《明仁宗实录》卷7上)。

大约一个月后的洪熙元年三月乙未日,明仁宗再次给驻守南京的襄城伯李隆等人降敕,说:"近来朕又听说苏州、松江等府的顽民,以打渔为名,行船于长江里,往来穿梭,打家劫舍。还有扬州府下属的各县中一些没有户籍的游民,每每二三十人共用一条船只,私自运载食盐,往返于镇江、常州等地贩卖,且杀人越货,危害乡里。李隆你们几个驻守南京的高级领导得注意了,赶紧挑选些精壮军士、委派得力的头目率军前去追缉、捕获这些水上盗贼,一定要设法将其一网打尽,再用坚实的枷锁锁起来,差人将他们押往到北京来。同时还得注意,千万不可以剿灭盗贼为名,骚扰、祸害老百姓,违者重罪论处"(《明仁宗实录》卷8下)。

从相隔大约一个月时间的两份敕谕内容来看,直隶南京附近地区的社会不安定势力并没有得到剿灭。洪熙帝十分着急,再三叮嘱驻守南京的皇亲国戚李隆等人加紧清剿。更值得注意的是,明仁宗敕谕中提到的顽民,很可能就是我们传统意义上的小股农民起义或言反明起义势力。他们没有户籍,成为水上流民,这是对明初户籍制度的一种变相的反抗;他们贩卖私盐,破坏明朝食盐国有专控制度;他们活跃于大明帝国南粮北运的起始地长江中下游,构成了对北京为都的大明帝国经济输血管的巨大危险,也影响到了明仁宗随后还都南京之进程。问题是南京附近地区为什么会滋生这样的社会不安定势力?

我们不妨从《明实录》中来寻找答案。洪熙元年三月辛未日,明仁宗在给驻守南京的襄城伯李隆的敕文中有过这样说法:"军民辛苦劳作已经很久了,应该让他们好好地休养生息。然东南方向的工程不得不继续进行下去,但千万不能因此而妨碍了农务,'所运民营造木植已过仪真坝者,令运至北京,未过坝者,于龙山厂收贮。敕南京工部亦如之'"。同日他在给户部和工部的敕文中有着相似的说法:"连年以来,老百姓疲于转输之苦,朕日夜思虑着如何让他们得以休养生息。现在北京库藏储存已经足够用了,你们应该下文到南方各地去,告诉相关的官员与衙门:凡运输钱帛、金银、铜铁等物未过仪真坝的,全都贮存在南京库藏里;如果已经过了仪真埧的话,就任由他们运来吧。原本派往各地运粮到北京的,不在停运范围,仍需继续北运"(《明仁宗实录》卷8上)。

朱高炽的这两份敕谕讲了两个很重要的问题:第一个讲得十分模糊,就讲东南方向工程。那么到底是什么工程?翻阅明代葛寅亮的《金陵梵刹志》,我们顿时豁然开朗,原来这个东南大工程是指开建已有10余年还未完工的南京大报恩寺塔建设——当年老皇帝朱棣为了报答生母碽妃的生养之恩与佛恩而不惜民力财力精心打造"天下第一寺塔"。作为孝子的朱高炽尽管自登基上台起就力罢一切不急之务,喝停了好多大工大役,但像建造南京大报恩寺塔这样的特殊大工程,纵有一万个胆子,他也不敢喊停啊;第二个就是南粮北运或言南货北运。你看朱高炽说了,北京目前库存已经足够用了,未过仪真的船只就于南京库藏云云。由此看来,新皇帝朱高炽想要与民休息,想要宽政恤民,但在大明帝国定都北京和接受经济输血——南粮北运的格局下,南方人民休得安宁!因此说,明仁宗后来下令还都南京,恰恰是顺应了民心!

◯ 第四步:派遣皇太子朱瞻基留守南京

从洪熙元年二月到三月,明仁宗先后下发了三道直接针对南京的敕谕。综合敕谕的内容来看,还都南京的形势尚未完全成熟,连长江里的几个蟊贼花了一个月的时间尚未搞定,正可能应了永乐二十二年十二月监察御史胡启先上奏所言的——国本南京必须要由皇太子来出任留守,这样才能系人心、固邦本?明仁宗想起了这些,想起了自己曾在南京监国,最终于洪熙元年三月辛未日做出决定,"命皇太子往祭皇陵、孝陵,就留守南京,令钦天监择日启行"(《明仁宗实录》卷8上)。

问题是胡启先提议与明仁宗作出决定相隔了三个多月。朱高炽不像建文帝那样优柔寡断,他性格中遗传了父亲朱棣的一些特征,该出手时就出手,那么到底是什么原因使得明仁宗在三个月后的洪熙元年三月当机立断地做出决定,派遣皇太子朱高炽到南京去"留守"呢?有人认为是明仁宗好色,父亲朱棣大丧期间他照常不误地与宫中妹妹寻欢作乐,又怕自己的皇太子知道了以后影响不好,所以就远远地支走了朱瞻基。(详见温功义:《明代宦官与三案》,重庆出版社2004年10月第1版,P68~70)那么历史真相到底如何?非也!

据《明仁宗实录》所载,自洪熙元年二月到五月3个月时间里,南京地区有地震记录的就有24天,详见笔者制作的下表:

洪熙元年三月至五月南京地区连续地震的惊人纪录简表

地震发生时间	南京地震	地震次数	史料出处
洪熙元年二月戊午	南京地震	地震1次	《明仁宗实录》卷7下
洪熙元年二月庚申	南京地震	地震1次	《明仁宗实录》卷7下
洪熙元年二月壬戌,	南京地震	地震1次	《明仁宗实录》卷7下
洪熙元年二月乙丑	南京地震	地震1次	《明仁宗实录》卷7下
洪熙元年二月丙寅	南京地震	地震1次	《明仁宗实录》卷7下
洪熙元年二月己巳	南京地震	地震1次	《明仁宗实录》卷7下
洪熙元年三月甲戌	南京地震	地震3次	《明仁宗实录》卷8上
洪熙元年三月戊寅	南京夜地震	地震1次	《明仁宗实录》卷8上

续 表

地震发生时间	南京地震	地震次数	史料出处
洪熙元年三月己卯	南京夜地震	地震1次	《明仁宗实录》卷8上
洪熙元年三月庚辰	南京夜地震	地震1次	《明仁宗实录》卷8上
洪熙元年三月辛巳	南京地震	地震1次	《明仁宗实录》卷8上
洪熙元年三月癸未	南京夜地震	地震1次	《明仁宗实录》卷8上
洪熙元年三月乙酉	南京地震	地震1次	《明仁宗实录》卷8上
洪熙元年三月丙戌	南京地震	地震1次	《明仁宗实录》卷8上
洪熙元年三月丁亥	南京地震	地震1次	《明仁宗实录》卷8上
洪熙元年三月戊子	南京夜地震	地震1次	《明仁宗实录》卷8上
洪熙元年三月癸巳	南京地震	地震1次	《明仁宗实录》卷8下
洪熙元年三月甲午	南京地震	地震1次	《明仁宗实录》卷8下
洪熙元年三月戊戌	南京夜地震	地震1次	《明仁宗实录》卷8下
洪熙元年四月丙午	南京地震	地震1次	《明仁宗实录》卷9上
洪熙元年四月丁未	南京地震	地震1次	《明仁宗实录》卷9上
洪熙元年四月戊申	南京地震	地震1次	《明仁宗实录》卷9上
洪熙元年五月辛未	南京夜地震	地震1次	《明仁宗实录》卷10
洪熙元年五月癸酉	南京地震	地震1次	《明仁宗实录》卷10

从上表可以看出，自二月戊午日发生地震起，几乎一天隔一天南京就有一次地震(古时候人的地震概念与今人不同)，当第五次(二月丙寅日)南京地震的消息传到北京时，明仁宗终于坐不住了。坦率而言，自小接受儒家正统教育的明仁宗不是个唯心主义者，儒家老祖总孔子曾说："敬鬼神而远之"，这话的意思是，对于鬼神我们是敬的，但不迷信。像发生地震一类的超自然力量的破坏，古代人们往往认为，那肯定是人世间的人事没弄好，惹得上帝或言上天不开心、发怒了，或者是敬神、敬祖宗不周到或心不诚。中国人的这种人神观直到近现代还有，清末"同治中兴"能臣曾国藩额头上长了癣，久治不愈，他就写信给老家的人，要他们将祖坟弄弄干净，多祭祀祭祀。当时来华的西洋传教士听说以后一万个不理解，明明是自己额头上长了癣治不好，这跟祖坟有何相干？其实这就是传统中国人的人神合一论，600年前的明仁宗也不例外。听到南

京连续地震，他就怀疑起是葬在明孝陵的祖宗不高兴了，洪熙元年二月戊辰日，“敕守南京驸马都尉沐昕，自今孝陵四时祭祀，命尔行礼必诚敬清洁，以格神明，不可纤毫怠忽，其都督府印付襄城伯李隆兼管，尔不必预”(《明仁宗实录》卷7下)。

从这道敕令来看，永乐迁都以后，明孝陵处于少有关注或言半废弃的状态，非否明仁宗怎么叫大明皇家驸马爷沐昕，自今以后要一年四季适时祭祀孝陵，祭祀时行礼要诚心诚意，祭祀之物要干净、清洁，对待神明千万不可有丝毫的怠忽。算了，你沐昕的都督府事也不用管了，将其官印交给襄城伯李隆兼管，你就成为祭祀孝陵的专职大员！

有如此高规格的专职大员来祭祀孝陵，孝陵底下躺着的朱家皇爷爷、皇奶奶总该高兴了吧？没有，就在明仁宗的敕令发出后的第二天即二月己巳日，南京又发生了地震。要是在现代人看来，这是南京地震波峰期，纯属正常。但在科学尚未昌明的古代社会，人们可不这么认为。明仁宗朱高炽琢磨：沐昕虽然是我们老朱家的姑爷，但他毕竟姓沐，家族内祭祀是排斥外姓的，孝陵内朱家老爷爷的脾气本来就不好，死后在阴曹地府里会好一点吗？不会，否则怎么南京还会地震不歇，看来还得要我们老朱家的人回南京去啊！但按照传统礼制，父皇大丧不到期年即一周年，做儿子的不能有什么喜庆活动，就连男欢女爱也得憋住，更不用说自己赶回南京或还都南京，要做也起码要等到洪熙元年八月后才可以。这怎么办？明仁宗想起了，自己当年在南京监国时，四时祭祀从无缺失，祖宗也没有这么不开心——南京连续地震。想到这些，朱高炽终于做出决定，洪熙元年三月辛未日他命令皇太子朱瞻基南下，前去祭祀皇陵和孝陵，并让他就此留守南京，同时命令专门负责观察老天爷颜面变化的大明钦天监为皇太子的出行选个黄道吉日。(《明仁宗实录》卷8上)

明仁宗想得很周到，他特别关照皇太子：不仅南京的孝陵要皇太子代他去祭祀，就连凤阳老家皇陵里的曾爷爷、曾奶奶等也得要好好地祭祀一番。

天事安排好了，人事也不可忽略。老天爷之所以不开心，主要是人事没修好。明仁宗思来想去，赈灾蠲税、省工罢役、体恤下情等类的诏令都早已发出去了，该推行的措施也推了，怎么老天爷还不高兴？忽然他想起，东南方向不太平主要是大报恩工程建设太劳民了，还有那"南粮北运"太苦民了。于是，在作出派遣皇太子前往凤阳和南京等地祭祀皇陵和孝陵之决定的同时，明仁宗又敕令驻守南京的襄城伯李隆、大明工部和户部等衙门的官员，要他们在"南粮北运"或言"南货北运"方面特别留意"与民休息"(《明仁宗实录》卷8上)。

该做的都做了？到底还有什么没做？明仁宗想起了，永乐以来，冤狱泛滥。洪熙元年三月辛未日，他敕令大明三法司官员，说："人命至关重要，你们应该充分体悟上天或言上帝的好生之德，明慎用刑，不可轻忽，务求案件实情，切勿罗织罪名，任意攀延，以所谓的破案率来向上报功。大理寺是最高审判机构，尤其要注意案件的曲直，不可徇私偏袒，更不可害怕权贵政要，苟且附会，以至于冤狱成灾。'书云钦哉，惟刑之恤哉，其敬慎之。'"(《明仁宗实录》卷8上)

洪熙元年三月辛未日这一天，明仁宗给皇太子、大明工部、户部、三法司和驻守南京的襄城伯李隆等一共发出了五份敕谕，天事、地事、人事、鬼事……该做的都做了，这下总该好了吧？可是南京还是不太平，甚至比以前更严重，有人向明仁宗报告说：洪熙元年三月甲戌日，南京1天内就发生了3次地震。紧接着，三月戊寅、己卯、庚辰、辛巳、癸未、乙酉、丙戌、丁亥、戊子、癸巳、甲午11天几乎天天连着地震。(《明仁宗实录》卷8上；卷8下)

○ 第五步：公开表示，决意还都南京

怎么回事？不仅地震没停止，而且比以前更加厉害了，看来前面做的事没对老天爷的路子，或者说没对南京孝陵里的皇爷爷的路子？明仁宗终于想明白了，必须迅速还都南京！只有这样，才能上对得起老天爷，中对得起天下苍生黎民，下对得起九泉之下的皇爷爷。

洪熙元年三月戊戌日即农历三月的倒数第二天，"(明仁宗)命诸司在北京者悉加'行在'二字，复建北京刑部及行后军督督府。上(指明仁宗，笔者注)时决意复都南京云，命定国公徐景昌掌北京行后军都督府事，以左府都督同知(徐)甫佐之。调南京兵部尚书

张本及工部尚书李友直、右侍郎裴琏、苏瓒俱任北京刑部，改户部右侍郎李昶、南京刑部右侍郎金庠为北京刑部左侍郎，改礼部左侍郎胡濙为太子宾客兼南京国子监祭酒，革缮工官，其事悉归工部”(《明仁宗实录》卷8下)。

还都南京，将北京变为“行在”。因此北京诸司衙门前都加上“行在”两字，复建北京行部及行后军督督府，并再次对南北两京官员作调整，将亲朱棣的徐景昌、李友直等安置在昔日父皇大本营北平，将主张还都南京的胡濙等人调往南京任职。诸事处理停当，四天后的四月初四癸卯日，明仁宗下令：“修缮南京皇城”，或许是想起了自己的恤民为本的施政纲领吧，第二天也就是甲辰日，明仁宗给南京太监王景弘即《明实录》中的王贵通下发了这样的敕令：“朕打算在父皇大丧期年过后，大约明年的春天还都南京，现在派遣一批官府工匠前来南京，归你领导指挥。你们要对南京皇宫里的九五殿和各宫院好好地检查一下，凡是有渗水漏雨的地方让他们修理一下，只要可以住就行了，不必过分讲究，以免劳民伤财。”

八天后的农历十二即洪熙元年四月壬子日，皇太子朱瞻基正式从北京出发前往南京。这时距离明仁宗先前发出皇太子上留守之敕令已过去了整整42天。(《明仁宗实录》卷9下)

刚好一个月后的洪熙元年五月辛巳日即农历十二日，上(指明仁宗)疾大渐，遗诏天下，传位皇太子，诏曰：“朕以菲德嗣承祖宗洪业，君临天下，甫及逾年，上惟皇考太宗皇帝山陵未远迫切哀诚，下惟海内黔黎凋瘵未复，忧劳夙夜，时用遘疾，奄至大渐。夫死生者，昼夜常理，往圣同辙，奚足哀念。惟宗社生民必有君主长子，皇太子天禀仁厚，孝友英明，先帝夙期其大器，臣民咸钦其令望，宜即皇帝位，以奉神灵之统，抚亿兆之众。朕既临御，日浅恩泽未浃于民，不忍复有重劳，山陵制度务从俭约，丧制用日易月，中外皆以二十七日释服，无禁嫁娶音乐，在外亲王藩屏为重，不可辄离本国，各处总兵镇守备御，重臣及文武大小官员亦毋擅离职守，闻哀之日，止于本处，朝夕哭临三日，悉免赴阙行礼。皇考太宗皇帝服制仍遵去年八月之令。呜呼，南北供亿之劳，军民俱困四方，向仰咸属南京，斯合吾之素心，君国子民，宜从众志，凡中外文武群臣咸尽忠，秉节佐辅嗣君，永宁我国家生民，朕无憾矣，诏告中外咸使闻知。”而就

在这天明仁宗崩于钦安殿宫中。(《明仁宗实录》卷 10)

明仁宗死的时候 48 岁,正直中年,死的前一天突然"害病",洪熙元年五月庚辰日,"上不豫,召尚书蹇义、大学士杨士奇、黄淮、杨荣至思善门,命士奇书敕,遣中官海寿驰召皇太子。"再往前推一天即洪熙元年五月己卯日,"云南金齿军民指挥司及鹤庆军民府等处土官贡马,(皇帝朱高炽)赐钞币、表里有差。行在翰林院侍读李时勉、侍讲罗汝敬俱以言事,改都察院掌道监察御史"(《明仁宗实录》卷 10)。

从《明仁宗实录》记载来看,尽管身体不是太好但没有什么大病的中年男人明仁宗死前两天还好端端地临朝理政,到了死前一天似乎突然不行,支撑不到一昼夜就撒手尘寰了。那么究竟是什么原因使得明仁宗朱高炽一夜之间突然驾鹤西去?

● 梦断北京　谜案再生

◉ (一)明仁宗之死四种说法

明初以来有关明仁宗的真正死因问题始终是个谜,不过人们也提供了几种解释:

○ 第一,明仁宗在北京皇宫里被雷劈死?

这就怪了,又不是在田野中,明仁宗好端端地在皇宫里呆着,怎么会让雷电给劈死?

朝鲜《李朝实录》记载:洪熙元年闰七月癸卯日,也就是明仁宗死后的二、三月后,朝鲜圣节使通事赵忠佐等来到北京,惊闻才即位一年不到的明仁宗已经驾崩了,但官方一直没有说出死因,他就私下里打听,有人告诉他:"天震之"即雷电劈死的。(吴晗:《朝鲜李朝实录中的中国史料(一)上编卷四·世宗庄宪大王实录一》,中华书局 1980 年 3 月第 1 版,第 1 册,P327)

无独有偶,明代野史笔记上也有类似的记载:"仁庙一日谓三杨公曰:'见夜来玄象否?'对曰:'不见,高皇帝有私习天文之禁,故臣等不能晓。'上曰:'大臣与国同休戚,岂可论此?朕夜中观之紫微垣，有事甚急，不可解矣。'沉思久之，长叹拊髀而起。明日，遂晏驾"(【明】祝允明:《九朝野记》卷 2)。

这段史料是讲，临终前一天明仁宗问杨士奇、杨荣、杨溥:"你们三人见过夜间天上的玄象吗?"三杨回答道:"没见过，太祖高皇帝曾立下禁令，不能私自研究天文天象，所以小臣等不知道什么玄象。"明仁宗说:"大臣与国家社稷共命运，怎么能像你们刚刚讲的那样呐? 朕最近在夜里观察紫微星座，发现其很快地流逝了，好像有什么急事，实在弄不懂什么意思。"说到这里，明仁宗突然沉默了好久，再长叹一声起身走了。

紫微星座在古代人看来就是上帝所在的位置，它所对应的应该是明皇宫。由此，紫微星急速流逝，那就意味着上帝的人间代理人即当今皇帝要有不测。不过这是天下第一号忌讳，"三杨"即使晓得也不敢说，第二天果然听到明仁宗驾崩的噩耗。(【明】祝允明:《九朝野记》卷 2)

上述说法在今人看来觉得可笑，明仁宗又不是待在空旷的田野里而是在北京明皇宫，怎么会让雷电给劈死的? 紫微星流逝意味着地上人君皇帝要驾崩，那更是无稽之谈，不足为信!

○ 第二，明仁宗是被宫中美女郭妃毒死?

问题是一个深爱自己皇帝丈夫的贤妻怎么会成了杀夫的恶妇? 难道本想用来杀死情敌的毒酒却让心爱的老公给喝了?

据说明仁宗后宫美女中有个叫郭妃的，是个有着很大野心的漂亮女人，她一直想篡夺中宫之位，但始终没找到合适的机会。后来听说皇后张氏要举办生日宴会，她就一起过去凑热闹，当然作为她们共同的丈夫明仁宗也少不了要一同出席。工于心计的郭妃觉得这是下手的好机会，乘着喜庆忙乱之际她向张皇后敬酒，可没想到给拒绝了。在旁细心的明仁宗把这一切都看在眼里，他半开玩笑半当真地对郭妃说:"皇后不喝，莫非你在酒里下了毒?"说完端起那酒杯一饮而尽，郭妃顿时傻眼，想说又不好说，想拦住但已经来不及了。只见明仁宗一眨眼的工夫就七窍出血，当即身亡。惊恐万状的郭妃大气都不敢喘一下，偷偷地溜回自己的宫中，上吊自尽。刚好那天天在打雷，所以有人说仁宗皇帝是被雷电劈死的。

(【明】吕毖:《明朝小史·洪熙纪·疑饮》卷 5)

那么明仁宗到底是不是被郭妃误毒死的? 我们不妨查查郭妃其人,清人张廷玉等编撰的《明史》中有关明仁宗的妻子只有张皇后一人有传,没有郭妃什么信息。再查《明实录》,其中有载,"永乐二十二年十月初八日,册妃张氏为皇后,郭氏为贵妃,李氏为贤妃,赵氏为惠妃,王氏为淑妃,王氏为昭容,封翁氏为赵王妃"(《明仁宗实录》卷 2 下)。

也就是说在明仁宗的性生活中有 6 个有品位的性爱对象,其中就有一个郭妃,确切的称呼应该叫"郭贵妃"。那么郭贵妃究竟是不是个有着很大野心的心狠手辣的女人? 非也,《明实录》说她当年是作为大家闺秀来参选皇太子妃子的,"柔顺靖恭齐庄静一,进退谨珩璜之节,雍容著诗礼之华,比德古先,尔有葛覃勤俭之美"(《明仁宗实录》卷 3 上)。

一个地地道道的贤妻怎么成为心狠歹毒的妒忌毒妇? 不可能。再来看看郭贵妃是怎么死的?《明宣宗实录》记载:洪熙元年秋七月戊辰日,"谥皇庶母贵妃郭氏曰恭肃淑妃,王氏曰贞惠丽妃,王氏曰惠安顺妃,谭氏曰恭僖充妃,黄氏曰恭靖"(《明宣宗实录》卷 3)。

这是讲明仁宗死后大明皇家按照朱元璋定下的后宫殉葬制度,将贵妃郭氏、王氏、王氏、谭氏和黄氏等 5 个美女与明仁宗一同下葬了,新皇帝朱瞻基给她们一一上谥号。换句话来说,郭贵妃不是上吊自杀的,而是被殉葬了,由此可说明仁宗被宫中美女郭妃毒死之说不足为信。

○ 第三,极好男女之乐的明仁宗最终让美女们掏空了身体,不治而亡?

这种说法流传最广,故事也最为吸引人。其大致是说:明仁宗自从即位以后不顾父皇大丧期间不可亲近女色的戒条,天天偷偷地与宫中妹妹玩得欲死欲仙,有的甚至说他一夜连续干了几个美女,最终因身体掏空了,不治身亡。《明史·李时勉传》中的记载与此大同小异。

李时勉,安福人,孩提时代起就特别好学,冬天天气冷,他用衾将自己的脚给裹住,再放进桶里头,这样就保障自己学习时一点也不受寒冷的影响,诵读不已。永乐二年,李时勉参加会试,中了进士,被选为庶吉士,入文渊阁学习,参与重修《明太祖实录》。后被授予刑部主事,让他参与《明太祖实录》三修。《实录》修成后他被升为翰林侍读。李时勉性格鲠直,为人慷慨,总以天下安危为己任,堪称永乐朝一大直臣。永乐十九年四月初八,离正式迁都北京才三个月,北京明皇宫的奉天、华盖、谨身三大殿突遭雷击,引发火灾。(《明史·李时勉传》卷163)在当时人看来,之所以发生雷击事情完全是因为地上没“修好人事”,上天看不下去,用雷击来发出警告;而作为代替上天治理万民的皇帝即天子,就很有必要检讨一番自己的过失。中国传统社会中为数极少的能够有效制约专制皇权的法宝之一,就是那个谁也没见过的上天此时“发威起效”了,不信,你就看那无所不为和“无所不能”的天才皇帝朱棣,在目睹上天的“愤怒警告”时所表现出来的那副诚惶诚恐的样子,就知道上天“老人家”所拥有的无比巨大的权威和震慑作用。北京新皇宫三大殿被雷击烧了个精光,以至于天才皇帝花了两天时间才喘过气来,直到火灾后的第三天(永乐十九年四月壬寅日)他才发了一份要求“群臣直陈阙失”的诏书。(《明史·成祖本纪三》卷7)

既然帝国最高领袖号召大家踊跃提意见,提的意见越多就表明对中央朝廷越忠诚。向来有“直臣”之称的李时勉应时响应最高领袖的“伟大”号召,“条上时务十五事”。其中针对皇帝朱棣迁都北京和大搞朝贡贸易、招徕四方各国使者等两项巨型政绩工程,李时勉这样“批评”道:“营建北京,劳民伤财;连国名都叫不出的远方诸国朝贡使者纷纷来京,成群结队地居住在天子的屋檐底下,这实在是不妥!”朱棣看到李时勉在奏章中否定永乐朝那两项最为出彩和长脸的政绩工程,当时火就腾腾地上来,猛地一把抓住奏章,狠狠地扔在皇宫大殿的地上。不过好在他那时还能把控得住自己,喘了几口大气,心稍稍平了些,然后从地上捡起奏章再继续读下去,忽然发现李时勉有的话讲得还蛮有道理,甚至有的还十分切中时弊。永乐皇帝毕竟不是昏君,他想了又想,最后采纳了李时勉奏章中的大多数意见,并让相关部门予以执行。然好景不长,忤逆永乐皇帝的“直臣”李时勉遭人暗算了,被劾下狱。在监狱中李时勉度过了一年多,后来虽然被放了出来,但他的官职却一直没有恢复，直到有一天永乐皇帝跟前的宠臣杨荣出面，为李时勉说了几句公道话，皇帝朱棣总算才恢复了李时勉的翰林侍读官职。(《明史·李时勉传》卷163)

转眼间到了洪熙朝，新皇帝朱高炽一上台就号召大家提意见，且再三强调不要怕意见提不好，也不要怕皇帝不高兴，如果你真是对大明江山社稷忠心耿耿的话，就应该多提意见。你要是还不信的话，就看看那平江伯陈瑄一口气就提了七件应该改进或言纠正的国家大事，人家洪熙皇帝看了又看，不停地称赞陈瑄是个大忠臣，他不仅全部接受了陈瑄的意见，而且还好好地奖励了他一番；还有那个监察御史金庠上言四事，礼部左侍郎胡濙上言十事，大理寺右少卿弋谦上言五事……其中上奏言事最为激烈的，就数“弋谦言五事，涉矫激过中，上览之颇不怿”(《明仁宗实录》卷7下)。不过没多久，洪熙皇帝还是反应过来了，知错就改，不仅给罢免了朝参权的弋谦恢复了职权，而且还提拔他为大明都察院副都御史(《明史·弋谦传》卷164)。

○ 明仁宗：“我找自家妹妹在床上乐乐也不行？”

新皇帝洪熙虚怀纳言，渴望天下大治之心再清楚不过了，李时勉每每想到这些，就热血沸腾，作为直臣，自己不能不给这位“有道明君”提些意见。洪熙元年五月己卯日，“行在翰林院侍读李时勉、侍讲罗汝敬俱以言事，改都察院掌道监察御史”(《明仁宗实录》卷10)。但已故的明史专家黄云眉先生经过考证后认为，《明仁宗实录》中这段话后面回避了一个事实，那就是李时勉因言入狱(黄云眉：《明史考证》第1册，P96，中华书局1979年9月第1版)。那么李时勉上言了什么招致由翰林院侍读改为都察院掌道监察御史并锒铛入狱呢？《明史》说，当时洪熙皇帝听完李时勉的话后大发雷霆，但鉴于在大殿上言事不便，他迅速地压住了自己的火气，将李时勉召到便殿上来说话。洪熙说：“作为大臣，你向皇帝提意见，朕十分欢迎，但你不能轻信谣言，那些没影子的话可不能在大殿上乱说！这样吧，改日你上奏请罪，就说自己误听人言，捕风捉影，恳请皇帝陛下谅解！”洪熙帝的话很明显是要李时勉服个软，在场面上给皇帝一个台阶下，这是数千年来中国政治的一大秘诀：权位高势能者永远不会错，错就错在底下的人误听误信再加上无能。

哪知这个"直臣"李时勉的直，直到了他的每根神经都发直，他认为是你皇帝做错了，且我是响应你的号召才出来提意见的，现在我提了，你非但不接受，还要我李时勉为你皇帝撒谎遮丑，这哪是一个有道之君所为呢？如果我不把你皇帝从错误的道路上拉回来的话，我李时勉还怎么能"致君尧舜上"？还怎么能实现儒家的治国理想？还不与自己在翰林院天天研读的儒家经典教义背道而驰？想到这些，李时勉豁出去了，直言不讳地指出洪熙帝居丧近女色之误，并奉劝皇帝要知错就改，不能文过饰非。李时勉越说越激动，而此时明仁宗的肝火也已被点得旺旺的，想想自己当了20年的皇太子，让变态的皇父压制了20年，好不容易熬到头，找自家皇宫里的美女在床上乐乐，这也没什么大不了的，总比我家皇帝老爸既性无能却又要糟蹋美人强多了，总比600年后的那位张二江书记同时乱交108位有夫之妇要文明多了！谁想这个李时勉管闲事管得实在太过头，将我皇宫里男欢女爱的事情当着大家的面给说了，不仅使得自己"致尧舜之君"的良好形象给破坏了，而且还将本皇帝最近才得有机会找来称心如意的妹妹一起乐乐的美事给说了出来，多不好意思、多羞人啊！再说你李时勉还越说越来劲，朕好心好意"提醒"你，可谁知李时勉压根儿就缺了那根筋。看来"文的"不行，只能用武力解决了，于是洪熙帝命令手下武士对李时勉动武，让他们用一种叫金瓜的凶器去打他。可怜书生大臣哪受得了如此折腾，当场就有三根肋骨被打断，人顿时昏死过去。盛怒之下的明仁宗一看事态不妙，赶紧示意手下的将李时勉拖下去。第二天，他下令将李时勉翰林院侍读一职改为交趾道监察御史，让他每日审讯一个囚犯，上言一件大事。有大臣替李时勉说情，但明仁宗不答应，最终还将其关入锦衣卫大牢里去。(《明史·李时勉传》卷163)

○ 六、七品的小官李时勉"骂"死了明仁宗？

再说昏死过去的李时勉被投入大狱后，好多人都以为他必死无疑了。可能命不该绝，昏死中的李时勉恰巧遇上了一个锦衣千户，该千户以前受过李时勉的大恩，一直苦于没能回报，正巧这天他来到锦衣卫大牢里查狱，听说恩人受难了，他二话没说，先将李时勉安顿在狱中条件较好的地方，然后派人秘密找来医生医治，接着他自己又出外为大恩人寻觅来自海外的专门治疗胸肋骨伤的药物。经过精心医疗，李时勉终于奇迹般地活了下来。

生命垂危的李时勉最终没死，而原本还好端端的明仁宗却在怒惩李时勉的第二天就突然开始“病危”了。弥留之际，他口中哆哆囔囔地说：“李时勉廷辱我”，说着说着，火气又上来了，在旁的亲近大臣夏原吉赶紧劝慰。当天夜晚，48 岁的洪熙皇帝驾崩。

“李时勉廷辱我”，这是明仁宗临终前说过的话。对于先皇帝的遗言，后继位皇帝应该采取相关的措施或不折不扣地遵照执行。可明仁宗死后没多久，他的那个无赖二弟朱高煦在山东乐安发动了叛乱，新皇帝朱瞻基接受了大臣们的建议，率兵亲征，并大获胜利。一晃已是宣德元年的十月，凯旋回京的朱瞻基这才有空询问大臣：“父皇临终前还有别的遗言？”夏原吉等人赶紧将李时勉得罪明仁宗的经过如实讲了一遍。朱瞻基听完后顿时大怒，命令手下人：“你们赶紧去将那个胆大包天的李时勉绑缚到大殿上来，朕要亲自审讯他一番，且一定要杀了这个竟敢侮辱先帝的狂徒。”狂怒中等待的滋味让人不好受，朱瞻基越想越火，一个六七品的小官竟然敢在大殿上侮辱我家父皇，真是吃了豹子胆了！算了，我也不想审讯他了。随后他叫来王指挥，让他上锦衣卫大牢去，将李时勉直接拖到西市去斩首！

这下李时勉可死定了，当时在场的人们都这么认为。谁想王指挥上锦衣卫大牢走的是明皇宫端西旁门，而前面去执行朱瞻基命令的人却走的是端东旁门，先后两批人走岔了，没碰上。等王指挥赶到锦衣卫大牢时，李时勉已被前批皇帝使者带到了皇宫大殿。新皇帝朱瞻基看见有人被押着走过来，估摸着这个被押者就是李时勉，于是就开始骂骂咧咧：“一个小臣竟然辱慢先帝，哼！你胆子不小，赶紧给朕说说，你在奏章里到底说了些什么？”李时勉当即跪下叩首，并不紧不慢地回答道：“小臣说‘凉闇中不宜近妃嫔，皇太子不宜远左右。’”

原本就不乐意接受父皇之命出外留守南京的朱瞻基听到这里，顿时就心花怒放，原来这个被称为廷辱先帝的人不但是个直臣，而且还是个护着我的忠臣。至此，先前想要处死李时勉的新皇帝朱瞻基顿时来了个180°的大转弯，他笑逐颜开地走了过去，亲自为李时勉松绑，并要他畅所欲言，千万不要有什么顾忌！李时勉侃侃而谈，一共讲了六件大事。朱瞻基问："还有吗？"李时勉说："臣当时见到先帝发怒了，心里十分惶恐，其他的内容就记不起来了。"朱瞻基想进一步地了解，于是就追问道："你上疏的草稿还在吗？"李时勉回答："按常规做法，烧了。"听到这里，朱瞻基不无惋惜地长叹一声，但他还是盛赞李时勉为忠臣，并立即下令赦免李时勉廷辱先帝之罪，恢复他的翰林院侍读官职。

再说那个后面奉命要将李时勉绑缚西市斩首的王指挥两手空空地回到大殿复命时，他顿时惊呆了：原本要被砍头的李时勉已经穿好了翰林院侍读官服衣带，毕恭毕敬地站在皇宫的大殿上了。(《明史·李时勉传》卷163)

从李时勉的生死传奇中可以看出，他之所以到鬼门关口溜了一圈又能回来官复原职的关键就在于他的奏章涉及了两大要害：第一，凉阁中不宜近妃嫔；第二，皇太子不宜远左右。

那么这两句话什么意思？"皇太子不宜远左右"相对较好理解，就是说皇帝陛下您不应该将皇太子打发到南京去，而是要把他留在北京明皇宫中。正是这句话恰恰说到了新皇帝的心坎上——朱瞻基实际上极不乐意前去留守南京(《明宣宗实录》卷1)，所以李时勉最终才会奇迹般地由死转生了。

我们再来看第一句话什么意思，为什么平时温文尔雅的明仁宗在听到"凉阁中不宜近妃嫔"的谏言后要跳起来？

凉阁就是居丧守孝的庐舍，李时勉讲的话整句意思是：您家老爷子朱棣的大丧期还没过，陛下您就不应该这样急吼吼地与宫中妹妹们寻欢作乐，欲死欲仙！

在传统中国社会里，这句话触及了当时两个致命问题：第一，居丧期间不能作乐，否则就被视为"不孝"。中国传统社会以儒家伦理立国，儒家伦理中有一条就是"百行孝为先"。这个"孝"不像我们现代人所理解的那么狭隘，不仅包括了对父母、祖父母等长辈的尊敬，让他们衣食无缺，幸福地安度晚年，而且还包括对他们死后的追念，尤其事关重大的是要"居丧守制"，就是说不论你是平头百姓还是位近人主的朝中巨卿，一旦自己的父母等长辈死了，必须得服丧守孝。开始时对父母的守孝期限定为三年，后来缩短为一年。在这守孝期内，做儿子的，官也不当了，什么娱乐活动也不能参加，一天到晚挂着一张苦瓜脸，白衣素食，不能有丝毫的差池，这里还包括夫妻之间男欢女爱之事也不能有。那么要是有人憋不住怎么办？只有偷偷地干。但从当时的伦理道德与法律制度角度来讲，这是严重的犯罪。中国传统法律的一大特点——道德法律化和法律道德化在此得以充分体现。本来男女之欢属于个人行为，充其量算作是道德层面的事，但在儒家伦理指导下制定的中华法制中，居丧男女若有鱼水之欢，即被视为“不孝”。而“不孝”则为中华法系最为重点打击的刑事犯罪——“十恶重罪”之一，一旦有犯，轻则丢官罢职，重则丢命，而且还要背负道德上的谴责。

明仁宗朱高炽偏偏被手下的大臣李时勉所指摘的就是这个，按照那时的伦理道德和法制观念，明仁宗不顾父亲大丧，寻欢作乐，这就犯下了“十恶重罪”之一“不孝”罪。由此，身为天子，且一心要做个儒家理想之治中的“贤明圣君”的朱高炽，无论是在理论上还是在道德层面上都将会受到无尽的谴责和非议，甚至连他配不配当皇帝都成了问题。所以当李时勉上言点到这个极为敏感又不堪的话题时，朱高炽的反应自然会十分强烈，但他先以自己的智慧和处事方式应对着，想把李时勉叫到便殿上，暗示他改口，含糊而过。可没想到的是，李时勉一根筋都不转弯，朱高炽自然会越听越恼火。

“凉阁中不宜近妃嫔”谏言触及的第二个致命话题是皇帝好色。你看当今天子在父皇大丧期间还要与宫中妹妹们做爱，这哪像个有为之君，分明是个好色昏君！这是中国传统社会中人们的普遍思维定式。而长期在饱读儒家经典的一大帮子文臣们劝导和熏陶下，自小就喜爱读书的朱高炽确实也有励精图治和做个名垂千古的明君之宏愿与努力，却不曾想到被“直臣”李时勉一下子给毁了，弄不好自己还要在国史《明实录》中留下不光彩的一笔，这实在是羞死人！所以说明仁宗至死还要念念不忘“李时勉廷辱我”，我们完全可以理解他。

○ 明仁宗是因为与宫中妹妹做爱做死的？

问题是历史上的明仁宗到底好色不好色？他到底是不是被美

女们掏空了身体而亡的？明代国史《明实录》对此讳莫如深，但对明仁宗玩过的有"品位"的妹妹却作了记载：她们分别是张皇后、郭贵妃、李贤妃、赵惠妃、王淑妃、王昭容等 6 人。(《明仁宗实录》卷 2 下)

再看朱高炽生育了多少子女呢？"仁宗十子。昭皇后生宣宗、越王瞻墉、襄王瞻墡。李贤妃生郑王瞻埈、蕲王瞻垠、淮王瞻墺。张顺妃生荊王瞻堈。郭贵妃生滕王瞻垲、梁王瞻垍、卫王瞻埏。"(《明史·诸王四》卷 119)明仁宗还有女儿 7 个，她们是昭皇后生的嘉兴公主，未知某女生的庆都公主，未知某女生的清河公主，李贤妃生的真定公主，还有德安公主、"五女延平公主、六女德庆公主，俱未下嫁薨"(《明史·公主传》卷 121)。

由现有史料来看，我们大致可推测，明仁宗性乐女伴大约有几十个，或者算多一点，上百来个，这与他皇帝老爸朱棣比起来简直是九牛一毛——朱棣一次性活剐宫中美女就有近 3 000 人。但问题还没解决，明仁宗到底好色不好色？如果不好色，为什么会落下个好色纵欲的坏名声？

明代以来的笔记与野史的记载中都有明仁宗好色的说法，甚至官史朝鲜《李朝实录》也记载说，当年明朝派往李朝的使者曾跟朝鲜人讲："洪熙沉于酒色，听政之时，百官莫知朝暮"(吴晗：《朝鲜李朝实录中的中国史料(一)上编卷四·世宗庄宪大王实录一》，中华书局 1980 年 3 月第 1 版，第 1 册，P343)。

看来明仁宗好色纵欲还确有其事，可我们的问题是：好色纵欲并不会马上致人于死命？如果朱高炽真是好色纵欲，那一向对他横挑鼻子竖挑眼的父皇朱棣会放任他吗？或言朱棣会放心地将自己处心积虑造反和亡命博弈"靖难"得来的大明江山交给一个好色纵欲之徒？

《明史》说"东宫(指朱高炽)监国，朝无废事。然中遘媒孽，濒于危疑者屡矣，而终以诚敬获全。善乎其告人曰'吾知尽子职而已，不知有谗人也'"(《明史·仁宗本纪赞》卷 8)。这是说，未正式登基之前，皇太子朱高炽是个兢兢业业、任劳任怨的好皇子、模范储君。他谨小慎微，如履薄冰，虽然在东宫"自留地"里默默地耕耘了 30 来年，生了一窝 17 仔，但始终不敢越雷池一步，因为他知道：在他的上面还有那向来不喜欢他的父皇或明或暗地在看着他，在自己的兄弟同列中还有一个强劲的"竞争上岗"对手或言死敌二弟朱高煦在暗中盯着，而在自己的下面更有说不明白到底有多少个秘密间谍包括锦衣卫特务在偷偷地窥视着，朱高炽不得有任何造次和不轨之举。问题是出在他皇帝老爸死后、他自己登基了，长期压在头顶上的那座大山瞬时倒了，明仁宗顿时扬眉吐气，甚至全身心地放松起来。为了证明自己是个有为之君，他针对永乐失政不断地拨乱反正，恤民固本；为了证明自己也是个真正的男人和万人膜拜的一代君主，他首先得"征服"让千万个男人流鼻血的宫中妹妹。性心理学研究证明：男人事业的成功与他两性生活中的"征服感"大相关联。朱高炽二十年皇太子生涯的磨难与"苦斗"最终换来了胜利的微笑——帝位的获得，他当然要一展雄风了。所以说，登基后洪熙帝好色纵欲从表面来看似乎反常了，但实际上很正常，比起他那个性变态的父亲朱棣和历代纵欲皇帝来，我们认为，明仁宗的行为算不上什么大过。

至此我们还有一个问题没解决：那就是明仁宗到底是不是好色纵欲而死的？温功义先生在《明代宦官与三案》一书中大致讲了这个意思，他所引用的史料是明中期官僚陆釴的笔记，其原文是这样的："仁宗皇帝驾崩甚速，疑为雷震，又疑宫人欲毒张后，误中上。予尝遇雷太监质之，云皆不然，盖阴症也。"(【明】陆釴：《病逸漫记》)

明人陆釴否定了明仁宗被雷电劈死和毒死的说法，通过自己"调查"和雷太监亲口所说，"弄明白"了明仁宗真正的死因为"阴症"。那什么叫"阴症"？温功义先生解释说："所谓阴症多与行房后着凉有关，或是事后汗出为阴风所袭，或是事后误服冷饮，所构成的绝症。明仁宗死在旧历五月，极易患上此症"(温功义：《明代宦官与三案》，重庆出版社 2004 年 10 月第 1 版，P71)。

这种观点现在被很多人所采纳，不过笔者翻阅《明仁宗实录》时却发现这样一个问题：明仁宗死前一两天还好端端的，就算他得了阴症就会马上死去？为此笔者曾向好几位有名望的中医性学家请教了这个问题，他们众口一词："不可能！"

那么到底是什么原因让原本好端端的明仁宗骤然而逝的？朝鲜《李朝实录》中有这样一段记载：明仁宗死后的第三月即洪熙元年闰七月癸卯日，圣节使通事赵忠佐等带回大明"礼部恭上仁宗尊谥咨一道，及上尊谥诏、尊皇太后诏抄白二道，回还复命。忠佐启曰：'节日使未及到北京，闻大行皇帝崩逝，即服丧服哭临三日。至帝都，进表于礼部。礼部闻奏，以表及方物献于大行皇帝殡前。问崩逝之故于华人，或云天震之，或云病而崩，讳之也。其遗诏，皇后所为也'"（吴晗：《朝鲜李朝实录中的中国史料（一）上编卷四·世宗庄宪大王实录一》，中华书局1980年3月第1版，第1册，P327）。

这段史料是在明仁宗刚死不久朝鲜使者刚巧到北京顺便打听消息回国以后如实记下的，根本不存在什么政治忌讳问题，但在客观上为今人提供了十分有用的史料价值。这里边有两大关键性信息：第一，关于明仁宗死因问题是当时最高当局最为忌讳的，即使人们私下议论，也仅说明仁宗被雷电劈死的，或者说是生病死的。没说他是作爱作死的或言阴症丢命。第二，后世常常引以为明仁宗临终遗言之遗诏，原来不是真正的遗诏，而是由明仁宗的正妻张皇后钦定的，再结合《明仁宗实录》中所载：明仁宗死前一两天还好端端地听朝理政，死的时候连遗嘱也来不及留下，这能说明什么？只有一种可能，那就是明仁宗在毫无觉察的情况下非正常死亡。这就是史书留下的蛛丝马迹所透露的：皇太子朱瞻基迫不及待地要抢班夺权，勾结宦官毒死自己的亲生父亲。那么历史真相到底如何？

要想说明清楚问题，我们势必要从皇太子朱瞻基与他的父皇朱高炽生前关系说起。

◎ 第四，明仁宗是被抢班夺权的皇太子朱瞻基毒死的？

朱瞻基是明仁宗朱高炽的嫡长子，明成祖朱棣的嫡长孙，母亲为昭皇后即明仁宗正妻张皇后。朱瞻基生于建文元年二月初九，按照当时的政治地位，朱瞻基家只是大明皇家的一个藩王，不过那时他的王爷爷朱棣已经蛰伏了20多年，蓄意伺机造反。日有所思夜有所梦，朱棣朝思暮想要当皇帝，嗨，果然有一夜梦见好事了。据说死去了快一年的太祖高皇帝突然来到北平，向这个自己从来就不喜欢甚至怀疑其为来源有问题的四皇子传授一把大圭，还对他说："传之子孙，永世其昌。"这究竟什么意思呐？按照当时人们的理解，大圭是帝王举行重大典礼时所用的一种玉器，上尖下方，因为它属于皇帝专用的，所以人们往往将其视为皇权的象征。自己梦寐以求的东西居然给送上门来，朱棣赶紧跪拜接受呀！只可惜这是一场美梦，梦醒后再无睡意，极度亢奋的朱棣赶紧将自己的美梦告诉给了正妻燕王妃徐氏，徐氏也觉得丈夫的梦不可思议，并脱口而出："子孙之祥"(《明宣宗实录》卷1)。

◉（二）明仁宗之死的幕后凶手就是自己的亲生儿子明宣宗？

○ 天生皇孙，无限皇恩　隔代亲

朱棣夫妻俩正一唱一和地说着美梦时，有太监来报，燕王世子朱高炽正妻张氏生了一个男孩！朱棣非他老婆听到这个消息几乎高兴得要跳起来，怎么这么巧的，刚刚还在做着皇位传世的美梦，这一会儿就有燕王嫡长孙出世，莫非这孩子应梦而生！心花怒放的朱棣夫妇早已笑得合不拢嘴了。

转眼一个月过去了，头一回做奶奶的徐氏欢心欢喜地抱着长孙朱瞻基出来见他的爷爷朱棣。朱棣接过孩子，看着长孙一遍又一遍，越看越喜欢，转而又回过头去跟孩子的奶奶徐氏说："这孩子长得天日之表，且英气溢面，我做的那个梦应验了。你要好好地抚养他！"据说自此以后，徐氏倾注了全部的心思亲自抚育王长孙，且对他越来越喜欢(《明宣宗实录》卷1)。

就在朱瞻基什么都不懂，一天到晚只知道吃的岁月里，他的爷爷朱棣起兵造反了，这就是历史有名的"靖难"之役。"靖难"之役打了四年的仗，朱瞻基的爷爷几次差一点没了命，幸亏他的那个无赖二叔拼死相救以及建文朝廷统御无能，爷爷朱棣才得以死里逃生。朱瞻基的爸爸朱高炽虽说不善骑射，但在保卫北平的过程中也曾呕心沥血，餐风饮露……对于这一切，当时只有两三岁并呆在北京王宫里的朱瞻基几乎什么都不知悉。转眼到了建文四年，朱瞻基爷爷突发奇袭，从北平一直流窜到南方，在内奸们的帮助下，最终攻占了当时大明帝国的首都南京，并开始了对建文朝臣及其家眷们进行惨绝人寰的大屠杀，原本笑容可掬的朱爷爷顿时变成了顶级杀人恶魔。不过对于当时还在北平的小瞻基来说，他可什

么都没看到。

等到他与奶奶徐氏接到爷爷的命令，跟随护卫指挥官顾能于永乐元年十一月来到南京时，爷爷已经在南京明皇宫的皇帝宝座上坐了一年多了，“仇敌”大体上被摆平。听到心爱的长孙安全抵达南京，双手沾满了鲜血的恶魔顿时又变回了可爱的爷爷，4 岁的小瞻基就是在这可爱爷爷下令操办的隆重欢迎仪式中来到了新家——南京明皇宫。爷爷高兴得抱着小瞻基亲了又亲，当然护送来宁有功的指挥顾能也跟着沾光，受到了朱棣的赏赐(《明太宗实录》卷 25)。小瞻基的这般受宠，就连他的爸爸朱高炽和二叔朱高煦都没能赶上，这兄弟俩直到永乐二年二月才被朱棣派往北京的专使隆平侯张信、驸马都尉永春侯王宁接到南京，随后朱高炽被封为了皇太子，朱高煦被封为汉王，朱高燧被封为赵王(《明仁宗实录》卷 1 上)。

皇爷爷朱棣的这般举动用今天话来说叫隔代亲，且为十分浓烈的隔代亲。你不信请看，朱瞻基来到南京没多久，皇爷爷朱棣就叫人将他领到朝廷大殿上与群臣们见见面。看到一个个留着长胡子、穿着朝服、成群站着围观自己的大臣们，小瞻基十分茫然地站在那里一动也不动，不过史书美化其为“屹如巨人”，而大臣们则投以惊讶的眼光，反复地看着，心里已经八九不离十地猜到了，眼前这位小孩极有可能就是大明帝国未来的皇位接班人。

其实大臣们的猜测是有道理的，朱瞻基来南京明皇宫住了些日子后，特别疼爱他的皇爷爷朱棣就为他提供了顶级家教。在皇宫华盖殿之东设立讲席，命令自己当年造反的心腹军师、太子少师姚广孝和翰林、内阁之臣担任侍讲和侍读，后来又在武英殿开设讲席，皇爷爷朱棣和皇太子父亲朱高炽时不时地亲临教学场所，观察小瞻基的学习，启发他的智慧，增长他的见识。永乐六年(1408)十一月，皇爷爷朱棣命太子太师淇国公丘福、吏部尚书兼詹事府詹事蹇义、兵部尚书兼詹事府詹事金忠、翰林院学士兼左春坊大学士胡广、右春坊大学士兼翰林院侍读黄淮、右春坊右庶子兼翰林院侍读杨荣、左春坊左谕德兼翰林院侍读杨士奇、右春坊右谕德兼翰林院侍读金幼孜和司经局洗马姚友直等兼辅导皇长孙，并跟他们说：“朕嫡长孙天章日表，玉质龙姿，孝友英明，宽仁大度，年未一纪，体具志宁，动必中规，言必合道，好学之笃，夙夜孜孜，日诵万言，心领要义。朕尝试之以事，辄能裁决得中，斯实宗社之灵”(《明宣宗实录》卷1;《明太宗实录》卷85;【清】谷应泰:《明史纪事本末·太子监国》卷26)。

从任命自己的心腹军师姚广孝、“靖难”第一功臣武将丘福到永乐朝内阁大臣杨士奇、杨荣、黄淮等，皇爷爷朱棣为心爱的嫡长孙配备了文武重臣作教官，其架势不亚于小瞻基的父亲朱高炽所享受的，并且他还对文武重臣教官们作出指示：你们不仅要教育好我的皇太子，而且还要为我辅导好皇太子的儿子。朱棣的这番做法，不仅仅让爱孙学到一流的文武知识，而且还培育了爱孙与永乐大臣之间的感情，从后来的情况来看，像杨士奇、杨荣、金幼孜等大臣都与朱瞻基个人关系不错，这就实际上为朱瞻基培植了一定的政治势力。

再说朱瞻基自身天资聪明，悟性也好，据说读书时常常一目数行，“大义了然，每览必尽卷，辄记不忘，五经治道，诸史治乱兴亡之要，尤所留意，诸子百家言涉道理者，咸领会之。”即使这样了，皇爷爷朱棣还要单独辅导教育他：“读书应该读个大概，掌握住其中的大义即可，不要像书生们那样在字里行间里做文章，那是白白浪费精力啊！”(《明宣宗实录》卷1)一直谎话连篇的欺世大盗在自己喜欢的嫡长孙面前终于说出了心里话，原来号令天下读书人专读“四书五经”的一代“圣君”就是要广大的知识分子消耗精力，磨灭他们有可能滋生的反叛意志。对于这样“美妙的家训与教导”，“机灵鬼”朱瞻基自然会心领神悟。

做儿孙的朱瞻基既然如此“优秀”，那么他的爸爸皇太子朱高炽也应该错不到哪里去的？令人遗憾的是朱瞻基的爷爷朱棣却一向就不喜欢这个皇太子，永乐初年立皇储犹豫不决就很能说明问题了，朱高炽最终能当上皇太子在某种程度上是沾了自己儿子的光。“先是，储位未定，淇国公丘福言汉王有功，宜立。帝密问(解)缙。缙称：‘皇长子仁孝，天下归心。’帝不应。缙又顿首曰：‘好圣孙。’谓宣宗也。帝颔之。太子遂定”(《明史·解缙传》卷147)。

有人甚至认为朱棣最终没有废了朱高炽的皇太子之位，很大程度上也是考虑到未来能让自己喜欢的嫡长孙朱瞻基继承帝位。由此进一步地说下去，在从小就是个机灵鬼的朱瞻基的眼里，皇太子父亲朱高炽是没有多少地位的。更有皇爷爷朱棣时不时地带着爱孙外出“遛达”、“遛达”——北巡，这就让并不太亲近的朱高炽、朱瞻基父子之间的关系开始变得疏远了。

○ 跟随皇爷爷出外溜达溜达

永乐七年，也就是朱瞻基 11 岁那一年，一心想要离开久久不能安神的南京、迁都自己老巢北京的皇爷爷朱棣打着巡幸的旗号，开始了永乐朝的首次北巡，少年朱瞻基被一同带上。一路上祖孙俩说说笑笑，代际与年龄的隔阂被抛到了九霄云外。不过朱棣还没忘记，爱孙虽然给自己中晚年带来了无比的快乐，但作为一国之主的未来接班人，我可不能让他仅仅跟着我一起溜达溜达，更重要的是让他了解民情，增长见识。于是每到一处，只要能遇上农舍的，朱棣就让朱瞻基下车，然后领着他上农民家，参观农具和农民的衣食住行，并告诉他：农民劳作是非常辛苦的，我们国家的财政开支大部分就来自农民，所以说要关心农民，作为一个帝王对于这样的事情可不能不知啊！为此朱棣还拿出了自己的看家本领，写了一本《务本之训》交给了朱瞻基，其中里边讲到农民之勤劳，王业之艰难，以及用人、赏罚、内治、外戚、宦寺、饮食、防卫、理财等许多事情。从《务本之训》所涉及的范围来看，这不像是本少年读物，倒是更像朱棣传授弄权治国的秘籍，怪不得朱棣在递书给爱孙朱瞻基时这样说道：“此帝王切要之道。”

事后皇爷爷朱棣觉得还不够，于是命人将儒臣们受命编撰的《圣学心法》拿来，自己亲自作了数千字的序言，然后送给朱高炽、朱瞻基父子各一本，并让他们好好学习。

皇爷爷不仅要求学习，而且还会时不时地来考验考验皇长孙。有一次朱棣问朱瞻基：“帝王心法所在？”朱瞻基回答说：“精一执中”，即凡事不能有什么过大的偏向，要充分做到不偏不倚。朱棣听到爱孙这般回答，顿时龙颜大悦。平时闲暇之间，朱棣还会即景应物要爱孙吟诗作赋，朱瞻基信手拈来，出口成章，这下更把皇爷爷朱棣给乐癫了，屡次奖赉爱孙。(《明宣宗实录》卷 1)

○ 少年实习天子留守北京

极尽长辈教育的朱棣尽管付出了很大的心血在培育爱孙，不过他没有跟爱孙多说自己首次北巡的3个真正目的：一是在原有北京陪都设置的基础上设立北京宝钞提举司纸印钞局等机构，“官制如南京”，完善北京作为未来都城的架构建置。(《明太宗实录》卷91)二是“命礼部尚书赵羾以明地理者廖均卿等择地，得吉于昌平县东黄土山。车驾临视，遂封其山为天寿山。”永乐七年五月乙卯日，朱棣下令天寿山陵寝工程建设正式开工。(《明太宗实录》卷92)三是尝试以北京为都，“控四夷以制天下”，实现“超越古今”的一代“圣主”之梦想。

对于上述三者，后来到了北京的朱瞻基都一一知道了：皇爷爷做事的作风——挂羊头卖狗肉和速决速战。北京城内城外到处都在铺开，大搞工程建设，皇爷爷“靖难”篡位起兵于北京，现在又来建设北京，建设自己曾经居住过的地方，这是一个多么了不起的皇爷爷啊！你看看我大明哪个地方、哪个人不听我家皇爷爷的?！少年朱瞻基心目中的英雄——自家皇爷爷的形象越来越高大，越来越光彩照人。

不过近来听人说：我大明军在丘福大将军的带领下进行了北征，没想到弄得个全军覆没。再看看我家皇爷爷在北京朝堂上的那副狂怒相，想想这个北虏也实在太可恶了，竟敢挑战我家皇爷爷。少年朱瞻基很想帮皇爷爷一把，但就是不知道怎么帮。

转眼半年过去了，大明军在皇爷爷的领导下已经做好了准备。永乐八年二月皇爷爷朱棣决定亲率大军远征漠北蒙古，临行前他命令皇太子朱高炽在南京继续监国，让皇长孙朱瞻基留守北京，由永乐朝重臣、户部尚书夏原吉辅佐理政。同时皇爷爷朱棣还批准了由夏原吉起草的“留守北京事宜”，其规定：“一、每日皇长孙于奉天门左视事，侍卫如常仪。诸司有事，具启施行。若军机及王府要务，一启皇太子处分，一奏行在所。如遇万寿圣节，设香案奉天殿丹陛上，皇长孙具色服于丹陛上行礼。文武官具朝服于北京行部，行礼如常仪。天下诸司表文，俱诣北京进贺；四夷朝贡俱送南京礼部，启皇太子施行。其文选行在六部、都察院等衙门及北京行部所属衙门如有缺员应除补者，五品以上，行在吏部移咨南京吏部，启皇太子选补；六品以下及考满起复例应升降复职及对品改用、常选官，拨用吏典，俱循例启皇长孙施行。其武选，行在五军都督府及行后军都督府所属衙门例应袭替优给升降者，行在兵部亦循例启皇长孙施行。其余非常选者，启皇太子斟酌行之。二、内外官吏军民有犯，所司启皇长孙施行。若皇亲有犯小事，令其在家听候所司启皇太子待报施行；若所犯情重及干谋逆者，即时拘执，先命皇亲会问，若事未当及犯人不服，乃命公、侯、伯、六部、五府、都察院、大理寺会皇亲再问毕，将所伏情犯启皇太子候车驾回京奏请处分。其王府护卫、指挥及长史有犯干恶逆者，先行收问，然后启皇太子。自余有犯，启皇太子待报收问。其行在刑部、都察院、北京刑部议拟囚人应死者，监候启皇太子待报施行。余悉启皇长孙裁决”（《明太宗实录》卷101）。

从“留守北京事宜”规定来看，皇长孙朱瞻基大致拥有五品以下的中下级官员的人事权，这实际上是与他皇太子父亲朱高炽的权限大致相当了。更有，随着永乐皇帝亲率大军的远征和大明帝国新政治、军事中心北京行在机构的建立及其运行，外加北征军队的调拨，粮饷的转运，少年朱瞻基与大臣夏原吉肩上的负担真不轻啊。当时有人就不由自主地感叹：“当这个北京留守够不容易的。”但12岁的朱瞻基听到后却不以为然，他淡淡地说：“没什么难的，皇祖都有既定的法则，我们照着做就是了”（《明宣宗实录》卷1）。

怎么做呢？朱棣北征后，户部尚书夏原吉身兼任户部、吏部、兵部三衙门之长官，“总行在九卿事”，辅助朱瞻基留守好北京。每天早上，12岁的朱瞻基上奉天门上班办公，夏原吉则站在他的身边，帮助他处理各衙门机构上报上来的各种事务。朱瞻基遇到疑问就问夏原吉，夏原吉耐心地轻声作答。要是朝堂上来不及处理或有什么疑难，退朝以后各衙门官员和御史们都围着夏原吉请示工作和要求解决问题。再说夏原吉一边口中回答着，一边帮助朱瞻基批答公文，没有丝毫的为难与忙乱。遇上重大的事情，他就催促朱瞻基要么北送皇爷爷朱棣之行在，要么南送皇太子父亲朱高炽南京监国处，整个北京行在的行政工作忙而不乱，秩序井然。（《明史·夏原吉传》卷149）

皇爷爷的总揽大权和威猛不屈，夏原吉的诚笃、干济、练达，这些都给12岁的朱瞻基留下了深刻的印象。在后来的人生中，朱瞻基的政治权谋与果敢行为很大程度上仿效了皇爷爷朱棣的做法，而做事的干练则可能学习了夏原吉，尤其是他跟夏原吉从此以后就结下了深厚的感情。永乐十九年，永乐帝朱棣一意孤行要北征，夏原吉等大臣力谏不成，反被朱棣"系于内官监"，在众人都不敢劝阻的情况下，唯"皇太孙屡请赦之"(【明】焦竑:《国朝献征录·又夏原吉传录》卷28)。

○ 册封皇太孙，建立特殊武装力量——幼军

永乐八年留守北京的这段经历对于12岁的朱瞻基来说或许是有着深刻印象的，或者说是事关重大的，因为对于他的皇爷爷朱棣来说是进一步了解了这位"天生皇孙"的才干与能力。见到北京行在井井有条，朱棣心里别提有多高兴，第一次亲征漠北凯旋回京后的第三天，他厚赏户部尚书夏原吉。(《明太宗实录》卷106)而对于自己的爱孙呐，永乐九年(1411)十一月，已经回到大明首都南京的朱棣在明皇宫华盖殿举行了盛大的典礼，正式册封13岁的皇长孙朱瞻基为皇太孙，皇太孙也就是大明帝国未来的未来皇帝。(《明太宗实录》卷121)

皇长孙变成了皇太孙，爱孙的政治身份大为提高，而先前留守北京的经历使得爱孙从事政务能力得到了锻炼，也显示出了他的才干，但在永乐皇帝朱棣看来，未来的大明帝国君主还应该拥有一项特殊的本领，那就是指挥和统帅军事作战。说来笑话，13岁的娃娃怎么锻炼军事作战？皇爷爷苦思冥想，终于想到了祖宗的一招：给皇太孙配备一支与他年龄相仿的童子军，既可当作他军事演习的指挥军队，又能当作保护他的护卫队，绝对的金点子。朱棣马上派人行动，到各地去"征兵"。不过事后他觉得程序上还有欠缺，永乐十年八月丙辰日，朱棣跟兵部尚书金忠等说："皇太孙年长有志略，朕令其学问之暇，兼讲武事，其遣人往直隶、应天府及江北凤阳、滁、和等府州，北京、山东、山西、陕西、河南、四川、湖广境内选民间子弟，年十七至二十，勇健有才艺者，官给路费、廪食，送京师俾充随从"(《明太宗实录》卷131)。

这些由各地征来的青少年组成一支队伍，明朝官方史书上称之为"幼军"。幼军的待遇很高，官府发路费与伙食，要是没有老婆

的，官府给他婚配，还给他家钱财操办婚事。(《明太宗实录》卷129)其目的就是让"幼军"兵士安心军事训练，护卫好皇太孙。而皇太孙也与"幼军"伙伴们一同训练、学习，骑马射箭，格斗冲杀，凡是军事上需要的，先由教官们教，然后进行练习。几个月后，心心挂念皇太孙的皇爷爷朱棣想要看看幼军到底训练成什么样了？永乐十年十月，朱棣命令14岁的皇太孙朱瞻基在南京南郊的方山(在今天南京江宁县城南)布阵进行军事演练。(《明太宗实录》卷133)

看到一个个如猛虎下山的小伙子，看到指挥若定的皇太孙，皇爷爷心里像吃了蜜似的甜。军事演练结束后，朱棣下令扩编幼军。到永乐十三年时，这支幼军已经蔚为壮观，于是"设府军前卫亲军指挥使司，置官属"，指挥使5人，指挥同知10人，指挥佥事20人，卫镇抚10人，经历司经历5人，千户所正千户25人，副千户50人，所镇抚50人，百户250人。(《明太宗实录》卷163)

按照明代军事编制，这支幼军人数总计应该在28 000～30 000人，对照明代藩王护卫军编制一般都在10 000～20 000人，可以说朱瞻基的这支幼军规模要远远大于藩王们。

○"云中漫步"，见习漠北远征

至此，皇爷爷还没有满足。对于一生以军事与权术为业的朱棣来说，上述这些都属于纸上谈兵，真正合格的大明帝国皇位接班人应该是在战场上有过见识或经历的人。皇太子朱高炽体胖脚疾，连走路都嫌累，别说能不能在战场上走一回了，实在是中看不中用啊！希望就在皇太孙身上，朱棣早已打定了主意，要让皇太孙在战争中得到锻炼。

永乐十一年二月，回南京只待了2年的永乐皇帝朱棣带上皇太孙朱瞻基又开始第二次北巡。至于第二次北巡的目的，笔者在《朱棣卷》中已作过阐述，即在第一次北巡的基础上就近解决蒙古问题和大规模开建与"四方远夷无不臣服"的"永乐盛世"相匹配的新都城北京。

在天才皇帝朱棣看来，蒙古问题本不是什么大问题，早年边关出征就是由俺朱老四与秦王、晋王等大明皇家兄弟统军而不断取胜的。"靖难"战争期间北方夷虏还十分"听话"地为俺争夺大明君主之位而驰骋疆场呐，即使是永乐七、八年间那般嚣张的漠北鞑靼，还不是被俺亲自挂帅的大明军打得抱头鼠窜，现今冒出那几个北虏瓦剌头目，虽说狂傲无比，但只要本皇帝亲征，就不信打不服他们，就不信"四方远夷无不臣服"的"永乐盛世"建立不起来。朱棣的内心中充满了极度的自信与对北虏的鄙薄，并时不时地流露了出来。

永乐十一年五月五日，朱棣与皇太孙及群臣们一起，到北京东苑去参加传统的端午节娱乐活动——击球射柳。据说深得皇爷爷朱棣喜爱的皇太孙朱瞻基"击射连发皆中"，直把永乐帝给乐坏了。他当即下达谕旨，将皇太孙叫到自己身边，大大地夸奖了一番，并对他这样说道："今日华夷之人毕集，朕有一言，尔当思对之。"随即皇爷爷朱棣出上联："万方玉帛风云会。"朱瞻基马上对出下联："一统山河日月明。"朱棣甚喜，不仅对皇太孙和参与击球射柳的群臣厚赏了一番，而且还命令儒臣们赋诗歌颂。(《明太宗实录》卷140)

究竟是什么原因使得皇爷爷朱棣在端午节娱乐活动中如此高兴？在笔者看来不仅仅是他亲自选定的未来大明帝国事业接班人"击射连发皆中"，更有皇太孙朱瞻基懂得皇爷爷的"雄才大略"。朱棣出联"万方玉帛风云会"，不就是讲天下四方远夷莫不前来我大明朝贡称臣么，所以朱瞻基就来了一句"一统山河日月明"，其意思为千古"圣君"治理下的"大一统"明帝国广袤无边，凡是日月所能照临的地方生活着的人们都将是我大明圣主的子民。

一唱一和，大明皇家祖孙正做着"四夷来朝"与"万国臣服"的美梦之际，北方又传来了与大明永乐朝政治极不和谐的声音：永乐十一年五月庚子日，被永乐皇帝第一次亲征吓得"臣服"了的鞑靼太师阿鲁台遣使来报：瓦剌头目马哈木等不仅弑主擅立，强霸传国玉玺，而且还对大明怀有"不臣"之心。由此，鞑靼阿鲁台"义愤填膺"，他恳请大明出兵去收拾一下那不知天高地厚的马哈木，鞑靼人愿做大明军的马前卒。(《明太宗实录》卷140)

对于阿鲁台的这般"忠心"，永乐皇帝相当开心，他好好地赏赐了鞑靼来使，但并没有马上发兵。大约一月后的永乐十一年六月己酉日，北虏卜颜不花等来朝说："瓦剌马哈木现在越发骄傲无礼了，'欲与中国抗衡，其遣人来朝，皆非实意，盖所利金帛财物耳。

比屡率兵往来寨下，邀遏贡使，致漠北道阻，宜以兵除之’”（《明太宗实录》卷 140）。

要说北虏中的鞑靼人还真是“觉悟高”，连瓦剌人到大明朝贡这事，他们都能看出不是出于真心，而是贪图金帛财物，更为恶劣的是远在大西北的瓦剌人还能“邀遏”在大明正北的鞑靼人。原本南辕北辙之事一下子变得“风马牛相及”了，北虏使者越说得像那么一回事，北京行在的文武大臣们就越发激动，大家纷纷上请永乐帝出兵征讨瓦剌。朱棣虽然否定了当即出兵的主张，但还是这样说道：“人言夷狄豺狼，信不虚矣，伐之固宜，但勤兵于远，非可易言，姑待之，如今秋不遣使谢罪，来春以兵讨之未晚”（《明太宗实录》卷 140）。

皇帝说了，出兵漠北距离太远，不是件容易做的事情，如果今秋瓦剌不遣使前来谢罪的话，那么明年开春就出兵征讨。

就这样，在没有一点确凿证据的前提下，有关傲慢的瓦剌人如何忤逆大明之说辞，在不断做大做强的“永乐盛世”大政治背景下，迅速地演变成了维护“万国臣服”政治局面与大明“圣主”尊严的军事战争的直接诱因。而大明皇帝之所以没有主张立即发兵征讨瓦剌，关键还在于没有做好作战的准备。对此，曾经在北疆战线上统领过千军万马并与蒙古人打了半辈子交道的永乐皇帝，在接下来的时间里就是敕令手下臣僚与边关将领抓紧时间，进行大规模的军事操练与军事调度，迎接来年对漠北瓦剌的征战。（《明太宗实录》卷 140～146）

大明皇帝在北疆地区搞了这么大的动作，北方夷虏不能不有所耳闻。瓦剌人吓得不敢来朝了，相反瓦剌宿敌、永乐帝新近册封的鞑靼和宁王阿鲁台却偷着乐，并表现得更加“恭敬”了。永乐十一年十一月丁丑，“阿鲁台遣使贡马，谢封爵恩”（《明太宗实录》卷 145）；永乐十二年新年还没有到，阿鲁台就于永乐十一年十二月遣使上永乐皇帝那里提前祝贺新年（《明太宗实录》卷 146）。就连过去经常暗中捣鬼的兀良哈蒙古人此时也变得“老实”多了，永乐十二年三月甲申，“兀良哈福余、泰宁、朵颜三卫纳马至辽东。（朱棣）敕都指挥王真等每马予绵布四疋……上曰：‘蛮夷之人，服则赦之’”（《明太宗实录》卷 149）。

原本看来四夷中就北虏最不顺服，而今来说北虏之中唯瓦剌人最为可恶。出征之前朱棣在对将士赐钞时曾这样说道："今四方无虞，独残虏为患，而瓦剌尤甚，驱之然后中国安，其一乃心力，效谋奋勇，凡有功者，高爵厚赏，朕不吝也"(《明太宗实录》卷149)。

我们将上面皇帝的圣谕换个角度来讲：大明永乐朝自本皇帝君临天下以来，天下太平，四方远夷争相前来朝贡臣服，唯独北方夷虏时不时地忤逆作恶，危害我大明，而瓦剌尤甚。我们只有齐心合力将他们驱赶到远地去，大明才可确保平安。

明明白白朱棣之心，欲"使万国臣民无不臣服"，打造超越古今的"盛世之治"。正是由这样的心理驱动，在兀良哈蒙古纳马赎罪过后的第三天，即永乐十二年三月丙戌日，永乐朝皇帝第二次亲征漠北战争开始了。(《明太宗实录》卷149)

与第一次亲征有所不同的是，朱棣此次亲征漠北时还带上了他心爱的皇太孙朱瞻基，之所以如此，我想其主要有两个原因：第一，在朱棣看来，要想维护自己开创的超越古今的"永乐盛世"还真离不开军事武力，皇太子是指望不上了，就好好地培育与锤炼锤炼皇太孙；第二，带上皇太孙北征，既可让皇太孙直接体验一下前辈巩固江山社稷之艰辛，又能让未来皇位继承人见识一番"天下无敌"的永乐皇帝是如何的战无不胜、攻无不克的，"永乐盛世"下与大明作对的北虏最终是如何落得个抱头鼠窜或跪地求饶的。

正因为如此，人们不难看到朱棣第二次亲征漠北时不仅带上了皇太孙，而且几乎是一路玩耍，恰似云中漫步似地在北征的路上"漫游"着。

爷孙俩一路走一路聊，间或打打野兔，当然《明实录》说是野兔自己蹦到朱棣、朱瞻基眼前，被眼明手快的皇太孙一箭射中。朱棣目睹了这一切，好不得意，马上得天下的人怕的是子孙上不了马背，进而失掉天下。不过这个从小就由朱棣一手调教出来的朱瞻基却与他的老爸朱高炽还真不一样，他不仅熟娴军事武艺，而且还能深刻领会"伟大领袖"皇爷爷的深情厚谊。当大军来到清水源时，朱棣指着当地险要的山川与军中将士的劳苦景象问皇太孙："你知道我这样做的目的是什么?"朱瞻基回答道："陛下岂是贪图北虏的土地而要劳师远征啊！想想这些北虏，简直就是禽兽不如，陛下给予他们天地般的大恩，可谁想到他们不仅不知图报，反而时叛时降，若不给予彻底打击，实在难以制服他们。古代圣君大禹、周文王的做法莫不与陛下的一般，陛下您尊居天位，享受着天下四面八方人的供奉，本来可以好好地享福了，而今却要仰劳圣躬，跋涉远外，不就是为了将北虏驱逐到遐荒绝漠去，使他们不敢靠近我大明北疆半步，让我们子孙后代永享太平之福呀！"朱瞻基说到这里，赶紧下马磕头。听了皇太孙的这番高论，皇爷爷朱棣颇为感慨道："皇太孙的话说到朕的心坎上！"(《明太宗实录》卷149～150)

朱瞻基的话是说到了他皇爷爷的心坎上，可要被讨伐的北虏却来了个"人间蒸发"，这下可让皇爷爷朱棣和与他心心相印的皇太孙朱瞻基郁闷不已了。

朱棣、朱瞻基率领50万大明军从二月中旬出发，一直走啊走、走啊走，从初春一直走到了盛夏，连一个北虏的鬼影子也没见着。塞外的景色应该是迷人的，天苍苍野茫茫，风吹草低见牛羊。可皇太孙朱瞻基他们见到的却不是这样，历年来无数的动荡与战乱，这里有的是荒漠、戈壁，还有的就是时不时碰上的道旁死人骨骸。正当大家了无精神之际，走了2个半月路程的大明北征军终于来到了上次北征经过的饮马河，忽然前锋都督刘江发现了敌情，皇爷爷朱棣当即下令追击。永乐十二年六月甲辰(初三)，朱棣"驻跸双泉海即撒里怯儿之地。前锋都督刘江等兵至康哈里孩遇虏，与战，斩虏数十人，驰报。上(指朱棣)度虏必大至，命江等严哨瞭，下令各营曰：'虏中亦有能汉语者，或夜假言语相通，因而劫营，当谨备之'"(《明太宗实录》卷152)。

不过这次皇爷爷朱棣又错估了敌人，人家瓦剌人压根儿当夜就没来袭营。瓦剌头领马哈木、太平等这时还在距离朱棣大军100多里以外的地方，这是大明军第二天从一个俘虏的嘴里得到的信息。朱棣闻听此事后十分激动，命令大军日夜兼程迅速赶往前方。

○ 让人心惊肉跳的忽兰忽失温之战

六月戊申(初七)日，当大明军抵达忽兰忽失温时，瓦剌头领答里巴、马哈木、太平等率领30 000多人早已屯扎在山冈上，"恭候"着大明军的到来。见到500 000行阵整齐的大明军犹如大山似地压过来，瓦剌人却十分镇静，他们兵分三部迎敌。再说久经沙场的武夫皇帝皇爷爷朱棣什么样的军事场面没见过？他登高眺望，随即命令几个铁骑上前去挑战。瓦剌军将士见到前来的明军铁骑就没了命似盯着打，眼看就要不行了，朱棣命令安远侯柳升等发神机铳炮，这可能是当时最为先进的武器，火炮威力很大，当场"毙贼数百人"。但瓦剌将士却也十分勇猛，前仆后继地向前冲。眼看局势变得十分危急了，朱棣下令，兵分三路实施攻击，自己则亲率铁骑队伍对着中路瓦剌军发动猛烈进攻。人多的优势逐渐凸现出来，大明军方面开始占上风，瓦剌军稍稍有些敌不住，往后退去。这时武安侯郑亨等人发起了追击，哪料到没追击多久，郑亨就被瓦剌流矢所中，只得退下阵来；这时右路的进攻也不顺，宁阳侯陈懋、成山侯王通等率兵多次发动对瓦剌右翼的攻击，可瓦剌右翼坚如磐石一般，巍然不动。就在这时，都督朱崇、指挥吕兴等率领兵士冲上阵来，随即连发神机铳炮，坚固的瓦剌右翼终被攻破，"寇死者无算"；再说丰城侯李彬、都督谭青、马聚等人发动对敌左翼的战斗打得也异常惨烈，马聚受了重伤，都指挥满都当场战死。

一直在遥望的皇帝朱棣见到这般情势，赶紧率领铁骑风驰电掣地冲入战阵，大声高喊杀敌，顿时满山谷响起了杀敌声，瓦剌军终于敌不住，开始溃退了，明军乘胜追击，"杀其王子十余人，斩虏首数千级，余众败走。"

可令人没想到的是瓦剌人很能打，就在溃退时还曾两度出来伏击，不过最终还是明军以绝对的兵力和武器的优势取胜，追瓦剌人"至土剌河，生擒数十人。马哈木、太平等脱身远遁"(《明太宗实录》卷 152)。

就在这时，皇爷爷朱棣突然想起，赶紧回头一看，发现自己心爱的皇太孙及其警卫 500 铁骑都不在了，马上追问身边的护卫，有人说有人叫李谦的宦官自恃勇猛，看到大明军在追击瓦剌，他就擅自引着皇太孙朱瞻基和那 500 铁骑往九龙口方向去追击敌人。这下可急坏了皇爷爷朱棣，战场上可不是军事演习，瞬息万变，再说这些瓦剌人特别能战，一旦被他们瞄上，皇太孙就凶多吉少了。想到这里，朱棣立即拨出自己的一部分警卫前去护卫皇太孙。

再说皇太孙与李谦他们，本来想去追击敌人的，没想到刚走一阵，就被瓦剌人发现了。尽管瓦剌人还不知道大明皇太孙也来这儿了，但在战场上看到一个穿着特别又有人紧紧护卫着的少年，不用说这少年肯定是大明皇家要人，于是大家不约而同地向着皇太孙朱瞻基一行追击过来。500 铁骑连忙反击，死死地护卫着朱瞻基，但敌人实在太多了，且十分凶猛，好多铁骑将士都血洒疆场了，眼看就要不行了，只见远远有一支队伍往着自己这边过来，他们遇到瓦剌人就杀、就砍，不用说了，这肯定是我大明军的救援队伍。500 铁骑与朱瞻基顿时来了精神，一起从内杀出，救援队从外杀入，两面夹击。瓦剌人不敌了，开始溃退下去。皇太孙朱瞻基终于在夜幕降临时安全地回到了军中行在御帐，差一点闯下弥天大祸的宦官李谦因惧怕事后深究，就上吊自尽了。(【清】谷应泰:《明史纪事本末·亲征漠北》卷 21;【清】夏燮:《明通鉴》卷 16)

而此时已经获悉爱孙平安回来且下令收兵回营的皇爷爷朱棣却久久不能平静，他一见到心爱的皇太孙，就喋喋不休地说及忽兰忽失温之战的惊险及大明军取胜的原因。“机灵鬼”朱瞻基耐心地听着，不时对皇爷爷奉承几句。向来大话连篇的朱棣这下可更来劲了:“以朕的估计，瓦剌残兵没走远，今夜尤其要小心戒备，等到天亮后我们就发起追击，一定要将他们消灭殆尽。”可皇太孙朱瞻基今天是领教了，他亲眼目睹了白天的激战情势，大明之胜是险胜，再追击下去会出什么样结果？那是个未知数，心思缜密的皇太孙顺着皇爷爷的话题，这般说道:“陛下督战十分辛劳，今日之战，天威所加，孙儿见到，那些瓦剌将士都已被吓破了胆，现在正在逃命，连夜里在哪儿睡觉都不知道，哪敢来偷袭我大明军?! 再说古人云，穷寇莫追，以孙儿之见还是班师回去吧!”皇太孙朱瞻基说话很有水平，既给了皇爷爷面子，又使皇爷爷好大喜功的心理得到抚慰，最终委婉地提出了班师的理由。皇爷爷朱棣听进去了，当即采纳了皇太孙的意见，下令班师回朝。(《明太宗实录》卷 152)

惊心动魄的忽兰忽失温之战终于结束了，这是永乐皇帝五次亲征漠北中战绩最佳的一次。笔者本来想依据《明实录》和金幼孜的《后北征录》等史料确切地算了一下这次大明军的歼敌人数，但历史记载中有关俘获与歼敌数却含糊其辞:“数十人”、“数百人”、“数千人”云云(《明太宗实录》卷 153)，我们只好给它们满打满算，估计大明歼敌人数不会超过 10 000(这里边还有鞑靼人)。而大明这次出征的将士就达 500 000 人,死伤多少?没有记载,就按忽兰忽失温之战激烈程度来推测,大明付出的代价应该是很高的,这还不含一路上饿死的。据相关资料说,就在班师回朝的途中,大明军遭遇了大雨,致使军中没有干柴烧饭,饿死了不少兵士。因此说即使是"凯旋",大明军这一路上走得也是相当之不易。

不过话得说回来,尽管第二次亲征漠北战争也没有取得实质性的胜利,但瓦剌人的远遁恰恰让好大喜功的永乐皇帝捞到了吹牛的资本。带着心爱的皇太孙,在举国欢悦中,大明永乐皇帝率领的"凯旋之师"终于于永乐十二年八月初一回到了北京。

○ 漠北战争在朱瞻基心中的潜影

欢庆"凯旋"的愉悦很快就过去,而这次漠北战争对大明皇太孙朱瞻基心理有着什么样的影响?

从后来朱瞻基当政后实施的边疆国策来看,他的内心是受了极大的震动:第一,皇爷爷欲"使万国臣民无不臣服",开创超越古今的"盛世之治"不易啊!所以宣德年间朱瞻基在不断地巡边的同时,一反洪熙的做法,派遣了郑和船队再度远航西洋诸国,即郑和第七次下西洋,其目的无非是维护皇爷爷朱棣开创的"万国来朝"的"盛世"格局;第二,北虏战争很残酷,也很危险,两国之间最好能平安相处。要是对方前来骚扰,我大明好好地守边御敌就行了,大可不必兴师动众地前去远征,那可是得不偿失的事情。所以人们看到:宣德朝在整体上是继承了洪熙朝的做法,改变了永乐朝频频出击的策略,以加强守卫为主,宣德皇帝不时地来到边镇巡猎一番,但很少出塞,更不愿意到那个曾经让自己心惊肉跳的北虏之地。

对于皇太孙的心理变化,"无所不能"的皇爷爷朱棣有没有觉察出来,今人不得而知。但有一点可以肯定,那就是自这次北征后,皇爷爷朱棣更多地将皇太孙放在没有战争危险的北京等地,《明宣宗实录》中有句:"自是(永乐八年),太宗巡狩北京及征胡虏,(朱瞻基)皆从行"(《明宣宗实录》卷 1)。此话有误或作假,明永乐二十年、二十一年、二十二年朱棣发动第三次、第四次、第五次亲征漠北战争，都没有带上皇太孙，直到朱棣驾崩榆木川时，朱瞻基还在北京，是在接受父亲朱高炽委派后才赶往开平去迎接皇爷爷的亡灵。(《明太宗实录》卷245～274；《明仁宗实录》卷1上；《明宣宗实录》卷1)

那么这一段时间里朱瞻基主要在干什么？从《明太宗实录》中的零散记录来看，皇爷爷朱棣主要给爱孙安排了以下几个方面的事情：

第一，继续训练与完善皇太孙护卫——“幼军”。

永乐十三年七月辛丑日，皇爷爷朱棣跟行在兵部官员说：“随侍皇太孙幼官，其间有孱弱者，宜别选壮锐易之，所设府军前卫指挥、千百户、镇抚管束幼军者，宜选用老成端正之人，庶几幼官有所视法”(《明太宗实录》卷166)。

永乐二十年三月癸未日，皇爷爷朱棣“敕保定侯孟瑛等率官军及幼军于北京操备”(《明太宗实录》卷247)。

从史料透露出来的信息来看，原本诞生于南京的幼军大约在永乐十三年时已经被调到了北京，朱瞻基最为喜欢的活动走马骑射也能在北京一展身手。更有，这支“幼军”队伍还在不断地完善，孱弱的兵士被淘汰，精选壮锐的换上去；军官也要品貌端正者为之，这说明此时的“幼军”已成为皇太孙朱瞻基手中一支不可忽视的精锐军事力量。

第二，皇爷爷给皇太孙朱瞻基指定婚配，皇太孙的心爱小美女孙氏成了“二奶”。

永乐十五年也就是皇太孙朱瞻基19岁那一年，皇爷爷朱棣给他指定婚配，娶了大家闺秀光禄寺卿胡荣的女儿胡氏为皇太孙妃。永乐帝在册封皇太孙妃的封册上这样说道：“帝王主宰天下，必重嫡长以隆万世之本，必谨婚姻以正王化之原，此天地之常，国家之大典也”(《明太宗实录》卷186)。

在今人看来纯属于个人私事的两性婚姻，在那个年代里却成为了“正王化”的根本，如此大的政治原则万万不可违背！尽管那时19岁的朱瞻基已经有了自己钟爱的女人，并通过一定的途径委婉地表达了出来，但心爱的小美女孙氏最终还是成了“二奶”。皇爷爷的宠爱、皇爷爷的霸道，还有皇太子父亲的忍让与克制，从小就机灵的朱瞻基一一都看在了眼里、记在了心里。尤其皇爷爷的权谋虽说没有直接听他说过多少，但一切皆在不言之中，年轻的朱瞻基有的是时间和心机。

第三，扩大皇太孙的知识面、社会阅历面，提高文化素养。

皇爷爷朱棣对皇太孙朱瞻基的早期教育主要是由皇太子东宫属官杨士奇、杨荣等人兼职，到了永乐十年即朱瞻基 14 岁那年，"擢翰林院庶吉士刘翀为礼部给事中，同吏科给事中张英、国子监学录王让侍皇太孙说书"(《明太宗实录》卷 131)。

八年后的永乐十八年九月，朱棣"擢扬州府学校授蔺从善、青州府学教授林长懋、宝鸡县学教谕徐永达俱为翰林院编脩，甘泉县学教谕张昱、河东县学教谕韩岫、永年县学教谕刘顺，俱为国子监博士，同吏科给事中陈山侍皇太孙读书"(《明太宗实录》卷 229)。

上述史料中的"说书"可能类似于今天的讲课，也就是说，永乐十年皇爷爷朱棣让刘翀、张英和王让等官员专门为皇太孙开科讲课。八年后又从全国选调了一批优秀的学官如蔺从善、林长懋、徐永达、张昱、韩岫、刘顺和陈山等"侍皇太孙读书"，可能就是为皇太孙开设专门课学习，当时朱瞻基已经 22 岁，即相当于我们现在的大学生的年龄。皇爷爷朱棣的这般安排确实是用足了心思，寄托着厚望。同时我们还应该看到，由永乐重臣兼职当朱瞻基的教官，到任命中下级官员为皇太孙专职上课，再到从全国选调优秀学官为其专门侍读，朱瞻基的文化教育与专业知识教育都在得到加强。

那么皇太孙朱瞻基学得怎么样？从永乐时期朱瞻基的应时而作的诗赋和宣德年间的御批、御作绘画和书法等各个方面来看，这个大明第五位皇帝的文化修养还是挺高的，且是个多才多艺的皇帝。

朱瞻基爱好广泛，除了经史文学、绘画艺术外，他最为喜欢的恐怕还是骑马与射猎，这是他从小就练就起来的好本领，并伴随了他的一生。

但在正统的儒家教育中，多才多艺常常被视作为旁门左道或雕虫小技，不足为论。这对于一个正在处于叛逆期的、贪玩的青少年来说肯定是不能接受的，于是一时间出现了师生关系不和谐，甚至紧张与尴尬的局面。

戴伦与林长懋是皇太孙的老师中两个特古板、特认真的人。

既然当今皇上信任我们，要我们教好皇太孙，那就不能辜负了当今圣上的一片厚望！两位先生就是这么想着，教书时也一板一眼，皇太孙朱瞻基贪玩了，他们常常会出来规劝，要是实在劝不了，就会上他皇爷爷那里去告状，由此引起了少年皇太孙的反感。但此时的朱瞻基还耐着性子，一直等到自己上台，当了皇帝，就开始收拾这两个喜欢告状的"老头"。

与戴伦与林长懋相反，另外一类的皇太孙老师如陈山和张英等，他们可聪明得很，皇太孙贪玩不好好学，又不听劝诫，去告状吧？不，要是去告了，岂不得罪未来的大明天子！于是他们就睁一只眼闭一只眼，有什么事顺着朱瞻基的性子来，很得朱瞻基的欢心。朱瞻基登基以后，张英和陈山都被提升为内阁大学士。

皇太孙的这种状态，一心寄予厚望的皇爷爷朱棣知道了多少？知道了又如何处置的？今人不得而知，但我们从一些史料的字里行间中或许还能看出一些端倪来。

永乐十七年八月癸未日，皇爷爷朱棣敕皇太孙曰："尔年已长，正宜读书明理，以成大器。自古帝皇莫不以读书明理为本，未有不读书明理而能齐家治国平天下者，尔克勤学问，他日用之不穷，宗社得以永安平，天下皆蒙福泽，尔勉之哉！"(《明太宗实录》卷215)

永乐十七年十二月丁亥日，皇爷爷朱棣敕皇太孙曰："立身之道，莫先于孝、弟、忠、信，四者之行立于身，推而可达之于国家、天下。尔为朕嫡长孙，必以此体之于身，明君臣之义，笃父子之亲，厚兄弟之爱，尽长幼之序。信以服众，仁以抚下，恕以待物，非正言不发，非正道不履，亲仁贤，远邪佞，节嗜欲，戒荒淫，振纲纪，别淑慝，明赏罚，使人心悦而诚服，则天地、祖宗鉴悦，天下之人皆想望风采，仰尔之贤德，传尔之令名，将为国家神器之主，系宗社悠久之托，为天下生民之福，尔其勉之"(《明太宗实录》卷219)。

前后相隔四个月，永乐帝正式给皇太孙发了两份敕谕，从敕谕的只言片语中，我们多少还是能看出，当时皇爷爷朱棣或许听到了一些不利于皇太孙朱瞻基的言语，所以他提出了作为未来君主所应该遵循或要做到的言行标准。

再对照永乐十二年三月朱棣第二次亲征漠北时给随行文官胡广、杨荣、金幼孜等提出的教育皇太孙的要求："每日营中闲暇，尔等即以经史于长孙前讲说，文事武备不可偏废”(《明太宗实录》卷149)。我们发现：永乐中晚期不仅皇爷爷朱棣对皇太孙的教育要求提高了，而且更有可能是老朱棣听说了一些发生在爱孙身上的、在当时看来不太好的苗头性事情，所以这才导致永乐十七年下半年连发了两道“正面教育”的敕谕。

下发敕谕是皇爷爷教育爱孙的一种重要手段，除此之外，朱棣还命人编撰《历代名臣奏议》和《务本之训》等帝王学习教材，前者主要采集汉唐名臣的直言奏疏，希望大明未来“君能纳善言，臣能尽忠不隐”，从而达到天下大治(《明太宗实录》卷183)。后者为“帝王脩齐治平之道”。在将“教材”赐给皇太子朱高炽的同时，朱棣也赐给皇太孙朱瞻基一套，并赐敕说：“尔将来嗣有宗社人民之寄，今闲暇宜与儒臣讲明而服膺之，庶几克称他日太平之望”(《明太宗实录》卷191)。

之所以要这样做，是因为皇爷爷朱棣十分明白，将来继位的皇太孙为“太平天子”，但要当好“太平天子”可不容易啊。永乐十二年五月，朱棣第二次亲征漠北到达杨林茂时曾跟爱孙朱瞻基这样说过：“前代帝王，多有生长深宫，狃于富贵安逸，不通古今，不识民艰，于经国之务懵然弗究而至于亡者。朕常以之为戒，汝将来有嗣统之责，须勉力学问，于凡天下之事，不可不周知，人之艰难，不可以不涉历，闻见广而涉历多，自然心胸开豁，于万几之来，皆有以处之而不差矣。如此非惟不负祖宗之付托，亦有福泽被及下人矣，汝勉之勉之。”皇太孙朱瞻基马上叩首说：“圣训不敢不勉！”(《明太宗实录》卷151)

不仅要学习文武知识，而且还要了解天下之事，体察民众之艰辛。对于皇爷爷的如此要求，皇太孙朱瞻基当面答应了，但在实际中他又做得如何呐？

据《明史》所载：朱棣北巡时，曾令夏原吉带了少年朱瞻基“往来两京”之间，处理公务，顺便体察社会民情。夏原吉受命后陪了朱瞻基沿途走访乡间村落，了解民间疾苦，顺带讲解一些农事与政事等方面的知识，以此来扩大未来皇位继承人的眼界。甚至有一次夏原吉还跑到农民家里，弄了些碾成粉面的黄米，捧到了朱瞻基面前，边跪边说：“殿下，您能吃了这个吧，吃了就知道农民的辛苦了!”没想到一刹那间,朱瞻基不见了。夏原吉四处寻找,最终看到,在农家外的田野里,一位皇家少年正在瞄准空中的野鸡搭弓放箭。(《明史·夏原吉传》卷149)

看来皇爷爷的要求,皇太孙没有全部照做。这或许就是我们现在所能看到的永乐十七年朱棣在4个月内连发了两道敕谕给皇太孙,提出了作为未来人主的为君之道的主要缘由吧!

皇太孙贪玩也罢,两代人之间存在的代沟也罢,所有这些在岁月的流逝中都没能使得皇爷爷朱棣减少对皇太孙朱瞻基的喜爱和厚望。

○ 皇太孙心目中的上帝——皇爷爷和皇太子父亲

永乐十八年年底,经过近二十年精心打造的当时世界上最为壮丽的皇宫——北京明皇宫竣工。皇爷爷朱棣兴奋异常,决定在永乐十九年的新年元旦举行大明帝国的迁都大典。为此,他派出了与皇太孙相处甚好的永乐朝重臣夏原吉为特使,赶赴南京,通知在那里的皇太子朱高炽和皇太孙朱瞻基迅速奔赴北京。永乐十八年十二月乙卯日,“皇太子、皇太孙将至。行在户部尚书夏原吉先入奏。上(指朱棣)喜赐钞一百锭,命诸司先期分官出候于良乡”(《明太宗实录》卷232)。

皇太孙还没到,就特使夏原吉先来报个信,皇爷爷不仅重赏了报信者夏原吉,而且还命令北京各衙门的官员分期分批到北京郊外的良乡去迎接,这何等重大的礼仪与荣耀啊!以前通过正式敕谕提出高标准、严要求的皇爷爷此时又变得可敬可亲可爱的好爷爷,再远眺皇爷爷亲自“关怀”下打造出来的举世无双的北京城,“凡庙社、郊祀、坛场、宫殿、门阙规制,悉如南京,而高敞壮丽过之。复于皇城东南建皇太孙宫,东安门外东南,建十王邸,通为屋八千三百五十楹”(《明太宗实录》卷232)。

天底下这么雄伟、壮丽的皇都舍我家皇爷爷还有谁能打造出来?天底下这么雄伟、壮丽的皇都舍我家那位“超越古今”的一代“圣君”爷爷还有谁配为其主人?!此时的朱瞻基内心充满了极度的自信与自豪。令人激动的还有,我家皇爷爷就是好,他还为我单独建造了宏伟宽敞与金碧辉煌的皇太孙宫。朱瞻基想到这些,几乎在睡梦中都要笑出来。

更令人兴奋不已的还在后头，永乐十九年正月甲子日，“上（指朱棣）以北京郊社、宗庙及宫殿成，是日早躬诣太庙，奉安五庙、太皇太后神主，命皇太子诣天地坛，奉安昊天上帝、厚土皇地祇神主，皇太孙诣社稷坛，奉安太社、太稷神主，黔国公沐晟诣山川坛，奉安山川诸神主”（《明太宗实录》卷 233）。

皇爷爷奉安天地间的最高神祇太皇太后神主，皇太子父亲奉安昊天上帝厚土皇地祇神主，皇太孙朱瞻基奉安太社太稷神主，大明帝国人主的排列顺序也是这样，俺皇爷爷、俺皇太子爸爸和俺，就是这个“天下一统”帝国在三个不同时期的君主，舍俺三人还有谁能担当？朱瞻基的内心愈发自豪，愈发激动。再看迁都大典的盛况，奉天殿上黑压压的人群，无论多高品位的官员都趴在地上朝着俺三人山呼大明万岁。最让人忍俊不禁的是那些“老外”们，有高鼻子蓝眼睛的，有黑得比煤炭还要黑的黑人，有皮肤比红纸还可能要红一点的红皮肤者，还有卷发的、金发的……尽管不会说我华语，但听到满朝大臣们发出山呼海啸似的“万岁”声，这些“老外”们也跟着叽里呱啦地喊着，并仿效大臣们的那种跪相，半蹲半站着……这大概就是俺家皇爷爷所竭力追求的“使万国臣民无不臣服”与倾力打造的超越古今的“圣君盛世”之盛况美景吧！（《明太宗实录》卷 233）

至此，朱瞻基心目中的皇爷爷更加高大，更加完美，更加可敬。尽管迁都大典过后没多久，那场该死的“莫名”大火将北京明皇宫三大殿给烧了精光，但皇爷爷似乎一点也不气馁，欲“使万国臣民无不臣服”与打造超越古今的“圣君盛世”之雄心依然，不信，你看看永乐晚年皇爷爷又发动了对桀骜不驯的漠北蒙古的亲征，老骥伏枥志在千里！因为早在永乐十一年时这对皇家祖孙的心就相通了，皇爷爷朱棣“万方玉帛风云会”，朱瞻基“一统山河日月明”。（《明太宗实录》卷 140）

可是永乐二十二年八月甲辰日这一天，对于朱瞻基来说绝对是个悲痛的日子。从北方传来噩耗，疼爱他自己、关怀自己、赞誉自己的皇爷爷突然走了，26 岁的皇太孙恸哭不已。随后他接受父命，“驰赴开平恭迎大行皇帝龙輴”回京，并协助父亲朱高炽处理皇

爷爷朱棣的丧葬。(《明太宗实录》卷274)

皇爷爷走了,皇太子父亲朱高炽随即继任大明帝国国君,而后朱瞻基也由皇太孙升格为皇太子(《明仁宗实录》卷3上),原本祖孙隔代君臣关系现在变为了父子君臣关系。从常规角度来看,好像走近了。但这一切对于朱瞻基来说并不意味着全是惬意的,过去经常性的父子分离使得他朦朦胧胧地感觉到,父皇朱高炽可能还没有皇爷爷那般熟悉,尤其是父皇登基后一反永乐朝的做法,让他看了有些陌生。

再说朱高炽本是个有思想、有主见且很有能力的人。20来年如履薄冰的皇太子生涯使得他养成了谨言慎行的处事风格,20来年无厘头的猜忌、压制和打击,不仅迫害了一个又一个的东宫官属及其相关官员,而且也给皇太子朱高炽带来了难以愈合的心理创伤,使他内心形成了巨大的痛苦、忧愤,甚至是厌恶。这一切犹如地火一般在朱高炽的体内涌动着,并随着魔鬼的天才皇帝朱棣的驾崩与自己的登基即位而迅速地爆发出来。史书记载说:朱高炽"既嗣位,励志图治,推诚任人,每曰:'为人君止于仁耳'。故弘施霈泽,悉罢科买,已逋责,询民隐,急农事,褒旧劳,举坠典,增文武官俸,加军士食米,修旧政,赐文臣诰,敕予归省,告而归省者,赐赉有制,禁告诽谤,申严自宫之禁及禁加人宫刑,屡敕法司,崇宽厚,戒深刻,惟日以恤人为务,在位仅十月而德政加多,故遗诏初下,兵民如丧慈父,庙号曰仁,天下之公言云"(《明仁宗皇帝实录》卷10)。

这是编撰于明宣宗时期的《明仁宗实录》中有关当时大明官方所肯定的朱高炽执政政绩的总结语。不过我们仔细考量一下就会发现,它将明仁宗朱高炽上台后实施的最为可圈可点的三大善政给遗漏了:第一,罢停一切不急之务,尤其喊停下西洋工程和朝贡贸易工程;第二,平反冤狱,尤为令人赞赏的是,开启了为建文君臣平反昭雪的工作;第三,放弃父皇朱棣以为能"控四夷以制天下"的北京为都,恤民为本,还都南京。(《明太宗实录》卷182)

问题是为什么宣德朝官方史料结语会漏了洪熙朝最为可圈可点的三大善政?请看:

○ 两部明代《实录》透露杀害明仁宗的幕后主使很可能就是皇太子朱瞻基

正当洪熙朝的所有的"仁政"、"善政"一一推开实施之际，正当大明帝国即将还都南京的前夕，令人不可思议的事情发生了，大明帝国历史上不多有的好皇帝明仁宗却突然驾崩。我们在前面否定了雷劈说、病逝说和纵欲而亡说，那么朱高炽到底是怎么死的？笔者认为，极有可能是被他自己的亲生儿子朱瞻基通过宦官毒死的。最为重要的史料依据为《明实录》，其中就暗示了害死明仁宗的主谋可能就是朱瞻基。

北京：洪熙元年(1425)五月庚辰(农历十一日)"上(即明仁宗)不豫，召尚书蹇义、大学士杨士奇、黄淮、杨荣至思善门，命士奇书敕，遣中官海寿驰召皇太子。"第二天即辛巳日，"上疾大渐，遗诏天下，传位皇太子……是日，上崩于钦安殿宫中"(《明仁宗实录》卷10)。

南京："仁宗皇帝不豫，以玺书驰召上还，上(指朱瞻基)即日就道。时南京颇传言：'仁宗上宾'。臣下未敢以闻，但言兹正戒严之时，宜整兵卫而后行，或劝上从间道行，上曰：'君父在上，天下归心，岂有他心，且予始至遽还，非众所测。况君父召，岂可稍违。'遂由驲道驰还北京"(《明宣宗实录》卷1)。

综合上述两段史料，我们将明仁宗驾崩与明宣宗朱瞻基回京的经过作个概述：洪熙元年五月十一日，明仁宗感觉自己可能不行了，就急召尚书蹇义、大学士杨士奇、黄淮、杨荣4人到思善门，并命令杨士奇赶写敕谕，随即派遣宦官海寿带上敕谕赶赴南京，让皇太子朱瞻基火速返回京。

海寿快马加鞭赶到南京后，迅速找到了皇太子，并向他递交了仁宗皇帝的敕谕。皇太子朱瞻基当天就上路。就在这时，南京城里到处流传着这样的谣言："仁宗皇帝归天了！"皇太子身边的人也听到了这样的流言蜚语，但就是不敢直说，只是委婉地向皇太子建议："眼下正是加强戒备的时候，殿下北上应该调集一些兵马再走。"也有人奉劝皇太子打小路走，这样安全。但皇太子朱瞻基就是不为所动，相反镇定自若地说："君父在上，天下归心，难道还有人有别的什么想法？况且我来南京的时候就料到我会马上回北京

的，不是大家所能猜测到的。再说君父的命令，怎么能有一点儿违抗的？”(《明宣宗实录》卷1)

这里边有三大问题值得我们深思、探究：

第一，海寿上路时，明仁宗还没死，可能就是身体感觉不舒服，或者说快要不行了。可海寿到达南京的当天，接到父皇病危的皇太子朱瞻基就马上上路，而恰恰这时南京城里流传着仁宗皇帝驾崩的消息，这消息从何而来的？海寿带来的是皇帝“不豫”即病重的消息，而不是死讯，明仁宗是在海寿走后的第二天晚上才死的。古代又没有电报、电话，更没有手机或因特网，那么南京城里的谣言到底出自何处？更有被谣言的对象是大明第一人，谁有那么大的胆量与能量迅速地搞到当时的国家最高绝密消息呢？

第二，皇太子朱瞻基听到父皇病危的消息后说了些让人一头雾水的话：“君父在上，天下归心，难道还有人有别的什么想法？况且我来南京的时候就料到我会马上回北京的，不是大家所能猜测到的。再说君父的命令，怎么能有一点违抗的？”

我们将上面画线的朱瞻基的话换个角度来表述：朱瞻基来南京前已作安排，不想也不可能在南京久留。由此看来，朱瞻基压根儿就不愿来南京“留守”，再查《明仁宗实录》便可发现，是皇帝老爸明仁宗硬逼朱瞻基来南京的，而要回北京就得要推翻皇帝老爸的成命，但这是不可能的事，只有一种可能那就是皇帝老爸死了，作为皇太子的朱瞻基迅速回去奔丧即位。再看那句“我来南京的时候就料到我会马上回北京的，不是大家所能猜测到的。”这似乎说明，朱瞻基原先布置的行动成功了？再看海寿传信、朱瞻基上路时南京城里流传的谣言，说明当时有人在北京明皇宫里实施了最高机密行动——结束明仁宗的性命？换言之，朱瞻基勾结宦官毒死父皇，海寿至少是个知情人，否则皇太子朱瞻基怎么会一接到父亲病危的消息就那么胜算在握地说：“我来南京的时候就料到我会马上回北京的”呢？

第三，朱瞻基接到的是父皇的病危敕谕，而不是遗诏。

明仁宗有没有遗诏？《明实录》说有，且说得有鼻子有眼。但查朝鲜《李朝实录》我们却发现这样的记载：“(朝鲜使者)问(明仁宗)崩逝之故于华人，或云天震之，或云病而崩，讳之也。其遗诏，皇后所为也’”（吴晗：《朝鲜李朝实录中的中国史料（一）上编卷四·世宗庄宪大王实录一》，中华书局1980年3月第1版，第1册，P327）。

由此看来，所谓的明仁宗遗诏是由他的老婆张皇后代理签发的，这至少说明明仁宗死得很突然或言他并没意识到自己将不起了。又，按《李朝实录》的说法，明仁宗死因是忌讳的，是不是如人们传言的，朱高炽在床上与美女们做爱太用力了、太耗元气了？从现在医学科研的结果来看，即使是疯狂做爱、纵欲的人也不会猝亡，除非有心脏病。再说大明朝后来历史上还真有一位皇帝——明光宗，几乎将命就丢在了与美人做爱的乐事上，但他也不是马上死的，且大明国史记载也没有对此过多忌讳呀。

由此，笔者认为，宣宗朝忌讳谈及明仁宗死因，很有可能就是涉及了当时最高当局者——明宣宗朱瞻基。

综合起来看，明仁宗极有可能就是被儿子朱瞻基勾结宦官毒死的！问题是

○ 朱瞻基毒死父皇有没有作案动机？——被人遗忘的大明皇家父子关系

看了上面的结论，可能有读者朋友觉得简直不可思议，天方夜谭，更有人可能质疑：朱瞻基不是明仁宗的亲生儿子？干嘛儿子杀老子？换言之，朱瞻基毒死父皇的动机是什么？

这就要我们进一步从朱瞻基与父亲朱高炽的关系说起。

其实朱瞻基与父亲朱高炽之间的关系似乎不怎么样，甚至可以说是黯然失色或言有着相当的隔膜。主要原因可能有两个：

第一，父子两人的兴趣爱好相异。

“（洪熙）帝自幼端重，沉静言动有经，四五岁宫中闻读书辄喜，自是书册翰墨不去手……盖于驰射及奇巧玩适之具，悉非所好，独好学问，日从儒臣，论说不厌”（《明仁宗实录》卷1上）。

而朱瞻基能文能武，爱好广泛，尤其喜爱骑射（《明史·宣宗本纪》卷9），而正是这一点也是朱高炽最为欠缺的，父子间相对共同语言比较少。

第二，朱瞻基与父亲朱高炽相处于一起的时间并不长。

永乐七年也就是朱瞻基11岁那一年，皇爷爷朱棣开始首次北

巡，并带上了这个他所钟爱的皇长孙。据《明实录》的说法，以后每次朱棣北巡都要带上爱孙朱瞻基，而皇太子朱高炽则留在南京监国。我们在前面第 1 章里对于朱高炽 6 次监国的时间作了统计，其为 128 个月，即 10.67 年或言 11 年。而在这 11 年中朱瞻基经常跟随皇爷爷"巡幸"北京或北征，偶尔有几次回南京。前面我们讲过，朱高炽前 3 次监国都在南京，时限为近 10 年，而后 3 次监国虽然在北京，但时间不长，总共才 15 个月即一年多。换言之，朱瞻基经常跟随爷爷外出溜达，与南京监国的父亲朱高炽有着大致 10 年的分离时间(永乐七年开始 11 岁的朱瞻基长期离开父亲，永乐十八年年底 21 周岁的朱瞻基与父亲朱高炽一同前往北京，似乎从那时开始再没有长期的父子分离)，因此说朱高炽与朱瞻基父子关系亲热不到哪里去！

我们不妨从朱瞻基后来对皇爷爷朱棣和父皇朱高炽的祭奠活动中窥豹一斑：祭奠皇爷爷时，朱瞻基痛心地哭了。宣德元年七月戊申日，"太宗皇帝大祥。上(指朱瞻基)躬祀几筵，毕出，顾侍臣曰：'我皇祖再安天下二十余年，躬勤为民，今海内无事而灵游日远矣。'因呜咽流涕"(《明宣宗实录》卷 19)。而祭奠父皇时朱瞻基却没哭。宣德二年五月己亥日，"仁宗昭皇帝大祥。上(指朱瞻基)率亲王诣几筵，行礼毕，奉神主升祔太庙，躬行祀礼，一如祔升太宗文皇帝礼仪"(《明宣宗实录》卷 28)。

更有，从 11 岁到 21 岁刚好处于青少年时期，朱瞻基远离父亲朱高炽而与皇爷爷在一起，这个年龄正是为一个人的人生观、世界观和价值观的形成时期。皇爷爷的玩弄权术、好大喜功、打造"圣君盛世"和"万国朝贡"之幻境以及糟蹋美女、无耻享乐，等等。这些在后来朱瞻基身上多少都能找到潜影，尤其是权谋在明宣宗那里娴熟到了信手拈来又能滴水不漏。明仁宗死后，27 虚岁的皇太子朱瞻基以迅雷不及掩耳之速甩开了二叔朱高煦的伏击与追杀，顺利地继承了大统，做得干脆利索；宣德元年朱瞻基平定二叔朱高煦叛乱，而后又将二叔及其儿子给活活蒸死，干得非常老道又很残忍……从明宣宗所做的如些事情中，我们不难看出他家皇爷爷朱棣的影子，朱瞻基真不愧为魔鬼的天才皇帝所一手调教出来的！

朱瞻基受皇爷爷的影响还体现在他与父亲的关系上。永乐年间皇爷爷朱棣时不时地爆发出对皇太子朱高炽的不满，皇太孙朱瞻基耳闻目睹。现代心理学研究表明：一个在自己子女面前老被别人训斥的父亲或母亲，他（她）在自己的子女眼里是没有什么威望的，甚至很多时候还会遭到自己子女的藐视或痛斥。历史的悲剧就出现在朱高炽身上，自从皇爷爷朱元璋死后，保护他的特级大黄伞没了，剩下的就是慈母徐皇后，可永乐五年徐皇后也走了，一直不讨父亲喜爱的皇太子朱高炽从此更多受到的是父皇的责备、压制、打击甚至是摧残，还有的就是兄弟朱高煦、朱高燧的构陷诬害。而朱高炽唯有的办法就是逆来顺受，20 来年的皇太子生涯可以是说极其窝囊、痛苦与不堪，他能做的是说“吾知尽子职而已”（《明史·仁宗本纪》卷 8）。这对心高气傲的皇太孙来说，实在是不可能接受的，甚至从内心可能是瞧不起的。因为朱高炽皇太子位子的得来与保住也在很大程度上沾了儿子朱瞻基和老婆张氏的光，这就更加耐人寻味了。“仁宗为太子，失爱于成祖。其危而复安，太孙盖有力焉”（《明史·宣宗本纪》卷 9；《明史·解缙传》卷 147）。“成祖恚……濒易者屡矣，卒以后（指明仁宗正妻张皇后——笔者注）故得不废”（《明史·后妃一·仁宗诚孝皇后张氏》卷 113）。

不过话得说回来，当自己的父亲受到别人攻击时，朱瞻基还是毫不含糊地站在父亲的一边，维护父亲的形象。永乐初年的一天，朱棣让皇太子朱高炽带了二弟朱高煦、三弟朱高燧和皇太孙朱瞻基等，一同前往南京东郊明孝陵祭祀扫墓。朱高炽因为人胖体重，加上脚有毛病，走路很不方便，虽然有两个宦官搀扶着，但走着走着就气喘如牛，还不时地跌倒，直把走在后面且一向藐视他的二弟乐得屁颠颠的。朱高煦是个不大藏得住东西的人，看到皇太子哥哥出足了洋相，不由自主地冒出一句“前人失跌，后人知警”。没想到话音刚落，走在他后面的皇太孙侄儿来了一句“更有后人知警也。”朱高煦回头看了看朱瞻基，当时脸色就变，心想这哥哥没什么的，但这个侄儿可是个人物啊！（【清】谷应泰：《明史记事本末·高煦之叛》卷 27）

父亲受了别人欺负，还由自己的儿子出面反击，这个父亲在自己儿子心目中的地位无论如何也高不起来。我们不妨将历史镜头倒回到朱棣驾崩的那个特殊时刻。

永乐二十二年七月辛卯日，明成祖朱棣驾崩榆木川，随行北征的文渊阁大学士杨荣和御马监少监海寿急速返回北京，向监国皇太子传达了永乐皇帝的遗命。闻听噩耗，朱高炽哭得死去活来，在众人的反复安慰、规劝下，他才勉强地缓过神来，接受父皇的遗命，随后便在宫中为父皇设立祭奠灵堂。与此同时，他将自己的儿子、皇太孙朱瞻基叫到了跟前，命令他赶赴开平，迎接大行皇帝梓宫回北京。可就在这时，意想不到的事情发生了，皇太孙朱瞻基不肯走，他说："儿臣外出时若有什么事情要向父亲大人回报的话，只有通过传送密信了。但没有特定的印章加盖在密信上，就难保没人乘机作假。"这明摆着是在向大明第一人要那特殊的"官印"啊！可仁厚的明仁宗却没有反应过来，随口便说："孩儿你说得对，只是事情发生太突然了，你又必须马上出发，即使立即赶制那印章也来不及呀！"在旁的大臣杨士奇似乎一下子听明白了，赶紧出来打哈哈："皇太子殿下尚未正式登基即皇帝位，因此底下这段时间里一旦朝廷有事要用印章的话，就用殿下你日常使用的那一枚。东宫里还有一枚大行皇帝曾授予您的正式图章，可拿出来暂时让皇太孙殿下使用一下。这也是应急的权宜之计，皇太孙用完后归还给您皇太子殿下！"经杨士奇这么一点拨，朱高炽"豁然开朗"了，他取出那枚东宫正式印章，一边交给了儿子朱瞻基，一边对他这样说道："你有事要向我通报，就用这枚印章加盖在封口上。反正不久就要立你为皇太子了，这样吧，这枚印章你也不用还给我了，就放在你那里！"(【清】谷应泰:《明史记事本末·太子监国》卷 26;《明太宗实录》卷 274)

朱瞻基的精明是众所周知的，而他的父皇朱高炽"仁厚"也是由来已久的。但从上述史料中我们不难看出，在那风云莫测的关键时刻，朱瞻基的言行有些咄咄逼人的味道。最为疼爱自己的皇爷爷突然驾崩，按照常理来说，朱瞻基应该哭得最为伤心，甚至一塌糊涂，可他脑子清醒得很。更有朱瞻基是跟随皇爷爷长大的，皇爷爷军中与身边侍臣无人不晓得朱瞻基，哪个敢在那个冷酷的非常年代里在最高层的公文或书信往来中作假，几乎不可能！所以说朱瞻基"开口"要父亲的皇太子小图章是假，实际上他是要父亲迅速地将皇太子位子传给他是真。26 岁但已经十分娴熟与喜爱权力斗争的青年老手，他已经迫不及待了。

可是令人“遗憾”的是洪熙朝开启以后，除了永乐二十二年九月晋升皇太子和下葬皇爷爷朱棣等几个大礼仪中朱瞻基出场风光风光外，其他大明帝国重大的政治活动与决策过程中几乎都没有新皇太子的影子，这说明什么？洪熙帝朱高炽大权独揽，不让皇太子露露脸？这似乎与明仁宗的性格不太吻合；那么是不是皇太子朱瞻基与父皇的政见有冲突？我们不妨再向后看看，洪熙之政很大一部分被宣德继承和发扬光大，但最为可圈可点的三大善政却在朱瞻基当政后没有了下文或言又被“拨乱反正”了，那就是前文所述的：第一，罢停一切不急之务，尤其喊停下西洋工程和朝贡贸易工程；第二，平反冤狱，尤为令人赞赏的是，开启了为建文君臣平反昭雪的工作；第三，放弃朱棣以为能“控四夷以制天下”的北京为都，恤民为本，还都南京。(《明太宗实录》卷182)

在朱瞻基看来，下西洋工程和朝贡贸易工程是打造“万国来朝”和“使万国无不臣服”的大明盛世帝国所必不可少的手段，这也是皇爷爷的荣耀。但在洪熙朝一开启就给叫停了，这是他绝不能接受的，所以在宣德朝开启以后又有了郑和第七次下西洋。给建文君臣平反在朱瞻基看来也实在做得过头了，皇爷爷钦定的“革除”，现在怎么又给您皇帝老爸翻了过来了呢？要是没有皇爷爷没脸没皮地抢夺皇位，恐怕我们朱四爷爷的子孙们永远是个北平藩王，甚至连藩王也不一定能当成。再说没有皇爷爷和皇爷爷的垂爱，哪有我朱瞻基的现在？老爸你虽然腿脚不好，但现在已经走得够远的了！

令朱瞻基不满和郁闷的不仅仅是父亲朱高炽从即位登基开始就大刀阔斧地进行多方位的拨乱反正，而且还有皇帝老爸在国丧期间天天与宫中美人们温存和性乐。俗话说性命性命，没性怎么会有命？从老爸日日乐此不疲地找美人行乐来看，当了20年的皇太子，他老人家身体还好得很？以皇爷爷归天的岁数来算，我朱瞻基起码得再当上20年皇太子，这是多么可怕的事！

最让人受不了的是，皇帝老爸急吼吼地将他撵到南京去，朱瞻基不甘啊！

洪熙元年三月辛未朔(初一)，鉴于南京不断地震，“畏于天戒”的明仁宗“命皇太子往祭皇陵、孝陵，就留守南京”(《明仁宗实录》卷8

上)。后又“命成国公朱勇、丰城侯李贤、都督郭义、李通、太子少保兼兵部尚书李庆、工部尚书兼詹事府詹事黄福、户部左侍郎兼詹事府少詹事郭敏、都察院右副都御史胡廙、太常寺少卿徐善渊、左春坊大学士兼翰林院侍读学士曾棨、左春坊左庶子陈山、司经局洗马张瑛、戴纶、左春坊左谕德兼翰林侍读周述、右春坊右谕德兼翰林侍读林志等侍皇太子,谒祭皇陵、孝陵”(《明仁宗实录》卷9下)。

可朱瞻基一行并没有马上就动身,而是在北京又呆了41天,直到洪熙元年四月壬子日(农历十二),皇太子才从北京出发,一路荡到南京。

这期间的洪熙元年三月戊戌日,“(明仁宗)命诸司在北京者悉加‘行在’二字,复建北京行部及行后军督督府,上(明仁宗)时决意复都南京”(《明仁宗实录》卷8下)。

通览上述史料,笔者发现,明仁宗的此等做法,只不过是作为一国之君在国家大丧期间不便马上南下还都,于是就让皇太子代理自己先行,压根儿不像有人说的那样,明仁宗生怕自己与妹妹寻欢作乐的事让皇太子知晓,(温功义:《明代宦官与三案》,重庆出版社2004年10月第1版,P68—70)也不像有人说的那样是违背祖制(赵中男:《宣德皇帝大传》,辽宁教育出版社1994年8月第1版,P59～60),而是恢复朱元璋定都南京的“祖制”。

当时为了防止别人误解,明仁宗还曾向大家作了解释:“南京是我大明帝国的根本之地,现在地震一类的灾异特别多,天戒可畏啊!朕应当迅速赶过去。但父皇刚刚故世,朕怎么能忍心马上就离去?”大臣中有人请求派出明仁宗兄弟一类的亲王或朝中重臣前往南京镇守,但明仁宗没有接受,他进一步解释说:“镇守南京还非得皇太子不可,皇太子仁德与威望足以镇服人心。人心安定了,天意也就定了。更何况南京太祖高皇帝陵寝已经好久没有祭祀奉享了,朕日夜都挂记着这件事,现在派皇太子过去,就等于朕亲自到南京了。”说到这里,明仁宗似乎意犹未尽,随后继续说道:“以往父皇北巡,没有内顾之忧,就是因为朕镇守在国本南京啊,现在除了皇太子难道还有更合适的人可派往?!”(《明宣宗实录》卷1)

明明白白明仁宗之心,可现代有人将它误读了,居然说他是为了与宫中妹妹放开来寻欢作乐而故意支走皇太子。其实，不光现代有人误读了，当年有着一肚子权谋且踌躇满志或言野心勃勃的皇太子朱瞻基也将它给读歪了。当皇帝老爸正式提出让他赶往南京去镇守时，朱瞻基这样回答道："固不愿远离膝下，然宗社大计所在，不敢辞"。这话翻成现代文为："我本来是不愿意离开父皇您的，但事关大计，南京乃国家社稷所在，儿臣不敢推辞"（《明宣宗实录》卷1）。

"我本来是不愿意离开……"，这话怎么理解都可以，事实证明朱瞻基不仅不愿离开父皇朱高炽，即不愿离开由他皇爷爷一手打造的"万国来朝"的"圣君盛世"之都北京，而且还不愿意不折不扣地执行父皇明仁宗的皇命与重托——明仁宗要他去看看与祭祀祭祀凤阳的皇陵，然后再到南京。可他压根儿就没上凤阳，而是直接奔赴南京来了。抗拒皇命在那个时代可是天大的罪名，皇太子朱瞻基居然做了，可见他的胆子比天还要大！

不过朱瞻基不愧为老魔鬼朱棣一手调教出来的权谋高手，在没有绝对胜算的政治博弈中，谁最先公开出牌亮相，谁就有最先失败的危险。朱瞻基十分熟娴这个道理，故而在对父皇还都南京的决策与措施实施的过程中，他深藏不露自己的反对态度，但在暗中却交结宫中近侍和宦官，神不觉鬼不知地实施天大的阴谋。所以这才有明仁宗遽死和皇太子朱瞻基临离开南京时"莫名其名"地冒出的一句："予始至遽还，非众所测"（《明宣宗实录》卷1）。

朱瞻基内心成功喜悦之潜台词为：我来时就做了安排，上南京是没办法不得不走一趟。我料到我会马上回来成功即位的，至于老爸的死因绝不是像现在大家所猜测的那样——死于好色纵欲。

○ 大明帝国最高权力阶层与决策阶层：无法启齿谜案真相

既然我们将毒死明仁宗的幕后主使锁定在他的儿子朱瞻基身上，那么当时的大明帝国最高层（以皇太后为首）是否知情？为什么明代官史中会留下这样"瑕疵"？

明仁宗遽死，发生在深宫大院里头，在那个几乎连个公苍蝇和公老鼠都要被阉割了才能进入的地方，毒死明仁宗的只能是最为靠近皇帝的近侍，尤其是宦官与给洪熙皇帝带来无比快感的宫中妹妹。外朝大臣即使是明仁宗最为信任的正常男人杨士奇、杨荣、杨溥和夏原吉、蹇义等，都不可能进入乾清门以内的内廷，但他们或许会听到一些传闻，或许看到一些非常态，或许掌握一些并不太过硬的证据，抑或承继中国古代修史中秉笔直书的优良传统，在纂修国史时故意留下些"瑕疵"，供后人研究。

明仁宗遽死之事虽说发生在洪熙朝，但实际上涉及洪熙、宣德、正统三朝。那么为什么在《明仁宗实录》中没有留下"瑕疵"而在《明宣宗实录》中留下了？

我们不妨来看看《明仁宗实录》的成书年代，据现在我们所看到的由明初六朝老臣蹇义等领衔纂修的《大明仁宗昭皇帝实录》，其修成与进呈皇帝御览的落款时间为宣德五年正月二十一日。(《明仁宗实录·序》)这就是说，蹇义等纂修的《明仁宗实录》直接要送给明宣宗朱瞻基看的，有关不利于明宣宗的那些"瑕疵"当然不会留下了。

而《明宣宗实录》则不同。它是由张辅、杨士奇、杨荣、杨溥、王直、王英等大臣领衔撰修，挂名第一的张辅为军人，对于文人们内心的"小九九"，他不会太精通或不太在意。而杨士奇、杨溥等与明仁宗都是有着很深的感情，甚至可以说明仁宗的洪熙"仁政"举措很大程度上就是由这些正直大臣策划、起草出来的。这里特别值得注意的是，杨士奇和杨溥都是历经明初数朝的老臣，尤其是从永乐中后期起，他们的为人似乎越来越正直。而王直、王英则是明英宗朝的有名直臣。直臣要想做到直书或有意地曲笔，只有在皇帝不过问修史或因皇帝年龄过小而无法过问修史的情况下才可能实现。这样的条件在《明宣宗实录》修成时已经成熟。《明宣宗实录》修成并进呈于皇帝是在正统三年四月十二日(《明宣宗实录·序·进实录表》)，正统皇帝就是明英宗，英宗 8 岁登基，正统三年他才 11 岁，11 岁的娃娃能看得懂曲笔与"瑕疵"？不可能！再看从小就在宦官王振调教下十分任性、冲动又贪玩的明英宗，22 时他就被蒙古人俘虏了，随后便是他弟弟景泰帝当政和"夺门之变"等，兄弟之间 10 来年争斗，斗得像乌眼鸡，哪有心思管什么祖宗的实录，即使看出来但也说不出什么道道来。

不过话说到这里，我们还漏谈了一个十分关键的人物，那就是明仁宗遗嘱的拍板人张皇后，也就是明仁宗的正妻。张皇后历经洪武、建文、永乐、洪熙、宣德和正统六朝，虽说是个妇道人家，也没有什么显赫的家庭背景，反过来，她的父亲、哥哥都是靠了她才封官晋爵的。但张皇后继承了大明皇家后宫的优良传统，当好贤内助、做好自己的本职，约束后宫与自己的家人，深得明廷上下的爱戴，是个地地道道的贤妻良母。《明史》对张皇后这样论述道："（张皇）后始为太子妃，操妇道至谨，雅得成祖及仁孝皇后欢。太子数为汉、赵二王所间，体肥硕不能骑射。成祖恚，至减太子宫膳，濒易者屡矣，卒以后故得不废。及立为后，中外政事莫不周知……（出外）谒长、献二陵……畿民夹道拜观，陵旁老稚皆山呼拜迎……宣宗崩，英宗方九岁，宫中讹言将召立襄王矣。太后趣召诸大臣至乾清宫，指太子泣曰：'此新天子也。'群臣呼万岁，浮言乃息。"（《明史·后妃一·仁宗诚孝皇后张氏》卷113）

尽管皇太子丈夫不受皇帝公公的喜欢，但是张氏与丈夫相濡以沫，同舟共济，据说她还拿出了自己在民间时学到的美食绝活，做好了送给皇帝朱棣吃，目的是想缓和公公与丈夫之间的紧张关系。后来自己的皇帝儿子明宣宗死了，新帝未定，谣言四起，她力挽狂澜，义无反顾地指着自己皇帝儿子钦定的接班人，扶持长孙明英宗登基即位。由此可见，张皇后不仅仅是贤妻良母型的好女人，而且还是个深明大义、懂大局、处事张弛有度的好皇后或言好太后。

不过无论是《明实录》还是《明史》都漏载了她在皇帝丈夫明仁宗突然驾崩后的所作所为。据朝鲜《李朝实录》记载，明仁宗遽死后，张皇后主持了大局，敲定了仁宗遗嘱。我们不妨再来看看这份遗嘱是怎么写的："朕以菲德嗣承祖宗洪业，君临天下，甫及逾年，上惟皇考太宗皇帝山陵未远迫切哀诚，下惟海内黔黎凋瘵未复，忧劳夙夜，时用遘疾，奄至大渐。夫死生者，昼夜常理，往圣同辙，奚足哀念。惟宗社生民必有君主长子，皇太子天禀仁厚，孝友英明，先帝夙期其大器，臣民咸钦其令望，宜即皇帝位，以奉神灵之统，抚亿兆之众。朕既临御，日浅恩泽未浃于民，不忍复有重劳，山陵制度务从俭约，丧制用日易月，中外皆以二十七日释服，无禁嫁娶音乐，在外亲王藩屏为重，不可辄离本国，各处总兵镇守备御，重臣及文武大小官员亦毋擅离职守，闻哀之日，止于本处，朝夕哭临三日，悉免赴阙行礼。皇考太宗皇帝服制仍遵去年八月之令。呜呼，南北供亿之劳，军民俱困四方，向仰咸属南京，斯合吾之素心，君国子民，宜从众志，凡中外文武群臣咸尽忠，秉节佐辅嗣君，永宁我国家生民，朕无憾矣。诏告中外咸使闻知”(《明仁宗皇帝实录》卷 10)。

张皇后替代皇帝丈夫立的这份遗嘱主要讲了两大问题：

第一，大明帝国君位由皇太子朱瞻基来继承。

至此有读者朋友可能要问了，张皇后知道不知道就是皇太子害死了自己的父亲？不知道也罢，要是知道，还怎么会立朱瞻基为帝？

在笔者看来，以张皇后的身份、地位与见识，她很可能知道，自己的皇帝丈夫遽死就是皇太子朱瞻基干的，但没有直接的证据，因为丈夫死时皇太子不在案发现场。可谣言她不可能不听到，但谣言不能作为办案依据！退一万步来说，即使以谣言作为突破口来查个水落石出，有什么好处？皇太子朱瞻基落马，不仅要遭到天下人的指摘，而且还要受到最为严厉的处置，这犯得着？虽说自己正宫嫡出的还有越王朱瞻墉、襄王朱瞻墡，但一个尚小，一个脾气不好(《明史·诸王四·仁宗诸子》卷 119)，都不适合继承大统；再说皇帝丈夫刚死，一直与他较劲的二叔叔可一直没闲着，如果不及时地稳定政局，后果不堪设想。与其这样得不偿失，倒不如按照既定的方针办。至于皇帝丈夫与皇太子儿子之间的隐形政治冲突，她十分聪明地进行技术处理，在以皇帝丈夫名义的遗嘱中将明仁宗的最大遗愿——还都南京写进去，看你朱瞻基小子还敢不尊皇帝父亲的遗愿?!这是两全其美的好点子。

第二，还都南京，这是明仁宗最大的遗愿。张皇后对此十分清楚，因而在遗嘱里这样定调：“呜呼，南北供亿之劳，军民俱困四方，向仰咸属南京，斯合吾之素心，君国子民，宜从众志，凡中外文武群臣咸尽忠，秉节佐辅嗣君，永宁我国家生民，朕无憾矣”(《明仁宗实录》卷 10)。

还都南京，彻底解决“南北供亿之劳”，仁政恤民，夯实根基，奋励致治，这是一代明君明仁宗最大的遗愿与梦想。可惜他却梦断北京，就连自己的遗愿还要由自己的贤妻来表达，悲乎？不过有幸的是，他的后继者皇太子朱瞻基差强人意地继承了他的遗愿，完成了历史上被人称誉的“仁宣之治”，那么朱瞻基明宣宗是如何完成“仁宣之治”？请看下章。

第4章 翦灭汉王　根治藩乱

20余年前朱棣"靖难"，赶走侄儿皇帝朱允炆，篡得皇位，并惨绝人寰地虐杀建文大臣。20余年后儿子朱高煦仿效父亲"靖难"，想从侄儿朱瞻基手中抢夺皇权，没想到最终却落得父子数人被活活蒸死的悲惨结局。

到底是上苍捉弄人，还是佛教所说的报应？无论何种之说，都不足以正确解读和诠释明初这段令人迷惑的历史。

经过建文、永乐和洪熙三朝不同方式的削藩，到了宣德时期，在打着维护"祖制"的旗号下，明宣宗花样翻新、软硬兼施，铲除藩乱，由此困扰大明帝国50多年的地方藩乱隐患得到从根本上根治。

明仁宗驾崩时，皇太子朱瞻基在南京，接到宦官海寿密报的当天，他就动身赶往北京。当时南北两京城里，气氛十分紧张。紧张的最为主要原因是，老皇帝死了极有可能带来新的皇位争夺。至此，读者朋友可能要说了，这怎么可能，不是朱瞻基已被钦定为皇太子，也就是皇位接班人？前章我们否定了明仁宗立有遗嘱之说，但姑且以明仁宗正妻张皇后懿旨为准，朱瞻基也能合理合法地即位，何来大明帝国君位危机之说？

● 巧施战术　翦灭汉乱

要想说明清楚这个问题，我们就不得不从朱高煦对君位谋取的“三失”良机说起。

◉ 被永乐帝称赞为“此儿类我”的朱高煦3次错失了谋取君位的良机

与哥哥朱高炽相比，朱高煦虽然不具有嫡长子继位的天然优势，但他还是嫡子，甚至是永乐初期除哥哥朱高炽之外的皇位继承最佳人选。况且他还在“靖难”之役中立有大功，换句话来说，永乐江山的夺得就有他很大的份额。朱高煦又与父亲朱棣的关系不错，这实际上是他人生中谋取君位的第一个良机，但却被他白白地弄失了。弄失的主要原因有两个：第一，朱高煦是个鼠目寸光的一介莽夫，没有政治远略。他的父亲永乐皇帝虽然是靠流氓与武力手段抢得皇位，但在大局相对稳定后，尽管骨子里还是个好战分子，在表面上还是大肆渲染要“文治”，甚至将自己打扮成“文皇帝”，且也部分地实现了“文治”。应该说这是朝着长安久治的方向发展了，因为他知道，长期处于战争或动荡中的王朝是不可能长寿的。而武夫朱高煦却没有看到这一点。加上他从小就不读书，头脑中没有政治韬略，有的仅是自以为聪明的蛮干，在父亲面前给哥哥朱高炽捣蛋、使坏，让正派人一看就知道他不是什么好东西，更不可能指望他未来是个有道之君；第二，朱高煦没有团结朝廷内外更多的政治力量。从“天然优势”的角度来说，朱高煦要比朱高炽有利，他能征善战，统摄军事，这是专制国家里夺取国家最高统治权的不二法门。而从永乐朝初期形势来看，确实也没多少对朱高煦不利的，“靖难”首席功臣丘福就拥护他为未来皇储。但除了军中高官外，大明永乐朝的文官阶层倾向或拥护朱高煦的似乎不多，不说以解缙为代表的建文朝降臣文官了，就连原本朱棣起兵谋反时的铁杆心腹、算命先生金忠也反对立朱高煦为皇太子，这确实让他十分郁闷。

郁闷归郁闷，真正聪明的人就应该反思问题，及时地调整自己的战略。其实就在这个过程中父皇给过朱高煦机会。永乐七、八年间永乐皇帝第一次北巡，随即就发生了东宫官属连连下狱的悲剧，这至少说明当时父皇朱棣有了易储的念头，可朱高煦没有抓准机会，相反不断地明的或暗的使坏，干出只有小人与奸佞之臣才干得出的事情，将解缙、杨溥、金问、黄淮一一“送”进了监狱，甚至连持重的夏原吉、蹇义等永乐近臣都得罪了。而恰恰是这些文官重臣为永宣年间最为出彩的官僚，因此说朱高煦后来鸡鸣狗盗似地小打小闹，最终只能落得个众叛亲离的结局。等到永乐九年朱棣立朱瞻基为皇太孙时，朱高煦翻盘的几率就已经大大地降低了。可即使这样，他还不知趣、不收敛，在南京城内外瞎折腾，据说还弄出谋反的嫌疑来。从而导致永乐十五年三月让老爸朱棣最终下定了决心，将他撵到山东乐安去。(《明太宗实录》卷 186;《明史·诸王三·朱高煦传》卷 118)

朱棣这一撵，使得朱高煦一下子远离了大明帝国的政治中心。本来在政治中心时就没有谋得皇储，现在远离了，想靠和平的手段再谋取，这是绝不可能的。对于这一点，朱高煦还是看得很准的。于是在到达乐安后，他“深怀怨望，异谋益急，造伪钞，造兵器，纵护卫军为盗，及占民田地，强取马牛……”加紧武力夺位的准备。(《明宣宗实录》卷 20)

永乐二十二年七月，“太宗皇帝北征晏驾，高煦之子瞻圻时在北京，凡朝廷所设施皆潜遣人驰报高煦，一昼夜六七遣行，高煦亦数十遣人潜伏京师，伺察事浸”(《明宣宗实录》卷 20)。

朱高煦的这些行动实际上是瞎子点灯白费蜡，他没有看清形势，没有与永乐朝核心阶层人物建立良好的关系，就像斗牛场上被惹急的公牛一般，嗅到皇权的血腥味就盲目地拼命往前冲，恰恰错失了谋取君位的第二个良机。

当时皇帝朱棣在北征回途中突然驾崩，贴身太监马云找到随行大学士杨荣和金幼孜等秘密商议。觉得大军在外，皇帝突然死了，要是风声一旦传出，后果不堪设想，于是决定：秘不发丧，安排死朱棣的每日饮食起居，一切照常；暗地里却找来锡匠，将汇集起来的军中锡器打造成棺椁，再将死朱棣载入其内。等到事情做得差不多了，又将锡匠全部给杀了，以防走漏风声。第二天即永乐二十二年七月壬辰日，文渊阁大学士兼翰林院学士杨荣、御马监少监海寿自军营启程，飞速奔回北京，向皇太子朱高炽秘密报丧。(《明太宗实录》卷 273)

13天后杨荣、海寿到达北京，朱高炽闻听噩耗，恸哭一番，然后招来吏部尚书蹇义、大学士杨士奇、杨荣和礼部尚书吕震等重臣集议，最终研究决定：加强南北两京防守；派出皇太孙朱瞻基迅速赶往开平，迎接朱棣遗体回京。等到这些事情都做得差不多了，再公开发丧。5天后的八月己酉日，皇太孙到达一个地名叫鹏鹗的地方时，与南还的大明北征军相遇，随即军中发丧，“六军号恸，声彻天地”(《明太宗实录》卷274)。

也就是说，从老朱棣死到正式发丧，至少有18天的时间，老皇帝死去，新皇帝还来不及登基即位，东方专制帝国中的皇权正好处于真空状态，那是夺取皇位的最佳良机。可就在这18天时间里，在距离北京并不远的山东乐安，一直伺机谋夺皇位的朱高煦居然如瞎子和聋子一般，虽然忙碌，但做的都是无用功，又白白地丢失了一个绝佳的机会。这事也充分说明了朱高煦的眼光与谋略等方面都是大有问题的。

等到朱高煦得悉父皇去世的确切消息时，他的兄长朱高炽已经在北京完全控制住了局面，自己只能在山东乐安干跺脚、骂娘了。

洪熙朝开启后，朱高煦一度十分活跃，居然上演了父亲告发亲儿子的闹剧。想以此来掩盖自己的丑行，同时也想让兄长皇帝朱高炽一上台就背负杀亲、破坏“亲亲”等传统伦理道德的恶名。可没料到自己的丢卒保帅的苦肉计最终被朱高炽的“仁爱”所识破，只落得个偷鸡不成蚀把米的下场。由此我们可以说，朱高煦与朱高炽在政治场上的角斗不是一个等量级的。

朱高煦错失谋取君位的第三个良机是在明仁宗突然驾崩之际。

洪熙元年五月庚辰日，明仁宗突然病重，急召尚书蹇义、大学士杨士奇、黄淮、杨荣等，交代后事，“遣中官海寿驰(南京)召皇太子”(《仁宗皇帝实录》卷10)。从这一天开始到皇太子朱瞻基回京，大约有20天的时间，从北京到南京有秘密特使，从南京到北京有皇太子快骑，而在这两京当中的山东乐安朱高煦在干什么？据明代官史《明实录》所载：朱高煦“谋伏兵邀于路，仓猝不果”(《明宣宗实录》卷20)，就是说朱高煦想乘着侄儿皇太子朱瞻基赶回北京的途中将他给截杀了，可因为事出突然，他的预谋没能成功。表面上看去好像是朱高煦运气不好，其实不然，进一步说开来，他是地地道道的不看形势又不看人的蠢驴。

不看人是指朱高煦没有真正意识到他的竞争对手兄长朱高炽、侄儿朱瞻基各自的厉害，尤其是朱瞻基，他可是魔鬼的天才皇帝一手调教出来的，得到了永乐皇帝的“真传”。

不看形势就是说，尽管他的兄长皇帝是在北京突然晏驾的，但大明帝国的政治中心在他兄长活着的时候已经被宣布迁回南京。换言之，虽然以皇帝为中心的中央朝廷所在地那时还在北京，但名义上大明帝国的国都已经南还。更有南京是大明开国皇帝高祖朱元璋所定的国都，还都南京，可以起到恢复祖制、加固国本的作用。(陈瑄、金庠等大臣语，见《明仁宗实录》卷 2 下或本书第 3 章)所以明仁宗临死前一个月还要派皇太子驻守南京，其真正意义便在这里。现在北京老皇帝突然死去、皇太子朱瞻基急速北上，南京的最高权力相对处于真空状态。如果当时朱高煦派出少些部队进攻南京，就以当时南京守备驸马爷李隆和宦官郑和、王景弘等人而言，他们面对昔日永乐皇帝的爱子又是刚刚驾崩的大行皇帝的弟弟是开门迎接呢，还是迎头痛击？其结局又会如何？这都是很有意思的未知数。事实上留守南京的李隆与郑和等与朱瞻基的关系说不上很铁，宣德初年朱瞻基还“遣人谕(郑)和谨守礼法，毋窥伺朝廷，一切非理之事，不可妄有陈请”(《明宣宗实录》卷 16)。由此反观朱高煦的眼光与胆略是大大有问题的。

再说与南京相对应的北京，当时的局势也并不是一点不有利于朱高煦。明仁宗驾崩，皇太子北还，从开丧到朱瞻基正式登基，这段时间内再一度出现了皇权“真空”状态，也是中华帝国君主专制政治最为脆弱与敏感的时候。可武夫朱高煦一点也没有意识到。相反，他的敌对阵营里的夏原吉等大臣却已经迅速地行动起来。听到皇太子接近北京了，生怕其中生出意外来，先派人赶赴北京附近的良乡迎候皇太子，据说为此朱高煦恨透了夏原吉。(【清】查继佐:《罪惟录·汉王高煦》)当朱瞻基赶到卢沟桥时，“太监杨英同少保兼太子少傅户部尚书夏原吉、太子太保礼部尚书吕震捧遗诏往卢沟桥迎上，中官先于卢沟桥设幕次香案，俟上至开读”(《明宣宗实录》卷1)。

◉ 朱瞻基登基即位,纷扰不断

整个过程被安排得无懈可击。在忠直大臣的精心协助下,自小就由天才皇帝一手调教出来的朱瞻基,在经历了一场有惊无险的斗智斗勇后顺利地回到了北京,并于洪熙元年(1425)六月十二日成功即位。朱瞻基上台时宣称"为政所重,以德及人",故而"改明年为宣德元年"。(《明宣宗实录》卷1)也由此这位27虚岁即位的大明第5位天子被人称为宣德皇帝,又因为其庙号为宣宗,故人称其为明宣宗。

弑君杀父,甩开叔父追杀,通过最绝密和最巧妙的手段,朱瞻基提速继承了大明君主之位,成功地实现了自己的愿望。可上台后的明宣宗所面对的局势是,永乐晚期危机四伏的大明帝国,在洪熙宽政的推行下正逐渐地纳入"致治"之正轨,但实在可惜的是只有短短的十个月。因此说当明宣宗即位时大明帝国之形势依然十分严峻又极为复杂。对此,他将如何治理?

在传统的专制社会里,所谓治理的概念几乎没有多少理性意义上的法治,而是人治。人治的关键就在于官吏之治,可朱瞻基上台之初的吏治实在不容乐观。洪熙元年七月,行在工科给事中吴彝等上奏弹劾说:"北京行在工部侍郎蔡信在仁宗皇帝时就以自己家人在南京没地方住为理由,上奏给朝廷,将原本招待外宾的南京来宾楼占为己有。最近他又以家人不够住为借口,要吞没南京沿街的店面房——廊房十余间,真是贪得无厌,无耻之极,恳请皇帝陛下将其治罪"(《明宣宗实录》卷4)。

工部侍郎相当于建设部的副部长,堂堂一个副部级领导干部居然厚颜无耻地侵占南京国宾馆,还要得寸进尺地占有南京街市十余间的店面房,大明高层公务员队伍之坏可见一斑。

那么中下层公务员怎么样?会不会像上层公务员队伍那般?就在朱瞻基上台后的第五个月即洪熙元年十月,北京行在吏部向新皇帝宣德奏报说:"最近对部分州府县的300多名长官与辅助官进行考核,结果发现'称职者'只有250人,约占70%;'平常者'60

人，约占 17%；‘不称职者’就有 40 人，约占 12%。按照我大明高祖皇帝时所立的祖制，凡官员要‘三考’后才能决定其官场命运，但目前这 300 多号官员都没有经过‘三考’就任由其复职了。”明宣宗听后说：“既然有那么多的不称职，现在又让他们继续当官下去，岂不坑害百姓？因此说一定要经过‘三考’再决定其升黜，看来官员的任用还是有很多问题的，你们吏部好好地研究一下解决办法。”(《明宣宗实录》卷 10)

没过一个月，朱瞻基发现大明中下级吏治实际情况更为糟糕。洪熙元年闰七月乙丑日，明宣宗在北京明皇宫西角门跟行在吏部尚书蹇义、侍郎郭琎说：“昨天朕看了一下朝廷以外的官员考核情况，发现某一专门方面的负责官缺额 1～2 名，也有的缺额在 3～4 名，至于地方上州府县的缺额就更多了，有的一个州或一个县全不称职。这样用人，怎么能做到民安政举？”(《明宣宗实录》卷 6)

有读者朋友看到这里，可能觉得明宣宗小题大做，一个州县出了一两个坏官或言缺额一两个官员，有何了不得？其实这是对历史的误解。古代衙门里正式官员只有几个，不像现在我们的“人民公仆”队伍蔚为壮观，且古代衙门里正式官员一般都是由科举出身的，不像现在社会里没那么多的讲究，即使是不认识大学在何处的“三陪女”也能当上司法局长；即使是从未跨入大学门槛的农家女，只要认了 N 个“干爹”就能当上厅级干部，这些在中国古代社会里都是绝迹的。那时就一个县来说，朝廷正式任命的官员也就是县令、县丞等寥寥几个，其他的就是吏。吏一般都由社会上“招聘”而来，在国家“公务员”花名册上没份，也就是说没皇粮可吃，只能靠衙门和吏员自己创收了。因此说古代中国所谓整顿官吏主要是治官，官治好了，吏也不大敢太放肆，吏治自然也会好的。明宣宗说，一州一县不称职或缺额一二员会影响到国家与社会之大局，应该说是看到了问题的严重性。

吏治问题这么严重，作为监督吏治的纪检与监察队伍的情况又是如何呢？洪熙元年闰七月的一天，福建等道监察御史何楚莫等官员向宣德皇帝上奏，弹劾他们的上级领导都察院左副都御史(相当于监察部副部长)夏迪，说他在常州催收税粮时，纵容昔日官场上的同僚之子在当地“活动”，收受武进县民贿银，为其谋私，不料事情败露，听到风言风语后，他就赶紧活动官场，巧言令色，妄想竭力掩盖自己的丑行。更可恶的是，夏迪草菅人命，催粮时打死当地粮长朱辉。奏疏最后这样说道："陛下，夏迪的如此行为实在与他的身份不符，恳请陛下将夏迪治罪，以正视听。"明宣宗听后说道："朝廷内外百官都应该廉洁奉公，遵纪守法，更何况执掌我大明监察系统的最高监察机构——都察院的左副都御史，要是真犯了此等罪行，我大明岂能容纳！"随即命令都察院官员审理此案，没想到审理开始后，夏迪不停地喊冤。明宣宗知道后就让法司各部门会同起来，好好地辨别一番。最终得悉其原委是：夏迪这人矜持傲物，衙门里没有几个人在他眼里的，办事时他又特别细致，甚至还有点苛刻，下属无法忍受。尤其是福建道监察御史何楚莫特别恨他，所以带了一拨子同僚一起倒夏迪。当时人们议论纷纷，所谓夏迪收受武进县民贿银一事纯属诬告，可法司部门的官员见到都察院监察御史们一股劲地倒夏迪，害怕因主持公道而被御史们参奏，犯了包庇同僚罪，到头来自己百口莫辩，于是他们最终还是判定夏迪有罪，发配他去当驿夫。(《明宣宗实录》卷 6)

一个堂堂的监察部副部长因为自己不合群而被属下监察御史合伙给诬陷定罪，而法司部门的官员因害怕引火烧身而不敢主持正义，大明监察系统确实出问题了。

吏治不佳，监察系统出问题，大明帝国下层的老百姓可受罪了。洪熙元年七月壬午日，明宣宗接到河间阜城县耆民李彬的上书，其说道："近来接到皇帝陛下您下发的诏书，其中里边有一款讲到：对于鳏寡独孤及笃废残疾等社会弱势群体，有关衙门应该依照惯例给以抚恤，不使得他们流离失所。因犯罪而被集体发配来种地的小民，年龄 70 岁以上又孤寡无人赡养的，可遣送回其原籍。本府因罪发配来这里种田为民者很多，虽然年龄未到 70 岁，却已经残疾孤寡而无人赡养，只能靠乞讨为生的特别多，十个人中四五个生无所资、死无所归，恳请皇帝陛下派人来核实，将他们遣送回原籍，投靠亲友，让他们老有所归。"(《明宣宗实录》卷 3)

吏治腐败还不仅仅祸害百姓，而且还与军队中的腐败相表里，败坏了大明帝国的军事与国防。明宣宗上台后第三个月即洪熙元年闰七月的一天，有个叫王卤的户科给事中上奏，揭发了一件事情：

"先皇帝在世时曾听说,甘肃边疆地区各个卫军粮储备存在着严重的欺诈和舞弊,仁宗皇帝当即就派了监察御史王珣前去调查核实,发现其虚冒粮食共有 67 900 多石。王珣临走前,甘肃卫所官员赶紧行动,打通王珣'关节',让他回朝后不要上报"(《明宣宗实录》卷 6)。

甘肃一处边防部队居然虚冒粮食就达 67 900 多石,军中长官因为害怕自己丢了乌纱帽,公然活动朝廷派来的调查员,而这个调查员不顾国家军事与国防安危,竟然心安理得地接受了请托。由此看来,无论是大明的监察系统还是军事系统都已经开始腐烂了。

……

积弊已久的政务难事与纷至沓来的大案、要案、疑案足已使得刚刚登基的大明新天子朱瞻基应接不暇,头疼不已。不过与上述诸事相比起来,还有一件更紧迫的事情亟须他面对的,那就是祖父朱棣和父亲朱高炽都曾极度关注且着力予以解决的藩乱隐患问题。虽说这个问题已经存在了 50 多年,不是什么新冒出来的,但它还真不同于其他一般问题,因为一旦处理不好,轻则直接引发藩王之乱,重则丢失君位,甚至还可能死无葬身之地。听说我大明第二位君主建文帝就因为没处理好这事,让我家王爷爷钻了空子,抢得了皇位。所以说眼下我宣德朝最为紧迫的是要解决好藩王问题,而在藩王中最棘手和最具危险性的就要数二叔朱高煦了。

◉ 大明第二次叔侄相争——叔叔:满大街喊着要造反;侄儿:我"仁至义尽"

尽管在大行皇帝驾崩那个节骨眼上自己赢得了一回,但事后听说二叔朱高煦曾设下伏兵,想来个中途截杀。每每想到这些,朱瞻基不由得倒抽了一口冷气。

依照朱瞻基的脾气,敢爱敢恨,但在对待二叔问题上却不能任由自己性子来。我大明遵循历代王朝的传统,以孝为本。什么是孝?就是对父母、爷爷奶奶要好,不,还应该包括对叔叔、婶婶以及所有其他的长辈都要好,不论长辈们犯了什么错或有什么罪孽(造反和谋大逆除外),做小辈都应该无条件地服从长辈、孝敬长辈,决不能有半点忤逆,否则就要以"不孝罪"被论处。而"不孝罪"是历代"十恶不赦"的重罪之一，作为皇帝在其上若是有所闪失，虽然不会有人敢当面指摘，但背后议论绝对少不了。世上最难掌控就是人心，人心散了，君主之江山也就坐不稳了。对此，朱瞻基十分清楚。叔叔即使再坏，做侄儿的要惩治他，也不能不讲究点策略，想当年建文帝就是没有直接逮住我家爷爷秘密造反的真凭实据而陷入了被动，我可不能重蹈覆辙！朱瞻基想起这些，想起父亲与二叔之间的恩恩怨怨，忽然间头脑中闪现出一个奇怪的问题：当年父亲做皇太子时受尽了二叔的诬陷和构害，可父亲当了皇帝后不但不追究二叔，反而以德报怨，这究竟是哪门子的事？……骤然间一个绝妙的主意顿时蹦了出来，朱瞻基从内心深处佩服起原先不在眼里的父皇朱高炽——他熟知二叔的脾气，对其优渥有加，让他在自以为是的谋反道路上越走越远，如此下来反倒容易收拾他了。想到这些，朱瞻基心中一下子就有了谱。

洪熙元年七月戊辰日也就是朱瞻基登基后 30 来天，汉王朱高煦、赵王朱高燧派遣指挥康良、葛升奉表来京，祝贺新皇帝登基即位。礼部尚书吕震奏请：按照惯例应该给予汉王、赵王特使赏赐宝钞 20 锭、彩币 2 表里。明宣宗听后立即下令，加倍赏赐，各给宝钞 200 锭，彩币 2 表里。这样的赏赐规格远远超出了寻常惯例，可把朱高煦他们给乐坏了。(《明宣宗实录》卷 3)

在朱高煦看来，新皇帝毕竟是自家的侄儿，你看他对俺多尊重、多孝顺。虽说大明君位让他给抢了先，但真正鹿死谁手，这还是个未知数，不妨俺试探试探一下他的胆识和容量?！打定主意，汉王朱高煦于洪熙元年七月给侄儿皇帝"陈奏国利安民四事"。朱瞻基接到二叔的奏章后反复看了几遍，没发现里边有什么不好的，都是讲些利国安民的建议，于是立即命令有关部门照此实施。为此他还专门回了封书信，表示对二叔的感谢："叔叔心系国家社稷，可欣可嘉，侄儿我当铭记于心。叔叔的相关建议，侄儿已令有司部门贯彻执行。以后还望叔叔多赐惠教，侄儿我日日夜夜都在期待！"书信写完后，朱瞻基回过头去跟侍臣们说："永乐年间我家皇爷爷曾跟我父亲和我说道：二叔高煦这人怀有夺位之心，你们应该多做准备啊！但我父亲却不计前嫌，对二叔优渥有加。如果眼下叔叔上书所言真是出于一片诚心的话，那就说明他已经洗心革面，

朕就不能不依他的建议啊！”(《明宣宗实录》卷 3;【清】谷应泰:《明史记事本末·高煦之叛》卷 27)

明宣宗说话滴水不漏，无懈可击，说的是自家二叔，所引用的却是当时最高权威皇爷爷朱棣的话，在场的“听众”只有两个，一个就是朱瞻基自个儿，还有一个是他的已经死去了的父亲，谁要想核实，对不起，现在只有一个大活人了，那就是本皇帝。

当今皇上借用祖宗之言，先给叔叔作个定性，其潜台词为二叔要是有个风吹草动，侄儿我就要动手了，这怨不得谁，皇祖朱棣已经做过交代了。打着祖宗的旗号，随时准备惩治政敌。同时也给二叔一条“出路”——你老老实实做人，我朝廷还是会优待你的。由此可以看出，朱瞻基真不愧为魔鬼的天才皇帝朱棣调教出来的“好学生”。

可明宣宗的这番用心，“政敌”二叔压根儿就没读懂。在朱高煦看来，自己一个小小的伎俩就将侄儿玩得屁颠颠的，这说明年轻皇帝还嫩着，既然你还嫩着，我就来点真的了。

转眼半年过去了，大明帝国迎来了新皇帝即位后的第一个新年即宣德元年(1426)。朱高煦早已做好了安排，派人到北京去进献元宵灯，向侄儿皇帝表示新年祝贺。

朱瞻基接到报告后，马上给二叔修书一封，其中这样写道:“惠灯已收，承蒙厚爱，叔叔亲亲之德，侄儿我感荷至深。不由得想起过去皇祖、皇考在世时，叔叔每逢时节都要派人前来问候行礼，如今叔叔又对侄儿行此礼节，侄儿我怎么敢当？这样吧，自今以后大凡新春、元宵、端午等重大节日，叔叔您就不必重烦劳费，届时惠赐诲言，多多教育晚辈我就行了，侄儿唯此为盼！”

明宣宗这样做，有人很不理解，当即提醒皇帝:“汉王派来献元宵灯的人实际上是探子，他们打着献灯的幌子，其根本目的就在于窥探朝廷的动静。皇上，我们应该早作准备啊！”没想到朱瞻基听后却不以为然，笑答道:“对待二叔，我只有推诚相待啊！汉王府派来的使者，他们愿到哪里玩就让他们自己去，我们大可不必为此劳神！”(《明宣宗实录》卷 13)

见到侄儿皇帝对待自己这般尊重，本身就是无赖的朱高煦就越发得意忘形，原来这个小赤佬也只不过如此而已。想到这些，朱高煦就越发得寸进尺了,他向朝廷要骆驼和马匹,侄儿皇帝朱瞻基毫不犹豫地下令,让宦官带去40匹骆驼、120匹良马送给他。而后朱瞻基想到自己可能做得还不够好,于是就让太监杨瑛前往乐安去,给叔叔汉王朱高煦送去珍贵无比的袍服,真可谓恩宠有加。

侄儿皇帝这般宠爱二叔,二叔顿时又找不到北了。宣德元年八月,汉王朱高煦的"护卫军悉四出劫夺,百姓惊惧"。有前往乐安的朝廷使者回到北京后向皇帝朱瞻基报告说:汉王已经公开谋反了,乐安四周的百姓惊恐失措,纷纷逃命。朱瞻基故作惊讶地这般说道:"不会吧,我朝廷对待汉王可没什么不周到的,他不应该走像你们所讲的那一步吧!"宣德皇帝说完没多久,又有许多从乐安避乱和逃难出来的老百姓与军队兵士前来说:汉王朱高煦这回真的造反了,可不得了了!随后前往乐安送骆驼与马匹的太监以及送袍服的太监杨瑛也从半路折回,报告了自己的所见所闻。皇帝朱瞻基还是不太相信:"高煦不会真的造反?!"(《明宣宗实录》卷20)

宣德皇帝在北京"半信半疑",他的叔叔朱高煦可在乐安忙得不亦乐乎。其实自从到达乐安那天起,朱高煦压根儿就没有一天安生过,天天忙着要造反夺位。要造反夺位就离不开"枪杆子",这对于武夫朱高煦来说再清楚不过了。他与汉王府护卫指挥韦达、韦弘、韦兴,千户王玉、盛坚、李智和知州朱恒等人日夜密谋,要将军事队伍做大做强。他们一致认为,当务之急首先得有武器,而朝廷又限定得很死,于是决定在乐安城内铺开摊子,制造军器和当时大明朝廷严格限制的火器,然后将州民丁壮登记起来,编为队伍。结果发现,不仅人数不够,而且缺乏敢死队员,于是就派人砸开州县监狱,放出死囚犯,并给予其丰厚的待遇,教他们如何打仗;再召集附近州县的无赖强壮子弟和流窜逃亡者,赐给他们银币,编为队伍,颁发军旗,教习他们军事;派人将兵器送给各卫所,作为起兵谋反的信物;把各州县官府与民间所养的马匹全部抢过来,以备起兵所用;同时朱高煦一伙还在暗中结交山东都指挥靳荣,以此作为外援,当时许多衙门里的官员见到这等情势,也纷纷表示愿意归顺汉王。朱高煦顿时大喜,什么太师、都督、尚书、侍郎等类的官职封了一大堆,并约定挑个黄道吉日正式起兵造反,计划先攻取山东省城济南,然而兵向北京,夺取大明帝位。(《明宣宗实录》卷20)

由于当年跟着父亲朱棣一同起来造反，因而对于造反这等事情朱高煦简直就是信手拈来。想当年父亲造反后编成五军，而今我造反也应该这样呀。于是他下令将自己控制下的队伍分成五队，建立五军都督府，任命"指挥王斌领前军，韦达左军，千户盛坚右军，知州朱暄后军。诸子瞻坙、瞻域、瞻垶、瞻墿各监一军。高煦率中军，世子瞻坦居守。指挥韦贤、韦兴，千户王玉、李智领四哨。部署已定，伪授王斌、朱暄等大帅、都督等官。"(【清】谷应泰:《明史记事本末・高煦之叛》卷27;《明宣宗实录》卷20)

如此建制在事实上表明，朱高煦为首的乐安反叛势力已经公然与大明朝廷分庭抗礼了。当年父亲谋反的伎俩朱高煦不但没有真正学到，反而成了予人攻击的把柄和东施效颦的笑料。不过在朱高煦看来，自己已经做好了造反的准备，唯一有所缺憾的就是朝中没人做内应。想当年父亲"靖难"造反时不是有徐增寿、李景隆、谷王朱橞等潜伏者在暗中相助呢，所以说我也必须要找好这样的潜伏者，找谁呐？自己胸无点墨，文臣们看不起我，肯定指望不上了，那只有从"靖难"英雄中寻找了。忽然他想到了太师、英国公张辅。要说这个张辅，读者朋友肯定不陌生。他是"靖难"大功臣、当年朱棣起兵造反时两大最为得力的助手之一张玉的儿子。此人十分了得，永乐朝四次平定安南之乱就是由他统帅与指挥作战的，如今他又是北京行在中军都督府的都督，掌握着军中大权，而且太宗皇帝的妃子张氏还产自他们张家，说来与李景隆、徐增寿一样，张辅算得上是十分亲近的外戚。朱高煦想到这些，心里特别激动，立马叫来自己的亲信枚青，让他赶紧上北京去一趟，游说张辅等做好内应，协助谋反。

再说枚青到了北京后，白天不敢公开露面，生怕一旦被人认出，不仅事情会败露，而且还会因为参与谋反而招来灭门大祸，于是他就大白天一直猫着不出去，等到天黑后就赶紧出门，偷偷地溜到英国公府。

见了张辅，枚青就滔滔不绝地说个没完，本以为自己是汉王府的人。张辅即使不听从他的协助谋反之建议，但也不会将事情张扬出去或弄大。可令枚青没想到的是，自己的游说还没完，张辅就大声呵斥，叫来手下人当即将他给拿下，连夜送往朝廷去。(《明宣

宗实录》卷20)

明宣宗接到张辅的奏报后亲自审问了枚青，当场就获悉了朱高煦谋反的大量信息。这时山东省都指挥使司、布政司、按察司及所属府、州、县及真定等地卫所的奏报，都陆陆续续地送达上来。有个原籍乐安的御史李浚刚好在老家“丁忧”守制，闻听汉王朱高煦谋反了，他赶紧抄近路赶往北京，向朝廷报告了汉王谋反之事。据说朱高煦听到李浚从老家“溜走”的消息，赶紧命令手下人去追，可太迟了，没追上，追赶者只好回头如实汇报，谁料犹如野兽一般暴怒的朱高煦咬牙切齿发出命令，将没追上李浚的人给千刀万剐！(《明宣宗实录》卷20;【清】查继佐:《罪惟录·汉王高煦》列传卷4)

没放一枪一炮，从小就喜欢张扬且不计后果的朱高煦在乐安城里的瞎折腾，顿时间成为地球人都知道的汉王谋反了。再看明宣宗朱瞻基不露声色，只是下令整饬军队，做好军事准备，却没有明确表态要马上去征讨汉王，甚至更让人一头雾水的是，他文绉绉地给叛乱叔叔写了封信，让宦官侯泰送往乐安去。信是这样写的：“昨天你的护卫枚青来跟我说，叔叔您有督查朝廷改过的举动，我还真不相信啊，但因为考虑到会不会是小人从中挑拨离间，所以我就不得不向叔叔您先通报一下。如今我父皇的至亲，就您与赵王两位叔叔了，我所依赖的也就是您和赵王两位叔叔。天地神明鉴临在上，我即位以来哪有一丝一毫忤逆叔叔您的心愿？可是小人们却挑拨离间，无中生有，以至于今天我不得不要向叔叔您表明我的心迹，揭露谗言制造者的虚妄。考虑到我军民中有可能谣言四起，人们惊恐不安，或许有小人乘机发难作乱，侄儿我就不得不略微做些提防，惟叔叔明鉴。昔日皇祖宾天时，也曾有小人制造谣言离间我们，全赖父皇与叔叔同父母所生、至亲的份上，彼此没有怀疑，而小人之奸计也就没法得逞。如今此辈小人又来离间我们叔侄了，惟叔叔明鉴此事，此乃国家之福分，也是我们皇家宗室的福分。”(《明宣宗实录》卷20)

朱瞻基的这封信写得实在有水平，柔中带刚，绵里藏针，就如当年他皇爷爷朱棣造反开始时写给建文帝的那般。他装聋作哑，将叔侄之间即将开启的兵火之争归咎于谁也说不清的“小人”，扯出皇爷爷，扯出父皇与叔叔同根生，以血缘亲情来呼唤朱高煦的良知，顿时间无形之中将自己置身于“纯孝”的高度。要是叔叔你还敢不听，或有一点点的过激行动，休怪侄儿不客气，因为我朱瞻基已经做到仁至义尽！由此观之，朱高煦与朱瞻基绝非同一等量级的对手。

朱瞻基信写好送走后，从山东逃亡过来的军民人士越来越多，据说好多人不约而同地来到北京明皇宫大殿外，向朝廷报告汉王之变，恳请皇帝朱瞻基迅速派军平乱。可宣德皇帝还是没有明确表态要出兵。

◉ 东施效颦——第二次“靖难”之役？

就在这时，朱高煦却派了百户陈刚到北京，送来了一封书信，而正是这封书信彻底地撕破了宣德朝君臣叔侄之间的“脉脉含情”，顿时将大明帝国推向了内战的边缘。那么这封书信到底为什么有这么大的后果？

朱高煦在信中首先指摘明仁宗为政不当，将诰敕和封赠颁给了文臣，这违背了洪武与永乐两朝定下的“祖制”；而皇上你修理南巡帝殿也属不当，应该立即改过。他还指斥宣德朝廷出了奸臣了，奸臣之首就是夏原吉。要朝廷迅速交出奸臣，并杀了他们。否则的话，别怪我汉王不客气！朱高煦还将相同内容的书信“复制”了好几份，送给了京师公侯大臣，痛斥当今皇帝与朝政，并扬言自己已在各交通要道分兵把守，防止奸臣们逃掉。

知道“靖难”之役的读者朋友看到这里可能会忍俊不禁，这朱高煦造反的借口分明是学着他父亲的那套鬼把戏——当今皇帝与皇帝的父亲都违背了“祖制”，朝廷出了奸臣，我朱高煦马上就要起兵，“恢复祖制”，诛杀奸臣。从小就一无学成的人懂得最最多的就是依葫芦画瓢，他从来没有真正意识自己的政敌对手可不是当年那个文弱的书生皇帝朱允炆了，而是十分精明、果敢又城府甚深的明宣宗朱瞻基。

朱瞻基读完朱高煦的来信后自言自语道：“高煦叛乱，天地祖宗在上，都看到了证据！”随后他一边将朱高煦的书信交给群臣传阅，一边长叹道：“这是我大明帝国的不幸啊！”而后他命令行在兵

部将朱高煦谋反之事向内外人士张榜公示。(《明宣宗实录》卷 20)

不过,至此,明宣宗还没有马上要出兵山东乐安的意思,相反他似乎在静静地等待着什么事。几天后有人来报,宦官侯泰回京了!朱瞻基下令让他马上来见。

这个侯泰就是前面我们讲过的替皇帝朱瞻基送信到汉王府的那个宦官,因为是皇帝身边的近侍,汉王听到这个特殊皇使要来,就显得格外的激动。当侯泰传达宣德皇帝的敕谕时,朱高煦不仅不跪拜,相反,学着皇帝的模样面南而坐;当侯泰正要递上宣德皇帝的书信时,朱高煦傲慢地一把抓到手上,随即浏览了一遍,然后就问侯泰:“朝廷知道我起兵吗?”侯泰说:“朝廷上下虽然有好多人在讲这事,但因为汉王殿下您是至亲,皇帝陛下一直不相信这事是真的。”朱高煦说:“侯泰,你是旧人,应该知道我起兵的缘故吧?”侯泰说:“奴才不知。”朱高煦说:“我有什么对不起朝廷的,想当年‘靖难’之役时,要不是我拼死拼活,燕军最后能不能取胜,都是个未知数。太宗皇帝听信谗言,将我的护卫军从 4 个卫削到了 2 个卫,并把我撵到了山东乐安来,当什么破藩王。仁宗皇帝表面上对我很好,却迟迟不给我恢复护卫军的那 2 个卫,也不给我换个大城池做藩,仅拿些金银绢帛之类的东西想来堵住我的嘴,殊不知还不够填我的牙缝。而当今皇上刚刚即位就开口闭口大谈遵循祖宗旧制,他的意思是要维护现有的一切,就是要我朱高煦在乐安这一个腿脚都伸不直的破地方呆上一辈子?”说到这里,朱高煦气呼呼地领着侯泰在军队中走一圈,一边走一边指着耀武扬威的汉军说:“你看看我们汉军,足以横扫天下了吧!我已经派人进京给侄儿皇帝送去书信,侯泰你也给我赶紧回去向皇帝回报,叫他赶紧先将奸臣给我送来,然后再考虑开出的其他条件。”这时有人来到跟前报告说:“汉王殿下,听说朝廷派了专使给我们送骆驼和马匹以及袍服,可闻听汉军的威势后他们就吓得半路折回了。”朱高煦刚听完就放声大笑:“我本来就知道他们胆小,现在朝中那些人可能吓得要尿裤子了吧!”说完又一阵狂笑。

朱高煦的这一小把戏果然有效,跟随他一起视察汉军的宦官侯泰吓破了胆,连滚带爬地从乐安逃回到了北京。宣德皇帝听说侯泰回京了,马上找他来见,开口便问:“你到乐安去送书信,汉王朱高煦怎么说?”侯泰说:“汉王一无所言。”宣德皇帝又问:“汉王军队治理得怎么样?”侯泰说:“奴才没看见。”朱瞻基心里顿时犯起嘀咕:“怎么可能？朱高煦是爱招摇的人,如今已经公开要造反了,他无论如何不可能不在朝廷专使面前摆一摆自己的威势与实力!”想到这里,他转过头去对身边的侍臣说:“侯泰这小子心怀二心!”说完他下令将跟随侯泰一同出使乐安的锦衣卫官找来问话,这才了解到皇帝特使乐安之行的详情,朱瞻基听完后当即发话:“等汉王之乱平定了,我一定要收拾侯泰这个小人!”(《明宣宗实录》卷20;【清】谷应泰:《明史记事本末・高煦之叛》卷27)

侯泰胆小或许是真的,但仔细想想近来朝堂上大臣们在谈到汉王朱高煦之叛时,好多人都沉默不语。宣德皇帝觉得:火候差不多了,跳梁小丑之丑也大白于天下了,要是我朝廷再不迅速采取军事行动的话,可能会有更多的“侯泰”站到观望的立场上去,这样就会弄巧成拙,破坏了自己原先的计划！想到这些,朱瞻基召集朝廷群臣,共同讨论对朱高煦叛乱的用兵问题。大臣们观点一致的是,对汉王之乱必须进行军事征讨,但对于委派谁为主帅却产生了很大的分歧。一部分大臣认为:阳武侯薛禄曾参与“靖难”,又多次跟随永乐皇帝北征,且较长时间里主持一方军事。太宗皇帝突然驾崩时,他稳定了北征军,顺利返回北京,这样的军事首领完全堪当平定汉王之乱的军事统帅。可大学士杨荣却坚决反对,他说:“皇上独不见李景隆事乎?”(【清】谷应泰:《明史记事本末・高煦之叛》卷27)

◉ 大明朝又要皇帝亲征了!

杨荣是个机敏果敢的人,说话十分有水平,其潜台词是:陛下,当年建文朝派了外戚重臣李景隆统兵北伐,因为被征讨者是皇帝的叔叔,即使将他围死了,一般人也不敢把他怎么的,这就是后来燕王成了打不死的活阎王的主要原因啊。而如果皇帝亲征了,战争中要是碰上了反叛叔叔,就完全可以君臣之礼制来震住和制止他。一句话,现在我们宣德朝正在重演建文朝的事情,要想获胜只有皇帝您亲征了。

可宣德皇帝毕竟刚刚上台,战场上二叔的野蛮、残忍与诡诈他也耳闻过，人们常说："水火无情。"其实何止水火，战争也无情。一旦开战，稍有闪失，后果不堪设想，自己费尽心机提速夺得的皇位甚至性命都会在瞬息间化为乌有。所以杨荣的主意再好，宣德皇帝听了还是觉得十分为难。沉默了好一阵子，他回过头去看看身后边的重臣夏原吉，其意思是夏爱卿你的观点？夏原吉赶紧摘下官帽叩首谢罪："罪臣夏原吉罪该万死！"宣德皇帝说："夏爱卿您何罪之有，叛逆朱高煦指摘您为奸恶之首，只不过是寻找起兵谋反的借口，朕与夏爱卿休戚与共！"皇帝这么一表态，经历过建文末年"壬午殉难"的夏原吉顿时心中的石头落了地，只见他不紧不慢地向宣德皇帝一一道来："陛下，杨荣的主张十分正确，应该您亲征！过去发生过的事情为我们提供了一面镜子，万万不能随意地丢弃！昨天陛下要任命薛禄将军为主帅，小臣发现薛将军的脸色全变了。退朝后他与小臣等讲讲话，讲着讲着他就哭了起来。因此小臣认为，薛将军等都不能作为征讨叛乱的军事统帅，军事统帅非陛下您不可！况且从军事战争角度来讲，兵贵神速，陛下您应该调集军队，迅速出发，一鼓作气，直捣乐安汉王叛乱老巢，此'所谓先声有夺人之心也'；倘若陛下您任命军中将领为征讨军的统帅，恐怕就不一定能成功了，杨荣的话是十分有见地的！"(【清】谷应泰:《明史记事本末·高煦之叛》卷27)

经过近侍重臣的多次分析论证，朱瞻基终于下定决心要亲征。亲征就是皇帝挂帅出去打仗，要说打仗，朱瞻基过去不知搞过多少军事演习，也曾跟随皇爷爷北征，可真的要自己上阵了，还不得不要向永乐朝的老英雄尤其那个在安南战场上屡战屡胜的"无敌将军"张辅多多请教。宣德皇帝想到这里，马上下令召太师、英国公张辅入宫，商讨亲征之事。

一见到张辅，朱瞻基便说："高煦逆贼背弃祖宗，图谋造反，朕不得已将率兵前去讨贼。张爱卿，你是当今大明的第一将军，又是我皇家的贵戚，亲征期间军中一切机务，还望张爱卿为朕多多把关啊！"皇帝话音刚落，张辅立马拱手作揖，并这样说道："高煦逆贼空有篡位之心，外表看起来十分凶悍，但骨子里却十分怯懦，现在围在他身边的这些人几乎没一个能谋善战的。小臣恳请陛下拨20 000将士，保证能迅速地将高煦一伙逆贼擒获，毋庸烦劳陛下您亲征了!”朱瞻基听后笑呵呵地说:“朕知道张将军智谋双全,就凭爱卿您带些将士就足够将高煦逆贼擒获了。只是朕刚刚即位,朝廷内外还有不少小人心怀二心,如果朕不亲征,就不足以慑服他们! 因此朕决定,必须亲征!”随后宣德皇帝下令给“诸将严各城守备”,北京尤为至关重要,全城实行戒严,朝廷派人搜索城中潜伏的汉王府奸细,并许诺:奸细自首的不仅可以免罪,而且还可以得到政府的赏钱。(《明宣宗实录》卷20)

与此同时,宣德皇帝进行全面军事布防,敕遣指挥黄谦,同总兵、平江伯陈瑄防守淮安,防止朱高煦被打时狗急跳墙向南逃跑;命令指挥芮勳严守居庸关,以防北方之不测,“令法司尽弛军旗刑徒从征”。随后又“命定国公徐永昌、彭城伯张昶守皇城;安乡侯张安、广宁伯刘瑞、忻城伯张荣、建平伯高远守京师……命丰城伯李贤、侍郎郭琏、郭敬、李昶督军饷;郑王瞻埈、襄王瞻墡留守北京;广平侯袁容、武安侯郑京、都督张升、山云,尚书黄淮、黄福、李友直协守;少师蹇义、少傅杨士奇、少保夏原吉、太子少傅杨荣、太子少保吴中、尚书胡濙与张本、通政使顾佐扈行;阳武侯薛禄、清平伯吴成为先锋”(【清】谷应泰:《明史记事本末·高煦之叛》卷27)。

经过一番精心布置与准备,宣德元年八月辛未日,朱瞻基“以高煦之罪,告天地宗庙社稷山川百神”,“率大营五军将士”从北京启程,向山东乐安方向进发,宣德朝皇帝亲征由此开启。(【清】谷应泰:《明史记事本末·高煦之叛》卷27)

一路上皇帝朱瞻基没忘自己的政治形象宣传和心理攻势,他假装幼稚和好问,边走边与侍臣聊了起来:“汉高祖刘邦当皇帝后封了宗室刘濞为吴王,但他又说刘濞有反相,后来到了他的孙子汉景帝当政时,吴王刘濞果然起来造反了。永乐年间我家皇爷爷说,高煦有不臣之心、篡位之志,不能将他的藩邸分封到大城池去,故而将他安排在容易掌控到的山东乐安。嗨,现在高煦果然也反了,为什么汉高祖与我家皇爷爷料事这么神啊? 当然,刘濞造反多少还有点理由:一来当年汉景帝当太子时与吴王刘濞儿子发生争执,失手将人给打死了;二来汉景帝一上台就着手削藩,他采纳了晁错的削夺之计,让对方找到了起兵的借口。但朕对待诸王一向很优厚,譬如汉王吧,他是我家父皇的亲弟弟、大明皇家至亲,朕待他尤其优渥,可他为什么还要造反呀?”侍臣回答说:“高煦逆贼心怀反志,已非一日,即使陛下您用天大的恩德去感化他,他也不会动心的!”

朱瞻基听后点头称是,然后又问:“诸位爱卿,你们来一起分析分析看,高煦逆贼听到朕亲率大军前去讨伐,他会做出如何的应对策略呢?”有大臣说:“乐安城小,没有作战的回旋空间,逆贼高煦很可能带兵先去攻占济南,并以此作为巢穴与我圣上大军对抗。”也有人认为:过去朱高煦一直不肯离开南京前去就藩,现在很有可能他领兵南向。朱瞻基听后不以为然,他说:“在朕看来,你们这两种分析的可能性都不大。济南虽然距离乐安很近,但不易攻破,况且我朝廷大军正在逼近,他们根本就没法花费时间去攻打济南城;至于向南流窜,大家想想,高煦逆贼纠集的那帮子人及其汉王府的护卫军,他们的父母、妻子与儿女等家眷都在乐安城,怎么会轻而易举地跟着逆贼高煦逃亡南京去呢?况且高煦临事决断往往是狐疑不定,外多夸诈、内实胆怯。如今他之所以敢这么猖狂,一来欺朕年轻且刚即位,人心尚未完全附服;二来他估计朕不会亲征,最多就派个将军,领兵前来征讨,他便可用大话诳语来恐吓或厚利诱惑,侥幸取胜。殊不知这次偏偏是朕亲征,那帮子乌合之众一旦听到了消息,想必已经是惊魂落魄了,怎么还敢出来应战呐?!更何况现在天下太平,有人无故肇启祸端,荼毒生灵,天地祖宗会饶了他吗?你们看好,朝廷大军一到那里,逆贼高煦即刻便可擒获!”(《明宣宗实录》卷20)

朱瞻基与随征大臣们正讨论着军事形势,忽然有人来报:从乐安逃出来的人络绎不绝地前来归降朝廷。宣德皇帝传旨,召见他们。在归降者中有个乐安护卫军校掌握的情况比较详细,他说:“朱高煦建立五军后,就与山东都指挥使靳荣约定好,先攻取济南作为根据地。不料这事给山东按察司、布政司的官员发觉了,他们制约靳荣,靳荣无法按约发兵,攻打济南之事也就成了泡影。”有归降者说:本来乐安知州朱恒主张,避开朝廷大军的重压,让朱高煦带领精兵迅速南下,攻占南京,因为明仁宗临死前就宣布还都南京,所以说占领了南京无论在政治上还是舆论上汉王朱高煦谋反之事就成功了一大半。但朱恒此论一出,迅速遭到了众人的反对,到南方去，家眷都在山东的将士们可不乐意！又有人描述：朱高煦起初听说朝廷委派薛禄领兵前来征讨，他高兴得不得了，顿时就手舞足蹈起来，并说："薛禄这人容易对付！"但听到皇帝陛下亲征了，他就像个泄了气的皮球。(《明宣宗实录》卷 20)

◉ 军事大战尚未开启，心理战先行

听了从乐安过来的消息后，随征大臣们便向宣德皇帝叩首说道："陛下圣明，料敌如神，看来高煦逆贼不足平矣！"朱瞻基听后十分认真地说："困兽犹斗，不可轻视啊，卿等应该多多谨慎！"说完他下令对乐安来的归降者进行厚赏，让他们带上朝廷谕文，回乐安去张榜公示。另外宣德皇帝还写了一封劝降信，实施心理战。信写好后叫人送到乐安城里去，交给汉王朱高煦。劝降信是这样写的："很长一段时间以来，人们都在说：汉王谋反了！朕始终不相信，直到汉王你给朝廷上奏，指东说西，指南说北，朕才知汉王你在作孽，构祸生灵，危害社稷。朕今天前来兴师问罪，不得已啊！汉王，你是太宗皇帝之子、仁宗皇帝的亲弟弟。朕即位以来事事以礼相待叔叔你，不亏毫发，就不知叔叔你今天为何还要造反？自古以来经常有小人为了图谋自己的荣华富贵而不遗余力地唆使主子造反，一旦事情不成了，他倒过来反咬主子一口，苟且图存，这样的例子实在是不胜枚举。现在我朝廷军队已经逼近乐安了，汉王若能悔悟改过，抓住密谋造反的倡议者，送交我朝廷，朕对汉王以前所犯的过错，一概不予追究，恩礼始终，汉王仍不失为我大明的宗藩，而你的子孙后代可以永保封国，此乃善之善者也。倘若汉王你执迷不悟，甘与小人同死生，或出兵对抗我朝廷大军，或固城坚守，将希望寄托于只有万分之一的侥幸上，你说你能保证成功吗？况且乌合之众稍稍碰到一点不利的情势，我朝廷大军就能迅速地将他们擒获。还有一种情况也不是不可能发生，那就是你的部下要是贪图朝廷的丰厚赏赐，将你当做奇货一般，献给朝廷做交易，到那时，汉王你还有什么面目来面对世人呢？朕即使想保全叔叔您，但也不能啊！叔叔读了不少书，了解了古往今来有许多的例子，将祸害转变为幸福也就在那反掌一瞬间，希望你好好地权衡一下！"(《明宣宗实录》卷 20)

宣德皇帝给朱高煦的劝降信送走没多久，前锋统帅阳武侯薛禄派人送来急报："朝廷先锋部队已经抵达乐安城下，朱高煦约定明日出战。"宣德皇帝当即下令，全军加速前进，边吃边行军，务必在天明之前赶到乐安。这时随征文臣尚书蹇义、夏原吉、大学士杨士奇、杨荣等向皇帝进言："我军已经进入敌境，尤其应该小心谨慎。古有戒条：军事行军每天至多不能超过三十里，现在我军要连夜行军，更有皇帝陛下您亲征在内，这是极不可取的啊！"英国公张辅、安远侯柳升等亦进言道："我军的前锋部队已经抵达乐安，逆贼高煦等肯定知道我大军就在后头，要是他们在林间设下埋伏，趁我们不备之际发起攻击，那可不妙了。更何况百里趋利，在兵法上为大忌，恳请陛下稍稍歇一歇，多派些人先侦察一下，要是没什么问题再继续前进！"可皇帝朱瞻基不听，他自有主张："常言道：兵贵神速，如果我朝廷大军迅速抵达乐安城下，高煦一伙逆贼不就成了陷阱中的老虎，空有锋利的爪牙，却无法发挥其作用。再说高煦纠集的这帮子逆贼虽然亮出了反叛的旗号，但从根本上来讲是些乌合之众，大多人骨子里都怀着疑惑与贰心在观望，听到我朝廷大军开来了，说不定早就开始乱作一团，自顾不暇，哪有什么心思设埋伏来攻击我们，诸位爱卿毋庸多虑！"(《明宣宗实录》卷20)

朱瞻基的判断是对的，朝廷大军一夜急速行军居然没碰上一个敌人，这样就在第二天的拂晓之际赶到了乐安。只见乐安城上空黑气沉沉，犹如死灰一般。宣德皇帝命令诸将，让开乐安城的四个城门，以便双方交战。

再说此时的朱高煦在心腹王斌等人的簇拥下登上城墙，命令手下兵士摆起火炮，正准备发射。没曾料到朝廷军队的四门神机铳炮声如打雷般地将炮弹打到城头上来了，说时迟那时快，城头上围聚在城堞里的汉王兵士们赶紧躲闪，眼睛里布满了惊恐不安的神色，两腿不停地发抖，想逃但又不敢跑，因为他们发现朱高煦等人正在监视着。再说此时城下的朝廷将士，个个都如猛虎一般。他们争先恐后地向上请命，就想一鼓作气地平了乐安城。不过宣德皇帝没同意，因为他考虑到，以朝廷军队的这样猛烈攻势，势必会伤及很多的无辜百姓，所以他当即下令，暂缓炮轰，派人给朱高煦送去了一道敕谕，敕文这样说道："前一阵子，山东都司、布政司、按察司及卫所、府、州、县衙门的官员邓真等人以及你的护卫军校余丁、枚青和老百姓代表500余人都上奏说，你谋反了！朕一直不相信，等看到你派陈刚送来的里边有大肆污蔑皇考及朕本人的书信后，朕才不得不信汉王你确实造反了。以祖宗之重托和天下生民之大计，朕不得不亲征。现在我朝廷大军已到了你们乐安城下，你却既不亲自来朝见，也不派遣护卫和汉王府官员来拜谒，这不仅仅是目无君上，而且还想负隅顽抗。朕诚心待你，更想成全你。你要是能战就战，不能战就赶紧到朕之军门前陈清情况，这样尚能保全；要是再怙恶不悛的话，城破之日，一切都将晚矣！”

接到侄儿皇帝的敕谕，朱高煦还是不理不睬。这样等到中午时分，朱瞻基终于耐不住了，下令再给对方发了一道敕谕，其主要内容是：“前番敕谕中该讲的都讲了，朕在此不再重复了，希望汉王叔叔你能好好地审时度势！”随后他又下令，让手下人将劝降敕谕裹在箭上，射到汉王军阵中去，劝告他们马上投降，就有享不完的福气，否则的话就会后患无穷。

要说这宣德皇帝果然不赖，他的这一招心理战十分有效。看到皇帝的劝降敕谕后，乐安城中的许多人开始活动开心眼，想抓住朱高煦，献给朝廷。目睹人们的交头接耳，再看看皇帝的敕谕，已经狼狈失据的朱高煦犹如惊弓之鸟一般，怎么办？打还是降？他焦灼地盘算。无赖的本性在此关键时刻再次发挥了作用，转着那骨碌碌的老鼠眼，朱高煦的头脑中蹦出了这么个主意：打是肯定打不赢朝廷军队的，至于跟随谋反的那些铁哥儿们，我现在也没法顾得上他们了，算了，好汉不吃眼前亏，先降了再说。想到这里，他就派了最为贴心的手下人偷偷地溜到宣德皇帝的营帐里，表示愿意投降，但要求皇帝给一个晚上的时间，让他与家人和妻子们道个别，明天一早就亲自到军门前来谢罪。皇帝朱瞻基答应了，而就在这天晚上，朱高煦将多年来打造的兵器和密谋造反的往来书信集中起来一一销毁，乐安城里整夜火光冲天。(《明宣宗实录》卷20)

◉ 兵不血刃平定高煦之乱

第二天，按照与宣德皇帝的秘密口头约定，朱高煦撇开众人，偷偷地朝着宣德皇帝营帐驻扎地乐安城南走去，偏不巧在路上遇上了铁杆追随者王斌。王斌见到一脸狼狈且往城南匆匆赶去的主子，立马就明白了一切，不过出于自己的忠诚，他还是提醒主子："汉王殿下，我们宁可一战而死，也决不能做别人的俘虏啊！"谁知朱高煦厚着脸皮欺骗王斌说："我没想去投降呀，今早出来就想视察一下军情，马上就回去！"说完朝着自己的汉王宫方向走去，走着走着，他发现王斌一行人果真给他骗过去了，于是乘人不备从小路溜出了乐安城。但他刚走出南城门，就被朝廷军队逮住并押送到了宣德皇帝的面前。(《明宣宗实录》卷 20)

一个恶贯满盈的无赖在宣德皇帝的军事与心理双重攻势下不战自降了，随征的满朝文武既欢欣鼓舞又义愤填膺，他们纷纷要求宣德皇帝立即杀了这个双手沾满了鲜血的恶赖。可朱瞻基似乎还不愿这么做，他说："高煦逆贼不义，果然死有余辜，只是我大明《祖训》自有对待宗藩亲王的成法！"但大臣们还是坚持要立即杀了朱高煦，并提醒道："陛下，《春秋》之法，大义灭亲！"宣德皇帝还是没接受，只是令人取出群臣上呈的弹劾朱高煦的奏章，扔在地上。只见双腿跪地的朱高煦浑身发抖，颤颤巍巍地一个接一个拣着奏章看，发现全是要杀他的，顿时就魂飞魄散，头像捣蒜泥似地没命地磕着，嘴里不停喊着："臣罪该万死，生死惟您皇上吩咐！"见到精神防线已近崩溃的朱高煦那副赖相，宣德皇帝立马下令，让他修书一封，招降他的几个儿子；又传令给汉王亲信内侍，叫他们回到汉王府去，安慰、劝谕府中女眷。与此同时朱瞻基还下发诏令：朝廷只治罪于汉王造反的同谋犯，对于胁从者一概不问。这诏书下得还真够及时且很有水平，原本混乱不堪的乐安城一下子就安定下来了。没多时，高煦之乱的同谋犯王斌、王彧、韦达、朱恒、钱巽等数十人都一一被捕。随后宣德皇帝下令改乐安州为武定州，由吏部引选武定州官，并留下阳武侯薛禄、兵部尚书张本及御史、给事中等官抚安军民，自己则率领大军、押着朱高煦一伙叛逆班师回朝。大明历史上有名的平定高煦之乱几乎在兵不血刃的情势下取得了巨大的胜利。(《明宣宗实录》卷 20)

至此，事情尚未完全结束，宣德元年九月，朱瞻基率领大军回到北京，随即展开对朱高煦叛乱案件的处理，"命公、侯、伯、都督、尚书、侍郎诸大臣杂讯”，最终审理判定“高煦逆党王斌、朱恒、盛坚、侯海、钱巽、钱常、井盛等凡六十余人皆伏诛”，“其他知而故纵与藏匿叛人皆应死宥充边军者一千五百人，为民于边者七百二十七人”(《明宣宗实录》卷21)。

◉ “逍遥城”内真逍遥，侄儿将叔叔活活烧成焦炭

也就是说，总计大约有2300号所谓的同谋犯被宣德朝廷判处死刑或戍边充军，而首犯朱高煦和他的儿子们——大明皇家高贵血统的子孙们却被明宣宗十分优渥地“圈养”了起来。宣德皇帝下令北京行在工部在西安门内处新作馆室，人称“逍遥城”，皇帝的叔叔、婶婶们与堂房兄弟们等都被一一驱赶到里边，饮食服饰等待遇一如以前(《明宣宗实录》卷21)。就像当年朱瞻基爷爷朱棣对待李景隆家族一般。不过朱高煦一家男女杂处，是否像永乐朝第一大功臣李景隆家那样自由乱配，那就不得而知，因为《明宣宗实录》等明代官书中没作有损于一代圣主“嘉德善行”的任何记载。

倒是明清之际史学家谷应泰记下了这么一件事：大致宣德四年四月，曾经在“靖难”之役中被朱瞻基爷爷朱棣挟持而后一直心怀不满的宁王朱权开始抖发余威了，他十分耐人寻味地上书给侄孙宣德皇帝，要求他赦免朱高煦。宁王朱权的上书虽然遭到了拒绝，但也勾起了朱瞻基的一个念头，他想去看看关了已经三年多的二叔他们到底呈啥样？

有一天朱瞻基带了几个内侍来到了西安门内处的“逍遥城”，看着昔日张狂透顶的汉王朱高煦与他的小崽们如今被关在“城”内，就形同皇家动物园内的动物一般，宣德皇帝顿时走了神，冷不丁地被无赖二叔朱高煦伸出的一条腿勾了个狗吃屎。这下可把朱瞻基惹得勃然大怒，他当即下令，叫上几个大力士抬来一口重达300斤的大铜缸，一下子就将朱高煦给罩住了。哪知力大无比的朱高煦顿时又将大铜缸给顶了起来，并发出了令人恐怖的奸笑。火上加火的宣德皇帝于是命人在大铜缸上堆上柴火，点火焚烧。烧了很久，只听得缸内不断地发出鬼哭狼嚎般的惨叫，直到后来大铜缸都被烧溶化了，不用多说，朱高煦早就被烧成了灰炭。与此同

时，朱高煦的几个儿子也被一一处死了，曾经显赫一时的明初汉藩至此终于被翦灭。(【清】谷应泰：《明史记事本末·高煦之叛》卷27)

◉ 前因后果："靖难"之役——高煦之乱——宁王之乱

不过高煦之乱留给人们的思考却远没有结束，尽管在台上胡蹦乱跳的小丑是汉王朱高煦，但真正制造这出闹剧的罪魁祸首却另有其人。说远一点，明朝藩王之乱的始作俑者是老魔鬼朱元璋，说近一点就是永乐朝魔鬼的天才皇帝，尤其这个庶出皇子朱棣通过"靖难"军事反叛和惨绝人寰的杀戮手段篡得了皇权，为自己的后代子孙开了一个极坏的恶例，其直接影响为宣德朝发生朱高煦之乱，间接影响为正德朝发生宁王朱宸濠之乱。尽管后来的藩王之乱都没有形成很大的气候，但他们的谋反手段几乎都是朱棣造反的翻版，尤其是高煦之乱，几乎完全套用了朱棣的手法，什么另立五军制、什么"靖难"与诛杀奸臣，让人一看便知跳梁小丑又要东施效颦般地折腾了。明朝后来的这些藩王之乱都没成功，不说宁王之乱时大明藩王权力已大为削弱了，就讲宣德时期的汉王之乱纵然来势汹汹，却终以虎头蛇尾地草草收场。究其根本，那就是朱高煦没有父亲朱棣的那般神秘莫测的魔鬼手段与天才皇帝的胆识，他所做的只是机械地照搬父亲的把戏，依葫芦画瓢，弄巧成拙，最终作茧自缚，自取灭亡。

相比之下，一手由魔鬼皇帝调教出来的明宣宗，虽然是朱高煦的侄儿晚辈，但他的身上却处处隐现出魔鬼的天才皇帝的潜影。他一次次地公开发出诏令、敕谕和作政治秀，表示自己如何厚爱叔叔，不相信亲叔叔谋反，直到朝廷大军到达乐安兵临城下时，他还一而再再而三地发送书信，表示自己不得已才兵戎相加，让人感觉新皇帝已经仁至义尽。这样就将小辈攻打长辈在舆论与传统道德上的劣势逐渐地转变为优势，并时不时地搬出皇爷爷的"汉王有异志"之"祖训"，将平定高煦之乱一下子靠上了"祖训"之谱，这就赢得了当时的最高权威性。仔细想来，这个大明帝国第五任天子实在厉害。

其实朱瞻基的厉害在平定高煦之乱时只是小试牛刀，更多、更精彩的谋略与智慧决策还在后头，譬如他在削夺赵王朱高燧势力时就表现得尤为恰到好处。

● 恩威并施　消弭“赵患”

赵王朱高燧跟侄儿皇帝朱瞻基之间本来没什么大的恩怨情仇，要说有的话也可能是赵王与朱瞻基的父亲朱高炽之间结下过梁子。

◉ “含情脉脉”的皇家兄弟与皇家叔侄

我们前面说过，朱高燧是朱棣的三子，也就是洪熙帝朱高炽的三弟，此人排行老三，按理说与皇位基本上是无缘的，但他也很有野心，不过此人胆子小，所以永乐朝他较少出面单干，而是与二哥朱高煦合伙构陷大哥皇太子朱高炽。

永乐十五年，朱高煦被强迫之藩后，朱高燧逐渐形成了自己的小集团。并开始实施大阴谋，其心腹孟贤等人于永乐二十一年(1423)企图谋杀皇帝朱棣，然后拥立朱高燧为帝。不料事情败露，震怒的朱棣大声喝问：“这是你干的吗?”朱高燧吓得魂飞魄散，幸好仁厚的皇太子朱高炽在旁竭力地为他求情开脱，最终才算平息了一场风波。

永乐皇帝驾崩以后，朱高燧曾经竭力陷害的大哥、皇太子朱高炽当即继承大统。或许出于感恩，或许出于对时势的清醒认识，朱高燧一改过去的敌对态度，在洪熙朝表现得相当积极和极度的配合。尤其是刚开始时，按照历代帝王继位的传统，完全控制局面的朱高炽数度“谦让”帝位，赵王朱高燧等马上上笺劝进，在劝进词中他称大哥朱高炽“皇太子殿下以嫡且长，以仁且贤，简在父皇圣心久矣，爰登宝位之初，首正储副之位，上以奉宗庙之重，下以系四海之望，于今二十余年。长兄皇太子殿下，恭敬孝友，上通于神明；忠厚宽弘，下孚于臣庶。天心所属，人心咸归。”(《明仁宗实录》卷1上)

在随后永乐二十二年九月请建皇太子的上表中，朱高燧称“皇太孙(朱瞻基)体居震位，资禀乾刚天实纵以多能，性允全于至孝，

问安视膳，克勤朝夕之恭，力学就师，乐有诗书之懿，足以继宗祖之禋祀，副中外之舆情。”(《明仁宗实录》卷2下)

而皇帝哥哥朱高炽更不赖，哪能亏待这位识时务的皇弟呐！先是命令大明工部专门为朱高燧在河南彰德营造漂亮的赵王府，后又册封了赵王妃，且赏赐不断，优渥有加。这下着实将朱高燧给感动得一塌糊涂。永乐二十二年十一月，朱高燧派了赵王府长史赵季通上北京向洪熙皇帝上奏说：“我赵王府一衣一食都是朝廷给的，细细想来怎么能白白坐拥三卫呢？更不要说我赵王府所属的三卫军士了，朝廷将他们配备给我，真是浪费了国家的粮饷啊！为此愚弟以为，应该削去我赵王府的常山左右二护卫官军，让他们去为国家戍边守卫，只留下中护卫一卫就足够我使唤办事了。”弟弟这么诚心与贤明，皇帝哥哥更是不会输在面子上，他无论如何不批准弟弟赵王的请求。哥哥不允，弟弟偏要，这样一来一回重复了三次，最后还是哥哥朱高炽实在推不过去了，就准了弟弟的上请，并回信说：“‘贤弟忠存社稷，忧在国家，河间东平之贤无以过矣，盛心不可以固违’，所以哥哥我只好答应您的请求了，让兵部将您的三卫削为一卫，‘惟兄与弟如手如足，铭著于心，何日忘之。’”(《明仁宗实录》卷4上)

血浓于水的兄弟之情，常人是可以理解的，但手足之间的心理洞悉，恐怕只有当事人才会真正明白。要说这个弟弟朱高燧就比二哥朱高煦聪明得多了，别人不知道我家皇帝哥哥的心思，难道我不知？就在削减赵王府两护卫的同时，洪熙帝利用修陵的机会又抽调了朱高燧仅留一卫中的3 000军士，前往天寿山为他们的皇帝老爸朱棣修建长陵。(《明仁宗实录》卷5下)洪熙元年三月戊寅日，洪熙帝“命赵王高燧之国彰德。”(《明仁宗实录》卷8上)

虽然后来皇帝哥哥将3 000军士还来了，但这些事情的背后动机是什么？从小就机灵的朱高燧早就想明白了，再亲的亲人，当了皇帝有谁喜欢手下的人拥兵自重呢?！尤其徒有架势地坐拥军事力量招人嫌，倒不如到地方上去做个富裕的安乐王。永乐二十二年十二月即将之国的朱高燧向明仁宗上奏说，他即将入住的彰德赵王府边上拥有100多间的原当地郡治衙门的旧房子，能否将其并入赵王府？明仁宗接报后，不仅爽快地答应了，而且还下令大明工部运木料、颜料、灰漆、砖瓦等到彰德进行大修。(《明仁宗实录》卷5下)洪熙元年三月,赵王朱高燧又上奏说,他到彰德就藩走得匆忙,在北京王府里撂下了12万石禄米,来不及运走,恳请皇帝陛下派遣官军将它们运到彰德来。明仁宗又答应了赵王的请求,但出于"恤民"的角度,他下令让彰德地方官府支付12万石米给朱高燧,而将北京赵王府内留下的禄米转给大明官方使用,"庶几两便。"(《明仁宗实录》卷8下)

"你有情,我有义",洪熙朝朱高燧与他的皇帝哥哥各打各的算盘,各取所需,双方都是赢家。可是好景不长,一年不到,"疼爱"自己的皇帝哥哥朱高炽连声招呼都来不及打就走了,转眼间端坐在大明皇宫九龙椅上的皇帝是自己的侄儿朱瞻基。虽然朱高燧与朱瞻基之间并没有像朱高煦与朱瞻基之间那般大的心理纠结,但在永乐朝朱高燧多次伙同二哥朱高煦构陷朱瞻基父亲,以及他的心腹亲信密谋毒杀永乐皇帝,这些阴谋要是得逞的话,哪有今天宣德皇帝朱瞻基,因此说朱高燧与朱瞻基之间的心理疙瘩或言仇隙还是有一点的。

这些事都是当时大明朝臣人所共知的,不过我们中国人向来讲究场面上的事,谁都不愿意在场面上失礼或在礼数上欠缺,宣德皇帝与他的三叔朱高燧也是如此。洪熙元年七月朱瞻基刚即位不久,赵王朱高燧就派遣指挥葛升奉表前往北京祝贺,宣德皇帝除了按照惯例赐钞二十锭、彩币二表里外,另外还加赐钞二百锭,彩币二表里(《明宣宗实录》卷3)。随后宣德皇帝以赵王"初之国故","赐赵王高燧田园八十顷有奇"(《明宣宗实录》卷4)。八月,又"赐赵王高燧乐工二十七户及乐器衣服"(《明宣宗实录》卷8)。

侄儿皇帝至爱三叔,三叔更是对新朝廷"赤胆忠心"。宣德元年六月有个走江湖的闯到赵王府内,神秘兮兮地打开他随身携带的包袱,只见里边有黄白两种画,一种画花,另一种画人,走江湖的边展示边胡吹乱侃,混吃混喝的江湖术士在民间随处可见,人们普遍的心态是见怪不怪。可赵王朱高燧不这么认为,他可不敢再越雷池一步了,逮住江湖术士,上表朝廷。朱瞻基得报后十分得意地跟侍臣说:"赵叔不得不言,假如赵叔不言,小人也会讲这事,这不是离间我们叔侄关系了!过去像这一类告发藩王府的事多得很。"

(《明宣宗实录》卷 18)

"赵叔不得不言"六字反映出明宣宗的极度自信,那么他为什么这么自信?赵叔不说,小人会讲,这小人是谁?政治家说话常常会让人云里雾里。不过作为叔叔的朱高燧还是十分清楚自家侄儿的,他可是魔鬼的天才皇帝一手调教出来的好学生,又是极有城府的洪熙皇帝的亲儿子,祖父和父亲的政治家品质在朱瞻基身上合二为一。朱高燧始终警惕着,与中央朝廷保持着高度的一致,并时不时地表现一番。宣德元年七月,朱高燧上奏说:"现在我已经就国彰德,原来在北京广有仓存有的禄米八百五十石没什么用了,恳请朝廷将它收为国有。"叔叔这么忠心爱国,侄儿皇帝岂能亏待他呀?朱瞻基找来户部尚书夏原吉,这样说道:"我大明开国建制,经济支出以米为主,赵王是朕的亲叔叔,如今他刚刚就藩,正需要用钱,可他要将自己存放在北京的禄米捐献给国家,你们户部姑且就收下,朕让负责南粮北运的平江伯陈瑄从漕运粮中拨出八百五十石直接送往彰德,这样岂不一举两得!!"(《明宣宗实录》卷 19)

亲哥哥当皇帝时朱高燧要哥哥派人将北京存放的禄米送到彰德去,亲侄儿当政时叔叔要将禄米奉送给朝廷,赵王朱高燧的心路历程走得很累很累,但识时务者还真不得不这么做!因为在宣德皇帝内心:"赵叔不得不言"或"赵叔不得不这么做"。即使如此谨小慎微,朱高燧仍难以消弭先前自己对朱瞻基父亲朱高炽的构陷与阴谋夺位所产生的间隙,这是当时大明帝国朝廷上下公开的皇家秘密。既然是秘密,那就不能乱讲了;又是公开的皇家秘密,那就更不是一般人在通常情况下所能讲的,它的窗户纸必须由与皇帝走得特别近的人来捅破,这个人就是明宣宗过去的老师陈山。

◉ 谁能告诉我:到底要不要废除这个唯一的藩王亲叔叔?

陈山与张瑛是朱瞻基为皇太孙、皇太子时的老师,朱瞻基即位后,陈山被提升为行在户部侍郎,后又"以东宫旧恩"入值文渊阁,兼户部尚书、谨身殿大学士等职。(《明史·杨士奇传》卷 148;《明史·宣宗本纪》卷 9,本纪第 9)

皇帝的老师,这可非同寻常之人,他可满脑子想的是学生皇帝所要想的事情。宣德元年八月下旬，就在明宣宗平定高煦之乱凯旋而归的途中，户部尚书陈山赶往河北献县之单桥迎驾，向学生皇帝朱瞻基进言："汉王与赵王原本就是穿一条裤子的，如今陛下扫平汉逆，理应乘胜移师彰德，擒获赵王，这样我大明方可高枕无忧！"(《明宣宗实录》卷20)

明宣宗听后心里十分赞赏，但在面上没有直接表露出来，因为他还没有完全拿定主意，于是下令召见机警又善谋的大学士杨荣来商议。明宣宗将陈山的话同杨荣重复了一遍，杨荣当即表示赞成，并说陈山的建议乃为国家大计，最后提醒宣德皇帝，应该迅速采取行动！可明宣宗心里还是没有底，毕竟在洪熙朝和宣德朝开启以后，赵王并没有什么过错，要是去彰德擒拿赵王就得师出有名啊！因此他又找户部尚书夏原吉、吏部尚书蹇义来商量，两人都没对陈山与杨荣的观点提出异议。这时杨荣提议：先拟好一份敕书，然后派人迅速送往彰德去，将汉王谋反词连赵王之事予以直接告知，并谴责其犯有连谋之罪。随即我朝廷大军乘着班师之际，以迅雷不及掩耳之势袭击彰德，擒拿赵王。听完后明宣宗十分赞同杨荣的建议，当即传旨，让大学士杨士奇起草敕书。没想到杨士奇一口拒绝，且反问杨荣："做这样的事应当有真凭实据，难道天地鬼神也可欺骗的吗？再说敕旨要逮捕赵王以何合适的名义？"见到杨士奇居然敢违逆皇帝与自己定下的大计，杨荣顿时就来火了，对着杨士奇厉声喝道："此乃国家大事，你想阻挠吗？逮捕赵王的名义，只要让锦衣卫将被囚的汉王府人逮来审问一番，就以汉王造反与赵王同谋为借口，还怕找不到理由？"杨士奇立即反问："用锦衣卫审案得来的供状，怎么能让天下人心服?!"说完他就走了，去找大臣蹇义与夏原吉评说此事。蹇义听完了杨士奇对事情前后经过的描述后这样说道："当今圣上主意已定，大多数人也赞成这么做，你怎么能阻挡得了的！"蹇义话音刚落，夏原吉接着对杨士奇说："要是皇上听了你的话，现在不移师彰德，但日后万一赵王谋反了，就像永乐晚期指挥孟贤一伙密谋投毒那般，谁来负责？"杨士奇侃侃而论："现在赵王的情况与永乐朝那时有了很大的不同，永乐朝时赵王拥有三卫，势力还是十分强大的，可现在他只有一卫，两个卫已经在他大哥朱高炽时被削去了。更何况永乐晚年孟贤一伙的谋逆，赵王不一定知道实情，否则的话他怎么会到现在还好端端的？”蹇义听到这里，似乎意识到了杨士奇考虑问题的妥帖，于是追问道：“就如杨大人所言，那么眼下我朝廷应该怎么办？”杨士奇说：“为今之计，我朝廷应该优待赵王，如果有什么疑惑，就严加防范，以杨某看来，对于赵王不必过于担虑，这样做对我大明国家有利而无害！”蹇义与夏原吉又问：“杨大人所言极是，只是当今圣上特别信任杨荣，可能根本不考虑我们的意见，那怎么办？”

杨士奇听到这里，赶紧去找杨荣，并跟他这样说：“太宗皇帝只有三个儿子（另一个早殇，笔者注），当今圣上的亲叔叔只有两个，一个现在犯事了，罪不可赦；另一个没犯罪的那就应该厚待他，这样才能告慰皇祖太宗皇帝的在天之灵啊！”可杨荣怎么也听不进去。刚好另一个内阁阁臣杨溥也在场，他跟杨士奇说：“我与你的意见相同，我们两人去见皇上，让他千万不要移师彰德！”杨荣听到这里，赶紧改主意，抢先去找宣德皇帝，杨溥与杨士奇反而落在了后头。走到宫门口，杨荣因为宣德皇帝经常召见，宦官们就放他进去，倒是杨士奇、杨溥被挡在了门外。不过没过多少时间，宣德皇帝就下旨，召见蹇义与夏原吉，蹇义便将杨士奇的话转述给了皇帝听。朱瞻基听后怏怏不乐，但也不再说要移师彰德逮捕赵王了，而是下令车驾还京。（【清】谷应泰：《明史记事本末·高煦之叛》卷27）

明宣宗回到北京后反复思考杨士奇的话，越想越觉得有道理，越想越觉得朝廷决策应该客观、全面。可绝大多数大臣却不知道宣德皇帝的内心变化，就在审讯汉王谋反案的过程中，供述者词连赵王朱高燧和晋王朱济熿，但法司部门的官员不知道是否应该将其一并处置，于是就向宣德皇帝请示。明宣宗明确指示：“赵王虽然是汉逆朱高煦的亲弟弟，且一直有不臣之心，但就现在情势来看还是不要追问下去。至于晋王，自洪武中期开始到现在他的表现还算好，有人说他阴谋造反，到底有没有这回事，目前为止还无法确知，算了吧，也不要再追问下去了！”（《明宣宗实录》卷21）

但朝臣们还是不断地提醒明宣宗，应该迅速出兵彰德，将朱高燧逮到北京来。而宣德皇帝对于赵王等一些亲王拥有一定数量的军队还是时不时地感觉到了一种潜在的危险，究竟怎么办？有一天他想到了考虑问题比较周全的大学士杨士奇，于是下令召他入殿商议。见到杨士奇，朱瞻基就直接问道："现在朝廷上下议论赵王的人越来越多，杨爱卿你看怎么办？"杨士奇不假思索地回答道："今日皇家宗室中惟赵王朱高燧最亲，愿陛下保全他，不要受大臣们的议论所疑惑！"听到这里，明宣宗不停地点头，然后这样说道："我也是这么想的，皇父在世时最爱的就是三叔，况且朕现在也只有这么个叔叔，能不爱吗？只是要想个保全三叔的办法。"（【清】谷应泰：《明史记事本末・高煦之叛》卷27）

这个保全办法是什么呢？宣德元年十二月，行在户部四川清吏司主事李仪上奏，给宣德皇帝出主意，他说："赵王朱高燧曾经图谋不轨，现在他虽然表现出屈服顺从，大概是自我估量实力不够，但其谋反之心未曾泯灭。因此，为今之计，陛下莫若直接削夺他的护卫军队，抑制他的威权。而此时的赵王刚刚目睹了朝廷以雷震之势平定汉王之乱，谅他也不敢与圣上对抗。乘着这个良好时机，妥善处置赵王问题，则恩义兼尽，骨肉保全，朝廷没有宗室为乱之忧，宗社有磐石之固。"明宣宗看了李仪的奏章后，对侍臣说："汉赵虽为兄弟，但是兄弟亦有不同德。现在赵王之事不显著，我朝廷以什么合适的名目去削夺他的兵权呢？"说到这里，宣德皇帝突然发现自己无意识地说漏了天机，于是马上补充道："朕现在就这么一个叔叔了，理当优渥地对待他，以真诚之心感动他。李仪所讲的太离谱了，今后就不要再讨论这话题了！"（《明宣宗实录》卷23）

不愧为天才皇帝朱棣的好学生，明宣宗叫大臣们不要再讨论这个话题，可第二天在罢朝后他自己却向侍臣们率先提及了此事："昨天户部主事李仪上奏说，赵王过去曾有过异谋，要朕就此削了赵王的兵权。看来李仪这个人是忠于朝廷的，但就是他不识大体，不讲政治，不讲安定团结！"尚书张本没懂明宣宗的话，文不对题地说开了："永乐时孟贤一伙谋逆，赵王未必不知。高煦逆贼被逮后也供认了，赵王曾与他合谋造反，法司部门都掌握了口供与依据。陛下您笃厚亲亲，忍而不发，养痈长疽，万万不可！而李仪所言，为国尽心，还望陛下您圣断，赶紧采取行动，不要再迟疑不决了！"在旁的太子少保夏原吉听到这里忍不住开口了："陛下亲亲之恩至厚，惟保全三叔为是，但是大臣对朝廷的忠诚之言不可不考虑一下，只要处置得当没有什么不妥的，既不失亲亲之爱，又能完全消

除心腹隐患，这也可谓是另一种保全之道。”朱瞻基最终表态：“大家都别说了，朕的主意已定！”(《明宣宗实录》卷23)

◉ 朱瞻基恩威并施，平和解决赵王隐患

明宣宗的主意是找第一个提议保全赵王的大学士杨士奇商议策略，既然杨大臣最先倡议保全，估计他会有主意。

再说杨士奇与宣德皇帝见面后你一句我一言地密语了好一阵子，最终两人都觉得，与其现在藏着掖着，倒不如向赵王巧妙地摊牌，将群臣弹劾赵王的奏章全部送到彰德朱高燧那儿，让他自己看看。杨士奇同时向宣德皇帝建议：最好还给赵王写一封御笔书信，直截了当地挑明事情，这样赵王就不会疑惑不安了！(【清】谷应泰：《明史记事本末·高煦之叛》卷27)

与杨士奇商定后，心思缜密的宣德皇帝还想听听其他忠直老臣的看法。宣德二年正月丙午日，朱瞻基召见行在户部尚书夏原吉等大臣时这样说：“过去这四五个月里，诸位大臣数次谈论处置赵王之事，朕一概不接受。昨天又有几个大臣密奏这事，朕在想：人们都在议论赵王，赵王未必就不知道。朕虽然没说什么，但赵王免不了还要心怀疑虑，倒不如直接跟赵王打开天窗说亮话，这样他就不会疑虑了吧?!”宣德皇帝刚讲完，夏原吉连声说：“好！好！”随后朱瞻基亲自动笔给三叔朱高燧写了封信，这信是这样写的：“前高煦所为不轨，其同恶之人皆云叔父府中连谋，侄不之信。及高煦至京自言所遣骆指挥、阮内使等往来谋议，侄亦不信。后文武群臣多有言者，皆置不问。而近日又有言者。群臣皆谓朝廷隐而不言，设有小人如向者孟指挥之徒离间其中，不惟祸及于众，抑且亲谊有乖，不若开诚直言，可以两全其美也。侄思此言，盖亦有理。今皇祖考至亲惟叔父一人，且叔父贤明忠厚，素与皇考友爱甚笃，岂有他心，但恐一旦有小人苟图富贵，结为邪党，于是时叔之父子，虽有忠爱之诚，不能抑遏之矣；朝廷虽欲隐忍，势亦不能已矣。侄之本心但欲两无嫌疑，同享贵富于永远非有他也。天地祖宗鉴临在上，今以高煦及其同恶之人所首事并群臣所上章奏奉去一观，惟叔父亮之。”(《明宣宗实录》卷24)

明宣宗写完信后就派了驸马都尉广平侯袁容和左都御史刘观作为特使，前往彰德。赵王朱高燧看到群臣弹劾自己的奏章与侄儿皇帝的亲笔书信后激动得哭了，并且不停地说："我得救了！我得救了！"然后立即复信给朱瞻基，一来表示自己的感谢，二来请求朝廷削除赵王府所有的护卫军队。(《明史·杨士奇传》卷148)

赵王十分知趣地提出削除自己府中的护卫军队，这是求都求不来的大好事，现在问题一下子全解决了！接到赵叔的回信后，宣德皇帝几乎要捏住鼻子偷着笑，不过在大臣面前还要做作一番，他跟侍臣这样说："朕本来没有这个意思，现在赵王请求朝廷削除他的王府护卫军，以此来杜绝人们的议论，从而也就求得自身保全，朕不能不满足他的愿望啊！"随后他复信给赵王朱高燧，又派驸马都尉广平侯袁容前往彰德，将赵王府在洪熙年间削剩的"常山中护卫及群牧千户所官军"调到东北去守边，分戍永平、山海、卢龙、抚宁等四卫；而赵王府仅留"仪卫司官校以给使令"。(《明宣宗实录》卷25)

至此，宣德朝最大的两个藩王隐患在朱瞻基即位后一年多的时间内都被一一给清除了。仔细想想宣德皇帝实在不简单。从表面看好像是侄儿皇帝朱瞻基如何遵循亲亲之道，为天地间重塑了儒家政治理想中的仁君人格形象。坦率地说，在明朝列帝中，明宣宗朱瞻基的才能确实算得上是上乘的。但在实际上他自上台登基起就用足了心思、使足了手段，干脆、漂亮地处理了当时大明最为头疼的两大藩乱隐患。再说得细一点，在对待易怒冲动和肤浅的朱高煦问题上，宣德皇帝一开始表现出极度的忍让，就好比是逗蟋蟀，他先给二叔放松着，让他蹦让他跳，自己则隔岸观火；等到二叔表现得差不多时，他援引可能是从皇祖朱棣那里学来的速决速战的策略，一下子荡平了叛乱。

相比于朱高煦，三叔朱高燧要精明、狡诈得多。宣德皇帝又在一定程度继承了他父亲朱高炽的一大美德，那就是善于纳谏和听取不同的意见，不轻易发表决定性的观点，而能在群臣"民主"讨论的基础上再进行集中，这大概是最富于中国特色的"民主集中制"传统吧！赵王问题的平和解决，充分体现了朱瞻基的才能是超一流的，为许多人所称道，而朱瞻基本人对此也不无得意，并由此越来越器重保全赵王的首创者杨士奇。他曾跟杨士奇说道："赵王所

以全,卿力也”并赐予杨士奇很多的金币。(《明史·杨士奇传》卷148)

● 不紧不慢　根治藩乱

朱瞻基一上台,一个亲叔叔被囚京师后被蒸死,一个亲叔叔自动解除兵权,宣德朝最大的政治是什么?凡是有政治头脑的人一看就明白:当今圣上承继了皇祖朱棣的衣钵——削藩。谁要是看不清这一点或胡作非为,那么有他好果子吃了。

◉ 京城三恶少之一朱济熿

继汉王、赵王之后,第一个尝到宣德皇帝削藩好果子的是宣德皇帝爷爷朱棣的老冤家、哥哥晋王朱棡之子平阳王朱济熿。要说这个朱济熿可有讲头了,父亲朱棡至少说曾与燕王朱棣同为当年威风八面的塞王。洪武晚期,“晋、燕二王,尤被重寄,数命将兵出塞及筑城屯田。大将如宋国公冯胜、颍国公傅友德皆受节制。”可不巧的是,洪武三十一年三月,与燕王朱棣一直较劲争斗的晋王朱棡突然薨世,晋王王位由嫡长子朱济熺继承。建文当政时,同为宽仁的朱济熺过上了几年好日子,但随着朱棣“靖难”的成功,朱济熺开始厄运连连。

为了巩固篡夺而来的皇权,永乐皇帝朱棣对于藩王们横挑鼻子竖挑眼,不遗余力地使出各种手段抑藩、禁藩和削藩。永乐二年有人告发,晋王府长史龙镡既不能以礼律己,又不能以忠臣之道规诫和服侍好晋王,纵容群下侵夺百姓利益,损害晋王德名。朱棣接到奏报后马上给晋王府重新安排了长史人选,并赐敕谕诫。

篡位皇帝上台两年就要给晋王府“重新洗牌”。年近30岁的晋王朱济熺即使再笨也能看得懂这戏中戏,于是他上奏给永乐皇帝,表示自愿交出晋王府护卫和小鞑靼夫护卫。可朱棣是个当了婊子又要立牌坊的人,明明要削藩,他硬是说不是的。接到晋王朱济熺的上请后,他迅速回信说:“晋王府护卫和小鞑靼夫护卫是当年你的皇祖给的,凭什么你要辞掉呐?!你应该修德行善,不要因

为一两个小人说三道四而疑神疑鬼。晋王护卫不削，小鞑靼夫护卫有缺的话马上给补上！”(《明太宗实录》卷34)

晋王朱济熺是个老实人，皇帝叔叔那么说，做侄儿的遵命就是了，殊不知他的遵命给心怀鬼胎的弟弟们钻了空子。朱济熺有个弟弟叫朱济熿，从小就凶狠霸道，很不得父母喜欢。洪武时期明太祖朱元璋曾召秦、晋、燕、周四王之世子及庶子之长者到南京，进行特殊“优等教育”。当时朱济熿也被列入了“优等教育”的行列，可他到了南京后不好好地学，却与燕王之子朱高煦、周王之子朱有爋沆瀣一气，作恶多多，惹得明太祖朱元璋十分恼怒，把他撵回了太原。脾气暴躁的武夫父亲朱棡除了对朱济熿打骂外，整个就拿他没辙。一晃朱济熿就长大成人，并成为了太原街头的一大恶霸。但就是这么一个臭名昭著的恶霸在魔鬼皇帝朱棣眼里却是成了香饽饽。永乐初年朱棣实施“推恩削藩”策略，(见笔者《永乐帝卷》)原本没有封王可能的朱济熿一下子被封为平阳王。可当上平阳王没多久，朱济熿开始不满了，不过他不满的对象不是永乐皇帝，而是已经死去的老爸朱棡。依照朱济熿的逻辑，什么嫡长子继承制统统都可以不要，老爸朱棡就该将晋王之位传给他。可惜老家伙死了，没办法给他点颜色看看。朱济熿就想到了自己的哥哥、晋王朱棡的嫡长子朱济熺，要不是他继位，这大明帝国远近闻名的晋王爵位还不是俺继承的！凡是过去不好的他都一一回忆起来了，朱济熿恨得咬牙切齿，一定要将哥哥朱济熺往死里整，整倒他了我就可以当上晋王或至少兼并晋王府的势力与财富。(《明史·诸王一·晋王传》卷116)

◉ 篡位皇帝恩宠篡位藩王侄儿

平日里坑蒙拐骗无恶不作，朱济熿早已声名狼藉，自己说的话还不如别人放个屁，怎么办？从小就奸诈的朱济熿贼眼一转，就想到了一个鬼主意：不是最近俺已经长成人的弟弟庆成王朱济炫老不肯离开太原，前往皇帝指定的潞州去吗？后来被硬逼着去了又恣意胡为，让永乐皇帝好好地训斥了一通。庆成王朱济炫不仅不改过自新，反而怨恨长兄朱济熺没保护好他(《明太宗实录》卷43)。

对，就找这几个“烂兄烂弟”，联合起来上告哥哥朱济熺“不轨”。永乐十二年正月起，平阳王朱济熿、庆成王朱济炫、永和王朱济烺及其护卫将校等轮番上奏，诬说“晋王济熺心怀愤恨，图为不轨。”皇帝朱棣看在至亲的份上，加上初次接到有关朱济熺图谋不轨的检举报告，他仅仅颁发敕文，对晋王朱济熺严厉批评教育了一番。（《明太宗实录》卷147）

本来想一炮就能将亲哥哥打倒，没料到只捞到一个皇帝的书面警告，朱济熿一伙实在不死心，接着继续不停地上告，说哥哥朱济熺老早就有图谋不轨之嫌。自己通过图谋不轨——“靖难”上台的永乐皇帝多次听说侄儿朱济熺也在图谋不轨，心中就开始没底了，谣言重复一万遍就变为“真理”，朱棣最终下定了决心。永乐十二年三月永乐皇帝第二次亲征漠北蒙古，途中经过鸡鸣山。晋王朱济熺接到皇帝召见的敕谕后，前来拜谒，没料到叔叔朱棣当即就将他扣留在宣府，仅留“内使十人、厨子十人、校尉十人、军士二十人充使令”，还发话：等他打败了蒙古人回来再处理朱济熺“谋乱”之事。（《明太宗实录》卷149）

可一心要想置哥哥于死地而后快的朱济熿还是急不可待，他除了向北征中的永乐皇帝不停地上告外，还向在南京监国的皇太子朱高炽诬告（《明太宗实录》卷150）。永乐十二年十一月永乐皇帝下令“降晋王济熺为庶人，俾与长子美圭同守晋恭王坟园”，“闭门念念咎，杜绝外交，改过迁善”，而晋王府的第一人也由此改为了恶霸朱济熿。（《明太宗实录》卷158；《明史·诸王一·晋王传》卷116）

朱济熿当上了晋王，这下可把他美死了，在太原除了我晋王还什么人更能？！朱济熿愈发不能自己，本身脾气又暴躁，谁要是有半点不是或者在他眼里看了不舒服，他就叫谁去见阎王。其实晋王府当时还有一个比朱济熿名位要高的人，那就是他的嫡母谢氏。朱济熿为非作歹，谢氏虽然无法阻止，但她的存在多少对朱济熿还是一种制约，朱济熿也感觉老太太碍手碍脚，算了，乘着老人有病时，他就令人在药中下毒，“神不觉鬼不知”地把老太太给做了。除掉了老太太谢氏后，朱济熿又发现原晋王府侍儿吉祥似乎特别忠于他的先主子朱济熺。一个小小的奴才居然拎不清形势，这还了得！暴怒的朱济熿下令将晋恭王府侍儿吉祥扔到大锅里煮了，真是残忍之至！随后朱济熿又发现，晋王府上下有些人的眼神不对劲，仔细查查，这些都是原来父亲朱棡和哥哥朱济熺当晋王时的佣人、侍从或宫人，留着他们也就留着潜在的威胁，找些名目将他们一一给除了。剩下的要么是些不敢开口说个“不”字的应声虫，要么是已经被钦定为囚犯而不能再碰了的朱济熺父子。想起朱济熺父子，朱济熿总感到阵阵的恐慌与不安。毕竟自己的这个晋王之位来得太齷齪、太卑鄙了，只要哥哥朱济熺与侄儿朱美圭一天不死，自己就有无限的后患。但篡位皇帝已经给朱济熺、朱美圭定性了——废为庶人，囚禁起来，可就是没说要处死他们呀。朱济熿想了好久，终于想到一计，“蔬食不给”，即让他们父子两人活活给饿死！但谁知这父子俩生命力还挺强的，虽然被折磨得奄奄一息，但毕竟没死。这时晋王府有个不太引人注意的老太太，她可忠诚于原主子了，乘人不注意，溜出了晋王府直奔北京，向永乐皇帝朱棣直诉朱济熺父子的冤屈与朱济熿的恶行。朱棣起初不怎么相信，但为了查证事实，他还是将已经被逮到北京关在狱中的晋王府原承奉左微找来询问，这一问就问清了事情的曲直。朱棣当即下令，让左微飞驰太原，召朱济熺父子来见。（《明史·晋王济熿传》卷116；《明宣宗实录》卷25）

再说左微回到太原，可把晋王府的人吓得半死，这左微到底是人还是鬼呢？先前由于左微与所谓的“朱济熺父子图谋不轨案”有牵连而被逮捕下狱。有人传言他死在狱中，现在大白天的怎么突然冒了出来，晋王府上下一片惊慌，就连恶霸朱济熿也被吓得躲了起来。这倒反而方便了左微寻找旧主人朱济熺，他从容地一间间地看，最后在一间空荡荡的破屋子里发现了蓬头垢面的一老一少，左微走近仔细观察与辨认，大呼“晋王！”朱济熺也认出了左微，两人顿时抱头痛哭。哭了好久，左微才意识到，赶紧将主人与小主人从枷锁中放下来，然后告诉他们是永乐帝听了晋王府老太太的上告后才得知事情真相的，并说皇帝马上要召见他们。朱济熺父子听到这里，感动得热泪盈眶，随即准备往北京去朝见天子，可刚要走，有人说永乐皇帝正亲率朝廷大军北征蒙古。朱济熺父子赶紧改变行程方向，前往皇帝行在沙城。

看到虚弱不堪又病快快的朱济熺父子，朱棣似乎动了恻隐之心，下诏封朱济熺的儿子朱美圭为平阳王，让他入住山西平阳，侍奉老父朱济熺，并下令将晋王府原来的连伯滩田拨给朱美圭。可还没等到滩田交付给朱美圭，永乐皇帝就突然驾崩了，晋王朱济熿乘机耍赖，洪熙皇帝朱高炽多次颁发书谕，催促朱济熿执行大行皇帝生前的决定，可恶赖成性的朱济熿压根儿就不理睬。不理睬也没多大事，人家洪熙皇帝为人很宽仁，但不好的消息却又不期而至，朝廷不仅给朱济熺平反，而且还送去了王冠、王服以及很多其他的赏赐，恶赖朱济熿终于忍不住了，时不时地发出对朝廷的怨恨。刚好永乐皇帝、洪熙皇帝在两年中相继前后驾崩，朱济熿按照礼制应该服丧，愤恨的恶赖却什么也不顾了。后来有人说，要是不服丧的话，朝廷可能要怪罪下来，那可事大了。朱济熿领教过朝廷的厉害，于是就让晋王府内的宦官代他服丧，在场面上装装样子，暗中却找了好多的妖巫，天天装神弄鬼，诅咒朝廷与新皇帝。（《明史·晋王济熿传》卷116；《明宣宗实录》卷25）

◉ 幽禁朱济熿，罢封晋王

宣德皇帝即位以后，朱济熿秘密派人上山东乐安，去找汉王朱高煦，梦想乘着新天子刚上台立足未稳之际发动叛乱。不料被兄弟宁化王朱济焕给告发了。等到高煦之乱平定后，有人拿了朱济熿图谋不轨的书信去找皇帝朱瞻基，要求新天子严惩朱济熿。可当时的宣德皇帝刚刚平定了亲叔叔的叛乱，不想一下子使得大明宗室藩府受到很大的惊慌，于是作出了不予处理的决定。恶棍朱济熿获得了暂时的舒服。

可这样舒服的日子仅过了几个月，宣德元年底与宣德二年初，随着朝廷上下要求惩办昔日图谋不轨的赵王朱高燧之舆论日益高涨，曾与恶逆朱高煦勾结谋反的恶棍朱济熿再次成为了人们“关注”的焦点。先是朱济熿派往到乐安去联络汉王谋反的特使因为害怕朝廷追究他的罪责，率先来到京师向宣德皇帝揭发了朱济熿的罪状。接着晋王府宦官刘信等数十人也上告，检举朱济熿为配合朱高煦叛乱而擅取国家屯粮10多万石作为接济，以及在晋王府中朱济熿诅咒朝廷和新天子之阴事。（《明史·晋王济熿传》卷116）刚好这时宁化王朱济焕也得悉了嫡母被朱济熿毒死的真相，他马上派人飞报朝廷，劾奏晋王朱济熿“不忠不孝，诡诈百端”。（《明宣宗实录》卷25）宣德皇帝当即决定，派人前往太原等地进行核实，然后再召朱济熿到北京来，将众人控告的罪状予以一一公布。自知罪孽深重的朱济熿顿时丧魂落魄地叩首求饶，口中不停地念叨：“臣无状罪应死，惟天地大恩淂保首领更生之赐也。”（《明宣宗实录》卷27）最终宣德皇帝还是下令，把罪恶累累的晋王朱济熿废为庶人，将其幽禁于朱明皇族的老家凤阳，“同谋官属及诸巫悉论死”，“晋国绝封凡八年，至英宗即位之二月，乃进封美圭为晋王”。（《明史·诸王一·晋王传》卷116）

◉ 彻底调查“飞书密约”造反事件，废除汝南王、新安王

恶棍晋王朱济熿的最终下场可谓是罪有应得。就在被遣送到凤阳不久，他听到了自己小时候的另一个“烂兄烂弟”朱有爋也出事了。

朱有爋是朱元璋五子朱橚的小儿子，朱橚小时候就不是什么好东西，长大了也曾密谋要造反，不料让小儿子朱有爋给告发了。建文皇帝派了皇家贵戚、开国功臣李文忠之子李景隆前去逮捕，将其囚禁于京师。朱棣“靖难”攻入南京后，同胞兄弟朱橚被解救出来，继续当他的周王，藩府在河南开封。洪熙元年，朱橚薨世，周王之位就由世子朱有燉继承。这事本来也没什么，可就气坏了一个人，他便是野心勃勃的朱橚小儿子朱有爋。朱有爋从小就是问题少年，与朱高煦、朱济熿同为京城三恶少，皇爷爷朱元璋极为讨厌他们。人们常说：从小看到大，这话不能绝对，但颇有几分道理。京城恶少之一的朱有爋小小年纪就曾干过一件让当时人们侧目的事情——将谋反老爸朱橚送到了建文朝廷的监狱里。他的目的很明确就是自己要当周王，可庶子在嫡长子健全的情况下是没法继承爵位的，所以当哥哥朱有燉继承了周王之位后，他就怀恨在心。尽管后来永乐帝巧施“推恩削藩”，朱有爋也借光被封了个汝南王，但他心里老惦记着哥哥的周王爵位，于是就找弟弟朱有熺合谋，想搞倒大哥朱有燉。可朱有燉很正派，能力也很强，几乎没什

么把柄可被抓的。于是他们决定从小弟弟祥符王朱有爝身上入手。(《明宣宗实录》卷 36～41)

宣德三年三月，掌彰德卫事都指挥王友在彰德城西门外护城河岸上捡到了一支箭。箭上系有一张写了字的纸，仔细一看，王友吓了一大跳，原来纸上写有祥符王朱有爝与宣德皇帝三叔赵王朱高燧密约图谋不轨之事。军人的本能反应是马上出兵行动。王友命令手下人迅速包围赵王府，阻止府中之人出入，打算将图谋不轨者及其"帮凶们"一网打尽。

再说蒙在鼓里的赵王朱高燧，自从向侄儿皇帝交出了自己的护卫三卫后，本来心里很踏实，现在赵王府突然冒出这样的大事来，他顿时感觉不妙，但仔细想想，如果真是皇帝要搞他，肯定有敕书，可那个叫王友的都指挥手里拿不出来啊。赵王想到这里，密语养马小厮抄小路飞驰北京，向宣德皇帝报告情况。宣德皇帝接到奏报后，怀疑是王友恨赵王，故意恶搞他，于是下令给法司部门，让他们派人到彰德去，迅速将王友逮捕回京审讯。忽然宣德皇帝又想到：既然图谋不轨的密约上署名是祥符王朱有爝，朱有爝是周王朱有燉的弟弟，从宗法制角度来讲，在周王系统朱有爝归属于周府族长朱有燉管辖，于是明宣宗命人将王友捡来的"飞书密约"抄了下来，叫人送到开封去给周王朱有燉看，并让他召小弟祥符王朱有爝来京对质、辨明。朱有爝来京后看到"飞书密约"原件，大呼冤枉，并对天发誓："飞书密约"与他根本就不相干，只是平日里自己与兄长新安王朱有熺关系不咋样，很可能是朱有熺唆使下人干的。听到这里，精明的明宣宗马上明白，"飞书密约造反"之事一定不是祥符王朱有爝干的，有哪个大傻子在图谋不轨的"飞书密约"上署名盖章呢？而很有可能就是与祥符王有着芥蒂的周王家族内的另一个兄弟新安王朱有熺搞的鬼，于是传令朱有熺到京对质。(《明宣宗实录》卷 36～41)

◉ 令人毛骨悚然的王爷嗜好——生吃活人肝脑

再说新安王朱有熺被传到京后，见到精明能干的自家侄儿，想抵赖也很难，于是一股脑地将密谋阴事的主要责任推给了自己的同伙汝南王朱有爋。听到这里,宣德皇帝又下令,召汝南王朱有爋来京对质。

朱有爋到了北京,发现朱有熺将罪责全推给了自己,他十分光火,开始如竹筒倒豆子一般将新安王的罪恶与阴事全部给倒了出来。原来这个新安王不仅与汝南王一般心存不良,构陷害人,而且他还有一大令人毛骨悚然的嗜好——生吃活人肝脑,也就是将活人逮起来,开肠破肚,取脑吸髓。那么哪来活人给他吃呢?据汝南王朱有爋栓举揭发:新安王朱有熺每当天黑时就让手下人专门对路过的行人下黑手,弄得当地人心惶惶。

汝南王朱有爋与新安王朱有熺喋喋不休地狗咬狗,已经愤怒不已的明宣宗实在听不下去了,最终决定将这两个罪大恶极的藩王叔叔废为庶人。(《明宣宗实录》卷43;《明史·诸王一·周王传》卷116)

由平定汉王朱高煦叛乱而引发出对赵王朱高燧昔日构陷谋逆的追究热议。明宣宗一再公开表示要遵循《祖训》,宽大和保全宗室藩王,但在处理的实际中他却非常认真,不查则已,一查到底。原晋王朱济熺父子蒙冤与朱济熿谋逆案查清了,汝南王朱有爋与新安王朱有熺诬陷祥符王朱有爋、赵王朱高燧合伙谋反的案件也水落石出了。宣德朝开启后两年多的时间内,不少于10个藩王有意无意地卷入了明宣宗巧妙制造的削藩漩涡中,其中有4个藩王被废为庶人,即使是当今皇帝的亲叔叔也不能法外开恩,相反受到的处置还十分严厉,一个被囚于京师"逍遥城",男女混居,后被活活蒸死;一个被削三卫,几乎成了光杆司令。当今皇帝最想要和最不想要什么,一切自明。要说这凤凰一旦掉了毛就连鸡都不如,你看那宣德皇帝口口声声说要极力保全的至亲叔叔赵王朱高燧,在辞掉了三护卫后居然给一个卫指挥使折腾成那般熊样,有着正常政治头脑的人和一夜之间梦想飞腾发达的人都明白了。不说北京及近畿地区,就连相对遥远的西安也有人嗅觉到了这种特殊的气息。

◉ 明宣宗引而不发让秦王自觉自愿交出三护卫

西安是朱元璋二儿子秦王朱樉受封的藩邸,(详见笔者《建文帝卷》)洪武晚年,朱樉突然薨世,秦王之位由嫡长子朱尚炳继承。朱尚炳可能遗传了父亲的基因,在军事上很有一套,平定高福兴叛乱,巡边捕盗,大明西北边陲由此十分安宁。但与此同时,朱尚炳也开始飘飘然了,虽然大明帝国那时经受了一场前所未有的阵痛——"靖难"之乱,但远在西北的朱尚炳似乎没有参入其中的是是非非,乐得在西安逍遥自在。

转眼就到了永乐时代,或许是年少心高气傲,或许是骨子里对篡位叔叔朱棣的瞧不起,永乐九年,朱棣特使来到了西安,朱尚炳放话出来,自己生病了,不便出来迎接皇帝特使。后来秦王府的人纷纷前来规劝,并将朱棣在南京的暴行与对待臣下的冷酷血腥说了又说,朱尚炳这才勉强出来与皇帝特使见了个面,但态度还是十分傲慢。特使回京后向皇帝朱棣做了汇报。魔鬼秉性使然朱棣下令逮捕秦王府官属,并交法司部门予以治罪。自己还给侄儿朱尚炳写了一封信,其中讲道:战国时代的齐桓公因为尊王攘夷最终称霸诸侯,晋侯因为对周天子无礼而遭天下唾弃,最终落得了个亡国无后的下场,希望秦王以此为鉴!朱尚炳接着狠毒叔叔的来信,马上意识到,这个魔鬼皇帝怠慢不得,赶紧前去朝廷向他赔礼谢罪。可能是受了极度的惊吓,也许是说不清道不明的原因,年纪轻轻的朱尚炳在向魔鬼皇帝谢罪后的第二年三月突然薨世。(《明史·诸王一·秦王传》卷116)

朱尚炳死后,秦王府好似得了瘟病一般。先是朱尚炳儿子僖王朱志埴继承王位,1年后又突然薨世。因为无子,庶兄怀王朱志均由渭南王入嗣继位。宣德元年朱志均又死了,秦王之位由弟弟康王朱志壈继承。从永乐二十二年起到宣德元年前后共计3年,秦王府换了3个主人,真可谓元气大伤。

新上台的朱志壈虽为宣德皇帝同辈叔伯兄弟,但两人志向与能力相差甚远,朱志壈"好古嗜学",因此说秦王对于宣德朝廷没有什么威胁。可有人不这么认为,就在秦王府下属的护卫军中有个叫张嵩的军官,他看懂了宣德朝的削藩之势,于宣德四年(1429)向皇帝朱瞻基告讦秦王府中诸事。明宣宗隐而不发,也不表什么态。统治者的这种治下策略有时还挺吓人的。书生朱志壈听说有人告发了他,而皇帝又迟迟不说话,他终于坐不住了,自己上奏给宣德皇帝，表示自愿辞去秦王府的三护卫。明宣宗接到秦王朱志𡐤的请求报告后，高兴得梦里都要笑出来，不过在回信时却说得十分“不得已”又娓娓动听：“秦王嗣封以来一向安分守己，没有什么过错。张嵩等小人离间我们皇家兄弟，朕已将他交付法司部门治罪了，秦王可安心。不过秦王你从长远角度考虑，想杜绝小人们说三道四，要求辞去秦王府三护卫，言之切切，朕不好拒绝啊，就勉强同意了。但考虑到秦王不能没有侍卫，所以朕想你还是任意挑一卫，留下供作使唤，其他两个卫调北京来，由兵部统一安排！”(《明宣宗实录》卷60；《明史·诸王一·秦王传》卷116)

◉ “代代红”陈瑄马屁拍在马脚上，楚王也觉悟高，自动削除府中护卫

宣德皇帝以“亲亲之爱”保全藩王，藩王们也觉悟高，自觉自愿放弃自己的军事护卫，而大臣们更不甘落后，每时每刻都要保持着高度的警觉，与中央朝廷保持着一致。

就在秦王自愿削除两护卫后的第二年即宣德五年(1430)三月，平江伯陈瑄派儿子陈仪向宣德皇帝递上密奏，说：“湖广，东南大藩，襟带湖江，控引蛮越，实交广、黔、蜀之会，人民蕃庶，商贾往来，舟车四集。楚府自洪武初立国，有三护卫，官军及仪卫司旗校俱无调遣，四五十年之间，生齿繁育，粮饷充积，造船以千计，买马以万数，兵强国富，他藩莫及。而卫所之官多结为姻亲，枝连蔓引，小人乘时或有异图，实难制驭伏。”为此，他给宣德皇帝出主意：在当今没有任何理由削除楚王府护卫的情势下，皇帝陛下您不妨以北京储粮不足为借口，任命重臣与湖广三司衙门从楚王府护卫中挑选精锐官军，由官府发给他们粮食与船只，让他们运粮到北京来，然后将他们留住，进行操练，再交兵部调用，这样就可“剪其羽翼，绝其邪谋，(楚)王可以永保国土，而朝廷恩义两全矣”(《明宣宗实录》卷64)。

一向以“识时务”名列大明朝重臣行列的“代代红”陈瑄，本以为自己还能像建文末年那样因为适时投降而带来了无限的荣耀与富贵，本以为自己还能像洪熙朝那样因为率先倡言还都南京

而引来朝廷上下的啧啧称羡。可这回他想错了，确切地说是他说得太过于露骨了，你叫人家宣德皇帝像他爷爷朱棣与叔叔朱高煦一般当无赖呀？这也太有损于当今圣上的光辉形象了，所以朱瞻基在接到陈瑄的上奏后跟侍臣这样说道："楚藩从来就没什么过错，皇祖皇考待他们都很好，朕登基以后也一直是留意要礼遇楚王。陈瑄这个人怎么想得那么多，调兵运粮为一时的权宜之计，等粮运好了就将楚藩护卫送还。扣留下来操练，再充作国家武备，这是上失宗亲之心，下失军士之心。陈瑄这个人，还真让朕瞧不起他！"

宣德皇帝瞧不起陈瑄，不是因为陈瑄为国为朝廷瞎操心，而是因为他出了露骨的馊主意，人家宣德皇帝还有更好的策略。在接到陈瑄上奏后的半年时间里，又有人不断上奏，矛头指向还是楚王，而皇帝朱瞻基始终不公开表态。世上哪有不透风的墙，宣德五年十一月，楚王朱孟烷在耳闻人们的议论后赶紧派出仪宾魏宁、长史杨振到北京去上奏，要求朝廷收回楚府护卫中的两卫，自己只留下一卫。

宣德皇帝接到叔叔的上奏后，好好地读一遍，然后跟兵部尚书张本说："楚王安分循礼，朕所素知，故而厚待他。曾有小人屡次告讦，朕知道他们都是胡说八道，所以也就一直没有理会。可现在到底是什么使得楚王上奏，让朝廷收归他的护卫呐？"皇帝明知故问，装聋作哑，做臣下的可不能不懂其中的奥妙，这回大臣张本可拎得清了："楚王为人陛下您是知道的，但小人们的闲言碎语多了，楚王也就不得不有所考虑。所谓'曾参杀人'大概就是讲了这个意思，没影子的事情被人讲多了，也就成了有影子的了。现在楚王上奏，要求朝廷收归军事护卫，是想求得一片安宁，以此来杜绝谗言构陷，实乃深谋远虑之计啊！陛下您就赶紧批准他的请求吧，这样也就是保全他了。"宣德皇帝听完后装模作样地长叹一声，最后冒出这样几句话来："楚王的侍卫不能缺，其三卫官军未必就满额，楚王任意挑选，充足一卫后留下，其余两卫就按楚王的意思上归朝廷统一安排。"随后他复信给叔叔楚王，并重赏了楚王朱孟烷派往朝廷的特使仪宾魏宁、长史杨振等。(《明宣宗实录》卷72)

◉ 蜀王没事干弄来几门炮铳当做烟火放放，结果将自家的护卫给放没了

楚王安分守己，居然无风三尺浪地闹出个自削两护卫。而稍稍有所瑕疵的藩王们那就得更加用心注意了。宣德五年正月丁卯日，四川总兵官左都督陈怀给宣德皇帝上奏说："最近蜀王府中突然装起了炮铳，不知道他们要干什么？也不知道这些炮铳是从何而来的？后来经臣下深入调查才知，原来是四川都指挥使司为讨好蜀王而偷偷给的。按照《大明律》的规定，这事已经触犯了天条，对于相关人理应予以治罪。"因为明朝对火器管理十分严格，不经皇帝允许和批准，任何人都不能随意增减火器。因此当宣德皇帝接到陈怀的奏报后十分恼怒，一边下令给都察院，要他们把蜀王府长史与承奉等官属带来审问，另一边颁敕给陈怀，让他把四川都司的主要负责人即堂上官先定成死罪状，然后关进囚笼，押送北京。(《明宣宗实录》卷 62)

四川都司堂上官可能相当于四川军区司令员一行人，因为偷偷送了几尊炮铳给当地的土皇帝蜀王，居然引发出这样的惊涛骇浪来。世代都与中央朝廷保持一致的蜀王府顿时开始警慌起来，其主人朱友堉不停地思虑着对策和生存之道。

宣德六年(1431)六月，蜀王朱友堉终于想到了一招，给同辈的叔伯兄弟宣德皇帝上奏，说："我成都蜀王府现有三卫，也没什么大事，空有护卫，浪费了国家开支。请求皇帝陛下将中、右二护卫收归朝廷，就留下左护卫官军一卫即够使唤了。"宣德皇帝接奏后十分爽快地答应了，且大大地表扬了蜀王，说他心系社稷，省约为国。(《明宣宗实录》卷 80)

◉ 特别"自觉"的北疆塞王肃王也与中央朝廷保持高度的一致

蜀王自削两护卫一年后，远在西北甘州的肃王也反应过来了。宣德七年七月，肃王朱瞻焰上奏给宣德皇帝，说："甘州中、右二护卫官军闲逸无事，坐吃国家粮饷，实在是于心不忍。因此肃王我觉

得，只要留下一个卫的护卫就够了，另一卫就还给朝廷，充实国家边防。”明宣宗得奏后回复说：“亲王护卫原本是为了护卫藩王，藩王之国原本是为了藩屏和保护朝廷。现在叔叔因为藩府无事而为国家边防考虑，足可见皇室至亲心系国家之念是何等至深，今特派都督佥事王彧、副都御史贾谅赍书前往办理相关事务，任凭叔叔挑选留下一卫，另一卫由朝廷收归，令挈家属赴甘州，补前后二卫守备之数。”(《明宣宗实录》卷 93)

宣德元年平定高煦之乱，随之翦灭汉王；宣德二年巧削赵王三护卫，幽禁朱济熿，罢封晋王；宣德三年废黜汝南王朱有爋、新安王朱有熺；宣德四年巧削秦王二护卫；宣德五年巧削楚王二护卫；宣德六年巧削蜀王二护卫；宣德七年巧削肃王一护卫……

◉ 宣德皇帝耍赖：你想要回藩王府护卫军就去找我家皇爷爷去要！

根据明代的规制，每位亲王配置三护卫，一护卫设左、右、前、后、中五所，一所有千户二人，百户十人。(《明史·职官志三》卷 76)而一百户为 112 人，一千户为 1 120 人，因此一护卫约为 5 600 人，三护卫总人数大约在 16 800 人(洪武时期塞王除外)。但从明代的实际来看，这种护卫编制一般情况下并不是满额的，相反常常缺额。但即使如此，一个藩王由三护卫削到一护卫，满额情况下人数还是有 5 000 余人。5 000 余人的军事力量虽说不大，但一旦闹事起来也有一定的影响。为此，明宣宗在巧妙地削夺藩王护卫的同时，又推行了另一项削藩举措——纵容和鼓励地方军事长官不断地从藩王府护卫中征调精锐备边或服役。

其实从藩王府护卫中征调精锐备边或服役，以此来削弱藩王军事势力的策略并非朱瞻基首创，早在永乐、洪熙时代就已经推行实施了。朱棣在发动对安南战争时就曾从楚王府、靖江王府等藩王处大量借调兵马，一用就用了十几年。朱瞻基上台后对于祖宗的这种刘备借荆州——有借无还的妙术心领神会，使用起来精到老道。

宣德初年，安南战争仍在继续进行，朝廷派遣主管大区域军事行动的总兵官、都督不断地从南方藩王府处借兵、调兵，近邻安南的靖江王最先叫苦不迭。宣德三年三月，靖江王朱佐敬上奏宣德皇帝说："先前镇远侯顾兴祖大举军事行动时就从本王府抽调了很大一部分的护卫官军，后来他又借调了一部分护卫官军去修什么山川坛。等山川坛修筑好了，他干脆就将护卫官军带去出征了，因此我们靖江王府现在已经是无军可借了。但最近镇守广西的山云将军对小王说：安南战争伤亡甚众，朝廷一时补不过来，让小王给予补足。可小王府中的护卫所剩无几，哪来军士给补上呢？恳请陛下开恩，免了小王这个差吧！"巧媳妇难为无米之炊，宣德皇帝当然知道这个道理，接奏后就应允了靖江王的请求。(《明宣宗实录》卷40)

南方藩王叫苦连连，那么北方藩王护卫被借调的情况会好一点吗？宣德四年五月，宁化王朱济焕向宣德皇帝上奏说："我们家大婚日益临近，可府中人手却很不够，恳请皇帝陛下将原本借调到大同镇守和备御的宁化王府护卫官军300人给还回来，这样本府也好解决人手紧张的问题。"朱瞻基答复说："朕老早就让工部(相当于建设部)将从各王府中抽调来京服役的官军打发回去了。至于宁化王你提出要回那还在大同备御的300名官军，这倒实在不是朕小气，大同位于北疆要塞之冲，过去北虏经常在此出没，现在各郡王府皆有官军守备在那儿，这才保障了太原一路平安无事，倘若按照宁化王您的意思，将镇守在大同的宁化王府官军给撤下遣还，那么其他王府也会纷纷仿效，由此一来，我大明北疆边防还能确保安全了?!"(《明宣宗实录》卷54)

以上引文中宣德皇帝说："现在各郡王府皆有官军守备在大同"，这话至少说明永宣年间朝廷借调藩王府护卫官军镇守边防已为司空见惯的事情了。而对于"拎不清"形势的藩王，朱瞻基借口边防重要，将从王府借调来的护卫官军来个有借无还地先用着，这固然是一大高招，不过他还有另一个更聪明的绝招，那就是打着维护"祖制"的旗号，来个有借不还。洪熙元年九月，庆成王朱济炫上请说，能不能将借调到大同镇守的庆成王府250人护卫官军遣还给他，以备使令。宣德皇帝的答复是："大同乃军事要地，目前正值秋季，北虏可能不久就会出动南侵，大明官军断不可轻易撤出。况且借调您府上的那些护卫官军是我家皇爷爷下的命令，保家卫国为重，现在朕不敢轻易改变祖宗的规制啊！”(《明宣宗实录》卷 9)其潜台词是：你想要回，就找我家已经死去的皇爷爷要吧！

“朕不敢轻易改变祖宗的规制”，这是宣德年间朱瞻基经常挂在嘴边的“口头禅”，那么他真的全照“祖制”做了吗？要真是这样，那他就不是宣德皇帝了。

永乐时期，由于一些重大的军事行动所需，一部分地方卫所归给了附近藩王统辖。宣德初年开启削藩之风，受王府统辖的一些卫所军士感觉不仅没什么出路，而且弄不好还会招来是非，于是他们纷纷向朝廷上奏，要求恢复原来的卫所。朱瞻基闻讯后十分开心，跟行在兵部尚书张本等人这样说道：“官军既不安于王府，王必不得其用，听令复还原卫所，诸王府不可缺人，尔别选补之。”(《明宣宗实录》卷 26)

除了借用和抽调王府护卫官军外，朱瞻基还沿用了皇爷爷朱棣的“推恩削藩法”，即对亲王子孙再次进行分封，以此来分解地方藩王实力。宣德元年四月，西安秦王府分支永兴王朱志墣上奏说：“弟弟镇国将军朱志埗的禄米及随从，朝廷都还没赐给，即将成婚的朱志埗连个独立居宅也没有，恳请皇帝陛下将空闲的原属西安左卫旧房子赐给朱志埗。”朱瞻基接奏后就让户部按照惯例赐予岁禄，居宅就如永兴王朱志墣所奏，并传令给秦王：从其护卫军中调拨些人马配给新王朱志埗。谁知秦王朱志均就是不同意，他说：“我们西安护卫官军都在服役修池，而永兴王朱志墣那儿就有校尉 500 人，恳请皇上让永兴王府拨些人马给朱志埗吧。”宣德皇帝闻讯后十分不快，他说：“这是秦王不友爱自家弟弟啊，他自己拥有三卫却不肯分拨一兵一卒，反而让只有 500 护卫官军的永兴王府再分拨人马出来，他自己也不想想，这叫什么话？！”随后他命令兵部从秦王府三护卫中硬拨些人马给新王朱志埗。(《明宣宗实录》卷 16～17)

◉ 距离产生美——禁止藩王进京朝见

军事势力方面予以不遗余力地削弱，政治待遇方面朱瞻基也想着法子降低藩王们的地位。其中最为出彩的就要数宣德朝禁止藩王进京朝见。

朱瞻基登基即位一开始就针对藩王们颁发敕谕，“悉免朝贺”。虽皇命如此，但藩王群中总有些人设法找借口，要拜谒当今皇上。(《明宣宗实录》卷2)

洪熙元年六月，宁王朱权奏遣世子朱磐烒来贺仁宗皇帝万寿圣节，唐王朱琼烃也奏，“欲躬诣大行皇帝几筵致祭”。明宣宗以天气太热和大行皇帝有遗命为借口，禁止藩王进京，“自是诸王欲来者皆止之。”(《明宣宗实录》卷2)洪熙元年七月，晋王朱济熿以新皇帝即大位奏请到北京朝贺。“上(指朱瞻基)以遗诏有命，且藩屏之重，方切倚赖，复书止之，自后诸王有奏请朝贺者，皆如之名。”(《明宣宗实录》卷3)

尽管几次巧妙地否定了藩王拜谒的上请，但宣德朝地方藩王要求进京朝见的还是大有人在。洪熙元年八月，赵王朱高燧、宣德元年周王朱有燉、庆王朱㮵、岷王世子朱徽煠、鲁王朱肇煇，宣德二年宁王朱权、宁化王朱济焕、平阳王朱美圭、广宁王朱岷，宣德七年宁化王朱济焕、庆王朱㮵、郑王朱瞻埈、广昌王朱美坚、庆成王朱美埥、楚王朱孟烷、淮王朱瞻墺、梁王朱瞻垍、蜀王朱有熏、荆王朱瞻堈、襄王朱瞻墡，宣德九年辽王朱贵烚、代王朱桂、沈王朱佶焞等等，都相继以皇帝赐赏还谢、赐祭谢恩、受封谢恩和纠纷申辩等为名，要求入京朝见，然都被朱瞻基一一阻止与谢绝了。(《明宣宗实录》卷8,11,19,21,24,25,26,28,89,90,94,96,97,111,112,113)可以这么说，当时所有的藩王几乎都有想跟宣德皇帝零距离地接触，但最终却只能以书信往来作代替。

禁止藩王进京朝见至少有三大好处，或用我们现在时髦话来说，距离产生“美”：

第一，维护皇帝的绝对权威与尊严。

在这些被朱瞻基拒绝觐见的藩王中，既有他的同辈兄弟，如淮王朱瞻墺、梁王朱瞻垍、郑王朱瞻埈、荆王朱瞻堈、襄王朱瞻墡，又有他的长一辈叔伯，如宁化王朱济焕、广昌王朱美坚、庆成王朱美埥、楚王朱孟烷、周王朱有燉、岷王世子朱徽煠、鲁王朱肇煇、辽王朱贵烚、沈王朱佶焞等，更有长他二辈的叔祖，如庆王朱㮵、宁王朱权、代王朱桂等。

对于朱瞻基及其皇家亲属来说，同辈兄弟见面好处理，而长辈的藩王叔叔、叔祖来京朝见侄儿或言侄孙天子，那么到底如何行礼呢？按照洪武晚年修订后的《祖训》规定：在大明朝堂上行君臣之礼，而到了皇家宫中就得依照宗法规制行礼，藩王叔叔、叔祖总归是长辈，就以长辈自居，即使你是皇帝，但你是儿孙辈，就该行儿孙之礼。这套规制在朱元璋死后就遭到了自诩为“高皇帝好儿子”的朱棣的挑战，他不顾父皇明太祖临终留下的遗嘱和不许藩王来京奔丧的遗训，用人世间普通人子为父服丧的常理来拨弄是非，从北平赶赴南京祭奠亡父，在明皇宫大殿上朝见侄儿建文皇帝时拒绝跪拜，摆足了叔叔的架子，大大地贬损了建文帝的威严，引发了极度的尴尬。(《明史·诸王二》卷117)

朱棣篡位成功后，为了笼络当时掌握大明很大一部分军事实力的藩王，打出了“亲亲”的幌子，公然破坏《祖训》中禁止藩王来京朝见的规定，允许藩王到京师来走走。朱棣的这一做法对于自身来说，并没有什么坏处，因为篡位成功时他上面的三个哥哥都死了，老爸也死后，他排行老四，加上永乐朝一上来就在政治上实行法西斯恐怖主义，所以无论从辈分还是武力角度来讲，皇帝朱棣绝对算得上当时大明的“大哥大”。允许藩王来京对他没有什么不好。但自朱棣死时开始，大明帝国九龙椅的主人在一年的时间里由爷爷换到了孙子，历史重演了建文初年的一幕。如果照用皇祖朱棣的做法，允许藩王来京朝见，宣德皇帝朱瞻基的处境就会很尴尬。前文提到的宁化王朱济焕、楚王朱孟烷、周王朱有燉、岷王世子朱徽煣、鲁王朱肇煇、辽王朱贵焓、沈王朱佶焞等等，他们的岁数不一定比朱瞻基大多少，甚至还有可能比朱瞻基的岁数要小。但在辈分上他们都是朱瞻基的叔叔，要是这些叔叔中冒出一个“朱棣第二”，甚至也学着朱棣在明皇宫大殿上拍打侄儿皇帝的后背，大明天子宣德皇帝的绝对权威与尊严不就大会受损了。更有庆王朱㮵、宁王朱权、代王朱桂等还是朱棣的同辈兄弟、朱瞻基的叔祖，辈分比上述的藩王还要长一辈，像叔祖宁王朱权的岁数也不小了，60左右，他要是来京朝见，到底让他拜不拜侄孙皇帝？当年是朱瞻基爷爷朱棣劫持了宁王。宁王一直耿耿于怀，直到宣德四年还不紧不慢地给侄孙皇帝朱瞻基上奏，要求放了谋逆造反的朱高煦(《明宣宗实录》卷53)，存心不良的叔祖要是来京了，说些不痛不痒的话，侄孙皇帝朱瞻基还真拿他没辙。还有那个代王朱桂自小就是一个王八蛋藩王，尽管他已经几十岁了，但还与自己的不良儿孙们在太原街头胡作非为，什么样的丑事都能干出来。(《明史·诸王二》卷117)要是他来京了，不说朝见天子，就在京师走一圈，也能把皇帝朱瞻基的颜面丢尽了。

所以最好的处理办法是禁止藩王进京朝见，这样也就维护了皇帝的绝对权威与尊严。

第二，无形之中降低了藩王们的政治特权与社会地位。

进京朝见天子是多么荣耀的一件事情！它是一种高贵地位的象征，是一种政治特权。一般人要见天子可能比登天还难，可特权阶层尤其权威高势能者就不一样。延至今日，我们国民常见到某某首长出巡，非得要前呼后拥，数十辆警车开道护航，如果你想要一睹首长的真容，对不起，那只能在电视里了。如果你要真是见上了，那你非特殊公民莫属了。500多年前的国情也差不多，皇帝朱瞻基对此十分熟娴，他禁止藩王进京朝见，这就等于剥夺了藩王的一项重要政治特权，无形中降低了他们的社会地位。虽然他们是大明皇帝的直系或旁系或远房亲属，但一旦失去了与天子的见面机会，就在很大程度上与我们老百姓相差无几了。

第三，减少皇帝介入藩王与朝廷以及藩王与宗室之间内部纷争的几率，无形之中也减少了强藩的出现。

宣德九年六月，辽王朱贵烚上奏明宣宗，要求到北京来，当着皇帝的面讲讲衡阳王母亲对他的失实指责之事，诉说自己的委屈。按照辈分，辽王朱贵烚还是朱瞻基的叔叔，要是他真来了，宣德皇帝还不得不卷入其家族的纷争之中。聪明的朱瞻基回信制止了，他说："前些日子朕已经颁谕了，叔叔当省躬思过，有即改之，无则加勉。现在朝廷不会管你们家里的事，兄弟之间应该团结友爱，何必要这样喋喋不休地讲个没完？"(明宣宗实录)卷111)

藩王叔叔喋喋不休，侄儿皇帝反倒像个语重心长的长辈。至于藩王叔叔之间的是非争斗，不关我大明皇帝的事。更何况你们斗得越厉害，越是无心也无力与我朝廷对抗了。朱瞻基的这种心得体会很可能是从皇爷爷朱棣当政的永乐朝政治实践中感悟而来的。

晋王府原本是个强藩，但“靖难”成功后篡位皇帝朱棣却扶持了晋王朱棡的不孝之子朱济熿，任由他陷害晋王合法继承人朱济熺及其儿子朱美圭，并祸及宁化王朱济焕。朱济焕是朱棡的小儿子，永乐时被分封为宁化王，但他的父亲朱棡死时他还小，分家后没得什么财物，就与母亲一起离开了晋王府，主要靠朝廷赐给的禄米为生。永乐中已经被朱棣钦定为新晋王的朱济熿构陷弟弟朱济焕，朱济焕被囚，朝廷不再供应禄米，他的母亲只得靠变卖仅有的一些财物勉强度生。永乐十六年后虽然平反昭雪了，朝廷也开始对宁化王恢复供应禄米了，但朱济焕的母亲却已重病在身，藩王儿子竟然无力为母亲治病。朱济焕想到只有到北京去，朝见皇帝，请求帮助。可宣德皇帝不同意，不过他对小叔叔朱济焕提出的一些书面请求还是予以满足。这样既节约了大明皇家的一笔财政开支，又完成了他皇爷爷对晋府强藩的分解与削弱的进程，可谓一箭双雕。至于到底会不会饿死或病死宁化王府的人，朱瞻基就在他的皇宫中长吁短叹，深表同情而已。(《明宣宗实录》卷 10)

◉ 巧妙降低藩王们的物质生活待遇

除了在军事方面削弱藩王实力和政治上贯彻禁止藩王进京朝见之“祖训”外，明宣宗朱瞻基还以这样那样的借口，巧妙地降低藩王们的物质生活待遇。

明朝从洪武年间起对于藩王的物质生活待遇都有一定的规制，朱元璋一共生育了 26 个儿子，其中 24 个受封，这对于一个大帝国来说，经济负担在当时还算不上什么。到了第二代永乐时朱棣共育 4 个儿子(1 子早亡)，这还算少的，第三代洪熙时朱高炽共育 10 个儿子。我们不妨来推算一下当时朱元璋的子孙后代大致有多少？25 或 24×4×10＝1 000 个(大约)，也就是说宣德年间朱元璋的子孙已经繁殖到了 1 000 个左右。原本 25 个左右藩王朝廷还好给他们提供丰厚的物质生活待遇，但到了第三代与第四代的时候，帝国境内一下子“冒”出了近千个藩王来了，大明天子就显得应接不暇了。宣德元年七月戊戌日“行在(北京)工部奏：‘内官监造诸王府婚礼仪仗等物，材料缺者请于有司收买。’上(指朱瞻基)曰:'民力正艰,见有者支用,无者暂停'"(《明宣宗实录》卷19)。

宣德元年十月之藩北国的韩王上奏说:自己两个弟弟已长大成人,且婚礼日期都定好了,可是就是没有供使令的人,他想从民间自选一些。宣德皇帝回音:派宦官送去女人25人,内侍20人。平均每个结婚的藩王所得婢女12人,内侍10人(《明宣宗实录》卷22)。宣德二年,鲁王府世子、郡王、郡主将婚嫁,宣德朝廷送去婢女42人,平均每个结婚者所得婢女14人,但没再给内侍,可见其待遇方面有所下降。(《明宣宗实录》卷25)

在住宅条件方面也有同样的情况。由于朱子朱孙们极快地繁殖,明初藩王们优渥的住宅待遇到了宣德时期逐渐见少了。朱瞻基即位后的第四月,将要大婚的韩王弟弟因为没有结婚用房而不得不凑合使用当地的已经有所毁损的府治旧宅,为此韩王特地上奏给朝廷。朱瞻基知道后派人前往平凉,会同当地衙门随宜增造,"府署有损坏者为修理",以供新婚藩王所用。(《明宣宗实录》卷9)

宣德元年二月壬午日,"秦王志均奏请以长兴侯旧居改为第四弟居宅。"(《明宣宗实录》卷14)

宣德元年四月辛未日,永兴王朱志墣上奏:"弟镇国将军志埒禄米及从人皆未有赐,且将成婚,未有居宅。西安左卫旧治空闲,乞以赐之。"(《明宣宗实录》卷16)

……

藩王实际地位降低,物质待遇不能完全跟上,一旦遇上什么政治风浪,那可就惨了。前面我们讲过,遭受篡位晋王朱济熿陷害的宁化王虽然在永乐中期被平反了,待遇也恢复了,但他的实际地位已经大为下降,处境也不佳。老母亲患了风疾却无力医治,曾向晋王府求援,可对方不搭理,于是他就想向地方军事或民事衙门请求帮助,但又怕坏了大明朝廷的规矩,万般无奈,到处托人打听,最后听说巡按山西的监察御史祝升来太原了,他就想尽办法找上门,跟祝升诉述了自己的不堪之状,且这样说道:"汝还朝为我奏皇上,乞一良医疗母疾,母若更生,不敢忘大德。"(《明宣宗实录》卷15)

一个皇帝远方叔叔可怜巴巴地向一个与县太爷同品秩(正七品)的监察御史求救,可见其当时的处境之惨了。

自宣德中后期开始,藩王地位进一步下降,许多时候他们成了朝廷命官与使臣们都想美美尝一口的“唐僧肉”。宣德八年四月，“应城伯孙杰往蜀府行丧礼，受文绮白金；行在工部主事张鲁为沈府治坟，受鞍马、金币”(《明宣宗帝实》录卷 101)。更为甚者，有的藩王还成为朝廷军队里的军官和朝廷特使的敲诈对象。宣德五年五月，彭城卫指挥甘两利用在河南勾捕逃兵的机会向镇平王、胙城王等“索要玉系腰绦环帽珠及金银罗段”(《明宣宗实录》卷 66)，宣德八年四月，朝廷尚宝司丞到楚府办差，直接向楚王索要宝钞与银子。(《明宣宗帝实录》卷 101)

皇帝的叔叔、伯伯或叔祖或同辈远房兄弟时不时地遭受大明“公务员”的敲诈勒索，宣德时期藩王的地位由此可想而知了。

当然这是一个侧面，当时大明朝廷并不是对所有藩王都这样漠视或冷遇的，相反宣德皇帝对自己的亲弟弟们可好了。宣德四年七月，行在户部向明宣宗上奏：“郑王、襄王、荆王、淮王、梁王受封时岁赐禄米各三千石，钞五万贯。今各王皆之国禄米宜仍其旧?”明宣宗回答说：“诸弟初之国，凡百所需未备，其禄各岁给万石”(《明宣宗实录》卷 56)。

郑、襄、荆、淮、梁五王的年禄米由 3 000 石增加到 10 000 石，这不能不说是优渥有加了。有幸的是皇帝朱瞻基的这几个藩王弟弟年龄都不大，之藩立国时间也很短，又没配备护卫官军。因此说，虽然他们的经济待遇极高，但政治上与军事上都构不成对朝廷有什么威胁。

回忆一下明初藩王问题的风雨历程十分有趣。朱元璋为了确保绝对的家天下而不择手段地“分封建邦”。鉴于以往藩王作乱的历史经验教训，他“分封而不锡土，列爵而不临民，食禄而不治事”(《明史·诸王传·赞》卷 116)，梦想将藩王子孙的权力限制在藩王府内，但同时也给予北疆塞王绝对的军事统帅权，因此说，老朱皇帝开启大行分封制，实际上是在为大明帝国广植罂粟花，只不过他在世时没尝到自己种下的毒果子的味道罢了。等到他一上黄泉路，大明皇位接班人朱允炆就立马被“毒倒”了——朱棣“靖难”篡位。

尽管自己原本就是个藩王，但篡位成功以后的朱棣并没有兑现昔日“靖难”时曾经许下的给予藩王兄弟们许多特殊权利的诺言。除了从事实上废除禁止藩王来京朝见的“祖训”外，实际上他更是不遗余力地多管齐下猛烈削藩，“推恩”、迁移、废除，甚至暗杀，花样迭出，无所不用。（详见笔者的《永乐帝卷》）

换个角度来说，经过永乐时期的猛烈削藩，到朱瞻基登基时大明帝国拥有强大军事势力的藩王已经不复存在，就连朱棣曾经十分宠爱的儿子朱高煦也只有两个护卫，10 000 来人。但藩王军事护卫的存在毕竟是个隐患。自小就由魔鬼的天才皇帝朱棣调教出来的朱瞻基意识到了问题所在，他承继了父亲朱高炽的沉稳精神与忍劲，学会了皇爷爷朱棣的刁滑、奸诈甚至是残酷，从最为引人反感的朱高煦叛乱入手，武力平叛，杀鸡给猴看。随后他不紧不慢地削除昔日有隙的赵王朱高燧的护卫，以此蔓延到别的藩王，从军事护卫到政治特权、社会地位再到物质生活待遇，在人们不经意间逐渐地降低了藩王地位及其势力影响。

至此，困扰大明帝国君主半个世纪的藩王祸乱问题从根本上得以解决了。各地藩王们受到的限制与禁忌越来越多，他们不准干涉地方行政事务，不准随便走出藩地范围，不准随意来京朝见，不准出仕参政，不准从事士农工商之业，不准与官府交结，藩王出城不得二王相见……自此以后，有明一代再也没有发生地方藩王反叛中央朝廷的大祸乱。因此说明宣宗朱瞻基的历史地位不容低估，他维护和巩固了帝国“大一统”的局面，为大明“致治盛世”的到来创造了有利的条件。

第5章 三权分合 明制定型

近世以降，传统中国社会君主专制主义走向登峰造极，其始作俑者为朱元璋、朱棣"父子"，而真正玩转中央最高层面"三权"和地方"分立三权"的则为明仁宗和明宣宗父子，因此说明朝专制主义的强化是几代集权专制嗜好者的集体智慧的结晶。尤其值得注意的是，经过仁宣两代皇帝的精心改造与巧妙架构，大明帝国政治体制为之一变，极权君主专制底下的官僚机器运转自如，出现了历史上不多有的"致治"之兆。不过话得说回来，这样的政治体制却也隐含了越来越僵化的巨大隐患，并深刻影响了未来中国社会的走向。

平定朱高煦谋反，根治藩乱，在解决好宣德朝第一等政治大事的同时，朱瞻基又开启了具有深远影响的政治工程——玩转"三权"，君操威柄。

● 君控"三权" "民主集中"

这里所说的中央"三权"不是近代西方意义上的立法、司法与行政三权分立的"三权"，而是具有东方特色的民主集中制下的"三权"，即最高议政决策权、批准权和执行权，直接套用明代的术语，就是票拟权、批红权和执行权。见此，有人可能要问：明代不是自朱元璋起实行高度的君主专制主义中央集权，怎么会弄出个三权"分立"来？也有人可能要这样问：明初"两祖"都是精力充沛又常常事必躬亲的专制集权嗜好者与历史上少有的强势“雄主”。他们几乎一天到晚都在忙于处理公务或批答奏章，可为什么到了后代子孙尤其明中后期嘉靖、万历当政时可以一二十年不理朝政，而大明国家机器照常运行？这岂不是前后矛盾？

要想说明清楚上述这些问题，我们势必要从明朝开国皇帝朱元璋废除宰相制说起。

从唐宋元到明初中央三省制变为一省制之示意图

皇帝
- 尚书省——（唐宋设立，元朝废弃不设）
- 中书省——中书令（元朝皇太子兼领）——六部（礼部、户部、吏部、兵部、工部、刑部）
  - “政事堂”为办公场所
  - （明初保留）左右丞相
  - 平章政事
  - 左右丞
  - 参知政事
- 门下省——（唐宋设立，元朝废弃不设）（详细解释见笔者的《洪武帝卷》）

《明史》说：“自洪武十三年罢丞相不设，析中书省之政归六部，以尚书任天下事，侍郎贰之。而殿阁大学士只备顾问，帝方自操威柄，学士鲜所参决。其纠劾则责之都察院，章奏则达之通政司，平反则参之大理寺，是亦汉九卿之遗意也。分大都督府为五，而征调隶于兵部”（《明史·职官志序》卷72）。

宰相制被废除后，皇帝朱元璋一人所要应对的中央主要权力机构约有十四、五个，那么他的一天工作量为多少？据《明太祖实录》记载，从洪武十七年九月十四日至二十一日这8天的时间里，朱元璋一共收阅内外各个衙门的奏札共1 660件，合计事务3 391件（《明太祖实录》卷165）。我们给它平均算一下，即朱元璋每天要处理事务400多件，批阅奏札多达200多件。若按照每件奏札最少500字来计算（否则什么问题也没讲明），那么朱元璋每天光阅读或听取报告的文字数量就要达10万。

每天都要处理这么多大的工作量，即使铁打的人也要被拖垮。所以皇帝朱元璋很快就想到了个“两全其美”的办法——既能辅佐自己处理一些公文事务，又不让其揽权，那就是“置四辅官……以王本、杜祐、袭学为春官,杜学、赵民望、吴源为夏官,兼太子宾客。秋、冬官缺,以本等摄之。一月内分司上中下三旬。位列公、侯、都督之次。寻亦罢。十五年,仿宋制,置华盖殿、武英殿、文渊阁、东阁诸大学士,礼部尚书邵质为华盖,检讨吴伯宗为武英,翰林学士宋讷为文渊,典籍吴沈为东阁。又置文华殿大学士,征耆儒鲍恂、余诠、张长年等为之,以辅导太子,秩皆正五品。二十八年敕谕群臣:'国家罢丞相,设府、部、院、寺以分理庶务,立法至为详善。以后嗣君,其毋得议置丞相。臣下有奏请设立者,论以极刑。'当是时,以翰林、春坊详看诸司奏启,兼司平驳。大学士特侍左右,备顾问而已。建文中,改大学士为学士。悉罢诸大学士,各设学士一人。又改谨身殿为正心殿,设正心殿学士"(《明史·职官一》卷72,笔者在《永乐帝卷》上册中有相应的译文,读者朋友可参考阅读)。

从洪武时期设立殿阁大学士的功能来看,其主要是"特侍左右,备顾问而已",根本没有参政议政的权力。可到了建文时期情况就有了变化,原为翰林院侍讲后改为文学博士的方孝孺等不仅参政、议政,而且还直接处置了许多建文朝的政事要务。不过值得注意的是,建文朝的(大)学士还不具备后世内阁大学士的意义,他们之所以能参与国家政事的决策与处理,完全是由于与皇帝的信任与特别指定有关,加上建文朝时间不长,并没有形成制度化。

◉ 内阁渐趋完善　诸权最贵票拟

朱棣篡位后,打着"一遵祖制"的旗号,倒行逆施,全盘否定建文"新政"。那么篡位后当了皇帝,朱棣的工作量几何?我们来看看史书是怎么记载的:永乐四年正月丙辰日,"上(指朱棣)御右顺门晚朝,百官奏事毕皆趋出,上召六部尚书及近臣,……曰:'朕每旦四鼓以兴,衣冠静坐。是时,神清气爽,则思四方之事,缓急之宜,必得其当,然后出付所司行之。朝退未尝辄入宫中,闲取四方奏牍,一一省览。其有边报及水旱等事,即付所司施行。宫中事亦多须俟外朝事毕,方与处置。闲暇则取经史览阅,未尝敢自暇逸。诚虑天下之大,庶务之殷,岂可须臾怠惰?一怠惰即百废弛矣。卿等宜体朕此意,相与勤励,无厌斁也。自今凡有事当商略者,皆于晚朝来,庶得尽委曲’”(《明太宗实录》卷 50;余继登:《皇明典故纪闻》卷 7,书目文献出版社 1995 年 12 月第 1 版,P362～363)。

尽管上述记载中不无自我溢美之处,但基本上也能反映出永乐时代皇帝的工作量还是相当之大的。更有朱棣精神常常出问题,屁颠屁颠地老往外跑,那大明皇帝之工作庶务怎么处理呢?由皇太子朱高炽监国代理!《明史》说:“成祖数北征,命之(指朱高炽)监国,裁决庶政。”(《明史·仁宗本纪》卷 8,本纪第 8)

即使这样,本身身体也不是很好的朱棣还是忙不过来,于是“成祖即位,特简解缙、胡广、杨荣等直文渊阁,参预机务。阁臣之预务自此始。然其时,入内阁者皆编、检、讲读之官,不置官属,不得专制诸司。诸司奏事,亦不得相关白。”(《明史·职官一》卷 72)

有人说《明史》是清代人编撰的,明内阁阁臣在永乐时期到底有着怎么的权力,应该要看看当时的官书或当事人是如何记载的。永乐初年入阁的阁臣金幼孜在宣德六年十二月去世了,《明宣宗实录》中记载说:“太宗皇帝初临御,简求文学之臣,(金幼)孜,翰林院检讨,又简寘内阁治密务”(《明宣宗实录》卷 85)。内阁同僚杨荣在给金幼孜墓的神道碑铭中说:“太宗皇帝即位……七人同值内阁,参机密”(【明】杨荣:《杨文敏集·金幼孜神道碑铭》卷 17)。另一个内阁同僚杨士奇也记载说:“太宗皇帝初正大统,故翰林之臣不及十数人,诏吏部及翰林举文学行谊才识之士,授职其中。士奇首膺简擢,赐五品服,肇建内阁,简七人专典密务”(【明】杨士奇《三朝圣谕录·序》)。当事人杨士奇在《御书阁颂有序》曾这样描述:“臣士奇自布衣被召。太宗皇帝入继大统,首擢翰林编修,初建内阁于奉天门内,简任翰林之臣七人其中,所职代言,属时更新,凡制、诏、命、令、诫、敕之文日伙,而礼典庶政之议及事之关机密者,咸属焉。车驾屡赐临幸。七人恒早朝,退即趋阁治职事,莫(暮)乃出,七人者,士奇与焉。”“又明年,册仁宗皇帝为皇太子,简内阁六人兼春坊官,士奇与兼左坊中允。”(【明】陈子龙:《皇明经世文编》卷 15,P117)

谨身殿
华盖殿
奉天殿　　　　内阁

右顺	西角	中右门	奉天门	中左门	东角	左顺
				文华殿	东	
西安				文渊阁	阁	东安
	右掖门		午门		左掖门	

明初文渊阁、内阁位置示意图(南京)

(本图参考了王焕镳编《首都志》附图之《明宫城图》,《民国从书》第五编页 76～77)

以上史料至少透露了四个关键的信息:第一,内阁首创于永乐登基之初;第二,内阁最初设在南京明皇宫奉天门内(阁臣入值文渊阁那是永乐迁都后的事),其距离更近皇帝逍遥处——内廷,方便参与办理皇帝的机密要务,故其名为内阁;第三,永乐时内阁大学士品秩不高,"赐五品服",与知府大致相当;第四,尽管官品不高,但内阁大学士却"参与机务",即我们平常讲的参与国家大事与机密要务的讨论,也就是后世人们公认的内阁拥有的一项重要权力——最高层面的参政议政。因此说,明清以来人们将篡位登基之初朱棣任命解缙与杨士奇等人入直内阁"参预机务",视作为明代中央职官制度一大变之开端,那是十分有见地的。"(洪武)虽尝设殿阁大学士,只备顾问,并不以为与闻国论之官。至成祖简儒臣直文渊阁(初应为明皇宫奉天门内之内阁,本书作者注),令其参预机务,于是有内阁之名,洪武之制至永乐而又一变"(【清】纪昀:《历代职官表·内阁下》卷 4,P27)。

不过永乐时期的内阁还不完善,不仅内阁大学士参预机务权完全取决于皇帝朱棣的特殊恩允,而且还没有形成常规化与制度化。因此,将永乐时代的内阁视作为皇帝顾问班子翰林院的一个延伸机构也不为过——"(翰林)学士,掌制诰、史册、文翰之事,以考议制度,详正文书,备天子顾问"(《明史·职官二》卷 73)。可这一切到了仁宣时代就有了实质性的变化。

永乐时代内阁大学士尽管有参政议政权,但很有限。一方面永乐皇帝十分独裁,一般不允许别人有异议,加上常常北巡,带上杨荣、胡广和金幼孜等,组成了实际上的"新内阁班子",密议机务,这样就使得与蹇义、夏原吉等一起辅佐皇太子朱高炽留守监国的杨士奇等阁臣在相当一段时间内失去了参议权;另一方面永乐时代内阁大学士的品秩都不高,以朱棣最初任命的 7 个阁臣而言,品秩最高的就是当时"大明第一才子"解缙,入阁前他是六品,入阁后升了点,但也不过五品,大约相当于一个知府(地级市市长)的行政级别。7 人中位居末位的胡俨入阁前是从七品,连一个县太爷的级别还不到。他们直接为皇帝办事,介于皇帝与六部尚书之间,而他们的行政级别反而不如六部长官(朱棣恢复"祖制",尚书与侍郎一般是正二品或从二品官)。对此《明史》说得极为到位:"虽居内阁,官必以尚书为尊"(《明史·职官一》卷 72,志第 48)。这样的格局显然不利于朝廷有效行政。

朱棣死后,已经看出问题症结所在的皇太子朱高炽,自登基起就开始不断地提升阁臣的品秩、地位与权力。在即位后的第三天即永乐二十二年八月己未日,洪熙帝朱高炽下令恢复正一品武官"三公"即太师、太傅、太保和从一品文官"三孤"即少师、少傅、少保,"命(蹇)义为少保,仍兼吏部尚书,二俸俱给",同日他还将文渊阁大学士兼翰林院学士杨荣升为大常寺卿(正三品),将文渊阁大学士金幼孜升为户部右侍郎(正三品),将左春坊大学士杨士奇升为礼部左侍郎(正三品),兼任华盖殿大学士,将前右春坊大学士兼翰林院侍读黄淮升为通政使司通政使(正三品),兼武英殿大学士。当时还特别指示:上述四人只执掌内阁,参与决策机务,不理新升官职内的事务,也就是说,这四人所升的职务是虚衔。(《明仁宗实录》卷 1 下)

大约一个月后,明仁宗又将少保兼吏部尚书蹇义升为少傅(从一品),将礼部左侍郎兼华盖殿大学士杨士奇升为少保(从一品),将太常寺卿兼文渊阁大学士翰林院学士杨荣升为太子少傅(正二品),兼谨身殿大学士,将户部右侍郎兼文渊阁大学士、翰林院学士金幼孜升为太子少保(正二品),兼武英殿大学士。(《明仁宗实录》卷 2 下)

这样一来,永乐时期一直是五、六品官秩的内阁阁臣在明仁宗当政后的 40 天内迅速地赶上并超过了六部尚书。金幼孜、杨荣的品秩与正二品的六部尚书相当,而杨士奇的品秩竟然有了超过,甚至与文官品秩最高的从一品吏部尚书蹇义相同。至此为止可以说，内阁阁臣的品秩与地位已经有了大大地提高。

不过话得说回来，杨士奇、杨荣和金幼孜等内阁阁臣所升的少保、太子少傅、太子少保之类的官衔都是虚职，对于朝廷行政还是有着很大的不便，为此明仁宗朱高炽在永乐二十二年十二月首先将杨荣任命为工部尚书(《明仁宗实录》卷5下)，洪熙元年正月又“升通政使兼武英殿大学士黄淮为少保、户部尚书，仍兼武英殿大学士；加少傅兼华盖殿大学士杨士奇兵部尚书；太子少保兼武英殿大学士金幼孜礼部尚书。俱三俸并支，仍掌内制。”(《明仁宗实录》卷6上)

杨溥原本为东宫属僚，永乐年间因为皇太子朱高炽不合父皇之意而被牵连，打入大牢，直到朱高炽即位后才被放出。永乐二十二年八月己未日，与杨溥有着深厚感情的明仁宗“升前司经局洗马兼翰林院编修杨溥为翰林院学士，前司经局正字金问为翰林院修撰”(《明仁宗实录》卷1下)。洪熙元年正月，洪熙帝朱高炽又“建弘文阁于思善门，作印章，命翰林学士杨溥掌阁事，(翰林侍讲王)进佐之。上(指明仁宗)亲举印授溥，曰：‘朕用卿等于左右，非止助益学问，亦欲广知民事为理道之助。卿等如有建白，即以此封识进来。’未几，(苏州儒士陈)继至，授翰林院五经博士，吏部尚书蹇义言：‘学录杨敬、训导何澄皆敦实。’即授敬翰林院编修，澄礼科给事中，命三人皆于弘文阁，与进同事云。”(《明仁宗实录》卷6上)

这就是说，洪熙朝除了杨士奇等人组成的内阁外，曾经为皇太子朱高炽坐了十几年冤枉监狱的东宫老师杨溥，在明仁宗朱高炽的特别关照下于明皇宫的思善门边建起了弘文阁，有人将其视作为洪熙朝的另一个内阁机构，而弘文阁之首杨溥却由此一下子取得了与杨士奇等阁臣相当的密封言事权与隆遇的地位。大约两个月后的洪熙元年三月丁酉日，明仁宗又“升翰林院学士杨溥为太常寺卿，仍兼学士。”(《明仁宗皇帝实录》卷8下)

内阁阁臣杨荣升为工部尚书，杨士奇升为兵部尚书，金幼孜为升礼部尚书，黄淮为升户部尚书，杨溥升为太常寺卿，原本大明中央官僚机构中最有地位与权势的官衔即为六部尚书，也就是六部的长官，现在让内阁阁臣给兼任了。这不仅表明明仁宗对内阁阁臣越来越信任与重用，而且也意味着内阁的地位与权势已开始渐渐地超过了六部，更有一个很大的潜在影响，那就是内阁阁臣兼任六部长官，在不设内阁官属即在不破坏“祖制”的前提下，内阁取得了参与国家大事的决策权即参政议政的合法权力。换言之，内阁参政权或言决策权日趋常规化与制度化。

明仁宗隆升内阁阁臣的地位与权力，很大程度上是由于他对永乐时代因为自身缘故而被无辜关押和惩治的杨士奇、杨溥等阁臣怀有特殊的情感，当然也不排除这样的因素，那就是明仁宗要让这些久经考验的忠诚阁臣为君“减负”，为国分忧。

对于皇祖、皇考的这番机构与权力设计，从小就在大明皇宫里长大的朱瞻基还是颇为心领神会的。继位登基之后，在承袭了父皇朱高炽时代内阁构建的基础上，明宣宗稍作部分调整。洪熙元年闰七月，根据杨溥的建议，他撤销弘文阁，命侍讲王进、编修杨敬、五经博士陈继、给事中何澄四人回翰林院，杨溥调入内阁，与杨士奇等人共事。(《明宣宗实录》卷 6)

宣德二年二月，明宣宗又将原本自己的东宫老师陈山、张瑛调入内阁，“升行在户部左侍郎陈山为本部尚书兼谨身殿大学士，行在礼部左侍郎张瑛为本部尚书兼华盖殿大学士。”(《明宣宗实录》卷 25)

这样一来宣德初年的内阁阁臣共有七人，即杨士奇、杨荣、杨溥、金幼孜、黄淮、陈山、张瑛。宣德二年八月甲子日，“少保户部尚书兼武英殿大学士黄淮以疾求退”(《明宣宗实录》卷 30)。宣德四年十月庚寅日，朱瞻基“改行在礼部尚书兼华盖殿大学士张瑛为南京礼部尚书，兼职如故；命行在户部尚书兼谨身殿大学士陈山专授小内使书”(《明宣宗实录》卷 59)。宣德六年十二月丁未日，“太子少保礼部尚书兼武英殿大学士金幼孜卒”(《明宣宗实录》卷 85)。

因此说到了宣德中期时，大明内阁就剩下“三杨”了，即杨士奇、杨荣与杨溥，而明宣宗与他的父亲明仁宗一样，对阁臣“三杨”尤为器重，“迨仁、宣朝，大学士以太子经师恩，累加至三孤，望益尊。而宣宗内柄无大小，悉下大学士杨士奇等参可否。虽吏部蹇义、户部夏原吉时召见，得预各部事，然希阔不敌士奇等亲。自是内阁权日重，即有一二吏、兵之长与执持是非，辄以败”(《明史·职官志·序》卷 72)。

综合起来看，仁宣时期起，日渐隆升的大明内阁拥有如下之权力：

○ 内阁票拟诸权的获得

虽说极度专制底下的皇帝对国家政务要事拥有绝对的决策权，但在决策过程中，如果皇帝突然即位，不娴朝廷政治（如靖难后的朱棣）；如果皇帝本身温文尔雅而相对刚毅不够（如明仁宗）；如果皇帝比较年轻而政治经验与阅历相对不足（如明宣宗），那么内阁阁臣就有着很大的参与国家政务要事的决策权。

第一，决策权或言参与决策权

朱棣死后，接到密报的朱高炽就“命尚书蹇义、大学士杨荣、杨士奇议，一应合行事宜，及同礼部尚书吕震议丧礼，严京城守卫”（《明仁宗实录》卷1上）。明仁宗生病时，曾“召尚书蹇义、大学士杨士奇、黄淮、杨荣至思善门，命士奇书敕，遣中官海寿驰召皇太子”（《明仁宗实录》卷10），等等。

再说宣德时凡是国家大事要事，都由杨士奇、杨荣等阁臣参与决策，譬如宣德元年平定汉王之乱、宣德二年削夺赵王护卫和从安南撤兵、宣德三年改立皇后和明宣宗首次巡边等等。在这些大事要务的决策中，有的时候阁臣的意见还起到了举足轻重的作用，譬如宣德二年削夺赵王护卫，原本宣德皇帝采纳了陈山、杨荣的建议，即乘着平定汉王之乱的声势将赵王府也给端了，但阁臣杨士奇却予以坚决抵制，最终宣德皇帝还是采纳了杨士奇的合理建议。

除了国家的大事要事之外，大明的一些重大政务如：恤刑慎罚、减灾济民、罢歇不急之务、南北取士份额定制……杨士奇等内阁阁臣也都曾参与其决策，且产生了很大的影响。（《明史·杨士奇》卷148）

第二，议政权

与决策权密切相关的是议政权，议政是明代内阁的日常工作之一。按照议政的级别与层次来划分，大致有三类：第一类是内阁会议讨论政务，最终的决定权交由皇帝定夺；第二类是廷议，有些很重要的事情内阁不能决定，皇帝一时也拿不准主意的，就让内阁阁臣主持，召集五府、六部、都察院、通政司与大理寺以及六科给事中等朝廷中枢机构的行政长官共同讨论，有点类似于现代的国务扩大会议，廷议的最终结果要上报给皇帝圣裁。第三类就是面议，某些事情极度机密，皇帝仅仅有个个人意向但又吃不准该怎么做，于是他就召集自己极度信任的内阁阁臣面议。譬如洪熙元年十一月壬戌日，朱瞻基召杨士奇、杨荣等密议，打算从交趾撤兵，即为宣德朝君臣面议的一个典型例子，当时明宣宗反复强调"朕有一言，怀之久矣，今独与卿二人说，未可轻泄也"(《明宣宗实录》卷 11)。

第三，人事推荐与任免以及考试选拔权

由参与决策权和议政权引申出来的内阁逐渐拥有的权力还有人事权或言人事推荐权与任免权，以及考试权。永乐二十二年十月丁卯日，"礼部引郡县岁贡生，奏送翰林院考试。上(指明仁宗)召大学士杨士奇等谕曰：'朝廷所重安百姓，而百姓不得蒙福者，率由牧守匪人，率由学校失教，故岁贡中愚不肖者十率七八，古事不通，道理不明，此岂可授安民之寄？自今宜戒因循之弊，严考之以本经四书义，不在文词之工拙，但取有理致者，如或难得，即数百人中得一人，亦可盖取之严，则无学者不复萌侥幸之望，而有向进之志矣'"(《明仁宗实录》卷 3 下)。在授予阁臣杨士奇考试录用权时，皇帝朱高炽一再强调：从严把关，宁缺毋滥，因为被录取者日后要被委任为地方牧守，即出任地方父母官。可见明仁宗时内阁阁臣已经取得了一定的考试权与部分的人事权。

到了明宣宗时这种权力有了扩展，宣德八年十一月己酉日，朱瞻基跟行在(洪熙帝临终前宣布还都南京，北京改名为行在)礼部尚书郭琎等人说："在外地方上的官员中一定会有些不错的文官，朕想要重用他们。郭爱卿，你为朕挑选一些！"第二天，郭琎就一下子上奏推荐了 68 人给了明宣宗。朱瞻基当即下令，让内阁阁臣杨士奇、杨荣出题，在朝堂上举行考试，择优录取。知县孔友谅，进士胡端祯、廖庄、宋琏，教谕黄纯、徐惟超，训导娄升等七人因为考得比较优秀而被"两杨"录取并上报给了宣德皇帝，朱瞻基随后又命令吏部长官将进士胡端祯、廖庄、宋琏等 3 人委任为翰林院庶吉士，知县孔友谅和教谕黄纯、徐惟超和训导娄升等到相关衙门去实习锻炼，以备后用。(《明宣宗实禄》卷 107)

再从宣德朝一些重要的人事任免来看，几乎都有杨士奇等阁臣的影响。宣德三年罢黜都察院一把手大贪官刘观，推荐通政使顾佐为右都御使，主管大明都察院；宣德四年将年老怠惰与昏庸无能的陈山、张瑛调出内阁，以及宣德中期任命周忱、况钟、于谦等一批正直廉明之士出任地方行政长官或巡抚等等。虽说最终的人事决定权在皇帝那儿，但这些重要人事的任免基本上都由杨士奇等阁臣首先奏请并获批准的，由此可见当时的内阁阁臣已有一定的人事推荐权与任免权。

第四，一定的司法权

内阁拥有一定的司法权是从明仁宗当政后开始的。永乐二十二年十月丁巳日，也就是明仁宗登基即位后的第三个月，大理寺官员按照规制将重大案件的审判结果上报了上来，让皇帝陛下做出最后的裁决。明仁宗接奏后这样说道："人命甚重，帝王以爱人为德，卿等理刑，宜赞辅德政，罔俾无辜含冤地下，伤国家之和气。昔法吏有于死狱求生道者，天有显报不在其身在其后人。卿等勉之。"说完他就命令五府、六部、通政司、六科等中央要害权力部门的长官上明皇宫承天门去，会同大理寺、刑部、都察院等三法司官员一起审理那些重大案件。随后他又突然想到，这样做还是显得不够谨慎。刚好那天明仁宗身体不适，于是他就特地下诏，将内阁大学士杨士奇、杨荣、金幼孜等召到自己的卧榻前，当面关照说："比年法司之滥，朕未尝不知，其所拟大逆不道，往往出于罗织煅炼，先帝数切戒之，故死刑至四五覆奏，而法司略不留意，甘为酷吏而无愧。自今凡决审重囚，卿三人往同审，有冤抑者，虽细故必以闻。"为此朱高炽还专门下发了敕谕，规定："三法司今后审决重囚，必须要会同内阁大学士杨士奇、杨荣、金幼孜等阁臣一起审理"（《明仁宗实录》卷3下）。

对此，《明史》也载：朱高炽即位不久就"命（金）幼孜、（杨）荣、（杨）士奇会录罪囚于承天门外。诏法司，录重囚必会三学士，委寄益隆"（《明史·金幼孜传》卷147）。

当然内阁阁臣拥有一定的司法权，并不是讲内阁可以领导三法司，这同宰相制下宰相领导三法司不可同日而语。

第五，诏令起草权

大凡老皇帝遗诏、新皇帝即位诏、大赦天下令等一般都由内阁起草，并得到皇帝的认可，再以其名义颁发诸司衙门和全国各地。

仁宣时期起草诏令最多的可能就要数阁臣杨士奇了，这或许是由于仁、宣两帝与杨士奇等阁臣有着非同寻常关系之缘故吧。明宣宗朱瞻基时不时地驾临内阁办公地文渊阁，或与“少傅杨士奇、太子少傅杨荣论经史，遂咨政务”（《明宣宗实录》卷56），或“从容顾问所治职业，遂共论古帝王及祖宗时事，并亲书御制诗一章以赐”（《明宣宗实录》卷59）。宣德以后为皇帝起草诏令之类的工作更成为内阁的分内事。

第六，封驳权

封驳权一般来说是指皇帝的命令或指示交由内阁转发给诸司衙门，要是内阁认为皇帝的命令有所不妥，可以不执行或需要更改，往往会将皇帝的诏旨封好后退还给皇帝，这实际上可视作为唐宋时代谏君之遗韵。

与此有些相近的还有规谏权。明代内阁大学士原本来自翰林院，而翰林院有个十分重要的职责，那就是为皇帝上课、讲述经史，不过公开的称呼可不这样，皇帝是天下第一人，他老人家可是无事不晓、无所不通，要是说了皇帝还要现买现卖，多丢脸啊！于是我们中国人就发明了一些美妙的词语，一类叫经筵，经筵就是皇帝到文渊阁或文华殿向内阁阁臣和翰林院学士学习、讨论与研究经史，美其名曰经筵；另一类叫日讲，日讲是指内阁阁臣和翰林院学士在经筵的次日为皇帝讲述经史。譬如：宣德四年七月己未日，“车驾临文渊阁，少傅杨士奇、太子少傅杨荣论经史，遂咨政务”（《明宣宗实录》卷56）。宣德四年十月戊子日，“早朝罢，上（指朱瞻基）复临视文渊阁，儒臣叩头，毕列侍左右。上从容顾问所治职业，遂共论古帝王及祖宗时事，上甚悦，命中官出内帑钞，遍赐儒臣，又亲书御制诗一章以赐。明日，少傅杨士奇、太子少傅杨荣等上表谢恩”（《明宣宗实录》卷59）。

内阁阁臣和翰林院学士时不时地利用经筵与日讲的机会，向皇帝讲述儒家经典精义、历代帝王之得失与皇家“祖训”等，以此来规谏和教育皇帝。“时有上书颂太平者，（洪熙）帝以示诸大臣，皆以为然。（杨）士奇独曰：‘陛下虽泽被天下，然流徙尚未归，疮痍尚未复，民尚艰食。更休息数年，庶几太平可期。’帝曰：‘然。’因顾蹇义等曰：‘朕待卿等以至诚，望匡弼。惟士奇曾五上章，卿等皆无一言。岂果朝无阙政，天下太平耶？’诸臣惭谢”(《明史·杨士奇传》卷148)。

前章讲过的宣德初年杨士奇力谏，反对武力解决赵王问题也可视为内阁阁臣规谏皇帝的典型案例。不过仁宣时期内阁的封驳权还不明显，这事真正成熟要到宣德以后了。

◎ 票拟权的获得

在明代内阁所有的权力与职责中最为重要也最为常见的就要数票拟权。票拟又称为拟票、票旨、调旨、条旨。凡是要请皇帝批示的奏章，先送交内阁，由内阁阁臣拿个处理意见，用墨笔将其写在小纸上，再贴在各奏章前面，然后一并上报给皇帝，由皇帝最终定夺。

因此说，从操作流程来看，票拟是在丞相制废除下皇帝与臣下合作运行帝国最高政务的一种有效方式。不仅解决了丞相制废除后中央朝廷权力真空所带来的政务堵集御廷殿陛的窘迫问题，而且还加强了君主专制中央集权，提高大明帝国国家机器的运行效能。

那么，具有如此功效的票拟制究竟开始于何时？

票拟起始于洪熙朝，明人黄佐记载说："(明仁宗)每退朝还宫，遇有机务须计议者，必亲御翰墨，书(杨)荣等姓名，识以御宝，或用御押封出，使之规划。荣等条对，用文渊阁印封入，人不可得闻"(【明】黄佐:《翰林记·参予机务》卷2)。可能有人要说，黄佐是仁宣以后的人了，他对内阁票拟起源的记载不一定很精确，那我们来看看最初亲历票拟过程的当事人是如何记载的？"(明仁宗)遇有急务，赐手敕访公(指夏原吉)。凡内外诸司所进章疏，多命公先条进其旨，而后从中批出"(【明】夏原吉:《夏忠靖公集》,《夏忠靖公遗事》)。但明代大史学家王世贞却说:"宣德中，诏少师吏部尚书蹇义、少保太傅户部尚书夏原吉辍部事，朝夕侍左右顾问，赐珊瑚等，格玉砚条旨，然不与阁职"(【明】王世贞:《弇山堂别集》卷45)。

由此看来，票拟在明仁宗时已经出现。但上述文献的记载者夏原吉等不是阁臣，大明内阁票拟权的正式形成应该是在明宣宗时期。"至宣德时，始令内阁杨士奇辈，于凡中外章奏，许用小票墨书，贴各疏面以进，谓之条旨。中易红书批出，御笔亲书。至遇大事，则必面议。议定传旨处分，不待批答”(【明】马祯峨：《策科》卷3)。明代中期大儒黄佐更是明确指出：“永乐、洪熙二朝，每召内阁造膝密议，人不得予闻。虽倚毗之意甚专，然批答出自御笔，未尝委之他人也。宣德时，始令内阁杨士奇辈，及尚书蹇义、夏原吉，于凡中外章奏，许用小票墨书，贴各疏面以进，谓之条旨。中易红书批出”(【明】黄佐：《翰林记·参予机务》卷2)。到了明英宗正统年间就逐渐形成制度化了：“英宗以九岁登极，凡事启太后。太后避专，令内阁议行，此内阁票旨之所由始也”(【清】孙承泽：《天府广记》卷10，北京古籍出版社1982年1月版，上册，P108)。

综观上述，票拟最早出现于洪熙时代，明宣宗时以内阁为主的票拟已在运行，当时有所谓的“天下建言奏章，皆三杨主之。”明宣宗对三杨的信任，逐渐形成政策制定的内阁基本模式，即为票拟制的形成。正统年间票拟逐渐进入程序化与制度化。《明史》有论：“至仁宗而后，诸大学士历晋尚书、保、傅，品位尊崇，地居近密，而纶言批答，裁决机宜，悉由票拟，阁权之重偃然汉、唐宰辅，特不居丞相名耳。诸辅之中，尤以首揆为重”(《明史·宰辅年表一》卷109，表第10)。

◯ 忽隐忽现的内阁首辅制

说内阁阁臣“品位尊崇，地居近密”，“纶言批答，裁决机宜，悉由票拟”，这大致道出了明代内阁制的一大显著特征。但要说“阁权之重偃然汉、唐宰辅，特不居丞相名耳”，这话就大大言过其实了。虽然仁宣以后内阁阁权很重，但他们绝没有汉唐时代的宰相所拥有的那般权力(万历朝首辅张居正除外)。无论是决策权或言参与决策权、议政权、人事权或言人事推荐权与任免权，以及考试权，还是司法权、诏敕起草权、封驳权，甚至是票拟权，它们都是专制皇权的衍生品，最终还是取决于专制皇帝的意志。不过上述《明史》论述中倒是点到了明代内阁制的另一个关键问题，“诸辅之中，尤以首揆为重”，即人们常说的首辅制。

首辅也称为首揆，即内阁第一辅臣，或言内阁阁臣中的首领。明代国史《明实录》正式出现首辅字样的是在明嘉靖八年九月，“刑部尚书许赞等会官议：‘大学士杨一清官居内阁，秩首辅臣，起自废闲，受国厚宠，正宜清白持身，忠诚奉职，乃晚节昧知，止之几衰年忘在得之戒，大肆纳贿，不畏人言，殊失大臣之体’”(《明世宗实录》卷105)。而《明史》则认为，明英宗天顺年间就已确定李贤为内阁首辅：“终天顺之世，(李)贤为首辅，吕原、彭时佐之，然贤委任最专”(《明史·李贤传》卷176)。查《明英宗实录》“天顺五年八月癸未条”所载：“加吏部尚书兼翰林院学士李贤太子少保”(《明英宗实录》卷331)。李贤至终也就是这个官衔，从未有过首辅的正式官称，因此说《明史》的上述记载似为不妥。

综合起来看，明代内阁首辅制的形成应该说是个渐进的过程。它开启于仁宣时代。永乐二十二年九月戊戌日，即位才一月之余的洪熙皇帝朱高炽给少傅兼吏部尚书蹇义、少保兼华盖殿大学士杨士奇、太子少傅兼谨身殿大学士杨荣、太子少保兼武英殿大学士金幼孜等四人各赐银章一枚，并嘱咐他们：“凡是朝廷政事有所缺失，或者群臣进言不被采纳，或者你们四位大臣进谏不为接受，你们都可以用书面的形式再向本皇帝进呈，但一定要密封好，用银章加盖印记，密疏上进，以防泄漏。你们不要觉得那些事已经讲过了，是不是再讲了就变得唠叨，不要怕。只要我们君臣之间精诚相待，同舟共济，要不了多久就能朝无阙政，民无失所，这样朕与诸位爱卿就都不会辜负了祖宗的重托！”(《明仁宗实录》卷2下)

从朱高炽这次赐予银章的对象来看，原本大明朝廷六部高官就只有蹇义一人(后有夏原吉)受此特殊待遇。这无疑表明，吏部尚书蹇义已被视为六部之首，而内阁阁臣虽有三人同时受赐银章，但唯杨士奇位居第一：“(洪熙)初，上(指明仁宗)尝谕士奇曰：‘自今朝廷事，仗蹇义与汝’”(【清】谷应泰：《明史记事本末·仁宣致治》卷28)。而由洪熙朝政治实际来看，明仁宗每每遇上大事也几乎都要找杨士奇商议，因此在一定程度上来说，杨士奇可被视作为洪熙朝内阁之首。

进入宣德朝后，虽然内阁初为7人，但后来经历一系列的变故后，最终内阁稳定下来的还是杨士奇、杨荣与杨溥三人。而从宣德初年大明朝廷重大政务实际运作来讲，明宣宗最信任的是“三杨”中的杨荣。

这一方面是由于杨荣自身的优势：机警敏捷，料事如神。这样好的“参谋”人才对于皇帝决策国家大事来说是再需要不过了。永乐初年的一天夜里，皇帝朱棣突然接到北疆宁夏发来的加紧警报，说宁夏城被北虏重兵所围，情势十分危急。朱棣看完奏报后一下子没了主意，火急火燎地派人去召解缙、杨荣等7位内阁阁臣速往宫中商议对策。不料那晚解缙等6人都已离开，只有杨荣一人在，他就跟皇使来到明皇宫中。皇帝朱棣一见到杨荣，就赶紧将宁夏奏报交给他。杨荣拿到手里，稍稍瞄了一眼，便跟皇帝说："没事，陛下不用操心，宁夏城之围已经解了！"朱棣眨巴着眼睛望着杨荣，一脸的茫然，口中不由自主地发出："这怎么可能？这怎么可能。"杨荣赶紧解释说："陛下，臣听说过，宁夏城坚固得很，当地人又十分勇敢能战。这个奏报从当地发出到达皇宫里来，前后已经有10多天了，宁夏城现在应该解围了，北虏已被打退。"听了杨荣的这般分析，皇帝朱棣还是不怎么相信。当天半夜时分，忽然又有人从宁夏来报，说当地的北虏之围被解除了！这下可把永乐皇帝给折服了："杨爱卿，你真是料事如神啊！"(《明史·杨荣传》卷148)

另一方面，明宣宗信任杨荣可能是受了皇祖朱棣的影响。永乐年间，有一次江西发生了地方叛乱，朝廷接报后随即派出了特使前去招抚，但考虑到可能招抚不一定会有效果，过了些时间又命令都督韩观领兵前往去镇压。可韩观军队开拔没过多久，江西当地就传来了捷报，说叛乱平定了。皇帝朱棣十分高兴，亲自书写敕谕，要奖赏都督韩观。内阁大学士杨荣听说后赶紧出来劝阻，他说："陛下，江西之事朝廷前后派了两批特使，从当地奏报上署下的日期来看，很可能是都督韩观的军队还没有到达，那里的叛乱就已经平定了，因此说陛下就不应该将这个功劳记在韩都督的头上。"听到这里，皇帝朱棣开始不停地夸赞杨荣。(《明史·杨荣传》卷148)

通过前后这样好几件事情，永乐皇帝朱棣就对杨荣十分器重与信任，直至他的生命尽头。而从小就在皇爷爷朱棣身边长大并由其一手调教出来的朱瞻基免不了有先入为主的影响，于是在他上台之初就极为信任杨荣。譬如宣德元年是否出兵亲征赵王一事，朱瞻基首先找杨荣商议，等轮上杨士奇起草檄文时，宣德皇帝已定调亲征，"两杨"之间的地位悬殊一目了然。当杨士奇打算让六部高官蹇义与夏原吉一同去规劝宣德皇帝改变主意时，蹇、夏来了个实话实说："公言固当，然上特信杨荣言，不系吾二人可否也。"

(【清】谷应泰:《明史记事本末·高煦之叛》卷27)

由此看来宣德初期位居内阁之首的应该是“三杨”中的杨荣。但内阁首辅制形成的初期有个最大的特点,那就是“首辅”忽隐忽现,与皇帝的信任程度和阁臣入阁先后及资历等大相关联,并不是一成不变。宣德中期起,朱瞻基对杨士奇的信任程度超过了杨荣,“(宣德)帝尝微行,夜幸士奇宅”;当耳闻杨荣收受别人礼物而不知如何处置他时,朱瞻基还曾咨询过杨士奇,并接受了他的建议。(《明史·杨士奇传》卷148)

杨士奇自宣德中期起实际位居内阁之首的格局一直延续到了明英宗正统初年。“宣宗崩,英宗即位,方九龄,军国大政关白太皇太后。太后推心任士奇、荣、溥三人,有事遣中使诣阁谘议,然后裁决。三人者亦自信,侃侃行意。士奇首请练士卒,严边防,设南京参赞机务大臣,分遣文武镇抚江西、湖广、河南、山东,罢侦事校尉。又请以次蠲租税,慎刑狱,严核百司。皆允行。正统之初,朝政清明,士奇等之力也”(《明史·杨士奇传》卷148)。

到了天顺元年二月,明英宗“命吏部右侍郎李贤兼翰林院学士于内阁参与机务”(《明英宗实录》卷275)。自此而始,明英宗朱祁镇几乎每遇到大事都要首先找李贤来商议。李贤的实际首辅地位已经确立,但首辅之名却并没载于当时的官史。后经宪宗、孝宗和武宗三朝,直到明世宗嘉靖年间才正式在大明官史《明实录》上留下了存在已久的内阁首辅之记载,而此时的大明内阁首辅制已趋成熟。(《明世宗实录》卷105)

○ 内阁制的相对完善与基本定型

内阁首辅制渐趋成型也罢,票拟等七八个层面的权力意义也罢,大明内阁制所具有的权力、职责和最为本质的特征在仁宣时期已经进入了实际开启、操作阶段,由此说来,自明成祖永乐年间开创起,内阁制在仁宣时代进入了相对完善与基本定型阶段。

不过我们千万不能如《明史》所述的那般,就此过高地看待那时的内阁。《明史》曾说“沿及仁、宣,而阁权日重,实行丞相事”(《明史·解缙、黄淮、胡广、金幼孜、胡俨传·赞》卷147)。

仁宣时期阁臣品秩日显、内阁阁权日重,阁臣地位日隆,这一切基本上都可以归结于朱高炽、朱瞻基父子与"三杨"等阁臣的特殊关系，也表明内阁从此在大明帝国中枢中的地位越来越重要，其决策影响也越来越大，但它始终没有发展到"行丞相事"的地步。

首先内阁阁臣兼任六部中某部长官，确实拥有了行使某部的部分行政权力，但并不意味着整个内阁拥有行使某部或六部的行政权力。同样内阁阁臣兼任六部中某部长官，也并不意味着整个内阁可以领导六部，更不用说去领导其并没有兼任长官的其他中央机构了，这同丞相制下丞相有权统领中央权力机构有着迥然的不同。

至于前面所讲的内阁阁臣所拥有的部分人事权、司法权等，那就取决于皇帝信任了，并没有绝对的制度化，而诏令、敕文的起草权只是秉承皇帝的意志罢了，绝没有丞相制下丞相手中所拥有的很大自主起草权。封驳权实际上可视作为唐宋时代谏君权之遗韵，但并没有像唐宋时代那样在很大程度上制约了皇帝的意志。至于议政权与参与决策权，明代阁臣并没有像皇帝或丞相那样拥有最终的决定权，而仅仅是部分之权力，他们的议政与决策是否被采纳、实施，最后还得取决于皇帝。明代史学家王世贞指出："宣皇帝右文遏杀，内柄无大小，悉下大学士士奇等报行。而吏部蹇义、户部夏原吉以不时召，得迭入省可六尚书事，与士奇均。而大学士陈山等，或鲜所关预，岂非觎职，由上轻重裁耶！"(【明】王世贞：《弇山堂别集·内阁辅臣年表》卷45)

还有就是内阁最为重要也最为常见的票拟权，有人认为："面奏请旨，则其权常在朝廷；票之内阁，则其权属之内阁"，"何者？以票本之权在彼，虽英明圣断，一出于渊衷，而见形疑影，固群臣之所缩颈而不敢与抗也"(【明】骆问礼：《喉论》，《明经世文编》卷470)。《大明会典》说："阁臣之职同于古之相者，以其主票拟也"(《大明会典》卷29《职官》卷1)。这种看法就大大地夸大了内阁票拟权的影响与作用。对此，明末清初大思想家黄宗羲曾一针见血地指出："不然。入阁办事者，职在批答，犹开府之书记也。其事既轻，而批答之意又必自内授之而后拟之，可谓之其实乎？"(【明】黄宗羲：《明夷待访录·置相》)

黄宗羲说：内阁票拟之责就在于帮助皇帝批答章疏——先拿个倾向性的处理意见来，这在很大程度上就好比是皇帝的书记员或言秘书。因此说,内阁票拟是根据皇帝授意而行的,没有阁臣的绝对独立之意志。即使事先没有皇帝之授意,内阁票拟好了,还要呈交皇帝定夺,这就是明代政治制度中的批红权。

◉ 批红权被异化 奴才替代主子

批红原本是指皇帝在臣下上呈的奏疏上用红墨批写如何执行的最高指示,具有绝对的权威与最高的法律效率,因此说批红本是皇帝的"天职"。前面讲过的大明开国皇帝朱元璋最为勤政,每天至少要批红 200 多件奏札,这样的工作量比起皇帝老爷耕耘后宫"妹妹"的"自留地"可能还要大。但即使如此,明初四帝即朱元璋、朱允炆、朱棣和朱高炽还是坚持亲自御批,可到了明代第五帝朱瞻基时,这位年轻的风流天子想到了一个处理政务的便捷途径——由司礼监太监来代替他批红。

宦官不是不能干预政事?! 这是大明高皇帝定下的"天条",怎么到了第五代少年天子朱瞻基时代就变了? 要想说明清楚这个问题,我们还得要从明初严禁宦官干政说起。

洪武时期,"(明)太祖尝谓侍臣曰:'朕观周礼,奄寺不及百人。后世至逾数千,因用阶乱。此曹止可供洒扫,给使令,非别有委任,毋令过多。'又言:'此曹善者千百中不一二,恶者常千百。若用为耳目,即耳目蔽;用为心腹,即心腹病。驭之之道,在使之畏法,不可使有功。畏法则检束,有功则骄恣。'有内侍事帝最久,微言及政事,立斥之,终其身不召。因定制,内侍毋许识字"(《明史·职官三》卷 74)。

从历史的经验教训出发,朱元璋规定不让宦官们有机会接触到政事与兵权,仅让他们洒扫庭院或干些跑腿的活儿。只有做到这样,那些阉竖们即使想作乱也找不到机会了。他还认为,宦官中好的仅为千百中一两个,因此说,如果要用宦官作自己的耳目,那么君主的耳朵就成了聋子的耳朵,眼睛就成了瞎子的眼睛;如果用他们作为心腹,那么君主的心腹就会害病。为此,洪武后期朱元璋在制定《祖训》时专门定制:"内侍毋许识字"(《明史·职官三》卷 74),"不得兼外臣文武衔,不得御外臣冠服,官无过四品,月米一石,衣食于内庭。尝镌铁牌置宫门曰：'内臣不得干预政事，预者斩。'"(《明史·宦官一》卷304)并"又敕诸司毋得与内官监文移往来"(《明史·职官三》卷74)。

由此我们不能不佩服一代雄主朱元璋眼光之深邃与独特，可是大明开国君主的如此严格规制到了第三位君主即自称为高皇帝"好儿子"的朱棣当政时就开始破坏了。

◯ 朱元璋的"好儿子"朱棣打开了"潘多拉魔盒"

第一，从政治隶属关系上朱棣给宦官松绑，使宦官系统独立。

明初朱元璋创设了内监二十四衙门，在行政管理上归口于专门管理官员人士关系的吏部(相当于后世的人事部与组织部)管理。明人沈德符曾这样说："本朝内臣俱为吏部所领，盖周礼冢宰统阉人之例，至永乐始归其事于内，而史讳之"(【明】沈德符:《万历野获编补遗·内官定制》卷1)。也就是说永乐朝起宦官们不再归属于吏部管辖，而是独立成系统，直接听命于内廷宦官首脑机构司礼监，即司礼监取得了宦官人事权与升降奖惩权。

第二，重用宦官，派遣他们出使、专征、监军、分镇、刺察。

《明史·职官志》说："顾中官四出，实始永乐时。元年，李兴等赍敕劳暹罗国王，此奉使外国之始也。三年，命郑和等率兵二万，行赏西洋古里、满剌诸国，此将兵之始也。八年，敕王安等监都督谭青等军，马靖巡视甘肃，此监军、巡视之始也"(《明史·职官三》卷74)。而《明史·宦官传》说得更为精到："盖明世宦官出使、专征、监军、分镇、刺臣民隐事诸大权，皆自永乐间始"(《明史·宦官一》卷304)。

第三，建起无恶不作的宦官特务机构东厂。

"永乐十八年八月……置东厂于北京。初，上(指朱棣)命中官刺事，皇太子监国，稍稍禁之。至是以北京初建，尤锐意防奸，广布锦衣官校，专司缉访，复虑外官瞻徇，乃设东厂于东安门北，以内监掌之。自是中官益专横，不可复制"(【清】夏燮:《明通鉴》卷17)。

第四，首开宦官读书识字之禁，为明代宦官干政铺平道路。

长期以来，人们往往将宣德元年明宣宗设立内书堂作为宦官断文识字的标志。"初，太祖制，内臣不许读书识字。后宣宗设内书堂，选小内侍，令大学士陈山教习之，遂为定制。用是多通文墨，晓古今，逞其智巧，逢君作奸”(《明史·宦官一》卷304)。

究实，这种说法不够正确，明代宦官识字实际上是从永乐时代就开始了。清人夏燮在《明通鉴》中这样记载说：“(永乐时期)听选教官入内教习之”(【清】夏燮：《明通鉴》卷19)。《明史·宦官传》说：永乐中期，英国公张辅(张玉之子)出征交趾，俘虏了一批交趾人，其中有一些长得很俊美的男童，张辅将他们挑选出来，给阉割了，然后再送到明皇宫中作服役的小宦官。而这些小宦官中以范弘、王瑾、阮安、阮浪四人长得最为俊秀，加上他们聪明、伶俐，很得永乐帝的喜爱。朱棣一高兴就给他们找来了先生，在宫中教他们识字。数年后，这几个俊美的小宦官通文墨，熟经史，朱棣就让他们干些文案工作。(《明史·宦官一》卷304;【明】沈德符：《万历野获编·赐内官宫人》卷6)

对于自己最先破坏“祖制”的行为，朱棣曾巧舌如簧地辩解道：“朕一遵太祖训，无御宝文书，即一军一民，中官不得擅调发”(《明史·职官三》卷74)。

由此看来，孔乙己的理论，读书人偷书不算偷之逻辑在500多年前早已有“开山祖”了。只不过这个“开山祖”乾纲独断，就像他对待给自己带来极度快感的宫中妹妹那般，用之作工具而已，宦官在雄才大略的永乐皇帝那里至多也是可以充分把控和使用的工具吧。

殊不知永乐皇帝的如此作为却为以后的宦官干政、害政扫清了道路上的障碍以及提供了制度层面的必备条件。

○ 朱瞻基为什么要公然违抗“内侍毋许识字”的“祖制”而设立内书堂？

宦官干政有个很重要的前提，那就是宦官要识字、要有文化。想当年高皇帝朱元璋定制：“内侍毋许识字”(《明史·职官三》卷74)，不识字，没文化就等于睁眼瞎，对国家大事、行政与军事要务都不宜插手。可这一切到了宣德时代都变了，明宣宗公然在内廷设立内书堂，为宦官们扫盲或言提高“在职干部”的文化水平。那么人称治平之主的朱瞻基难道真的犯浑了吗？如是，他还是“一代明主”？或言之，朱瞻基为什么要公然违抗“内侍毋许识字”的“祖制”？

第一，从永乐时期皇爷爷重用宦官的实际来看，这些无儿无女且没有人间男女情欲麻烦的"使唤工具"十分好使，"忠心可靠"，且常常带来意想不到的成效。"当成祖时，锐意通四夷，奉使多用中贵。西洋则和、景弘，西域则李达，迤北则海童，而西番则率使侯显"(《明史·宦官一》卷 304)。

永乐时期四面八方的宦官出使，大明主动频频"出击"，招徕远夷，打造"万国来朝"的繁荣局面，炫耀中华之富强，向世人昭示：我大明君主才是世界上真正的"天下共主"。对于从小就在皇爷爷朱棣身边长大的朱瞻基来说，使用宦官"工具"所能带来的"美妙效果"是再清楚不过了，不过美中不足的是宦官大多不识字，要是他们识字了，效果会更好。

第二，从皇爷爷时代内廷教出的童年小玩伴王瑾、范弘、阮安、院浪等人身上，朱瞻基看到了内监读书的好处是很大的。

"永乐中，英国公张辅以交童之美秀者还，选为奄，(范)弘及王瑾、阮安、院浪等与焉。占对娴雅，成祖爱之，教令读书，涉经史，善笔札，侍仁宗东宫"(《明史·宦官一·范弘传》卷 304)。

范弘为人谨慎，忠勤守法，又有较强的处理问题的能力，他为洪熙与宣德两朝做了好多的事情，很为朱瞻基喜欢，"宣德初，为更名(范弘)，累迁司礼太监"(《明史·宦官一·范弘传》卷 304)。

"阮安有巧思，奉成祖命营北京城池宫殿及百司府廨，目量意营，悉中规制，工部奉行而已"(《明史·宦官一·阮安传》卷 304)。一个宦官因为识字有文化，最终成为了大明新都北京城的设计师，谁能说宦官读书了就不好呢?!

更有王瑾，他是朱瞻基从小就一起玩的"小兄弟"，"宣宗为皇太孙时，朝夕给事"，两人感情极深，朱瞻基登基后将玩伴的名字由原来的陈芜改为王瑾。亲征乐安汉王高煦之乱时，明宣宗还带上王瑾，回朝后让他参与帝国军事要务讨论，颇得朱瞻基之欢心，故而"赏赉累巨万，数赐银记曰'忠肝义胆'，曰'金貂贵客'，曰'忠诚自励'，曰'心迹双清。'"皇帝朱瞻基甚至还将给自己带来无比快乐的宫中美女，送了两个给"小兄弟"王瑾乐乐。(《明史·宦官一·王瑾传》卷 304)

这事惹得人们不得不展开无限的遐想，有个姓李的校尉实在想不通，当今皇上喜欢儿时的玩伴，这并没有什么过错，但将宫中妹妹送给一个被阉割的人，这岂不是糟蹋人家美人吗？李校尉乘着宣德皇帝下诏求直言之际，就来了个口头上奏："皇帝陛下，宦官是没法消受女人带来的快乐……""谁说不能！"没等李校尉说完，宣德皇帝就怒不可遏了，这叫哪壶不开提哪壶？他当即下令，给胡说八道的李校尉割舌头！皇帝金口开了，哪有不尊之理！行刑者赶紧按住李校尉施刑。可这李校尉平时很会做人，同僚们都十分喜欢他，也同情他今天的遭遇，于是行刑者在施刑时手下留情，只是象征性地削了李校尉的舌尖，没大伤舌头。可即使这样，李校尉还是满口鲜血直流。宣德皇帝似乎也看不下去了，叫人将李校尉拖下，关到大牢里去，饿他七天七夜。

再说李校尉入狱后，同僚们都偷偷地到狱中去看望，并送上大鱼大肉给他吃。七天后，有人向宣德皇帝报告说："那个胡说八道的李校尉已经被'饿'了七天七夜了，但人还是好好的，陛下，您看怎么办？"宣德皇帝说："再饿他七天七夜！"众校尉依然厚待李校尉，一晃七天七夜又过去了，李校尉好着呐，有人就此上报。宣德皇帝惊讶道："这么长时间都没把他给饿死，这人岂不是神仙吗?！算了，就放了他吧！"由此，出狱后的李校尉被人呼为"李神仙"。（【明】吕毖：《明朝小史·宣德纪·李神仙》卷 6）

尽管上述故事不一定属实，但明宣宗送宫女给儿时起就是好朋友的王瑾，这事可是记载于正史的，因为宣德皇帝发现，读书识字后的老朋友这样中看，这样讨人欢心，其（指王瑾，笔者注）受宠眷，（金）英、（范）弘莫逮也。（《明史·宦官一·王瑾传》卷 304）既然如此，那么宣德皇帝为什么就不会为宦官办学堂，进行文化知识教育?！更何况还有一个"正当的理由"，即：

第三，明宣宗特设内书堂是遵照"祖制"而行。

"祖制"是什么？是谁立的"祖制"？这在明仁宗以前应该是不成为问题的。明仁宗十分喜爱自己的皇爷爷朱元璋，时不时就来一段童年与皇爷爷在一起的美好回忆。可到了宣德时代情况就变了，明宣宗的皇爷爷是朱棣，朱元璋是明宣宗朱瞻基的太爷爷，尽管人们常常会谈论起太爷爷时代的那些事，但对于朱瞻基来说，太爷爷远没有自己的皇爷爷来得那么亲近、亲热和管用，要说当今大明帝国朝廷上下几乎所有的，都是皇爷爷没脸没皮地抢夺皇权后重新建构起来的。魔鬼已经逝去，但其淫威尚在。从小就在皇爷爷调教下长大的朱瞻基，深娴自己祖上的政治权术之道。打着“一遵祖制”的旗号，挂羊头卖狗肉。既然皇爷爷在宫中开创了给内监教书识字的先例，本皇帝有何不可呐！于是在即位后的一周年之际，朱瞻基就公然在内廷办起了内书堂，“专授小内使书”(《明宣宗实录》卷19)。

第四，设立内书堂，培养一批批有文化的走狗宦官，帮助自己处理事务，尤其是批红。

前面讲过，明初由于废除丞相制，统揽一切大权于皇帝，这是整体而言的。具体地说，明代开始由于皇帝过分地集权，即使是鸡毛蒜皮的小事有时也会惊动皇帝大老爷的。洪熙元年十月前后，南京附近的金坛县有人告讦，说某某人有不轨，县衙派人去搜捕，被告讦者可能是被逼急了，也可能是被冤枉了，他就是不肯出来就范。朝廷闻讯后下令地方巡检司出面搜捕，被告讦者还是不肯投降，最后让地方知府派人去搜捕，被告讦者拿了兵器聚众对抗，并要挟说：谁要硬来，他们就开始杀人！最后花了很大的力气才算平息了这场突发危机。人犯被抓获后，明宣宗就让大明都察院审理此案。都察院认为：人犯对抗大明官军，按律应该以谋叛罪论处，即不论首犯还是从犯皆处斩，其妻子发配为奴婢，家产没收，因为这事发生在皇帝大赦之前，不知道要不要以皇帝大赦令的精神予以相关的赦免？

一个在今天看来是110或公安刑警处理的突发案件最终弄到了皇帝那里，皇帝要处理的事情还能少吗？(《明宣宗实录》卷10)

还有一件事就更小了。宣德元年正月己酉，行在前军都督府都督韩僖上奏说：“守卫西华门千户路旺擅自离岗回家，请求皇帝陛下让法司部门给他治罪”(《明宣宗实录》卷13)。一件在今天看来只不过是无组织无纪律或言偶尔擅离职守的事情也要请求皇帝批示，皇帝成了北京皇城护卫治安办公室主任？

诸如此类的事情还有很多很多。问题是年轻天子明宣宗可不一般，他精力充沛、爱好广泛，文武双全，琴棋书画，无所不能，还有宫中一大堆美人，不仅有国产货，还有从高丽引进的洋妞，想起来就让人有种飘飘欲仙欲罢不能的感觉，青春好年华，怎么能虚度？

再忙也不能"闲"了宫中"自留地"啊！朱瞻基是个聪明的人，也是个精明透顶的政客。皇爷爷的政治之道、皇父朱高炽的厚积薄发之学，他都一一学到了。琴棋书画展示的是一代圣主的文化底蕴与知识修养，别人不能替代，朱瞻基时不时地要露一手；后宫妹妹"自留地"更是不能让人偷种的……只有大明帝国政务之批红可以偷偷懒，让最为亲近的司礼监掌印太监等近侍来代劳一些，反正也没人来检查天子工作。

○ 培育内廷领导干部"文化太监"的摇篮——大明内书堂之奇景

由看得中眼的司礼监大腕太监范弘等到自己儿时的玩伴、绝对哥儿们王瑾，朱瞻基越发觉得给太监扫盲和接受文化教育实在是好处多多。于是他就在宣德元年七月特设内书堂，任命行在刑部陕西清吏司主事刘翀为行在翰林院修撰，专门教授小宦官们读书识字。(《明宣宗实录》卷 19。笔者注：《明史》说宣德四年设立内书堂是错误的，据《明实录》所载应该是宣德元年七月)

一晃就是三年过去了。从宣德四年开始，明宣宗朱瞻基几乎每年都要增加内书堂的教书先生，用今天话来讲就是增强师资力量。宣德四年十月，他将教过自己的东宫老师、当时行在户部尚书兼谨身殿大学士陈山调入内书堂，"专授小内使书"(《明宣宗实录》卷 59)。宣德五年三月，朱瞻基将大明官场任满考绩得了优秀的官员、行在行人司副郑雍言升为河南按察司佥，并留他在内书堂教授小内使读书(《明宣宗实录》卷 64)。同年十二月，他又从新科进士中挑选出一个叫王一宁的，挂了吏部稽勋司主事的头衔，即领那份俸禄或言工资，但其真正从事的工作却是在内府教授小内使读书。(《明宣宗实录》卷 73)

翰林院修撰(刘翀)、皇帝昔日的老师(陈山)、大明官场任满考绩得了优秀的官员(郑雍言)、新科进士(王一宁)等等，应该说当时大明饱学之士、模范文臣都给囊括到内书堂教书去了，这下宣德皇帝总该满意了？不，他还嫌不够，于是在宣德六年十月又下旨，让九年任职考满得了优秀的 3 名模范官员：兴化府儒学训导朱应与浙江杭州府昌化县儒学训导康振均挂行在给事中的头衔，山东按察佥事韩玺挂山东按察司副使的头衔，“俱令于内府授小内使书”(《明宣宗实录》卷84)。甚至到了自己生命行将走向终点的宣德八年八月，宣德皇帝还“升行在工科给事中卜谦为陕西按察司佥事，仍于内府授小内使书”(《明宣宗实录》卷104)。

从《明宣宗实录》的记载来看，仅宣德朝八年的时间内，明宣宗就分派了8位文臣学士到内书堂去教授小太监们读书，这充分表明了培养有文化的内监已不再像永乐时代偶尔为之了，而是进入了批量“生产”阶段。那么宣德朝究竟“生产”了多少文化太监呢？《明实录》、《明史》均未载确切数字，夏燮在《明通鉴》中说：“至是开书堂于内府，改刑部主事刘翀为翰林修撰，专授小内使书，选内使年十岁上下者二三百人读书其中”(【清】夏燮:《明通鉴·宣宗宣德元年》卷19，纪19，第2册，P803)。

刘翀首开内书堂讲习，就教授了200～300个小宦官，后来又有陈山、郑雍言等四、五批老师来内书堂任教职，以此类推，整个宣德年间总共培养文化太监可能就有1 500人次。那么拥有这么多的文化太监，到底要他们干什么工作呢？是不是大明帝国进入太平盛世了，连皇宫里扫地的宦官都得搞张文凭？若是，那大明第一人朱瞻基可没什么硕士、博士头衔。

我们不妨来先看看当年大明帝国内监系统的机构设置，或许就能找到答案。

明代内监二十四衙门简表

24衙门	内监官衔	内监官编制	掌管范围
12监：每监各设掌印太监1员，正四品；左右少监各1员，从四品；左右监丞1员，正五品；典簿1员，正六品；长随、奉御无定员，从六品	司礼监 司礼监由于有督理皇城内一应仪礼刑名的规定，暗中寓有管辖其他各监、司、局等内监衙门的权力，因此它是内监系统中的最高机构	提督太监1员	督理皇城内一应仪礼、刑名，及钤束长随、当差、听事各役，关防门禁，催督光禄寺供应等事
		掌印太监1员	掌印掌理内外奏及御前勘合
		秉笔太监8～9员	掌章奏文书，照阁票批红
		随堂太监无定员	掌章奏文书，照阁票批红
		书籍名画等库掌司、内书堂掌司、六科廊掌司以及典簿等俱无定员	诸掌司各掌所司，典簿典记奏章及诸出纳号簿 (注：内书堂正式建立是在明宣宗时期)

续 表

24衙门	内监官衔	内监官编制	掌 管 范 围
12监： 每监各设掌印太监 1员，正四品；左右少监各1员，从四品；左右监丞1员，正五品；典簿1员，正六品，长随；奉御无定员，从六品	内官监 可能相当于外廷的工部，即建设部。	掌印太监1员 总理、管理、佥书、曲簿、司掌、写字、监工等职无定员	该监掌木、石、瓦、土、塔材、东行、西行、油漆、婚礼和火药等十作，还有米盐库、营造库、皇坛库等。凡是国家营造宫室、陵墓，并铜锡妆器用，暨冰窖诸事
	御用监	掌印太监1员 里外监把总2员 典簿、掌司、写字、监工无定员	凡御前所用围屏床榻诸木器及紫檀象牙乌木螺钿诸玩器，皆造办之。
	司设监	掌印太监1员，另有总理、签书、司掌、写字等职无定员	掌卤簿、仪仗、帷幕诸事
	御马监	掌印太监1员 监督太监1员 提督太监1员 腾骧四卫各设监官、掌司、写字、驽马等员，象房有掌司	管理皇帝的马政。沈德符记载说：“御马监虽最后，然所掌乃御厩兵符等项，与兵部相关。近日内臣用事稍关兵柄者，辄改御马衔以出，如督抚之兼司马中丞，亦僭拟甚矣。”（沈德符：《万历野获编补遗·内官定制》卷1）
	神宫监	掌印太监1员 佥书、掌司、管理等无定员	掌太庙和各庙的洒扫、香灯等事。 该监掌印太监一般多为司礼监官或文书房无力者升之
	尚膳监	掌印太监1员 提督光禄太监1员 总理1员，管理、佥书、掌司、写字、监工无定员	掌御膳及宫内食用并筵宴诸事
	尚衣监	掌印太监1员 佥书、掌司、监工无定员	掌御用冠冕、袍服及履鞋、靴袜等事
	尚宝监	掌印太监1员 佥书、掌司无定员	掌宝玺、敕符、将军印信。凡用宝，外尚宝司以谒帖赴监请旨，至女官尚宝司领取，监视外司用讫，存号簿，缴进

续 表

24衙门	内监官衔	内监官编制	掌 管 范 围
12监：每监各设掌印太监1员，正四品；左右少监各1员，从四品；左右监丞1员，正五品；典簿1员，正六品；长随、奉御无定员，从六品。	印绶监	掌印太监1员 佥书、掌司无定员	掌古今通集库以及铁券、请敕、帖黄、印信、勘合、符验、信符等事
	直殿监	掌印太监1员 佥书、掌司无定员	掌各殿及廊庑等扫除之事。
	都知监	掌印太监1员 佥书、掌司、长随、奉御等无定员	旧掌各监行移、关知、勘合之事，后惟随驾前导警跸
4司：每司各设司正1人，正五品。左右司副各1人，从五品	惜薪司	掌印太监1员 总理、佥书、掌司、写字、监工等无定员	掌宫中所用薪炭之事，有外厂、北厂、南厂、新南厂、新西厂等，各设佥书、监工，俱无定员
	钟鼓司	掌印太监1员 佥书、司房、学艺官等无定员	掌出朝钟鼓，及内乐、传奇、过锦、打稻诸杂戏。“内职惟钟鼓司最贱，至不齿于内庭，呼曰东衙门。闻入此司者例不得他迁，如外藩王官”
	宝钞司	掌印太监1员 佥书、管理、监工等无定员	掌造粗细草纸
	混堂司	掌印太监1员 佥书、监工等无定员	掌沐浴之事
8局：每局各设大使1人，正五品。左右副使各1人，从五品	兵仗局	掌印太监1员 提督军器库太监1员 管理、佥书、掌司、写字和监工等无定员	掌制造军器，火药司亦属之
	银作局	掌印太监1员 管理、佥书、写字、监工等无定员	掌打造金银器饰
	浣衣局	掌印太监1员 佥书、监工等无定员	凡宫人年老及有罪退废者，发此局居住，听其自毙，以防泄露大内之事。唯此局不在皇城内
	巾帽局	掌印太监1员 管理、佥书、掌司、监工等无定员	掌宫内使帽靴、驸马冠靴及藩王之国诸旗尉帽靴

续 表

24衙门	内监官衙	内监官编制	掌 管 范 围
8局： 每局各设大使1人，正五品；左右副使各1人，从五品。	针工局	掌印太监1员 管理、佥书、掌司、监工等无定员	掌造宫中衣服
	内织染局	掌印太监1员 管理、佥书、掌司、监工等无定员	掌染造御用及宫内应用缎匹。城西蓝艶厂为此局外属。
	酒醋面局	掌印太监1员 管理、佥书、掌司、监工等无定员	掌宫内食用酒醋、糖酱、面豆诸物。与御酒房并不相统辖
	司苑局	掌印太监1员 管理、佥书、掌司、监工等无定员	掌蔬菜瓜果

（注：上表主要参自《明史·职官志三》卷74；【明】刘若愚：《酌中志》卷16；【明】沈德符：《万历野获编补遗·内官定制》卷1；丁易：《明代特务统治》，群众出版社1983年12月第1版；温功义：《明代的宦官和宫廷》，重庆出版社2000年5月第2版）

上表中我们列举了明代二十四个内廷宦官衙门，事实上远不止这些。据有的学者研究，明廷还有二十四、五个，只不过它们的地位没有前面讲的那二十四衙门显眼和重要，所以一般人们往往不大提及。换言之，明廷有着正式设置的内监机构就达50来个。如果我们将宣德元年首开内书堂刘翀教授的200～300个小宦官作个平均“分配”的话，那么每个内监机构至多能“分配”到6个“文化太监”。我们再看上面《明代内监二十四衙门简表》中纵栏“内监官编制”就会发现，每监大致都有掌印、管理、佥书、掌司、监工等5～6个中高层太监领导干部岗位需要人。换个角度打个譬方说，那首批300来号“文化太监”一旦分配下去，个个都当上中高层领导干部的话，他们底下还有着很大的缺额，需要数量极其庞大的中下层具体管事的“文化太监”。难怪宣德年间朱瞻基不厌其烦地一次次选调文臣和模范官员到内书堂去当教官，培养出一批批年轻化与知识化的太监后生来，这不能不说是当时大明帝国的一大奇景啊！

○ 司礼监批红权的获得，奴才干起了主子的活

在这么多的“文化太监”中，有人为皇帝收藏与整理书画，有人

为皇帝管理图章与文书，有人为皇帝传达圣旨御意……还有人为皇帝批答章疏，这就是历史上有名的批红。

前面说过，批红本是皇帝的本职工作，在明朝前期的列帝中，朱瞻基继任皇帝之位的年龄可谓最佳，比起 20 岁刚出头就即皇帝位的建文帝，他有着更多的生活与政治经验。比起差不多都是 40 来岁夺得帝位的太爷爷朱元璋和皇爷爷朱棣以及 45 周岁即皇帝位的皇父朱高炽，26 周岁“荣登”大宝的朱瞻基就显得格外充满了活力。他精力充沛，思维敏捷，本该可以更多地亲力亲为。可出乎人们意料的是，这位出身于极度温柔乡的大明皇家少爷公子哥儿或言“官四代”却极度懂得“劳逸结合”，深娴领导干部的示范之道，对于本来应该全部由他亲自御批的章疏只是象征性地批几本，剩下的就交给身边的“文化太监”最高层领导司礼监掌印太监与秉笔随堂太监去代劳了。

明代宦官刘若愚描述说：通常司礼监掌印太监 1 人，秉笔随堂太监 8～9 人，有时 4～5 人，他们每人拥有一面长一寸多一点的象牙小牌，作为宫中行事的身份标识。每天下午 3～5 点他们交接班，依次轮流值日。每天由内阁票拟过的各种章疏按惯例送给皇帝御批，但皇帝根本不会全批，只挑几本御笔亲答，其他的就交给司礼监的掌印太监与秉笔太监等数人去分批。一般情况下掌印太监与秉笔太监会照着内阁票拟的意见，在其上面用红毛笔写上一个大大的楷书“准”字，偶尔发现内阁票拟过的意见文书中有偏旁错误什么的，他们也会略加改正。（【明】刘若愚：《酌中志·内府衙门识掌》卷 16）

因为是用红毛笔批答章疏，所以人们通常称之为批红。从批红的整个演化过程来看，它本不是司礼监的工作范围，而是因为皇帝忙不过来或偷懒而衍生或言异化出来的。但由此而始，奴才不仅代替主子批红，有时还会“坐”上主子的位子，拉大旗作虎皮，发号施令，明代宦官干政之丑剧就此上演了。不过这些事都发生在宣德以后。

◉ 朝廷“三权分合” 执行权被侵夺

以上我们介绍了仁宣时期基本形成的内阁票拟制与内监批红

制。在此我们不妨将自此以后大明帝国中央朝廷政务运行作个大致的情形描述：假如以诸司衙门和老百姓上呈奏疏、上书作为开始的话，这些章疏首先都要密封后才能递交给通政司，通政司将其送达内廷的会极门，在那里由太监接纳，再转呈给皇帝或交由内阁。这时内阁阁臣就可"密揭"，即向皇帝秘密进言论事，也就是前文所说的阁臣参政议政；或由皇帝召集重臣廷议；或阁臣之间商议，形成初步的意向，然后再由阁臣中的首辅或言皇帝最为信任的阁臣起草，即为票拟，再报呈皇帝检阅批红，皇帝御批几本，其余就交司礼监掌印太监或秉笔太监代行朱批。完成后再由六科给事中核对，要是正确无误了，就下发给中央各部院衙门去直接执行，见下图：

宣德始大明帝国中央朝廷政务运行——"三权分合"示意图

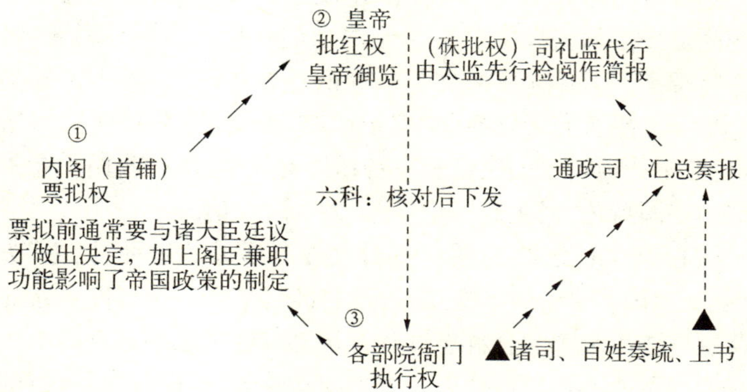

○ 中国特色的民主集中制——从"三权分立"走上"三权合一"

从上面示意图中我们可以看出，明初在宰相制废除的情况下，由皇帝拍板决策和各部院衙门执行这两大权力板块，经过仁宣两帝，尤其是明宣宗的改造，逐渐演化为三大权力板块，即内阁拥有票拟权，皇帝握有批红权（后来通常由司礼监代行）以及各部院衙门执掌执行权，我们姑且称之为明代版的中央"三权分立"。

在这样的"三权分立"架构下，大明朝廷政务进入了有条不紊的运作状态。一旦有重大事情要上报或重要政务要奏请，首先归口到通政司去，通政司将其转入内阁，或由内阁阁臣讨论，或由皇帝召请大臣密议，或廷议，只要不触犯皇权和皇帝的尊严，大家可以各抒己见，这就是某些人津津乐道的中央朝廷集体领导或言中国特色的民主制。

至于各人的意见怎么统一和采纳，这就要看谁的权威势能高和他所主张的合不合情理章法了。通常情况下，在场的皇帝有某个倾向性意见，那么他的意见往往成为“民主”讨论的决定性结论，余下的就是内阁票拟了。在皇帝倦于政事或不在场或尚未完全拿定主意的情况下，内阁首辅的主张往往成为主导性的意见，但在票拟过程中别的内阁阁臣也可提出不同的建议，只要是合情合理又合法，有时这样的建议还能被采纳且付诸实施。

宣德元年是否出兵赵王府就是这样一个典型的案例。由于最先受到昔日东宫老师陈山提出的建议之影响，明宣宗在与“首位”内阁阁臣杨荣的密议中已有了倾向性的意见——出兵彰德，将赵王一窝端了。但在起草檄文与敕令的过程中，阁臣杨士奇提出了更合情理和更有利于宣德朝“安定团结”的建议，并被明宣宗所采纳，避免了一项错误的决策和一场错误的战争，由此我们不能不说这样的中国特色“民主制”具有一定的合理价值。

从心理学角度来讲，明宣宗时代逐渐形成的这种“民主”决策过程，既突破了皇帝一人决策拍板的局限，又在一定程度上避免了小范围群体决策中的合群思维和盲从思维所带来的不良后果。因此我们也不能不正视宣德以后中央朝廷政务“三权分立”运行的合理性，但同样我们也不能太高估了这个决策过程的“民主”性和明宣宗的地位。

宣德时期之所以出现这样的政制变革，是因为：

第一，明洪武中叶废除宰相制开始，帝国大权集中于皇帝，同时也将繁重的政务“压”到了皇帝的身上。朱元璋身体相对硬朗，可通宵达旦地批答奏章与处理政务。朱棣身体差一点，且经常屁颠屁颠地北巡，朝廷日常政务实际上被“堆”到了皇太子朱高炽头上。到朱瞻基即位后就没有这样的条件了。虽然在当皇太孙时他就十分忙碌地在后宫妹妹那里耕耘着，但金种子始终没发芽，直到驾崩时，他的皇太子朱祁镇才 8 岁，如此情形迫使朱瞻基在位期间不能不依靠大臣尤其是内阁阁臣的群策群力。

第二，朱瞻基从小生在皇家温柔乡里，即位前尽管跟随皇爷爷到处溜溜，但毕竟政治经验与社会阅历相对有限，而他又常常将自己与善于纳谏的历史名君唐太宗等相媲美，由此他也不能不发挥群臣的作用。

第三，朱瞻基登基后所面临的和所要解决的大多是大明开国以后逐渐形成的“老、大、难”历史问题。只知病症不知病因是治不好病的。而宣德年间有名的大臣杨士奇、杨荣、杨溥、蹇义、夏原吉、张辅等多是历经明初四、五朝的老臣，他们不仅知道大明的今天，而且还知道昨天，甚至是前天，因而从解决历史问题来讲，明宣宗也不得不重视这些前朝“遗留”下来老臣及其他们的建议。

由此可以这么说，仁宣时期大明政制的变化绝不是明宣宗君臣具有超时代民主意识萌芽的创新结果，恰恰相反，宣德朝开始的大明中央朝廷在“三权分立”的政制运行，使皇帝抽身于繁重政务而又能最终统揽到了绝对专制大权。具体地说：

第一，阁臣或朝廷重臣到底由谁来参与议政最终取决于皇帝。譬如宣德二年在最初密议是否从交趾撤兵问题上，朱瞻基就不找反对撤兵的蹇义与夏原吉商议，而是先向杨士奇、杨荣作些暗示，在取得观点基本一致后再拿出来由大臣们讨论，实际上这是宣德皇帝个人意志，哪是群臣讨论的结果呀！

第二，内阁票拟的意见与主张能否实施到位最终也取决于皇帝。朱瞻基在当皇太孙时，由皇爷爷做主，原配第一夫人为胡氏、“二奶”为孙氏等。等到了自己登基即位后，这位大明第一人越看越觉得“大奶”不如“二奶”，于是就动了改立后宫的念头，他最先召阁臣杨士奇等人密议，但没想到遭到了杨大臣等人的激烈反对，几经周折，宣德皇帝就是不改初衷，最后杨士奇等还是按照明宣宗的意志起草了改立“二奶”孙氏为皇后的诏令。

第三，内阁票拟取决于皇帝批红，批红由司礼监代行，内阁受制于皇帝的奴才太监。

明宣宗时期太监“领头羊”范弘、金英等都是比较谨慎、守法之人，司礼监的工作有条不紊，朝政运行十分有效。但一旦司礼监头面太监是心术不正的大奸大恶的话，那么他（们）就会利用手中的批红权,否定内阁票拟的意见,根据自身利益和意见另行决策政务,甚至会推倒祖宗成法、紊乱朝纲。明中期的"大腕"宦官王振、汪直、刘瑾和后期的魏忠贤等,无一不口含天宪,利用皇帝幼小无知或倦于政事或昏庸无能,随心所欲地应用司礼监的这个特殊权力为非作歹、荼毒天下。曾有有识之士一针见血地指出:"一代弊政,实宣庙(明宣宗)启之也"(【清】查慎行:《人海记》下)。就连当年的朝鲜《李朝实录》也说:"(宣德始大明)朝廷政令不由朝官,皆出自司礼监"(吴晗辑:《朝鲜李朝实录中的中国史料》上编卷5,《世宗庄宪大王实录》2,中华书局1980年版)。

至此我们可以看出,宣德开始大明中央朝廷政务的运行由形式上的"三权分立",最终走上实际意义的"三权合一",即既使皇帝解除繁杂政务的羁绊又能实行高度的君主专制集权。这也就是至今还被某些人乐此不疲称颂的中国传统特色的"民主集中制"。

○ 各部院衙门之执行权被削夺,奴才、走狗成为了"万金油"

通过对"三权分合"过程的分析,我们看到,宣德时期真正大为增长权力的衙门应该说是以司礼监为首的皇帝奴才办事机构。"司礼监……最有宠者一人,以秉笔掌东厂,掌印秩尊,视元辅;掌东厂权重,视总宪兼次辅。其次秉笔、随堂,如众辅焉。皆穿贴里,先斗牛,次升坐蟒。先内府骑马,次升凳杌。禄米每升一级,则岁加禄米十二石。各家私臣:曰掌家,职掌一家之事;曰管事,办理食物、出纳银两;曰上房,职掌箱柜锁钥;曰掌班、领班,钤东西班答应官人;曰司房,打发批文书、誊写应奏文书。其下则管帽、管衣靴、茶房、厨房、打听官、看庄宅各琐屑事务也。其余大小衙门,遇有应题奏事情,皆先关白司礼监掌印、秉笔、随堂而始行。凡御前亲近大臣,如乾清宫管事、打卯牌子,其秩亦荣显,犹外廷之勋爵戚臣。然皆得掌各衙门之印,视其宠眷厚薄而钦传异之,不拘资次"(【明】刘若愚:《酌中志·内府衙门识掌》卷16)。

内监机构层出不穷,宦官队伍巍巍壮观,《明史》说:"凡内官司礼监掌印,权如外廷元辅;掌东厂,权如总宪;秉笔、随堂视众辅。各设私臣掌家、掌班、司房等员……文书房,掌房十员。掌收通政司每日封进本章,并会极门京官及各藩所上封本,其在外之阁票,在内之搭票，一应圣谕旨意御批，俱由文书房落底簿发”(《明史·职官三》卷74)。

《明史》的这段记载讲到了几乎是皇帝的另一种机要秘书班子、司礼监的预备机构——文书房。文书房共有10个掌房宦官，他们负责御批章疏的收发和落底存根。因此说其工作十分重要，一般是要从“文化太监”中挑选出来的“人才”才可胜任。这些在文书房任职的宦官未来的最好出路就在于升入司礼监任职，而大明以后的传统习惯是“凡升司礼者，必由文书房出，如外廷之詹、翰也”(《明史·职官三》卷74)。

而到了司礼监要是干得好或混得好，弄个掌印太监当当，即司礼监首脑，其权势绝对不亚于外廷的内阁首脑(嘉靖时官史上称首辅，笔者注)，并与内阁首辅对掌朝廷机要，掌管东厂的太监，权如总宪。而秉笔太监与随堂太监以及文书房头头就相当于外廷内阁中的次辅和众辅。

这样一来，自宣德年间起明朝皇帝正式拥有两套辅政体制，即外廷的内阁与诸部院衙门，内廷的司礼监及其统领的内监机构，有根无形之线将它们串在一起，那就是绝对专制皇权。朱瞻基在完善皇爷爷朱棣开启内阁制的同时，又确立和完善了司礼监为首的内监制度。

那么如何看待这样的辅政机制呢？是不是如网上有人所说的明代皇帝最可怜，要是没有内阁与诸司官员的同意，想搞个个人爱好或找个相好的姐姐或妹妹都不行？为什么宣德以后明代皇帝个个都倚重宦官？

前面我们讲过，皇帝需要内阁，是因为需要通过依靠内阁来参政议政，决策政务，有效地减少政事的积压与政务的拥堵，相对妥善地解决帝国的重要事务。因此说皇帝要使大明帝国政务通畅，就必须要由内阁配合、协作，就其合作的方式而言就是票拟与批红。但在实际操作中，皇帝与内阁阁臣之间并不能经常形成一致性的意见，相反他们之间往往有着矛盾，很多情况下皇帝的旨意仅代表他个人，而内阁阁臣既要顾及政治形势和社会舆论道德，又要照顾到皇帝的意愿，还有就是要遵循儒家政治伦理与治国准则，因此当他们发现皇帝旨意如果真的实施会带来很大的不妥时，往往会进言劝谏，或利用手中的封驳权加以阻止，这是明代内阁制具有的阻止皇权肆意胡为的合理内核。

但内阁朝臣阻止成功不成功，这就取决于皇帝的个人性格、品德和是否动用了绝对专制皇权。明宣宗是明代列帝中素养比较好的一个，所以内阁与大臣进谏相对成功的比较多，但也有不成功的，那就是宣德三年明宣宗改立“二奶”孙氏为后之事，纵然内阁与大臣不停地劝阻，但最后还是以皇帝的胜利而告终。宣德以后，明朝列帝“一根筋”的比较多，嘉靖初年开启的“仪礼之争”最终也是皇帝赢了。至于明后期万历初年内阁首辅张居正权力的无限放大，那可是一个特例。当时万历皇帝年幼，凡事都由他母亲李太后委托万历帝老师、内阁首辅张居正做主，但就此时的内阁首辅张居正权限而言，也并没有大到超越皇帝的地步，更何况当时他还联合了内廷大太监冯保，这才推行、实施了由他主持的“万历新政”。万历帝后来与内阁朝臣之间为册立皇太子和改立郑贵妃为后的长期对立，最终以内阁朝臣的胜利而降下帷幕。但这并不说明内阁权力大了，而是由于万历帝惧怕“废长立幼”、违背历史传统所带来的巨大后患而不得不做出的妥协。所以说，现在有人主张明代皇帝可怜之说完全没有史实依据，或言不识庐山真面目。

而相比于内阁，司礼监太监是皇帝的家奴，虽然在内书堂学习过，但比起自幼就接受儒家正统教育，且以实现“治国平天下”为终生奋斗目的的内阁朝臣，他们大多缺乏道德操守，专以迎合皇帝意志为己任，因而在大多数皇帝看来，这些不男不女的人才是令人最为舒心的，也是最为放心的，使用起来也要比那些有着相对独立主见的内阁朝臣要顺手多了。因此，当内阁票拟后的章疏送达御前，皇帝老爷忙不过来或因心情不好不想办公时，司礼监太监就成了他的最佳帮手或言私人秘书。

从司礼监与内阁的这种表象相似的工作来看，它们都是皇权的辅助工具，但内阁票拟是处于初定政策、政令阶段，而司礼监太监代替皇帝批红则处于拍板定局阶段，两者没有站在同一起跑线上。因此从本质上来讲，内阁受制于司礼监，当出轨了的司礼监发出挑战时，内阁根本无法抵御。明英宗正统年间“三杨”败于王振，武宗时杨廷和败于刘瑾，熹宗时魏忠贤权倾天下……莫不印证了我们的上述立论。

那么对于宦官势力的增长所带来的后患，作为一代“明君”明宣宗当时有没有预见到呢？

似乎没有。从明宣宗即位起，甚至更早的永乐、洪熙年间始，大明朝廷上下的宦官势力就在“茁壮成长”，只不过自宣德朝开始进入了“疯长”阶段。由于司礼监批红权的获得，自仁宣时期起明廷内监势力开始侵夺各部院、军队甚至地方衙门的行政权。

永乐二十二年八月，明仁宗“命太监王贵通率下番官军赴南京镇守。宫中诸事同内官朱卜花、唐观保，外事同驸马都尉西宁侯宋琥、驸马都尉沐昕计议而行”(《明仁宗实录》卷1上)。随后宦官势力渗入到军事行政中去，“洪熙元年二月，(明)仁宗命(郑)和以下番诸军守备南京。南京设守备，自和始也”(《明史·宦官一·郑和传》卷304)。与此同时，明仁宗“敕王安镇守甘肃，而各省镇皆设镇守矣”(《明史·职官三》卷74)。明宣宗即位后更是对此“发扬光大”，如宣德三年九月庚子日，他“命内官郭敬同武安侯郑亨镇守大同”(《明宣宗实录》卷47)。整个宣德年间，边疆地区的军事将领身边朱瞻基都安置了镇守太监。

除了政治、军事外，仁宣时期宦官势力还向着经济领域里渗透。永乐时期，宦官已经掌握了宫廷的岁办和采办大权，从中牟利。朱棣平定安南之乱后，“中官马骐以采办至，大索境内珍宝，人情骚动，桀黠者鼓煽之，大军甫还，即并起为乱”(《明史·外国二·安南传》卷321)。到了宣德年间，宦官魔手开始逐渐掌握经济行政部门。永乐时期朝廷曾在广东、福建和浙江设立了三个市舶司，用以接待外国来使和控制勘合贸易。但随着时间的流逝，这些市舶司的行政实权逐渐掌握到宦官的手中，“犒待之仪，贡输之数，主于中官。职提司者不过检视之而已”(【明】张邦奇:《张文定用川集·西亭饯别诗序》)。差不多与此同时，宦官们开始掌控苏州、杭州以及南京的织造，“宣德元年，巡按浙江严崇高奏称:‘内官内使于浙江市买诸物，每物置局，拘集动扰，供给繁劳”(《浙江通志·名宦》)。“每物置局”，实施市买，说明当时宦官势力已经控制着经济行政实权了。

明宣宗中后期，司礼监宦官“(范弘)偕(金)英受免死诏”(《明史·宦官一·范弘传》卷304)。虽说当时的宦官还没有直接插手到司法行政部门，但这样的免死诏书为以后的宦官干涉司法行政打开了方便之门。

自永乐时代皇爷爷朱棣打开了大明帝国的"潘多拉魔盒"——宦官之禁后（详见笔者的《永乐帝卷》上），宦官势力这股"无组织力量"（金观涛语）开始急剧增长，到了仁宣时期迅速成为了"万金油"，被抹到了大明帝国的各个部门、各个关节，它侵夺了各部院与地方衙门的政治、外交、军事、经济和司法等诸多领域的行政权，给大明帝国带来了很大的紊乱，甚至影响了宣德年间"安定团结"的大好形势。对此，明宣宗采取了果断的铁腕手段，杀了一些罪大恶极的宦官大珰，但并没有就此改弦更张，因为在他看来，宦官终是皇帝的好奴才，出了格的奴才一杀就能了事，大多数奴才还是好的，因为他们正在十分卖力地为皇帝爷当差办事，监看着来自四面八方的潜在威胁，确保大明君主专制统治的稳定，何乐而不为?!

从"三权分立"走上"三权合一"，无论是有意识还是无意识，经过明宣宗的这番改造，原本积压、拥堵于御前的朝廷政务开始变得流畅起来了。从此以后，皇帝老爷不仅可以从繁杂的政务处置活动中解脱了出来，逍遥自在，醉生梦死于宫中妹妹或姐姐或奶妈的温柔乡之中，那里有着说不完的悄悄话，讲不尽的爱恨情仇，做不完的两性之爱……而且他还能牢牢地掌控着帝国的专制大权。从这样的角度来看，我们不能不说朱瞻基是明朝极权专制"两祖"即太祖朱元璋和成祖朱棣的好子孙。大明中央朝廷政制经过此番改造后，再也没有什么大变，到明亡为止。

● 肇启督抚　粘合"三司"

其实朱瞻基将大明政务运行的中"三权分立"归结到了"三权合一"还不限于中央朝廷，在地方政制上他也做出了杰出的贡献，那就是开启了地方督抚新制。

督抚制度中的"督"是指总督，"抚"是指巡抚，因为总督比巡抚权位大一点，人们习惯合称之为督抚。明初洪武、建文两朝并没有这样的正式官职，直至到了永宣年间才出现，并在随后的明英宗、明宪宗时期逐渐完善其制度的构建，那么永宣时期为什么大明地方政制会开始出现如此的变革？

这就要我们从明初朱元璋对地方省级实行“三权分立”说起。

◉ 中国特色地方“三权分立”的出现及其所带来的问题

元朝时地方行政实行行省、路、州和县四级制，朱元璋开国后将“路”这一级行政机制给废除了，简化成地方省、府(州)和县三级地方行政建制。在地方最高行政机构行省的建置上，洪武初年，朱元璋沿用了元朝行中书省的机构设置，“行中书省”顾名思义就是代理中央中书省行使某个省份的地方管理权，因此说行中书省是中书省的地方派出机构。它既管地方民事、财政，又管军事、司法等等，权力特别大。为了消除潜在的巨大威胁，洪武九年(1376)五月甲午日，朱元璋下“诏改行中书省为承宣布政使司，设布政使一人，正二品；左右参政各一人，从二品；改左右司为经历司，设经历一人，从六品；都事检校各一人，从七品；照磨管勾各一人，从八品；理问所正理问，正六品；副理问，从七品，提控案牍省注”(《明太祖实录》卷106)。

将行中书省改称为承宣布政使司，这本身就含有“秉承皇帝圣意、宣扬皇帝美德而布政于天下”的意思，但再美妙的词语总代替不了实质内容。朱元璋对地方行政改革有着实质性影响的就要数对地方省级实行“三权分立”或言“三司分立”。“三司”就是指地方上最高的三个并行权力机构，它们的长官就是人们俗称的封疆大吏。“三司”具体指：承宣布政使司，初设布政使一人，正二品，掌管一省的民政和财政；提刑按察使司，设提刑按察使(简称按察使)一人，掌管一省的司法、诉讼与刑狱；都指挥使司，设都指挥使一人，掌管一省的卫所军事。这样，原来由一个衙门——行中书省长官总揽的大权，现在被朱元璋分拆到了三个“平起平坐”的衙门和三四个长官手中，它们各司其职，互不统属，互相牵制，又各自直属中央领导。一旦遇到省内大事，必须要在三司长官会议上讨论，上报给中央有关的部院。由此，地方封疆大吏的权力大为削弱，中央集权得到了加强。(《明史·职官志·序》卷72；《明史·职官志》卷75)

明初地方衙门“三权分立”示意图

明代行省“三司”
- 承宣布政使司——一省之内的民政、财政（布政使各 1 人，相当于省长）
- 提刑按察使司——一省之内的司法、诉讼、刑狱和监察（按察使 1 人，相当于省高院、检察院和公安厅一把手）
- 都指挥使司——一省之内的军事（都指挥使 1 人，相当于省军区司令）

但这样的地方“三权分立”所带来的隐患随着时间的推移也逐渐地冒了出来：

第一，承宣布政使司、提刑按察使司、都指挥使司三司并重，互不统属，一旦地方上发生重大问题了就无法协调解决。

譬如，永乐中后期山东地区发生了唐赛儿起义，从用兵军事镇压角度来讲，主要是山东都指挥使司的职责。但一旦兵马动起来就必须首先解决钱财、粮草等问题，这就涉及到布政使司衙门管辖的范围，布政司衙门配合不配合，就由布政使老爷说了算。再说唐赛儿起义后火势越烧越旺，尽管这里边原因很多，但三司衙门不能协调合力镇压起义，这是铁的事实。起义镇压后，朱棣将“山东布政使储埏、张海、参政卢信、林钟、参议曾光、按察使刘本、副使王璚、王肃佥事王孜、刘先、林祯、张建及贼所发郡县官吏，皆以从贼为乱不言，诛！”(《明太宗实录》卷 223;《明太宗实录》卷 222～223)

体制出了问题，山东布政使和按察使等地方官成了地方“三权分立”机制的牺牲品。对此，后来的明代人似乎看出了问题的症结所在，仁宣时期起朝廷不停地派出特使巡抚地方，协调三司衙门。明中叶名臣马文升曾一语道破明代设置督抚制的“天机”：“臣窃惟我朝自宣德年间，各地方添巡抚官员，或都御使、侍郎，以节制三司。此时惟河南、山东、陕西、南直隶、苏松等地设有地方官，其余布政司，只是不时差遣大臣巡视，或一年、二年而回”(【明】马文升：《明臣奏议·请添巡抚疏》卷 7)。

第二，地方“三权分立”后，尽管有着相互牵制、相互监督的作用，但随着明王朝统治的日渐稳定，处在天高皇帝远的各地之地方官，在政纪约束松弛与道德滑坡的情势下，大多各自自扫门雪或玩忽职守，而大明帝国的低薪制又“驱使”他们利用自身的工作岗位大搞“经济创收”，甚至贪赃枉法，荼毒生灵。原本地方三司相互监督的机制正在逐渐地失去功效。

对此，明代第四位君主明仁宗及时地意识到了，在即位后的第三个月派遣监察御史汤溁等十四人分巡天下考察官吏时，他就这样说道：“国以民为本，民安则国安。比年在外牧守之官，不体朝廷恤民之意，侵削扰害，民不聊生。故今遣尔等分行考察，然人才器不同，有专为脂常谄媚，而政事不理，殃及于民者；有沉静笃实不善逢迎而为政简易，民悦服之者；有虐于用刑，巧于取索而能集事者；有廉洁无私，谨慎自守而政务不举者。尔当明白，具实以闻，无惑于小人，无屈于势要，无私于亲故，询之于众，断之以公，可也！”（《明仁宗实录》卷4上）

为了考察地方官员和地方利弊，从明仁宗、明宣宗起，大明朝廷除了让都察院派出御史巡视天下外，还派出高级别的朝官巡抚地方，这就是大明历史上督抚制兴起的又一大缘由。后人曾这样说道：“若明之总督、巡抚，即行御史台之职”（《续文献通考·职官四》卷54）。

第三，地方实行“三权分立”后，管理地方军事的是都指挥使司，都指挥使司负责当地的卫所、军籍、练兵、屯田、守城和为京卫提供班军，给出征和边镇守卫提供将士。那么在边疆地区呢？

明初朱元璋分封诸子守疆，朱棣“靖难”成功后打破了“父皇”的边疆防御体系。实行军事重镇专区管理——可能相当于我们现在的大军区军事体制，尤其在北方边疆地区逐渐形成了辽东、宣府、大同、延绥、宁夏、甘肃、蓟州、太原、固原等九边镇。（《明史·兵志三》卷91）虽派遣总兵官镇守那里，但又不放心这些总兵官将领，于是朱棣及其子孙就让宦官上边关重镇去监军，“（永乐）八年，敕王安等监都督谭青等军，马靖巡视甘肃，此监军、巡视之始也。”洪熙元年“敕（太监）王安镇守甘肃，而各省镇皆设镇守矣”（《明史·职官三》卷74）。

这样一来地方上的主要军事领导由原来的一个变为三个，即都指挥使、总兵官和镇守太监。如果要对这三号人作个归类的话，一是武夫，二是宦官，从整体来看素养都不高，常常会做出出格的事来。譬如，洪熙元年九月，即位才三四个月的明宣宗接到了行在都察院的奏报：广西总兵官镇远侯顾兴祖，利用自己在广西大藤峡地区剿灭少数民族叛乱的机会，调拨官军将士，为自己大修宅第，广拓园池，不仅强占了已故的原广西都指挥同知葛森的宅邸，而且还霸占了葛森的遗孀“二奶”。被逼急了的葛森遗孀“大奶”在万般无奈的情势下来到北京，向行在都察院告状，请求将顾兴祖逮捕治罪。(《明宣宗实录》卷 9)

一个堂堂的朝廷命官、总兵大人居然去强抢军事同行的“二奶”，不说别的，就朝廷的脸面也给丢大了。而犯罪者与受害者均属于边疆军事系统，地方“三司”中另外两司无法过问，所以受害者葛森遗孀“大奶”只得千里迢迢上北京告状，原有地方体制之弊端暴露无遗。

而几乎与此同时，大明朝廷已开始注意到向地方上派遣文职重臣——督抚，巡视和管辖地方军事、行政等方面大事，“巡抚大臣受一方之寄”(《明宪宗实录》卷 243)，因此说督抚官的设立恰恰能起到监督总兵官武将的作用。史籍记载说：“国初兵事专任武臣，后曾以文臣监督，文臣重者曰总督，次曰巡抚”(《古今图书集成·铨衡典》卷 56)。

那么明代督抚制到底始于何时？

◉ 开启地方督抚新制，粘合地方分立“三权”

督抚制度实际上是巡抚制与总督制的合称，它们的来源可以追溯到大明开国之际。

○ 协调与节制地方三司的新官职——巡抚

《明史》说：“(明)巡抚之名，起于懿文太子巡抚陕西”(《明史·职官二》卷 73)。其实不然，洪武中期开始就有了巡抚之名。洪武十六年十月戊寅日，朱元璋“遣使召魏国公徐达、雄武侯周武、永平侯谢成、巩昌侯郭子兴、南雄侯赵庸、永城侯薛显、都督佥事马云、萧成还京。先是命达等巡抚北边，训练士卒，至是召还”(《明太祖实录》卷 157)。洪武十七年十二月甲寅日，“西平侯沐英奏：‘近者发兵捕讨普定，蛮寇已平，今复已师，剪除广南维摩余孽，以通田州粮道，巡抚临安而还。'上(指朱元璋)曰:'英能如是,朕无南顾之忧矣'"(《明太祖实录》卷169)。洪武二十八年正月丁卯日,"(朱元璋)命(冯胜)与颍国公傅友德等巡抚山西塞上"(《明太祖实录》卷236)。

不幸的是《明史》中的错误长期以来一直被人所沿用,好在那时的巡抚还不完全具备后来明清巡抚的概念,且在明代官书中使用不多,整个《明太祖实录》中就出现了3处。《明太宗实录》中也出现了3次:

永乐七年三月甲辰日,朱棣首次北巡,驻驿东平州,望祭泰山,结束时他跟侍臣说:"……朕谨遵成宪,此行亦为欲亲行巡抚,使军民各得其所耳"(《明太宗实录》卷89)。两年后的永乐九年七月辛未日,"工部言:'浙江潮水冲决仁和县黄濠塘岸三百余丈、孙家围塘岸二十余里,海宁县风潮溺死居民,漂流庐舍,坍塌城垣,请发军民修筑。'(永乐帝)从之,仍命户部遣官巡抚被灾之家"(《明太宗实录》卷117)。再有一次就是十一年后的永乐二十年四月庚寅日,"吏部尚书兼詹事府詹事蹇义言:'巡抚至直隶凤阳府、颍州民多缺食,乞以见储粮赈之。'皇太子(指朱高炽)从之,凡给粟八万六千八百八五十石"(《明太宗实录》卷248)。

其实明初除了巡抚外,还有"采访使"和"巡行"等与之相近。建文元年正月,明廷派遣"侍郎暴昭、夏原吉等二十四人充采访使,分巡天下"(《明史·恭闵帝本纪》卷4,本纪第4)。"建文初,(侍郎暴昭)充北平采访使,得燕不法状,密以闻,请预为备"(《明史·暴昭传》卷142)。"建文初,(夏原吉)擢户部右侍郎。明年充采访使。巡福建,所过郡邑,核吏治,咨民隐。人皆悦服。久之,移驻蕲州"(《明史·夏原吉传》卷149)。永乐十九年四月癸丑日,"敕吏部尚书兼詹事府詹事蹇义等二十六人巡行天下,安抚军民"(《明太宗实录》卷236)。

从洪武、经建文到永乐,巡抚概念是有所变化的。洪武时期的巡抚是巡视的意思,到了建文时用上采访使的名字,且赋予其"核吏治,咨民隐"等使命,这就逐渐接近后世的巡抚概念了。但到了永乐前期,可能是"一遵祖制"的缘故吧,采访使之名不用了,又用上巡抚。前文所引,永乐皇帝巡抚北上,浙江百姓遭受水灾,朱棣命户部派人巡抚,这些也都是巡视安抚的意思,"核吏治,咨民隐"成分不浓。到了永乐晚期,情况就有了变化。永乐十九年,朱棣派吏部尚书蹇义等二十六人巡行天下安抚军民时，就明确讲："今命尔等分历郡县，抚安军民，询察所苦。凡利之未兴者兴之，害之未革者革之，诸司官吏蠹法厉民者黜之，守法爱民者旌之。尔克副所命，致民安于田里而无饥寒愁叹之声，则予汝嘉；如又狥私蔽公，不辨淑慝，不察是非，军民休戚不以究心，将尔之罪，亦不可逭！钦哉！"(《明太宗实录》卷 236)而且这次一派就派了 26 人，前往当时大明帝国的主要税粮区，命(蹇)义及给事中马俊往直隶应天等府州，尚书金纯、给事中葛绍祖往四川，都御史王彰、给事中王励往河南，都御史刘观、给事中李玚往陕西，副都御史虞谦、给事中许能往浙江，侍郎郭进、给事中章云往江西，侍郎杨勉、给事中徐初往福建，侍郎郭敦、给事中陶衎往顺天等府州，侍郎李昶、给事中刘涣往山东，太常寺少卿周讷、给事中刘荩往湖广，大理寺丞郭瑄、给事中艾广往广东，大理寺丞孙时、给事中萧奇往山西，通政司参议朱侃、给事中杨泰往广西。(《明太宗实录》卷 236)

因此有人将永乐末年的这次皇帝大遣群使巡行天下当做明代巡抚制的开启，不无一定的道理。但任何制度的形成都有个过程，永乐末年的这次大遣使巡抚天下为期不长，很快就结束了，与后世的巡抚概念还有一定的距离。洪熙元年正月己亥日，接替皇位半年不到的明仁宗朱高炽就"遣(广西右)布政使周干、按察使胡概、参政叶春巡抚应天、镇江等八府，察民利病，赐敕谕曰：'朕祗奉鸿图，君临兆庆，惓惓夙夜，康济为心。而南方诸郡，尤廑念虑。诚以民众地远，情难上通，今特命尔等巡抚应天、镇江、常州、苏州、松江、湖州、杭州、嘉兴八府，其军民安否，何弊当去，何利当兴，审求其故，具以实闻，尔等必公必勤，毋徒苟应故事，庶副朕忧悯元元之意。钦哉！'"(《明仁宗实录》卷 6 下)

洪熙元年闰七月，广西右布政使周干自苏、常、嘉、湖等府巡视民瘼回京，可这时的洪熙皇帝已经不在了，接见他的是新皇帝朱瞻基。周干将巡抚江南所掌握的情况，如粮长制的变异与流弊土豪劣绅的横行霸道、百姓流离失所以及地方官员的玩忽职守，等等，都作了一一汇报，并恳请宣德皇帝"命在廷大臣一员往来巡抚"江南。朱瞻基命"行在吏部尚书蹇义与户部、兵部同(蹇)义议之"(《明宣宗实录》卷 6)。大约一个月后的洪熙元年八月癸未日，明宣宗任“命广西按察使胡概为大理寺卿，同四川参政叶春巡抚直隶及浙江诸郡”(《明宣宗实录》卷8)。

再说胡概因为是直接接受皇帝的委派，有着地方诸司衙门所没有的“尚方宝剑”，加上自身又是正三品的中央官衔大理寺卿，他巡抚到江南，一路工作开展得相当顺遂，短短四个月后的宣德元年正月，他将当地的“土豪及亡赖虐民者械送京师，其中有杀人取财、夺人妻女、侵盗税粮、因公科敛、以一取十、老吏猾胥、逞奸肆毒，皆府县不能制者”，都一一受到了制裁。(《明宣宗实录》卷13)

就在胡概受命巡抚江南之际，宣德皇帝还派遣大明都察院右都御史王彰巡抚大运河沿岸地区。宣德元年五月庚戌日，他下敕给行在都察院右都御史王彰，说：“朕为天下生民主，夙夜兢惕，惟恐一夫不获其所。比者廷臣多自外至道里，所经耳目，所及军民利病，岂无可言而泯焉不闻？岂朕之所望哉？尔国之大臣，实总宪纪，可自良乡抵南京，巡抚军民，一切休戚，具以实闻，毋有所隐，庶副朕忧悯元元之意。钦哉！”(《明宣宗实录》卷17)

宣德二年八月朱瞻基又“命少师隆平侯张信、行在户部尚书郭敦往陕西”，嘱咐其“凡有当行者，同陕西三司官计议而行，必归至当，仍具奏闻，务使军民安妥，粮储足用，非有召命，无辄回京”(《明宣宗实录》卷30)。再说张信、郭敦没有辜负皇帝的厚望，上任后在陕西转了3个月就把当地最为棘手的问题摸得清清楚楚：原来西北宁夏、甘肃、洮河、岷州诸卫，地处北疆，人稀地荒，尽管搞了些军屯与民屯，但依然解决不了军需粮草等问题。当地政府衙门采取措施，让陕西一带的人们将粮草运往宁夏、甘肃边关。殊不知这是一项劳民伤财的行政举措。由于道路险阻，运致为艰，大家都不愿干，但又迫于行政压力，于是就想到了变通办法。人们带了钱直接上甘肃、宁夏当地去买粮草，以此来完成官差官役。一些狡黠之徒瞅准了这是发大财的好机会，他们勾结地方官员，包揽费用，买空卖空，坐收渔利，大发大明国防之财，造成了西北边防“仓无储积”的尴尬局面。最后张信和郭敦向宣德皇帝提议：设置专官，负责管理边关粮草问题。朱瞻基接受了建议，决定选派“清廉直干之人”专督其事。(《明宣宗实录》卷33)

宣德三年上半年因山西平阳府蒲解、临汾等州县发生大灾荒，大约有10万多难民涌入河南，河南当地“有司军卫及巡检司各遣人捕逐，民愈穷，困死亡者多。”刚好从河南回京的行在工部郎中李新向宣德皇帝汇报了此事，并“乞遣官抚辑”（《明宣宗实录》卷42～43）。当年九月，河南开封之郑州、祥符等十县又发生水灾。（《明宣宗实录》卷47）为了解决流民与灾荒问题，宣德五年二月，明宣宗派遣行在工部左侍郎许廓巡抚河南，在下发的敕文中朱瞻基这样说道：“今命尔往河南巡抚，凡军民有利当兴者即举之；有害当除者即革之。民有饥窘逃徙者，抚令复业，免其税粮一年，应行诸事皆与河南三司计议行之，具由来奏。诸司官吏贪赃坏法虐害军民者，擒问解京；奉公守法爱养军民者，具名以闻，务使军民安业，不致失所，庶几体朕之意。尽尔之职，尔其敬承毋怠”（《明宣宗实录》卷63）。左侍郎许廓到达河南后十分勤勉、敬业，用了10个月的功夫“招抚开封等府逃民一十一万五千六百余户复业”（《明宣宗实录》卷72）。

从洪熙元年八月到宣德五年二月共计5年多的时间里，朱瞻基先后四次任命了大明高级别的中央朝廷官巡抚地方，其中胡概、叶春巡抚江南，王彰巡抚南北大运河，张信、郭敦巡抚陕西和许廓巡抚河南，各有自己的任务和巡抚专区，这表明大明帝国派遣巡抚不再是偶尔为之的事情，而是正在逐渐走向成熟。不过其中还有许多不成熟性：第一，“巡抚”在当时的官书中作动词用的占了绝大多数；第二，“巡抚”地方时间不长，多则一年，少则几个月；第三，巡抚与总督两词没有区别清楚，甚至两者常常混用。

可这一切到了宣德五年九月以后就开始发生了质的变化。宣德五年九月丙午日，宣德朝廷“升行在吏部郎中赵新为吏部右侍郎，兵部郎中赵伦为户部右侍郎，礼部员外郎吴政为礼部右侍郎，监察御史于谦为兵部右侍郎，刑部员外郎曹弘为刑部右侍郎，越府长史周忱为工部右侍郎，总督税粮。”且规定：赵新巡抚江西；赵伦巡抚浙江，吴政巡抚湖广，于谦巡抚河南，曹弘巡抚北直隶府州县及山东，周忱巡抚南直隶、苏松等府县。皇帝朱瞻基还专门颁发了敕谕，告诫他们要处理好各自巡抚地区的税粮问题，使得老百姓不为税粮输送所累；遇到诉讼案件，大的与当地布政司、按察司衙门官员和巡按监察御史共同商议问治，小的就酌情处罚一下，或交由地方府州县处置，而对于便民利国之事应“具实奏闻”（《明宣宗实录》

卷 70)。

对于此次宣德皇帝大遣群使巡行天下，明代大学问家王世贞曾说:“各省专设(巡抚)，自宣德五年始”(《大明会要·职官六·巡抚》卷 34)。

那么事实真相到底如何?

翻阅史料，通览明宣德朝巡抚制度的发展，我们发现其具有如下几个特点:

第一，宣德时期巡抚已具有专设地区化和长久化。

上面所述的六个高官出巡的地方是大明重点粮税地区，而当时粮税问题一直都没能很好地解决，因此说，宣德五年二月朱瞻基的任命实在是用心良苦，每个巡抚官都有一个固定的巡抚地区，且巡抚时间除个别外都很长，最长的是周忱巡抚江南地区(当时称南畿)达 22 年，超过了明英宗正统时期，一直进入到了景泰年间;其次是于谦巡抚河南、山西也长达 18 年，进入了正统时期;赵新巡抚江西、曹弘巡抚北直隶、吴政巡抚湖广也都有 10 年;只有赵伦因巡抚浙江用法苛重仅 3 年就被召回，但随后改由户部侍郎成均接任。(《明史·周忱传》卷 153;《明史·于谦传》卷 170)

由此不难看出，与永乐及其以前相比，宣德时期的巡抚已具有专设地区化和长久化。而一个地方官制的创设恰恰正需要这样的地区专设化与官员常驻久任化，因此，王世贞等人将宣德五年的这次巡抚大任命视为大明各省巡抚官制的正式开启，应该说是很有道理的。

第二，宣德和宣德以前出任巡抚官的行政级别都不低，一般都是由侍郎、布政使及其以上的官员担任。

洪熙元年正月巡抚应天八府的周干是右布政使，从二品;胡概是按察使，正三品;叶春为参政，从三品(《明史·职官四》卷 75)。宣德五年九月皇帝朱瞻基大遣群使巡行天下时，巡抚江西的赵新为吏部右侍郎，正三品;巡抚浙江的赵伦为户部右侍郎，正三品;巡抚湖广的吴政为礼部右侍郎，正三品;巡抚河南的于谦为兵部右侍郎，正三品;巡抚北直隶的曹弘为刑部右侍郎，正三品;巡抚南直隶的周忱为工部右侍郎，正三品。(《明史·职官一》卷 72)

换句话来说，宣德时期出任巡抚官的官秩与品级都比较高，一般都是在三品以上的副省级、副部长级别，且挂上都察院头衔，这样的定位很重要，使得巡抚官在皇帝钦差的前提下有资格协调地方三司衙门的关系，有利于展开工作。以后明朝的巡抚官出巡地方就常常挂着这样的称呼："都察院×都御使巡抚××地方"，就此成为常制。

第三，宣德时期，出任巡抚地方官的官员基本上都是文官。

这种情况在永乐时期还不明显，到了仁宣时期，或许由于明仁宗和明宣宗对文官的倚重和青睐，或许由于科举制的完善与发达，文官官僚制度也随之发达和畅顺。最为明显的标志之一就是当时大明朝廷派遣一批又一批的高级别的文官到地方上去协调与节制地方三司，由此使得大明政制产生了变化。

第四，宣德时期巡抚制度渐趋成熟，但还不十分完备。

《明宣宗实录》中"巡抚"一词一共出现了 109 次，并由原来的动词"巡视天下，安抚军民"逐渐地转化为名词即官名。宣德三年七月辛酉日，行在兵部奏："昨巡抚官布政使周干言，浙江海盐县地临海岸，每有倭寇，洪武中设海宁卫及澉浦、乍浦二千户所，陆置烟墪，水备战船，瞭望巡守，因得无虞。永乐七年，尽拘军船赴沈家门，立水寨防守，撤去烟墪，倭寇乘虚，连年纵掠。水寨相去海盐千里，不能救援，民甚苦之，请如洪武中防守。今累覆勘皆以为便。"皇帝朱瞻基答复："古人云，利不什不变法，凡谋事须为永久之计，其再令巡抚大理卿胡概与三司计议，果孰为便，然后处置"(《明宣宗实录》卷 45)。

《明宣宗实录》在记载两年后的大事中再次使用了巡抚的官名义，宣德五年九月丙午日，"巡抚侍郎成均奏：'苏松嘉湖等府春夏雨泽调均，至六月禾皆茂盛，秋成有望。'上谓侍臣曰：'朕所忧者，四方旱涝，况苏松诸郡，国用所资，今其地雨泽及时，良快朕心。但未知他处何如耳？'"(《明宣宗实录》卷 70)宣德九年十月丁卯日，皇帝朱瞻基"敕谕巡抚侍郎吴政、成均、赵新、周忱、于谦、曹弘并浙江、湖广、江西等都司、布政司、按察司、巡按监察御史及南北直隶卫府曰：'比闻各处亢旱，兵民饥窘，朕心恻然，恒用不宁。今以宽恤事宜，条示尔等，其钦承无怠'"(《明宣宗实录》卷 113)。

从上述史料中可以看出，宣德时期巡抚之名已经耳熟能详，就连皇帝与部院大臣都在直接使用巡抚这一官名，因此说作为一种职官制度在宣德时期渐趋成熟是不成问题的。不过它还没有十分完备，一来从后来大明帝国30多个省份与地区都设立的巡抚一职来看，大约只有1/3是在宣德时期设立的，还有2/3则在宣德以后的正统与景泰直至正德年间才设立，或言自景泰至正德，是明朝巡抚的全面地方化和制度完善化时期；第二，宣德时期尽管多次出现了巡抚官名，但有时它与总督一类词混用，最典型的就是宣德五年九月的皇帝朱瞻基大遣群使巡行天下时就让他们“总督税粮”，云云。(《明宣宗实录》卷70)

那么什么是总督？总督制到底是怎么一回事？

○ 协调与节制地方三司又凌驾于巡抚之上的新官职——总督

总督本意是指总揽督理或言总管督理，再直白一点就是某项大工程、大政务或大军事活动的总负责、总协调，其涉及的层面有军事、政务、经济和建筑工程等等。

明史中总督字样在洪武时期已经出现，《明太祖实录》中共有3处记载了总督：最早是癸卯年(1364年，笔者注)十二月丙申日，“上(指朱元璋)发武昌还建康，命常遇春总督诸将守营栅，谕之曰……”(《明太祖实录》卷13)。洪武十七年四月更定内宫官制，其中有一条说“内官监通掌内史名籍，总督各职，凡差遣及缺员，具名奏请，设令一人，正六品，丞二人，从六品，典簿一人，正九品。所掌文籍，以通书筭，小内使为之”(《明太祖实录》卷161)。还有就是“洪武二十三年七月甲子，航海侯张赫卒”条下载：洪武十一年张赫“升大都督府佥事，总督辽东海运……”(《明太祖实录》卷203)

到了永乐时期，总督字样似乎多了一点，《明太宗实录》中记载总督的有12处。洪武三十五年九月乙未日，朱棣“赏从征卫驾将士，总督都指挥银二百五十两、彩币十六表里、钞四百锭，散都指挥银二百两、彩币十二表里、钞三百锭……”(《明太宗实录》卷12)永乐元年八月乙丑日，“平江伯陈瑄总督海运粮四十九万二千六百三十七石赴北京、辽东，以备军储”(《明太宗实录》卷22)。永乐五年正月壬戌日，朱棣“命平江伯陈瑄、都督宣信总督海运粮储”(《明太宗实录》卷63)。永乐六年正月戊辰日,“设交趾、太原、嘉兴、广威、天关、望江、临安、新宁七镇金场局,置大使二员,副使四员,又选授知州、知县二十一员,每镇三员提督闸办,又以府二员总督,令礼部铸印给之”(《明太宗实录》卷75)。永乐九年二月己未,“开会通河……尚书宋礼总督之,遣吏部侍郎师逵以大牢祭山川、城隍之神,仍命御史二员监督”(《明太宗实录》卷113)。永乐九年八月庚戌日,“工部尚书宋礼等百六十人开会通河毕还京师。命礼部定赏格,礼部言:‘都督周长狗私废公,虐害军夫,不当给赏,其余宜分四等。总督官尚书宋礼等三员,人赏钞二百锭,彩币二表里……’”(《明太宗实录》卷118)永乐十五年五月戊子日,朱棣“命行在都察院左副都御史李庆兼督营造(北京城),先命成山侯王通、兴安伯徐亨、都督薛禄、金玉、章安、谭广各督一事,而命泰宁侯陈珪、安远侯柳升总督行部,尚书郭资、侍郎崔衍领粮赏。至是,复命庆同珪等总督……”(《明太宗实录》卷188)永乐十五年五月壬子日,“行在兵部言……其中所官军宜全伍调守,长安岭令指挥一员统之,俱听掌保安卫都指挥王礼总督”(《明太宗实录》卷188)。永乐十八年二月戊午日,“上(指朱棣)仍令都督佥事章安总督”(《明太宗实录》卷222)。

以上《明太宗实录》记载的史料中除1处外,其他9处记载的“总督”都是动词。总督者主要由军队中的高级武官担任,偶尔也有文官出任,如宋礼。但到了永乐末年这样的状况有了变化,较多出现了武官与文官并任总督官的格局,且直截了当地称呼“总督官”。永乐十九年十一月己巳日,朱棣“敕户部侍郎李昶暂停馈运,散遣军士还家休息,俟春暖复运。盖昶初奉命总督馈运于边,至是以冬寒停止”(《明太宗实录》卷243)。永乐二十年春三月乙巳日,朱棣“命英国公张辅等同六部官议北征馈运。辅等议,分为前后运,前运随大军行,后运稍后,前运合用总督官三人:隆平侯张信、尚书李庆、侍郎李昶,车运、驴运各分官领之,领车运者二十六人:泰宁侯陈愉、都督张远、吴颙、都御史王彰、侍郎张本、伏伯安,指挥十人:郎中员、外郎、主事五人:监察御史五人、领驴运者二十五人:镇远侯顾兴祖、都督张安、尚书赵羾、侍郎崔衍、都指挥李得、指挥十人、郎中员、外郎、主事五人、监察御史五人;后运惟车辆合用,总督官二人:保定侯孟瑛、遂安伯陈英,为之副者二十七人:侍郎郭敦、都指挥陈景先、指挥十人、监察御史五人、郎中、员外郎、主事十人，仍命孟瑛、陈英率领马军一千、步军五千护送，前后运共用驴三十四万头，车十一万七千五百七十三辆，挽车民丁二十三万五千一百四十六人，运粮凡三十七万石。从之”(《明太宗实录》卷 246)。

由此可见，永乐末年总督官的概念已经初步具备，而到了宣德时期它的使用频率大为增加，《明宣宗实录》中出现总督字样的达 50 处。

最早是洪熙元年七月巡抚浙江右布政使周干上言，嘉兴府海盐县地临大海，数次遭受倭寇侵扰，洪武时期曾建有海宁卫及澉浦、乍浦二千户所等军事机构和水陆防卫设施。永乐时它们不是被撤销就是被合并或移走，一旦敌寇有犯，就会猝不及防。因此恳请宣德皇帝恢复旧置，“每岁差廉干都指挥一人，总督操备，庶几倭贼知惧，军民两便。”朱瞻基下“令都督府遣官与浙江、福建三司官及捕倭总兵，熟议便利以闻”(《明宣宗实录》卷 4)。洪熙元年十月明宣宗跟英国公张辅讲：山海、永平等沿边地区的官军在京操练很久了，应该让他们回家与亲人团聚团聚。张辅说：“皇上优恤军士，恩意深厚。只是近年来武官们屡兴私役，兵士们想休息也休息不到。皇上只有下令：严禁将官私役兵士，这样才会使得将士们沐浴到无限的皇恩。”朱瞻基听后，遂“敕总兵官遂安伯陈英及都督陈景先总督之，敢有私役者罪如律”(《明宣宗实录》卷 10)。洪熙元年十二月庚辰日，“镇守甘肃总督兵官都督费献奏……”(《明宣宗实录》卷 12)。宣德元年十月庚辰日，成国公朱勇言：“紫荆关等处关口烟墩凡三十一处，俱属大宁都司各卫，官军分守，事无统纪，请令保定后卫指挥刘辅总督”(《明宣宗实录》卷 22)。宣德二年正月丙申日，户部尚书、三朝元老师逵卒。《明宣宗实录》记载道：师逵“……太宗皇帝征北虏，命逵总督馈运”(《明宣宗实录》卷 24)。宣德二年二月戊寅日，行在户部郎中王良上奏，要让彭城、永清左右三卫等军士运送 1 000 万石粮料到独石，朱瞻基“命武进伯朱冕总督”(《明宣宗实录》卷 25)。宣德二年三月庚寅日，明宣宗“命行在刑部侍郎樊敬往广西、都察院副都御史胡廙往广东、李素往湖广总督运粮往交趾给军”(《明宣宗实录》卷 26)。宣德三年八月丁酉日，“总督香河等县屯种指挥同知李三等奏……”(《明宣宗实录》卷 46)。宣德四年七月丁卯条载："先是上命行在兵部遣官同御史、给事中查理京军，至是具实以闻，请令各营分豁差遣等项名役置籍，以防欺隐。上然之，兵部又奏：'大营五军操备，官军先有事故，或应选补，或应退换管队者，径自取放其间，那移作弊及避重就轻者多，以致军数不清，队伍不整，今后遇有事故，或三月，或半年一次，总督官具实奏补，不许擅将操练已成精壮之人脱放及私下占役，又中军左右哨、左右掖官军多寡不同，宜令总督官计议均分管领。'上皆从之"（《明宣宗实录》卷56）。宣德四年十月壬午日，皇帝朱瞻基命令行在工部备料修缮凤阳皇陵、殿宇、垣墙，"令有司备，仍选廉干官往总督之"（《明宣宗实录》卷59）。宣德四年十二月乙未日，朝廷决定整修南京历代帝王忠臣功臣庙，明宣宗对行在工部尚书吴中说："此太祖皇帝崇德报功，勒诸祀典，至为重事，即令襄城伯总督修理，务令完固，毋徒应故事"（《明宣宗实录》卷60）。宣德五年四月丁酉日，阳武侯薛禄上奏，请求皇帝出面，为京师往独石运送军粮定个规则。朱瞻基就让兵部尚书张本先拿个方案。方案出来后，张本上奏给皇帝，皇帝朱瞻基批准同意实施，"命武进伯朱冕总督"（《明宣宗实录》卷65）。宣德五年六月辛丑日，"行在兵部奏：'南北二京直隶卫所屯田无官总督。'上命都指挥同知崔忠、都指挥佥事赵荣（总）督北京直隶卫所，都指挥佥事宋斌、黄恭（总）督南京直隶卫所"（《明宣宗实录》卷67）。宣德六年二月己酉日，巡按山西监察御史张勖奏："山西连年天旱，田谷薄收，粮草多欠，所属州县各遣官催征，而总督则有侍郎于谦及从行主事翟善等分催，又有参政樊镇、参议王纲、刘登、郑冕等往来催办，相继于道，徒扰于民，无益于事，乞取回各官，止遣方面官一二员催督"（《明宣宗实录》卷76）。宣德六年四月戊戌日，"山西布政司右参政祝铭坐事罚役复职。初铭督民采木，以虚数报官，法司论铭欺罔。"上曰："此必总督者急迫，不得已为之，然身任方面，安可不持正，命罚役，复职"（《明宣宗实录》卷78）。

……

综合《明宣宗实录》中的"总督"和"总督官"的相关记载，我们发现：

第一，宣德时期"总督"在官史中出现了50次，动词为多，而作为名词的总督官出现了5次，相对于永乐末年偶尔出现，已大为增多，这说明“总督”在当时大明帝国政治、军事以及社会生活等方面所占据的比重越来越大。

第二，宣德时期出任“总督官”的，还是武官为多，但也有部分文官出任。如当时的刑部侍郎樊敬往广西、都察院副都御史胡廙往广东、李素往湖广总督运粮，接济在交趾作战的大明军。还有就是当时的巡抚官往往被人视为总督官，如巡抚河南的于谦就被称为总督官。这些多少说明了宣德时期的“总督”已有朝着文官化方向发展的趋势，但“总督”原本武官为多的特征影响甚至在一定程度上决定了总督官有兼管地方军事的职责和权力，这也使得后来总督官的职权要显得明显高于纯文官的巡抚。

第三，宣德时期“总督”与“巡抚”还没决然分清，常常混用，最典型的就是前面讲过的，宣德五年九月皇帝大遣群使巡行天下，朱瞻基本人就将六位巡抚官的巡抚说成了总督。

第四，宣德时期总督的官秩与品级都很高，一般都在副都御史、侍郎、尚书之上，且大多都与军事有关。这样的先例影响了后来明朝总督制的发展。一方面使得总督官成为凌驾于三司与巡抚之上的连接中央与地方之间的高官；另一方面使得总督官都有权兼管地方上的军事。

总之，明宣宗当政时期总督已有专人、专事、专区之势，其介于地方三司与中央朝廷之间且拥有文职化趋向等基本特征都已大体具备了，总督制的正式诞生呼之欲出。就在明宣宗驾崩的当年十一月，大明历史上正式出现了第一位“名正言顺”的总督官，宣德十年十一月丙戌日，英宗朝廷“升行在通政司左通政周铨为行在都察院右副都御史总督南京粮储”（《明英宗实录》卷11）。

明朝后来的总督多以文官正三品的兵部侍郎或正二品的尚书挂都察院头衔驻守地方，官衔多以“都察院×都御史总督××事务”。周铨原先官职为行在（即北京）通政司左通政，属于文职官僚，他出任总督官挂的官衔为都察院右副都御史（正三品），总揽和管理南京粮储。南京是当时大明帝国的京师，周铨被授权处理南京的粮储，其权位当然比一般三司衙门甚至巡抚要高得多，更有周铨在任上一干就是三年，明英宗正统三年十一月丁亥日，“行在吏部言：‘总督南京粮储都察院右副都御史周铨三年秩满，欲循例诣

行在，缘铨所掌粮储重务，未可辄离，乞令免来。’（英宗）从之。”（《明英宗实录》卷48）

从《明英宗实录》中的这段史料记载来看，周铨出任总督任期为三年（秩满），但当时朝廷考虑到他所掌粮储重务，于是就不让他回京述职，而是留任继续干下去。总督作为一种官职的长久化在此得以显现。因为英宗即位时是个8岁的娃娃，根本处理不了什么政事，因此虽说宣德十年十一月时明宣宗已经不在了，但他的为政举措却在延续着。由此我们完全可以这么认为，与巡抚制几乎差不多同时，总督制也正式诞生于明宣宗时代或言宣德年间（决非如某些学者所论的诞生于明朝中期）。不过在以后的日子，巡抚制迅速地得到了完善，并很快地成熟。而总督制的发展则相对比较慢，但在明英宗正统年间也开始走上了成熟之路。

正统五年四月戊子，英宗朝廷“铸总督管粮、关防二颗，给参政沈固、刘琏。时固在大同，琏在宣府，各参赞总兵官，综理边务，兼管粮储，然皆无印信钤记，文移于事不便，固以为言，故铸给之”（《明英宗实录》卷66）。正统六年正月乙卯日，英宗朝廷“命定西伯蒋贵佩平蛮将军印充总兵官，都督同知李安充左副总兵，都督佥事刘聚充右副总兵，都指挥使宫聚充左参将，都指挥佥事冉保充右参将，行在兵部尚书兼大理寺卿王骥总督军务，统率大军征讨麓川叛寇。思任发、蒋贵、王骥先往云南会计军饷，相度方略；李安、宫聚统领四川、贵州官军；刘聚、冉保统领南京、湖广并安庆等卫官军，以俟调用，仍各以制敕授之”（《明英宗实录》卷75）。

到了明英宗的儿子明宪宗时，总督制已基本成熟，且与总兵制等同日而语。成化八年二月乙酉日，“兵部尚书白圭等复言：‘虏势深入顷，已敕吏部右侍郎叶盛亲诣狭西、延绥、宁夏会议边务。然臣等切虑，虏性桀点，苟知我内地空虚，未免复肆剽掠。宜如臣等所会议，敕王越等俟盛至日，即调甘凉庄浪兰县官军防守要害。又今河冰既开，虏无遁意，计其秋高马肥，必复入寇，在边并见，调官军仅足捍御，未可穷追。若明春复然，则边患何时可息。必须于明年二月大举搜剿河套，庶收一劳永逸之功。请先调军夫五万摆堡，运粮计可足半年之费，然后选集精兵十万，简命文武重臣各一员，充总督、总兵，二员充副参将官，每兵一万坐营，统领者各一人，所须出战驮马鹿角，战车军器之类俱宜预备，期以十二月启行。'上(指明宪宗)曰：'虏寇悖逆天道，累犯边境，明春必须统调大兵以剿除之，可悉如议，但今日尤须严加防御。'其令盛与越等计议机宜以闻”(《明宪宗实录》卷101)。

综上所述，我们至少可以得出这样两个结论：第一，宣德时代大明地方新制——总督制已经开启，在以后的岁月里，总督制日渐见重于大明帝国，笔者曾对《明英宗实录》前180卷做了粗略统计，正统十四年九月前“总督”字样出现了150次(《明英宗实录卷》1～181)；第二，宣德以后总督制逐渐与巡抚制相区分开来，并往着两种类型方向发展：第一种为事务总督，如“总督漕运”，这类在永乐时代已有，但不是很多，到了宣德时期大发展，宣德以后更为盛行；第二种为地方总督，拥有兵权，如“总督蓟辽事务”、“总督陕西三边军务”，“弘治十年，火筛入寇，议遣重臣总督陕西、甘肃、延绥、宁夏军务，乃起左都御史王越任之。十五年以后，或设或罢。”(《明史·职官二》卷73)

◉ 督抚制确立之影响——稳定地方，玩转“三权”，强化君权

上文我们考察了影响明清两代500多年的督抚制之开创与确立问题，一一否定了学术界长期以来的众多之说，认定督抚制皆正式诞生于大明宣德年间。

不过，这里还有个问题没解决，那就是明宣宗君臣这么热衷开启新制，到底想解决什么问题？或言督抚制开创有着怎么的影响？

○ 招抚流民，减免赋役，抚恤百姓，稳定地方社会

明朝与历史上其他朝代有个很大的不同，那就是在经过明初30余年的“洪武”严酷政治后并没有迅速地步入和平安宁时期，而是经历了骨肉相残的“靖难”战争与令人窒息的永乐恐怖年代。50多年的国家反复动荡，50多年的社会发展演化，使得仁宣时期的大明帝国形势不容乐观，而流民的不断增加就是当时一个十分严峻的问题。

明初朱元璋立国时对于社会各阶层的人们进行了专业的分

类，制定了不得更改的专业户籍制度，占据人口绝大多数的农民被束缚在土地上，除交纳赋税外，还要常常为大明帝国服徭役，尤其是永乐皇帝好大喜功，南征北讨，建造一个又一个“空前绝后”的政治形象工程，将大明推向了灾难的深渊，也使得本来就靠天吃饭的十分脆弱的小农经济滑向了崩溃的边缘，一旦遇上灾害，小民们唯一可走之路就是流亡他乡，成为“盲流”。这个问题在永乐末年已经十分严重，明仁宗即位伊始就着手予以解决，可这位好皇帝在皇位上屁股尚未坐热就匆匆地“走”了，流民问题留给了他的儿子朱瞻基。朱瞻基当政后除了沿用传统的常规举措外，还开启了巡抚制度，想以此来解决一些特殊的尤其是跨省的流民问题。

宣德三年四月，山西解州、潞州一带发生旱灾，当地百姓纷纷流亡他乡(《明宣宗实录》卷 41)。行在工部郎中李新刚好那时在河南，听说逃往河南南阳一带的山西饥民就达 10 万多人，当地有关部门认为：这么多的流民涌入了河南，不仅他们的生存问题无法解决，最可怕的是这些流民集结在一起不知会生出什么事来。于是河南南阳地方政府就开始大规模地驱赶流民，在驱赶中有许多饥民被踩死、饿死，其情景十分悲惨。李新回到北京后赶紧向宣德皇帝报告了这个情况，并奏请皇帝派遣官员前往河南抚慰、安置流民。(《明宣宗实录》卷 42)宣德五年二月皇帝朱瞻基正式任命行在工部左侍郎许廓巡抚河南(《明宣宗实录》卷 63)。许廓是个好官，他到了河南以后巡视各地，体恤民情，招抚流民，恢复生产和生活秩序，仅仅花了 10 个月不到的时间，就招抚了开封等府的流民 115 600 户，宣德朝廷闻讯后马上命令有关部门“厚加抚恤，免其徭役一年”(《明宣宗实录》卷 72)。

北方地区出现严重的流民问题，或许是由于那里历来为战争的被难区。经济基础薄弱，一旦遇到了自然灾害，老百姓就没什么活路了。可出人意料的是，那时南方地区的老百姓日子也不好过。虽然宋元以来南方地区的经济文化超过了北方，但从此以后江南等地也就成了元明时代大一统帝国的主要税粮区。无论是朱元璋仇恨苏、松地区百姓拥护张士诚也罢，还是那里真的富得冒油也罢，明初太祖皇帝立国时就制定了重赋江南之国策，这是不争的事实。不过当时由于大明帝国定都南京，税粮输送就近便捷，重赋之下的江南人民尚有活路。但一旦碰上自然灾害，那就度日如年了。到了永乐时期，苏、松地区人们的生活更是雪上加霜，明朝前期文臣学者陆容曾记载说："永乐中，建都北平，漕运转输，始倍其耗。由是民不堪命，逋负死亡者多矣"(【明】陆容:《菽园杂记》卷5)。

正因为看到大明帝国的国本(首都南京)及其附近地区的人民实在不堪重负了，明仁宗才决定还都南京，可他还没来得及实施，就撒手尘寰了。

对于父皇还都南京的"临终遗命"，新上台的政治高手宣德皇帝来了个"软调皮"，既不废除父皇的迁都诏令，也不照着执行，继续称北京为行在，但至死他也没再到南京来。这样的处理手段似乎很高明，但实际上他还是不能绕过还都南京及其相关的"坎"——江南重赋与南粮北运所带来的祸害。于是明宣宗朱瞻基就在宣德五年大遣使巡抚天下时派遣了能臣周忱巡抚直隶。

周忱南下时，江南地区的形势实在不容乐观，除了南粮北运给江南人民带来巨大的灾难外，还有就是那里的基层社会也出了大问题。苏松地区租种土地的都是些贫民，每年到了输纳税粮时，在遭受粮长与里胥巧取豪夺之后，他们就向富有人家借贷，进而陷入数倍于利的泥潭之中，由此越来越贫穷。

工部侍郎周忱受命巡抚直隶诸郡，兼督税粮运送。他上任后首先对江南各地摸了摸底，然后上奏皇帝，在请得同意之后，就利用丰年以官钞平价购买粮食储存起来，以备灾荒年份使用，共购买米29万石，分别储存在苏州府下属的各个县。这样一来，一旦哪个县发生灾荒就能就近尽快救灾。由于买来储存的是平价粮，又可免受富家商户的盘剥，一举两得。周忱巡抚江南所采取的第二大举措就是，在各县水运方便的河岸边上设置仓场，另行选人总收发运，细民小户可以直接将税粮运送抵达，免受粮长与里胥的盘剥，这样一来老百姓所花费的比原来减少了1/3。至于要运往南京官仓，以备北京军队与官员月俸的税粮，大约每石加出运输成本费6斗。这样统算下来，总共加收米40万石，全部由官仓储存，再与以前用官钞所买的29万石米算在一起，共有69万石，全部登记在册，由官方掌握。凡是碰上税粮运送有失或拖欠的，都由这69万石米粮中先行垫付，等到秋收后新粮上来时再补进，这样一来老百姓免受借贷所带来的高利贷之害，而修圩岸、浚河道的生活无着者也从中开支。这就是明史上有名的“济民仓”制度，它整顿了江南地区的税收体制，改善了江南地区的运粮方式，调整与稳定了社会秩序。(《明宣宗实录》卷 94)

周忱还与负责漕运的陈瑄合作，改进漕运，节省费用，深得江南人民喜爱。(《明史·周忱传》卷 153)

由此可见，宣德时期巡抚官的设立，对于招抚流民，减免赋役，抚恤百姓和稳定社会等方面都起到了相当大的积极作用。

○ 刺察地方吏治，玩转“三权”，充当皇帝监察地方官之耳目

朱瞻基君臣在开启督抚制度时除了用以招抚流民，减免赋役，抚恤百姓和稳定地方社会外，还有一个十分重要的目的，那就是刺察地方吏治，充当皇帝监察地方官的耳目。在宣德五年那次大遣使巡抚天下时宣德皇帝就对周忱、于谦等巡抚官讲得十分清楚了。朱瞻基说：“今命尔往总督税粮，务区画得宜，使人不劳困，输不后斯，尤须抚恤人民，扶植良善，遇有诉讼，重则付布政司、按察司及巡按监察御史究治；轻则量情责罚，或付郡县治之；若有包揽侵欺及盗卖者，审问明白，解送京师；敢有阻挠粮事者，皆具实奏闻，但有便民事理，亦宜具奏。尔须公正廉洁，勤谨详明，夙夜无懈，毋暴毋刻，庶副朕委任之重，钦哉!”(《明宣宗实录》卷 70)

而从督抚巡察的实际来看，除了巡抚浙江的赵伦等个别例外，其他的巡抚官都做得不错。巡抚湖广的吴政在掌握了辽王“不友诸弟，待庶母寡恩，捶死长史杜述，居国多过”后，上奏给朝廷，宣德皇帝下令将辽王“召讯京师，尽得其淫秽黩伦、凶暴诸不法事”，最终把他废为庶人。(《明史·诸王二·辽王传》卷 117)

宣德六年二月，巡抚侍郎赵新上奏宣德皇帝，列举了兴利除弊五件大事：第一，近来因钞法推广，江西各府县大搞征收盐钞。有司衙门根据黄册户口簿上的人口收税，有的人已经死亡了，但官府还要他家人代缴；有的老弱病残本身就无法自理却也被逼要缴税，如此情势使得一些无法忍受的人逃入了深山之中，有的人家被逼得卖儿卖女或典当男女，小民实在是无所上告。恳请皇上下令，让那些已经死亡了的和老弱病残的以及逃入深山中生活的人们免交

那盐钞，只让那些从事商业买卖的人家和城市墟镇来交纳；第二，扬州仪真（即今天仪征）设五坝，主要用于江南船只通行，五坝中的两坝专门用于官船和官运竹木诸物，其余三坝用于南粮北运的粮船和民船，昼夜往来，但常常阻塞，有的时候一塞塞了 10 来天，这三坝下游河口又窄，船只不好停泊，乞请皇上下令，让有关部门与军队卫所再开两坝，以便南北畅运；第三，学校应该是储养贤俊的地方，目的是为了未来国家选拔任用。可近来在学校任教的教官多非其人，学生们偷图便捷，只背诵一些科举优秀文章，抱着侥幸的心理准备科考；而一些州府县官要么由原本在衙门里打杂的办事员升任，要么就由一些不知道养贤重才的人来担任，这样的州府县官怎么能胜任呢？而目下养马、屯田、治农等各个方面都设立了专业官职来管理，由此小臣想到，陛下能否下令让朝廷六部长官讨论一下：或者让翰林院官，或者让御史郎中、员外郎，或者让其他老成有学问者来专门督察学校，当然朝廷要授予一定的官职，选择好的模范，来考查学生。在直隶由礼部直接委官负责，往来纠察监督，如此下来，学政兴举，人材有成；第四，巡按御史、按察使等风宪官监察地方，每每获得奸贪官吏和豪横军民的坏蛋，解送到京师。在还没有被定罪之前，那些奸恶之徒就开始盘算如何报复风宪官，他们往往诬陷风宪官犯有贪赃罪，而审理他们的法司部门官员一般都不认真、不深入地进行调查，立马传令相关部门逮捕风宪官来京当面对质，奸恶之徒罪恶阴谋得逞，好的风宪官反而受辱。恳请皇上下令，让法司部门的相关官员在审理上述此类案件时一定要十分注意犯人检举立功的“告讦”言行。等风宪官贪赃事实真的查实，方才再逮来问罪也不迟；第五，各地的军卫官廉政自洁者甚少，贪虐者居多，他们要么私役军丁，要么强占民田，要么广蓄僮奴，寻找无限的快感，要么贩鬻私盐，强夺百姓财货，“各显神通”，大搞自家经济创收，严重扰乱了社会秩序。恳请皇帝陛下下令，让巡按御史、按察司衙门严加监察，将违法犯罪者绳之以法。（《明宣宗实录》卷 76）

看到这里，皇帝朱瞻基将赵新的奏章交给了身后的侍臣，然后十分严重地说道：“赵新所奏的五弊，本该都要革除的，置坝开河，设官提督学校，让六部官会面时好好讨论一番，至于那个缴纳食盐钞税的，实在太害人了，马上废除。”

巡抚赵新上奏兴利除弊的第六件大事：“江西省布政司参议陈杰上鄱阳县去催征税粮，却私下里收受当地粮长赠送的银子 40 两。除此之外，他还犯有其他的不法之事，请求皇帝将陈杰治罪。”皇帝朱瞻基听后愤愤地说：“朝廷相关部门怎么任用这样的人来当地方父母官的？还怎么能让黎民百姓效仿？”随即他命令都察院迅速逮捕陈杰问罪。（《明宣宗实录》卷 76）

总之，无论是前面提到的周忱还是刚刚讲过的赵新，他们巡抚或督察某个专区，往往在积极解决地方社会民生与稳定问题的同时，刺察了地方吏治，充当了皇帝监察地方官的耳目，将原本相互牵制又互不相让进而导致地方政务滞留不畅的“三权”给激活了，为大明帝国的“盛世”——“仁宣致治”的到来创造了有利的条件。

○ 削弱地方三司权位，强化君主专制主义中央集权

《明史》在论述督抚制时曾这样说道：“以后不拘尚书、侍郎、都御史、少卿等官（皆遣出巡抚视——笔者加），事毕复命，即或停遣。初名巡抚，或名镇守，后以镇守侍郎与巡按御史不相统属，文移窒碍，定为都御史巡抚兼军务者加提督，有总兵地方加赞理或参赞，所辖多、事重者加总督。他如整饬、抚治、巡治、总理等项，皆因事特设。其以尚书、侍郎任总督军务者，皆兼都御史，以便行事。”（《明史·职官二》卷 73）

这里有个关键性问题必须要提醒读者朋友，那就是自从督抚制开启后，大明帝国地方三司权力确实大为激活了、“玩转”了，但与此同时它们的权位也遭受了削弱，行政独立性也随之降低。从前面讲过的巡抚江西的赵新上奏兴利除弊六件大事来看，虽然它们都带有普遍性的问题，但就此类事情的管理角度来讲，应该属于江西等省份的三司衙门所管辖，但由于地方三司相互牵制、吏治腐化与道德滑坡等方面的因素，三司衙门的官员要么不作为，要么“胡”作为，其本来的职责与功能随着后来中央朝廷派遣的巡抚官的到达而在一定程度被取代了，君主专制主义中央集权确实得到了强化，但地方三司的权位却也明显遭受了很大的削夺。

明初地方三司权位相当之高，几乎与中央六部平起平坐，故而

在官场调动时常常会出现如下情景：地方布政使即省长可直接调到中央任尚书、侍郎，中央都察院副检察长外调时往往会直接出任地方上的省长，这样的情况自宣德到正德时期尚有，但从此以后就没了。这就是《明史》说的："(明)初置藩司，与六部均重。布政使入为尚书、侍郎，副都御史每出为布政使。宣德、正统间犹然，自后无之"(《明史·职官四》卷75)。

地方三司权位降低，皇帝派往地方的专员总督与巡抚权位增大，君主专制主义的中央集权由此大为强化。

● 玩转"三权"　完成转型

综观仁宣时期大明帝国从中央到地方的政制演变，其有个最为显著的特征，那就是经过明初暴风骤雨似地大清洗、大专制、大集权后的大明中央朝廷政制，到了仁宣时期发生了变化，逐渐演变成了票拟、批红、执行"三权分立"又"合而归一"的格局，就此大明君主可以轻松地玩转朝廷"三权"，中央官僚机器运转自如。几乎与此同时，仁宣时期又在不破坏"祖制"的旗号下，逐渐地开启督抚新制，激活与玩转地方"三权"，强化君主集权，大明政制由此基本定型。因此说，仁宣时期"三权分合"的政制变革实在意义重大，具体地说：

○ 重用文臣，推动大明官僚文职化进程

大明帝国自开国起就实行"右武抑文"的国策，朱元璋定制：中央最高文官六部长官品秩低于五军都督府长官，大明国子监校长的品秩居然低于为皇帝管理马政的太仆。(【明】朱鹭：《建文书法拟》正编；【明】赵士喆：《建文年谱》卷上)更有朱元璋滥施淫威，动不动就对大臣们实行廷杖，一旦廷杖开启，"血溅玉阶，肉飞金陛"，就实而言，"君之视臣如狗彘"也。(陈登原：《国史旧闻》卷45，明世皇叔；卷49，廷杖)建文帝即位后推行"新政"，更定官制，提高文臣的地位。可这一切随着朱棣"靖难"篡位的成功都化为乌有，大明帝国倒退到了"右武抑文"的旧时代。

不过，好在自小起就在儒家正统教育熏陶下的朱棣儿子与孙子在继承帝位后，逐渐改变了大明"祖制"中对于文臣的偏见与歧

视。朱高炽一上台就给予自己十分亲近的文臣如杨士奇、蹇义、夏原吉等人加官进爵，升其为从一品的“三孤”，位近大明最高军事武官正一品的都督。朱瞻基即位后也十分钟爱与重用文臣杨士奇、杨荣、蹇义等人，隆升与完善内阁制。不仅如此，在委任巡视与监察地方的官员方面，明宣宗及其子孙们还大量任用文职官员，逐渐推行巡按监察御史文职化、巡抚文职化与总督文职化，等等。这样地重用文臣，就大大地推动了大明官僚文职化的进程。据《明史·职官志》所载：到明朝灭亡为止，有明一代总共设立了 15 个总督或言总理，30 个巡抚，他们遍及全国各地，其职官要求基本上都是文职官僚。(《明史·职官二》卷 73)

中央朝廷内阁制的确立与地位的隆升及文职化、地方督抚新制文职化，加上大明帝国三年一循环的科举选官制的正常运行，至此可以这么说，自仁宣时期起大明帝国四方八面与社会主要层面都开始渗透文官制，中国传统社会中官僚文职化由此进入历史的“新高”。

○ 玩转三权，强化大一统帝国君主专制主义中央集权

仅从表象而言，仁宣时期大明朝廷政制形成了票拟、批红和执行的“三权分立”。虽说票拟权在一定程度上限制了一些皇权，但就本质而言它取决于批红权(也可视为皇权)，批红权后来被异化到了司礼监，实际上是皇权暂时寄存在那里，并不是皇权的放弃，而是皇帝随时都可以取回。更有批红权的获得，皇帝私人奴才——宦官地位与权势迅速提高，侵夺了各部院衙门的行政权，从根本上而言，皇权强化了。

从永乐开启至仁宣时期基本完成，大明帝国出现了朝廷最高权力层内外相互制约的政治格局，形成了内廷有司礼监，外廷有内阁；内廷有东厂，外廷有锦衣卫和三法司；内廷有外派地方的镇守太监、守备太监，外廷有总兵官、总督……大明帝国这种最高权力层内外相互制约体制的形成，确保了大明君主绝对专制主义统治的稳定。

而这样的强化绝对专制主义不仅仅在中央发生了，而且还延伸到地方即督抚制的确立。

明初地方省级分设承宣布政使司、提刑按察使司、都指挥使司等三司，实行地方“三权分立”，各不统属，相互牵制，直接听命于中

央，明朝君主专制主义也得到了加强。但随着明初50年的运作，这套官僚体系的弊端也日益暴露出来了。三司衙门各自为政，遇到大事就会显得迟缓与力不从心，在这样的情势下大明宣德年间开启了督抚新制。

督抚制度中的巡抚与总督有个很大的区别就在有没有节制地方军事的权力。大明开国后，地方军事中的卫所之日常军务都由各地都指挥使司（简称都司）掌管，在中央隶属于五军都督府而听命于兵部。一旦遇上打仗了，中央朝廷就派遣都督府官员或者公、侯、伯等出任总兵官领兵指挥作战，战争结束，则回朝卸任。可自朱棣"靖难"篡位成功，改变"老爸"朱元璋的北疆防御体系起，大明北疆几乎常常是狼烟四起，于是镇守在那里的总兵官就只得长年累月地待在那儿，久而久之，总兵官成为了固定的官职编制，并向着内地发展。总兵之下一般还设有副总兵（也称副将）、参将、游击将军、守备、千总、把总等军官，除守备、千总、把总以外，其他总兵以下的官职一般都由公、侯、伯或都督或指挥等朝廷重臣担任，位高权重，出任地方后，地方上的三司衙门自然就成为其下属，都指挥使也逐渐演变为一城一堡的守备吧了。

由于地方总兵官拥有这么大的权力，从来没有信任过任何人的明初第三位皇帝朱棣就采取了非常措施，与边关总兵官联姻，如将自己的三女儿和四女儿分别嫁给了镇守甘肃的边关大将宋晟的两个儿子宋琥和宋瑛（《明太宗实录》卷17），让三儿子赵王朱高燧迎娶镇守陕西、宁夏的总兵官何福之外甥女（《明太宗实录》卷11～114）。可色魔皇帝尽管玩遍了天下绝色美女，但其产出量实在有限。没有那么多的儿女与地方总兵官联姻，朱棣只好用上自己最为信任的不男不女的奴才——宦官，《明史》载："（永乐）八年，都督谭青营有内官王安等。又命马靖镇甘肃，马骐镇交趾"（《明史·宦官一》卷304）。分遣宦官固定镇守与监视，虽然能起到牵制总兵官的作用，但一旦再碰上战争或什么重大事情，涉及的事情可能就不是总兵官大人所能解决的，还要地方上三司官的配合，这时朝廷就只得委派高级别的专员"巡视天下，安抚军民"，玩转地方"三权"，事毕回朝复命。至此可以说，巡抚官呼之欲出。

而从另外一方面来说，经过明初50年的社会发展，到了永宣之际，明朝开国时创设的屯田制度、黄册制度、鱼鳞册制度和军人世袭制度等都已出了问题，临时巡视地方的巡抚官一时半会儿解决不了那么多的积弊，只好留下慢慢干，巡抚地方化与长久化及制度化由此形成。因为巡抚肩负安抚军民、弹压地方官吏之使命和监督武官的责任，在不破坏“祖制”的旗号下，朱瞻基及其子孙们往往给巡抚地方的六部侍郎官挂上大明都察院都御史或副都御史的官衔，给人感觉是都察院正副长官出巡地方，实际上却开创了一代地方新制。（参见《明宣宗实录》卷17；《明宣宗实录》卷26；《明英宗实录》卷11）

不过巡抚官一般都不掌地方军务，而宣德以后尤其明朝中期出巡地方的朝廷重臣所要解决的问题却越来越复杂，又不能不涉及军务，于是就再加提督军务或赞理军务或参赞军务等衔，这样的巡抚地方的官员才有调动地方军队的权力。但在大多数情况下，不仅能节制地方，而且还拥有调动数省或数镇之兵权的朝廷重臣往往被委以总督之称。一个总督有着这么大的权力是不是对中央朝廷构成了潜在的巨大威胁？没有！一来，出任总督的官员一般都是文臣，不会带兵打仗；二来总督官拥有调动数省或数镇之兵权，节制地方三司与总兵官，但税粮的征得与获取还得依赖地方衙门。更有明初总镇一方的最高长官总兵官尽管降格到了巡抚、总督之下，但他还是握有一方重镇的统辖兵力之权，换言之拥有调兵权的总督却没有统兵权，即总督虽为封疆大吏，节制巡抚、总兵与地方三司，但倘若他离开了这些下属，却几乎无兵可调，一筹莫展。而巡抚起到了上牵制总督，下监督总兵与三司的作用。总兵官虽无调兵权，且受督抚节制，但他握有一方的统兵权，起到了牵制督抚的作用。这样一来，形成了有明一代以文制武、以大制小、以小分大、互相牵制、相互平衡的关系，避免了兵权过于集中在一两位将帅或高官手中而有可能带来的巨大隐患，君权大为加强。故有明一代没有藩镇之祸，其根本原因就在于此。

总之，仁宣时期完善内阁制，开启督抚新制，激活与玩转“三权”，强化君主集权，大明政制由此基本定型，其影响甚为深远。

宣德帝射猎图轴晒图

宣德帝行乐图 1

宣德帝行乐图 2

宣德帝行乐图清晰版 1

宣德帝行乐图清晰版 2

宣德帝行乐图清晰版 3

宣德帝行乐图清晰版 4

宣德帝行乐图清晰版 5

宣德帝行乐图清晰版 6

宣德帝行乐图清晰版 7

宣德帝御作:武侯高卧图

宣德盖炉

宣德帝御作：爪鼠图

宣德帝御作：双犬图

宣德年官窑生产的青花红彩龙纹折腰瓷碗

宣德帝御作:瓜鼠图清晰版

宣德帝御作:寿星图

宣德帝御作:御临黄筌花鸟卷

宣德年官窑烧制青花云龙大扁壶

宣德朝首席军界重臣张辅

杏园文会:三杨聚会杨荣家的杏花园(谢靖孙绘)

宣德朝苏州知府况钟况青天

宣德朝元老重臣蹇义

宣德朝元老重臣夏原吉

宣德朝重要阁臣杨荣

大明帝国 系列⑩

The Great Ming Empire X

洪熙、宣德帝卷㊦

Gallant Peaceful Emperors: Zhu Gaochi, Zhu Zhanji (Volume 2)

马渭源 著

Ma Weiyuan

东南大学出版社
SOUTHEAST UNIVERSITY PRESS

图书在版编目(CIP)数据

大明帝国.洪熙、宣德帝卷:全2册/马渭源著.
--南京:东南大学出版社,2014.1
ISBN 978-7-5641-4195-0

Ⅰ.①大… Ⅱ.①马… Ⅲ.①中国历史-研究-明代
②明仁宗(1378~1425)-传记③明宣宗(1398~1435)
-传记 Ⅳ.①K248.09②K827=48

中国版本图书馆CIP数据核字(2013)第089323号

洪熙、宣德帝卷(下)

出版发行:东南大学出版社
出 版 人:江建中
社　　址:南京市四牌楼2号(邮编 210096)
经　　销:全国各地新华书店
责任编辑:谷 宁 马 伟
责编邮箱:editor_ma@163.com
印　　刷:南京玉河印刷厂
版　　次:2014年1月第1版
印　　次:2014年1月第1次印刷
开　　本:890mm×1240mm 1/32
印　　张:21.625
字　　数:613千
书　　号:ISBN 978-7-5641-4195-0
定　　价:49.00元(上、下)

(本社图书若有印装质量问题,请直接与营销部联系,电话:025-83791830)

目　录(下册)

第 7 章　和平对外　务实国防

第 8 章　太平“盛世”　风流天子

Gallant Peaceful Emperors: Zhu Gaochi, Zhu Zhanji (Volume 2)

目录(下册)

Chapter 8 A time of national peace and order; a gallant emperor

第6章 敷宣德意 守成“致治”

无论是“分合”与玩转中央的票拟、批红和执行之“三权”，还是开启督抚新制，激活地方三司权力，仁宣时期所发生的这些政制变革都是在不破坏“祖制”的旗号下进行。虽然明仁宗和明宣宗同属于有德行的“守成”之主且为后世人们所称颂，但实际上他们在大明帝国历史上所起的作用并不完全相同。明仁宗朱高炽以自己独特的智慧与策略，矫正了永乐朝之失误，将永乐“战车”变道为“和平之列”，肇启了大明帝国的转型；而明宣宗则为“恪遵成宪”、“敷宣德意”、“克致太平”(《明宣宗实录》卷50)，基本完成了皇祖、皇父之宏愿。那么有着“杀父之嫌”的明宣宗为何要这么做？他又是怎么做的？

●“恪遵成宪” 宣德“致治”

与大智若愚的皇父明仁宗相比，明宣宗给人最大的印象是果敢、自信，又极度自负。朱瞻基的这般心理特征很大程度上是由他早年的特殊生活环境及其所受的教育影响而造成的。

自来到这个世上起，朱瞻基就有着与他人不一般的天然优势。首先他出身于当时中国的第一家族，体内流淌着高贵血液，又是在祖父朱棣处心积虑篡夺帝位之时突然降临，即史书所说“因吉梦而生”的嫡长孙，因而朱瞻基自童年时代起就有着特别的自豪感与使命感。4岁时，爷爷篡得帝位，朱瞻基入南京明皇宫“间出见群臣，仪容俨恪，屹如巨人，群臣瞻望惊异”（《明宣宗实录》卷1）。11岁时跟随皇爷爷朱棣北巡，在成堆成群的皇孙中就他一个人有着这样的特殊“待遇”；13岁时被册立为皇太孙，冕服如皇太子，玉圭如亲王。由此进一步地说明，朱瞻基深得当朝皇帝朱棣的宠爱。据说朱棣经常跟朱瞻基的父亲朱高炽说：“此他日太平天子也。”（《明史·宣宗本纪》卷9，本纪第9）

那么什么是太平天子呢？皇爷爷朱棣没作进一步的明确解释。

不过在中国传统儒家文化中，“太平天子”往往与“太平之世”连在一起，甚至还被等量齐观。有了“太平天子”才会有“太平盛世”。而作为“太平天子”究竟应该怎么做才会使他治下的帝国进入“太平盛世”？传统的儒家经典中没有直接的答案。不过从小就在杨士奇、杨荣、金幼孜、刘翀、王让、陈山、张瑛等近侍儒臣引领导读下，饱受儒家思想熏陶的朱瞻基却有着独特的看法。

宣德四年年底，鉴于当时大明的种种积弊，有人向明宣宗上奏，要求改变太祖、太宗皇帝时代定下的法规法则与典章制度。朱瞻基却不以为然，他跟身边的侍臣说：“自古帝王创业垂统，必有成宪以贻子孙，子孙能谨守之，足以保天下，若自作聪明，或惑于小人而变更之，不免生祸乱。”（《明宣宗实录》卷60）

上述“最高指示”换句耳熟能详的话来说就是：什么改革？别自作聪明，改革是要冒极大风险的，稳定才是压倒一切的！我宣德朝最好的做法还是照着老祖宗定下的规制办，即“恪遵成宪”，做列祖列宗的好子孙。

其实，作为皇爷爷永乐帝最为满意与宠爱的接班人，朱瞻基自即位那时起，就一再表示自己治国理政要“一遵祖制”或言“恪遵成宪”。

洪熙元年七月在给皇太后、皇后的册封诏书里，即位两个月不到的宣德皇帝首次这样表态：“朕只奉鸿图，恪遵成宪”（《明宣宗实录》卷3）；同年闰七月，在晋升辽东都指挥使巫凯为左军都督府都督佥事的敕谕里，他加重了语气：“惟皇祖之大法是遵，惟皇祖之旧人是任”（《明宣宗实录》卷6）。

宣德元年正月，即改元后的第一年新春，朱瞻基在向海内外臣民发布的诏书与敕谕里进一步渲染自己"恪遵成宪"的治国精神。譬如在给蒙古瓦剌部贤义王子捏烈忽袭爵的敕谕中他就这样说道:"昔我皇祖太宗皇帝临御之日,尔父贤义王太平能恭事朝廷,遣使往来,有如一家。朕只奉天命,嗣承宝位,恪遵皇祖成宪,惟欲天下生灵,咸得其所……以永享升平之福!"(《明宣宗实录》卷 13)宣德三年二月御制《帝训》修撰而成,明宣宗在《法祖篇》中再次表述:"朕承三圣之绪,夙夜兢兢,政无小大,一遵祖宗之典而行之,以祖宗之心不敢违越,吾子孙尤当敬慎于此。"(《明宣宗实录》卷 38)

更让人确信无疑的是,宣德皇帝在处理政事遇到困惑时,还时不时地向大臣们请教"祖制"或言"成宪"。

洪熙元年八月,也就是宣德皇帝登基后的第三个月,教坊司左韶舞刘安等上奏:"陛下登极,普天同庆,能不能给我们教坊司一些敕命?"敕命一般是指帝王颁赐爵位或赠封官职的诏令,换句话来说,敕命颁赐的对象都是上得了台面的人物。教坊司是什么?大致相当于大明国家妓院兼国家娱乐歌舞团。在正统人们的眼里,那是不上路子的。但自永乐皇帝当政后,教坊司的头头们十分吃香,因为建文朝大臣家里的那些端庄又漂亮的大家闺秀全被发配到教坊司去接客了,永乐大臣还时不时地上那里去乐乐。你说这教坊司的"总经理"、"总裁"能不牛吗?!这不,新皇帝刚上台,教坊司的"老总"兼任大明帝国特别公务员的刘安就来向新皇帝要敕命了。给不给呐?朱瞻基心里没底,于是就问身边的大明组织部长或言人事部长吏部尚书蹇义:"我大明旧典上有没有给教坊司敕命的先例?"蹇义说:"没有!"朱瞻基由此感慨道:"既然旧典上没有,那就不能给教坊司什么敕命了。朕与卿等都应该'恪遵成宪'才是!"(《明宣宗实录》卷 7)

"恪遵成宪",究竟要恪遵谁的成宪?笼统的说法是祖宗的成宪。在朱瞻基当政时,大明公开承认的祖宗至少有三个:明太祖、明太宗和明仁宗,那么朱瞻基到底要恪遵哪个祖宗的成宪?全是?明太祖、明太宗与明仁宗之间的治国精神迥然不同,尤其明太宗虽然自诩"文治",但谁都知道他多思多欲、好战成性。永乐时代的大明帝国不仅是一列永不停歇的"战车",而且还是个到处都在"做大做强"的超超级"特大工地"。朱棣虽号为"文皇帝",但他的所作所为实质上与以“洪武”为年号的明太祖相差无几。而皇爷爷永乐帝的好孙子朱瞻基在对外宣传的口径上明确讲要“恪遵皇祖成宪”，就是说他要继承朱棣的好武衣钵和严刑酷法的治国精神？若是，岂不与朱瞻基从小接受正统的儒家思想与治国理念背道而驰?!

与明初列帝相比，朱瞻基可称得上是个最有传统文化底蕴的天子了，从小特别优渥的大明皇家“特级家教”和自身聪颖的天赋，使得朱瞻基在日后治国理政中对于运用历史之鉴游刃有余，时不时地让人们看到他独特的治政思想“火花”。

有一天，退朝后朱瞻基来到了武英殿，与侍臣们讨论周、秦历史，中心话题是为何周朝能长寿而秦朝却短命？有近臣认为：周朝因为搞了分封制度，所以能享国800年；而秦朝却没有推行分封制，等到帝国皇室受到威胁时，就没有什么分封的皇家宗室前来扶救，所以也就一会儿灭亡了。朱瞻基听到这里，忍不住说了：“周、秦享国长短并非仅仅有没有搞分封制，周朝自祖先后稷、公刘开始就以发展农业为基础，到周文王与周武王时已经有上百年时间的‘积德累仁’，最终才拥有了天下，而继承其江山社稷之主的周成王与周康王又能‘保恤烝民’，推行仁德，所以其朝代的寿命能长久；可秦呢，自秦孝公占据崤函窥视周王室起，就以欺诈和武力的手段行使天下，到秦始皇时就更加沉迷于暴力与战争，虽然后来秦统一了中国，但秦始皇醉心于刑罚，继承他皇位的秦二世胡亥更是残忍、刻薄，如何能治理好天下？所以说‘周得之以忠厚，守之以忠厚，故其祚长；秦取之以诈力，守之以诈力，故其祚短，非但封建也。’”（《明宣宗实录》卷59）

尽管朱瞻基的历史观不一定正确，但他要“德治”而不要“武治”的治国思想可谓是显而易见的。当然也有人会说，偶尔一次还不能说明问题，那不妨我们再看看下面：

宣德五年三月的一天，朱瞻基在北京明皇宫武英殿上与侍臣们品评秦汉以后的开国创业君主。有侍臣赞誉汉高祖刘邦豁达大度，但也有侍臣却认为唐太宗之英武则更胜一筹，还有人说宋太祖赵匡胤的仁厚天下无双。侍臣们相持不下，各说各的理。朱瞻基静静地听着，最终才发话：“唐太宗、宋太祖都是凭借武力篡得帝位的，尤其唐太宗太缺德！汉高祖刘邦与我朝太祖皇帝皆起自于布衣平民，光明正大地夺天下，你们说其他开国君主能与他们相比吗?！不过汉高祖虽说赤手起兵，推翻秦朝暴政，功勋卓著，可他对诗书礼乐不感兴趣，终其一世，礼制文明都没建设好。而我朝太祖皇帝不仅翦灭群雄，革除前元敝俗，而且大行先王礼教，其功绩与伟业可要大大超过汉高祖啊！”(《明宣宗实录》卷 64)

这是朱瞻基在宣德中期所发的一番“高论”，其中至少包含了三个方面的信息：第一，对比汉高祖等开国皇帝，抬高自家老祖宗朱元璋，也就抬高了自己；第二，崇尚“礼治”或言“文治”，而不是“武治”；第三，否定、谴责唐太宗与宋太祖以阴谋和武力的手段夺取帝位的可耻行为，从而告诫人们不要在我宣德朝做出那些极不光彩的夺位事情来，那是要受千夫所指和永世诅咒的。其中不乏他对皇祖朱棣暴力统治和武力治国的否定，进而想告诉人们我大明宣德皇帝是以德礼治天下，也就是要实现中国传统儒家的最高理想境界，这在某种程度上倒是与其皇父明仁宗的治国理念相吻合。不过朱瞻基似乎不喜欢他的父皇，或者说在他的眼里父皇朱高炽不怎么值得他多提。《明宣宗实录》中很少见到朱瞻基单独称誉父皇明仁宗，常常将其列于列祖列宗之下，点到为止，更多的时候就根本不提自己的父皇。

宣德元年五月甲午日，朱瞻基听朝结束后来到明皇宫左顺门，与近臣们杂谈政务。谈着谈着，他似乎颇有感慨地议论道：“朕继承大统后，一遵祖宗成法，有关部门若有疑问或有悬而难决的问题上奏上来，朕必定要叫人考究祖宗旧典是如何记载的。朕之皇曾祖肇建国家，皇祖、皇考一脉相承，他们历涉世务，练达人情，谋虑深远，其所制定的法度与规制已经相当详备，我们做子孙的只要遵守执行就行了。最为愚蠢的做法就是变乱祖制旧章，这必将会导致失败，历史上这样的前鉴多着呐！”(《明宣宗实录》卷 17)

宣德五年三月乙卯日，明宣宗朱瞻基殿试举人陈诏等一百人，随即下发制文说：“朕嗣祖宗大位，期望最终达到天下大治的境地。古往今来，有据可考的帝王治政之要，不外乎‘授田建学’等。‘我太祖高皇帝，肇造鸿业。太宗文皇帝中兴邦家，仁宗昭皇帝恭己守成，孜孜爱人。三圣一心，重农事，崇学校，其法精备。朕恪谨继述，于兹有年，然犹田里未皆给足，风俗未底刑措，谓爱民若保赤子也，未尝不致其诚，德化本于躬行，也未尝不慎，诸子为政，存乎用人也，牧守之吏，师表之职，未尝不择，何其效之，未臻欤？抑别有其道欤？'”(《明宣宗实录》卷 64)

说明初三帝“重农事，崇学校，其法精备”云云，绕了一大圈子，最终朱瞻基说到了自己治国理政的举措：“正风俗”、“重德化”、“兴文治”……一句话，朱瞻基要致力于天下大治的为政精神，正是正统儒家的理想致治——德礼治国。换句话来说，他所高唱的“恪遵皇祖成宪”或言“恪遵成宪”只不过是政治需要的“咏叹调”，真正贯彻于实际的还是与其皇父明仁宗的治国理念大体相同——承继和“挖掘”祖宗“仁德”精神，将上古的“尧舜之治”与长寿周朝的“成康之治”作为楷模，以德治国。

宣德二年正月丁未日，北京行在通政使司主管向皇帝上奏：“刚刚过去的一年里，刑部共审理了数万个罪犯，理应处死的有600 多人。”朱瞻基听后很不高兴，就跟在场的礼部尚书胡濙说：“上古的唐虞和西周时代，‘刑措不用，朕每以此自期。’可如今我大明老百姓却有这么多人犯法，大概是我们教化不到位吧?! 这样吧，胡爱卿，你们礼部替朕向天下申明，我宣德朝德礼治国，教化臣民，以期于社会风俗淳美，天下致治!”(《明宣宗实录》卷 24)一年后的宣德三年三月，朱瞻基在给礼部的敕谕中再次强调：“朕惟圣人兴礼乐，以昭神化，以正民彝。致治之道，于斯为盛。”(《明宣宗实录》卷 39)

其实宣德皇帝的这种治国思想早在他的即位那一刻就已经明确又简洁地表达了：洪熙元年六月庚戌日（即十二日）朱瞻基在即位诏书中向天下臣民宣布：“为政所重，以德及人”，由此“改明年为宣德元年，大赦天下，咸与维新”。(《明宣宗实录》卷 1)

这里的“宣德”什么意思？朱瞻基在即位诏书中没说，不过他在后来的治国理政中一再做出解释。宣德七年二月庚戌日，在再次任命工部右侍郎罗汝敬巡抚陕西，总督税粮屯种及刍粟出纳河渠等事项的敕谕中，明宣宗告诫罗如敬，到了陕西开展工作时“必须区画得宜，人不劳困，尤在敷宣德意，抚恤军民，扶植良善。”(《明宣宗实录》卷 87)两个月后有人向朱瞻基检举：巡按江南苏州、常州进行清理军伍的监察御史李立“残忍鸷悍”。明宣宗闻讯后就以“不能奉宣德意”和无法胜任皇差的罪名处置了李立，更换侍郎成均巡抚苏南(《明宣宗实录》卷89)。八个月后的宣德八年正月甲戌日,明宣宗在给侍郎赵新等各地巡抚大臣的敕谕中再次提到"宣德":"兹命尔等巡抚郡县,务宣德意抚下人,扶植良善,一切税粮皆从尔设法区画,必使人不劳困,输不后期,卫所屯种从尔比较,水田圩岸亦从提督,使耕耘以时,水旱无患。应有便民之事,悉具奏闻,宜秉公正励,廉洁无暴无刻,以副朕心。"(《明宣宗实录》卷98)

……

上述的"敷宣德意"、"奉宣德意"和"务宣德意"仅是表达方式不同而已,实际上就"敷宣德意"一个意思,即广为宣传皇帝朱瞻基的仁德美意,推行"德政"。

至此,我们可将朱瞻基治国理念与治国实践勾勒出个大致的轮廓:"恪遵成宪"→"敷宣德意",推行"德政"→"天下大治"或言"天下致治"。"恪遵成宪"是出发点,目标地是"天下致治",中间过程是"敷宣德意"(其简而言之即为"宣德"),推行"德政"。那么怎样才能做到"敷宣德意"而终至"天下大治"?宣德君臣在如下几个方面做出了努力:

● 选贤任能 厘清吏治

宣德改元之初,行在吏部尚书即组织部长蹇义等将挑选好了的后备官员名单交与皇帝定夺。明宣宗认认真真地阅读了名单上的每一个人的名字,然后一字一句地跟蹇义等说:"官员好坏关系到国家的治乱和兴亡,你们人事组织部门应该有以官员的好坏作为进退标准的职责,'一事得人,则一事理;一邑得人,则一邑安',以此类推,国家事务就没有治不好的,也就不愁天下不能大治啊!'朕嗣承祖宗大统,维新治理,以安民生,选贤任能,尤为切要。'上古时候从民间取士特别重视品质与才干,而后世却想通过相貌与言语来求得真才,这就难啦!况且笃实才干之士大多因耻于表露而悄然退隐,只有轻率又浅薄的人才会图谋进取官位。因此说,如果不以至公之心来战胜自私自利的话是不可能真正发现人才的,如果不用至明之心也不可能探求到致治之道的。严选举,遏冗滥,精考核,只有这样,才能不被小人的伪饰所蒙蔽,以防他们窃据官

位，贻害百姓。欲想致治，没有比这更好的办法了！”(《明宣宗实录》卷16)

从上述皇帝“最高指示”中可以看出：朱瞻基将吏治的好坏视为天下能否大治的关键，并开出了所要实施的方略：选贤任能，严选举、遏冗滥、精考核等等。换成我们大家熟悉的话来讲就是要把好干部队伍的“入口”、解决好干部的“出口”，管好干部、用好干部，而这些当中最为突出和紧迫的是要解决官员的昏贪与冗滥问题。

◉ 严明考核　淘汰冗官

其实大明官员冗滥与吏治腐败问题早在永(乐)—洪(熙)时期就已经十分严重。永乐十九年四月庚子日，北京新皇宫的奉天、华盖、谨身三大殿发生火灾，被“天谴”吓破了胆的永乐皇帝朱棣就号召臣下，广进谏言。四天后，翰林院侍读李时勉、侍讲邹缉等直臣上言：“天下有司官吏不能贤，屡蒙敕监察御史、按察司考核黜陟，而所司不加详察，其重厚廉介不能逢迎阿附者，多考平常，而贪墨奸诡善于趋媚者反考称职，人无惩劝。宜岁敕按察司、廉正官遍历郡县，察其治行，仍命监察御史覆核具奏，果勤慎廉能、政绩显著，请加赉增秩，以励其志；贪黩掊克、怠政废职者，请即时黜罚，以警其余，如有善不举，有恶不纠，致贤否混淆，他日廉勘得出罪，坐所考之官。”(《明太宗实录》卷236)

永乐时期日益败坏的吏治问题尚未来得及整治，皇帝朱棣就让阎王爷给叫走了。接替他皇位的明仁宗一上台倒是很有干劲，在他登基后没几天就向大明组织部即吏部明确提出，要淘汰冗官与整顿吏治，他说：“古代先王任官理事，不一定在每个官职岗位上都安排官员，关键在于得其人。而如今我大明官场人浮于事，冗员恶吏泛滥成灾；还有的就是廉愚相混、君子与小人并处。廉污不分，廉者之心就有可能受到漠视与懈怠；君子与小人并处，常常会小人得势。再加上大量的老、病、昏、懦之人旷居尸位，白白浪费了我大明的财政，这样下去对治国理政有何好处?！从今开始，在朝的诸司衙门长官和在外的巡按监察御史及各省的按察司必须得明公廉察，凡是贤能官员留下来，其他的贪、刻、庸、鄙和老、病、昏、懦

者全部送到你们吏部，一一审查罢黜。从今往后你们吏部选官一定得精选，宁缺毋滥！”(《明仁宗实录》卷1下)

可是朱高炽在下达这项指示后没过几个月就匆匆地驾鹤西去，大明吏治问题依旧。而此时要求对吏治进行整顿的呼声已不再像严酷的永乐时代那样，仅仅几个不要命的直臣呐喊几下，而是此起彼伏。据《明实录》记载，最早提出要求淘汰冗官和整顿吏治的是80岁的老书生、被充军到兴州左屯卫的老军士范济，洪熙元年闰七月甲寅日，他诣阙言八事，其中的第八件事就是淘汰冗员。(《明宣宗实录》卷6)同月月底即洪熙元年闰七月癸亥日，湖广岳州府华容县儒士尹崧上书言三事，其中一事就是汰冗官。(《明宣宗实录》卷6)洪熙元年十一月甲寅日，四川成都府双流县知县孔友谅上奏言六事，第一件事也是淘汰冗员。(《明宣宗实录》卷11)

不难看出，从最为底层的充军军士(范济)到普通读书人(儒士尹崧)再到县处级领导干部(知县孔友谅)，大明中下层社会已普遍认识到亟待解决的一大问题就是官吏冗滥和吏治腐败。对此，大明高层甚至最高统治阶层将如何看待和处理？

明朝自洪武十七年始定科举之式，“后遂以为永制”(《明史·选举二》卷70)，成为文职官员选举入仕的主要途径。科举最大的好处就在于公平竞争和国家公务员的知识化与治国理政思想统一化，但任何事情都有正反两个方面，科举也是如此。科举出身的官员“能以所学措诸行事者寡”(《明史·选举二》卷70)，就是说大明公务员先前所学的知识能够用到实际工作中的很少，加上明代为防止舞弊与地方势力坐大而实行公务员乡籍回避制度，这样使得科举入仕的官员大多数都不熟悉自己工作所在地的情况与环境。为了让自己工作能够正常开展和进行，他们不得不依赖于了解当地情况又熟悉官场业务的吏员。这样就使得大明官场中的冗员骤升，然而吏员在大明帝国公务员的花名册上基本没分，他们的收入主要靠在衙门中自己“创收”，这就加重了大明吏治的腐败。宣德初年皇帝朱瞻基就看到了这个问题的症结所在，他认为官场的腐败与冗员的泛滥和吏员的快速增长大相关联。有一天，他对行在吏部尚书蹇义就这么说：“很久了朕就听人说，古时候国家戒用吏员，而今我大明却多用吏员，老百姓大受其害，其根本原因大概就在这

里吧！你们吏部在选择官场用人时不能不严加谨慎啊！”(《明宣宗实录》卷39)

其实科举局限性问题和吏员制度性问题不是什么宣德朝的“新鲜事”，早在大明开国时朱元璋就已经意识到了。为此，那位奇特的开国皇帝就在制度层面上做了补救——在确立科举作为官场“入口”的主渠道的前提下，辅之以荐举或言保荐。“保举者，所以佐铨法之不及，而分吏部之权。自洪武十七年命天下朝覲官举廉能属吏始。永乐元年，命京官文职七品以上，外官至县令，各举所知一人，量才擢用。后以贪污闻者，举主连坐，盖亦尝间行其法。然洪、永时，选官并由部请。”(《明史·选举三》卷71)

那么推行保荐最终结果如何呐？永乐二十二年十月乙卯日，明仁宗朱高炽在下达严格荐举敕令时曾跟吏部官员说过这样的话：“多年以来朝廷屡次下诏举荐贤才，而举荐者大多狗私背公，要么收受别人贿赂，保荐一些无才无德之人，要么推举自己的亲朋好友，我大明朝廷所得的实际可用人才还不到十分之三、四，如此情势，这天下怎么能治理得好，老百姓怎么能安宁呢？”(《明仁宗实录》卷3下)为此，明仁宗就下令“严举主连坐之法”，“命吏部令在京七品、在外五品以上文武及知县于五品以下见任官及军民中，访举德性淳笃，行止端方，或才能出众、政绩显著，或文学有称，识见优远者，量才擢用，若有蔽贤及滥举者，论罪如律；所举之人后犯赃罪，举者连坐”(《明仁宗实录》卷3下)。但最终的结果，还是不尽人意——宣德中期，朱瞻基在给副都御史邵玘及南京六部、都察院等衙门官员的敕文中曾这样说：“南京诸司所系甚重，其六部等衙门属官比年以来贪污淫秽不才者多，欺公虐人，其弊非一。尔副都御史邵玘即与六部堂上官公同遴选，其中果公廉勤慎者存之，贪污奸懒及不谙文理者即行黜退，具名来闻。别选贤能任之，尔等必公必明，毋枉毋纵，若或徇私蒙蔽，悉论以法。”(《明宣宗实录》卷59)

以上讲的都是文官冗员与吏治腐败问题，那么当时大明武官系统会是怎么一番景象？宣德二年五月朱瞻基曾跟吏部尚书蹇义说：“如今我大明的武职全由军中勋旧之子孙来承袭，他们都是些不谙政事的年轻人，军中一切事务都由首领官来处理。倘若这些首领官秉着公廉之心的话，那么军中之事可就好了。可近来朕常听说有军士上告，说军中首领官克扣粮饷、横征暴敛，坑害军士与下人，原因就出在首领官大多是吏员出身吧！你们吏部在任命官吏时，千万不要不注意这类小官，不要等到出事了才将他们开走，那时军士们可已经大受其害了！”（《明宣宗实录》卷28）

科举制度有瑕疵、荐举中间出纰漏、吏员自身素质有问题、军职世袭制或变相世袭制所带来的首领官危害，如此缘由造成了大明帝国官吏队伍人浮于事、冗官骤升和吏治腐败的不堪局面。不过在宣德君臣看来，还有一个不可忽视的重要因素，那就是皇帝必须要清心。有一次在与侍臣讨论前代王朝的官制时，朱瞻基提了这样的问题：“省官是安养百姓的根本之道，唐虞时代设立官员不过100来个，夏商时期大约200来个，秦汉以下可不得了了，成倍成倍地增长，这是为啥？”侍臣回答说：“时世不同所决定的。”朱瞻基又问了：“唐虞等三代时期的事务比较简单，民风也淳朴，后世果然不能与此相比。不过唐朝太宗时代设置内外官也不过730人，这样的规模与上古相比，也相差不太远，为什么后来的官职设置越来越多了？”侍臣回答说：“这就涉及到一个问题，那就是君主必须要心静，君主心静，事情就相对简单，事情简单就可省官，省官了老百姓自然会得到安养；倘若国家多事，不断地做大做强，那么就会政务繁杂，小人乘机钻营以得进位，冗官赘食者自然会增多，要想使得老百姓避免烦扰也难啊！”听到这里，朱瞻基不停地点头，且夸赞道：“精辟，清心才是省事的根本啊！”（《明宣宗实录》卷62）

通盘起来看，宣德君臣大体上还是找准了大明冗官骤升与吏治腐败的根源。找对了病源，然后就是对准下药，那么宣德朝如何对吏治中的庸官冗官问题下“药”的呢？

○ 加强对官吏的考核，严明陟黜赏罚制度

明代对文职官的考核主要有考满和考察两种方式，即《明史》所说的“考满、考察，二者相辅而行。考满，论一身所历之俸，其目有三：曰称职，曰平常，曰不称职，为上、中、下三等。考满之法，三年给由，曰初考，六年曰再考，九年曰通考。依职掌事例考核升降。”考满又分为两种即京官考满与外官考满。京官考满通常是“在京六部五品以下，听本衙门正官察其行能，验其勤怠（然后由吏

部复考，决定黜陟，报皇帝批准)；其四品以上，及一切近侍官与御史为耳目风纪之司，及太医院、钦天监、王府官不在常选者，任满黜陟，取自上裁”；而外官考满是指“各布政使司首领官，俱从按察司考核。其茶马、盐马、盐运、盐课提举司、军职首领官，俱从布政司考核，仍送按察司覆考。其布政司四品以上，按察司、盐运司五品以上，任满黜陟，取自上裁。”(《明史·选举三》卷71)

“考察，通天下内外官计之，其目有八：曰贪，曰酷，曰浮躁，曰不及，曰老，曰病，曰罢，曰不谨。”考察也分为两种即京察与外察。“考察之法，京官六年，以巳、亥之岁，四品以上自陈以取上裁，五品以下分别致仕、降调、闲住为民者有差，具册奏请，谓之京察。自弘治时，定外官三年一朝觐，以辰、戌、丑、未岁，察典随之，谓之外察。州县以月计，上之府，府上下其考，以岁计，上之布政司。至三岁，抚、按通核其属事状，造册具报，丽以八法。而处分察例有四，与京官同。明初行之，相沿不废，谓之大计。计处者，不复叙用，定为永制。”(《明史·选举三》卷71)

朱瞻基当政后贯彻“恪遵祖制”和“敷宣德意”的治国精神，对于祖宗制定的官僚考核制度没作什么修改与变动，但这并不代表他在这方面没有自己独特的看法。宣德三年二月御制《帝训》问世，朱瞻基在其前言中就这样说道：“公赏罚，明黜陟所以惩劝也。赏一人，而天下务于善；罚一人，而天下警于罪。升一贤能，人皆思奋功；黜一不肖，人皆思革过。施约而效博，故赏罚黜陟。”随后在《赏罚篇》中他将至公至正作为赏罚的标准尺度，并把赏罚视作为人主对臣下奖惩的法宝：“赏罚，人主所以劝惩之具也。然赏不以厚薄，惟其公；罚不以轻重，惟其当。故赏一人，而天下莫不悦；罚一人，而天下莫不惧者，惟其公且当也。”那么，为什么要这样？朱瞻基认为：“为治本于任官，任官贵乎责实”，即说治国之本在于任用官吏，而任用官吏最为关键的还在于切实用好，那么怎样才算得上是切实用好呐？那就要考课，“考课，黜陟之法，所谓责实也。”考课也就是今天我们讲的考核，考核是手段，其最终目的是要“果贤焉陟之，果否焉黜之，果勤焉进之，果怠焉退之。平若持衡，明若悬镜。”(《明宣宗实录》卷38)

朱瞻基说，通过考核，对于贤能官员要赏、陟，对于冗官浊吏要黜、退，这是一个政治家的口头宣传，想当年他的皇爷爷口头秀可多了，可实行了几何？那么朱瞻基会不会是第二个"口头秀"皇帝？

洪熙元年十月也就是朱瞻基登基后半年不到，有一天北京行在吏部官员向皇帝请示："参政康庆和各地府州县官大约有 300 多人考满，称职的 250 人，平常的 60 人，还有 40 多人不称职，这三等官员都没有三考，陛下您看是不是按照过去习惯的做法，就让他们继续留任原官职？"朱瞻基听后很生气地回答道："既然有那么多的官员不称职，又要让他们去复任，一定要等到三考后再定黜陟，这不仅害民，而且废事坏政，你们吏部赶紧拿个处理的好办法来！"（《明宣宗实录》卷 10）

虽然朱瞻基在整体上坚持"恪遵祖制"，但在具体的治政中还是灵活把控，贯彻"敷宣德意"的精神。宣德改元那年正月，临朝结束后的朱瞻基来到左顺门，与几个侍臣探讨起治理百姓的方法。他说："民为国本，这个道理谁都知道。可如今大明子民，不论乡间旮旯还是街坊闾里，不是为饥寒所迫，就是困于徭役，还有就是为豪强欺凌。你们说说看，怎样才使得我大明朝廷抚养存恤以致于人人都不失其所的善德美意敷施到每个角落？"侍臣说："最为接近老百姓的朝廷命官，就要数地方上的知府、知县一类了。对于任用这样的地方父母官一定要进行严格考试和选拔，只有这样，小民们才能沐浴到陛下您的仁心德意。"朱瞻基听后感觉对方没有谈得很到位，于是继续说道："人之贤否，常常不易被人所知，一定要让他做事了才能看得出来。古代帝王选择贤良者，常常要三年考核其政绩，三考后再决定黜陟，其中的道理大概就在此。但从当今我大明的吏治状况来看，三考九年后定黜陟，假使所任非人，这岂不是让老百姓屡受其害吗?！为今之计，在外各地衙门要让巡按御史和按察司官时不时地进行考察，贪婪的、不守法的，即刻就把他揪出来，这才是最好的考核方法啊！而你们所说的朝廷严格考试和精选好的地方官固然十分紧要，但监察御史和按察御司官的谨选应该说更为当务之急；御史和按察司官要是选好了，地方官是好是坏、是陟是黜不需要等上考绩时就能定了！"说到这里，朱瞻基稍稍停了一下，随后又说："还有一点十分重要，'自今御史及按察司官考满，亦须以考察有司贤否为功绩。'"（《明宣宗实录》卷 13）

将能否考出地方父母官好坏作为御史和按察司官考满时的一项政绩，这表明大明官僚考核制度与奖惩、黜陟制度在宣德朝向前迈出的一大步，其对于淘汰冗官赘员和整顿吏治起到了很大的作用。

宣德三年八月明宣宗一次性处理了严暟、张观等31个监察御史即纪检干部，缘由就是考核不称职，严暟、成林等人贪淫无耻，张观、王成等贪污不律，李孟瑄、王颐等不达政体，赵安不谙文移，冯斌等老疾无为。朱瞻基下令："贪淫不律者发辽东各卫充吏终身；不达政体者降县典史；老疾者罢为民"(《明宣宗实录》卷46)。五个月的宣德四年二月，根据南京都察院会同六部堂上官共同考察与核实，朱瞻基又一次性黜降了99个官员，其中御史沈善等3人"贪淫无耻"，萧全等6人"不达政体"，王恭等3人"不谙文移"，陶圭1人犯贪赃罪；六部中的户部官黄玘等17人犯贪污罪，陈懋等14人"奸懒"，周砥等46人"不谙文理"，刑部官徐昕等9人"才力不及"，皆"如例降黜"。(《明宣宗实录》卷51)

宣德五年正月，皇帝朱瞻基又一次下令，将朝觐考核出的"郡县官之贪污者戍边，老疾鄙猥者罢为民"，一天之内谪黜地方庸官、坏官就达80人。(《明宣宗实录》卷62)

当然光降黜也不是办法，朱瞻基还特别注意用升迁和增俸的手段来激励和升赏称职的官员，树立正面形象和学习榜样。宣德三年十一月监察御史杨暠和朱惠九年考满，行在吏部说："杨暠练达政务，朱惠政绩不明显。"朱瞻基听后说："我大明建立考绩黜陟制度是为了用来对官吏实行劝惩的，奖勤罚懒应当合适、到位，贤能的一定要鼓励、升赏；中等人才，品质不错，恪守职责，也应该对他有所表示。这么吧，杨暠升官，但仍留监察系统工作，对于朱惠就按惯例处置。"最后吏部做出这番人事安排：杨暠升任浙江按察佥事，朱惠平调为太仆寺丞。(《明宣宗实录》卷48)

可世上有些事情往往设想起来很简单，但做起来却十分复杂。本来给称职的好官升赏，对于一个皇帝来说简直就是张张嘴的事，可事实上有时还不那么好办。宣德三年二月，行在吏部官员上奏，恳请宣德皇帝对于一个官员升赏的难事拿个主意：浙江黄岩知县刘道成九年三考考满，按例升迁任用。可当地的老百姓上奏说：

"刘道成治政公勤，善于抚恤百姓，老百姓舍不得他走，恳请朝廷让刘知县留任。"这果然是道难题，作为皇帝，先前已经表态，对于称职好官应该要升赏，但老百姓不管这些。就依老百姓的，将刘知县留任，不仅委屈了好官，而且还起不到奖惩效果，到底该怎么办？最后朱瞻基想到并决定：依了老百姓的意愿，留任刘知县，但同时给他增加俸禄（即今天我们讲的加工资）（《明宣宗实录》卷 37）

○ 灵活应用官吏致仕制度，对官僚队伍来个清淤解毒

除了强化、推行考核与黜陟制度外，宣德皇帝还灵活运用致仕制度来解决当时大明冗官赘员和吏治问题。明朝开国时曾对于官僚的退休年龄做过规定：七十致仕。但自不断做大做强的永乐时代起，全国臣民"万众一心"都在忙于一个又一个超超级大型工程建设和成年累月的南征交趾、北伐夷虏的战争上，哪有人关注起"公务员"退休的事情。因此说，当朱高炽接替父皇登上皇位时，大明帝国的官僚队伍不是庸官成群，就是耄耋扎堆。对此，明仁宗在洪熙元年正月发布的新年诏书中明确强调："文职官员原则上 70 岁退休，70 岁不到但因身体等方面的原因不能'治事'的，只要上奏说明清楚理由也可提前退休。"他还规定"自洪武至永乐年间，有充军摆站等项，后因举保复起为官，或见任或在任病故，或以礼去官，皆免子孙补役。见任年七十之上，筋力衰惫者，听其致仕，开豁军伍。"（《明仁宗实录》卷 6 下）

朱高炽重申"祖制"中官员退休年龄为 70 岁的规定，那各地有没有好好地执行呢？这事随着朱高炽的突然驾崩似乎没人过问。而在当时社会中人们活到 70 岁就算"古来稀"了，实际生活中好多人可能 60 岁不到甚至更小年龄就已经病弱不堪了。洪熙元年十月福建福州左卫指挥佥事储政给登基半年之余的宣德皇帝朱瞻基上奏，说他们福建军队中"有年逾六十老病羸弱不能任事者，有才三四十岁而痼疾不能动履者，皆畏避子孙比试之难，不令代职。每遇迎召进表，则扶策以行，至临事差遣，则以疾为辞。窃闻各处，皆有此毙（通'弊'）"鉴此，储政奏请明宣宗下令给各都司卫所：凡是老弱或有病者皆可以例退休，让子孙来替代；"虽非老疾而鄙猥孱弱者"也如此。朱瞻基采纳了他的建议（《明宣宗实录》卷 10），对官僚

的退休年龄来了个灵活处理，不少不到70岁致仕年龄的鄙猥孱弱和老疾者都被及早地清出了官僚队伍。

○ 推行官员署事试职制度　减少授官盲目性与被动性

宣德朝廷解决冗官赘员和整顿吏治的第三种方式是实行“署事”试职制。“署事”试职制就是让某个官员在一个工作岗位上先试用一段时间，看看他能不能胜任，要是能够胜任就实授，要是不能胜任就换人，这样不仅对试用官员起到激励的作用，而且还能很好地解决冗官赘员问题。

宣德三年两京六部、都察院堂上官多有缺额，朱瞻基命令廷臣从方面官中察举出廉洁公正又有才干的官员。经过考察结果发现，按察使邵玘、成均等人符合条件，于是就将他们一一召来，明仁宗指示吏部：“授官要谨慎，不可轻易就授，要试用试用看，这也是上古时代唐尧虞舜时的授官办法。要是品秩相当的就实授；要是低于所授官职的就采用署事试职，试用观看一个阶段，要是觉得是个人才，就再实授也不迟。”于是级别相当的四品按察使邵玘被实授为南京都察院左副都御史、郑辰为南京工部右侍郎、佥事柴震为南京太理寺丞、佥事傅启让为行在太理寺少卿，而级别低于四品的参政假民署南京户部右侍郎、李衡署南京兵部左侍郎、按察副使成均署南京刑部右侍郎和按察副使魏源署行在刑部右侍郎。（《明宣宗实录》卷48）

首次实行署事试职制后一段时间，朱瞻基发现其效果还是不错的，于是决定把它推广到监察御史试用上。宣德六年十月的一天，宣德皇帝将行在吏部尚书郭琎找来，作出这样的指示：“我大明朝廷设立御史，是要将他们当做自己的耳目。凡是政务阙失，民生利病，百官贤否等等，都得一一奏来，岂可任其非人。可是近来听说一些御史朋比抱团，同流合污，甚至作威作福，欺凌贤者好人，更有极个别的御史贪淫秽浊，实在让人不齿，这样的人怎么能堪当我大明风宪官呐？虽然这些人现在都已经被黜逐了，不过你们吏部官得更加注意，今后一定要精选老成、谨厚、识达治体的官员向朕奏来，朕也得要将他们先试用一番再作定夺。”（《明宣宗实录》卷84）

署事试用，称职的，实授；不合适的，走人。这样的任官方式至今还是值得我们借鉴。

总之，通过官僚考核制与奖惩、黜陟制和致仕制以及署事试职制，宣德朝较为有效地解决了冗官赘员和吏治等问题，用今天话来说，就是较好地解决了干部的“出口”问题。但仅在“出口”上下工夫还不能管好干部队伍，更重要的可能还在于严把干部队伍的“入口”。为此，宣德君臣在“恪遵祖制”的大前提下对科举、学校和荐举作了整顿与改革。

◉ 改进科举　整顿学校　学生不好好学　宣德帝开了他们还要他们退赔

明朝自洪武时期起就确立了以科举作为官僚输入的主要渠道。我们在《朱元璋卷》里已经说过：那时一个普通的读书人最好的出路就是参加科举考试，即三次大考——乡试、会试和殿试。这三试中的乡试是必须要考过的，过了才会取得举人的资格，否则就不能取得官场“入场券”。不过仅仅通过乡试的人一般只能做低级官员，于是大多数读书人就拼了命争闯第二大关——会试，因为只有通过会试，取得了进士的资格才能入仕，当个知县以上的官员，即今天人们常说的县处级领导干部。因此说明朝县处级以上的领导干部一般都比较有文化，知州、知府及以上的省部级领导干部那就更不用说了。当然有才气加上运气好的少数读书人如果在会试后的殿试中能名列前茅的话，考试结束后就有可能被留在中央翰林院，即相当于中央政策研究室与国策咨询机构任职，这样的读书人以后升官可就快多了，弄不好没过多少年就能入阁，当个阁臣甚至首辅，这可是天大的美事。不过绝大多数中了进士的读书人就在县、州、府等地方和中央司局级为官任职。换句话来说，明朝官僚队伍中的大多数文官都是由科举出身，而科举的成功与否就影响到了大明官僚队伍的建设了。

明朝开国皇帝朱元璋平民出身，为了确保科举考试的公平化、统一化与标准化，他规定了科举考试的范围主要是四书五经等，其解释的标准答案为朱熹等人的注释，并且还规定八股文为考试的主要形式，不准多写、瞎写。到了朱棣时代更是死板，规定考官要将高皇帝即朱元璋的《大诰》列为科举试题的范畴。由此，科举的公平化、统一化与标准化倒是实现了，但也带来了新问题。因为是划死了考试范围与标准答案，所以好多读书人就凭着死记硬背在科举中频频过关，有的甚至小小年纪就考上了秀才或举人。

问题不是少年"才子"有什么不好，而是凭着死记硬背来"考试"的读书人日后能不能当好大明帝国公务员？洪熙元年四月，郑王府长史司审理所审理正俞廷辅给洪熙帝朱高炽上奏，描述了当时科举存在的弊端并提出了自己的改革建议，"令有司先行审访，务得通今博古、行止端重、年过二十五者，许令入试。比试务选其文词典雅、议论切实者进之；会试尤宜加慎选，庶几士务实学而国家得贤才之用。"明仁宗当即批准了俞廷辅的奏议，并令相关部门予以执行。(《明仁宗实录》卷9下)

从科举考试制度细务上下手，堵住漏洞，这对于大明帝国官僚队伍的选贤择能无疑是大有裨益。不过作为大一统帝国的君主，他的选贤择能有时候还不能仅将目光停留在考选的细枝末节上，而是应该更多地放眼于整个大一统帝国范畴内。

大明自朱元璋立国起就在科举考试方面动足了脑筋，实现了标准化、制度化、统一化和部分公平化。(详见笔者的《洪武帝卷》)为什么说是部分实现了公平化？从考试面前人人平等的角度来说，明初的科举考试确实做到了，但中国自古以来就是一个有着广袤国土的大一统帝国，既然是大一统，各地自然就不可避免地存在着差异性与特殊性，就当时大明帝国大范围角度而言，主要是南北差异性比较大。南方经济文化要比北方发达，由此决定了在科举考试中南方人占据了很大的优势。洪武末期有一年科举考试通榜录取的都是南方人，一向疑神疑鬼的明太祖朱元璋随即丧心病狂地虐杀该榜的主考官及相关人士，并另行组织考试，通榜录取北方人，这就是历史上有名的"南北榜事件"。虽然"老魔鬼"制造了"南北榜事件"，可他至死都没能解决好大一统帝国内科举考试中悬殊极大的南北各地考生录取公平化问题。"老魔鬼"没搞定，被人誉为"无所不能"的"盛世之君"、"小魔鬼"朱棣居然也没搞定，转眼就到了洪熙时代，出人意料的是，在强祖烈宗面前显得绝对仁弱的朱高炽在大臣杨士奇等人建议，采取南北分卷的方式，十分轻松地解

决了祖宗遗留下来的"老大难"问题。(详见前章)

洪熙元年四月庚戌日,朱高炽下令给大明礼部:"自今科场取士,以十分论,南士取六分,北士取四分,尔等其定议,各布政司名数以闻。"(《明仁宗实录》卷9下)

可这道谕令还没来得及推行下去,皇帝朱高炽就骤然仙逝。有幸的是他的皇太子朱瞻基在即位以后不仅承认他老爸该项谕令的有效性,而且还予以贯彻实施。宣德二年举行全国会试,首次开启南北卷制度,后来又发展为南北中卷制。"北卷则北直隶、山东、河南、山西、陕西,中卷则四川、广西、云南、贵州及凤阳、庐州二府,徐、滁、和三州,余皆南卷。"(【清】谷应泰:《明史纪事本末·仁宣致治》卷28;参见《明史·选举二》卷70)

通过南北分卷的方式,较大程度上解决了会试中南北各地考生录取公平化问题,由此保障了大明帝国官僚队伍中各地人才都能兼顾。但在科举三大试中的第一大关——乡试中如何也能做到公平化和保质保量?明仁宗匆匆地走了,并不爱他的儿子朱瞻基上台后却出人意料地继承了父亲的遗志,着手解决各地乡试中录取定额问题。

乡试不同于会试,会试在京师举行,乡试就在各地省衙所在地举行,各地乡试录取名额也各不相同。近来有人说,明初各地乡试录取的名额数大体在20~100名,我不知道其依据是什么?据《明宣宗实录》记载:明朝前期乡试录取名额最多的就数应天府即今天南京,为80名(《明宣宗实录》卷96);北京当时是临时首都(宣宗时还称行在,英宗时改),乡试录取名额为50名,与江西省乡试额数相同(《明宣宗实录》卷87)。但明宣宗自即位后一直赖在北京,不愿还都南京,于是北京就成了当时明朝的政治中心,人口数量不断增加,考生们纷纷要求增加乡试名额数。与此同时,由于社会稳定和经济的发展,各地也出现了与北京相似的状况。对此,宣德七年十月辛丑日,南京礼部尚书、朱瞻基昔日东宫老师张瑛给自己的学生皇帝上书进言,说:"今日我大明帝国各地公费学生,每府有40人,州有30人,县有20人,总计起来这些公费学生每年享用国家供给的粮食不下十几万石。朝廷养士这等规模,恐怕是亘古未有的。洪熙元年定取举人额数,应天府乡试录取80人,宣德七年初就以此作为定制，但事实上这 80 名举人之外还有很多好的士子没被录取，各省大致都存在着这样的状况。臣愚以为，对于贤才应该因其有才能而录取，因此说各省乡试录取的名额不一定要定死，如果贤才多且果然有才就多录取一些。再说眼下我们大明各地都缺教官(即主要是指教师，明代学校教师被纳入公务员行列，这就使得当时的教师队伍较稳定，因此说，大明帝国是有德于我们中华民族文化教育的——笔者注)，多录取贤才也可解决教官紧缺问题呀！”

这本来是个极好的建议，不知是皇帝学生对于这位张瑛老师的印象不好呢，还是别的什么因素？朱瞻基不仅拒绝了，而且发出了相反意思的最高指示：“往年乡试录取人数太多太滥，从现在开始各地乡试名额必须严格定死。教官虽然用的是举人，但不称职的也多啊，张瑛的话不足听！”(《明宣宗实录》卷 96)

朱瞻基否决了张瑛的意见，下令给礼部，再次对各地乡试录取名额数作了限定，其中应天府与顺天府最高，但也不超过 80 人，其他各省相应减少。

坦率而言，明仁宗与明宣宗的这种大一统体制下的大平均做法，对于参加科举考试的个体来说是不公平的。以苏松地区为例，当地父老乡亲承担了大一统帝国的财政重负(下章将专门讲到)，但他们的儿孙们在走向政治仕途时却因名额限制而困顿考场，这是何等郁闷的事啊！明朝后期大名鼎鼎的科学家徐光启就因为自己出生地“不好”——松江府，乡试名额有限，老考不取，据说最终还是“借用”了顺天府的乡试名额才崭露头角，悲乎？不过换位到大一统君主角度来看，他可要一碗水端平，这样就有利于调动各地士子参加科举的积极性，也有利于选拔各地人才充实到大明官僚队伍中去，进而起到整合大一统帝国的作用。

科举做到了定额化与大一统帝国整体公平化，与科举密切相关、同时又是文人入仕的重要通道——学校也不能不作出一些相应的改进。

明代除了科举选拔人才外，还有一条文职官“入口”通道，那就是先进入大明帝国最高学府国子监，成为国子监生。监生在经过一定时间的学习后，考试合格，就成了吏部的选官对象。明初洪武时期就有不少学习完成后的监生被分配到大明衙门去实习，成为

"历事监生",相当于"准公务员",要是干得好或有背景的话,就会"转正",成为大明帝国的正式"公务员"。因此说,能不能进入国子监读书就成了十分重要的关键点。大明迁都后国子监有三个:凤阳中都国子监(洪武时代很重要,后来就不怎么样了)、北京国子监(简称北监)和南京国子监(简称南监),永乐以后有影响的就是南北两监。国子监生源主要来自于各地州府县学的选送,因为各地文化教育水平差异很大,南方地区相对比较发达,如果按照统一标准化考试选拔的话,势必会造成南重北轻。对此,平民皇帝朱元璋就来个全国大平均,"府学一年贡一人,州学二年贡一人,县学三年贡一人"(《明宣宗实录》卷80)。如此格局维系到永乐时期大致还是这样,而后或许正是到了大明官僚队伍新旧大换班的时候,或许由于明宣宗严格科举定额,使当时南北监生入仕的特别多,加上政府不断地差遣监生,由此造成了在监生员急剧减少。对此,宣德六年六月南京礼部上奏给宣德皇帝,请求"自宣德七年为始,府学每年贡二人,州学二年三人,县学一年一人,庶足任使。"朱瞻基批准了请求,但随后他发现了各地州府县学入监人数方面还是存在着不公平的问题,于是就在宣德八年四月,他又"诏天下:州不及二十里者,岁贡生员一人;过二十里者,贡如旧例;县不及五里者,五岁贡一人;不及十里者,三岁贡一人。"(《明宣宗实录》卷101)

为了确保大明未来干部的质量,宣德朝不仅严格限定各地州府县选送入监的人数,而且还在输送监生与科举"人才源"即各地学校生员人数方面作了把控,从总体上予以缩减。宣德五年六月,朝廷宣布:各地"府学六十人,州、县学或四十人、三十人"(《明宣宗实录》卷67)。

从数量上定额把控,果然是保证监生、生员勿滥的一种有效手段,但更重要的还得从质量上加大力度进行整治。因为经过明初50余年的"风化",大明学校教育质量实在令人担忧。宣德初年,主管大明科举考试与学校教育的行在礼部尚书胡濙在给皇帝上的奏章中这样描述道:"以近时学校之弊言之,天下郡县学应贡生员多是记诵文词,不能通经,兼以资质,鄙猥不堪用者亦多此,皆有司不精选择教官,不勤教诲,是以学业无成,徒费廪馔。"学校里的师生因为国家包吃包住,没多大的后果之忧,于是就出现了大批量的师生混日子的现象。怎么来解决这个问题呢？胡大臣建议皇帝发“红头文件”给各地巡按监察御史，让他们会同布政司、按察司和提调官、教官等，组织生员进行统一摸底考试，好的留下来；差的，卷铺盖走人；在监 7 年以上学无成效的，发遣附近布政司或府州县充作令人不齿的衙吏；在监 6 年以下鄙猥无学的，罢黜为民，并追还国家培养过程中被他们日常消耗的粮食。(《明宣宗实录》卷 40)

如此处置算得上严厉了，但最终的结果如何呢？还是不理想，于是宣德君臣采取又如下措施，加大整顿力度：

○ 组织人马对在校生进行严格考试

宣德二年八月的一天，朱瞻基对行在吏部尚书蹇义等人说：“我大明自开国起就建学育才，目的就是使之日后能够大用。可近来有关部门对各地监生与生员进行考核，发现一大批人应该予以黜出，以例罚作吏员。但有的生员以上次考试自己生病没考好为由，请求再给个考试机会。朕这么认为的：既然这些生员知道错了，且以罚作吏员为耻，想必其能改过自新；还有些被黜的生员可能学业将成，不忍中途放弃，看来他还有良知。这样吧，朕应允他们所请，但必须得让翰林院再出题考考这些人，从严把关，刹刹歪风”(《明宣宗实录》卷 30)。

经过严格考试后要是能留下来继续当生员的话，其最好的出路就是被选中到国子监去深造。但在进入国子监时还得要考试，考中了没的说，考不中那就惨了。宣德九年九月朝廷下令，对全国 45 岁以上的生员进行统一考试，结果发现有很多人不合格，不合格的不但罢黜为民，先前在学时免费享受国家供应的吃、用等费用还得要退赔出来。(《明宣宗实录》卷 112)

○ 将老昏监生罢黜为民

宣德初年，行在礼部官员向宣德皇帝报告说：礼部会同相关部门的官员检查了北京国子监，发现李干等 1 950 人要么年老昏花，要么相貌丑陋或残疾，还有的就是愚蠢不堪，与我大明未来干部的要求相差实在太远了，应该予以罢黜为民。南京国子监也有这种情况，恳请皇帝批准，照此办法执行。朱瞻基当即就应允了。(《明宣宗实录》卷 29)一次就罢黜了近两千号的监生,宣德朝整治未来干部队伍之力度不可谓不大。无独有偶,宣德四年九月,又"放南北两京国子监生年五十五以上,学无成效及老疾者姚哲等二百五十三人还乡为民。"(《明宣宗实录》卷 58)

◯ 按律论处违法监生

对于偷懒混日子的监生或生员实行严厉处罚,那么要是有生员或监生违法乱纪了,那将如何处置?用今天话来讲就是在校生犯事了怎么办?宣德五年三月,行在都察院向宣德皇帝上奏说:"北京国子监监生许节等三人到衙门实习,出公差上应天府去,在办事过程中他们收受小民白银。按律应该治以受贿罪,但毕竟他们还没毕业,陛下您看怎么办?"朱瞻基听完后十分恼怒地说:"在校生就是士大夫,士大夫连义利之辨都不懂吗?这三个监生还没当官就这样贪财好利,假如将来真的当官了还了得!现在我大明国子监的监生很多,这三个监生按律论处,以此来警示警示那些在监的监生!"(《明宣宗实录》卷 64)

◯ 适当调整考核教官指标——将科举录取名额作为学校老师的考核标准

自古以来中国传统教育中有种观念,即《三字经》里头所说的:"养不教,父之过;教不严,师之惰。"学生学不好,可能原因很多,学生自身是不是块学习的料?古人似乎不多问,更多的是将板子打到老师的头上,大明朝也不例外。明初定例,教官考核主要是以其所教的学生考上举人的人数作为依据,教授、学正、教谕、训导等都有 3~5 个举人完成指标,但实际上这种长官意志过于"超前"所带来的是大批教官困顿仕途,因为完不成指标,好多教官就得不到升迁,于是教育界怨声载道,教学质量也大受影响。为此,宣德中期进行了一番调整,将指标往下调了一些:"教官考满以举人多寡为升降,教授旧例举人九名为称职,四名为平常,不及四名为不称职。今定五名为称职,三名为平常,不及三名为不称职;学正旧例六名为称职,三名为平常,不及三名为不称职。今定三名为称职,二名为平常,不及二名为不称职;教谕旧例三名为称职,二名为平常,不及二名为不称职，今定二名为称职，一名为平常，训导旧例三名为称职，二名或一名为平常，今定一名为称职，不及者皆为不称。凡称职者升，平常者职如故，不称者降。”(《明宣宗实录》卷 70)

○ 调低后备干部——生员入监年龄

宣德时期不仅对生员入监人数等方面从严把控，而且还规定了他们入监的年龄。因为朱瞻基父子都不喜欢不娴人事和浅薄的年轻生员，所以在生员入监年龄方面定得很高，规定只有到了 50 岁才有资格被选送到国子监就读，就此新问题冒出来了。宣德八年九月，行在礼部尚书胡濙跟皇帝朱瞻基说：“以前我们定的生员 50 岁才能入监读书，这个标准似乎高了点，一个读书人 50 来岁上国子监，在那里呆上 10 多年，再出来当历事监生即实习生，大多数都已经年老不堪任事了，这不白白糟蹋了国家的财政?！因此小臣建议：将入监年龄由原来的 50 岁改为 45 岁，这样可能更合理些。”朱瞻基听完，当即就说“好”，命令礼部就此行文天下。(《明宣宗实录》卷 106)

◉ 严格荐举　渴求贤才

从科举到学校教育，朱瞻基君臣对大明后备干部队伍的管理与整治可谓花费了不少的心思与力气。与此同时，为了厘清吏治和致治天下，他们还对大明国家干部的第二大“入口”——荐举，也从严把关。

荐举，在中国历史上很早就有，它比科举历史还要长得多。荐举的缺点就是随意性很大，缺乏客观性与公正性，所以在科举确立后它逐渐地退居为次要地位。但荐举也有它的优点，那就是一旦发现人才，就能很快地用其所长。荐举的正负两面就如科举一般，科举有着很大的公平性、公正性，但也有其负面，就是试卷上看上去很有才但并不代表答卷人就一定会有真才实学，理论与实际并不一定能挂上钩。为此，许多帝王就将科举与荐举轮流使用，或混用——以科举为主干，荐举为辅助，明朝初年就曾这么反复尝试过。洪武十七年，朱元璋在颁布科举定式和确定以科举作为大明主要选官形式之国策的同时，还“命天下朝觐官举廉能属吏”，由此正式开启了明代的保举制度。“保举者，所以佐铨法之不及，而分吏部之权”。对于这样的官僚人才选拔“妙术”，篡位上台的天才皇帝朱棣自然心领神会并予以直接地继承。永乐元年，他“命京官文职七品以上，外官至县令，各举所知一人，量才擢用”。但随后因为被荐者犯了贪污罪及其所带来的问题，永乐帝朱棣也开始注意的间或地运用这种举官方式。(《明史・选举三》卷71)

洪熙元年，即位才几个月的明仁宗“特申保举之令”：“京官五品以上及给事、御史，外官布、按两司正佐及府、州、县正官，各举所知。惟见任府、州、县正佐官及曾犯赃罪者，不许荐举，其他官及屈在下僚，或军民中有廉洁公正才堪抚字者，悉以名闻。”(《明史・选举三》卷71)鉴于以往举荐过程中出现的营私舞弊和所荐非其才等弊端，明仁宗还曾特别强调“自今必严举主连坐之法，庶得实材。”具体地说：“若有蔽贤及滥举者，论罪如律；所举之人后犯赃罪，举者连坐。”(《明仁宗实录》卷3下)

明仁宗严格荐举，实行举主连坐法，果然能在一定程度上确保举荐的质量，但同时也使得许多人因为担心连累自己而不敢举荐，这就影响了人才的引荐。

朱瞻基上台后对荐举也很为重视且有所改进。宣德三年四月的一天，明宣宗跟行在吏部的官员说：“上古圣君唐尧用人尚且要考试，何况我们后世，那就得要更加谨慎细察了。朕曾下诏招纳四方贤士，被举荐出来的人倒是很多，你们吏部未曾考察，还不知道哪个是贤者，哪个不是贤者，怎么就轻易地授予了他们的官职呢？当然要让所有的官职都能得其人也难。这样吧，目前尚未来得及授予官职的，你们吏部马上会同相关部门的官员组织人手进行考试，合格的，留下来任职；不合格的，退回去。还有那些已经授予了官职的，等他们任职考满时，你们也要组织进行考试，考试下来不合格的，同样要予以黜退。”(《明宣宗实录》卷41)

对被举荐者实行考试，等于将举荐法与科举考试法有机地结合起来，是对明初官僚第二大“入口”——荐举的一大改进。它相对有效地克服了举荐过滥与徇私舞弊的弊端，对于官僚队伍中真正人才的引进有着积极的意义。整个宣德年间，皇帝朱瞻基对于招贤纳士表现出极度的热情，他不断地下诏、写诗，一再表示自己对人才的渴求（《明宣宗实录》卷76；《明宣宗实录》卷108），甚至连自己生病时还在与近侍大臣探讨招贤纳士的问题。（《明宣宗实录》卷94）那么朱瞻基招到了贤才了吗？

据《明实录》记载，宣德朝几乎每年都要录用一些举荐或保荐的人才，有时甚至还会成批录用，其中影响较大、档次较高的有：宣德五年正月，“升京卫指挥使吴凯等十七人为都指挥佥事、指挥同知李弘等十一人、指挥佥事吕升等二十人署都指挥佥事”（《明宣宗实录》卷62）；宣德五年五月，“升行在礼部郎中况钟等九人为知府”（《明宣宗实录》卷66）；宣德六年二月，“擢行人司副轩輗及知县、县丞、教官、监生十八人为监察御史”（《明宣宗实录》卷76）。

综合起来看，仁宣时期为了敷宣德意、整顿吏治和致治天下而实施的招贤纳士之举措，即举荐和保荐具有如下几大特征：

○ 举贤任能　不拘一格

宣德中期大明监察系统缺官，行在右都御使顾佐向宣德皇帝启奏：“陛下，经过整顿，加上一些年老的退休，如今我大明都察院下属的十四道监察御史岗位多缺，如果不马上补上的话，监察工作就会大受影响。”朱瞻基当即便问：“那你说怎么补缺？”顾佐说：“按照惯例，一般由给事中一类的言官或懂得法律知识的官员平级调动或低秩升迁。”朱瞻基听后却不以为然，他说：“我宣德朝要选贤使能，致治于天下，只要是人才就可不拘一格！”顾佐赶紧改口：“陛下鸿图，万民之福。臣以为在京与各地的现任七品以下的兼任杂职、教官、监生中有不少人，廉洁又有才能、识达政体、通晓刑名，是不错的人选啊！”朱瞻基听后觉得这个主意不错，当即下令，让都察院各道在任御史保荐人才。没过多久，王缙绅等监察御史举荐了行人司副轩輗、教谕陈颢、监生陈仲华和一些外省任职的知县、县丞、教官、监生等，共计19人。但此事在廷议时却遭到了吏部官员的非议，他们说：“按照我大明的旧例，知县、教官一类是不能被举荐为御史的，还有这19人中典史李祥在原任按察副使时犯过事被降黜为吏，我大明祖制规定：纪检干部犯过事后不得再任纪检干部，必须得‘回避’。”皇帝朱瞻基听后不太高兴了，他说：“御史工作惟在得人，就该‘不次擢用，无拘定例’，朕听有关部门汇报过，这19人中除李祥犯过事不能用外，其他18人都不错呀，怎么能拘泥于成例而不用！”于是当即就提升“鋭等为监察御史，授行人司副轩鋭广西道、行人张聪陕西道、判官傅诚山东道、知县刘谦山西道、戴谦贵州道、县丞李实福建道、教谕陈颙交趾道、训导倪杰广东道、监生陈仲华湖广道、姜永贵州道、张斐云南道，授南京者进士吴桐生广西道、张祺山西道、黄文政浙江道、吴名山东道、监生郑嘉陕西道、朱铎江西道、曹斌四川道。”(《明宣宗实录》卷76)

○ 京官外任　沟通地方

风宪官的任职需要一定的资历，同样地方知县、知府的任职也不例外。明代知县、知府一般多由科举考试中胜出的进士出任，但也由地方上稍低级别的官员升迁而来，这就讲究资历了，俗话说："十年媳妇熬成婆"。由此，一则造成地方父母官年龄偏大，甚至是老态龙钟，没有什么效率；另则造成地方官场上不求有功但求无过，熬到时间自然升迁。这对于刚刚三十出头的年轻皇帝朱瞻基来说是很难接受的。

宣德五年吏部官员向明宣宗奏报说："各地知府岗位有缺，陛下您看，是否照例由相关衙门官员补缺?"朱瞻基听到这话就来气："为什么要循例补呐？听说地方相关衙门的官员多不称职，甚至还有的贪黩暴刻，我们不能放任自流啊！让各部院大臣多察多看，及时举荐一些德才皆备的人才，再报上来。"不久，"吏部尚书蹇义等举(况)钟及户部郎中罗以礼、兵部郎中赵豫、工部郎中莫愚、户部员外郎邵旻、刑部员外郎马仪、陈本深、监察御史陈鼎、何文渊"等9人，皇帝朱瞻基随即提拔况钟任苏州知府，罗以礼任西安知府，赵豫任松江知府，莫愚任常州知府，邵旻任武昌知府，马仪任杭州知府，陈本深任吉安知府，陈鼎任建昌知府，何文渊任温州知府。况钟等4人原为郎中，即五品官；马仪、陈本深2人原为员外郎，即正六品；陈鼎、何文渊原为监察御史，即正七品，而知府则为正五品，除郎中外，其他的都是升迁了，员外郎马仪、陈本深，监察御史陈鼎、何文渊等还跳了级。由此可见，宣德皇帝对于被推荐出来的贤才以及地方守令官是非常重视的。在这9个知府临行前，宣德皇帝颁敕，谆谆告诫他们："国家之政，重在安民，安民之方，先择守令。朕自登基以来夙夜思虑保民安民，可好长一段时间内朕听说各地百姓没得安宁，究其原因，大概就是地方守令任非其人，有的恣肆贪刻，剥削无厌，有的阘茸庸懦，坐视民患，甚至相为蒙蔽，装聋作哑，以至于下情无法上达，上泽无法下施。今天朕谨慎挑选你们几位出任苏州、西安等地方的知府，就是要你们将那些十分重要地方给管理好。你们肩上的责任不轻啊，千里之地小民的安危全看你们了，你们一定要体察朕的仁德爱民之心，以保民、养民为要务，一定要使得小民们衣食无愁，礼义有教；你们要细察小民们的生活疾苦，兴利除弊，一顺民情，不要玩忽职守，不要苟且敷衍，不要为权势所吓倒，不要为衙门小吏所蒙骗。凡是朝廷公差人员有违法害民的，具实奏闻；所属官员人等作奸害民的，将其捉拿押解京师。你们应该奉法循理，始终不渝，只有这样才能不辜负朕之重托啊！"为了表示关爱，朱瞻基还命令相关部门让这些新知府老爷通过驿站迅速赴任。(《明宣宗实录》卷 66)

宣德五年五月的这次举荐任命，虽然人数上不是很多，但况钟等京官外任后，很快在地方上干得有模有样，这使得朱瞻基对于地方守令的举荐任用更加重视了。同年十一月，行在吏部上奏宣德皇帝，说各地知府缺额多达 25 人。朱瞻基听后毫不犹豫地再次命令朝廷大臣举荐选拔。最终选得六部郎中、员外郎、御史、给事中等 25 人，宣德皇帝按照上次任命况钟他们的做法，一一委任到位，"赐敕给驿"。(《明宣宗实录》卷 72)

这样一来，全国主要地区的知府都由朝廷举荐出来的京官或地方贤官担任。它不仅使得中央与地方的关系拉近了，也使得地方下情更多地上达到中央，对于整顿吏治和"保民养民"等都起到了积极的作用。譬如前面讲过的况钟，他可是个有名的清官，在中央任职时就与皇帝朱瞻基关系很好；出任苏州知府后，他革除弊政，解决苏州税赋过重问题，清除冤狱，等等，成绩斐然。之所以如此，其中有很重要的一点，那就是况钟的治政改革及时地上报到了皇帝朱瞻基那里，赢得了最高统治者的支持，取得了上通下达的良好效果。

○ 注重荐者　从严把控

尽管朱瞻基十分重视人才举荐及其使用，但他似乎更多地注意到对官僚队伍入口处实行从严把关，不仅对被举荐者要进行翔实的考察，而且在举荐过程中还十分看重举荐者的人数。宣德时期大明军队中军官老龄化问题十分严重，就连都司等军队高层机构都出现了很多的缺官。朱瞻基在接到兵部的奏报后，命令公、侯、伯、都督、都指挥等共同推举补缺人选。结果出现了这样的格局：10 个高官推荐 1 人，或 7～8 个高官推荐 1 人，最少也有 3～4 个高官举荐 1 人，且皆为实名举荐。见此，皇帝朱瞻基笑逐颜开地跟兵部尚书张本说："人的才行本来就不太容易被人知道，现在众人同举一人，看来这些被推荐的人肯定错不了！"随后他下令升京卫指挥使吴凯等 17 人为军中都指挥佥事，指挥同知李弘等 11 人及指挥佥事吕升等 20 人署都指挥佥事，即将文职官员的署事试职制度推广到了军中。(《明宣宗实录》卷 62)

○ 先于实习　后作定夺

宣德时期在荐举官僚和把控好官僚入口方面还有一项很有特色的举措，那就是十分注意官僚实习。宣德四年四月，行在吏部向皇帝朱瞻基推荐进士、监生及听选教官林英等 15 人出任监察御史。按理说，无论从规制还是品秩角度，这都属于常规性的官场任职请示，做皇帝的一般只要金口一开："知道了，照着惯例办就行了！"可朱瞻基却没这样做，相反，他十分严肃地跟吏部官员说："风宪官职不可轻以授人，先让这些被荐者到都察院下属的各道去实习三个月，到时候让都御使去考察考察他们，看看哪些人能够胜任，哪些人不行，具实报上来，然后再做定夺！"(《明宣宗实录》卷 53)

事实上还不只对即将出任监察御史的后备官员人才实施先行实习，对于其他相对比较重要官职的官员候选人宣德朝也采取了同样的方法，哪怕你是经过九九八十一考后胜出的进士也不例外。鉴于以往永乐时代进士在中央刑部、都察院的实习主要是'见习'，即看看问问，不具体做事，也不签署文书档案等。朱瞻基认为这不利于进士们日后迅速地进入良好的工作状态，于是他下令给都察院右都御史顾佐，让进士们在实习时做些实质性的工作，尤其在刑部与都察院实习的进士，必须得与御史、郎中、主事等分理狱案，使得他们一开始就能接触并熟悉司法实践过程，同时通过这样的实习过程也可观察出他们是否具有胜任未来工作的能力。（《明宣宗实录》卷 86）

综观仁宣时期的荐举与保举，确实选出了一些廉官贤才，较为有名的如杨镆、吴讷、范希正、李信圭等，但特别有名的"大才"，除了况钟、于谦等外，乏善可陈，甚至可能还不如洪武和永乐时期。这就怪了，一边朱瞻基不厌其烦一而再再而三地下敕降诏，号召大家荐贤进能，甚至还几次批量任命被荐"贤才"。而另一边却是宣德皇帝总感到人才没有到位。有一次，在跟阁臣杨溥等人一起谈论民事治理的问题时，他突然间来了"灵感"，问杨溥等："老百姓日子好过不好过全在官吏的好坏，你们说说看，到底有什么办法能尽得其人?"杨溥回答道："严荐举，精考课，就不怕得不到贤才。"朱瞻基突然间似乎感悟到了什么，他说："近来对举荐都很严格，对于举荐有失的要治罪，对被荐者犯事又要连坐。人啊，哪能有全才？有善于此而不善于彼，有开始好的但后来不好变坏了等等，情况很复杂，而举荐者举荐时就推荐了他一下，怎么能保其一生？所以说也难为了举荐者。大抵要得贤才，就该重视教化与厚养之道，教养有道，人才自然会出来。假如一味注重在荐举与考察之间求得真才，那无疑是在千百人中求得一两个。汉代圣人董仲舒曾说过，平常不注意养士而又想求贤，就好比是不雕琢玉石就想求得其美丽的花纹，这可能吗？董圣人懂得求才之本啊！我大明当务之急就在于崇学重教。"（《明宣宗实录》卷 69）

将不能尽得人才归结到没有特别注意崇学重教，不能说没有道理，但多少给人隔靴搔痒的感觉。不过朱瞻基的悟性还是不错的，他也看到了"罪举主之法"的隐患，但为了防止荐官过滥，他就是不废除它。更令人觉得有意思的是，他有时还将不能尽得人才解释为"访求未到"。宣德五年五月兵部官员奏报："工部尚书黄福曾提议：天下都司应该让各都指挥在其管辖的属员或队伍中每年慎选 1 个智勇廉能的人才，送到京师。都督府会同相关官员对他们进行考察，果然堪任大用的就用，不能用的退回去！我们兵部觉得黄尚书的意见很好，恳请皇帝陛下批准！”朱瞻基听后答复道：你们讲得很好，“天下未尝无才，但患访求未至耳。然亦不可滥举以塞责。其令尽心访举，勿有遗才。蔽匿不举者罚。若滥举亦不恕。”（《明宣宗实录》卷 66）

◉ 慎用吏员　严格治吏（本节中的“吏治”是狭义的吏治，不包括官治）

治官固然很重要，但光治官还不行，俗称官吏，今人对此已经不加区分了，但古时候的官和吏却是有着很大的区别。所谓官即相当于现在人们所说的担任领导职位的官僚，而所谓吏是指衙门中担任非领导职务的办事员。官是官，吏是吏，古时候分得很清楚，其要求和待遇等方面也不一样。官一般是由科举出身的人才担任，享受国家正规公务员的待遇；而吏则不然，一般是由民间“招聘”而来，初通文墨或能办事就行了，还有就是祖上为吏的，子孙常常承袭之。严格意义角度来讲，吏不属于国家正式公务员，也就无法享受国家正规公务员的待遇。因此说官和吏两者之间是“壁垒森严”，一辈子当吏的在古时候是司空见惯的，而升任为高官者却是凤毛麟角。也正因为如此，吏在当时人们眼里是极不受重视的，甚至还会被蔑视和歧视，加上其自身素养不高、少有道德操守、经济待遇又低，往往利用自己的工作之便大搞“经济创收”，因此吏治问题自古以来一直是令人头痛不已的顽疾。更为甚者，吏治搞不好，官场风气就会大受影响，甚至还会危害到官僚队伍的整肃。

洪熙元年九月，即位才四个月的明宣宗跟行在吏部尚书蹇义等人这样说道：“过去一段时间里御史们对在职官员进行了一番考察，发现阘茸不称职的多由吏典出身，这大概是当初选官不慎，才会让这些低素质的吏员钻进了官员队伍中来。从今以后各衙门选官时对吏员出身的都要特别谨慎，衙门长官要亲自过问，你们吏部再进行复核。而对于现在衙门里的那些鄙猥不堪的吏员，你们应当立即将其罢黜为民，免得一粒老鼠屎毁了一锅粥。”（《明宣宗实录》卷 9）

宣德皇帝的此番指示揭开了宣德朝吏治整肃的序幕。宣德三年三月的一天，行在吏部尚书蹇义等向明宣宗上奏说："经过一段时间的考察和摸底，我们发现各衙门中吏典人品鄙猥的及犯有营私舞弊的和不懂官场文案业务的，共计约有 200 余人。根据皇上您的指示，我们人事组织部已决定将他们罢黜为民，恳请陛下批准。"朱瞻基当即应答："甄别贤否为治政之要，此类吏典不仅无用，留着反而祸害了吏治，倒不如趁早将他们淘汰出局。朕在想，现在应该要被罢黜的吏员可能还远不止这些人。很久以来，外面都在讲，古时候人们戒用吏员，可如今我大明却多用之，百姓们老过不上安宁的生活，其根本缘由大概就在这里。由此再说你们吏部，选官任吏可不能不谨慎啊！"(《明宣宗实录》卷 39)

一次性淘汰了不合格吏员 200 多人，宣德朝整治吏员的决心与动作不可谓不大，但即使这样，还有一些胆大妄为的吏员竟顶风作案。宣德四年云南按察司衙门里有个吏员，因为贪图钱财，居然利用自己的工作之便为罪犯篡改犯罪审判记录，将原本的有罪改为轻微的犯法，不曾想到被人识别，按律当处以绞刑。主管重大刑事犯罪复查的都察院将案件上报了宣德皇帝那里，请示批准。朱瞻基当即指示，按律论处！随后他颇为感慨地跟吏部尚书蹇义说道："朕听说太祖高皇帝曾经这样讲过：'吏员心术不正，不可任用。'想来高皇帝真有远见卓识啊！最近听说六部与都察院等衙门都缺人手，需要跑腿、办事的，你们吏部在选用吏员时一定要特别谨慎，如果发现有谁犯有贪赃枉法之罪的，必须得按律严肃论处；倘若九年考满时有的吏员很优秀，以例可以升迁到官员队伍里面的，你们尤其应该加以认真考察，切不滥用，勿使我大明百姓再蒙受其害！"(《明宣宗实录》卷 52)

尽管宣德初期朝廷一再严格吏员管理与使用，但吏治顽疾却迟迟未见有多大的治效。宣德四年四月丁丑日，行在吏部尚书蹇义等上奏说："各处吏多有考满不给由、丁忧服阕及裁替不赴部或改换文卷仍复参充或诈称亲丧，相继守制，把持官府、取索赃贿、起灭词讼、生事告讦、颠倒是非、诬害良善，盖其立心不臧，轻视国法，当严禁约，违者论罪。"宣德皇帝听后大为触动地回答道："朕曾经跟你说过，当年太祖高皇帝远虑深计地痛斥了吏员的丑行，现在越看越觉得他老人家讲得实在有理。这样吧，你们吏部赶紧制定出

吏员的禁约来,马上张榜出去,严禁他们胡作非为,违者按律严处。"(《明宣宗实录》卷 53)

该说的都说了,该指示的都指示了,该张榜禁止的也张榜了。可谁曾想到还有天不怕地不怕的吏员居然在天子的眼皮底下贪赃枉法,挑战大明吏治与法治的底线。宣德四年十一月己巳日,刑部一小吏受命押送一个犯有强盗罪的犯人,前往大理寺去受审。走到半路时,那强盗取出了随身携带的财宝,送给了押送他的小吏。小吏看到财宝顿时心里就发"花","花"得连眼前的强盗都给"花"得无影无踪了,"花"到最后,被人发现他受贿放走了强盗,按律当处以斩刑。案件上报到了宣德皇帝那里,朱瞻基当即批准执行。

一个刑部办事小吏居然胆大包天到如此地步,难道他的顶头上司没有一点责任吗?朱瞻基想到这些,马上令人将刑部侍郎施礼叫到奉天门来,当面予以训斥:"昨天大理寺上奏的案件朕已经批准执行了。此事可不是件小事,吏员心术已坏,唯利是图,什么也不顾,要说他们中能知道廉耻的还不到 1%~2%。再说那个肆意胡为的小吏就是你们刑部的,就是你的手下。这事你们应该吸取教训,从现在开始你们应该更加严厉地整饬吏员,要让他们知法、懂法、守法和畏法,只有这样他们才能保全自身,也可使我们省事。现在可好了,那个小吏置身死地,这难道不是你们这些长官们纵容的结果吗?"听到这里,刑部侍郎施礼等早已吓得魂飞魄散了。(《明宣宗实录》卷 59)

治吏不仅治"吏"的本身,还将吏员的顶头上司叫来问职训话,朱瞻基的严肃治吏可谓是不遗余力,治标又及本。

慎用吏员与严肃治吏,严格荐举、保举和改进科举、学校教育……宣德朝所有这些举措之目的就是要实现朱瞻基所说的任贤使能之理想,换成今天的话来说,就是要搞好"干部"和"未来干部"队伍的建设或言在官僚队伍的"入口"处严格把控好,以便延进"好干部"。但光这样做是不行的,还必须得"用好干部"。"用好干部"除了前面我们讲过的建立和健全官僚考核制度,在规定时段内对他们进行黜陟与赏罚外,还必须在干部任用过程中时时注意加强对他们的监察。

● 理性监察　整饬风纪

与洪武、永乐时期相比，洪宣时期的大明监察进入了一个制度完善的理性时期，贯彻了敷宣德意和守成致治（德礼治国）的治国方略：

◉ 结束恐怖主义监察，充分发挥专业监察功能

明代自开国起就建立了都察院、六科和通政司三大彼此独立的中央监察系统和以按察司为主干的地方监察系统，由此构成了严密的监察网络。

大明都察院相当于现在的最高检察院。都察院的头目为“都御史，职专纠劾百司，辩明冤枉，提督各道，为天子耳目风纪之司。凡大臣奸邪、小人构党、作威福乱政者，劾；凡百官猥茸贪冒坏官纪者，劾；凡学术不正、上书陈言变乱成宪、希进用者，劾。遇朝觐、考察，同吏部司贤否陟黜。大狱重囚会鞫于外朝，偕刑部、大理谳平之。其奉敕内地，拊循外地，各专其敕行事。”都御使下有“十三道监察御史，主察纠内外百司之官邪，或露章面劾，或封章奏劾。在内两京刷卷，巡视京营，监临乡、会试及武举，巡视光禄，巡视仓场，巡视内库、皇城、五城，轮值登闻鼓（后改科员）。在外巡按（北直隶二人，南直隶三人，宣大一人，辽东一人，甘肃一人，十三省各一人）清军，提督学校，（两京各一人，万历末南京增设一人），巡盐（两淮一人，两浙一人，长芦一人，河东一人），茶马（陕西），巡漕，巡关（宣德四年设立钞关御史，至正统十年始遣主事）攒运，印马，屯田。师行则监军纪功，各以其事专监察。”（《明史·职官二》卷七十三，志第四十九）

以上是大明都察院系统的机构设置与大致职司范围，其中监察活动最广的就要数十三道监察御史。监察御史的监察活动大体上可分为两大类，一类叫做分守道监察，即留在都察院按照自己职司地区范围进行监察；另一类叫做差出监察，差出有大中小三等：“两京畿道，提学道，巡按顺天、真定、应天、苏松、淮扬、浙江、湖南、

江西、福建、河南、陕西、山东、山西、四川、云南、广西、广东、贵州等处御史，及巡视京营均大差；辽东、宣大、甘肃三处巡按御史及清军、印马、屯田、巡盐、巡仓、巡关、攒运、巡茶御史俱中差；巡视皇城四门、马房，巡视十库、卢沟桥、五城等处御史俱小差”(【清】孙承泽：《天府广记》卷23)。小差一般就由都察院自己直接委任御史，因此又被称为“差委”；“中差”则往往是由都察院先拟好御史名单，然后题奏皇帝批准委任，故又名“题差”；而“大差”则范围更大了，一般是由都察院会同礼部、吏部等部门共同推荐，再交于皇帝批准委任，因而又被称为“御前点差”。(《大明会典》卷209)

大明中央第二大监察系统为六科。六科是指直属于皇帝的吏、户、礼、兵、刑、工等六科言官系统。朱元璋建国时就开始设立，后屡经变化，到洪武二十四年大致定制，“每科都给事中一人，正八品；左、右给事中二人，从八品；给事中共四十人，正九品。建文中，改都给事中，正七品；给事中，从七品，不置左、右给事中；增设拾遗、补阙。成祖初，革拾遗、补阙，仍置左、右给事中，亦从七品。寻改六科，置于午门外直房莅事。”(《明史·职官三》卷74)

“六科，掌侍从、规谏、补阙、拾遗、稽察六部百司之事。凡制敕宣行，大事覆奏，小事署而颁之；有失，封还执奏。凡内外所上章疏下，分类抄出，参署付部，驳正其违误。吏科，凡吏部引选，则掌科(即都给事中，以掌本科印，故名，六科同)同至御前请旨。外官领文凭，皆先赴科画字。内外官考察自陈后，则与各科具奏。拾遗纠其不职者。户科，监光禄寺岁入金谷，甲字等十库钱钞杂物，与各科兼莅之，皆三月而代。内外有陈乞田土、隐占侵夺者，纠之。礼科，监订礼部仪制，凡大臣曾经纠劾削夺、有玷士论者纪录之，以核赠谥之典。兵科，凡武臣贴黄诰敕，本科一人监视。其引选画凭之制，如吏科。刑科，每岁二月下旬，上前一年南北罪囚之数，岁终类上一岁蔽狱之数，阅十日一上实在罪囚之数，皆凭法司移报而奏御焉。工科，阅试军器局，同御史巡视节慎库，与各科稽查宝源局。而主德阙违，朝政失得，百官贤佞，各科或单疏专达，或公疏联署奏闻(虽分隶六科，其事属重大者，各科皆得通奏。但事属某科，则列其科为首)。凡日朝，六科轮一人立殿左右，珥笔记旨。凡题奏，日附科籍，五日一送内阁，备编纂。其诸司奉旨处分事目，五日一登出，核稽缓。内官传旨必覆奏，复得旨而后行。乡试充考试官，会试充同考官，殿试充受卷官。册封宗室、诸蕃或告谕外国，充正、副使。朝参门籍，六科流掌之。登闻鼓楼，日一人，皆锦衣卫官监莅（洪武元年，以监察御史一人监登闻鼓，后令六科与锦衣卫轮直）。受牒，则具题本封上。遇决囚，有投牒讼冤者，则判停刑请旨。凡大事廷议，大臣廷推，大狱廷鞫，六掌科皆预焉。”（《明史·职官三》卷74）

与过去历代王朝相比，明代监察制度极富有个性的一大鲜明特征，就是朝廷设置直接隶属于皇帝的监察系统——六科；而另一大鲜明特征则是中央设立通政司。洪武年间朱元璋创造性地设置通政司时曾跟通政使曾秉正、左通政刘仁说：政务活动就好比是水，一定要畅通，否则就是一潭死水。故而通政使司的使命为“审命令以正百司，达幽隐以通庶务。当执奏者勿忌避，当驳正者勿阿随，当敷陈者毋隐蔽，当引见者毋留难”（《明史·职官二》卷73）。通政使司的设置为“通政使一人（正三品），左、右通政各一人，左、右参议各一人，经历一人”。“通政使，掌受内外章疏敷奏封驳之事。凡四方陈情建言，申诉冤滞，或告不法等事，于底簿内誊写诉告缘由，赍状奏闻。凡天下臣民实封入递，即于公厅启视，节写副本，然后奏闻。即五军、六部、都察院等衙门，有事关机密重大者，其入奏仍用本司印信。凡诸司公文、勘合辨验允当，编号注写，公文用‘日照之记’、勘合用‘验正之记’关防之。凡在外之题本、奏本，在京之奏本，并受之，于早朝汇而进之。有径自封进者则参驳。午朝则引奏臣民之言事者，有机密则不时入奏。有违误则籍而汇请。凡抄发、照驳诸司公移及勘合、讼牒、勾提件数、给繇人员，月终类奏，岁终通奏。凡议大政、大狱及会推文武大臣，必参预。”（《明史·职官二》卷73）

除了中央三大监察系统外，明朝又在地方上设立了以按察司为主干的地方监察系统。“明初，置提刑按察司。吴元年，置各道按察司，设按察使，正三品，副使，正四品，佥事，正五品。十三年，改使秩正四品，寻罢。十四年复置，并置各道按察分司。十五年，又置天下府州县按察分司。以儒士王存中等五百三十一人为试佥事，人按二县。凡官吏贤否、军民利病，皆得廉问纠举。十六年，尽罢试佥事，改按察使为从三品，副使二人，从四品，佥事从五品，多寡从其分道之数。二十二年，复定按察使为正三品。二十九年，改置按察分司为四十一道……（洪武）三十年，始置云南按察司。建文时，改为十三道肃政按察司。成祖初，复旧。永乐五年，置交趾按察司，又增设各按察司佥事（因督军卫屯粮，增浙江、江西、广东、广西、湖广、河南、云南、四川各一人，陕西、福建、山东、山西各二人。此增设监司之始）。十二年，置贵州按察司。宣德五年革交趾按察司。"这样除两京不设外，大明帝国地方上共有十三按察司。（《明史·职官四》卷75）

明朝按察司的设置为"按察使一人，正三品；副使，正四品，佥事无定员，正五品；经历司，经历一人，正七品；知事一人，正八品；照磨所，照磨一人，正九品；检校一人，从九品；司狱司，司狱一人，从九品"。"按察使，掌一省刑名按劾之事。纠官邪，戢奸暴，平狱讼，雪冤抑，以振扬风纪，而澄清其吏治。大者暨都、布二司会议，告抚、按，以听于部、院。凡朝觐庆吊之礼，具如布政司。副使、佥事，分道巡察，其兵备、提学、抚民、巡海、清军、驿传、水利、屯田、招练、监军，各专事置，并分员巡备京畿。"（《明史·职官四》卷75）

按理说自朱元璋开创，经永乐调整，明初这么多的监察机构和相互交叉的监察网络应该将大明帝国的监察工作做得很好了，政清吏治、国泰民安了，可事实却并非如此。我们不妨来看洪宣时期真实的一幕幕：

宣德初年，有个叫侯进的人受朝廷任命出任辽东安乐知州，因为安乐地处关外，所以临走前北京行后军都督府给侯进发了通关文牒，即相当于我们现在的通行证。哪知道侯进刚走到山海关就被卡住了，他赶紧掏出行后军都督府发的通关文牒，守关军官装模作样地看了看，其他什么也没说，就是不让侯进及其家人通过。最后山海关军队指挥葛升露面，向侯进直接摊派：什么朝廷的文书和中央的通关文牒，在我山海关都顶个屁用，要想过关的话就得留下买路钱！被逼无奈，侯进只好硬着头皮给钱。但事后他想想，越想越气，自己是知州，一个堂堂的朝廷命官，连上任的路上居然还要受一个与自己级别差不多的军官的欺凌，这叫什么世道！侯进是气，但听说受欺的还不止他一人，凡是经过山海关的都要遭到葛升

一伙人的敲诈勒索，于是他就坐不住了，提笔给宣德皇帝写奏折。(《明宣宗实录》卷46)

朱瞻基接到奏报后十分恼火，当即命令巡按监察御史将葛升等人按律论处。

可一波未平一波又起，有个叫郑道宁的监察御史向明宣宗汇报了自己在外出巡按时看到的不堪的一幕幕：

明初尤其是永乐时期，为了打造举世瞩目的政绩形象工程和对付北疆夷虏，同时又为了彰显大明朝廷的宽仁"恤刑"之大德，永乐皇帝规定：除谋反等特大犯罪外，一般犯罪都可以纳米赎罪，即让犯罪者将自己家中的米运到政府指定的边疆地区或其他军事要隘，以此来缓解边疆地区的军事运粮困难。而边疆地区的军队储备仓库则将犯人运来米的数量一一载入簿册，只有达到政府规定的"指标"才能算完事。否则的话，军队储备仓库的军人就要扣留罪犯，让罪犯的家人来完成运米任务，可穷困的罪犯家哪里还有什么米可运？于是边疆那被扣的罪犯就成了"多余的包袱"。军队储备仓库的人高兴时给他们点东西垫垫肚子，不高兴时或忘了就随他们便，时间一长，好多罪犯就被活活饿死。据巡按御史郑道宁的调查，8个月不到的时间内，一个储备仓库就饿死了96个罪犯。

本来中央的一个"好"政策到地方上就走歪了，受罪的还不仅仅是已经被判了刑的"纳米"罪犯，还有"坐监"的。按照传统惯例，女人犯了通奸罪，一般要褪去衣裤受鞭杖刑。这也没什么的，你作为女人这样没羞耻，竟然去偷汉子，到了大堂上褪去衣裤打打屁股又算得了什么？但自有些"淑女"可受不了，在大庭广众之下不该让人看到的地方都让人看到了，多丢人！永乐皇帝本是大流氓、大恶棍，但在对待这类"淫妇"问题上却格外开明。不，确切地说他"与时俱进"了，为了自己的政绩形象工程，什么都可以变通的。"淫妇"害羞，就让她们家里人拿米来赎罪，不褪衣裤打屁股。可是家里有米的女人有可能要偷汉子，家里没多少米的女人同样也会一枝红杏出墙来呀。既然快乐也快乐过了，那该受的惩罚也是逃不过的，但大明官府不知如何处置这些家里没米的"红杏"们，只好将她们关在监狱里，等到着中央的最新指示。等待是漫长的，又是难熬的，尤其是有过特别快乐的女人更是不愿意放弃自身快乐的优势。一个女人能够被外面的男人看上，要么她特别风骚，要么她特别漂亮，这样的女人被关在监狱，多浪费资源！在那个特别讲究效率的永乐时代，“靠山吃山、靠水吃水”是个公开的秘密，监狱的领导们当然不会错过眼前的艳福了。于是“淫乐资源”被开发，腐败渗透到了监狱……（《明宣宗实录》卷48）

从永乐时代开始，日趋严重的腐败还不仅仅渗透到监狱，宣德初年已经蔓延到了皇帝的眼皮子底下了。本来北京明皇宫的四大宫门都有军队中的军士把守，凡是进出的官吏与工匠等都要出示相关的“关防牌”（可能相当于我们现在的特别通行证）。可自特别讲究效益的永乐时代起，人们纷纷向“钱”看了，守宫的军士们也不例外。进出宫门如何检查，主要看有没有给他们好处，至于“关防牌”就显得无关紧要了。常在宫门进出的官吏与工匠们都知道宫门的“潜规则”，可时不时地从各地来的一些进贡、当差的“乡巴佬”，他们可不懂事了。不懂事没关系，宫门军士就留难他们，等“乡巴佬”们懂事了，主动“孝敬”些金银财宝了，军士们就放他们进出。弄得堂堂的宣德帝实在没办法，只好下令“揭榜晓示”，以重刑伺候相威胁，并派遣一名御史在四宫门来回巡视，这才算解决问题。（《明宣宗实录》卷48）

至此有人可能要问了：明初不是构建了那么多的监察机构和相互交叉的监察网络了，为什么到了宣德初年还会出现这样的不堪局面呢？笔者认为：

第一，在国家政务管理中往往有这样的悖论：主管同一件事情的官僚机构越多越管不好事。反正不是我一个人的事，你也管，他也管，何必要我一个人来管。再说监察别人违纪、违法和犯罪，多得罪人！因此说在国家事务管理方面不是官僚机构越多越能办好事，恰恰相反，不仅管不好，还会出现混乱。

第二，洪永时期“大案要案”迭出，一旦案发，皇帝老爷爷处置起案犯及其家眷来，不是成批成批地屠杀，就是扒皮、抽筋、油炸、灭十族、凌迟、轮奸、送教坊司当妓女……这样的恐怖主义淫威使得多数人不求有功但求无过，得过且过，谁愿意去多管“闲事”，监察出什么人什么事来，弄不好最终将自己也给“监察”进去了，永乐朝都察院头头陈瑛不就是这样的前鉴！（详见笔者的《永乐帝卷》）

第三，从理性角度来说，我们民族传统文化中对客观真理的追求是相对模糊与薄弱的。不像古希腊与古罗马人那样为绝对真理而不懈努力。我们中国人更多注重的是"随大流"。

在上述三个原因中，洪熙帝与宣德帝可能意识到的是第二点，因为在他们即位后就一再强调严禁无厘头的"告讦"，同时不搞"大案要案"，这就等于从事实上宣告了恐怖主义时代的终结，而转向强调制度化监察，由此在制度功能方面予以更多的关注，并做了有重点的调整。突出中央与地方监察机构的本职功能与完善六科言官系统，相对淡化通政司的功能。

从制度层面角度来讲，六科的监察功能突出在三个方面：第一，参与监督朝廷的重大决策。凡是六部大臣上呈的章疏都要经过六科审查，而由内阁起草、皇帝批准下达的诏书也要六科抄录备案，如果发现讹误，还可退回重来。参加廷议，对于重大决策还有一定的发言权，甚至有时还与皇帝争辩是非；第二，参与都察院、刑部和大理寺三法司会审。监察刑部受理的上诉案件，甚至还可以纠察与监督厂卫；第三，监察百官，参与考核和铨选群臣，弹劾佞臣奸吏。(《明史·职官三》卷 74)

可以这么说，六科官小权大。鉴此，宣德皇帝在遵循祖制的基础上，稍稍提高了六科的品秩，将洪永时期六科官的八品升到了七品，即与知县平级。大明由此定制："六科中每科各设都给事中一人，正七品；左、右给事中各一人，从七品；给事中，吏科四人，户科八人，礼科六人，兵科十人，刑科八人，工科四人，均从七品。"与此同时朱瞻基还扩大了六科的监察功能，如"增户科给事中，专理黄册。"(《明史·职官三》卷 74)

宣德时期没有过多强化的监察部门为通政司。通政使主要掌受内外章疏敷奏封驳之事。朱瞻基为政期间在这方面仅仅是"恪遵成宪"罢了，但通政司的监察功能还是在发挥着作用。

那时的大明距离开国已有 50 多年。较长时间的"承平"所带来的腐败逐渐变成了见怪不怪的"常事"，甚至还深入到了大明皇宫里边。光禄寺本是大明皇家膳食机构或言高级菜馆，能够在那儿吃喝的人档次可不一般。宣德五年有一批"老外"来北京朝贡，按例就由光禄寺负责接待吃喝。光禄寺长官把通知下达到主厨那儿，厨子们顿时就活动活动心眼了：反正这些“老外”们中国话也不会说，给他们吃好了吃差了都一样，再说在宫中的事，有谁知道！于是就发生了厨子们偷工减料、损公肥私的不法阴事。可令他们万万没料到的是，大明通政司的官员在暗中却监察到了此事，并将其偷偷地上报给了宣德皇帝。朱瞻基听后愤愤地说道：“光禄寺那些人犯的事还不止这些，自祖宗以来饮食供给都有一定的规制，可光禄寺的人倒好，自作主张，随意增减，应该供给的，他们不给，不应该给的，他们给了，还放出烟雾来迷惑人，让刑部的官员好好地治治他们的罪！”(《明宣宗实录》卷63)

虽说仁宣时期通政司还时不时地发挥着监察功能的作用，但就整体而言已不像洪永时期那么活跃了，它更多的是在制度规定的范围内完成好自己的份内通政工作。

而与此形成鲜明对比的是朱瞻基更加注重与活用地方专业监察系统——按察司和中央专业监察系统——都察院。

地方监察系统在洪武时期十分重要、也十分活跃，“各道按察司每岁八月中出巡审囚刷卷，已著为令。”但自永乐时期起，“比因营缮等事差遣，旧令遂废，凡储官司案牍散弃钱粮刑名赃罚等项，恐致湮没，无由稽考”；(《明宣宗实录》卷7)另外由于永乐中期冤杀了浙江按察使周新，地方监察官僚因此而大受影响。直臣周新无辜被杀，与皇帝老爷有着千里之隔、万里之遥的各地按察使当然谁都不是呆子，自此而始明哲保身成为他们官场的生存之道。

朱瞻基当政后及时地注意到了这个问题。洪熙元年八月丙子日，陕西按察使陈智上奏宣德皇帝，说：“根据我大明监察制度的规定，监察御史与各地按察司在每年八月要出巡审囚刷卷，这在我大明开国之际就已‘著为令’。但后来因为举国上下大搞各式各样的工程建设，且不断地做大做强，旧有的法令规制就此被废弃，官衙里的文书档案四处散落或被直接遗弃，如果不赶紧采取措施的话，恐怕各地的财政收支、刑事案件以及犯罪被罚等款项就要被湮没得没法稽考了。”朱瞻基接到奏报后，命人找来当时大明都察院的一把手刘观，随即做出这番训示：“我大明监察系统由你主管，但各地监察活动为何你就废弛不问？听说现在地方上的档案文书散弃十分严重，‘如是，悉旧例举行’”(《明宣宗实录》卷7)。

除了恢复洪武时代监察御史与按察司"出巡审囚刷卷"制度外，朱瞻基还十分重视各地方监察活动的负责人——按察使之人选。他要么破格提拔优秀的监察干部如林硕等人直接委以地方监察长官，要么平调大明都察院副都御史如李素等高官出任地方按察使，由此可见他对地方监察工作的重视。不仅如此，当新按察使上任陛辞之际，宣德皇帝还要语重心长地嘱咐一番，其目的不仅仅是想激活和发挥好地方按察司的官僚监察功能，更多的是隐含着皇帝对新任按察使的重托与信任，可有时君臣之间的这种信任还得要经受一番考验。

林硕是永宣时期的优秀监察干部，福建闽县人。永乐十年进士，曾出任大明都察院贵州道监察御史，后巡按山东，政绩突出，为宣德皇帝所看中，宣德元年十二月被破格提升为浙江按察使。临上任时，皇帝朱瞻基在皇宫大殿上召见了他，并反复叮咛道："浙江地方大，人口众多，有司衙门里的官员不一定都好，军民之中也可能有些豪横不法分子。你去那里后一定要修明纲纪，整饬法度，只有这样，那些奸佞恶棍和豪横不法分子才不敢为非作歹，善良柔弱的人们才得安宁。不过话得说回来，治理别人就得先治理好自身，天下还没有这样的人，自己都管不好，还能管好别人，你要多多努力啊！"林硕当场被感动得眼泪都要掉出来了（《明宣宗实录》卷23）。

看到林硕一脸的感恩戴德，皇帝朱瞻基会心地笑了。可是八个月后的宣德二年八月，有个叫裴可力的宦官从浙江办事回来，朱瞻基知道后马上予以召见，并问他：林硕在浙江怎么样？裴可力冷冷地笑答："他呀，在浙江可神气了，最初到那里的几天，因为是皇上您直接钦定的，什么人都不在他眼里，到了后来连皇帝您也不在他眼里了，有人看见他把陛下您的诏旨都给毁了。"朱瞻基听到这里，牙根咬得咯咯响，心想这个林硕太不识抬举了，你目空一切，连本皇帝的诏书你也敢毁……想到这里，朱瞻基发话："来人呀，给我到浙江去，将那个胆大包天的林硕给逮到北京来！"过了一伙儿，他突然想起来了什么，又说："对了，林硕逮到北京来，浙江按察使可不能空缺，这样吧，调都察院副都御史李素为浙江按察使！"

宣德帝这番发话，底下听命的钦差岂敢懈怠，他马不停蹄地赶赴浙江。可没想到的是，他到了浙江却听到当地老百姓是这么议论的:林硕林大人可是个好官,有能力又有魄力。他振举宪纪,惩恶扬善,得罪了浙江地面上一个姓汤的恶霸。这个汤恶霸的背景可硬了,前些年宫廷里派了个宦官叫裴可力的到浙江来搞采办,汤恶霸发现,这倒是个升官发财的好机会。打定主意,他想尽办法讨好裴可力,没多久两个坏蛋便黏在了一块儿。由于裴可力是从北京来的,到浙江地方上不熟悉,凡事都要听听汤恶霸的。而汤恶霸呢,仗着办皇差的宦官裴可力的威势到处巧取豪夺,鱼肉百姓,弄得浙江地界内鸡犬不宁。有一次汤恶霸正在作恶,刚巧被按察使林硕给逮个正着,虽然碍于皇差裴可力的面子,林硕暂时放了汤恶霸,但除恶斗争的决心却始终没有动摇。再说那个汤恶霸在浙江胡作非为了这么多年,从未有过谁敢跟他叫板,这次栽在素有循吏好官名声的林硕手里,心中不免害怕起来了。他找到裴可力,说了自己的想法。裴可力听后觉得:目前要消除潜在危险的好办法就是除掉林硕,但林硕是皇帝钦定的按察使,自己不好动手,最好的办法是让皇帝朱瞻基自己动手除了林硕,于是他……

当钦差了解事实的真相后,他带了林硕离开了浙江,一同回京。(《明宣宗实录》卷31;《明史·林硕传》卷161)

朱瞻基听了钦差的汇报后半信半疑,最终决定在皇宫大殿上亲自审问一下林硕:到底是怎么一回事?当林硕被带上大殿时,朱瞻基原本板着的脸稍稍松弛了一下,朝林硕说:“你不要害怕,只要从实讲就行了!”林硕听到皇帝这番说话,心里已经明白几分了,他从容说道:“小臣原本愚庸且为小官,过去在当御史时曾经巡按过浙江,得罪了小人。去年陛下提拔小臣出任浙江按察使,到了那里没多久,就碰上了中官裴可力,但我们两人没有什么过节呀,碰到了也客客气气。就是过去小臣巡按浙江时得罪过的小人有可能感觉到,小臣这次出任浙江风宪官会给他们带来很多的不便,甚至既得利益都会受损,于是他们就千方百计地予以陷害。陛下,小臣原本是七品官,承蒙陛下不弃,在您即位之初就超升到了三品官按察使,位重禄厚,小臣日夜思虑,兢兢业业又诚惶诚恐,就想报答皇上您的一片恩德,哪敢有什么不忠之言之行,天地鬼神鉴临在上,小臣实无胡言诽谤。”林硕讲得句句属实,又入情入理。朱瞻基听后也觉得其无懈可击,但总得给自己找个台阶下,于是他就这样说道:“林爱卿,你说得在理,朕本来就不信那些人的鬼话,只不过想当面问问你。既然今天一切都明白了,你马上到驿站去,乘坐官方驿马,迅速赶回浙江去复任。你回去后遇到老百姓不便之事要一一奏来,朕对大臣推诚以待,你可不要有什么顾虑;要是当地有什么坑害老百姓的事情,而你又不报上来,朕才要治你的罪!”说到这里,朱瞻基停了下来,令人起草敕文,严责中伤者宦官裴可力。然后他又转过头去跟侍臣说:“小人造谣,陷害大臣,逮住那个汤千户后,严惩不贷。顺便通知刚刚接任浙江按察使的李素,朕改任他为湖广按察使。”(《明宣宗实录》卷31;《明史·林硕传》卷161)

再说李素原本就是大明都察院的副职领导,职位紧挨着都察院一把手都御使,皇帝老爷短时间内一会儿调他到浙江去,一会儿又调他到湖广去,这也太率性了吧?李素会不会真的这么想,我们不知道。但皇帝朱瞻基为了说明清楚问题,同时也为了表示对李素的信任和按察司工作的重视,就在做出林硕复职浙江的同一天,他特地给李素下了一道敕谕,说:“此追按察使林硕至京,已命复职。湖广江汉重镇,耳目,纪纲之寄,必在得人。尔尝佐藩于彼,悉彼民情。今命尔为湖广按察使,敕至尔即赴任,尚益慎乃操,勤乃职,以副委任,钦哉!”(《明宣宗实录》卷31)

经过宣德初年的一番曲折后,朱瞻基与自己亲自挑选出来的各地按察使之间的关系变得更加密切、和顺了。他很支持和鼓励地方监察工作的开展,一旦地方按察使有什么事情上奏,宣德帝都要认真处理,尤其对于地方与军队的违法乱纪,他坚决予以打击。

就说那个复任浙江按察使的林硕,宣德五年他一次就揪出了金华知府钱润等17个贪官污吏和无能庸官。朱瞻基接到奏报后毫不犹豫地命令吏部“黜罚如例”,顿时浙江郡县吏治肃然(《大明宣宗实录》卷71);宣德六年浙江按察司监察到德清县丞张寿科敛民财,随后便逮捕了他,并将其押送北京。不料,张寿利用看守不备之机逃脱了,躲藏到上林苑监丞郑颙的家里。都察院闻讯后向皇帝奏报,要求一起逮捕郑颙。出于对地方监察工作的鼓励、支持,以及对包庇罪犯者的惩处,朱瞻基做出这样的指示:“浙江按察司抓张寿抓得好,近臣郑颙居然敢庇护害民坏官,这样的人也好不到哪里去,将他们一同抓起来问罪!”(《明宣宗实录》卷75)

对于浙江按察司监察工作的支持或多或少让人感觉到，是由于宣德初年误听谗言，皇帝朱瞻基有些歉疚，故而对其工作予以格外的关注与支持。真是这样吗？非也！

宣德五年二月，广东按察司上奏说："廉州卫指挥王泓贪婪凶暴，每月都要下属缴纳一定数量的钱钞，即相当于现在黑道上征收的'保护费'；要是谁不愿意或没钱缴，他就叫人将其打死。"读完奏章后，皇帝朱瞻基神情凝重地跟侍臣："这个王泓太贪太凶了，人命与钱财究竟哪个重要？这个道理谁都懂。中国有句古话：杀人偿命！即使钱财堆积如山，又有什么用呐！对于王泓，如广东按察司所奏，按律论处！"(《明宣宗实录》卷63)

宣德六年六月，陕西按察司向宣德皇帝上奏说："边关驻军头头都指挥苗旺本职是负责领导兰州卫的军事保卫与军队生产，可这个苗旺居然目无国法，利欲熏心，擅自将官方屯田2顷占为已有，致使那些靠屯田吃饭的兰州卫军士给活活饿死，到目前为止已经饿死了16人，恳请皇帝陛下按律论处！"朱瞻基接奏后，表扬了陕西按察司一番，然后下令，让巡按御史即刻赶赴兰州去，调查事实的真相，如果真有16人饿死，就以杀人罪治罪苗旺，绝不宽宥！(《明宣宗实录》卷80)

朱瞻基在注重发挥按察司等地方专业监察系统功能的同时，更大程度上重视和运用中央专业监察系统——都察院。说到都察院监察系统，我们就不能不提及宣德前期的一个大案，即铲除大贪官刘观案。

◉ 激浊扬清　优化监察系统

○ 坚决铲除大贪官刘观　宣德朝官僚队伍大整顿开启

刘观案所以被称为大案，倒不是因为它像洪武、永乐时期那样，牵牵一大批、杀杀一大堆，而是因为主犯刘观这人地位高，背景深，案件涉及面广，朱瞻基铲除他还动了一番脑筋。

刘观，雄县人，洪武十八年进士，曾任太谷县县丞。可能因为他有些才能，也可能是因为他会做人，后来被人推荐出来，升任正七品的京官监察御史。在严酷的洪武时期，刘观尚能保持着做人的本色，工作也卖力，洪武三十年被提拔为代理左佥都御史（可能相当于最高检察院院长助理），但没多久，因坐事被下狱，不久又被释出，外放为嘉兴知府。上任不久，家里来讯：父亲死了，让他回家守制，这一守就是三年，刚好躲过了从建文转向永乐的那场血雨腥风。篡位皇帝朱棣正苦于建文朝大臣不肯出来为官，刘观恰好“守制”结束来朝廷报到，朱棣乐坏了，提拔刘观为云南按察使。不过转而又想想：高皇帝时代的人来我这里，我一定做好“这篇文章”，于是就将尚未来得及赴云南上任的刘观改为户部右侍郎（相当于财政部副部长）。大约干了一年左右，刘观就被提拔为大明都察院左副都御史（可能相当于最高检察院副院长）。（《明史·刘观传》卷151）

当时都察院的一把手左都御史就是有名的酷吏陈瑛，此人刻薄歹毒；二把手右都御史是吴中，他善于营造和算数，为人宽和，甚至有人认为他是个好好先生。而刘观出任的左副都御史，其官职位于两者之下，但他却表现得两面都合得来，三个“宝物”同处都察院的院长和副院长的领导岗位上，倒也挺和谐的。

永乐四年朱棣开始大肆兴建北京明皇宫，为了使自己与妹妹们的北京安乐窝建造得格外上档次，他决定派“能办事”的高官出去采伐上等好木。就这样，刘观被相中了，并被派往到了浙江。可没多久，因事他回了北京。第二年冬天，山西发生大旱，朱棣忽然想起，山西那里还有一大批军队与老百姓在采木，这可不得了的事，弄不好聚在一起的人造反起来可就麻烦了。于是他就赶紧派遣“能人”刘观驰往山西，遣散了在那里干活的采木工与军队里兵士。此期间刘观办了不少皇差，皇帝爷很满意，但他的官秩却一直是正三品，朱棣可能感觉过意不去了，正准备给他调高一点。刚好永乐六年礼部尚书三朝老臣郑赐死了，皇帝朱棣就提拔刘观为正二品的礼部尚书。可干了一年不到，可能皇帝发现刘观这人不是太合适礼部的领导工作，就将他与当时的刑部尚书吕震对换。此时正值朱棣皇帝要“北巡”，他对留在南京的刘观等心腹都作了交代，而作为“留守”之首的皇太子朱高炽却似乎对此没有注意到。一次，在南京明皇宫代理临朝的朱高炽发现一件不法之事涉及了尚书刘观，于是他就批评了几句。没想到远在北京“巡视”的永乐皇帝朱棣可不干了，他特地给皇太子朱高炽下了敕谕，指责他不该因为小事而“折辱”大臣。由此可见，刘观的政治背景有多深！（《明史・刘观传》卷151）

永乐八年，都督佥事费瓛率军讨伐西南凉州少数民族叛乱，刘观受命前去军中当参谋，实际上可能就是监军。军事行动结束后他回北京，可没多久，因为案子的牵连被谪黜为刑部吏员。从一个礼部尚书一下子抹到底，成为时人不耻的吏员，刘观的脸皮很厚，人也很能忍，忍了四五年才被永乐皇帝“想”起，还职为刑部尚书。不久又被调任为大明都察院左都御史。永乐十五年受命监督浚通河漕；四年后接皇差巡抚陕西，考察官吏。（《明史・刘观传》卷151；《明太宗实录》卷90）

从刘观的个人经历来看，这是个从底层一级级爬上来的官员，曾经几次因为案件的牵连而被处置，人世间的冷暖应该知道得很多，怎样保持荣华富贵自然比一般官员要清楚得多得多。他是洪武时期的进士，到仁宣时期至少也是老爷爷或太爷爷级别的人，又是位近人主的大明都察院一把手，所以即使老皇帝朱棣死了，对他十分反感的新皇帝朱高炽也拿他无可奈何。事实上还不仅无可奈何，仁厚的朱高炽继承皇位后，还给刘观升官加工资。因为都察院左都御使是正二品官，文官到顶了，朱高炽就让刘观兼任太子宾客，后又加他为太子太保，刘大臣一人拿两份工资，多美的事！不过他内心清楚：自己与朱高炽之间的那个坎还得要过！于是就千方百计地寻找机会，来表达自己对新皇帝的“忠心”。

最终等来了机会，有个直肠子官员、大理少卿弋谦响应洪熙皇帝的求言纳谏的号召，洋洋洒洒写了好几千字，指出了当前大明所面临的问题，其中有些话还有点不太好听。刘观估摸着弋谦这个大傻子这回要倒大霉了，皇帝要大家提意见，提得越多越忠诚，你信了，有你好戏看！刘观又听说：这次弋谦上书，皇帝嫌他啰嗦；还听说礼部尚书吕震、大理寺卿虞谦等几个大臣要上奏朱高炽，弹劾那个胡说八道的弋谦……综合这些信息，刘观感到，该是与新皇帝拉近关系的绝佳时机了！于是乘着上班之际，他找自己的部下监察御史谈话，故意向他们露个底。刘领导的意思很明确，在他手底下吃饭的御史岂有不遵之理!

随后便是大朝会。礼部尚书吕震、大理寺卿虞谦等人率先对弋谦发难,刘观的下属十四道监察御也纷纷"适时"论奏,指摘弋谦上书简直就是将我大明帝国描绘得一团漆黑,属于妄奏,理应从严处置。幸亏当时在朝的正直大臣如杨士奇、夏原吉、蹇义等人及时出来救场,也幸亏当政的洪熙皇帝是个明君,直臣弋谦最终没被冤污。(《明史·刘观传》卷151)

不过这事在当时引起了不小的反响,老臣刘观的形象一落千丈。能不能保住自己一生的荣华富贵呢?这是当时刘观日思夜想的大问题,虽然仁宗皇帝朱高炽"匆匆来"、"匆匆去"了,但眼前这位新登极的皇家公子哥朱瞻基却让人吃不透,自己老骨头一把,还有多少享福的日子?天晓得!刘观老早就听官场上的"好朋友"说了:我们这个年龄的老臣富贵已经享受得差不多了,手里也不差钱,有的是孝敬的人,现在关键是要好好地享受人生。怎么享受呢?喝"花"酒、吃"花"宴。这里的花不是真正的"花",而是妓女。拍马溜须的官员早就给刘院长物色好了,某酒楼某坊司的几个"妹妹"绝代佳人,全给包了,专门为我大明最高监察院院长大人服务。再说刘院长自从掉进美人温柔乡那刻起就无时不在品味着那美妙的快感,也从那时起刘大人每餐必有官妓作陪,发展到后来,他干脆来个"韩信将兵多多益善"。尽管刘院长一人拿两份工资,但那么些"花花草草"总要下些"肥料"吧,短时间内问题不大,时间一长,不禁银根短缺。不过不要紧,永乐时期起不少大明官员已经懂得怎么"经济创收",靠山吃山靠水吃水么。刘院长掌管整个大明官僚队伍的监察,只要逮住官员,开口便问:"你搞过女人吗?""没有!""没搞过女人,你贪污过钱财吗?"永乐朝到处都是大工地,贪污些钱财也没什么大不了的,所以刘院长很快就找到了迅速致富的捷径。至于人家送上门来的,拿了也"心安理得",而对于应酬,没有满座的"花花"(官妓),刘院长是不会轻易赴宴的。(《明史·刘观传》卷151)

大明最高检察院院长这副德行,底下的检察官监察御史们争相仿效,"贪纵无忌",更别提其他的官员了,奢靡与腐败弥漫着大明帝国朝廷上下。对此,新即位的宣德帝看在眼里,急在心里。不过他很有城府，有心事一般不外露，观察等待了两年，他心里渐渐有了谱。宣德三年六月的一天，朱瞻基临朝结束，招呼大学士杨士奇和杨荣上文华门。杨士奇和杨荣都是看着朱瞻基长大的，在他们的眼里，朱瞻基既像他爷爷，又像他父亲，很稳得住，今天召见他俩肯定又有什么要事要相商。但在皇帝面前，即使你资格再老也不能卖老，否则弄不好要丢命的。"两杨"对这位公子哥可了解了，于是急急忙忙地来到文华门，像小学生一般恭敬地静候着皇帝金口张开。经过了两年的磨合，朱瞻基心目中的大臣，就数"两杨"点子多，人也靠得住，见到两位老臣，他就直奔主题："祖宗时我大明朝臣还算谨慎廉洁，可近年来贪污成风，这是为什么？"直臣杨士奇脱口而出："贪污成风不是现在的事，永乐末年已经有了，只是眼下越来越厉害！"机敏的杨荣随即补充道："永乐时期贪污最厉害的就数方宾了。"朱瞻基正听得来劲，忽然发现没下文了，赶紧追问杨荣："那现在谁贪污最厉害？"杨荣答道："刘观！"听到这里，朱瞻基沉默了一阵，忽然问："谁可替代刘观？"杨士奇与杨荣共同推荐顾佐。朱瞻基又问："就是那个通政使顾佐？"两杨说："对，就是他！"随后两人就开始对顾佐作介绍。(《明史·刘观传》卷151)

○ 提拔廉能清官顾佐任都察院都御史

顾佐，太康人，建文二年进士，后出任庄浪知县。那时刚刚从洪武转向建文，大明帝国天空中还没有散去尚武的气息。顾佐到庄浪上任没多久，当地驻军军官就想难堪一下顾佐为首的一批文官。那年五月端午节，庄浪驻军军官出面，召集军中校尉和县衙官吏，一同比赛射箭，欢度端午节。要文官与他们武夫比射箭，这不明摆着欺负人么！尤其文官之首知县顾佐成了当地人们的关注焦点。正当大家焦急时，轮到了顾佐上场，只见他慢慢地拉开弓弦……瞄准……射！不偏不离，正中靶心，顿时在场的县衙官吏一片欢呼，而武官们也被眼前的情景所折服，无形之中顾佐在当地的威望给大大地提高了。

永乐朝开启后，顾佐被调任为御史。永乐七年，朱棣北巡，命吏部挑选能干的御史赴北京行在听命，顾佐被选中。他曾奉命去庆远招抚少数民族，后又上四川采木。朱棣亲征蒙古时，顾佐随行北征，巡视关隘，因工作有成绩，被提拔为江西按察副使，后调任为应天府尹（相当于南京市长）。南京是当时大明帝国的首都，也是权贵最为集中的地方，自古以来，最难当的官职就是京城尹。可顾佐不管这些，他刚正不阿，执法严明，无论老百姓还是官吏见了他没有不信服的，人称当代包青天。永乐迁都后，顾佐调任顺天府尹（可能相当于北京市长）。当时大明吏治已出问题，许多官员干起了不法事情，他们生怕被顾佐逮着，就竭力地排陷他，永乐皇帝最终动了心，将他外放到贵州去当按察使。直到朱高炽上台后，才将他调回京城，任大明通政使，兼管监察。（《明史·顾佐传》卷158）

从顾佐的以往经历来看，他不仅廉洁奉公，刚正不阿，执法如山，而且还有丰富的治政经验，又数度在按察使等监察部门领导工作岗位上任过职，且其现在的通政使品秩快要接近都察院都御史，这是个十分理想的都察院一把手候选人。

听完“两杨”的介绍，朱瞻基心里完全有底了。不过从小在“狼窝”里长大的朱瞻基明白：要想除去刘观这个五朝老臣，不用点技巧还真不行，满朝文武与他的关系错根盘节，不容易搞清，于是他就用上了这招：宣德三年六月丁未日，“命左都御史刘观巡视河道”，并假模假样地做出了一番指示，说从南京到北京的运河通道如何重要，可近年来地方有司与军队卫所玩忽职守，不治河道，欺凌百姓。今命刘大臣前去巡视督查。与此同时朱瞻基提升正三品的通政使顾佐为正二品的都察院右都御史，主持日常工作。（《明宣宗实录》卷44；《明史·刘观传》卷151）

从表面来看，这一任命属于正常的工作变动，但朝中“猴精”的人有的是，有人看出了其中的蹊跷。监察御史张循理等人看到自己的老上级不干最高检察院院长的工作了，去什么巡视河道，而我宣德朝一开始就十分重视监察的，难道漕运问题比监察工作更重要？再说漕运一直是由也是五朝元老的陈瑄负责，难道一个临时去视察的搞监察的领导要比干了一辈子漕运的陈瑄还要有能耐？显然是不符合逻辑的！那么这次高级干部的人事变动喻示着什么？刘观要垮台了！想到这里，张循理就给宣德皇帝上了一个奏章，弹劾刘观，说他贪污不法，是我大明朝当今第一号贪官。张循理打了第一炮，其他的御史随后纷纷上奏说：不仅刘观自己贪污腐化，而且他家的那个刘公子刘辐也是贪赃不法分子，父子俩狼狈为奸，见钱眼开，枉法贪财，什么大明法纪在他们的眼里都成了可以任意拉缩的橡皮筋……皇帝朱瞻基实在听不下去了，没想到五朝老臣刘观居然是这般模样，当即下令，逮捕刘观父子。

不过刘观毕竟是一辈子搞人的老手，对于自己被"整"还挺有一套应对的办法。不是有句俗话讲：坦白从宽，牢底坐穿；抗拒从严，回家过年！只要自己不吐出来，看你们能把我怎么样！于是他就不断地喊冤，说自己当了那么多年的最高检察院院长，处理了无数个案子，都是为了国家，没想到今天为"小人"所构陷。朱瞻基听到这般狡辩，心里顿时火了：这个老不要脸的，看来他是不见棺材不掉泪！于是下令将廷臣前后秘密上奏的奏章拿出来，给他一一过目。其中有人检举刘观枉法受贿 1 000 金，这在明初物价平抑、大明公务员普遍低收入的情势下可绝对算得上是个天文数字了，此时的刘观再也无法抵赖。皇帝朱瞻基下令将刘观打入锦衣卫大牢，打算正式定罪后再予以处死。不过大臣杨士奇和杨荣可不赞成皇帝的做法，他们认为：刘观固然贪渎无耻，参照《大明律》受贿 1 000 金也够刘观死几回，但他毕竟是五朝老臣，宣德帝上台后一再强调"敷宣德意"、"德礼治国"，所以最好的处置办法还是别处死刘观，这样就显得皇帝陛下的宽大与"仁慈"。朱瞻基接受了"两杨"的建议，最终决定，将刘辐发配到辽东戍边，刘观作为家眷一同前往。当时刘观已经年逾古稀，到达充军地没多久他就客死在那里。(《明史·刘观传》卷 151)

○ 大明都察院系统大整顿——惊心动魄的反腐败

就在弹劾、处置大贪官刘观之际，朱瞻基任命的都察院新领导大清官顾佐走马上任了，开始对大明监察队伍进行大整顿。

俗话说：上梁不正下梁歪。大明都察院一把手刘观是个大贪官，那么下面的监察干部会是怎么一副模样呢？经过调查，顾佐将 31 个不称职的监察御史给"揪"了出来。皇帝朱瞻基下令，将以刘观党羽严暟为首 20 个贪淫无耻的监察御史发配到辽东各卫作吏，终身充军；8 个不达政体的御史处分少轻一点，降职为县典史；还有 3 个又老又病的御史罢黜为民。(《明宣宗实录》卷 46)

随后顾佐又将自己考察到的45个监察御史候选人推荐给皇帝朱瞻基。其中进士14人，监生11人，等候吏部分配官职的教师20人。顾佐说："这45个人都志操端谨，完全可以胜任监察御史之职。"朱瞻基听后却不以为然，他说："监察干部这类风宪官要用志操端谨者，这果然不假，但还得要有才。现在这45个人是不是人人都有才呢？我们无法知道，这样吧，让他们到相关衙门去实习3个月，考察考察他们的言行，分三等，然后再择优录取！"(《明宣宗实录》卷46)

3个月后结果出来了，45个人中36人被考为上、中两等，9人被考为下等。皇帝朱瞻基发话："上等、中等的马上出任监察御史，下等者叫他们再实习3个月，要是发现有好的被漏选了就立即给补上。人才高低不齐，让他们实践久一点，我们多多考察，他们自然会奋发有为，若真是全是人才，那我们就全录用。"(参见《明宣宗实录》卷48)

就在北京行在都察院整顿差不多要降下帷幕之际，皇帝朱瞻基又将目光瞄向了南京。虽说南京当时的实际地位还不如北京行在，但它毕竟是明朝名义上的首都(直到明英宗时才正式定局北京为首都)，再说大贪官刘观过去盘踞在大明都察院一把手位置上那么久，南京诸司衙门的腐败虽说没北京那么严重，但也是应该关注和整顿的重点。宣德三年十一月，根据廷臣们共同推荐，朱瞻基从优秀的地方官中选出了邵玘等8名廉洁奉公又有才干的官员，分别就任南京都察院左副都御使和六部堂上官。就在邵玘赴任南京都察院左副都御史不久，皇帝朱瞻基发出了这样的敕谕："都察院乃朝廷纲纪之司，庶政之兴废，百僚之治忽系焉。近年南京都察院官委靡不立，颓坏宪纪，非惟不能纠正诸司，亦致各道御史恬无畏惮；巡仓库者，通同监守纳户，恣为奸弊；巡钞法者，通同市井商贾，滥受货贿。甚者挟制诸司，肆行嘱托，贪利坏法，非止一端。今特命尔往振举之，务革前弊，其竭诚尽力，必公必明，纠正权邪，毋有畏避，毋纵奸宄，毋枉善良，庶几人知警肃，弊以清革，副朕简任之意，其各道见任御史宜审择之，凡廉勤公正者俱留在职，若不达政体，不谙文移，贪淫无耻及曾犯赃罪者，悉送吏部降黜，有公差给假，丁忧等项亦如之，务尽至公之道，所阙御史即行吏部慎选，自今

不许滥授，尔其钦哉。”(《明宣宗实录》卷 50)

有了皇帝的这般指示和支持，邵玘他们在南京也开始了大刀阔斧的整顿和改革。一次性降黜了 99 个官员，其中 30 多个御史因贪淫受贿或不称职而被罢黜。情形比较严重的有，御史沈善等 3 人“贪淫无耻”，萧全等 6 人“不达政体”，王恭等 3 人“不谙文移”，陶圭 1 人犯赃罪；户部官黄玘等 17 人犯贪污罪，陈懋等 14 人“奸懒”，周砥等 46 人“不谙文理”，刑部官徐昕等 9 人“才力不及”。邵玘将情况一一上奏给宣德皇帝，朱瞻基接奏后当即命令行在吏部“悉从玘言，如例降黜”。(《明宣宗实录》卷 51)

经过这番整顿，大明监察系统顿时焕然一新，善良的人们无不拍手称快。而与此形成鲜明对比的是那些贪官恶吏们却怀恨在心，伺机反扑和报复。由于宣德朝监察系统的全面整顿是从都察院新旧都御史交替开启的，因此新任都御史顾佐首当其冲地成为坏人攻击的靶子，而发起攻击的急先锋就是前面我们讲过的大贪官刘观之死党严暟。

严暟是个劣迹斑斑的坏官，他原本为南京都察院监察御史，因在工作中多次受贿，为同事监察御史刘弘道所告发。当时大明都察院系统的一把手是刘观，严暟早就听说自己的最高领导是个贪财好色的无耻之徒，与自己彼此彼此，对于这样的领导反而“好办事”，只要从共同爱好入手。拿定主意，严暟找了个汇报工作的机会，与刘观有了“零距离”的接触，乘着旁边没人的时候，赶紧“孝敬”。俗话说：拿人钱财予人消灾。大贪官刘观自从拿了严暟的钱物后，心中顿时有了“谱”。当皇帝朱瞻基问起严暟贪污之事时，刘观就极力地为其遮掩，说那是人家造谣，他叫人查过了，根本没那么回事。于是贪官严暟不仅没被处理，反而还“半”升了官。什么叫“半”升了官？原本严暟是南京都察院的，后来被刘观调到北京行在都察院，而当时大明帝国的权力中心在北京行在，虽说严暟到北京仍干监察御史，属于平级调动，但在皇帝身边工作，其实际地位还是提高了！

再说自从“傍”上了刘观这座“大靠山”后，严暟开始尝到了权力背景所带来的好处，于是他就愈发无耻，受贿钱物，投资权贵，经济受损了再受贿……“纵肆不检，淫荡无度”。(《明宣宗实录》卷 54)

正当严暟等人逍遥得不能自已之际，廉洁能干的顾佐接受了皇命，来到了都察院，出任右都御史之职，开始了对监察系统的全面整顿。贪官污吏严暟、杨居正等十几人的丑行恶迹很快就被揭露开来，顾佐将其奏报给宣德皇帝，朱瞻基下令严厉处置。为了防止节外生枝或狗急跳墙，皇帝要求定案后将在京的严暟等人迅速发配到辽东去，充当令人不齿的吏员。而对于公差在外地的杨居正等6人暂不采取动作，等他们办完事情回京后再作处理。再说杨居正一伙儿回京后发现自己的"烂兄烂弟"全不见了，顿时就明白了怎么一回事，于是就不断地喊'冤'。朱瞻基听说后愤愤说道："事到今日，这些贪淫无耻之徒还想抵赖和妄诉，真是岂有此理！将他们全改为充军辽东！"

充军在当时来说是仅次于死刑的刑罚，一旦被充军到边地不说能不能回来、能不能生存下去还是个很大的问题，更何况贪官严暟和杨居正他们原本养尊处优，无论怎么也受不了充军这般罪。先前已经负案累累的严暟十分狡黠，一到充军地就盘算着如何逃走。坦率而言当时大明军队已经腐败，严暟碰到腐败最有办法，给点好处，监管人员就睁一只眼闭一只眼，于是严暟就抓紧时间赶紧逃跑。逃哪里去？潜回京城去报仇！想当年自己在位时那么多的人巴结自己，不就是他们自己屁股上不干净，如今老子回去向他们要一点也应该。有了钱，严暟心里踏实了，有钱能使鬼推磨，"重赏之下必有勇夫"，抓紧时间物色好个武艺高强的"人才"，打算专取把他送往辽东的仇人——顾佐的小命。

对于严暟潜回京城的不法行动，大明相关部门早已掌握得一清二楚，并汇报给了朱瞻基。宣德皇帝听后十分震惊，同时也很恼火，当即就下令给锦衣卫，迅速逮捕严暟，让三法司组织人员会审。(《明宣宗实录》卷56)

三法司会审结果出来："严暟从充军地潜逃，就此一项罪行按律应该处以死刑。"这时都察院右都御史顾佐向宣德皇帝揭发："严暟潜回京城后，曾在暗中收买杀手，打算加害小臣。"朱瞻基听到这里，牙根都要发痒了："这等恶逆竟然这般胆大妄为，目无国法。来人啊，将恶人严暟立即押赴菜市口，斩首示众！"(《明宣宗实录》卷70；《明史·顾佐传》卷158)

严暟被杀后一年左右，有个胥吏跳了出来，向宣德皇帝告发："都察院右都御史顾佐假正经，压根儿不是什么清官，他收受底下仆隶的贿赂，私自放走人。"说得有鼻子有眼，皇帝朱瞻基看完奏章后万分惊讶："难道自己很信任的杨士奇、杨荣两位老臣推荐了一个政治作秀高手？"想到这里，他马上下令："将杨士奇叫来！"

当杨士奇来到朱瞻基跟前时，只觉得今天皇帝脸色不太对头，还没来得及开口，皇帝就说了："杨爱卿，朕十分信任你，这个你也知道。你不是曾经推荐说，顾佐如何的廉能，堪任大明都察院的一把手吗？可怎么会有人出来告他贪污呐？"朱瞻基边说，边将上告奏章递给了杨士奇。杨士奇当时一闷，不知出了什么事。当他将奏章读完后，顿时就明白了，于是不慌不忙地向宣德皇帝解释道："陛下，朝廷上下百官们低薪这是尽人皆知的事情，什么车马费、家人开销等等，许多朝臣付不出了，就让仆隶们帮助一下，官员们往往免去仆隶的一些杂役，让他们回家耕作，这样多少有些收入，仆隶再将收入中的一部分'孝敬'给官员使用。不仅顾佐这么做，满朝官员都这样，这是公开的'秘密'，老臣也是如此。为此，仁宗皇帝在位时还曾给大家加过薪。"听到这里，朱瞻基才恍然大悟，长叹一声，然后说道："朕没想到朝臣们这么清贫啊！"接着他话锋一转："朕刚刚任用清官顾佐，可没想到竟然有小人胆敢诬告他，一定得让法司部门好好治治这小人！"杨士奇赶紧劝解："这种小事不值得陛下动怒。"朱瞻基听后觉得杨士奇讲得很在理，马上改变了主意，将顾佐找来，然后将那胥吏的诬告奏章交给他，并这样说："顾爱卿，这里有份奏章，你就自己看着办吧！"

顾佐拿到奏章一看，顿时被感动得热泪盈眶。他不停地叩首，还喊着"谢主隆恩！"

走出皇宫大殿，顾佐马上找来那个诬告他的胥吏，开门见山地跟他说："你秘密诬告我，我已经知道了。本来可以治你诬告罪，可我是这么想的，只要你改过自新了，我就饶恕你！"已经被吓得魂飞魄散的胥吏听到这话，连忙如捣蒜泥般地磕头谢恩。

这事很快就传开了，人们都佩服顾佐的气度，皇帝朱瞻基听说后更是笑逐颜开，他曾跟侍臣说："顾佐真不愧为栋梁之才，识大体，懂大局啊！"

可有人不这么看问题,他认为:皇帝朱瞻基既然肯接受告黑状的,说明其内心与顾佐等还是有着一定距离的,有距离就"好办事"。

有一天,有人向宣德皇帝控告说:大明都察院一把手顾佐不理冤狱申讼,理应治罪!可能是诬告顾佐的事听多了,皇帝朱瞻基一听到又有人来告顾佐的状,马上就说:"这事真不了,一定是重罪犯教唆的!"随后命令法司部门集体会审该案。审理结果,果不出皇帝朱瞻基所料:原来有个叫藏清的千户官因连杀三个无辜之人,按律当处以死刑,但他抱着搅乱是非以便浑水摸鱼的心态,指使别人诬告负责案件监察的都察院领导顾佐。朱瞻基听到这样的会审结论,顿时就愤愤地说:"不杀藏清,都御史顾佐就没法执法了!"随即令人将罪大恶极的杀人犯藏清押赴菜市场千刀万剐!(《明史·顾佐传》卷158)

在顾佐出任都御史期间,朱瞻基还接受杨士奇等人的推荐,先后任命陈勉、贾谅为行在副都御使,辅助顾佐领导都察院工作;与此同时邵玘负责主持南京都察院事务,其下有严升等清廉官辅佐,因此说,当时南北都察院正可谓是"官廉政清",这就大大优化了大明监察系统的领导力量。正因为有了这样的"官廉政清",宣德朝的监察工作才开展得有声有色。(《明史·顾佐传》卷158)

◉ 净化监察队伍,整顿官场风气——反贪污、反嫖娼宿妓、反"胡为"

由于刘观等贪官污吏把持了大明监察系统好长一段时间,加上永乐时期起就已有十分严重的腐败之风蔓延,仁宣之初大明官场萎靡不振,为此,朱瞻基君臣采取了种种举措予以全面整顿:

○ 严惩监察干部违法犯罪,重树大明政界正气

刘观案过后一年多,有人在清理案件时发现了"案中案"。一个叫王绍的监察御史被人控为刘观贪污案的同案犯,可王绍本人却不停地喊冤。皇帝朱瞻基知道后十分重视,命令三法司官员重申此案,最终查明了真相:原来大贪官刘观在出任都察院一把手时,有个叫蔡琳的犯人脑子特别"活络",他听人说掌握生杀大权的

都御史刘观特别爱财，于是就叫家人赶紧去“奉献”。但堂堂的一个中央部级干部如何见得着呐？蔡琳家人摸了一下情况，结果发现：直接负责此案具体事务的是个叫庄彦琦的书吏，他有机会接触到刘大人，且还曾“热心”表示愿意帮忙，于是蔡家人就将一大笔钱给了庄彦琦。庄彦琦拿到钱后把“大头”给截留了下来，将小部分给了刘观。贪官刘观不管钱财多少，他都要，拿到以后就给人办事。刘院长亲自出面，书吏庄彦琦等人极度配合，最终就差监察御史一关了。此时刘院长什么都不顾了，直接将监察御史王绍给找来，要他出具保释文书。王绍一看自己的最高领导出面，想着自己的前途事业还捏在他的手中，于是就违规地出具了文书，以养病为名让犯人蔡琳回家“修养”。这事原本也就过去了，没想到刘观案发，牵出了庄彦琦。庄彦琦截留“大头”贿赂之事一经传出，人们纷纷愕然。顿时庄书吏意识到事态的严重，为了减轻自身将要受到的处罚，他就诬陷监察御史王绍也曾受赃，这下王绍可就冤枉了，于是他就不断地喊冤。

听完了三法司官员对案情调查结果的汇报后，皇帝朱瞻基对都御史顾佐等人说：“王绍有没有受贿这事查清了，但身为监察御史，他本不应该曲法媚上，只为自己前途着想，不为国家考虑，按例处以杖刑、罚役，然后再让他复职，以此来煞煞官员们不遵守规制之歪风！”(《明宣宗实录》卷 71)

监察官媚上不遵规制要被处置，那么有人喜欢打“小报告”邀功取宠呢？也要严肃处理！

宣德皇帝有个习惯，每次临朝结束后就上便殿，与几个近侍大臣一起讨论一些特别紧要的事情。有一天他来到左顺门，刚想要跟人说话，刑科给事中李芳突然抢先了：“启奏陛下，据小臣所知，洪武时代规制：百官退朝后，凡是大臣有事要奏请皇上的，必须得先给两名给事中官员过目，其目的是为了防止有人耍奸使弊。”朱瞻基一听，觉得这建议提得很好，回头就跟侍臣说：“给事中李芳所言极是。”听到皇帝这般肯定自己，李芳顿时就心花怒放，且还有点飘飘然，在那么重要的帝国大臣面前，我一个小小的七品官提了个建议，就能得到皇帝的采纳，这是多大的荣耀！说明了什么？说明皇帝信任我。自此以后李芳就特别自傲，每每见到百官做什么事，要是稍稍不合自己的意思，他就上皇帝那里去告御状，弄到后来人人为之侧目。最终有个大臣忍不住，向皇帝作了“摊牌”。再说明宣宗朱瞻基何等聪明，前后事情一回顾，心想李芳的行为不就是我大明现在严厉禁止的告讦?！堂堂帝国君主居然信任一个专门打小报告的小人，我大明政治风气会将如何?！想到这里，他立即下令将行在刑科给事中李芳降为浙江嘉兴府海盐县丞。(《明宣宗实录》卷79)

上述两件事情都发生在皇帝的眼皮底下，那么要是有监察御史外出工作期间假公济私或干出有损于大明公务员形象的丑事，那该怎么办？朱瞻基下令严厉处置。

宣德七年有个叫陈絅的监察御史外出巡视，因为自己是皇帝委派的朝廷官，就感到特别神气。他未经过任何合法的手续就征集一批劳力修建巡按地的神祠。等神祠建好了，他就沐浴更衣，然后神气活现地来到了神祠。正想进去敬香拜神，哪料到当地的一些妇女有眼不识泰山抢了先，这下可把陈絅给惹火了。他心想，自己费了那么多的心思修建好的神祠，这“处女”拜竟然要让这些愚妇尝个鲜，真让人火冒三丈，于是他立即下令驱赶。驱赶愚妇后，陈絅感觉特好，除了拜神求仙外，顺路还带上相好的游山玩水，竟然将自己的工作丢在了一边。要说这事有多大？其实也没什么大不了的，不就是监察干部陈絅的所作所为有损于大明公务员的形象！可是皇帝朱瞻基就是不放过，他下令先将陈絅罚作劳役，然后再降职使用，以此来煞煞监察干部队伍中的歪风。(《明宣宗实录》卷91)

与陈絅“空而无物”地抖抖威风相比，两年后他的同行监察御史颉文林可要来得“实惠”多。在大明京师南京赃罚库检查赃物时，颉文林发现了些问题。马上叫人整改？这岂不是白帮了人家！收点钱财？不，我大明都察院前一把手刘观就是前车之鉴，本御史不能那么傻干，要干就干得漂亮些。于是颉御史就暗示与案件相关的铺户“孝敬”自己一些衣物，这样的“小”东西拿了也构不成犯罪。颉文林的聪明还不仅于此，在随后的录囚和检查监狱犯人的工作中，他发现了监狱里有一个女囚犯特别漂亮，见了她后，颉御史整天整夜地魂不守舍，苦思冥想一番，最终想到了一个绝妙主意：以复审案件为名，将那个漂亮的女囚叫到公堂上，假模假样地走走程序，然后以深入了解案情为由，“零距离”地接触女囚。颉御史的算计可称得上绝对一流，漂亮女囚被囚日久，渴望早日脱离苦海重归幸福生活，靠谁呐？今天皇帝老爷派出来的巡按御史权力可大了，再说自己体内时不时地涌动着那股冲动，因而当颉御史接近自己表达那个意思时，她就来了个半推半就，随后双双极乐一番。

这本来是件双赢的事情，又只有苟合男女才知，多美的事！岂料在公堂边上有人看到了这欲生欲死的一幕，并告诉了相关人士。颉御史的同事们知道以后不干了，纷纷上奏给宣德皇帝。朱瞻基认为，颉文林这样的监察官实在太无耻了，其所作所为已大大地玷污了大明检察官的称号与形象，于是下令给颉御史施以杖刑，然后将其及其家属一同发往辽东边卫去充军。(《明宣宗实录》卷114)

一个朝廷监察官搞了个女犯人或言“破鞋”，在当今某些“人民公仆”看来，多大的事！不是前不久有位“人民公仆”某检察官长大白天领了自己的女部下到宾馆去开房，还对外宣称谈工作，事后也无任何风浪！再看看600年前的颉御史，当下人们还真为他“叫冤”呐！不过当年的宣德皇帝却不这么认为，反而进一步想到了：由管好监察官的私人生活进而引发出对大明官场中官僚两性生活作风的整顿：

○ 重申祖制：监临官不得娶治下之女，即不能娶自己监管区内女子为“二奶”

宣德三年八月，山东按察司上奏给宣德皇帝，说：“前不久，监察御史李素巡按到历城，与当地百姓孙让的女儿勾搭成奸，后因惧怕事情弄大，李素干脆就娶了孙让之女为妾；无独有偶，御史赵纯也是巡按到我们山东来的，他看到自己的门子郑能在山东老家的妹妹长得格外的妩媚娇艳，遂起淫心，后娶其为小妾。李素、赵纯利用自己手中的权势，娶了巡视与监察地的女子为妾，这就违反了我大明规制，虽然李素后来高升为福建按察副使，赵纯高升为河南按察佥事，但还应该按律治罪啊！”朱瞻基看完奏章后随即叫来了都察院官员，作出了这样指示：“山东按察司举报得很好，我大明祖制规定：监临官不得娶治下之女！其寓意深刻，可能主要是为了防止监临官处事不公。既然李素、赵纯违反了制度，就按律论处！”可都察院官员说：“李素已经死了，怎么办？”朱瞻基说：“死了就不问，赵纯活着，马上逮捕下狱！”（《明宣宗实录》卷46）

其实利用权势逼娶自己监管下的民间漂亮“妹妹”，何止巡按监察御史！那些天天“守望”在当地的地方父母官们早就捷足先登，将他们的“爱露”喷洒在本该要他们爱护的子民家的小妹妹身上了。宣德六年四月，巡按山东监察御史李辂向宣德皇帝奏报说：“布政司右参议沈定到兖州办理公务，结果‘办’出了一个他的兖州小妾来。”朱瞻基当即下令给李辂，逮捕犯事者，依法治罪！（《明宣宗实录》卷78）

宣德六年十月，行在刑部上奏说：“直隶仪真卫千户杨贵看中了自己部下家的一个年轻漂亮寡妇，想占有她，可谁知对方不肯。杨贵就动用手下的军队，将美艳少寡妇给强娶了，杨千户的所为已经干犯了我大明律条，理应治罪！”皇帝朱瞻基看完奏章后极为气愤地说道：“父母官本该对他治下的子民尽到父母之道，这就是古人所说的爱民如子么，所以祖制规定：官员不能娶治下的百姓女子为妻妾。而这个杨贵首先就违反了，更有他还是强娶呀，不用多说，按律论处！”（《明宣宗实录》卷84）

○ 会赦就不赦犯有不正当男女关系的官员之罪

领导干部、国家公务员在自己监管的地盘上娶“二奶”、“三奶”……皇帝老爷就要对其从严处置，不仅官职要被一抹到底，弄不好还要被充军，实在划不来，因此有些官员就开始拼命寻找法律的“空隙”，以此来满足自己的“性福”。找啊找，终于有人找到了：乱搞男女关系，充其量在法律上算作是犯了通奸罪，遇上皇帝大赦天下，那就大不了被罚到建设工地上去劳动几天（永乐时期起就这么规定的），然后便可回到自己的原官职岗位上去。何乐而不为！干这种丑事的京官特多，因为他们清楚皇帝会何时大赦天下。一般来说，在传统社会里，皇帝、皇太后、皇后、皇太子的生日，新皇帝登基，皇太子娶妃等等，这样的日子里朝廷往往会大赦天下，具体日期外官一般不太清楚，而京官们却有着得天独厚的优势。

有个叫宋准的浙江道监察御史奉命外出，上浙江去清点地方税粮。可能因为走前他听到了什么消息，所以一路上胆子特别大。到了金华时他看到了一个长得水灵灵的特别漂亮的女子，顿时就淫心大作，强娶为妾。后来他又发现，金华城里一少妇更有味，于是就三天两头往那少妇家去，没过多久就勾搭成奸。美人多了，男人就性福，但由此带来了经济问题。大明巡按御史七品官，就那么一点点可怜的薪水无论如何也应付不了“二奶”、“三奶”或“N 奶”的开销，不过宋准没忘了那句国人耳熟能详的台词：靠山吃山，靠水吃水，权力不用，过期作废！想到这些，他就向当地官府直接索要。要说这官府里的人哪个没一点点“小尾巴”，人家皇帝派出的御史来要点好处怎么能不给呐！

这事过后没多久，朝廷宣布大赦天下，而后宋御史的丑事也被人告发了。按照大明法律规制：在大赦之前所犯的罪行，原则上可以赦免不追究(除特别重大恶劣事情以外)。宋御史原本就是外出巡察地方司法案情等，他熟知里边的程序。听到有人告发自己，他就赶紧给大明刑部上书，强调自己所犯之事是在大赦之前，应该予以赦免。这下可难倒了刑部官员，思前想后他们觉得只有上请皇帝。朱瞻基听说后这样说道：“这个宋准，我听顾佐说过，是个极为贪淫无耻之徒，还犯有赃罪，怎么能赦免呐！先施以杖刑，然后发往辽东去戍边！”(《明宣宗实录》卷 57)

宋御史事发后一年不到，有个大明高层公务员太常寺少卿徐善渊也因为男女作风问题而备受关注。太常寺少卿这样的官职在今天可能很难找到类比的公务员岗位，但起码要比现在的地委书记层次要高一点吧。不是最近有个地委书记为报答某女明星带给他的床笫之欢而一掷千金，要不是那个女明星因为别的案件的牵连而引爆，这位地委书记的偷腥事情可能永远也不会被处理，因为我们现在的“人民公仆”的不良私德是算不上什么过失的。可是600 年前的宣德朝君臣却对此十分认真，大明刑部在查清了徐善渊的男女作风案情后，初步决定将其处以徒刑。谁知偏偏遇上朝廷大赦，这下可犯难了。按照大赦的规制，徐善渊大不了上大明建设工地去劳动劳动，就可回来继续当他的高官了。但吏部的官员觉得，这样做影响很坏，最好还是将徐善渊调离原官职，可调到哪儿去呐？他们一时没主意，于是就上请宣德皇帝。朱瞻基听后十分生气："一个堂堂的大明高层公务员连个普通百姓都不如，如此淫污之人再作他用，岂不是玷污了我大明公务员的名声！不用说了，将徐善渊罢黜为民！"(《明宣宗实录》卷66)

中央大官要犯男女问题的错误，中下级官员也免不了。有个叫谢孚的工部主事(可能相当司局级干部)因为乱搞男女关系而被人告发。吏部与刑部将其判为上工地去罚役，然后回来按相同品秩调换工作岗位。皇帝朱瞻基听后不以为然，他说："乡间田野里要是有人干了不耻之事，大家都要指戳他，谴责他。谢孚这人污垢不堪，你们怎么就能将他同品调职使用呐！"最后吏部和刑部根据皇帝的指示精神联合作出决定：将谢孚发配出京，让他上广东连山县去当典史。(《明宣宗实录》卷85)

○ 置官员道德标准高于百姓，坚决打击官员挟妓嫖娼

"包二奶"要被处置，玩"婚外情"则更不行，那么找那些原本就是大明官方许可的官妓乐乐，总该没事了吧？况且我大明朝都察院都御史刘观刘院长他们就特好此，上行下效，在刘院长的"模范"带领下，好多大明中高级官员"每赴人邀请，辄以妓自随"(《明宣宗实录》卷56)，带不带妓女去赴宴成了当时大明"公务员"身份与地位的象征！而官场与社会风气一旦被带坏，若想整治好还非得要下"猛药"不可。虽然在宣德三年刘观等腐败官员已被处理了，但大明公务员挟妓玩乐之风却并没有就此戛然而止，相反越演越烈。宣德四年七月，给事中贾谅、张居杰等人上奏说：北京行在户部郎中萧翔等人居然荒淫无耻到了极点。大白天不理衙署内的事务，喊了一拨子妓女，左搂右抱，酣饮恣乐，这哪像是大明公务员，分明是酒徒淫棍！接到贾谅和张居杰的奏章时，户部尚书夏原吉刚好在皇宫大殿上，皇帝朱瞻基十分气愤地跟夏大臣说："饮酒本是人世间的平常之事，朕未尝禁止，只是我大明官员应当有些廉耻观吧。妓女乃贱人，岂是我大明官员亵狎的！可近来朕常常听人说，挟妓之风愈来愈盛，尤其像刘观一样的贪官污吏，有人说他们每遇别人请喝就必定要带上一群妓女，一旦到了吃喝场所就肆意淫乐，流连忘返；而下层官员见此，也纷纷仿效，你说我大明帝国的风气

能不大坏吗？中央朝廷官、高官应该是小官们的模范表率，可你看这个户部郎中萧翔都干了些什么事！传令下去：将只顾淫乐不顾廉耻与工作的萧翔等人打入大牢，煞煞官僚队伍中的淫乐歪风。尔等大臣就以朕言向全国各地衙门发个文件，让大家多多引以为戒！”(《明宣宗实录》卷56)

没过几天，皇帝朱瞻基似乎感觉做得还不到位，于是就将行在礼部尚书胡濙叫来，作出这样的指示：“祖宗规制：文武官员之家不得挟妓饮宴。近来听说大小官员私家宴请喝酒必定要带上妓女，吟唱玩乐，酗酒终日，以至于怠废政事；更有甚者，嫖娼宿妓，败礼坏俗。你们礼部赶紧发布告示，开出禁止规约来，要是有人再犯，必罪不宥！”(《明宣宗实录》卷57)

不过事后宣德皇帝想想，即使自己连续两次发出严禁官员挟妓嫖娼的最高指示，但要想刹住这股歪风，还非得要与官员们的“切肤之痛”相联系，于是就在宣德四年十一月为庆贺皇太子千秋节而发布宽恤令时，他再次强调：“除真犯死罪不宥外，余杂犯死罪以下递宽减，令运砖赎罪，犯笞杖及枷令者，工匠锁镣者，悉宥之复还职役；挟妓饮酒者仍罚俸三年。”(《明宣宗实录》卷59)

其实朱瞻基的“远虑”并非多余，就在他第三次发出严禁官员挟妓嫖娼的最高指示后，部分大明公务员还在“顶风作案”。山西布政司参议王俊利用自己到下属地区沁州去办理公务之机索取州官财物，且与沁州知州杨瑀、判官游萃等在衙署公堂上公然挟妓饮酒。(《明宣宗实录》卷65)

朝廷的禁令变成了废纸，堂堂的大明官衙成了官员挟妓酗酒的淫乐窝，看来不加重处罚不足以整顿风纪。当大明都察院官员向宣德皇帝奏报王俊、杨瑀和游萃等大明中高级公务员公然违抗朝廷禁令时，一向比较注意为政宽仁的朱瞻基终于发出加重处罚的敕令：将淫官山西布政司参议王俊等发往独石去充军；淫官江西按察副使李纶谪戍辽东边卫。(《明宣宗实录》卷71;《明宣宗实录》卷74)

○ 整顿官场工作作风，打击官员不作为和“乱作为”

经过前后几番较量与整顿，大明官场上的挟妓嫖娼之歪风渐渐地被刹住了。有人说：我当官不玩妓，也不包“二奶”，自由自在，爱怎么样就怎么样，总可以了吗？不，在皇帝朱瞻基看来，既然你要当我大明公务员，就得拿出公务员的样子来，做出公务员应该做的事情，否则就得淘汰出局。

浙江湖州府同知李迪不嫖娼，不宿妓，就好一口酒，一旦喝上了就不要命，非得喝得烂醉如泥，要么倒地就睡，要么亵服袒裸大闹公堂，至于政府公务全都被抛到爪哇岛上去了。他的同僚湖州知府赵登实在看不下去，只好上奏给宣德皇帝。朱瞻基了解事实后跟都御史顾佐说："李迪哪像个官员，简直就是酒鬼加泼皮，如此亵慢无礼之人，怎么能当地方知府的副官！赶紧叫巡按御史前往浙江去，将其锁拿治问。"(《明宣宗实录》卷 71)

李迪的行为确实让人感到过了头，但有些官员旷职尸位或如老百姓所说的：占了茅坑不拉屎，那怎么办？宣德皇帝朱瞻基下令：立即处置！

有个叫何清的凤阳中卫百户官犯事了，按律当罪罚役，但碰巧遇上了朝廷大赦，他就上北京去向皇帝谢恩，一路走到山西翼城县时他就不走了，在那里逍遥了 3 年。北京行在中军都督府找他找了好久才在山西找到。皇帝朱瞻基说后十分恼火："居官食禄，应该兢兢业业，可这个何清居然旷职 3 年，来人呐，马上传达朕的敕令，将何清立即法办！"(《明宣宗实录》卷 86)

何清被法办是因为拿了薪水不上班，可有人来上班不做事，那怎么办呢？

宣德三年八月，行在刑部尚书兼太子宾客金纯因"数从朝贵宴饮，致狱淹滞，为御史给事中所劾"，皇帝朱瞻基下令将金纯打入锦衣卫大牢。虽然明宣宗后来考虑到金纯是明初数朝老臣，没有严治他的"不作为"之罪，但最终还是让他提前内退了。(《明宣宗实录》卷 46)

宣德六年正月，苏州知府况钟上奏给宣德皇帝，说："我们苏州下辖的长洲知县徐亮到任半年，不理政事。问他为什么这样？他只说自己年纪大了，没能力做什么事，简直就是糊日子。如今长洲县的政务全给他荒废了，吏胥肆奸，老百姓失望透顶，恳请皇帝陛下尽早更换知县！"朱瞻基接奏后将吏部官员找来训话："长洲是个庶务很重的县，必须要派上廉能干练的官员才能胜任，你们为何不

量才授人？马上将徐亮给换下来，选个贤能有才干的官员火速赶往苏州去！”（《明宣宗实录》卷75）

不做事、不作为的庸官要被黜斥或撤换，但有的官员太会“做事”了，那又将会如何？

宣德中期山东德州左卫指挥千百户镇抚张鉴等35人到平度州去收集秋粮，准备漕运，共计收到粮食25 000石，就地堆放了2个多月。按照大明规制，漕运粮一定要送达指定的仓库储存起来了，才能算完事，可张鉴等人就是不说储存仓库在哪儿，而是向税粮户索要“好处费”——每50石税粮收30匹布。老百姓说：我们没有那么多的布可给。张鉴他们说：“没布用米来代替也行！”这下可苦了小民们，他们砸锅买铁的、买儿鬻妻的，什么都有。刚好巡按山东的监察御史章聪看到了这悲惨的一幕幕，他马上给宣德皇帝上奏，请求严治那些坑民害民的漕运军官。朱瞻基接奏当即就指示：“军民相资，当互相爱，百姓勤苦，耕作艰难。漕运军官不仅不体恤百姓艰辛，反而肆意虐害。赶紧让巡按御史赶赴事发当地去，将害民军官捉拿归案，按律论处！”（《明宣宗实录》卷63）

○ 注重朝廷自我形象，整顿大明政治风纪

宣德朝廷在整顿大明政治风纪时还十分注重朝廷自我形象或言“从我做起”、“从身边做起”。对于这一点，皇帝朱瞻基在登基改元之初似乎就有了清醒的认识。宣德元年四月，御制《外戚事鉴》和《历代臣鉴》修撰而成，这是皇帝朱瞻基在“采辑前代近戚及文武群臣善恶之迹，与其所得之吉凶”基础上“类为此书”，书籍问世后被赐予朝廷群臣以及外戚，“用示法戒”。（《明宣宗实录》卷16）

咋看一下，明宣宗的这种做法似乎有点杞人忧天了，其实不然。自古以来历朝历代总会出现一些朝廷显贵或外戚利用自身的特殊地位干些违法犯罪的勾当，因为他们位高权重，一旦下手了，危害特别大。对此，明宣宗保持着高度的警觉，一旦有犯，坚决予以查处。外戚应城伯孙杰曾受命上凤阳诸郡巡视马政，因为马匹是当时大明国防战争的主要武器装备之一，在一定程度上来讲，马政工作的好坏直接关系到大明的安危。故而朝廷派出巡视马政

的，一般都身份很特别，要么是朝中重臣，要么是皇亲国戚，而应城伯孙杰就是这样一个背景深厚的朝廷钦差。也正因为有着特殊的身份与地位，应城伯孙杰特别傲慢与凶残，谁要是在马政上有些小小的差池或接待他不周到，他就立即施以酷刑，所以被他巡视的地区，远近几百里，说起孙杰，人们往往不寒而栗。盱眙县官听说孙杰孙大人要来了，害怕自己有什么没做好的，好汉不吃眼前亏，赶紧向养马户索取白银 70 两，孝敬给了孙杰。苏北江都县官听说盱眙县送了钱财，躲过了灾祸，赶紧跟着仿效，聚敛白银 200 两，奉献给了孙大钦差。孙大钦差本以为远离京城，天高皇帝远，自己再为非作歹，朝廷也不可能知晓。哪知有个叫李叙的监察御史刚好巡按在外，闻听了孙杰的劣迹，及时奏报给了宣德皇帝。朱瞻基听后十分气愤地对都察院官员说："孙杰身为大臣，享受丰厚的俸禄，理应为国效命，体恤百姓。可他倒好，竟然贪暴虐民，勒索受贿，害人匪浅！你们都察院与公、侯、伯、五府、六部大臣会同起来，审理一下孙杰的案子，一旦他的犯罪事实被确认，马上就逮捕他，并缴没他的受贿钱财。"(《明宣宗实录》卷 64)

应城侯孙杰最终被逮完全是罪有应得。但有人认为，可能是因为他与年轻皇帝的关系不铁，这才导致了自己深陷囹圄的下场。那么要是与宣德皇帝走得很近的大臣要有什么事或没做好什么事，其结果又会是怎样的？北京行部右侍郎苏瓒原本为县丞，因为他老家在北京附近地区直隶河间，且其很有才干，所以永乐年间苏瓒就很快地被当时的永乐皇帝朱棣发现了。先将其由县丞提拔到中央任工部主事。那时大明帝国到处都有做大做强的工程建设，有才的苏瓒正赶上了那"大跃进"的好时候，他的官职也很快由工部主事升为工部郎中。仁宣交替之际，鉴于苏瓒为前朝老臣，又有才干，仁宣朝廷提拔他为行部右侍郎即副部长，这样一来苏大臣就有了与皇帝"零距离"接触的机会。起初新皇帝朱瞻基以为苏瓒人挺好的，不仅有才干，而且还挺善解人意。但时间一长，明宣宗终于发现，苏瓒实际上是个不知廉耻、只会阿谀奉承的官场混子。我宣德朝自开启以来"恪遵成宪"和"敷宣德意"，不就是为了"克致太平"，像苏瓒这样的混子在朝一天，不仅不利于我大明政治风纪的整顿，而且还会玷污了我朝廷的名声。赶紧将他赶走？可他又没犯什么事，思前想后，宣德皇帝将吏部尚书蹇义找来，一起讨论如何处置官场大混子苏瓒的问题，最后商议决定以苏瓒身体不适为由，让他提前“退休”，滚回家去。（《明宣宗实录》卷46）

一个中央副部级领导因为阿谀、混日子被皇帝赶回家去，这就从事实上宣告了明宣宗时代中央朝廷政治风纪整顿的开启。宣德四年十月，朱瞻基敕谕行在五府、六部、都察院、通政司、六科：“朕嗣位之初已申明旧章，诫饬在京诸司，凡朝廷有公务差委，不许差三司及军卫府州县正官。”宣德皇帝重申了中央与地方公务活动的规范，并“敕南京诸司、南北直隶军卫有司及各都司、布政司、按察司、巡按御史亦如之。”（《明宣宗实录》卷59）

随后宣德皇帝又命令相关部门对朝廷纲纪进行了考察。宣德六年六月，行在鸿胪寺上报说：早朝不来的文武官员共计有500多人。朱瞻基听后心中顿时一怔，随即命令锦衣卫指挥王节等人，对不来早朝的500名官员作进一步的核实。经过一段时间的调查，王节等搞清了：大约有200人就1次没上早朝，还有300多人是2次或3次没来上朝。宣德皇帝听后很火，我堂堂的大明朝廷在大臣们的眼里居然成了什么，想来就来，不想来就不来，成何体统？看来不惩治一下不足以整肃纲纪，但300多号人怎么惩治？古人云：罪不罚众，朱瞻基可管不了这些，他下令：“2次或3次没来上朝的官员罚俸5个月，1次没来上朝的暂时不罚。”皇帝话音刚落，王节又说了：“陛下，您说的这个办法可能行不通，清平侯吴成、顺义伯金顺等，他们都已经领取了禄米，怎么罚法？还有都督尹吉儿察等是鞑官，少数民族官员不是我朝廷要特别照顾么？”朱瞻基说：“‘朝参之礼，人臣不论大小，皆所当谨，侯、伯位高，鞑官受朝命，职亦非小，安可不谨此礼，一体罚俸，以警后来。’至于已经支付过禄米的，从他们的年俸禄中再扣除！”（《明宣宗实录》卷80）

经过此番整顿，大明朝廷风纪顿时肃然，也给各地官僚树立了学习的榜样。

总之，通过上述举措，宣德朝在很大程度上净化了大明官僚队伍，整顿了官场风气，树立了正气。

而这样成果的取得除了朱瞻基君臣的精诚合作与不懈努力

外，还离不开宣德朝不断完善的且富于理性特色的监察体制。

◉ 发挥既充满弹性又富于理性特色的监察网络功能

永乐时期大明监察队伍较杂，既有文官，也有胥吏，文化修养程度普遍不高，故而那时的监察很大程度上就是告讦。宣德初年大理寺卿虞谦曾一针见血地指出大明监察机构被异化了："都察院，耳目纪纲之职，用以激浊扬清，雪理冤抑。今专俾治狱，非朝廷设风宪本意"(《明宣宗实录》卷 26)。而且从永乐朝层出不穷的大案要案的纠察角度来看，大多由陈瑛为首的酷吏或由特务组织"首先发难"，太祖高皇帝创建的你中有我、我中有你的严密监察网络功能发挥不到位，理性成分严重缺乏，监察几乎与恐怖统治成了同义词。而这一切到了仁宣时期就开始大大改变了，逐渐形成既充满弹性又富于理性特色的监察网络功能，具体说来：

○ 拥有一支崇尚儒家政治理想的清廉能干的文官监察队伍

朱瞻基在治国理政过程中，始终将御史等监察官看作为"朝廷耳目之寄"(《明宣宗实录》卷 45)，或直接说："御史，朝廷耳目"(《明宣宗实录》卷 56)。他反复强调监察官谨选的重要："朝廷置御史，托之耳目。凡政务阙失，民生利病，百官贤否，皆得奏举，岂可以任匪人。比来有相朋比，同流合污者，有依势作威，陵蔑良善者，甚至贪淫秽浊不可以言者，如此何望其能举职？虽已逐之。自今必择老成、谨厚、识达治体者以闻，朕将试用之"。"在外按察司掌一道风纪，亦宜慎选，毋任非才"(《明宣宗实录》卷 84)。"老成、谨厚、识达治体"为宣德皇帝选择御史等监察官的标准，那么按照这样的标准选到了什么样的人来当御史？有学者将自宣德三年年底顾佐出任都御史到宣德皇帝驾崩为止，总计 6 年时间内大明都察院任用的御史作了统计，结果发现：新任御史 174 人中进士为 70 人，监生 63 人，教官 29 人，知县 5 人，县丞、行人、判官、检校、照磨、司务等各 1 人。如果把前三者进士、监生和教官加在一起，其人数高达 162 人，占了新任御史的 93%(参见孙与常：《明宣宗对监察官员的考核和黜》，《社会科学战线》1989 年第 1 期，P122)。换句话来说，当时大明监察队伍中的新鲜血液中青年的儒家知识分子占据了绝对的优势。根据明朝的规制，监察御史为正七品，六科都给事中也为正七品，左右给事中及给事中均为从七品，还不如知县，但这类小官是大明监察活动的“主力军”。他们或为皇帝耳目之寄，或代天子巡狩，纠劾百官，权势甚重，由此形成了明朝监察体制的一大显著特征，那就是“以小监大”。问题是明朝为什么要设计成这样的监察体制？

第一，选拔出清廉又有能力的进士、监生和教官担任品秩低的监察官，或许是出于这样的考虑：这类人相对比较年轻，他们在监察过程中不太会像老官僚那般老谋深算，瞻前顾后，患得患失，而是敢闯敢纠劾。

第二，品秩低的监察官来自科场、学校等“象牙塔”，那里少有乌七八糟的社会与政治污垢，无论是进士还是监生或教官，他们都是刚刚读完或教过圣贤书，正踌躇满志地以儒家正统政治理想来治国平天下。以他们为监察官在很大程度上可以杜绝官场上的不良习气，保证监察官的纯洁性，纠偏补漏，维护国家与社会稳定。

第三，由权势重但品秩低的官员从事监察不太会导致君权削夺（品秩高的官员一旦掌握过分重的权势就很容易造成君权下移），反而更能体现皇帝的威严。譬如监察御史巡按地方时，很可能地方上出场的官员个个都比他的品秩高，但他们还得要拜倒在巡按御史脚下。之所以这样，一来是由于监察御史是代表皇帝出巡的；二来是由于监察御史的言论将影响或决定地方官的政治命运与前途，说得更直白一点即地方官拜的实际上是皇权，由此更能充分体现皇帝的威信和稳固中央集权。这就是顾炎武指出的明朝监察体系中“以小监大”的妙处：“秩卑而命之尊，官小而权之重，此大小相制，内外相维之意也”（【清】顾炎武：《日知录集释》卷9）。

可以这么说，由明初太祖、太宗开始精心设计与构建，经由仁宣两代的努力与完善，大明帝国已经拥有一支崇尚儒家政治理想的高素质和高学历的文官监察队伍。

○ 监察官要面对“三高”，即高要求、高风险、高回报

高素质和高学历是大明监察干部的先决条件。一旦准入监察官行列，这些文官群体还得要经受大明皇帝的高要求和高风险的

考验，当然其回报率也基本上与此一致。

所谓高要求和高风险是指对任职为监察官的言行标准要高于一般的官员，若一不小心背离或失误了，那么他们所受到的处罚也要相对加重，其主要体现：

第一，严禁御史外出巡按时有司迎送。

监察御史原本就是七品官，但他外出巡按的对象很多时候是封疆大吏，在中国这个历来就讲究名分与等级的社会里，尴尬由此而生。宣德六年二月，监察御史胡智上奏，说了这样的事情："外省的官衙为进献贺表一类的公文而派遣了他们手下的小官来北京，但按照规制这些小官是没有出差费用的，且又不够资格投宿我大明官办驿舍，于是他们就不得不上老百姓家里去借宿，这似乎不怎么妥当吧；还有肩负监察之责的御史，'受耳目之寄，纠劾百僚，肃清庶政'；倘若巡按一方，那么御史就是朝廷的钦差了，排序应该在省级三司官之上，要是同三司官一起外出办理公务的话，三司官都可以乘马，而御史按照规制的品级却只能骑坐驿站里的驴，这不仅影响了公务办理，也有碍于观瞻，不知道人们看到了该会怎么说？因此小臣恳请陛下恩准：进贺表一类的地方小官允许他们寄宿驿舍，御史可以乘坐驿马，这样的就比较合大体了。"朱瞻基接奏后随即就允准了。(《明宣宗实录》卷76)

其实这是御史外出交通不便的一面，但就整体上而言，御史虽然官小，可他掌握着地方上大多数官僚的政治生命，因此其每巡按到一地，往往前呼后拥——这也是官场上所常见的。

对此，宣德皇帝开始并不知情，宣德六年五月，有人揭发了这么一件事：监察御史傅吉上江西去巡按，江西省长孟桓等率领省衙内大小官员出城迎接，随后又陪同傅吉上宁王府去拜谒宁王。大官陪小官，按照礼法整个倒了个儿，有人就将此事告到了皇帝那里。朱瞻基传令傅吉自陈事实，傅吉表示自己服罪，最终朱瞻基宽宥了他，但后来发现傅吉事件带有普遍性，于是就将都御史顾佐找来，作出如下指示："风宪官必须要严格守法，这样才能依法治人。而今御史好多都是轻薄年少者，他们不以礼法自治，喜欢别人谀佞，要是地方有司迎送有失，他们立即衅事羞辱；而在外的地方官现在也不能好好地按照礼法办事，阿谀奉承。你们都察院马上出

个告示，'申明御史巡按有司迎送之禁'，谁要是违反了，一律治罪！"(《明宣宗实录》卷 79)

尽管皇帝下令严禁了，但可能是涉及的面太广，一年后的宣德七年七月，苏州府知府况钟向明宣宗再次提到了这个问题："御史与在外官相见礼仪及凡迎诏敕诣学校，皆有一定礼制。比来各处公差御史多有违越礼分，各府知府亦有自顾阘茸、贪暴，畏其纠劾者，接见御史谄谀拜跪，甘受詈辱，间有奉法持已不肯阿屈，辄求小过，擅作威福，使贤良不安于位，而邪佞得以苟全，伏乞禁约。"朱瞻基接到奏章后十分重视，命令行在礼部同翰林院共同审议，制定出一个方案，再次严厉申明，禁止迎送巡按御史。(《明宣宗实录》卷 93)

第二，御史等监察官违法犯罪要加重处罚。

明宣宗是明朝历史上公认的"宽仁有德"之主，但在对待御史等监察官的犯罪方面还是遵循"祖制"的从严精神。有个叫任祖寿的监察御史在出外巡视时碰到了这样的一起人命案：枣强县典史周宗本因与衙门内的一个皂隶有矛盾，乘着喝醉酒发酒疯时用衙门内的刑杖将那皂隶给活活打死。枣强县远离京城，死的人又是那个时代为人所不齿的皂隶，于是周典史就想将这事给糊过去。刚好监察御史任祖寿巡视到该县，这下周典史可慌了，经过反复考虑后，他决定向御史摊牌做交易：让任御史沉默不上报，作为回报，他送任御史一匹良马。不料没多久这事还是传到了朝廷去，都察院随即逮捕了任御史，罪名是"听许财物而事枉者"，按律处以徒刑，但由于任祖寿是监察御史，大明祖制规定："凡御史犯罪，加三等，有赃从重论"(《明史·职官二》卷 73)。考虑到任御史还没有拿到人家奉送的良马，于是决定只给他加二等，判处流刑，大致相当于我们平常讲的充军。但都察院吃不准这个判决合适不合适，于是就请示宣德皇帝，朱瞻基回应："御史不能正直，却与罪人私下交易，徇私枉法，如果这股歪风蔓延开来，我大明法制岂不给废了。就按你们都察院所议的办，也可警戒其他人啊！"(《明宣宗实录》卷 76)

第三，严惩监察官犯赃罪。

明朝对监察官犯赃罪，从重论处(《明史·职官二》卷 73)。宣德三年八月，行在刑部奏："监察御史高昭犯赃罪应死，然今恩例当运转赎罪复职。"皇帝朱瞻基答复："犯赃岂可复任风宪官？其罢为民。"

(《明宣宗实录》卷 46)

有个叫刘伯大的监察御史巡按江西,同行的监生林旻用廪给米粮即相当于公费去买棉布,却被人宰了。刘伯大见此就要以“亏价之罪”来治治一路过来就看不顺眼的林旻。哪料到林旻不买账,回北京后就到都察院去告状,说刘伯大在巡按江西时走冤枉路,到宁国府泾县去办私事,接受内使奉送的轿子等物。一句话,这个刘伯大是个贪图小便宜的人,在今天看来也就是他的私德有点问题。可皇帝朱瞻基却不这么认为,他觉得刘伯大自己不正,无法正人,所以不仅不能再让他担任风宪官了,而且还要治他的罪。(《明宣宗实录》卷 69)

还有一个叫沈润的广东道监察御史因为在工作中收受土豪黄金五两、白金百两、文绮十匹,将本该处死的土豪改为了免死。这事被人告发后,沈润也认账,法司部门本着对风宪官犯罪从重处罚的原则,将沈润判处绞刑,恰巧碰到了朝廷大赦,按例应该处以杖刑。但不知这样处理合适不合适,法司官员就将案件上奏给宣德皇帝,朱瞻基发话:“御史,朝廷耳目,受重赂,纵死罪,是耳目蔽矣,岂可轻贷?”最后下令将监察御史沈润发配辽东充军。从杖刑,中间跳过了好几级的徒刑,直接改为接近于死刑的流刑,由此可见宣德朝对监察官犯赃罪的处置之严厉了!(《明宣宗实录》卷 56)

第四,无论是工作内还是工作外,监察官一旦有较大的过失都要接受严格的处置。

监察御史赵俨到河南去清理军伍,暴怒之下他杖杀了 9 个无罪之人。事件发生后,赵俨被控制起来,关在了监狱里头,等待最后的死刑判决。赵俨有个好朋友叫张循理,也是个监察御史,他听说好友出事了,就赶往监狱去看看。看到好友受苦,张循理提出了让赵俨到监外来喝点酒。因为都是干监察工作的,好多人都相互认识,监狱的人也没太认真,就同意了。于是,张、赵两人就喝了起来。喝着喝着,张循理有点醉意了,可赵俨却清醒着,他乘人不备就逃跑了。这事追究起来,其他人都没什么大碍,就因为张循理为监察官,出了这档子事情,要加重处罚,以放走死囚犯之罪加以论处。皇帝朱瞻基知道后,命令锦衣卫审理张循理。这下可好,张循理进了大牢后再也没出来,最后病死在狱中。(《明宣宗实录》卷 48)

监察官的高要求、高风险不仅反映在日常生活中自己的言行之得失，而且还与家人犯不犯重罪相关联。宣德四年十一月辛亥日，“监察御史张聚坐家人以银交易，黜为松江府推官”（《明宣宗实录》卷 59）。更为极端的，还体现在监察官自己的生命与财产有可能随时会受到威胁。现在很多人喜欢将这种监察官戏谑为“专门找茬的”，某种程度上来看，这样的称呼还是蛮到位。当然“被找茬的”肯定是些不守礼法者，或言贪官污吏，甚至是不法亡命之徒。前面我们讲过的查处刘观贪污案牵出来的严凯，就是这么一个几乎不要命的“被找茬的”，他蓄谋杀害顾佐，如果不是被及时制止，那么大明监察系统最大的头头顾佐就命悬一线之中。因此可以说，御史等监察官是大明文官系统中风险最高的官职。

高风险必定要有高回报，否则没人愿意干这类工作。对此，精明的宣德皇帝熟娴地运用权术加以驾驭。有人将宣德三年七月顾佐出任右都御史起到宣德九年十二月为止监察御史升赏情况作了统计，升为兵部右侍郎（正三品）1 人，按察使（正三品）1 人，布政司参政（从三品）2 人，都察院右佥都御史（正四品）1 人，大理寺左少卿（正四品）1 人，按察司副使（正四品）17 人，知府（正四品）5 人，布政司参议（从四品）7 人，按察司佥事（正五品）24 人，太仆寺丞（正六品）2 人，翰林院修撰（从六品）1 人，总计 62 人（参见赵中男：《宣德皇帝大传》，辽宁教育出版社 1994 年 8 月第 1 版，P250～251）。

从正七品的监察御史破格提拔为正三品的兵部右侍郎和按察使，一下子跳了 8 个级别，这是监察御史中跳得最大的；跳得最小的为升正六品的太仆寺丞和从六品的翰林院修撰，尽管中间只有 1～2 个级别，但太仆寺丞和翰林院修撰属于皇帝近臣，实际地位并不低。

由此可见，监察御史不仅是个高风险同时也是个高回报的官职。更有，宣德朝升迁的监察御史中升迁最多的官职为地方按察司佥事和按察司副使，共计有 41 人，约占升迁监察御史总数的 2/3，原本中央派出去巡按的优秀能干的监察御史出任地方省级重要监察官员，这既加强了中央对地方的监管，同时也在更大程度上沟通了中央与地方的关系。而这样格局的形成首先得归功于朱瞻基君臣对监察御史巡按地方实行长久化与专门化的不懈努力。

◯ 监察御史巡按地方的长久化与专门化

御史巡按始创于洪武时代，不过那时不普遍。永乐元年正月乙卯日，明成祖"遣御史分巡天下，为定制"(《明史·成祖二》卷6，本纪第6)。怎么个定制？永乐十年六月，皇帝朱棣敕令："每岁遣人巡行群邑"(《明太宗实录》卷129)。到了洪熙时更加明确了每年派出巡按的时间："定巡按以八月出现"(《明史·职官二》卷73)。御史外出巡按定制为每年都派出，那么他到底在外巡按多长时间？宣德初年的做法是一年一换。宣德二年二月甲申日，"行在都察院右都御史王彰奏：'先遣御史许胜等巡按江西、浙江已逾一年，例应更代。'上(指朱瞻基)命御史唐舟等往代之"(《明宣宗实录》卷25)。但实际上经过明初50多年的承平与社会的发展，当时大明帝国的积弊越来越多，监察御史巡按一年是解决不了什么的，尤其是税粮问题、漕运问题和清军问题等等，都是当时的"老、大、难"问题，于是就形成了监察御史巡按地方的常年化与专门化。"凡监察御史、各道按察司官每出巡、审囚、刷卷，必须遍历，不拘限期"，所到之处"如有陈告官吏不公等事，须要亲行追问"，做到大明监察条例——《宪纲》上所规定的那样："御史所至之处，博采诸司官吏廉勤公谨者，礼之，荐之；污滥奸佞者，威之，纠之，劝惩得体，人自畏服。"(《明宣宗实录》卷93；【清】孙承泽：《天府广记》卷23)

按照明代规制：御史巡按"代天子巡狩，所按藩服大臣、府州县官诸考察，举劾尤专，大事奏裁，小事立断。按临所至，必先审录罪囚，吊刷案卷，有故出入者理辩之。诸祭祀坛场，省其墙宇祭器。存恤孤老，巡视仓库，查算钱粮，勉励学校，表扬善类，剪除豪蠹，以正风俗，振纲纪。凡朝会纠仪，祭祀监礼。凡政事得失，军民利病，皆得直言无避。有大政，集阙廷预议焉。盖六部至重，然有专司，而都察院总宪纲，惟所见闻得纠察。诸御史纠劾，务明著实迹，开写年月，毋虚文泛诋，讦拾细琐"(《明史·职官二》卷73)。按照明朝的祖制规定："(御史)出按复命，都御史覆劾其称职不称职以闻。"(《明史·职官二》卷73)

明宣宗曾这样说："朝廷置御史，托之耳目。凡政务阙失，民生利病，百官贤否，皆得奏举”(《明宣宗实录》卷 84)。朱瞻基这是讲，御史就是皇帝的耳目，应该做到无事不察。这么大的工作范围总得有个主次与先后吧？皇帝又发布最高指示了：“御史出巡，先须考察官吏。官吏守法，然后百姓受福。凡为恶有迹者易于惩治。其有贪暴虐民而强辩饰诈及外视善柔、心实险恶者最要明白究实。若徇私废公，嫜婀姑息，容恶长奸，使百姓受害，则尔罪均。”(《明宣宗实录》卷 66)

明宣宗告诫御史们：“巡按时你们首先得给我考察诸司百官，尤其要将那些外表柔善而心底险恶的虐民官吏得纠察出来，绳之以法；而你们千万不能徇私废公、姑息养奸，更不能与他们同流合污，坑害百姓，否则的话，本皇帝决不轻饶。”(《明宣宗实录》卷 66)

皇帝的要求是相当严的，派出巡按监察御史的愿望也是好的，可现实生活没那么简单。七品官监察御史出外巡按，说不准碰到哪个官都比他品级要高，相对而言，地方官一般都比较配合御史的巡按工作，可中央朝廷的五府六部官呢？那就不一定了。

宣德四年十月乙酉日，河南道监察御史徐训等向宣德皇帝上奏，叹叹自己的苦经：“‘臣等切惟御史巡按一方，职在纠察官吏，锄剔贪邪，伸理冤抑，咨询民俗，宣布政化，责任甚重，非有司可比。故凡御史差遣，分巡追问等项，本院官遵守成宪，必引于御前，请旨点选，慎重其事。’可近年来中央五府六部凡有公事没办完的，不分大小轻重，也不上奏，就直接委任我等巡按御史去催办。况且五府六部都有自己的下属官吏可作派遣，而巡按御史就光杆司令一个，倘若听从五府六部官的委派，走遍外省郡县，专门去做他们交托的催办事宜，这就有悖于我大明朝廷极为看重的监察官之职守了。在此小臣恳请皇帝陛下下敕给五府六部，告诉他们：自今以后如果真有什么重要事务要御史监督办理的，先向皇帝陛下您奏明，我等巡按御史凭皇帝您的旨意去办就是了，但千万不能像以前那样，他们想叫办就得立即照办，否则的话，我大明监察纲纪就无法健全、建好！”朱瞻基仔细阅读了奏章好几遍，然后跟吏部尚书郭琎说：“御史们上奏讲得好，你们吏部通知相关部门，照着御史们的意思去做！”(《明宣宗实录》卷 59)

有了皇帝的圣旨，巡按御史从此以后可以不管五府六部之事而专职巡按了，大明监察制度体系发展到了仁宣时代才算真正地专业化和长久化。

讲到这里，细心的读者朋友可能要问了：巡按御史好像与前章讲的巡抚有点相似，那么他们之间到底有何异同？

◎ 完善既有外察也有自察的四通八达的监察网络功能

永乐时代朱棣加密大明监察制度，在监察体系高端外加派自己亲信、宦官和锦衣卫、东厂特务实行暗察与告讦，使人置身于白色恐怖之中。从严格意义上来说，那不是监察。明仁宗开始，大明帝国才算真正开始步入平和的理性时代。朱瞻基当政后继承了这份十分复杂的遗产，不过在“敷宣德意”和“守成致治”的治国思想指导下，他很快地健全既有外察也有自察的四通八达监察网络体系，从而使得大明监察体系更加完善化与理性化。

这里所讲的自察与互察是以监察对象而言的，细细说来有四类：

第一类是监察机构对非监察机构诸司百官的监察

这一类监察在地方上就是对省、府、州、县官僚实行监察，在中央就是对六部诸司百官进行监察。譬如，宣德六年十月，陕西按察司向宣德皇帝奏请这么一件事：“朝廷号召大家推荐贤能之才出任地方父母官。不久以前，我们陕西汉中府缺个知府，汉中府知府同知王聚事实上老早就瞄上了这个位置，他买了羊肉与好酒，邀请了府学学官张迪以及下属的知县毕升等人喝酒饮宴，要求他们一起举荐他出任知府。宴后李迪等人果然上呈文书，称赞王聚有实德真才，海内外没有什么人可与其相比的。真是肉麻透顶，且这种行为不无朋比欺罔之罪，恳请皇帝陛下降旨治罪。”朱瞻基看完奏章后，十分鄙薄地说道：“王聚一行人真是厚颜无耻，等于公然要官么，真正的人才与君子是不怕没知己的，何必要求人？而且还低三下四地请托自己的部下，真不知廉耻，将王聚等人全部逮起来，按律治罪！”（《明宣宗实录》卷 84）

比起 600 年后的当代跑官者来不知要强多少倍的陕西汉中府知府同知王聚，可能想官想疯了，居然想出了“曲线自荐”的破招。没想到不仅落得了竹篮子打水一场空，而且还把自己与下属都送到了牢里去。不过，这事对纠正宣德朝的政治风气不无裨益。当然也有人认为，省级监察机关按察司纠劾下属府级官员等，属于正常的以大监小，名正言顺，没什么了不得。要是能纠劾省长级别的高官，那才叫本事了。那时有这样的事吗？有！宣德四年十一月，巡按江西监察御史刘伯大向宣德皇帝揭发："前巡按御史姚兼善因罪被逮了，可没想到的是江西布政使孟桓、按察使童寅、参议胡俊、佥事黄察、南昌知府任肃等人却都去给姚兼善送礼，按照我《大明律例》中的相关规定，孟桓等人犯了行贿罪，在此小臣恳请皇帝陛下速速降旨将其逮捕治罪。"朱瞻基看了奏章后，噗然一笑："姚兼善被逮，已经不当监察御史了，江西省省长孟桓等人还去送礼，又不求他什么，这反倒说明孟桓等为人厚道，根本没必要再去追究了。"(《明宣宗实录》卷 59)

看了上面的事例，有人可能要说，那是一次算不上成功的以小监大，有没有成功的？有。宣德七年六月壬子日，巡按福建监察御史邵宗向明宣宗上奏，说："在外诸司文卷皆属按察司照刷。今福建所属自永乐二十年至今未刷，钱粮埋没，刑名出入，何由得知，若天下皆然，则积弊滋多。宜令各处按察司遵依成法，每年八月分巡刷卷，年终则上其籍于都察院。如此则官吏知戒，案牍可清，而政事以理。"(《明宣宗实录》卷 91)

刷卷，简单地说可能相当于我们现代的公文档案监察与会计审计。福建省官府内档案从永乐二十年到宣德七年前后有 10 年的时间都没有被"刷"过，也没上缴给中央都察院归档，福建省按察司有着不可推卸的责任。小官监察御史邵宗的上告告在要害上，朱瞻基当即下令给行在都察院：迅速纠正永乐以来的偷懒行为，遵照祖宗的规制，每年八月准时派人分巡刷卷。(《明宣宗实录》卷 91)

地方上经常有小官监察大官，中央朝廷也不例外。宣德八年六月庚寅日，行在广东道监察御史罗铨等上奏宣德皇帝，纠劾刑部高官右侍郎吴廷用、施礼"不作为"："刑部职司邦禁治奸慝，今右侍郎吴廷用、施礼位例亚卿，庸懦尸位。比者本部郎中厉思温、员外郎孟芳屡以私忿交詈，甚至相殴至公堂，廷用等不能一言，又不具奏，又体知本部近来纲纪颓弛，各司官吏往来交通，漏泄狱情，司狱官吏人等尤甚贪虐，逼取系囚财物，有得者虽重罪，皆脱其械系；无罪者虽轻罪，或棰系至死，皆由廷用等漠不加意，请正其罪。”朱瞻基接奏后，一面下令给行在都察院，叫他们迅速把在公堂上相互打架的官员厉思温、孟芳抓起来问罪，一面把“不作为”的司法部副部长吴廷用、施礼叫到大殿上来当面训斥：“做长官的对部下应该宽厚但不至于放纵，严格但不至于严酷，现在刑部发生的事情是你们一贯放纵所导致的。刑部，掌天下刑罚，岂能如此松松垮垮，从今以后你们得严格职守。”(《明宣宗实录》卷 103)

第二类为监察机关内部官员之间的相互监察

最为典型的案例就要数宣德三年顾佐出任都御史后对大明都察院各道监察御史的全面考核与监察，一下子黜出了 20 多个贪渎或不称职的御史。这样的例子还有很多，譬如，宣德六年八月，宣德皇帝在奉天门就要求都御史顾佐，对都察院系统实行自察，以解决纠察不公的问题，他说：“各处体审官员本欲分别贤否，使人有所激劝。近日累有奏陈，或言奸民摭拾其罪，或言御史及方面官以好恶为去留，纷纷不已。朕惟矫诈者固多诬枉者，亦未必无。卿等其以朕意戒饬之，去取务合至公，今后有徇私偏听，以枉为直，以贤为不肖者，必罪不宥。”(《明宣宗实录》卷 82)

地方上常见的监察机关内部相互之间的监察是按察使纠察下属；倒过来，下属也能纠劾上级。宣德六年五月，浙江按察司的一个吏员(非领导职务的衙门里普通工作人员)向朝廷揭发：他们衙门里的一把手即浙江按察使林硕私自接受宁波知府黄永赠送的礼物，又因为他要到北京汇报工作而派人专门打造船只。明宣宗一向十分重视监察干部的廉洁问题，尽管林硕曾是自己认可的地方监察系统好领导，但对于他是否违法犯罪了还真不含糊，朱瞻基随即命令法司部门先将宁波知府黄永逮来审问审问看。黄永说：自己与林硕原本是老乡，送给林硕的是些家乡土特产，绝不是拍领导马屁送厚礼，纯属于礼尚往来吧；至于林硕造船，有这事，但造船的钱都是他林硕自己掏的。可法司部门却认为，林硕即使没有明显的违纪违法，但还是有着一定嫌疑，于是就上请皇帝定夺。朱瞻基了解了事情的真相后说：“林硕的这些事没什么，不用治罪了！”(《明宣宗实录》卷 79)

一个省监察院院长被自己衙门里的一个普通工作人员暗中参

了一本，皇帝居然正儿八经地叫司法部门认真追查，这样的监察不能不说已经达到了相当理性与完善的地步了。

第三类，不同监察机构之间的相互监察

宣德中期发生了一起离奇的人命案：有个叫宋忠的人在福建汀州当知府，因有事回老家去，途经湖北黄州时遭受了抢劫，不幸人也被害了。宋忠儿子宋瑛获悉凶讯后就上官府去报案。就在这时，宋忠乘坐的交通工具船只却漂流到了黄石港，港边居民陈礼等17个人见到无人船只，也没有细想就将船只拆毁私分了。不料，刚分完官府的人就到了，发现现场有被拆毁船只的蛛丝马迹，一路追查，查到了陈礼等人家，随即就将其当做杀人凶手，戴上枷锁送往北京。

北京行在都察院便以抢劫杀人罪将陈礼等人全判处死刑，可陈礼他们不断地喊冤。都察院没办法，只好向湖广地方三司衙门发出公文，要求他们认真调查、复核案件。可巡按湖广的监察御史陈汭与三司官压根儿就不愿意再重新调查审核，一口咬定陈礼等人就是抢劫杀人犯。

案件调查来来回回，拖了一段时间，“嫌疑犯”之首陈礼病死狱中，其余的还在等待朝廷的最后裁决。陈礼的弟弟知道哥哥他们实在冤枉，两次到明皇宫午门外去猛捶专门用于喊冤的登闻鼓。宣德皇帝听说后，专门派了监察御史胡智上湖广去，会同那里的三司衙门中比较公正的官员亲自到案发地去查访勘察，终于查清了案情：陈礼等人只拆毁船只，与抢劫杀人无关。按理说事情到此大致可以告个段落了，但与都察院并立的另一监察机构六科给事中不干了。你们都察院马虎办事，还弄出了一条人命来，难道就不应该追究责任吗？不行，一定要追究！于是六科官员年富等就向宣德皇帝参劾行在都察院右都御史顾佐、左副都御史陈勉、监察御史丘陵、陈汭、湖广都司都指挥佥事鲁曾、布政司右参议周文、按察副使余士悦等人玩忽职守，‘失入人死罪’应该追究罪责。皇帝朱瞻基接到劾章后马上将顾佐等人叫到大殿上，严厉训斥道：“事情本来不复杂，是官员们搞来搞去没搞清楚才变得复杂，幸好没有冤死人，陈礼病死狱中，你们难道没一点恻隐之心？以后要多引以为戒，谨慎处事！”（《明宣宗实录》卷84）

这种不同监察机构之间的相互监察，不仅有效地防止了监察机构权力滥用与官僚腐败，而且还能纠正冤假错案。由此我们说宣德时期的监察是富于理性的制度监察，而不是当今人们耳边萦绕着的：自觉、自律就能解决制度的缺陷与政治的腐败！

第四类，鼓励非监察系统之间的相互监察，严禁诬告

明代部队的卫所领导指挥等官一般是只管军队里的事，不管监察，但并不意味着他们无权监察不法行为。宣德六年七月，监察御史吴方到北京郊区的怀来卫检查文书档案，工作中他收受了别人赠送的银子 20 两，其随行的监生 10 人收受银子 30 两，还有衣物等。这事给军中指挥马瑄知道了，他上告到了皇帝那里。朱瞻基马上将吴方的上级领导顾佐找来，做出这样的训示："朕常说监察御史以法治人，首先他就应当自己遵法；自己犯法了，怎么能来惩治别人犯法？将吴方等逮起来，按律论处"(《明宣宗实录》卷 81)。

依照传统的礼法规制，一般来说，地方衙门内的官僚管理往往是以大官来管理、监察小官和普通工作人员等，宣德朝也不例外。譬如宣德六年九月，浙江温州府知府何文渊向朝廷上告："本府属下乐清县知县徐文朴嗜酒成性，滥施酷刑，杖杀无罪之人，今已被拿下送往北京，请求皇帝圣裁！"朱瞻基毫不犹豫地命令刑部："罪之如律"(《明宣宗实录》卷 83)。

上述案例很多、很常见，没什么稀奇。有人可能要问：宣德朝有没有非监察系统的小官监察了大官？有。宣德五年闰十二月，浙江处州府下属的丽水县知县陈九鼎上奏说："本府知府李达以私钞二百贯抑民，买牛皮二十张，民益钞三千贯买纳，又以其家所畜小羊豕充祭祀，每羊豕一索民白金三两。"接着有人告："(李)达受赂不行，不可以为府正。"朱瞻基得悉后下令给浙江按察司，将李达"执而罪之"(《明宣宗实录》卷 74)。

事实上宣德皇帝对诸司衙门的小官告大官不仅认可，而且还十分鼓励，只是没有公开发布告示而已。宣德八年正月，云南广南府知府魏文昭偷偷地给宣德皇帝上奏章，参劾自己的省长大人左布政使殷序初犯有不法之事。朱瞻基接奏后命令殷序初到北京来，自己讲讲明白。这下省长大人可拉长了脸，反复诉说没那个事，并说这一切都是知府魏文昭诬告的。但宣德皇帝并不认可，他

跟近臣说:“未必全是诬告,只是省级领导是否真有罪,不能仅凭一人之言就马上治罪了,这事暂且缓一缓,姑且饶了殷省长一回吧。”(《明宣宗实录》卷98)

朱瞻基的话外之音很明确,本皇帝还是鼓励下级监察和上告自己的上级。那么要是上告者与被上告者各执一词,相互指责,甚至撕破脸皮、大打出手,那又将如何处置?宣德皇帝指示:按律论处。宣德五年八月,“山东布政使石执中奏,按察使虞信不迎敕书、不赴京朝觐;信亦奏执中朝觐枉道回家,提督屯种,不委参政、参议,止委都事。行在都察院请皆提问。上曰:‘方面官互摭拾相讦,如小人喧争,亡大臣体,不可不治’”(《明宣宗实录》卷69)。

从上述中我们可以看出,在专业监察机构外,宣德时期还在非监察系统的各部门内部及其相互之间都有着比较活跃的监察,而这样的监察还得到了皇帝的认为和鼓励,不过那时不能瞎告和诬告,因为仁宣时期的诬告是被严厉禁止的。

常州知府莫愚到北京朝觐,刚到就接受了都察院的官方审问。原来常州府有个胥吏将他给告了,说他受贿。莫愚一听说那胥吏的名字,气不打一处来,此人曾经盗用官府衙门的公章,还犯下了其他的罪行,按律正准备将他判处徒刑,没想到他听到风声后迅速开溜,居然还跑到了北京来诬告自己,真是岂有此理!莫愚表示愿意与那胥吏当面对质。朱瞻基了解了事情的真相后下令,将那胥吏先杖刑一百,然后再发边疆赤城去充军。(《明宣宗实录》卷98)

综观仁宣时期的监察,一方面制定了相对严格的职官考核、黜陟与赏罚制度,或言定时考察制度。但明初建立起来的官僚考核期最长要9年,最短也得要3年,而要等这样长的时间跨度内将官吏们贤愚好坏考察清楚,再作去留,显然是不利于大明政清吏治、国泰民安的。于是就在另一方面即进一步完善都察院、六科、通政司和按察司等相对专业监察机构的基础上,建立起既有外察也有自察的四通八达的监察网络,并形成了常年化和专业化的监察御史巡按地方制度,做到时时监察,加上那时巡抚制度渐已成形,其功效实不可小觑:

第一,纠劾百官,澄清吏治

据相关研究,明宣宗当政期间,朝廷升用了62名御史,降黜了大约 130 名御史(孙与常:《明宣宗对监察官员的考核与黜》,《社会科学战线》1989 年第 1 期)。正因为如此,在一批清廉正直的御史等监察官的监察、纠劾与建议下,大明有 240 名以上的各级官员被降职,还有相当一批官员得以升职、任职或复职(【美】牟复礼、【英】崔瑞德:《剑桥中国明代史》,中国社会科学出版社 1992 年 2 月第 1 版,P322)。如洪熙元年七月,监察御史彭谦巡按福建,向皇帝上奏:"建宁知府、同知皆鄙懦无为,推官以下或肆贪虐,或酣饮废事,宜加黜罚,悉以名闻。"朱瞻基命令吏部"黜罚如例"(《明宣宗实录》卷 3);宣德初年金濂巡按广东、江西、浙江,"尝言郡县吏贪浊,宜敕按察司、巡按御史察廉能者,如洪武间故事,遣使劳赉,则渍浊分,循良劝。帝嘉纳之"(《明史·金濂传》卷 160);宣德中期,监察御史黄润玉"出按湖广,斥两司以下不职者至百有二十人。"(《明史·黄润玉传》卷 161)

对此,《明史》曾这样评述道:自朱元璋开国以来"一时守令畏法,洁己爱民,以当上指,吏治焕然丕变矣。下逮仁、宣,抚循休息,民人安乐,吏治澄清者百余年。"(《明史·循吏传》卷 281)

第二,抑制权贵,平反冤狱

宣德初年,大清官于谦"出按江西,雪冤囚数百。疏奏陕西诸处官校为民害,诏遣御史捕之"(《明史·于谦传》卷 170);宣德六年监察御史王来巡按苏、松、常、镇四府,朱瞻基命令他与巡抚周忱一同考察属吏,"敕有'请自上裁'语。来言:'贼民吏,去之惟恐不速,必请而后行,民困多矣。'帝为改敕赐之。中官陈武以太后命使江南,横甚,来数抑之。武还,愬于帝。帝问都御史顾佐:'巡按谁也?'佐以来对。帝叹息称其贤,曰'识之'。及报命,奖谕甚至"(《明史·王来传》卷 172)。监察御史陈选"出按四川,黜贪奖廉,雪死囚四十余人。"(《明史·陈选传》卷 161)

第三,祛除民弊,安抚百姓

宣德初年,监察御史陈祚巡按福建,发现其省衙内多数官吏不称职,于是就上奏给朝廷加以弹劾。尤其令陈祚气愤的是,有些官员和朝廷特使打着朝廷亟须御用之名,强行"和买"。"和买"又名"采买",就是让老百姓承担官府的采办,是一种变相的害民苛政。陈祚上请朝廷,下令禁止,"闽人德之"(《明史·陈祚传》卷 162)。

宣德五年五月,行在都察院左佥都御史李濬上奏给宣德皇帝,说："洪武中直隶及河南、山西等处俱设预备仓储，随时丰俭敛散淂宜，虽遇水旱，民无饥馁。近各处有司不能奉承德意，致使仓储俱废，倘年谷不丰，贫民失所。乞令所司如法修仓，仍给官钱，依时直收籴备用为便。"朱瞻基接奏后十分重视，命令相关部门着力督办，恢复已被废弃了的预备仓制度。(《明宣宗实录》卷 66)

总之，通过御史等监察官的不时监察，宣德朝不仅加强了中央对地方的监管，更大程度上沟通了中央与地方的关系，而且还掌握了各地民情和利病，并及时地兴利除弊，安抚百姓，稳定社会。

不过在朱瞻基看来，光有御史等监察官的不时监察还不行，为了实现"敷宣德意"和守成致治的治国理想，他还推行另一项重要的国策——谨选守令，重农固本。

● 谨选守令　重农固本

朱瞻基自小在大本堂接受正统的儒家教育，加上经常跟随皇爷爷朱棣外出视察，又曾同父亲朱高炽在赶赴北京新都庆贺大典的途中目击了山东饥民之惨状，深知生民之重要与为君之职责。宣德三年二月御制《帝训》问世，其中有一叫《仁民篇》的，篇名意思就是说，对老百姓要推行仁政和德政，这也就是朱瞻基的治国施政理想"敷宣德意"、守成"致治"。

至于为什么要这样做呐？他引用了儒家经典《禹典》中的话来告诫自己的子孙及其臣僚："民犹水也，水能载舟，亦能覆舟"，"民惟邦本，本固邦宁"。由此看来，大明帝国的这位太平之主虽没有其曾祖朱元璋那般亲历农民大起义，感受人民群众力量的伟大，但对于民众如水还是有着相当清醒的认识，因此将他们看做是国家之本："国以民为本，民安则国安"(《明宣宗实录》卷 54)。那么，怎样才使得民安与国安？他还是引用了儒家经典语录来说事："德惟善政，政在养民"。这里的养民，不能解释为皇帝及其官僚来养活老百姓，因为恰恰是老百姓养活了他们。朱瞻基的"养民"正确理解应该是"人君理天下者，不过欲民不失所也"，即使得老百姓不流离失所。为此，他开出了一系列的重农固本、守成"致治"之良方："夫食则思民稼穑之艰，衣则思民蚕桑之劳，饱则思民之饥，暖则思民之寒，赋敛以时役调有节，宽厚以容之，简静以休之，俾农工商贾各力于生业，水旱疾疫皆为之赈恤，无失所之忧，有生遂之乐，则民心永安，而天命永固矣”。(《明宣宗实录》卷38)

◉ 谨选守令　教养小民

宣德皇帝甚至认为，在所有的重农固本和守成“致治”的“良方”中最为紧要的当为谨选守令，教养小民。他的这种治政思想可以说是完全继承了乃祖乃父的重民主义精神遗产，在相当程度上恪守了成宪。明朝开国皇帝朱元璋在总结元朝灭亡的经验教训时就曾这么认为：“元之所以致乱者，虽上失其操柄，亦州郡官不得其人：懦者不立，流于纵弛；强者急遽，发为暴横。又皆以胡为之长，不惟尸位而已，实为奸吏愚弄，假威窍权，以生乱阶。”因此说，“百姓安否在守令。守令之贤者以才德，有才则可以应变集事；有德则足以善治。”(《明太祖实录》卷28下)明仁宗朱高炽也曾说：“庶官贤否，军民休戚之所系。唐太宗书刺史之名于屏，朝夕省览，闻其有善政则各疏于下。故当时所用之人，皆思奋励致治”(《明仁宗实录》卷5上)。朱瞻基则说得更为透彻：“一守令贤，一邑安，守令俱贤，天下大安”(【明】余继登：《皇明典故纪闻》卷9)，“今所急在郡守，一郡得良守，则一郡蒙福。”(《明宣宗实录》卷37)

将一守一令之贤否视为天下能否致治的关键，由此可见其对于守令的重视。这里的守令是套用了中国传统社会的习惯用法，守是郡守，在明代即为知府，相当于今天的地市级主要领导干部。令为县令、县长，在明代为知县，也含括了知州。

明代知府和知县有很大一部分来源于科举铨选，也就是从科举考试中过五关斩六将后胜出的进士中再挑选出优秀者予以委任；第二种来源为荐举和保举。明仁宗在位时曾定制：“凡布按二司、知府有缺，令三品以上京官保举。”但从实际执行的情况来看，似乎并没有做好，“除郡守悉由资格，多不称任，甚至有贪黩暴刻者”。为此，朱瞻基在宣德五年五月下令“行在六部、都察院堂上官举京官之廉能者擢用之”(《明宣宗实录》卷66)。而后况钟等9人被推荐为苏州等地的知府，同年年末，“升给事中、御史等官薛广等二十五人为知府”(《明宣宗实录》卷72)。换言之,就宣德中期这一年的朝廷两次大任命,大明地方府衙新换了34个知府。当时全国共有159府,也就是说大约1/4的知府是朝廷谨选新任的,其中多数人后来还被载入了《明史·循吏传》。

宣德时期地方知府的第三种来源渠道为由御史等考满的优秀官僚升任。宣德三年二月监察御史王静、钟旭、涂克敏、刘麒等九年考最,即为称职良吏,行在吏部想按照惯例予以升授,但皇帝朱瞻基不同意这样做,他说:“彼能为御史,为知府无难矣,不必拘例。”于是升王静知汉阳府,钟旭知兴化府,涂克敏知惠州府,刘麒知南康府。(《明宣宗实录》卷37)

地方知县人选大体与知府相同,一者来自于科举,二者来源于朝廷选派(也有贬官为之)。

其实无论对于知府还是知县,朱瞻基及其父亲朱高炽谨慎选授,就是为了确保地方亲民官的质量,因而在日常治政中他们对于老百姓拥护和喜爱的地方官,常常顺人应天地予以留任、复职,有时还加以升秩,于是仁宣时期动人的一幕幕上演了,见下表。

而对于残害老百姓的地方官,仁宣两帝则予以坚决的打击和严肃的处置。例如,宣德中期山西赵城县知县张秉在佥派差役过程中处事不公,引起了当地百姓的不满,其中有个比较刚烈的小民尤其不买张秉的帐,他想到张秉的顶头上司那儿去说理告状,没想到状还没告,歹毒的张秉已经派人上门,将他给活活打死了。

眼见自己的丈夫惨死,小民家刚烈的“二奶”无论如何也咽不下这口气,她发誓一定要为死去的丈夫讨个说法。可她哪知道自己还没来得及上告,又让知县张秉给逮了起来。见到细皮嫩肉的美丽少妇,张秉顿时心里痒痒的,不过他知道要告状的女人不好弄,肯定是个烈妇,想占便宜,那没门。忽然间一个罪恶的念头在他头脑中闪现:眼前这个烈妇不是要去告状么,看看你那副小身子板,让本县来好好地教教你是我县衙公堂上的刑罚硬气还是你细皮嫩肉的刚烈硬气!想到这里他当即下令给手下衙役,按住少妇,将烧得火红的铁块烙到她身上。少妇痛得死去活来,张秉命人用凉水将她浇醒。经过几番折腾,少妇已经体无完肤,人也动弹不得。张知县叫人走近看看,发现她死了。

仁宣时期为老百姓所喜爱的地方官留任复职情况简表

时　间	留任贤官及原职务	离任原因	留任复职原因	留(升)任职务	史料来源
永乐二十二年九月	灵璧县丞田诚	九年考绩当迁	县父老诣阙乞留	州判官仍佐灵璧县事	《明仁宗实录》卷 2 中
洪熙元年六月	巩昌知府孙亶	九年考满当去	县耆老 315 人乞留	复孙亶巩昌知府	《明宣宗实录》卷 2
洪熙元年六月	安平县丞耿福缘	3 次以冗员当汰	耆民 80 余人挽留	升为安平县知县	《明宣宗实录》卷 2
洪熙元年闰七月	易州判官张友闻	以冗员当去	州民挽留	复张友闻易州判官	《明宣宗实录》卷 5
洪熙元年八月	吴桥县知县吴原	九年考绩当迁	县民 80 余人诣阙乞留	复吴原吴桥县知县	《明宣宗实录》卷 7
洪熙元年九月	长清县知县薛慎	以亲丧去任	县民相率诣阙乞复	复薛慎长清县知县	《明宣宗实录》卷 9
洪熙元年十二月	永乐初为天台知县	永乐时罢官 10 余年	天台县民 200 人乞复召为知县	重新任命康彦民为江宁县丞	《明宣宗实录》卷 12
洪熙元年 12 月	大名县县丞贺祯	九年考满当迁	民诣阙乞留复任	升贺祯为大名县知县	《明宣宗实录》卷 12
宣德元年正月	博野县知县陈哲	以旧官代还县	民恳诉于巡按乞留陈哲	复陈哲博野县知县	《明宣宗实录》卷 13
宣德元年三月	大城县知县金铸	九年考满当迁	大城之民伏阙乞留	复任大城知县，升从六品禄	《明宣宗实录》卷 15
宣德元年九月	砀山知县刘伯吉	亲丧去	县民 70 余人诣阙奏乞复任	复刘伯吉砀山知县	《明宣宗实录》卷 21
宣德二年五月	建宁府推官汤盘	九载考满	其民奏乞留任	升汤盘建宁府通判	《明宣宗实录》卷 28
宣德二年五月	成都府推官栾和	九载考满	其民奏乞留任	升栾和为成都府通判	《明宣宗实录》卷 28
宣德二年五月	归善县知县李广	九载考满	县民诣阙奏乞复任	复任知县，升正六品禄	《明宣宗实录》卷 28
宣德二年五月	浑源州知州陈渊	被诬当罢为民	州耆民数十人乞留	复陈渊浑源知州之职	《明宣宗实录》卷 28
宣德二年八月	宁阳知县孔公朝	坐事戍边，离任 20 余年	县民 80 余人 3 次乞留	复孔公朝宁阳知县	《明宣宗实录》卷 30
宣德三年闰四月	河南按察司佥事傅启让	九年考最	河南民 200 余人乞赐本官复任	复傅启让河南按察司佥事，升正四品禄	《明宣宗实录》卷 42

续　表

时　间	留任贤官及原职务	离任原因	留任复职原因	留(升)任职务	史料来源
宣德四年二月	巩昌府知府孙亶	九年考满	耆民诣阙乞留复任	加孙亶正三品俸,复任	《明宣宗实录》卷 51
宣德四年二月	永平昌黎知县杨禧	九年考满	耆民诣阙乞留复任	加杨禧正六品俸,复任	《明宣宗实录》卷 51
宣德四年二月	山西文水县丞徐文	九年考满	耆民诣阙乞留复任	加徐文正七品俸,复任	《明宣宗实录》卷 51
宣德四年二月	襄垣县主簿乔育	九年考满	耆民诣阙乞留复任	加乔育正八品俸,复任	《明宣宗实录》卷 51
宣德五年六月	河南嵩县知县吴祥	考绩优秀当迁	吏民奏请留任	复任,升其正六品禄	《明宣宗实录》卷 67
宣德五年九月	曹县知县范希正	为吏所诬,被逮	县民 800 余人上诉乞留	宥罪,令范希正复职	《明宣宗实录》卷 70
宣德五年 12 月	遵化县知县李信	以秩满当迁	吏民奏乞留任	复任,升正六品禄	《明宣宗实录》卷 73
宣德六年三月	福建布政司左参政颜泽	以母丧去官	福建民 200 人上诉乞留	起复颜泽福建布政司左参政	《明宣宗实录》卷 77
宣德六年五月	凤翔府知府韩福	以父丧去任	凤翔属县官民 1 270 人乞留复任	起复韩福陕西凤翔府知府	《明宣宗实录》卷 79
宣德六年五月	苏州府知府况钟	丁忧去职	民 2 050 人乞夺情起复	令况钟复任苏州知府	《明宣宗实录》卷 79
宣德七年八月	山东恩县丞冯好学	坐罪罚役当调	县民 50 人诣阙奏乞留	复冯好学恩县丞之职	《明宣宗实录》卷 94
宣德七年十月	东平州知州李湘	被诬陷去职	民 1 300 人上诉乞留	复李湘为东平州知州	《明宣宗实录》卷 96
宣德八年二月	凤翔府知府韩福	以父母忧去任	耆民 980 余人乞为留任	起复韩福凤翔府知府	《明宣宗实录》卷 99
宣德八年十月	四川茂州知州陈敏	亲丧去官	民 170 余人乞为复任	起复陈敏任茂州知州	《明宣宗实录》卷 106
宣德九年七月	邵武县知县邹良	九载考最	其民奏乞留之	俾复职而增其禄	《明宣宗实录》卷 111
宣德九年七月	铅山县知县孙珏	九载考最	其民奏乞留之	俾复职而增其禄	《明宣宗实录》卷 111

这下可将事情弄大了，一个老想告状的“钉子户”一下子死了两口子，张知县再狠毒、再“能”也无法封住所有人的嘴巴，也没有现在某些地方“人民公仆”那么聪明，将告状者及其议论者全送到精神病院去。最后北京的宣德皇帝听到了这事，他十分愤慨地对行在刑部官员做出这样的指示：“县令本是小民们的父母，理应爱民如子。可那个蛇蝎一般的张知县可倒好，一口气杀了两个无辜的百姓。就说平时要是有人无故伤了别人家的家畜、财产，或偷吃了别人的瓜果，尚且还有罪呐，更何况杀人，且一杀杀了两人，这个张知县实在太坏了，来人呐，赶紧给我上山西去，将那恶人张知县给逮了，按律审讯，然后押赴出去，斩了！”(《明宣宗实录》卷 64)

就在山西张知县杀人案发生后一年多一点的宣德六年八月，陕西也发生了一起县官连杀两小民的人命案。陕西韩城县丞(可能相当于县委办公室主任)刘通因事召一小民，没料到那小民不搭理他，只当没听到，这下可惹恼了刘通刘县丞。暴怒之中他下令给手下，将那不听召唤的小民捆绑到县衙里来，让他“长长见识”——施以杖刑。哪想到一阵乱打后，小民没气了。这事可把那小民的哥哥给激怒了，他发誓一定要上告，为弟弟讨个公道。刘通听说后马上下令，对那哥哥也施以杖刑。一眨眼的工夫又将人给打死了。事态越弄越大，最后大明天子朱瞻基知道了，他立即下令：“将那一怒杀二小民的恶人县丞刘通立即押赴菜市口，斩首示众！”(《明宣宗实录》卷 82)

对于残民害民的地方官坚决惩处，而对于老百姓喜爱和拥护的廉官循吏不仅予以留任、复职，有时还加以升秩，仁宣时期这样的例子实在太多了。对此，《明史》曾这样称赞道：“自明兴至洪、宣、正统间，民淳俗富，吏易为治。而其时长吏亦多励长者行，以循良见称。其秩满奏留者，不可胜纪。”(《明史·循吏传》卷 281)

之所以出现这样的历史上少有的喜人局面，是因为仁宣两帝不仅懂得“国以民为本”的大道理，而且还充分意识到了地方官代替君主“敷宣德意”、实施养民、教民之政的重要性。朱瞻基曾这么说：“自古有天下者，皆以民为本，舜禹之相戒亦曰：‘德惟善政，政在养民’，水火金木土谷，惟修正德，利用厚生，惟和而已。夫既有所养，又有所教，而后民生，遂民性完然。治天下之民，必用天下之贤士，此后世郡守县令之职，所以重也。夫一郡一邑，其地环千里、百里，其民以千万计，而付之守令者，欲其教养之而已。教养之道，农桑学校而已。农桑之业修，则民足于衣食而遂其生；学校之政举，则民习于礼义而全其性，如是足以为善治矣。”（《明宣宗实录》卷26）

在朱瞻基眼里，要想稳定国本，就得要推行养民和教民之政，而养民和教民中最为紧要的还是“养”，先有“养”而后才是“教”。那么怎么“养”呢？

◉ 奖励垦荒　强化屯田

洪熙元年六月庚戌日，朱瞻基在即位诏书中就提出要实行了奖励垦荒的政策。与洪武初期经过农民战争后大量土地荒芜不同的是，仁宣时期所面临的是医治永乐酷政所带来的农业创伤。由于劳民伤财的南北征战与一个个不断做大做强的工程建设，永宣之际出现了大量的土地抛荒现象，一再歌颂皇祖朱棣“伟大”的朱瞻基巧妙地说出了这样一番耐人寻味的话：“当今我大明天下，无论官田还是民田，原本有人户耕种的，有的可能是全家死绝，有的可能逃亡，也有的可能是家中实在没有力量耕种而抛荒了，当地有关部门应该招徕人去耕种。原本上缴税粮高于民田的抛荒官田一旦开垦种植后，官府一律以民田标准收取税粮；如果实在没人耕种，那么该荒地原应交纳的税粮一概罢除，不得向周边百姓摊派，再度成为百姓的祸患。”（《明宣宗实录》卷1）

半年以后，听说自己即位诏书中的奖励垦荒政策并没有被真正贯彻、落实好，朱瞻基就将行在户部尚书老臣夏原吉找来，相当不客气地说：“先前朕颁发诏书，命令民间尚有的抛荒官田招徕人们耕种，官府依照民田标准征收税粮。可近来有衙门官员说，朝廷户部原有的税粮总额不作调整，各地只能照旧征收。倘若这样下去的话，我大明朝廷岂不是失信于民了！税粮远运艰难，一定会有人畏惧而逃避，如此一来田地又得要荒芜。卿等应该遵照朕之诏书行事，马上修改税粮总额，不要失信于天下！”（《明宣宗实录》卷14）

自从这次宣德君臣谈话后，抛荒田开垦优惠政策在地方上得到了真正落实。宣德元年五月甲辰日，浙江湖州府德清县奏：“本县充军及丁绝人户有荒芜官民田地共七百四十八顷六十六亩有

奇，已召民佃种，税粮请俟三年后如民田例起科。”朱瞻基当即允准。(《明宣宗实录》卷 17)

从个案来看，对抛荒田开垦实行奖励政策可能会导致国库收入的减少，不过绝对精明的朱瞻基来了个墙内损失墙外补。洪武、永乐时期规定某些“额外垦荒者永不起科”，但到了宣德皇帝当政后来了全盘否定：“至宣德间，垦荒田永不起科及洿下斥卤无粮者，皆核入赋额，数溢于旧”(《明史·食货一》卷 77)。因此说朱瞻基自称“一遵祖制”和“恪遵成宪”其实也并不完全是那么一回事。

与推行奖励垦荒政策的同时，朱瞻基还继承了洪永以来的大明帝国屯田政策。宣德二年正月，行在户部重申屯田之法，皇帝朱瞻基就此跟侍臣这么说道：“今海内无事，军士量留守备，余悉屯种。所收足以给衣食，则国家可省养兵之费。且军士平日不习劳苦，遇有征调，畏惧艰难即思逃避。使之屯种服劳，农隙习武，亦无骄惰之患。我皇祖临御，深用意于此，劝惩考较，皆有成法，所以食足兵强。然朕以为立法固善，尤在任用得人。其令兵部移文所司，选老成军官提督屯田，仍命风宪官以时巡察。”(《明宣宗实录》卷 24)

尽管皇帝老爷强调屯田的重要，“屯种以备国用，最为切要”(《明宣宗实录》卷 59)，并让老成军官负责屯田，监察官巡察屯田。但从实际来看，宣德时期的屯田远没有大明开国初期那般有成效，而是走上了无法挽回的下坡路。

不过话讲回来，仁宣时期奖励垦荒与继续强化屯田总的还是有所成效的，我们不妨来看看下表：

《洪武、永乐、洪熙、宣德时期土地和人口数据比较简表》

年　份	田地(顷)	人　口		史料出处
		户　数	人　数	
洪武十四年	3 667 715.49	10 654 362	59 873 305	《明太祖实录》卷 141
永乐元年	暂　缺	11 415 829	66 598 337	《明太宗实录》卷 26
永乐十五年	暂　缺	9 443 766	51 501 867	《明太宗实录》卷 195
洪熙元年	4 167 707.30	9 940 566	52 083 651	《明宣宗实录》卷 12
宣德元年	4 124 626.68	9 918 649	51 960 119	《明宣宗实录》卷 23
宣德二年	3 943 343.24	9 999 006	52 070 885	《明宣宗实录》卷 34
宣德三年	4 113 137.21	9 916 837	52 144 021	《明宣宗实录》卷 49

续 表

年 份	田地(顷)	人 口		史料出处
		户 数	人 数	
宣德四年	4 501 505.99	9 848 393	53 184 816	《明宣宗实录》卷 60
宣德五年	4 140 680.28	9 778 119	51 365 851	《明宣宗实录》卷 74
宣德六年	4 180 462.41	9 705 397	50 565 259	《明宣宗实录》卷 85
宣德七年	4 244 928.86	9 633 294	50 667 805	《明宣宗实录》卷 97
宣德八年	4 278 934.49	9 635 862	50 628 346	《明宣宗实录》卷 109
宣德九年	4 270 161.93	9 702 322	50 627 456	《明宣宗实录》卷 115
平均值	4 196 554.83	9 807 845	51 529 801	

(上表数据来源:①《明太祖实录》;②《明太宗实录》;③《明宣宗实录》④ 笔者:《魔鬼的天才皇帝朱棣卷下》;⑤ 姜守鹏:《洪熙帝·宣德帝传》,吉林文史出版社 1996 年 1 月出版 P172～173)

我们将上表中仁宣时期全国耕地数最低的年份即宣德二年的 3 943 343.24 顷与洪武时期田地数较高年份——洪武十四年的 3 667 715.49顷作个比较,发现其增加了 275 627.75 顷,增长率为 7.5%;如果将仁宣时期全国耕地数最高的年份即宣德四年的 4 501 505.9顷与洪武时期田地数较高年份——洪武十四年的 3 667 715.49顷作个比较,发现其增加了 833 790.5 顷,增长率为 22.7%;如果将宣德九年内年全国耕地数平均值 4 196 554.83 顷与洪武时期田地数较高年份——洪武十四年的 3 667 715.49 顷作个比较,发现其增加了 528 839.34 顷,增长率为 14.4%。

由此可见,仁宣时期的全国耕地数量有了明显的增长,但人口数却始终没有赶上洪武时期,更是无法与永乐元年(实际为建文时代)相比。究其原因,一方面是由于"靖难之役"带来了巨大的灾难,另一方面是由于永乐时代大工大役与军事征战太频繁,老百姓不愿效力于那永无止境的劳役苦差和缴纳那日益繁杂的苛捐税粮。在发生自然灾害的情势下,纷纷利用这种"契机"逃离原籍,摆脱黄册与鱼鳞册的束缚,成为了大明帝国社会的边缘人群——流民。流民问题可能最早开始于永乐时代,到了仁宣时期有了初步发展。流民问题不解决,明朝官方掌控的人口数就不可能增长。对此,一向将民众与农业视为"国家之本"的仁宣两帝都心知肚明,为了稳定大明帝国社会，在推行奖励垦荒与强化屯田举措的同时，他们还十分重视在百姓开溜的"契机口子"上下工夫，即赈灾济荒、蠲免赋税。

◉ 赈灾济荒　蠲赋储粮——拯溺救焚　救民水火

从中华帝国整体角度来讲，幅员辽阔，地大物博，这是我们自小就在教科书里边读到的自然地理常识，每每说起这些，国人无不充满了骄傲与自信。其实细细想想，若与同纬度的欧洲平原与北美大陆相比，我们的自然环境并没有什么优势可言，在某些方面还恰恰相反，加上600年前的生产力与科技水平不高，人们抗灾能力相应也低，如果不留意加以赈济救助，很容易产生严重的流民问题，甚至会引发民变或言农民起义。明朝开国皇帝朱元璋就是利用了元末自然灾害等因素乘机而起，进而夺取了江山。因此，从开国起，明朝皇帝就极为重视赈灾济荒，建立各地灾荒救济及时上报的规章制度。不过话得讲回来，如果真是要将各地的自然灾害一个不撂地上报到中央，那么紫禁城里的那个大一统帝国的大家长——皇帝即便是当了专职的国家抗灾防灾总指挥还可能应接不暇呐。永乐年间朱棣就极度"关心"各地灾异，但他自己却老屁颠屁颠地往外"巡视"，弄得监国的皇太子朱高炽几乎成了国家抗灾总指挥，结果还忙不过来。随后永乐、洪熙相继匆匆而去，正值"奔腾"年龄的朱瞻基从自己上台那一刻起就"恪守成宪"，要求各地迅速上报灾荒情况和及时实施救济。洪熙元年六月十二日，明宣宗在即位诏书中就曾这样说道："有被水旱灾伤去处缺食贫民，有司即便取勘赈济，毋得坐视民患。"(《明宣宗实录》卷1)

而在实际事务处理中，皇帝朱瞻基还是根据具体灾情在制度层面作出适当的变通。洪熙元年六月，河南新安知县陶镕奏报："我们新安县地处山峪，土瘠民贫，一直没有什么好的收成，去年尤为不佳。今年老百姓连吃饭都成了问题，好多人只好去采摘野果一类充饥果腹，人心惶惶。而现在我县无论官府还是私人家都没有储备粮食，只有附近的函关驲尚有较多的仓储粮，本来想上报申请后再实施赈济，但老百姓生命危在旦夕。本知县只得先擅自做主，借粮 1 728 石给 1 817 户饥民食用，等秋收有成时再还给官府，恳请皇上恩准！"朱瞻基读完陶知县的奏章后十分感慨地跟户部尚书夏原吉说："该知县所做的很好，朕听说近年来有司衙门不体察民情，碰上饥荒一定要层层上报，等到批准后再进行赈济，这岂不是误时了！这个知县急于救人生命，先借粮再上奏，他做得好！你们户部官不要拘泥于旧文规章而去责备为难他！"(《明宣宗实录》卷 2)

四个月后的洪熙元年十月，相同的事情又发生了。贵州都素蛮夷长官司上报说："我们这里连年歉收，老百姓饥饿难忍，本司只好先借用官仓粮食 153 石实施赈济，今日补报，恳请皇上恩准。"朱瞻基很高兴地回复："贵州，边方之地，当地老百姓又穷困，有司先赈济后奏请，这是衙门官员得人心之举啊，做得好！"(《明宣宗实录》卷 10)

对于来不及上报先行赈济的，宣德皇帝予以坚决支持。那么对于已经上报上来的灾荒事件又会如何处置？朱瞻基常常表现出刻不容缓的赈济恤民之心。

宣德元年四月壬辰日，行在户部上奏："前些日子山东青州府上报说，当地老百姓日子很难过，实在没什么东西可吃，恳请发放官粮予以赈济。可是他们光说济荒没说到底有多少饥民。陛下，您看是不是让山东青州府的人再核实好了饥民人数后再发放救济粮？"明宣宗听了不以为然，颇有动情地说道："老百姓没粮食吃，我们赈济他们，就如救援被大火烧着了的人们和溺水者一般，刻不容缓啊！要是再行文山东青州核实一下，一来一去，岂不要饿死人？应该马上派人飞速赶往山东，命令当地的布政司和知府官一起去核实，随即发放官粮，赈济饥民，这样做，事情才讲得过去！"(《明宣宗实录》卷 16)

伴随着赈灾济荒，仁宣时期还常常根据各地灾荒的程度给予一定的赋税蠲免，这样的事情在仁宣两朝 10 年间共发生了 129 次，平均每月 1.075 次，其中洪熙元年 6 次(《明宣宗实录》卷 2,4,4,7,8,10)，宣德元年 8 次(《明宣宗实录》卷 14,16,16,16,19,19,22,22)，宣德二年 10 次(《明宣宗实录》卷 24,29,29,30,31,31,32,33,33,34 和《明史·宣宗本纪》卷 9)，宣德三年 6 次(《明宣宗实录》卷 37,37,40,41,43 和《明史·宣宗本纪》卷 9)，宣德四年 8 次(《明宣宗实录》卷 51,53,53,59,59,59,

59,60),宣德五年14次(《明史·宣宗本纪》卷9,《明宣宗实录》卷64,65,67,67,70,70,70,70,70,70,71,71,71),宣德六年12次(《明宣宗实录》卷75,76,77,77,78,78,79,81,81,82,84,84),宣德七年13次(《明宣宗实录》卷86,88,89,89,91,91,94,95,95,95,95,96,96),宣德八年27次(《明宣宗实录》卷99,100,102,102,102,102,102,102,102,103,103,103,103,103,103,103,103,103,103,103,104,104,104,104,104,105,105),宣德九年25次(《明宣宗实录》卷108,108,108,109,110,110,110,110,111,111,111,111,112,112,112,112,113,113,113,113,114,114,115,115,115)。

仁宣时期这么频繁的赈济灾荒和蠲免赋税,到底有着怎样的一番结果?请看下表:

仁宣时期历年全国田赋减免总况简表

年　份	田赋数(石)	减免田赋数(石)	减免田赋占总田赋的百分比	史料出处
洪熙元年	31 800 234	62 059	0.20%	《明宣宗实录》卷12
宣德元年	31 312 839	68 403	0.22%	《明宣宗实录》卷23
宣德二年	31 250 110	104 879	0.34%	《明宣宗实录》卷34
宣德三年	30 249 936	11 806	0.04%	《明宣宗实录》卷49
宣德四年	31 331 351	21 579	0.07%	《明宣宗实录》卷60
宣德五年	30 610 898	746 144	2.44%	《明宣宗实录》卷74
宣德六年	30 300 315	60 591	0.20%	《明宣宗实录》卷85
宣德七年	29 102 685	797 552	2.74%	《明宣宗实录》卷97
宣德八年	28 957 227	182 378	0.63%	《明宣宗实录》卷107
宣德九年	28 524 732	7 393	0.03%	《明宣宗实录》卷115
合　　计	303 440 327	2 062 783	0.68%	

(注:本表根据《明宣宗实录》和吉林文史出版社1996年1月出版的姜守鹏先生所著《洪熙帝·宣德帝传》P181～182的内容制作而成)

除了及时赈灾济荒和予以一定的赋税蠲免外,仁宣时期还继续推行与强化地方储粮制度,以此来恤民备荒。大明开国以后,朱元璋曾下令地方建立"四仓"储粮备荒:"洪武间各府州县皆置东、西、南、北四仓,以贮官谷,多者万余石,少者四五千石,仓设老人监之,富民守之,遇有水旱饥馑以贷贫民,民受其惠。"(《明宣宗实录》卷91)

这样的恤民备荒储备制度到了仁宣时期还在发挥着它的惠民作用。洪熙元年六月，无为州上奏说："本州缺吃少粮，就连耕种的粮食种子也给吃光了，但老百姓还处在饥饿之中，无奈之下，本州只得将储备仓中谷子17 500余石借出赈济，等秋收有成时再行归还，恳请皇帝陛下恩准。"朱瞻基接到奏报后十分得意地跟户部尚书夏原吉说："预备仓储粮食正是为老百姓遭遇饥荒而准备的，前朝好像不曾有过。要是各地预备仓都能收储完备，即使遇上水旱灾荒，子民们也不会受饥挨饿，这都是当年太祖高皇帝的恤民良法美意。你们户部应该向全国各地重申祖宗的旧典成宪，一定要对老百姓做实事，不要弄些空头花架子。"(《明宣宗实录》卷2)

但从实际执行的情况来看，各地预备仓工作做得并不好。宣德七年六月，巡按湖广监察御史朱鉴将自己巡按到的情况向皇帝朱瞻基做了报告："各地有司衙门认为，搞预备仓不是什么紧要的事情，往往拖延或不重视，结果造成我大明各地的预备仓仓廒废弛，谷物四散，甚至有的人还乘机将其占为己有，一旦遇上大灾荒，后果不堪设想，这是地方有司深负朝廷仁民之意啊！在此小臣恳请陛下下令，让各地府、州、县慎修仓廒，谨守储粮，征收有实，适时发放粮贷，同时叫各地布政司、按察司和巡按监察御史注意巡察，对于不遵违反者，重罪不饶！"皇帝接到朱御史的奏章后将户部官员找来，做出了这般训示："地方上搞预备仓是为了备荒，这本来是祖上的良法美意，多年来经常听说好多地方的预备仓制度没有建立好，地方府、州、县不得其人是其主因，但你们户部难道就没一点责任？朱御史所言极是，要是再不搞好预备仓，就让按察司、监察御史劾奏罢官！"(《明宣宗实录》卷91)

◉ 安缉流民　减工省役

对于突发的自然灾害，宣德朝廷在恤民固本的旗号下强化应急救济和积极防备。那么，要是灾荒早就发生且已经造成了一定的危害，形成了流民问题，皇帝朱瞻基又将如何处置？

首先，宣德皇帝鼓励流民返乡复业，蠲免他们所欠下的赋税或减免其徭役。

朱瞻基深深懂得：一个人当上了流民，身无分文，朝不保夕，你一旦让他回乡恢复生产，眼前的温饱都成了问题，更不用说让他们补缴逃亡时所欠下的税粮了。对于这样的返乡流民即使再逼迫也无济于事，倒不如落个"宽仁厚德"美名，来个大大方方的蠲免。

洪熙元年十二月，浙江海宁县上奏说："本县流民返乡复业的有 9 100 多户，所欠夏税丝绵 40 000 斤，税粮 30 000 多石，如今这些人家刚刚回乡落定，日子不好过，追缴过去拖欠的田赋税粮似乎不太现实，恳请皇帝陛下给予豁免。"朱瞻基读完奏章后，十分惊讶地跟户部尚书夏原吉说道："一个县有多少户人家，居然逃了 9 000 多户，这里边一定有问题，当地地方官不得其人，科敛无度，这才造成大量的百姓流离失所。你们户部等衙门赶紧发文到下面去，责令当地的府、州、县官要对流民加以认真抚绥，至于拖欠的税粮就如朕以前颁发诏书中所讲的那样，一律免征！"(《明宣宗实录》卷 12)

这样的事情在宣德年间还多次发生过，如宣德元年二月蠲免山西流民累年逋负税粮(《明宣宗实录》卷 14)；宣德二年十月除豁磁州逃民秋税(《明宣宗实录》卷 32)；宣德五年六月豁免直隶保定府易州来水县复业逃民 995 户拖欠的盐粮(《明宣宗实录》卷 67)和九月蠲免直隶易州、唐县逃民 1 229 户历年拖欠的税粮、盐粮数千石(《明宣宗实录》卷 70)；宣德六年正月免除山西安邑县复业逃民 3 071 户拖欠的税粮共 17 000 石(《明宣宗实录》卷 75)，三月免除直隶保定府满城县复业人户拖欠秋粮 381 石(《明宣宗实录》卷 77)，四月免山东安丘县复业逃民 4 207 户所欠税粮 15 245 石(《明宣宗实录》卷 78)和山东沾化、寿光、乐安三县复业逃民 5 380 户人家所拖欠的税粮(《明宣宗实录》卷 78)，六月免除直隶大名府开州复业逃民 895 户所拖欠的秋粮 2 287 石(《明宣宗实录》卷 80)……

除了蠲免流民们所欠下的赋税外，宣德朝还通过减免徭役等手段，鼓励流民返乡定居复业。宣德五年十一月，巡抚河南侍郎许廓上奏说：河南开封等府招抚流民 115 600 户复业。皇帝朱瞻基闻讯后大喜过望，赶紧命令行在户部，督促有关部门厚加抚恤，免除复业流民一年的徭役(《明宣宗实录》卷 72)。唯恐不周，宣德七年三月，明宣宗又敕谕行在五府、六部、都察院等衙门："各处有军民人等积年逃聚山林者，本皆朝廷赤子，其原盖因所司不能存恤，肆行贪暴，故不得已为偷生之计，丧其家业，无所依归，甚可怜悯，令悉宥其罪，即令所在府、州、县官用心招抚，令归复业。”(《明宣宗实录》卷88)

对于返乡复业的流民，政府豁免其欠下的赋税或减免徭役，看来是个解决流民问题的好办法，但实际上仅仅是解决了问题的一小部分。那些不愿意或还没有返乡的流民所欠下的田赋税粮究竟怎么个说法？按照明初的惯例，没有皇帝的特许是不允许随便减免的。由此而言，那些未返乡的流民所欠下的田赋税粮就得由他们原籍地见在的农民来分摊，这无疑是大大加重了未流亡者的负担，外加官府死命催逼，见在百姓怨声载道。宣德朝廷知道后觉得，这种做法实际上等于变相鼓励人们逃亡。对此，皇帝朱瞻基近10次下令给户部等衙门，让他们下文到流民问题严重的地方去，蠲免那些尚未返乡的流民所欠下的田赋税粮(《明宣宗实录》卷24;43,44,45,74,77,79,87)。

政府多次下令豁免赋税和减免徭役，但还是有些流民不愿返乡，对此宣德君臣还专门讨论过了这个问题。宣德三年四月的一天，朱瞻基跟户部尚书夏原吉讲：“我大明朝廷已经多次下诏，诏谕逃亡各地的流民，鼓励他们回乡复业。可近来听说还有许多的流民迟迟没有行动。你们户部应该张榜告示，立期限为3个月。凡是以前所拖欠的税粮一律予以蠲免，流民们在某地久居且有了自己产业的，官府就准许他们在现居住地入户籍长居下去，并好好地加以抚绥。”夏原吉回答说：“顽民屡次逃亡，深负朝廷宽恤之意。陛下，臣以为对于那些在期限内还不肯复业的流民以及容留隐藏他们的人各杖刑一百，全家发往边疆充军，地方官吏与乡间里老放任、纵容的以及军队或地方有司衙门容隐的，一同连坐重罪。对于逃亡新地方后入籍的，应该让地方有司衙门迅速将他们编入里甲等基层组织，仍以户口姓名及原籍乡贯写入新户籍，再送往户部备案、保存。”朱瞻基听完后沉默了一阵，忽然开口道：“流民编入新户籍的户籍册即黄册当然按老规矩办，只是不肯复业的人连带收容他的以及官吏里老等都要因此而受到重罚，这似乎也太过头了，还是宽仁一点吧。”(《明宣宗实录》卷41)

宣德七年三月，明宣宗正式敕谕给行在五府、六部、都察院等衙门:“有不愿归本乡者,听于所在有司附籍为民,给予荒闲田地为业,免差役三年;有司厚加抚恤,以副朝廷矜悯穷民之意,官吏里老敢有违者,罪之。”(《明宣宗实录》卷 88)

多次下令豁免流民们拖欠的赋税,减免徭役;承认既成事实,命令流民现居住地的有司衙门为他们编订新户籍,善加抚绥。这些或许正是朱瞻基“敷宣德意”、恤民行政的重要表现。其实在宣德皇帝的恤民治政中还有一项很有影响的举措,那就是减工省役。

笔者曾在《朱棣卷》中对永乐朝 22 年间进行的大工大役作了考察,发现朱棣从登基起到驾崩榆木川,22 年中几乎没有一年不大搞工程大役,有的一年内同时并举了好几项工程大役。对此,笔者作了最为粗略的估算,永乐时期 22 年总计用工用兵 18 210 000 人,平均每年约有 827 727 个劳动力在被奴役着。说说数字,人们不会感觉怎么样,我们不妨来看看宣德初年来自大工大役现场的一幕幕悲惨剧:

洪熙元年九月的一天,有个叫方真的石匠向大明通政司诉苦:“我家共有兄弟 6 人,4 个兄弟死在北京工地上,现在就剩下我与二哥还在工地干活服役。这倒也没什么,只是老家没有什么人啦,如今老母已经 80 岁,寡居原籍严州,我们兄弟俩只求官府大人开开恩,放我们当中的一个人回乡侍养老母。”通政司官员不敢也不能擅自做主,就把这事上报给了刚刚登基的宣德皇帝,朱瞻基听后很为惊讶,找来工部官员当即训斥道:“怎么这般没人性的,天理何在?良心何在?你们谁都有父母吧?!赶紧下令下去,让石匠方真兄弟中的一人回家侍奉老母终身,另一人也让他回去探探亲,然后再回北京来服役。”(《明宣宗实录》卷 9)

方真兄弟够不幸的了,可还有比他们更不幸的。宣德元年四月的一天,有两个老瞎子来到皇宫大门口诉苦:“我们是朝廷兵仗局的工匠,又老又瞎,恳请皇帝陛下免除我们的徭役吧!”朱瞻基听后惊讶得说不出话来,过了好一阵子才缓过神来,跟行在工部尚书吴中说:“工匠数以万计,不差这两个人吧?古之仁者尚且不用瘦弱有病的马来拉车,你们就这般没人性?这两个老者之役赶紧免了,今后一旦有什么工役,年老者、有病者都应照此免役!”(《明宣宗实录》卷 16)

不幸的两个老瞎子最终万幸了,可谁曾想到,那时还有未成年的孩子要为“盛世之君”的形象工程卖命。宣德元年七月，内官监太监向宣德皇帝报告说：“陛下，眼下我大明工程已经比过去减少了许多，但工匠还不够，且好多已经年老体衰不中用了，本监已经发出公文到南京去，让应天府挑选 5 000 个少年儿童来北京学习工匠手艺。”朱瞻基当时没多大注意，后来想起来就火了，令人将工部尚书吴中找来训话：“你们这些人怎么想得出，少年儿童不懂事又顽皮，叫这样年纪的小孩学习手艺能学什么？孩子学不了就要被训斥、责备，甚至还要被打。你们想没想过他们的父母会不会因此而心痛？况且哪家没有小孩子？赶紧传令下去，不得再选小孩子来做工了！”(《明宣宗实录卷》19)

无需更多的例子，从永乐到宣德，大明帝国的工程大役所带来的灾难数不尽数。尽管明仁宗上台后开始全面矫正永乐朝的失误，将永乐“战车”变道为“和平之列”，肇启转型，宽政恤民，但朱高炽当政只有短短十个月，许多善政仅仅开了个头，于是就出现了前面所讲的几个悲惨的故事。不幸之中的万幸，继承朱高炽皇位的朱瞻基在治国理念方面大多承袭了父皇的“仁德”精神，敷宣德意，推行恤民之政。洪熙元年六月十二日，他在即位诏书中宣布：“见起在京做工人匠有二丁、三丁者，放回一丁；四丁、五丁者，放回二丁；六丁以上者，放回三丁；其单丁应役二年之上者，放回休息。内有犯罪被刑剜刺已成残疾者，即与开除本身差役，全其余生；其无知小人挟仇妄指平人为匠者，今后有司宜严加禁止，违者罪之。”(《明宣宗实录》卷 1)宣德朝减工省役的善德之政由此开启。

综观宣德朝 10 年朱瞻基君臣主要是通过推行下列四个方面的举措来实行减工省役的：

第一个方面：减少相关工程的工役，放免工地上服役的工匠

朱瞻基在即位诏书中就对减少工役问题开列了具体的指标，二丁、三丁、四丁、五丁等等，各有放回或免除的说法，可在实际操作中没那么简单。譬如洪熙帝临死前打算还都南京，相关部门已经开始整修南京明皇宫殿宇，可没想到还都诏谕下达没多久，皇帝老人家就“走”了。新皇帝上来又要放免工匠，工程进行了一半总不能不做下去呀，于是行在工部官员就向新皇帝提出了一个变通方案：稍稍放免一些工匠，对于应该放免却继续要做工的工匠依例

给予粮赏，一直到工程完工为止。对此，宣德皇帝却不以为然，他说："既然诏书中说放免了，怎么现在就变卦了，这岂不是告诉人们诏书无信？马上下令下去，将南京做工的工匠全给放了，一个也不要留下！"(《明宣宗实录》卷 7)

南京修宫殿的工匠全给放了，因为新皇帝不想还都。相比之下，他对北京还是情有独钟的。北京建设工地不少，皇爷爷长陵后期工程、父皇朱高炽的新陵墓工程、北京皇城建设后期工程等等。为此朱瞻基下令除北京外，其他各地工程都必须按照诏书规定放免工匠。(《明宣宗实录》卷 21)

宣德元年八月，明宣宗又下令对于在大运河沿岸诸行殿服役的劳力实施放免："自良乡至江浦，凡有行殿之处多役军民看守，徒劳人力，即令锦衣卫遣官驰驿往谕，每处止留数人，其余皆遣，著役宁家。"(《明宣宗实录》卷 20)

其实这样的放免匠人、劳役还是有着一定局限性的，因为有关部门为了赶工期往往不认真执行新皇帝的诏书和诏令中的规定，数年后一些问题逐渐为明宣宗所知了：

第一类是被诬指为工匠者。由于工匠为官府劳作是"义务劳动"，一旦摊上"匠籍"就得长时间服役，亲人分离，由此带来了家庭生计问题，所以说，一般人对工匠身份与职业都十分惧怕。你要是得罪了某人，而某人使坏，到官府去控告你"隐瞒"工匠身份，官府就会将你抓到北京等地去做工服劳役。这种事在永宣时期很为常见，但深宫之中的皇帝却不知。

朱瞻基上台后的第二年才发现其中的"隐秘"：工地上有人不会干活，一查问才知他是被人诬指为匠人的。白白浪费官府配给的口粮暂不说，赶紧处理问题才是根本。朱瞻基让工部尚书吴中派人再去核实，如确系诬指为匠者，一律豁免，并要工部发布告示，严禁妄报诬指。(《明宣宗实录》卷 22)

第二类是工地上使用老幼残疾及不谙工匠技术者。这些人是宣德诏书中早就宣布应该予以照顾放免的，但由于宣德上台后治政相对比较宽松，工部官员并没有认真执行。宣德五年二月朱瞻基特地将工部尚书吴中找到皇宫左顺门当面训示，要求马上将这些人给放免了！(《明宣宗实录》卷 63)

第三类是工头随性所欲地役使工匠。永乐中后期起，大明腐败之风开始蔓延，管理工程的中层干部与下层工头利用职权营私舞弊，你只要有钱去贿赂，工头们就不叫你去干活；你要是没钱，对不起，即便你身体再单薄或有病，但还得要拼命劳作；更有贪婪的管理者还会冒领工匠们的口粮与衣被，令工匠受饿挨冻，实在忍受不了的就偷偷地溜了。工匠一跑，相关部门就派人去追缉，一旦追到，又向他逼索钱财，工匠及其家属深受其害。

皇帝朱瞻基知道后重申即位诏书中二丁、三丁、四丁、五丁、六丁等工匠的放免标准，强调单丁与别户合用后一年或二年轮流一次，工匠中年老残疾而户内无丁力者，开豁匠籍。另外还经常差遣监察御史、给事中等监察官对建设工程用工以及官府配给工匠口粮领用等状况，进行全面检查和监督，真正做到恤民为政。(《明宣宗实录》卷63)

第二个方面：裁罢部分宫廷采办

采办是朝廷根据内廷或皇家工程建设需要而到各地去购置物料，可能有点像我们现在的政府采购。但那时的采办往往打着宫廷的旗号，压低价格进行贱买，所以从根本上来讲，采办是一项赋税徭役之外的扰民、害民“工程”。永乐时期因为工程不断做大做强，到处派人采办。洪熙即位时，在大赦天下的诏书中曾单列一款：停止采办。朱瞻基的即位诏书中就没有这一款，但在随后的日子里他有针对性地裁罢了部分宫廷采办。洪熙元年八月，行在工部上奏说：“宫廷内府需要纻丝纱罗 9 000 匹，恳请皇上下令让苏杭等府织造。”朱瞻基当即答复：“供用之物虽说不能缺，但你们也应该体谅老百姓的艰难，9 000 匹太多了，减半！”随后他又跟工部尚书吴中这番说道：“唐朝太宗时代之所以能致治，关键在于君臣合心，魏征每每劝谏唐太宗都以恤民为本。作为大臣你们应该充分体悟这里边的道理啊！”(《明宣宗实录》卷7)

又有一次宫廷司苑局向宣德皇帝报告说：“供应宫廷食用蔬菜当用上藁秸 3 000 束，芦苇蒲 5 000 束，麻 1 000 斤，可现在这些都没配送过来，按例当从顺天府取用。”朱瞻基听后很不舒服，反问道：“宫廷食用蔬菜没多少，而你们却要从老百姓那里索取那么多，说得过去吗？减掉三分之二。”说到这里，他颇为感慨地跟侍臣们说:“上古圣君大禹在位时粗菜淡饭,衣着朴素,唯恐生活待遇过头了,让老百姓受罪。你们说朕怎么能因为一点小小的食用蔬菜而忍心去伤害了子民呐?”(《明宣宗实录》卷14)

无论是大禹还是唐太宗,他们都是中国历史上有名的致治“圣君”,又以有德恤民而受到后世的敬仰。朱瞻基在治国过程中动不动就把他们搬出来,其用意无非是向人们表明,自己处处以“圣人”作为参照坐标,欲做流芳千古的“致治圣君”。可皇帝老爷的这番用心有人不理解,甚至往着相反方向去做。

就拿采办来说,本来是件板子上钉钉子的事,要多少货,出去买不就得了,可采办者常常使奸耍滑,中饱私囊。宣德皇帝发现了隐疾:大凡朝廷要采办一种东西,就差派几个人负责办理,差派之人又以十几个无赖做跑腿的走狗,一旦采办活动开始,他们就将采办之物加出百倍,小民们要是不肯给,先一顿毒打,再将东西抢走,1%归给官家,99%落入了经办人手中。老百姓们深受其苦,却又上告无门,弄得怨声载道。

宣德四年五月朱瞻基给行在六部、都察院等衙门下达敕谕,指出:“国以民为本,民安则国安。朕即位以来,孜孜夙夜,以安民心,即使国家要有所用,向老百姓征购、采办,朕也一向小心谨慎。可近年来一些部门官员与采办者肆意奸弊,坑害百姓。你们这些部长大人们不会不知道吧?知道了不往上奏劾,这是对罪恶的放纵!监察官也不会不听说过吧,可大家谁也不出来纠察,这难道是仁人君子之心吗?自今开始你们应当洗心悔过,以革前弊。朝廷若有紧急重务,慎选廉洁官员出外催办;不急之事,一概不许差人。要是再有谁不听朕命,假公营私,扰害百姓的,按律问罪;监察官失职不察的,与之同罪!”(《明宣宗实录》卷54)

朝廷有紧急重务,派遣廉洁官员去催办,堵住宫廷采办漏洞,并裁罢不急之事。朱瞻基的恤民之政还不止于此,每逢地方有灾荒异变,他就马上敕令相关部门暂停采办、科买诸事。如宣德四年六月丁丑日,“上退朝御奉天门召行在工部尚书吴中等谕之曰:‘去岁各处薄收,湖广为甚,其民艰难,所宜宽恤。比闻工部采办竹木,科买诸物,动以万计。何得不为国家爱恤民力,而劳扰如此?宜斟酌事之,轻重缓急,痛与裁省。果是紧要合用之物,则令营办,余不

急之事，俟民力从容以渐为之。宽一分则民受一分之赐，卿等宜体朕意。'”(《明宣宗实录》卷 55)

第三个方面：罢停不急工程，如果是必须要上的工程项目就放在秋后

朱瞻基登基那时就在即位诏书中强调：“天下军士频年劳役，衣食不足，艰难可矜，即今一切不急之务悉皆停罢，其管军官员宜加意抚恤，毋令失所，并不许假公营私，妄有科敛及私役其力，违者罪之。”(《明宣宗实录》卷 1)

可新皇帝的这番表白在有些官员看来不过是政治上的作秀罢了。宣德元年十月的一天，行在工部尚书吴中上奏说：“行在皇宫中有许多殿宇需要建造，本部想来年开启工程，可是陛下您刚登极时曾下令放免工匠，眼下还差 30 000 人，恳请皇帝陛下下令给各地布政司以及下属的府、州，让他们选 30 000 工匠，明年正月全部汇集到北京开始做工。”朱瞻基反问他：“急吗？”吴中说：“不能说急。”朱瞻基说：“不急，就暂时不做！”(《明宣宗实录》卷 22)

宣德三年六月的一天，骄阳似火，由宫女们不停地打着扇子的朱瞻基还是感到闷热难受，最终他将行在工部尚书吴中喊来训话：“今天天气热成这个样子，朕待在皇宫阴凉处尚且觉得不好受，想想工地上劳作的军夫与民夫实在太辛苦了，那些必须要修缮的工程稍稍修一下就算了，其他不急的项目马上全部给停掉。”(《明宣宗实录》卷 44)

罢歇不急工程的例子还有：宣德四年十月行在工部上奏说：“明年正月四方番夷按例要来我大明朝贡，而接待外宾的北京会同馆目前还是老样子，我们担心到时候可能要住不下那么多的‘老外’，在此恳请皇帝陛下恩准，将会同馆扩建一下，修得漂亮点，也好在‘老外’面前长长脸?”朱瞻基听后反问：“四夷朝贡祖宗都有规制，过去来了那么多的‘老外’能在会同馆住下，现在怎么就不行了？会同馆要是有什么地方坏了，你们就找人稍稍修修就行了，万万不可搞什么扩建，做大做强，弄得劳民伤财啊！”(《明宣宗实录》卷 59)

同年十二月，行在兵部尚书张本上奏说：“前不久在北疆巡边的总兵官都督谭广上书朝廷讲：往日连连大雨，毁坏了长城墩隘，请求朝廷恩准，增拨兵士对长城墩隘进行修筑，浚通壕堑。陛下您

曾命令臣下讨论、研究这事。近日来小臣等反复调查、核实,觉得那长城壕堑还不能说修就修了,因为它的工役实在太繁重了,谭广他们所在的宣府那一带实际上还是相对处于内地的,倘若要修筑长城墩隘的话,就该修那北疆最为前沿的地方,如开平。如果我们修了宣府的长城墩隘,那么悬孤凸出北疆的开平将以何作为屏障?因此小臣认为,宣府一带就让谭广按例多多巡视巡视就行了。如果那里实在紧要的关隘坏了,适当修一下也就罢了,大可不必兴师动众。"朱瞻基听着,不停地点头称是,宣府长城墩隘修筑之事就此罢歇。(《明宣宗实录》卷60)

在宣德朝罢歇的这些工程中不仅有上述的衙门机构和军事工事,还有那个时代的神圣殿堂。宣德四年五月乙丑日,行在工部尚书吴中向宣德皇帝上奏说:"昨天山西代州圆果寺来人请示,他们那里的寺庙是国家级神庙,可现在庙里的旧塔已经破损不堪,本来寺院方想自己修的,可力量不够,于是他们就上请:能不能在农闲时征发一些老百姓去修缮?"朱瞻基听后带着十分蔑视的口吻反问吴中:"你这么急吼吼地帮他们来说话,是不是想早点修好了你到那里求福?"随后又说:"告诉你,朕可不想沾那个光,朕以安民为本,以安民为福!回复山西人:不要惊扰我大明子民!"(《明宣宗实录》卷54)

相对于其他皇帝而言(除明仁宗外),朱瞻基在工程建设项目上马方面确实很谨慎,但并不意味着他不通情理地一概罢歇。对于那些事关国家之本、会影响农业生产的水利等项目他还是毫不含糊地下令上马。譬如宣德四年五月,福建福清县有人上奏说:"我们福清县光贤里有官民田100多顷,原来有条600多丈的大堤,但后来坏了。永乐时曾有人上奏想修理,工部下发公文说:等到了农闲时再修。可这一等等了可能有十年还没有修起来,现在我们老百姓没办法去耕种那一大片土地了。"朱瞻基接奏后跟工部尚书吴中说:"陂地堤堰是老百姓赖以生产和生活的,地方官不尽心才导致这样,你们应该下文警告他们,务必及时修浚,要是再拖延的话,拿他们是问!"(《明宣宗实录》卷54)

不过对于一些即使很重要的工程,只要它的工程很大的话,朱瞻基还是选择停歇和放弃。行在户部右侍郎王佐曾上奏说:"通州至河西务河道浅狭,漕船动以万计,兼四方商旅舟楫往来无港汊可泊，张家湾之西旧有浑河，若疏浚，近京师一二十里更加充广，潴为巨浸，令可泊船，公私俱便。”皇帝朱瞻基接奏后随即派了都督冯斌、尚书李友直与王佐等一起前往现场考察。宣德七年十月，冯斌等回京，上呈水利建设草图。明宣宗反复看了好几遍，觉得工程量太大了，最后决定放弃浚通方案。(《明宣宗实录》卷 96)

那么对于一些必须要上的工程建设项目怎么办？宣德朝一般都安排在秋后。宣德元年二月的一天，宣德皇帝接到了河东陕西都转运盐使司转呈上来的一份奏章，说他们治下的一个盐池周围100 多里护池堤堰被近年雨水冲坏了，按照洪武年间的做法，就要征发蒲、解二州安邑等县民夫来修筑，恳请皇上恩准。朱瞻基看完奏章后就跟行在工部官员说：如今二月，正值农业春耕播种季节，陕西都转运盐使司却要征发农民去搞工程建设，这可不行，告诉他们：“等秋收后农闲时再动工！”(《明宣宗实录》卷 14)

将农民与农业看做是国家的根本，这是中国传统儒家理想中“圣君”治国的经典国策，熟读儒学之书又一心想恤民致治的朱瞻基当然不会在这样的大是大非问题上犯糊涂，更时不时地吟唱“恪守成宪”与“敷宣德意”的政治主旋律，并以此来对他的臣下进行政治教育。

宣德元年四月，在山东清理军伍的大理寺卿汤宗上奏说：“自去年七月到今年三月连续半年多山东济南、兖州、东昌、青州四府未下一点儿雨雪，田野里麦苗都枯黄了，老百姓吃饭都成问题。可行在工部却派人到山东来，要买什么颜料，且催逼甚急，山东不产颜料，明摆着是让老百姓到外地去买了再上缴。在此小臣恳请陛下能不能暂时停停催办，等秋收后再看看。”朱瞻基接奏后气不打一处来，当即责问大殿上的工部尚书吴中：“这怎么回事？”吴中说：“颜料都是用在先皇帝陵寝殿宇上的，那儿的工匠等着用。”听到这里朱瞻基更气了：“山东老百姓也是祖宗的老百姓，他们现在的日子这么不好过，祖宗要是知道了也会不忍心的，你就忍心这样苛民扰民？赶紧下令全停罢！”(《明宣宗实录》卷 16)

其实朱瞻基之所以要推行这种减工省役的恤民举措，除了前面提到的是为了“恪守成宪”与“敷宣德意”外，还有一个重要的因素，那就是要实现他的宏愿，即在他治理下的大明帝国至少要达到唐太宗"贞观之治"的那般水准。于是就经常地出现这样的一幕:明宣宗时不时地拿唐太宗作为自己致治的参照。宣德元年三月,太子太保阳武侯薛禄上奏说:"万全右卫城在德胜关口,地高乏水,我们想把城关迁往到离现城七里路的宣平堡,测算下来估计要用工 30 000 人,大约一个月就可以将城池修筑好。"朱瞻基拿了奏章跟近臣说:"你们来说说,万全右卫城关用了那么久了,怎么能为了一个小小的什么原因而去劳烦百姓呐?想当年唐太宗时代,有人上请,想征发民力修筑古长城,以此来抵挡北方夷虏的入侵。唐太宗听后很不高兴地说:'上书人的这种观念本末倒置,应该首先要扫清沙漠,打击北方夷虏,这样就不需要劳烦百姓修什么军事屏障了。'我大明何尝不应该这样啊,薛禄所请,不准!那个筑城工程叫他们不要搞!"(《明宣宗实录》卷 15)

从谨选守令、教养小民,到劝农垦荒、赈灾济荒、蠲免赋税、储粮备灾,再到安济流民、减工省役,朱瞻基的每一招每一式都在使自己成为儒家政治理想中的盛世之主、致治帝王,甚至在日常生活中也没忘了以致治"圣君"作为自己行为的楷模。宣德四年四月丁酉日,南京官府衙门给明宣宗送上比较珍贵的江鲜鲥鱼,朱瞻基下令先用鲥鱼祭祀祖宗,再给母亲张太后送上一份,等到中午吃饭时,自己也不独自享用,而是叫上亲信老臣大学士杨士奇、杨荣、金幼孜等一起在外廷文华殿饮酒作诗尝鱼,就在这愉快的时刻,他也没忘这样的台词:"朕与卿皆当以成周君臣自勉,庶几不忝祖宗之付托。"(《明宣宗实录》卷 53)

不负祖宗之重托,以儒家神化了的成周圣君作为榜样,致力于大明帝国国泰民安,而要实现这样的目标,除了上面提到的实行恤民宽惠之政外,朱瞻基还有一项重要的为政举措,那就是"哀矜折狱"或言"宽刑慎罚"、清整刑狱。

● 宽刑慎罚　清整刑狱

无论是洪武还是永乐时代,明初司法有个最大的毛病,那就是刑罚过重。这个弊端到了洪熙时已为人们所认识并开始有所纠正。只可惜明仁宗当政时间太短了,还没来得及实施全面整顿,他就匆匆地走了。这样，历史的重任就落在了朱瞻基的肩上。

说实在，明朝当时司法领域内的状况实在不容乐观。轻罪重判、司法混乱现象随处可见。

工部自永乐时期起就十分吃香。不断做大做强的帝国工程一个接一个，工部官员忙得晕头转向，肥得身上直往外冒油。他们底下的吏员即办事员见了十分眼馋，你们当官的吃香的喝辣的，我们吏员辛辛苦苦老往工地上跑，风里来雨里去，能拿到多少？还不够家里养活老婆孩子呐。于是一个小吏就想到了一夜“致富”的捷径，靠山吃山靠水吃水，这是我们中国人聪明智慧的总结，我何尝不用用?！于是乘人不备，他将自己监管的官方工程所用的麻绳 80 斤贪污了。本想卖个好价钱，没想到这麻绳太显眼了，被人看见了告到法司部门去，按照明初的法例，监守自盗要重判，三法司最终议定，将偷麻绳的小吏判了五刑中的最高刑——斩刑。但他们还不敢擅自做主，于是就上报给了宣德皇帝。朱瞻基审阅案宗后说：“依照《大明律》及相关判例，这小吏之罪是不可宽恕；但如果从他所贪污的东西来看，不就是麻绳么，就要他的一条命，似乎也太过于重罚了。这样吧，将其改为输作即服苦役！”（《明宣宗实录》卷 74）

偷麻绳差一点要了一条命，在现在人看来明初的刑罚确实是过了点，不过还有比这更厉害的了。尚宝司是大明朝廷的一个特殊机构，专门管理皇家御用物品和门禁，包括皇宫大门的守卫信牌。有一次，尚宝司长官尚宝司卿葛贞、张信等官员发现手下人制造的信牌号码有缺号，还有的号码重复。当时他们也没太多在意，根本也没想因为这样的小事而去惊扰了皇帝，而是直接叫下面人赶紧重做信牌。哪料到自己的下属尚宝司司丞郭斌等人可能对于上级领导葛贞、张信等有看法或想挤走他们以便自己“挪正”，他在暗中将此事捅到了宣德皇帝那儿。因为事关大明皇家禁卫，朱瞻基就命令北京行在六部和都察院共同审理这个案件。审理过程中尚宝司卿葛贞等人说，这事是当时我们尚宝司官员一致同意做的，不向皇帝奏报而直接予以改正，要说责任的话，不仅仅我们几个人有，司丞郭斌等也应该有。六部、都察院最终会审结论：尚宝司卿葛贞负有直接的领导失职责任，按律当处于绞刑（死刑中的一种），其余的不是被判处流刑就是被判徒刑。皇帝朱瞻基看了审判结果后，觉得判得太重了，不就是信牌号码错了，但还能及时补救过来，也没带来什么危害，算了，就一并宽宥轻罚他们，于是下令让葛贞等人先罚作劳役，而后再复职任官。（《明宣宗实录》卷 95）

皇宫禁卫信牌搞错，主管部门自己改了，但朝廷会审结果差一点要了主管官员的性命，由此我们不能不说明初法律是相当之严苛的。你要还不信，我们再来看一个案例。宣德中期有个叫曹南的监察御史到行在光禄寺去刷卷，前面说过刷卷可能相当于我们现在的档案检查和会计审计，结果发现了光禄寺卿郝郁对好多事情都“隐瞒”不作记录，于是他就上请皇帝对郝郁按律问罪。朱瞻基接奏后令人将郝郁叫到大殿来，让他自己说说清楚。郝郁说：“不是我要隐瞒，我也不敢隐瞒，只是因为工作上的事情实在太多了，一时没忙过来，终使文字档案记录有失误。”宣德皇帝了解了事情的原由，通情达理地说：“犯点小错误，每个人都难免的。算了，宽宥了郝郁吧！”（《明宣宗实录》卷 77）

上述案件在今日看来纯粹属于工作上的小差池、小失误，但那时要是没有皇帝的开恩，堂堂大明光禄寺卿郝郁就可能成了罪犯。可能你还没想到吧，还有比这更让人啼笑皆非的“犯罪”。宣德六年三月，行在大理寺官员向皇帝举报说：“义勇中卫仓有个军士盗窃了官仓内的黄豆 6 升，按照《大明律》的规定，应该对他施以杖刑九十，但依照祖宗流传下来的判例规矩，则要将其斩首，他的家人要全部发往边疆去戍边。臣下愚昧，不知该如何处置？”宣德皇帝听说后感到十分惊讶：“一条命只值 6 升黄豆吗？算了，这样的鸡毛蒜皮的事情不处理！”（《明宣宗实录》卷 77）

面对大明司法领域里长期存在的重刑主义和司法混乱现象，宣德皇帝在“恪守成宪”和“敷宣德意”的旗号下，即在不改变祖制的前提下，不断地通过诏谕等形式适时调整了部分案例判决，矫正了大明的重刑主义，尽可能做到宽刑慎罚，或言省刑薄罚、清整刑狱，具体说来体现在下列几个方面。

◉ 坚决打击与制止诬告歪风

永乐时由于倡导告讦，终使诬告成风。虽然朱棣晚年也曾下令禁止诬告，但风气一旦形成了，仅靠皇帝下发敕令是断然解决不了问题的。宣德初年，江西按察司佥事黄翰上书宣德皇帝说："小臣看了《钦定收笞赎杖折追赃罚等项事例》，觉得它的立法精神很好。可民间有些无赖之徒好兴词讼，往往教唆老幼病残者诬陷无辜良民。一旦追究起来，大不了罚几个小钱，因而他们也就没有什么顾忌了。在此小臣恳请皇上增加对诬告者的赎罪罚钞数额，以此来遏制和打击诬告歪风，顺便也可使得本已滞流的宝钞得以流通。"朱瞻基看了奏章后觉得黄翰的建议十分有道理，随后下令让法司部门拿出一个方案来，最终议"定诬告之人、老幼残疾男妇罚钞赎罪例。凡笞杖罪每一十折钞二千贯，其徒流罪每徒一等折杖二十三，流折杖一百四十，所罚钞如笞杖所定。"(《明宣宗实录》卷 27)

除了制定增加赎罪罚钞数额之条例外，朱瞻基君臣还在司法程序规制上进行改进，制止和打击诬告。明初的司法程序中有规定：凡是被人所告，被告者随即要被官府收捕关押，一直要等待案件开庭审理清楚后，方才得有确切的说法，否则就待在牢里耐心地等吧。这样的司法程序有着很大的漏洞，一些社会上的无赖和奸佞之徒就以此来寻衅报复或无事生非地蓄意陷害无辜。他们先到官府去起诉，看到被告被捕后就逃之夭夭，这样就造成了官府无法当面提问原被告，案件审理顿时陷入了僵局，而被告却一直被关在监狱里头，有的人被关了好多年，甚至还有人病死在狱中。

宣德四年五月，山西按察使张政向宣德皇帝提出了这样的问题："能否改进一下司法程序：一旦原告逃逸，随即就释放被告，要是什么时候原告回来了，再提取原被告当面对质也不迟。"朱瞻基觉得这个建议很好，但他却这样说道："这本来就是皇祖的定制，只是地方官员不了解、未执行而已，这样吧，命令内外法司部门照此实施，并'著为例。'"(《明宣宗实录》卷 54)

◉ 区别对待不同情况的越诉

宣德朝除了规定"凡词讼有原告逃者，其被告皆即放遣勿问"外，还从改进司法程序打击诬告角度出发，不断地调整司法诉讼程序，即处理好越诉问题。

大明帝国开启时曾经建立了十分严格的法治秩序，包括自下而上的诉讼制度，不许人们向中央司法部门直接起诉。但进入永宣时期，这套诉讼制度似乎开始不太管用了。尤其是宣德初期，各地人们上北京行在告状的越来越多，有的因为个人的一些隙愤而编造了一些谎言，并擅自动用上报重要机密大事的密封方式上呈上去，有的甚至雇佣他人赴京专门递状子打官司，在各省中四川省尤多。中央法司部门一旦审理后，发现这些案件多是些地方官府应该且能够处理的，什么张三老婆与李四不干不净，王五的儿子偷了一些小东西等等。堂堂大明中央法司部门竟然处理这些鸡毛蒜皮的小案子，真叫人哭笑不得。恶劣的是这样的越诉中有不少是诬告，廉吏良民被诬枉者甚多。更令人意想不到的是，各地越诉到京的案件越多，中央法司部门的工作量越大，最终影响到了其自身的职责与正常的司法程序。对此，朱瞻基在宣德四年四月下令给都察院等部门，让他们行文到全国各地，颁布严禁越诉的新规定："今后除了一些机密大事实封奏闻外，其他一切案件要诉讼的话，必须自下而上一级级地起诉。如果有人仍像以前那样越诉的话，不论所告之虚实，一律治罪。有关部门还要追究其主使、代写诉状之人，连同原告者皆杖一百，'家属悉发戍辽东，永为定例'"(《明宣宗实录》卷53)。

从上述这道敕谕来看，一向主张省刑慎罚的朱瞻基这回一反常态，来了个严刑重罚，其目的就在于制止越诉。可事情发展却很滑稽，朝着宣德皇帝意愿相反的方向发展了。严禁越诉敕谕发布没多久，来北京告状的不仅没减少，相反还增加了。这究竟是哪门子的事？经过了解，朱瞻基发现了其中的"隐秘"：按照自下而上的诉讼规定，一般老百姓要想告状诉冤，首先得到县、州、府那里去，可县、州、府那里的官老爷们一见到"不懂规矩"的小民来告状，没有油水可捞，要么就草草然地处理，要么就反诬小民犯法了。无奈之下小民只好向省里的布政司、按察司及巡按御史告状，但这些官老爷也老早接受了犯罪者的贿赂与好处，以是为非，或判定小民犯了越诉之罪，将其打入大牢，有的地方上还将越诉小民关死在狱中。由此受冤被害的小民就不愿再在地方上"折腾"，宁愿背负"越诉"罪名，接受杖刑和全家戍边的处罚，也要通过上京越诉将犯罪者绳之以法，讨回公道，这就是“但求雪忿虽死不恤，京师刑狱之繁”的根本原因。宣德皇帝在了解事情真相后，颁发敕谕给各布政司、按察司、直隶府州及巡按御史，责令他们改过自新，去恶佑善，锄奸植良，谨慎审案，做到政平刑清。否则的话，国法不饶！（《明宣宗实录》卷54）

按理说宣德皇帝的这道敕谕够严厉了，但执行诏谕的不是受冤小民而是各地监临小民的“父母官”。“父母官”们在多大程度上遵照了皇帝的敕谕？要是没有朝廷巡按御史巡按的话，是没人知道的。严禁越诉敕谕下发三年后的宣德八年初，御史张鹏上奏说：“福建按察司在处理上诉案件时不为老百姓申冤，反而一听到有人上诉，就援引朝廷的严禁越诉之法例，将受冤百姓发往边疆戍边，民冤根本无法洗清。”与此前后朱瞻基还得悉各地多多少少都有类似的问题，于是他就命令法司部门修改严禁越诉的规定。宣德八年三月，明宣宗将修改后新起诉规定公之于天下：“凡民越诉得实者，免罪；不实者，仍发戍边。”（《明宣宗实录》卷100）

以所告之事是否得实作为对越诉者的处置依据，这样就纠正了原来严禁越诉中的不合理成分，使得受冤的民情在一定程度得以上达，进而体现出了朱瞻基省刑慎罚的致治精神。大明的司法诉讼制度经过此番调整后一直被沿用了200多年，直至明亡。

◉ 修正以罚代法的刑罚制度

明代建立时曾模仿唐宋设立了笞、杖、徒、流、死五大等级的刑罚制度。在《大明律》所载的五刑之外，还有凌迟、挖心、洗刷人体和罚作劳役等法外用刑。明太祖朱元璋时代就曾大量地运用过，延及永乐时代魔鬼的天才皇帝朱棣更是无所不用其极。尽管两帝都在晚年提出了停止使用那些过于残酷的法外用刑，以《大明律》所定的刑罚来断狱问案，但实际的司法实践中凌迟刑和罚役等法外用刑却一直存在着，且相当紊乱。

宣德元年四月，行在三法司官员向宣德皇帝上奏，提出了这样一个问题：“永乐时代官吏犯笞、杖、徒、流、死等不同种罪的，一律罚作劳役去运砖。一旦到了时限，又回到自己的工作岗位上，继续当领导干部。这里边存在很大的不公平性和不合理性，不过那是一时的权宜之计，现在应该要将它们分分等级？！”朱瞻基听后觉得很在理，就让大臣们廷议。最终议定：“凡杂犯死罪及徒、流、笞、杖罪又有力气的，一律依照永乐时期所定的运砖条例前去劳作；凡犯笞、杖罪的官吏、监生等各回自己的衙门服役，衙门闲吏送吏部另行别用；军职人员犯徒、流罪的，调往别的军卫服役；杂犯死罪的，降职使用；文职官吏犯徒、流罪的和杂犯死罪的，一律放回原籍，削职为民；军士和老百姓等在劳作服役完成后各回自己的军卫和老家；若官吏犯受赃死罪的和闲职吏员犯徒、流罪的，仍发北京地方上为民。”(《明宣宗实录》卷16)

对犯有不同种罪行的劳作罪犯进行分等处理，不仅可以结束永乐以来大明司法活动中的刑罚紊乱现象，而且还能加强对犯有重罪和犯贪污罪官员的处罚力度，解决先前以罚代法中的部分不合理因素。对此，皇帝朱瞻基十分高兴，马上批准了大臣们议定的方案。

但是这在具体的司法实践中却一直没有被认真地执行。宣德四年四月，监察御史王翱等上奏给宣德皇帝，说：“以小臣所见到的，眼下凡是官吏和公差人员犯罪，有关部门还是一概不问其罪名轻重，一律让他们运砖服劳役，工期满了就官复原职。这样一来，对于贪官污吏来说，他们可能仅仅是被罚掉些贪污得来的钱粮而已，在根本上没有起到真正严罚的作用，或者说这是一种对贪污犯的变相纵容和鼓励。因此小臣在此恳请皇帝陛下，加强对犯有不同罪行的罪犯的劳作后的分等处置，坚决打击贪污犯。”(《明宣宗实录》卷53)

朱瞻基接受了王御史的建议，并令法司与御史等官员修改先前的部分分等处置条例：强调凡官员犯赃罪，按律应该处死的，运砖劳役结束后必须罢黜为民；官员犯赃罪，按律应该处以徒刑或流刑的，运砖劳役结束后降格为吏员再任用；而对于那些不是犯赃罪的以及应处以笞刑和杖刑的，运砖劳役结束后可以官复原职。

但不久宣德皇帝感到这样的处置可能力度还不够，正想再作修订，恰巧遇上了一件事情。宣德四年六月甲午日，行在吏部尚书郭琎献上了一份官员名单，这些官员都因贪污罪而被罚役降用。

朱瞻基一听到官员"降用"两字，很为惊讶："什么样的官员要降用？"郭琎说："陛下，按照前不久我们修订的犯事官员在劳役后分等处置的规定和纳米赎罪例，犯贪污罪应处以徒刑或流刑的官员在劳役赎罪后要降格一等任用。"朱瞻基听到这话，顿时很不高兴："法例为一时权宜之计，岂可一直用下去?! 要是长久使用了，这不是叫贪官污吏们更加肆无忌惮而让廉洁奉公官员白白清廉了吗？你说说这样好不好？从今以后，凡是文职官吏犯赃罪的一律不得再任用，并转告法司部门不能再援引法例，一律按照《大明律》处置！"(《明宣宗实录》卷55)

前后花了四年多的时间总算解决了以罚代法中的很大一部分处罚不合理问题。就在这时，有个叫郑道宁的监察御史向皇帝朱瞻基指出了以罚代法中的另外一些弊端："纳米赎罪，即罪犯向官府指定的边疆地区或内地某个工地交纳一定数量的米粮，或为国家运粮，这不仅有利于边疆粮饷的供给和朝廷的工程建设，而且也有利于罪犯的改造，体现了朝廷的省刑薄罚的宽恤精神。"可是近来出现了这样不堪的一幕：北京郊区的军储仓内拘押了一批罪犯，他们都是因为家里实在太穷，无法再纳米了，从去年年底到现在8个多月的时间内就死了近百号人。这恐怕与皇上您的宽恤为政之思想相悖了。

宣德皇帝知道后很重视。在刑部侍郎俞士吉提出的解决方案基础上，对纳米赎罪条例做了修改，规定：凡罪犯家里实在太穷的，一般老百姓遣送回原籍延期追纳；如果是匠人，则继续劳作；如果是军士，则仍旧操备。(《明宣宗实录》卷46)

除了修正以罚代法的刑罚制度外，宣德皇帝还下令严禁淹系滞狱和枉杀无辜，以此来贯彻他的省刑慎罚的致治宗旨。

◉ 严禁淹系滞狱和枉杀无辜

淹系滞狱或言淹系罪囚，用今天话来说就是长期关押囚犯，既不审理也不判决，让囚犯们待在地狱一般的牢里，时间一长，身子骨单薄的囚犯就被关死了。这种情况早在永乐时期就已经很严重。那时有个循吏叫师逵的出任陕西按察使，到任时他发现那里的监牢里关押了1 000来号囚犯。之所以出现这样的淹系罪囚，其根本原因就在于司法官员工作拖沓、马虎。要是碰上贤官循吏，则局面为之一变。就说那个师逵在陕西省上任才10来天，就将监狱清理一空。(《明宣宗实录》卷24)可那时师逵一类的循吏实在不多，加上永乐时期南征北讨，不断地做大做强，人们都集体无意识地将目光集中在国家的大工大役上，哪有什么心思去关心监牢里的那些囚犯被关了多久了，于是罪囚淹系局面从永乐到宣德初年一直没改变。

宣德三年七月，一个偶然的机会，宣德皇帝朱瞻基无意中听到这么一件事：北京街头老百姓之间发生了口角和斗殴，大明皇家兵马司迅速出动人马前去抓捕，一下子抓了好多人，随即就将他们送往法司部门。可法司部门不好处理，什么张三打了我一拳，李四踢了王五一脚，全是鸡零狗碎的小事，剪不断理还乱，于是"人犯"们就只好待在牢里。因为是坊间的事情，身居深宫中的宣德皇帝听到后觉得很有趣，但细细一想不对了，马上命人将北京行在刑部侍郎施礼叫到了奉天门来，当场训话："听说北京城里发生了小民斗殴骂詈之事，其所犯也不是什么重罪，应该赶紧审理清楚并迅速发遣。当下七月份正是炎夏季节，不能老这样关着人，要是有人在狱中病死了，就是你们刑部犯了枉杀无辜罪。刑部官员应该充分体谅朕的一片恻隐之心，不可枉害人命！"(《明宣宗实录》卷45)

其实司法部门淹系罪囚何止北京行在有，全国其他地方都有，只不过呆在深宫大院里头的皇帝朱瞻基一直不清楚，直到宣德中期他才了解到地方淹系罪囚问题的严重性。宣德初年浙江发生了一起刑事案件：浙江临海县民上告说，他们当地的一家土豪父子叔侄共同作恶，杀人越货，还下海通番，恳请朝廷将其捉拿治罪。主管浙江道监察的监察御史张骏接到上告后，马上下发公文到临海县，让临海县衙迅速派人将土豪一家逮捕归案。不料土豪一家可能得到了内线情报，当县衙上门逮人时只逮到了一个，其他的全都逃跑了。张骏听到这个消息后觉得头都大，由于人犯不齐没法审案，只好将逮到的那个人犯放在监狱里头等吧。可这一等就等了四年，人犯家属不干了，宣德五年十二月，他们上告到朝廷，指控浙江道监察御史张骏犯有淹系囚犯之罪。皇帝朱瞻基过去只听说过各地都有囚犯淹系的事情，但就一直没有好的借口将其开刀，这下有了浙江的案子，他的心里可有底了，先将右都御史顾佐叫来训话："浙江离北京又不太远，提审人犯一年到不了，两年总够了吧，为何花了四年时间还没有将人犯提来？你们都察院也不向朕奏报，现在那个还在狱中待审的人犯没死掉算是幸运了。赶紧下文到浙江去，告诉那里的按察司及府县官，他们已经犯下了不督捕逃匿者之罪！"与此同时朱瞻基还以淹系罪囚之罪名将浙江道监察御史张骏逮捕下狱。随后他又命令顾佐及刑部官员："你们回去后赶紧将那些长期未曾了结的案件与案犯给统计出来，向朕一一奏报上来！"(《明宣宗实录》卷 73)

说实在浙江案件中相关主管官员张骏等人很是无辜，但朱瞻基这样小题大做的用意不外乎他要根除司法领域里淹系罪囚之顽疾。杀鸡给猴看，猴子看了有可能有反应，也有可能没反应，而要想彻底解决淹系问题，如果没有具体的举措，到头来还是一句空话。对此，精明的朱瞻基充分意识到了。就在浙江案件初步了结后不久，他接到了行在刑部、都察院上呈的未能了结案件与案犯的名单，在简单浏览之后就跟刑部、都察院官员说："这些都是你们玩忽职守所造成的，好多无辜之人被关押了那么久，名单中怎么没有被关押死的？这么巧？朕姑且给你们记上一过。"随后宣德皇帝颁布新的办案时限与处罚制度："各司各道主审官员，对于受理案件一年不能了结的，可以行文催促之；二年不能了结的，就得受到督责；三年不能了结的，罚扣俸禄(相当于工资)5 个月；四年不能了结的，抓起来问罪。在京中央五府及各部的主管领导与地方省级主要领导，自本令颁布之日起，对于受理案件一年不能了结的，就得受到督责；二年不能了结的，罚扣俸禄 5 个月；三年不能了结的，将逮捕起来问罪。军队中的卫所和地方上的府州县官员，自本令颁布之日起，对于受理案件一年不能了结的，就得罚俸五个月；二年不能了结的，将逮捕起来问罪。提审和押解人犯的公差人员如果延迟时间，致使罪犯不能如期归案和案件不能了结的，也要问罪！"(《明宣宗实录》卷 73)

为解决淹系罪囚除了对各级机关的办案时间做了硬性规定外，宣德朝还颁行了一项十分人性化的敕令：对于那些有待于对质查实而所犯罪行比较轻的罪犯实行邻里熟人暂时保释在外，使其免受长期囚狱之痛苦，(《皇明诏令》卷9)这些举措无疑都大大地减少了罪犯长期囚禁或病死狱中之现象，也体现了朱瞻基的恤刑慎罚的致治精神。

◉ 禁止虐待罪犯和相对宽待重刑犯家眷

其实淹系囚犯是那时代司法领域内一种变相的重罚，与此相比，还有许多更为直接的重刑重罚，如虐待罪犯、任意用刑、枉杀无辜和苛待发遣囚犯等等，宣德皇帝在上台当政后十分注意这些，并着力予以解决。

宣德七年四月，行在刑科给事中李原缙上奏说：各地递运所在押解犯人时常常不问罪轻罪重，一律都给带上枷锁，你要是拎得清一点给些好处，他们就会对你好一点；你要是家里穷或不明世故，那么就有你罪受了。押解路上公差人员首先会向你讨要财物，你说没有，他们就会强剥你的衣服，要不了多久，你就会被活活冻死。"鉴此，小臣在此恳请皇帝陛下命令行在都察院出榜禁约，并发文到全国各地去。"朱瞻基接受了李原缙的建议，下令给内外诸司衙门："自今以后严禁公差人员虐待发遣囚犯，囚犯发遣和原告放回一定要斟酌行事，认真处置，如果罪犯所犯罪行确实很重且必须要发遣的，可交递运所发遣；要是所犯罪行比较轻，那就由原案件主审衙门差人押送，或者交给当地的卫所或府州县递送；再轻一些罪行的，可给予通行证等相关证件，让罪犯自己到发遣地去报到，千万不能不分轻重，一概叫递运所发遣，终使众多无辜人命被害死。"(《明宣宗实录》卷89)

对于囚犯发遣做了分等处理，果然能避免了好多无辜人命被害。但有些案犯所犯之罪行很重，不得不发往边疆去戍边，而就在这发遣途中因为一路上的设施不配套，又枉死了好多人。远的不说，就拿北京到山海关来说吧，两地只有5个递运所，有的递运所之间相距170～180里，递送囚犯多的时候可能有200～300人，少的时候也有50～70人，中间有老有少、有男有女，每日只能走一站路，到下一个递运所不知要花上几天的时间，人总得天天睡觉吧，但所经之处又没有别的官舍，无奈之下只好借宿沿途的民房，可囚犯中不少人因家里贫穷而不肯租住民房；还有的人得病了，沿途老百姓不要他们入住，这样一来好多囚犯及其家眷只好餐风饮露，冒寒受暑，最终客死途中。朱瞻基在了解这些情况后下令给兵部，让他们在北京到山海关沿途增设递运所，且规定每个递运所的房舍必须要有 10 多间，这样可确保发遣囚犯平安到达戍边地。(《明宣宗实录》卷 105)

被发遣的囚犯往往是重刑犯，宣德皇帝尚能宽仁体恤，那么对于与此相近的犯下强盗罪的死刑犯又将如何呢？朱瞻基父亲明仁宗在位时就曾强调："文武诸司，自今亦不许恣肆暴酷，于法外用鞭背等刑，以伤人命，尤不许加人宫刑，绝人嗣续……自今惟犯谋反大逆者，依律连坐，其余有犯，止坐本身，毋一概处以连坐之法。"(《明仁宗实录》卷 8 下)

在这方面朱瞻基完全继承了父亲朱高炽的宽仁恤刑政策。按照习惯的做法，凡是犯下那个时代最为严重的犯罪之一的强盗罪的罪犯，一旦死于狱中，官府就要将其头颅割下来示众。但宣德皇帝认为，这样做太过头了，人死了只要验实就行，不必与死人过不去。

当然今人看了这样的史料记载后，可能觉得朱瞻基的宽仁恤刑假得很，强盗人死了，割不割人头有什么关系，能不能来点真格的？我们不妨再往下看：

宣德中期常州发生了强盗案，12 岁的陈思保被卷入了案件中。因为陈思保年幼，家里又以水上为生，所以他的父亲、哥哥在打劫时，他也客观上参入其中。不过常州府知府清官莫愚在审理案件时可不这么认为，他觉得 12 岁的陈思保年龄太小，不太可能会抢劫；何况他的父兄都死了，这孩子实在很可怜。但是莫愚不敢擅自做主，他上请宣德皇帝，能否给少年陈思保留下一命。朱瞻基看了莫愚的奏章后很为动情地说道："虞舜罚弗及嗣，文王罪人不孥。我皇考常诏天下，非谋反、大逆，父子毋连坐。况事发时尚幼，宜得宽减。"(《明宣宗实录》卷 75)

援引皇考仁宗朱高炽的宽仁诏谕作依据，通过下发敕令或外传口谕等方式，朱瞻基将自己的"敷宣德意"和宽仁恤刑的致治思想贯彻于治国理政的实际当中去，而在这个过程中最为出彩的，当算宣德皇帝亲自断案问狱，平抑冤狱。

◉ 亲自鞫问断案与清理冤狱

《明宣宗实录》中有关朱瞻基亲自审理案件的记载随处可见，综合起来看，这位自命不凡的太平皇帝在断案决狱过程中注重以下几个方面：

○ 特别重视危害极大案件的复审

谋反、叛逆一类的案件向来被历代统治者列为所谓的"十恶"之首。因为这一类的"犯罪"一旦蔓延开来或成功了，那就意味着原有的王朝、帝国的灭亡，故而每当皇帝有大赦天下时什么都可以赦免，唯独对于这一类的"犯罪"绝不轻饶，宣德皇帝朱瞻基也不例外。洪熙元年六月，在即位诏书中他开列了一系列的大赦名目，唯谋反、叛逆一类的犯罪被排除在大赦行列之外。(《明宣宗实录》卷1)宣德元年正月新春，朱瞻基在给行在刑部、都察院和大理寺的敕文中再次提到：新年伊始，问罪量刑要宽仁，"除谋反、大逆、谋叛、子孙谋杀及殴骂祖父母、父母，妻妾杀夫、奴婢杀主谋故及斗殴杀人、蛊毒、魇魅、毒药杀人、强盗窃盗三犯及真犯情重者不宥外，余皆宥罪，俾运粮赴宣府。"(《明宣宗实录》卷13)

谋反、大逆、谋叛三种犯罪会直接颠覆帝国王朝，理所当然要坚决打击。子孙谋杀及殴骂祖父母、父母，妻妾杀夫、奴婢杀主谋故一类的犯罪，在今天看来是很小范围内的事情，但在传统社会里那是以下犯上的忤逆行为，是对整个社会秩序的挑战，也应该归入严打的行列。余下的就是杀人和抢劫一类严重危害社会治安的恶性案件，当然也属于重点打击的范畴。即使这样，朱瞻基还十分强调对于这些所谓的重大案件的审结要谨慎，甚至有时自己还会亲自复审案件。

洪熙元年九月，南京都察院上奏说："苏州一带发生的杀人越货强盗案已经审理结束，41名案犯均已被判处斩刑。先前本院接到朝廷敕令，要求对强盗案审理要迅速，处决要快。在此本院恳请皇帝陛下下令，让在南京主持工作的襄城伯李隆和三法司复审一下案件，然后便将强盗们就地处决了。”朱瞻基答复说：“强盗罪犯应该处死，但即使这样还应该再三详审，不要使人蒙冤啊！”随后他又跟行在都御史刘观（当时还没下台）等官员说：“听说隋炀帝时发生了强盗案，皇帝一怒之下杀了 2 000 名‘强盗’。如果细细查查、复审几遍的话，就会发现真正犯下强盗罪的不过是几个人而已，但当时的大臣们都阿意奉承，不向隋炀帝提出复审要求，那么多的性命被无辜杀害了，这一切想起来真让人感到叹息与愤恨。你们要引以为戒啊！”（《明宣宗实录》卷 9）

大约一年后的宣德元年七月的一天，行在左都御史刘观等向宣德帝上奏说：“有 71 个人犯下了强盗罪和杀人重罪，今已判决其死刑。敬请皇帝陛下过目。”朱瞻基说：“从法律角度来说，这 71 人所犯之罪断然不可饶恕，不过你们还得要认认真真审录检查一下！”刘观说：“我们已经审录了好多遍了，没人被冤，现在应该可以处决了吧？”朱瞻基说：“可以！”

刘观等人刚离开皇宫大殿，朱瞻基突然想起来了，赶紧叫太监王振给刘观送去敕谕：“刚才我们君臣所谈的对强盗罪犯的处决暂且缓缓，你们再核实一遍做个记录，然后将所有的案件审理文字送到宫里来，朕要详细看看后再作定夺。”（《明宣宗实录》卷 19）

宣德元年四月，行在大理寺上奏说：“浙江嘉兴府有叫张谨的恶霸，因为个人怨隙而杀了一户平民家 7 口人，侵盗官粮 1 200 多石，强夺民田 1 500 多亩；又以催纳盐钞为名，强取豪夺百姓米粮 6 000石。张谨所犯每一项罪行按律都够得上判处死刑，今已核实无误，判处其为斩刑。”朱瞻基听完后这样说道：“一个底层子民居然敢如此肆意作恶，真是一乡之豺虎啊！小民们还怎么能安身立命呐？传令下去将他斩了，其家属一律发往边疆戍边。”话音刚落，朱瞻基似乎又想起了什么，继续说道：“朕绝不是喜欢用刑，只是想扶植和帮助善良、柔弱的百姓，不得不将为恶者处刑。你们大理寺要注意这案件中有没有冤情，请行在都察院再去复核一遍，然后才可以行刑处置。”（《明宣宗实录》卷 16）

宣德帝朱瞻基对危害极大案件之复审的重视贯穿于整个宣德时期，直至他的末年。宣德九年七月也就是朱瞻基生命最后半年的一天，行在刑部右侍郎施礼上奏说："昨天我们请示陛下，判决了14个重囚犯，陛下命我等与相关衙门的官员再会审复核，今将复核结果呈报如下：14人中有9人有话要说，有5人完全服罪。"朱瞻基说："处刑应该与所犯罪行相当，这样犯人就不觉得有冤；有人犯有话要说，这里边一定有冤情，马上再复审，一定要弄得水落石出，但也不可放过有罪的，服罪的一定要按照《大明律》判决，临决之际应该再次审核查实，不能让人有冤。朕已经再三跟你们说过，倘若放过有罪的，杀了无辜的，这是你们的罪过啊，因此审刑不可不慎！"(明宣宗实录)卷111)

◯ 特别重视大案要案的再审

这类案件有个特点，就是案件牵涉的人一般是朝廷命官或高官。宣德元年七月，南京郊县溧阳发生了重大行贿受贿人命案。案件主犯是当地的巨富史英父子，用今天话来讲就是"富一代"和"富二代"为富不仁，殴杀乡人，贿赂当地的官府衙门，将有仇隙之人污称为抢劫财物的强盗，并将其家属关押起来，真是无法无天，罪恶累累。当时南京大理寺卿胡概是个有名的清官循吏，他通过明察暗访终于查清了案件的真相，将史英为首的20多个涉案犯一并逮捕归案，因为里边有朝廷命官——县官，胡概不敢擅自处置，就将人犯与卷宗一并送往北京。宣德皇帝得知后命令都察院审理该案，并作出这样的指示："杀人者按律必死无疑，但20多人中未必没有无辜，你们一定要认真审理，务求案件真相，不可冤枉无辜者。"都察院官员接受皇命后，就派了几个御史重新审理案件，结果20人个个表示认罪伏法。案件上送到大理寺复核，也没有人喊冤，这事也就定了，最终上呈给宣德皇帝拍板。没想到朱瞻基对20个死刑犯一一亲自提审，最终判定首恶的史英父子死刑，其他的被处以运输劳作，7人被判为无罪释放。(《明宣宗实录卷》19)

宣德六年四月，福建邵武县官上奏说："福建省布政司参议陈羽来我县公干，一路上他的随行皂隶犯了一点小失误。一怒之下陈参议将皂隶给杖杀了，但事后他可能觉得做得过头了，就到我们邵武乡间来逼迫里役拿出90多匹布，给了皂隶的妻子，算是对杖杀皂隶的补偿，并令人将皂隶给埋了。可皂隶妻子不干，她不停地喊冤。"朱瞻基闻奏后仔细审阅了案件，然后跟右都御史顾佐这样说道："仆人有点小失误，长官的就杖杀他，哪有一点爱民之心，这样的人任意酷暴，怎么能胜任民之父母官呢?! 赶紧传令下去，让监察御史将案犯陈羽逮捕归案，按律处置。"(《明宣宗实录》卷78)

宣德晚年有个叫黄顺的人接受朝廷的任命，前往关外出任辽东都指挥佥事，这可是军区领导高级干部，黄顺心里特别开心。与他一起同行的还有都指挥王祥、张荣等5人，从北京出发一路向东北方向去，走到蓟州时天色已晚，6人就找了当地老百姓家借宿。不料当天夜里，张荣在喝醉后自刎而亡。同行的张荣弟弟张永等发现后赶紧去告诉黄顺，黄顺和王祥听到后，觉得实在不可思议，怀疑是张永杀害了自己的亲哥哥，然后再贼喊捉贼地来报告凶讯，于是就不由分说地把张永当做了凶手给绑了起来，改向往回走，到了北京就将他交付给行在刑部去审理。这下可把张永给逼急了，心想自己的哥哥死得莫名其妙，做弟弟的发现了，反而成了杀人嫌疑犯，越想越火，张永最终决定豁出去了。在刑部审讯他时，他就一口咬定杀害张荣的凶手就是黄顺。刑部官员一听有人出来指认凶犯，案件不就告破了，于是马上逮捕黄顺，并判定其犯下了谋杀重罪。消息一经传开，黄顺的妻子大呼冤枉，法司部门一下子慌了手脚，不知如何结案，最终只好上报给宣德皇帝。

朱瞻基听了案件的经过后这样说道："如果是黄顺杀了张荣，那必定是他与张荣之间有着很大的仇隙，且必有所图谋!"想到这些，他就派了监察御史张聪、锦衣卫千户尹亢到蓟州张荣投宿的那民户家及其周围邻居家去调查，结果那里的人们说出了一些令人瞠目结舌的事实："张荣到辽东去可不像黄顺那样兴高采烈，他怕苦得很，坐卧之间嘴里念念欲词，晚上喝酒喝醉了玩弄刀剑，结果自刎了，实在不是他杀。"张聪将获得的案情调查结果报告给了宣德皇帝，朱瞻基得意地说道："朕本来就怀疑黄顺不是凶手，要是不细细调查审核的话，岂不是又冤枉了无辜，赶紧传令下去，将黄顺、张永全给放了，并令黄顺等迅速赶往辽东赴任。"(《明宣宗实录》卷112)

○ 特别重视重大冤案、疑案 明代版的黄世仁强逼白毛女

朱瞻基登基一个多月后遇到了一起疑难案子：北京刑部工曹

主事(相当于司局干部)鲁宗儒曾奉命上四川去采伐木材。司局级干部在北京可能有几操场,可到了地方上就不一样。除了四川省级三司衙门等官员的品秩要比鲁主事高外,其他地方官可能都没有超过他的行政级别的,因此鲁宗儒自我感觉特别好,为所欲为。利用职务之便贪污木材,欧死民夫。看到川妹子长得水灵灵的,就动了淫念,将其强占为妾……。这些丑恶之事都发生在宣德皇帝上台以前,按照朱瞻基登基诏书所言,大赦天下,就该将鲁主事所犯之罪予以赦免,但行在都察院的官员不敢做主,于是就上报给了新皇帝朱瞻基。

朱瞻基反复权衡了一番,既考虑到自己即位诏书中的大赦承诺,又不得不考虑对作恶罪犯的惩处。于是最终决定,将鲁宗儒杖刑一百,谪戍广西。这可能是朱瞻基登基即位后亲自裁决的第一起较大的刑事案件。思维的缜密、情法的兼容,这一切使得新皇帝思绪联翩,随即他跟都察院左都御史刘观等人说:"笞、杖、徒、流、死等法定五刑实际上为天讨,什么叫天讨?就是以至公无私之心来处置犯罪者。倘若以私心杂念作为判定处罚的依据,那就不是天讨了。你们法司部门要以公平之心来办案行事,以忠厚来感召人们,和气为政,实乃邦国之福分,对你们也有利啊;倘若心存杂念,处事不公,随心判定,很可能就会枉及无辜良善之人。一旦传扬开来,人们就会怨恨朝廷,鬼神也会明鉴的,这可不是你们的福分吧!所以说今后凡是有犯罪情节可原谅的,所谓的罪行有可疑的,你们拿不准主意又不想了结的案子就直接上报上来,朕为你们裁决。"接着他又跟行在大理寺官员说:"刑法非致理之本,然有罪不治,无以惩恶,必得实情,则施刑者无愧,受刑者不怨,卿等最宜详慎。"(《明宣宗实录》卷 4)

对于案件的审理一定要得实情,恤刑慎罚,这是宣德皇帝对司法领域工作最根本的要求,也是他在帝王生涯中不断复审重大疑案、冤案的出发点。

宣德六年六月,北京行在三法司上奏说:"浙江崇德县吏金景瑞利用自己在衙门任职的权势,向小民周祥一等人放私债(可能类似于今天所说的高利贷)。周祥一一个平头百姓也不明白什么,没想到金景瑞的借贷来了个利上加利,原来的债务一下子变成了还不清的阎王债了。其实金景瑺后来也不想要周祥一还债了，而是要他的女儿陪他乐乐，并采取了暴力的手段将周女‘娶’到了家里。这下可把周祥一给逼急了，他火速赶往官府去告状，官府判定金景瑺应该归还周女。金景瑺听到判决后恨得咬牙切齿，自己借出去的钱要不回来不说，本来可以乐乐的周女又‘飞’了，竹篮子打水一场空，不甘心啊！但自己是小吏也就是今天所说的衙门里的办事员，不是领导干部，权势不够。于是他找来衙门里打杂的皂隶石谦等人密谋，捏造了一份假的供词，供词说：一个叫阿保的‘歹人’（实际上可能是个脑子不太好使，类似于智障的人），伙同周祥一以及金景瑺的仇家赵昌保等 11 人合伙抢劫平民王四家和海宁县兴福寺和尚的财物。供词造好后，金景瑺等硬逼阿保签字画押，随即叫上衙门皂隶以强盗罪的罪名逮捕了周祥一等人，而后又将他们械送北京行在。这下周祥一可比窦娥还冤了，他一路喊冤，一直喊到北京。这时那个智障叫阿保的人也听人说了，犯强盗罪可要砍头的，他十分害怕，赶紧说出了实情：自己签字画押都是县吏金景瑺等硬逼的。案件出现了戏剧性的变化，北京三法司官员觉得不好判决，于是就上奏给皇帝。”

朱瞻基听完了案件介绍后说：“既然说阿保、周祥一他们犯了抢劫罪，那起码有被抢的物证呀！”随后他令人行文到浙江省衙去，让他们到案发当地去调查。调查结果：王四家与兴福寺都没有被人抢劫。案情一下子大白了，可这时所谓的抢劫犯周祥一等 11 人都相继被折磨而死了。为了给死者还个公道，宣德朝廷最终判定：将密谋诬陷之首犯县吏金景瑺处以斩刑，从犯皂隶石谦等处以绞刑。（《明宣宗实录》卷 80）

尘埃落定了，皇帝朱瞻基不无感慨地跟都御史顾佐等人说：“朕时时留心刑狱，即使徒、流、杖等相对比较轻的罪罚朕亦存矜念，而浙江一个县衙小吏因为个人恩怨诬杀了 11 人，我们现在将他处死了，也偿还不了那 11 条无辜人命啊！自今以后，你们法司部门审案一定要更加谨慎，务究实情，天道昭明，不可枉杀！”（《明宣宗实录》卷 80）

宣德朝皇帝御断、御定的重大冤案、疑案还有许多，如宣德六年六月，行在刑部上报了一起疑案：有个叫钱成孙的平民与一个叫王忠的人因事争执而打斗了起来，这时王忠妻子郭氏正抱着婴儿在边上，看到自己的丈夫被钱成孙打得头破血流，心里十分着急，赶紧前去搭救，不料婴儿掉在地上给摔死了。这个王忠火冒三丈，自己被打不说，死了婴儿等于断了自己的香火，他一怒之下就上官府去告状，说钱成孙踢死了他家的婴儿。官府随即就收捕了钱成孙，并按律将其判处绞刑。绞刑即绞死，是比斩刑即砍头轻一等刑罚，但也属于五刑中的死刑。钱成孙听到判决后大呼冤枉，地方官府不敢擅自了结，上报到了北京行在大理寺。大理寺重录口供，复审下来，没有什么别的佐证能证明钱成孙无罪，就想定案了，但那个"案犯"钱成孙还是不停地喊冤，于是大理寺官员就将案件上奏给宣德皇帝。朱瞻基阅览案宗后，令人再认真复审，终于查明了真相，钱成孙当即被释放。随后朱瞻基跟刑部侍郎樊敬等人说："法司部门不能体察朕的恤刑之心，不以人命为重，一遇上案件审理就马上严刑拷打、刑讯逼供，怎么不会有冤狱？钱成孙案应该是个教训，主审官员与相关工作人员都要罚俸即扣工资 3 个月，以后要是再有这样的冤案发生，定罪不饶！"(《明宣宗实录》卷 80)

与钱成孙案很相似的宣德年间还有一起人命疑案：北京郊区大兴县有个平民叫张三驴的因为应役科敛取财而与村里人陈售显发生了争执，正巧陈售显的母亲正抱着小孩在边上，看着两个人打架，一会儿扭到这里，一会儿追到那里，老太太怕自己的儿子吃亏，一直跟着，不料一脚踩空，跌扑到地上，手里抱的小男孩因为后脑勺着地，当场死亡。陈售显十分恼火，随即就往官府去告：张三驴杀人！张三驴百口难辩，这个案子就这么给官府定了。可张三驴不服，一直喊冤，地方官只好将案件上送到北京，行在刑部审理后判定地方官的判决没错，按律要将张三驴处以绞刑。皇帝朱瞻基听说后十分惊讶地说："婴儿抱在别人手里，没参加打斗，怎么会被打死的？应该再好好审核审核！"刑部接到皇命后派出人员前往大兴县取证，将斗殴现场的目击证人一一逮到北京来审问，大家都说，他们看到的是陈售显家的小孩是摔死的，不是张三驴打死的。最终刑部判定：陈售显因为诬告人按律应该处死，但为了体现皇上的恤刑慎罚，将其改为流刑；张三驴因为科敛取财被处以徒刑。案件了结后皇帝朱瞻基跟刑部侍郎樊敬等人说："你们刑部这样轻率办案，下人们能不受冤枉吗？朕都不好意思见你们，难道你们就好意思？”

尽管身居内宫，但在实际的治政中，朱瞻基对许多案件所涉及的问题都有较深的了解，积累了丰富的审案经验，加上他对破案有着独特的兴趣，一般疑案、冤案在他当政时基本上都能梳理清楚，并能及时地纠正过来；另一方面不可忽视的是，宣德年间为了使下面的冤案曲情能够及时地上达，皇帝朱瞻基还十分重视和完善祖宗成宪中的登闻鼓制度。

宣德初年明宣宗就跟登闻鼓轮值给事中这么说道：“朝廷考虑到刑狱或许有冤，下情不能上达，故而专门在午门口边设立登闻鼓。谁要是有冤可直接来敲登闻鼓。前朝置院设官，仅让一人当值，朝廷耳目就在一人身上，怎么能做到兼听则明呐？我朝开始命令你们六科给事中轮流值班，一旦有人来敲鼓，你们不要怕，不管所告之人有多大的官品，只管所告之事，并将它迅速传递上来，这样我大明国事就不会有壅蔽了，即使再幽隐之事朕也能有所了解了。你们给事中是朝廷近侍，所做的工作是朝廷的重托，千万别辜负了朝廷的厚望！”(《明宣宗实录》卷 28)

由于皇帝朱瞻基鼓励人们多去敲鼓诉冤，因而有些犯人不管自己冤大冤小都会敲敲，时间一长有的当值给事中就受不了。宣德五年十二月有个叫年富的给事中向宣德皇帝禀告说：“今天有 27 个重囚犯来敲登闻鼓，他们不是犯了通奸罪就是强盗罪，按律必死无疑。可能是临行前怕死的缘故吧，他们都来敲鼓了。其实这样做亵渎了朝廷，陛下不要轻饶了他们。”朱瞻基听到给事中这样说话，顿时心里就火了：“设立登闻鼓干什么的？不就是要下情能上达，你怎么能说是亵渎朝廷？自今以后凡是死囚击敲鼓诉冤的，你们必须要按照规制办，将他们诉说的一一记录下来，上交给朝廷，让法司部门去甄别，登闻鼓轮值者中谁要是蒙蔽我朝廷、阻碍诉冤的，朕一定要治他的罪！”(《明宣宗实录》卷 73)

○ 特别重视伦理风俗疑案

朱瞻基推行恤刑慎罚之政还有个十分显著的特点，那就是特别重视伦理风俗案件的判决。宣德四年二月，朱瞻基在给三法司的敕谕中这样说道："'致理之道，人伦为先，五刑三千，不孝最大。'现在我大明地方上的官吏往往接受贿赂，宽待和放纵犯有不孝罪的人，吏治之坏没有比这更严重的了。今朕下发敕文，自敕文到达那时算起，只要是犯有不孝罪的，或与父亲小妾通奸的，或将自家嫂子、弟媳妇娶为己有的，凡是这类伤风败俗有违人伦的案件，地方有司衙门切勿擅自决断，一律上送京师，朝廷将按律论处；若武官及其儿子、兄弟犯有此类罪行的，取消其承袭爵位的资格，'永为定制'"(《明宣宗实录》卷51)。

朱瞻基在发布的这则敕文中明确了以违背五伦作为重点打击对象，因为五伦是构成"三纲五常"的最为根本的基础，而为人要孝就位列其首，因此受到朱瞻基君臣的特别关注，不孝成为了当时打击的重点。不过在重点打击不孝等重大伦理犯罪时宣德皇帝注意到了务得实情和恤刑慎罚。

宣德四年八月，南京明孝陵发生了一件事情：孝陵卫军士潘阿回的老妈有喝酒的嗜好，你喝酒就自己喝吧，与别人无关，但这个潘老太太喝了酒就寻事，稍不如意，不打即骂，且胡说八道。有一天她又喝醉了，她叫儿媳妇拿茶来，潘家穷，哪有什么茶叶，儿媳妇就给婆婆端了一碗开水，这下老太太可火了，拿起家中棰子痛打儿媳妇，而后又上衙门去告状，说：儿媳妇骂了她。古时候做小辈的地位低，尤其那时的女人哪有现在女人这么幸福与惬意。被长辈打骂了不能还击，否则就犯下了不孝罪，那可是"十恶"重罪之一！潘老太到衙门一告：儿媳妇骂她，这等于宣告潘家媳妇犯了不孝罪了。案子定了，潘家媳妇喊冤，上诉到刑部，刑部也定潘家媳妇死刑。潘家媳妇还是不停地喊冤，一直惊动了宣德皇帝。皇帝下令重新核实，令人将潘家在明孝陵的邻居全叫来作证，邻居们说：潘家那个婆婆可不是什么省油的灯，她的儿媳妇受冤了！这时可能潘老太婆良心发现了，实话实说，是自己诬告了儿媳妇。朱瞻基听到这里不由得笑了："本来要杯茶，送来的是白开水，没什么不可以的呀，就为这样芝麻大的事要杀了儿媳妇，这儿媳妇也太难当了！官府是专门为你们小民家里私人解忿的？笑话，赶紧将潘家媳妇给放了！"(《明宣宗实录》卷57)

类似的案子四年后又发生了，宣德八年十月，有个叫何俭的办事官因病而逝，没留一儿半女，只剩下年轻的妻子苏氏寡居独宅。人们常说：寡妇门前是非多，可苏氏寡妇的是非倒不是什么男女私情欲火，而是自己娘家那个贪财的父亲苏惟善。苏惟善本是个军中匠人，私下里常做些小买卖，生意头脑特别好。原本指望将女儿嫁给军人会得些好处，没想到好处什么也没得到，自己的女儿反倒成了寡妇。于是他就算计，先将自己居住的房子给卖了，然后到寡居独宅的女儿那里，说要跟女儿一起住。寡妇女儿说，不行，自己要将亡夫遗体送往其老家去安葬，这等于是将自己的父亲拒之门外了。苏惟善又想把女儿家值钱的东西全搬走，没想到寡妇女儿就是不同意，苏惟善拿起了家伙去打女儿，女儿还是不同意。实在没辙，他就上官府去告状，说女儿骂了他。这可了不得的罪名，按律要处死。官府衙门一级级审理，苏氏不停地喊冤，最后皇帝朱瞻基知道了，他就跟法司官员这般说道："苏氏送夫归葬，理正得很啊，而她的父亲所作所为倒是没什么理，你们也不听听他女儿有没有讲过什么不合理的话，就随随便便地将她判为死刑？不要再追究她有没有犯下不孝罪了，让她送夫归葬吧！"(《明宣宗实录》卷106)

从上述案例中我们可以看出，尽管宣德朝十分重视伦理纲常，并以此作为根本，但在具体的司法实践中皇帝朱瞻基还是更多地从事实出发，明刑慎罚或言恤刑慎罚。不过当法、礼一旦发生冲突时，他又会将如何处理呢？

宣德八年闰八月，山东历城发生了一起小小的民间邻里打斗事件，打斗中处于不利一方的是个老太太。老太太有个儿子在边上，他没上阵的原因不是别的，而是他是个瞎子，看不见什么人打了，什么人被打了，但他耳朵特别灵，头也很硬，听到打架，自己母亲号啕痛哭，他顿时怒火冲天，冲向了母亲哭声的地方，用头死死地顶住痛打他母亲的邻居，不料一下子把人给顶死了。这下可好了，本来的斗殴事件酿成了人命大案，当地衙门逮捕了瞎子，并将其判处绞刑。但因为杀人犯是个瞎子，按照当时的法律规定，残疾人犯罪应该从轻发落，怎么个从轻？地方官心里没谱，于是案件一级级上报，最终报到了皇帝朱瞻基那里。朱瞻基说："凶手是个瞎子，本该宽宥一点，又是因为他母亲遭打了，他才把人给顶死的，这是个孝子啊，孝子行为要表扬，这样吧，叫那个瞎子家拿出10两银

子给死难的邻居做个补偿。”(《明宣宗实录》卷 105)

与上述案件有点相似的还有,南京上元县有个 14 岁的少年叫王拜住,小时候因为家里穷,被一个姓陈的女人(陈氏)所收养,一晃好多年过去了,昔日牙牙学语的王拜住已经长成少年。有一天他在路上遇到了一个要饭的老太太,仔细一问才知,原来她是自己的生身母亲王氏。他的生身父亲早在一年前就已经去世了,生母无以为生,只好行乞于街头。此次母子两人街头邂逅,一说往事,顿时抱头痛哭。情绪稍稍平静后,王拜住决定回老家侍养生母,但他没敢去告诉养母陈氏,而是到了当地的官府衙门去说了,恳请官老爷恩准他。养母陈氏听说后十分恼怒,放言出来不要王拜住这个养子了,并说王拜住经常骂她。骂养母等于骂自己的亲生父母,这就犯下了不孝罪。官府衙门逮捕了王拜住,案件一级级上呈到了刑部。刑部官员还是判定王拜住按律论死,并上报给了宣德皇帝。朱瞻基听了案件的来龙去脉后这样说道:“14 岁少年,先前依靠陈氏养大,养母的养育之恩怎么能忘了?邂逅生活凄惨的生母行乞,要是不动心的话,他还不是禽兽?现在他要回老家侍养生活凄惨的生母,没什么错,唯独有一点没做好的就是没告诉他的养母。算了,传令下去,将王拜住打打屁股放了,让他回去侍养两母吧!”(《明宣宗实录》卷 76)

◎ 明朝版的“杨乃武小白菜”案

与王拜住案件差不多同时,南京上元县还发生一起法、礼冲突的疑难案:有个老人被侄儿打了,由于不懂得怎么打官司,他就直接跑到了南京通政司衙门去告状。通政司将案件归口到南京刑部,刑部侍郎假民犯难了:侄儿打了叔叔,按照《大明律》的规定就应该判处徒刑,若依照《纳米新条例》,最多让那个打人的侄儿交纳一些米粮就能了事了;而做叔叔的老人因为没有在自己所在的上元县先起诉,而是直接跑到了通政司去告状,这就犯下了越级上诉之罪。按照法例,其本人与家人将要一同发往辽东去充军。无奈之下,南京刑部侍郎假民就给宣德皇帝上奏:“卑幼辈打了长辈,以伦理而言已经触犯了伦常,但从法律角度却只要罚些米粮就可以万事大吉了;而长辈的被打了,还要被发往边关充军,道德伦理都讲不过去啊!”朱瞻基了解案情后也跟假民有着一样的感觉,最后也来了个曲法伸情,宽宥了被打老人的越诉之罪。(《明宣宗实录》卷76)

像这样的曲法伸情的案例在中国历史上有的是,不过像皇帝朱瞻基那般认真处置的,还真不算多。

由血缘家族伦理推及社会,中国传统社会的法制还特别重视男女大防,非婚男女之间不论有没有快乐之事,一旦被人告发了,就得上纲上线,“出礼入刑”。

宣德元年正月,猗氏县发生了一起了所谓的“淫妇淫夫杀人案”。被指认为淫妇的是个叫王骨都的年轻女子,她的丈夫叫郭小生。郭家不富裕,靠着勤俭持家过着,每晚王骨都都要与婆婆一起纺纱织布,补贴家用。有一天晚上,丈夫郭小生先上床睡了,等到半夜妻子王骨都去睡时,手上摸到的全是血,仔细一看:丈夫郭小生被杀了。郭小生的父亲听到儿子被杀,就怀疑自己的儿媳妇是“潘金莲”,那“西门庆”就是邻居袁加儿,他俩共同密谋杀害了郭家的香火传人。郭老头憋足了劲一定要到官府去告状,并逮住了自己的儿媳妇作为证据。

小县城一下子弄出个“淫妇淫夫杀人”大案来,顿时闹得沸沸扬扬。有个叫杨恭的人听到消息后赶到官府衙门去,检举揭发真正的凶手不是什么淫妇淫夫,而是一个叫于八的无赖,他跟郭家有仇,并几次扬言要杀了郭小生。他还曾跟人说起,如何利用郭家人不备时偷偷地溜入郭小生内室,并将其杀死。县太爷一听有人出来指认真凶,当即派人将于八逮到县衙大堂审讯。哪料到于八是个地地道道的无赖加恶棍,在大堂上将自己曾经所说的推得一干二净。到案的凶手顿时又变没了,县老爷很为着急,令人给王骨都用刑。年轻女人床第之欢可能还拿手,怎么能经受得了钻心刺骨的刑罚,不多一伙儿,她全部“交代”了:“奸夫”就是袁加儿,他们俩如何如何。案件很快就给搞定了,但事后王骨都不停地喊冤,县官将案件上送府里,府里又将案件上送省里,直至中央刑部。刑部官接案后不让王骨都申辩,一来就给她上刑,这下王骨都忍住疼痛不停地喊冤。事态越弄越大,惊动了宣德皇帝。其实这是明代版的“杨乃武小白菜”案,当皇帝朱瞻基得悉后,马上命令文武大臣共同审理这起折腾已久的大疑案,嘱咐他们不要放过每一个细节。这时关键证人杨恭起了作用。朝廷大臣最终审得真正凶手是于八，于是赶紧派人到猗氏县去抓凶手，哪知于八已死。宣德皇帝分析了案情，觉得这个王骨都实在可怜，想起刑部官员胡乱审案很是恼火，他神情严肃地说："'罪至死谓之极刑，况妻杀夫，尤为大恶。'你们法司部门对于这样的事情不用心，还有什么事用心的？仁人君子对于一草一木尚且不忍折损，更何况人命。朕数次告诫你们一定要记住亲恤之意，为什么还有今天这等事？从今以后不能再这样草菅人命了，否则定罪不饶！"（《明宣宗实录》卷13）

与猗氏县发生明朝版的"杨乃武小白菜"案差不多同时，义勇右卫军军士阎群儿家中可真闹出了一起"淫妇淫夫"案来了。

阎群儿是后军都督府义勇右卫军中的一个军士，因为长期为军官服役，很少顾及家里。他家里有个年轻貌美的妻子毛氏，体内荷尔蒙分泌特快，很早起就与人勾搭成奸。有个叫李宣的人看到过毛氏与人通奸，就把这事告诉给了阎群儿。阎群儿一听自己戴了绿帽子顿时就怒火冲天，逮住了妻子毛氏死命地打，虽然后来被人劝开了，但他还是火气腾腾的，且扬言要杀了毛氏。毛氏尝到了丈夫的厉害，想起自己的快乐，也想起丈夫的暴力，最后把心一横，上官府那里去告状，说是自己的丈夫阎群儿与"好事者"李宣等9人抢劫了军队校尉陈贵家。监察御史一听到抢劫，就不由分说地将阎群儿他们逮住，并定了强盗罪，按律当斩。李宣等家人听说后觉得太冤了，他们上北京皇宫午门口去猛敲登闻鼓诉冤，陈述陈贵家被劫那天李宣等人都各自有事情，压根儿就不在案发现场。轮值登闻鼓的给事中李庸马上将这事情报告给了皇帝。平白无故能冤杀好人？既然说李宣他们都有别的事情不在案发现场，那应该有证人证物。想到这里，朱瞻基命令都察院将人犯一一重审，取证核实，结果发现，陈贵家的抢劫确实不是李宣、阎群儿他们所干的。于是朱瞻基马上令人把他们给放了，将淫妇毛氏逮捕入狱，并按律处刑。随后他跟都察院左都御史刘观说："凡治狱必察实情，此事若已论决，朕必不贷汝矣。"（《明宣宗实录》卷16）

上述几个案子都与伦常有关，从当年司法活动的最终结果来看，尽管宣德帝十分注重伦理纲常，但在总体上都没有偏离他的基本司法精神：从实际出发，必得实情，恤刑慎罚。

◎ 继承与光大祖宗的御裁清狱传统

在司法领域里明初列帝还曾推行了许多恤刑慎罚的举措，如"三复奏"、"五复奏"、"热审"、"秋审"和皇帝录囚等等，其中影响最大的可能就要数朝廷会审和皇帝录囚、御裁清狱了。朝廷会审是指朝廷重臣接受皇命会合审理一些特大疑难案，并将最终的审理上报御裁，笔者在以前的著作中已有专论了，在此不做赘述。皇帝录囚是指皇帝亲自审讯重罪囚犯或老是喊冤的疑难案案犯，而御裁清狱是指皇帝亲自裁决地方官员和朝廷官员不能也不敢拍板裁定的案子，清理一下被关押了许久而又无法发遣的狱囚。宣德皇帝在这些方面做得特别认真，继承且光大了祖宗的传统精神，他几乎每年都要两次御裁清狱，详见下表：

宣德元年～宣德九年皇帝朱瞻基御裁清狱简表

时　间	宣德帝御断起由	御裁发遣囚犯人数	史料出处
宣德元年十二月	行在三法司与锦衣卫上所鞫狱囚罪状	凡发遣 3 000 余人	《明宣宗实录》卷 23
宣德二年五月	三法司录轻重系囚罪以进	凡决遣 600 余人	《明宣宗实录》卷 28
宣德二年五月	三法司上轻重系囚罪状	凡决遣 2 190 余人	《明宣宗实录》卷 28
宣德二年七月	行在三法司官员奏请疏决囚犯	凡决遣 2 465 人	《明宣宗实录》卷 29
宣德二年十月	行在三法司上系囚罪状	凡决遣 800 余人	《明宣宗实录》卷 32
宣德三年三月	行在三法司上系囚罪状	凡决遣 400 余人	《明宣宗实录》卷 39
宣德三年闰四月	行在三法司进系囚罪状	凡决遣 600 余人	《明宣宗实录》卷 42
宣德三年五月	行在三法司上系囚罪状	凡决遣 507 人	《明宣宗实录卷》43
宣德三年七月	上阅三法司所进系囚罪状	凡决遣 1 635 人	《明宣宗实录》卷 45
宣德四年？六月	行在三法司奏重囚罪状	凡决遣 170 余人	《明宣宗实录》卷 91
宣德四年五月	行在三法司奏狱囚罪状	凡发遣 2 200 余人	《明宣宗实录》卷 54
宣德五年四月	行在三法司上奏重罪应斩绞者 17 囚犯状	凡免死者 10 人	《明宣宗实录》卷 65
宣德六年七月	三法司上系囚罪状	凡决遣 800 余人	《明宣宗实录》卷 81

续　表

时　间	宣德帝御断起由	御裁发遣囚犯人数	史料出处
宣德七年二月	三法司进系罪囚状	凡决遣1 000余人	《明宣宗实录》卷87
宣德七年六月	行在三法司奏重囚罪状	凡决遣170余人	《明宣宗实录》卷91
宣德八年二月	三法司上系囚罪状	凡决遣5 000余人	《明宣宗实录》卷99
宣德九年二月	南京三法司上轻重系囚87人罪状	凡决遣87人	《明宣宗实录》卷108
宣德九年四月	行在刑部、都察院进系囚罪状	凡决遣1 300余人	《明宣宗实录》卷110
宣德年间共计		22 934人	

无论是皇帝录囚还是御裁清狱，其最终作用不外乎两者：一为清理监狱，减少淹系滞狱，疏通司法通道；二为渲染恤刑慎罚的无限皇恩，“敷宣德意”。

总之，从“恪遵成宪”、“敷宣德意”之宗旨出发，宣德皇帝选贤任能，厘清吏治；理性监察，整顿风纪；谨选守令，固本重农；宽刑慎罚，清整刑狱等等。朱瞻基所作的这一切都是为了实现他心目中理想致治——“克致太平”，自己当个“盛世天子”。而在这个过程中他还推行了一项十分重要的国策，那就是和平对外，务实国防，欲知详情请看下章。

第7章 和平对外 务实国防

“恪守成宪”、“敷宣德意”，致力于盛世致治，无论有意还是无意，朱瞻基在大体上继承皇父朱高炽遗志的基础上，对大明帝国政治、经济、司法等诸多领域进行了务实性的国策调整。其实，这样的务实性国策调整在宣德朝还不限于内，更有在外即改变永乐的扩大攻势，活用祖宗的“德南兵北”和“管西辖东”之策略，和平对外，务实国防。

● 撤兵交趾 还政安南

明初两祖即明太祖和明成祖在对外与周边关系的总体策略是“德南兵北”、“管西辖东”。我们《朱棣卷》里头已经讲过，“德南兵北”就是大明帝国发展和南方诸国诸邦的友好关系，营造一个安定的南方“国际环境”，集中精力打击北方蒙古残余势力。“管西”就是“多封众建”藏僧藏官，恩威并施、派驻军队控制西北要地，“辖东”即因地制宜地直辖东北。无论是“管西”还是“辖东”都是为了对北方蒙古残余势力形成包围、夹击之势，以图最大程度地打击和消灭大明帝国最主要的威胁与敌人。

◉ 洪熙朝安南政策的新动向：招抚为主，谨慎用兵

从大明帝国政权整体角度来看，明初这套对外与周边的总体

策略不仅相当正确，而且还十分吻合当时的实际。不过在具体的实施过程中却出了些问题，譬如“德南”遇上了安南乱臣贼子黎氏父子，永乐帝朱棣一怒之下发动了平乱战争，不料却使得大明帝国从此陷入了安南战场的泥潭，从永乐四年战火燃起一直到永乐二十二年朱棣驾崩，大明投入了不下100万的兵力，但最终还是没把安南给完全搞定。永乐中晚期，或许是为了集中精力打击北方蒙古，或许是害怕在三次平定安南之乱中都一一取胜的大明军主帅张辅会功高震主，皇帝朱棣于永乐十四年年底“敕交趾总兵官英国公张辅驰传还京”。(《明太宗实录》卷182)随后委任“丰城侯李彬佩征夷将军印充总兵官往镇交趾。”(《明太宗实录》卷185)

就在张辅离开安南一年后的春天，即永乐十六年(1418)正月，交趾清化府俄乐县土管巡检黎利起来造反——安南第四次叛乱爆发。

黎利原先跟随陈季扩反明，曾任陈手下的金吾将军，后来投降了大明，在大明交趾政权里任巡检官。按理来说，黎利一类的安南人就此可以平平安安地过日子了，可永乐朝统治者就是不让他们舒服。就在丰城侯李彬代替张辅出任交趾总兵官之际，“中官马骐以采办至，大索境内珍宝，人情骚动，桀黠者鼓煽之，大军甫还，即并起为乱。”(《明史·外国二·安南传》卷321)

尽管当时镇守交趾的总兵官李彬也是一员有着丰富军事经验的大将，但面对风起云涌的安南反明叛乱，这位有着显赫家庭背景的将门后生似乎显得有点力不从心了。永乐十六年黎利发动反明叛乱，自立政权，僭称平定王。李彬知道后派人前去镇压，并想就此逮住黎利正法。可谁知，叛军虽然被赶散了，但黎利也消失得无影无踪。对此，李彬十分恼火，他奏请皇帝朱棣批准，将被俘的叛军将士公开就地处决，一一杀戮，目的是杀鸡给猴看，可最终还是没抓住黎利。于是他只好继续加紧军事围剿，黎利被迫逃往老挝，大明军追至老挝，老挝阻挡大明军进境搜捕，但他们保证会动用自己的军队捉拿黎利，一旦抓到，立即将其送到大明军营里来。可事后老挝哪会去抓邻国的反叛首领黎利，最终只能让大明交趾总兵官李彬，不，还有大明皇帝朱棣空等一场。

朱棣等了两年多，一直等到永乐十八年五月，他终于不耐烦了，给交趾总兵官李彬下发了语气加重的敕谕："叛寇潘辽、黎利、车三农、文历等迄今未获、未审，兵何时得息，民何时得安，宜昼夜尽心，广为方略，早灭此贼，以不负朕之委任。"（《明太宗实录》卷225）

可这回"天才"皇帝又没等到好消息。敕谕下发后的一年半时间里，交趾叛乱首领黎利连个影子也没见着。到了永乐十九年的年尾时，一向不信天下没有办不成之事的强势皇帝朱棣开始渐渐服软了，他派人南下宣谕：不仅宽宥黎利的罪行，而且还让他去当大明交趾政权的清化知府。可黎利压根儿就不吃这一套，事情就这么一直拖着。（【清】谷应泰：《明史纪事本末·安南叛服》卷22）

就在此时，大明交趾总兵官李彬病卒（永乐二十年），朝廷命令参将荣昌伯陈智代行其职，都督同知方政等协助加紧清剿。俗话说新官上任三把火，这个陈智主持工作后就发起了新一轮的围攻与打击，打得黎利抱头鼠窜。永乐二十二年陈智兵围兰山，黎利慌不择路，逃亡老挝，为老挝逐出，只好退居瑰县，但是又遭到大明军的进逼。面对行将到来的灭顶之灾，黎利狡黠地使用缓兵之计，令手下头目范仰等率领1 600多号人投降明朝，同时放出风来：自己也将不久率领手下480人来降。而实际上他却躲在俄乐县里头不露脸，并拼命打造军事武器，图谋反击。代行交趾总兵官之职的陈智吃不准形势，只好上奏，向朝廷请示。（《明仁宗实录》卷2上；《明史·外国二·安南传》卷321）

恰巧老皇帝朱棣驾崩，新皇帝朱高炽刚刚登极。接到陈智的奏请，洪熙帝深思熟虑了一番，最后做出这样的答复："你们估测黎利一边叫人投降一边自己又不露脸，图谋不轨，因此说你们要进兵围剿，考虑得很对啊！只是朕听说，黎利他们当初是因为我大明交趾官员的科扰逼迫而不得已走上反叛之路的。现在朕刚刚即位，已下令大赦天下，希望天地万物更新。对于交趾我们尤其应当要加以宽恤。万一黎利一行人良心未灭，或许他们会考虑我朝廷新诏谕内容的。你们接到朕之敕谕时，倘若还没有进军，就派人诏谕，宽宥他们前番之过，让他们回去，安生乐业；假使他们执迷不悟，继续顽抗下去，那么就据实奏来，朕当另行处置。倘若我大明军已开始进剿，没法停下来了，那么你们必须得十分细致、谨慎。这些安南人十分奸诈，往往利用险要地形设计埋伏，你们要经常远

眺了望，不要中了他们的奸计。行军时尤其要注意军纪，不要扰害了良民百姓！”(《明仁宗实录》卷2上)

从洪熙帝的这份敕谕来看，几乎就没了他的皇父朱棣的清剿为主、招抚为辅的意思，而是改变成能招抚就招抚，招抚不成，上奏给皇帝再作处理。还有就是他告诉交趾的明军主帅：即使用兵也要万分谨慎。随后明仁宗又派了自称与黎利关系不错的中官山寿作为镇守交趾的监官，给黎利带去劝降敕文，再次任命黎利为清化府知府。(《明仁宗实录》卷2中)

可就在朱高炽给陈智颁敕答复请示的那一天，安南战场上掌交趾都指挥使司都督同知方政率领将士在义安府茶龙州于黎利军展开大战，昌江卫指挥伍云殉难，明军大败。随后由于陈智与方政两人不和，指挥作战缺乏协调性，致使黎利势力乘机发展，安南各地反明斗争再次风起云蒸。(《明仁宗实录》卷2上)

◉ 宣德朝安南政策新变化：军事战争胜利前提下体面地撤兵交趾

面对这样的格局，刚刚登基才一个月的新皇帝朱瞻基在确立对安南继续用兵的前提下，注意到了父皇朱高炽所说的当地吏治败坏问题，并着力予以解决。洪熙元年七月癸未日，他调凤阳府同知王凤等119人为交趾府州县官，想以此来加强对交趾的统治，缓解交趾与明朝之间的矛盾冲突。随后又因交趾布政司奏请，在没有很好儒家文化知识教育的交趾各府州县儒学中挑选了生员王宪等82人到京师学习，并给予其大明官学生一样的待遇。(《明宣宗实录》卷3、4)

可是朱瞻基的苦心经营刚开始，从交趾战场上却接二连三地传来不好的消息。先是洪熙元年闰七月，交趾首领黎利‘招聚逆党，拒抗官兵，攻围茶笼州’，杀了明朝任命的知州琴彭潜等，不断扩大势力；在接到宣德皇帝的招降敕谕后，他信誓旦旦地宣称：等到秋凉了一定去就任清化府知府，可没过多少天又说，他与参政梁汝笏等有仇，请求明朝解除对他的清化府知府的委任，自己就权署茶笼州事行了，而暗地里却在拼命地招兵买马，扩充实力。面对这样反复无常的对手，宣德皇帝下敕给荣昌伯陈智、安平伯李安、都督方政及交趾三司官等，告诉他们："反贼黎利包藏祸心，并非一日就有的。要是开始时就能像除草一样将他给除掉了，怎么会有今天的他呐；但那时庸人们都说能招抚他的，就招抚一事来说，从开头到现在也有 8 个年头了，可黎贼一直不肯投降，终致当下这般局势。今朕下敕给你们，希望敕文到达之日起，陈智、方政专督进兵，一定要相互协调，紧密配合，不许缓机误事，只有这样才能战胜敌人。倘若来春还没有捷报的话，朕要拿你们是问！"(《明宣宗实录》卷 11)

狠话都说到这个份上了，新皇帝要消灭黎利的心愿极为迫切，那么他的真实内心想法又是如何呐？洪熙元年十一月壬戌日也就是在给陈智他们下达敕谕的第二天，朱瞻基在明皇宫文华殿上单独召见了大学士杨士奇和杨荣。一见到"两杨"，他就先开口问："昨天给荣昌伯陈智等人的敕文下发了？""两杨"说："已经发了。"朱瞻基看看周边，在确认没人后就轻声地说："朕有一句话，藏在心里已经很久很久了，今天就与两位爱卿说说，你们千万不要泄露出去啊！""两杨"不停地点头，朱瞻基说："过去在南京的时候，刚好当时交趾叛逆黎季犛父子被押到，父皇私下里跟朕说：'太祖高皇帝初定天下时，四裔夷狄之中最先归化我大明的当属安南了。可后来黎氏父子篡夺了安南陈氏的王位，乱杀无辜，弄得天怒人怨。讨伐他们，理所当然。只是当时苦于找不到陈朝王室后人，这才将安南并入我大明的版图，实施郡县制。倘若现在陈氏后代还有人在的话，我们给他们挑选一个，立为安南国王，这样不仅与太祖高皇帝的初衷相吻合，而且也会使得安南安宁下来！'朕当时回答说：'倘若我大明朝廷真的这么做了，那可是帝王史上实实在在的一大盛举啊！'皇父笑着说：'这话千万不可往外泄露啊！'朕一直牢记于心，从未敢忘，现在又想起这事了。你们说这样好不好，倘若现在陈朝王室果真还有后人在的话，我们就选立一个为国王，让他做好藩属之职，三年一朝贡，就如洪武之制。这样一来安南也会安宁下来，而我大明帝国也可从此省去军事征讨和戍守的劳烦，这样做又未尝不可呢？还有，要是真的这么做，会不会又有人说朕放弃了祖宗的大业呢？不过话得讲回来，'继绝兴灭'实际上也是朕之皇祖(朱棣)当初的意愿啊！"(《明宣宗实录》卷 11)

从上述这番说话中我们可以看出，这位聪敏的年轻天子之高明就在于他在“恪遵成宪”的基础上，巧妙地将祖宗朱元璋、皇祖朱棣和父皇朱高炽等在安南问题的“相同点”给联系在一起，抓住了‘继绝兴灭’这顶大旗来“敷宣”祖宗和自己的“德意”：通过催促安南战场上的指挥官陈智他们尽快取得军事胜利的前提下，体面地结束战争。但他又吃不透臣下会不会反对，于是就先找“识大局”和“敏于事”的心腹侍臣“两杨”来试探试探。“两杨”听到新皇帝在安南问题上拥有这番心思一下子都明白了，他们赶紧应对：“永乐三年我大明朝廷在讨论与决策对安南用兵时，所有的诏敕文字都由臣等在太宗皇帝面前当场写下来的，那时太宗皇帝的想法就是‘继绝兴灭’，他老人家讲过的复兴灭亡之国的指示许多人都听到了，请陛下不要为此担忧。”朱瞻基说：“当时朕年纪虽小，不过还能记得皇祖的话，确实如两位爱卿所言。看来你们两位还是明白朕之意的，请不要外泄，两三年内，朕要实行此事。”(《明宣宗实录》卷 11)

◯ 不争气的交趾总兵官陈智和都督方政

朱瞻基的此番想法固然很好，不过这里边有个大前提，那就是大明必须要在军事上取得胜利，否则的话就会很狼狈、很尴尬。而在这一点上恰恰是朱瞻基决策时所忽视的，或者说在军事部署方面考虑不周全。这个不周全最先反映在安南战场问题上。他承袭了皇祖朱棣和皇父朱高炽时代大明军事领导的安排，让交趾总兵官荣昌伯陈智、都督方政协力进攻黎利，可这两人决非帅才，陈智怯懦畏缩，方政有勇无谋，且自以为是，如此军事指挥岂能取得战争胜利？相反败绩屡屡，先是在可留关之战中败给黎利，后来又在茶笼州遭到打击，而曾在皇帝面前夸下海口的镇守太监山寿却一味主抚，在乂安坐拥官军 1 000 多人见死不救，致使交趾战场上的大明军一败涂地。(《明宣宗实录》卷 15)

皇帝朱瞻基接到败讯后十分恼火，宣德元年三月，他降敕给陈智、方政和山寿等，对他们严加斥责。与此同时，他还决定对交趾军事作重新安排，调兵遣将，向交趾增发大军。

◯ 宣德朝第一次南征——“官二代”新总兵官王通

宣德元年三月丁未日，朱瞻基敕令楚王、蜀王各发护卫步兵1 000，福建、广东、云南、贵州、四川、湖广各都指挥司并南直隶各卫选调马步军共15 000人，奔赴交趾，讨伐叛寇，再让广西都指挥司于思明、田州等府挑选弩手、土兵3 000人，听从调度，充当大明军南征之向导；同时下敕给老挝，不准他们容纳叛逆黎利等人。(《明宣宗实录》卷15)

宣德元年四月乙丑日，朱瞻基命令太子太保、成山侯王通佩征夷将军印，充总兵官，都督马瑛充参将，赶往交趾，征剿叛寇，抚安军民，仍命尚书陈洽参赞军务；敕令安平伯李安掌交趾都司事，仍听总兵官节制。同时下令削夺荣昌伯陈智、都督方政官爵，降为任事官，听从总兵官王通调遣，充作前锋，在战争中立功赎罪，还命令神机等营都指挥谢荣等518人跟随王通他们一起出征交趾。(《明宣宗实录》卷16)

王通一行出征前，宣德皇帝在文华殿专门召开了由亲近大臣蹇义、夏原吉、杨士奇和杨荣等四人参加的御前会议。会议一开始他就公开了自己的主张：“太祖高皇帝《祖训》有言：‘四方诸夷及南蛮小国，限山隔海，僻在一隅，得其地不足供给，得其民不足使令。’‘倘若他们不自量力前来骚扰我大明边疆的话，那对他们来说决非是什么好事；倘若他们不对我国构成危害，而我们擅自发兵去攻打他们，那么对于我们来说也绝非是好事啊！我们后代子孙千万不要恃自身国家的富强，贪图一时之战功，无端兴兵，切记切记！’可永乐初年交趾乱臣贼子黎季犛父子弑主篡位，荼毒生灵，我太宗皇帝不得已才兴兵讨伐。最初的想法是在讨平黎季犛父子之乱后，寻找他们的陈朝王室后代立为国王，这大概就是人们常说的‘兴灭继绝’的圣主之心啊！可是谁也没想到的是，陈氏子孙已被黎季犛父子杀绝了，无奈之下才同意当地人的请求，在交趾设立郡县进行统治，就此而言，这已经不是出自太宗皇帝的本意了。从那时起，交趾没有一年不用兵，我大明帝国国人疲于奔命，快要到了崩溃的地步了。皇父在世时每每想到这些，深为不安，故而在他即位诏书中对交趾的恩施就特别深厚。昨天遣将出师，朕通宵未宁，说实在真不想让无辜生灵涂炭，反反复复，思虑再三，觉得还是想让交趾像洪武中期和永乐开启时那样，自成一国。每年照例进贡我朝廷，这样一来不仅能保全一方百姓之性命，也可使得我大明帝国休养生息，诸位爱卿意下如何？”说到这里，宣德皇帝停了一会儿，看看蹇义等人没表态，他继续解释道：“这么做本来就不违背祖宗之心！”话到了这个份上，蹇义、夏原吉两人终于忍不住开口了：“当年太宗皇帝平定交趾，劳费与损失可大了。现在交趾又有人在作乱，凭什么就担心不能平定呐？倘若现在就放弃，岂不是二十年之功毁于一旦？再说，这事做了对于皇上您的个人威望也是有损的呀，希望陛下能三思！”朱瞻基或许事先已经敏锐地感觉到蹇义、夏原吉等人会反对自己放弃交趾的决策，所以他并没有向他们最先吹吹风，而是选择了“懂大局”的“两杨”。现在见到蹇义和夏原吉反对，他先是沉默了一阵，然后将头转向“两杨”：“两位杨爱卿，说说看你们的想法？”

朱瞻基导演的这出戏演得实在太绝了，一切好像都在自然而然中。敏锐的“两杨”经皇帝这么一催促，随即就亮明了自己与皇帝保持高度一致的态度了。他们说：“陛下此心本来就是上天与祖宗之心。交趾在唐虞三代皆在荒服之外，当时我国还没拥有这个地方，但人们不会说尧、舜、禹、汤、文、武等就不是圣君了。太宗皇帝当初想要立陈氏后人为交趾国主，这本身也是至圣之心啊。再说汉唐以来，交趾虽然被纳入了我中华帝国的版图，但他们叛服无常。为此，我中原王朝损失的钱财与兵力可谓不计其数，没得到一钱一兵的好处。汉元帝时珠崖反叛，汉王朝发兵平乱，花了好长的时间也没搞定。后来朝廷有人主张对珠崖大增兵，但汉元帝没理会，相反他采纳了贾捐的建议，放弃珠崖郡。汉元帝在历史上不过是个中等档次的君主，根本配不上什么圣君之称，但他尚且能布施仁义，更何况陛下您为天下之大父母，何必与这些豺狼猪狗计较什么得失！”

“两杨”的话十分清楚了，可憨厚的老臣夏原吉等还是没有反应过来，一个劲地跟宣德皇帝说：“陛下，能否让小臣等四人好好考虑一下。”朱瞻基说：“好的，不过朕一向主张和平解决交趾问题，与当下用兵无关。”（《明宣宗实录》卷 16）

○ "官二代"兵败宁桥，王通擅长私下议和

御前会议说白了就是个吹风会议。但在第二天上朝奏事结束后，皇帝朱瞻基却跟杨士奇与杨荣单独说："昨天我们讨论交趾问题，尽管两位爱卿与朕想在了一块儿，但并不意味着这事就可马上对外讲了。"宣德皇帝的这番"补笔"不难理解，他是怕说开来了会影响到交趾战场上的大明军的士气与作战力。可从实际来看，新任命的交趾总兵官王通似乎还是得到了一些信息。宣德元年九月，王通率领新调集的大明军来到交趾，与交趾战场上的明军迅速地联系起来，协调组织进攻，在交趾城、石室县等相继取得了一些胜利。此时靠着父亲王真"靖难殉职"换来功勋爵位的年轻总兵官王通开始飘飘然了，当诸路明军合围追击到应平县宁桥附近时，有人发现该地地势十分险要，不宜继续追击敌人，而应该安营扎寨，仔细观察敌情后再作打算。可王通哪儿听得进半点建议，一股劲地指挥将士们抢渡宁桥。不曾想到，王通等人刚过桥，桥体突然断裂，向前走吧，道路泥泞不堪，北方来的将士哪会走这南方的泥淖路，走不了就爬着，匍匐前进。就在这进不了退不得的艰难时刻，交趾伏兵四起，本身就已经狼狈不堪的大明军士顿时纷纷沦为了地狱中的冤鬼。(《明宣宗实录》卷22)

宁桥之战大明军总共损失将士30 000多人，总兵官王通负伤逃走，指挥李腾等当场战死，参赞军务的文臣兵部尚书陈洽实在看不下去，也冲入了敌阵，奋勇作战，终因寡不敌众，被迫自杀。在乂安的黎利听到宁桥的消息，亲率队伍前来夹击王通，并攻下了部分州县。而此时的王通开始有点害怕了，竟擅自派人暗中与黎利议和，作为缓兵之计，他答应将清化府以南的地区让给黎利。与此同时派出特使想冲出去，向朝廷请求增派援兵，不料特使动身没多久就被黎利军队俘获了。坏消息还不止于此，知州罗通和指挥打忠坚守的清化府、百户黄彪、万琮把守的隘留关等，都遭受了数万交趾军的围攻，百户黄彪等遇害。(《明宣宗实录》卷23)

○ 宣德朝第二次南征：有勇无谋的柳升为总兵官

当王通战败的消息传到北京明皇宫里边时，皇帝朱瞻基十分

震惊,原本想让王通统帅大明军顺利地结束交趾战争,可没想到事情会变得这么糟糕。一向心高气傲的朱瞻基当然咽不下这口气,宣德元年十二月,他任命太子太傅、安远侯柳升佩征虏副将军印,任总兵官;任命保定伯梁铭为左副总兵,都督崔聚充为参将;特命"历练老成"的太子少保、兵部尚书李庆为参赞军务即相当于总参谋长,率领大明军由广西进兵交趾。与此同时,又任命太傅、黔国公沐晟佩征南将军印,任总兵官,兴安伯徐亨为左副总兵,新宁伯谭忠为右副总兵,统率另一路大明军 70 000 人,由云南开入交趾,且命令其与总兵官安远侯柳升等会合以后再共同清剿交趾叛军。

重新部署军事远征交趾,至此为止应该说是差不多了。但有人提出了这样的一个建议:鉴于过去执掌交趾布政司、按察司事的老臣黄福清正廉明,深得交趾百姓爱戴,现可将其重新调往交趾,抚平那里的乱局。宣德皇帝当即采纳了建议,敕命工部尚书兼詹事府詹事黄福再赴交趾,依然负责布政司、按察司之事务。(《明宣宗实录》卷 23)

见到这番伤筋动骨的大动作,好多人感觉宣德皇帝大有不将交趾搞定誓不罢休的意味。再回想起一年前他与"两杨"的私下谈话,好奇的读者朋友可能会猜想:是不是这位年轻皇帝改主意了?

宣德二年正月的一天,明宣宗临朝结束后来到文华殿,再一次单独召见杨士奇与杨荣,跟他俩说:"上一次我们君臣 5 人讨论了交趾的事情,蹇义和夏原吉死板保守,朕要是照了他们的意思去做的话,恐怕我大明帝国真的要劳民伤财了。朕想起春秋时期有这样一件事情:陈国少年贵族夏征舒的母亲因为长得特别漂亮,又喜爱床笫之欢,开始时仅是陈国的贵族去找他妈玩玩,后来陈国国君陈灵公也去了,且还特别不要脸,居然当着夏征舒的面浪声淫语起来,夏征舒实在忍无可忍,最终杀了陈灵公,这下可捅了马蜂窝了。一直对陈国虎视眈眈的楚国以平乱为名,乘机发兵进攻陈国,杀了夏征舒,并将陈国变成了楚国的一个县。有个叫申叔时的人出来劝说楚王不能这么干,楚王意识到了问题的严重性,马上恢复陈国,立了陈氏后人为君。自古以来这事一直受到我们儒家夫子们的称誉。再说我朝太宗皇帝当初平定交趾时就曾想立陈朝王室后人为国主,只是当时办事的人没有尽力办好。现在朕想承继皇祖的最初意愿，使得我大明上下都能休养生息。过去曾让你们为朕好好地考虑一下，你们觉得怎么样？”杨士奇说：“这是盛世一大有德之事啊，陛下您照着做就是了！古时候圣君对待教化之外的荒服地区的夷狄只要求他们按时朝贡就行了，当年商高宗讨伐楚国，在打败了他们之后也就令其恢复履行朝贡之职责吧了。如今陛下您要‘兴灭继绝’，让陈氏子孙重修职贡，而内外子民从此皆能安生乐业，我想即使是唐虞三代圣主也不过如此！”听到这里，皇帝朱瞻基更来劲了：“朕的主意已经定了，只是战争期间，即使让人去寻找陈氏后人也不一定能找到，再说也没时间顾及得过来。朕想在交趾之乱平定了，让忠心耿耿又办事得力的老臣黄福去专门负责这事。”（《明宣宗实录》卷 24）

我们将朱瞻基的话再说白一点，那就是在取得对交趾战争军事胜利后，扶植陈氏后人当国理政，大明体体面面地从交趾撤军。为了能够万无一失地实现自己的理想，宣德二年三月，朱瞻基又下敕令，调武昌护卫官军 1 000 人，成都护卫 1 200 人，南京原下西洋精锐官军 10 000 人，中都留守司、湖广、浙江、河南、山东、广东、福建、江西、云南、四川都司并福建、四川行都司官军 33 000 人，跟随安远侯柳升和黔国公沐晟等出征交趾。（《明宣宗实录》卷 26）

○ 悲壮的昌江保卫战与善于抓好“政治形象工程”的“官二代”之本领

可是宣德皇帝的这番苦心却没有换来他想要的结果，相反交趾战争的败讯一个接一个地飞进了北京城。先是交趾首领黎利听到大明军前总兵官（实际上已经被皇帝削职了，相当于看守将军）王通退守到了交趾城，他就率兵前来进攻。王通出其不意地进行反击，杀了他们司空丁礼、司徒黎豸以下 10 000 人，黎利顿时被惊呆了。当时形势对大明方面非常有利，诸将请求王通乘胜追击，但王通犹豫不决，接连三天驻足观望。黎利乘此机会命令手下人拼命立栅掘堑，修补器械，并不时出来剽掠，没多少时间他们渐渐开始占据优势。（谷应泰：《明史记事本末·安南叛服》卷 22）

随后黎利又将重点打击矛头指向了昌江城，宣德二年四月他调集了 8 万人开始围攻这个交趾南北交通的战略要地。当时守城的大明兵士只有 2 000 人，负责防守的都指挥李任与指挥顾福等虽见到敌我力量过于悬殊，但他们毫不气馁地组织城中男女老少扬旗鼓噪，日夜拒守，前后组织大小战斗 30 余次，坚守 9 个多月，终因王通不发一兵一卒前去援救而城陷。昌江失陷时，大明守将自刎，'军民俱立斗尽，无一人降者'，就连守城太监冯智也深受感动，他朝着北京方向一拜再拜，然后自尽，演绎了交趾战争中最为悲壮的一幕。(《明宣宗实录》卷 27)

昌江沦陷后，交趾各地的反明之火越烧越旺，而以柳升、沐晟为首的大明新一轮远征军又没那么快地抵达。面对这样复杂的局势，作为"临时看守政府"的军事首领王通却十分害怕自身会遭受进一步打击，于是就再次玩起他的小聪明来。要说这个王通确实也没有什么才干，他之所以能爬到那么高的位置，一来靠的是他父亲王真"靖难"殉职而荫官的；二来靠着修筑长陵工程而为皇帝所赏识。换言之他是个地地道道的"官二代"，通过抓好"政治形象工程"，爬到了军队统帅的位置上，其实他所真正拥有的不是军事本领，而是政治上与皇帝保持着高度的一致，永乐朝他是这样，宣德朝也是这样。不是有人私下里说宣德皇帝要放弃交趾么，那我王通何苦玩命呢？王通正打着自己的小算盘，恰好打了胜仗的敌对手黎利派人来求和，王通不假思索地同意了。按察司杨时习看不下去，规劝道："王将军，您是奉命出来征讨逆贼的，怎么现在反而与逆贼议和起来了呐？弃地回朝，怎么能逃脱得了罪责？"王通听后顿时大火，厉声斥责："非常之事，只有非常之人才能为之，你懂个什么！"随后就派人与黎利的求和使者一同北上，前往北京进献议和奏章与交趾方物。(谷应泰：《明史记事本末・安南叛服》卷 22)

王通的畏惧与软弱实际上是给了黎利一贴军事安抚剂，或言客观上助长了对方嚣张的气焰。看到王通的这副猥琐样，黎利顿时心里乐开了花，乘着大明增援军尚未到达的"空隙"，他一面分兵攻打其他城镇据点，另一面亲率大军进攻中国广西边境的隘留关与丘温。与此相距不远的正坐镇南宁城内的镇远侯顾兴祖，面对两大边境重镇的危机，却拥兵自重，见死不救，坐视隘留关与丘温相继沦陷。(谷应泰：《明史记事本末・安南叛服》卷 22)

○ 魂断倒马坡，柳升一路增援军全军覆没

势态的恶化一直延续到了宣德二年九月新总兵官安远侯柳升的到达。对于柳升，黎利他们交趾人并不陌生，永乐时代张辅霹雳般的平乱大军中就有部将柳升，他可不像王通那样胆怯，相反以勇猛而出名。黎利一听到柳升大军到达了隘留关，就赶紧派人到柳升军营中送上求和书，请求罢兵息战，立陈氏之后为交趾国主。柳升压根儿没把黎利放在眼里，接到求和书后看都不看一眼，令人直接送往北京，随即率领将士们向黎利军队发起攻击。黎利军抵挡不了，开始后退。柳升命令手下全力追击，大明军一路势如破竹，打得黎利落荒而逃，明军直抵镇夷关，如入无人之境。

连连的胜利让柳升一下子冲昏了头脑，而这时左副总兵、保定伯梁铭和参赞军事、尚书李庆等可能因为气候不适应的原因开始生病了。礼部郎中史安和主事陈镛当时感觉十分不安，他们去找病中的李庆，说："总兵官一脸骄气，这可不是什么好事，骄傲是兵家之大忌也；更何况敌人谲诈狡猾，说不准是故意示弱，来引诱我们；我们走时皇上反复叮嘱，要当心敌人的埋伏，这个时候应该是十分关键的时刻了，李尚书您一定要出面好好地劝劝他！"李庆强打精神前去规劝柳升，柳升当面答应，会认真听取大家意见的，但随后又一如既往地率领军队继续追击敌人。当他们追到一个叫倒马坡的地方时，前面出现了一座桥，柳升不管三七二十一地带了前队骑兵过桥，大约过了一百多个骑兵将士时，桥突然断裂，后面队伍顿时无法跟进，而已经过了桥的柳升他们却忽然发现，脚下全是淖泥路，也根本无法前进。这时交趾伏兵四起，喊杀声此起彼伏。柳升还没多战，就身中镖枪而亡，跟随柳升过桥的将士皆战死。当天副将梁铭病死，第二天李庆亦病死。余下的明军在右参将都督崔聚的带领下突围出去，向昌江方向进发。在那里又遭遇到了大队的交趾军，老将崔聚一马当先，奋勇杀敌，众将士个个拼命作战。交趾军眼见明军奋力死战，为防止万一的变局，他们驱赶大象闯入明军阵营，顿时间明营大乱，崔聚等将士或死或奔或不屈被杀，没有一个投降的。至此柳升一路 70 000 名增援大军全军覆没。(《明宣宗实录》卷 31)

刚好这时，前来复职的工部尚书黄福到达了交趾，听到柳升他们全军覆没的消息后，他就往回走，走到鸡陵关时，被交趾军俘获了。黄福想自杀，交趾人见此齐刷刷地跪倒在地，纷纷哭泣道："你是我们交趾人的父母官啊！当初你要是不离开，我们不会走这一步的。"交趾首领黎利得悉此事后十分感慨地说："中国派遣官吏来统治交趾，要是人人都像黄尚书那样，我们怎么会造反呢？"随后交趾将领不由分说派人护送黄福，并赠送了银子和食物，用轿子抬着客客气气地送他出境回国。(《明史·黄福传》卷154)

◯ 因时而生的"陈暠"上表和大明撤军交趾

柳升一路增援军败了，但大明军中从北方过来的人却有不少散落在交趾，有关宣德皇帝打算放弃交趾的消息在暗中悄悄地流传着，这也印证了王通当年听到的传闻。一向能与皇帝保持高度一致的王家"官二代"此时又一次与敌对势力之首领黎利心心相通了。宣德二年十月壬午日，柳升生前派人送出的黎利求和书上呈到了宣德皇帝的手中，求和书中黎利乞求罢兵议和，立刚刚找到的陈朝王室后人陈暠为国主。有意思的是，就在第二天一直于暗中议和的前总兵官王通之专使与黎利特使也到京进表和呈献方物。表文是以一个叫陈暠的人之名义写的，其内容如下："安南国先陈王臣晪三世嫡孙，臣陈暠诚惶诚恐，稽首顿首上言，曩被贼臣黎季犛父子篡弑国主，杀戮臣之一族殆尽。臣暠奔窜老挝以延残息，今二十年。近者国人闻臣尚存，逼臣还国。众口语臣云，天兵初平黎贼，即有诏旨访求先王之子孙而立之。一时访求未得，乃建郡县。今皆欲臣陈情请命。臣自知罪在万死，仰恃天地生成大恩，谨奉表上，请者臣暠等伏念交南之地，实为海外之邦，逮于天朝太祖皇帝之启运，而臣之祖父最先诸国以入朝，频年纳贡于帝廷，累世袭封王爵。顷因黎氏之稔恶，致劳天讨之，远加承恩旨之涣，颁求陈后，以承续。时宗族悉逃而散，徙在乡里，无从于访求，急抚治其人民，遂建置于州县。今土人犹念续先臣之祀，幸天诏尝有兴灭国之言，沥血陈词，吁天请命，恭惟皇帝陛下乾坤覆载，日月照临，溥春育而海涵霈云，行而雨施。念臣先灵久为馁鬼，怜臣孤苦，俾复旧邦。臣暠敢不刻骨铭心，输忠效顺永永，恭天之命颛颛，事大之诚，臣暠等无任瞻天仰圣，激切屏营之至”《明宣宗实录》卷 32)。

通览黎利议和书和陈暠上呈的表文，人们不难发现，其几乎成了宣德君臣御前会议讨论内容的“复本”。以朱瞻基的精明决非看不出这里边的破绽，但这一回大明帝国的这位太平皇帝只想到“图个太平”了。因为在此前不久，广西壮族、瑶族等少数民族不断发动起义，“广西之军疲于交趾”却无力镇压，随后又发生了远征交趾的西路军半途折回的事情。西路远征军由黔国公沐晟率领，从云南开入交趾。刚进入交趾，沐晟就听说王通已经同黎利议和了，认为仗也不用打了，带了队伍就往回赶，哪知途中遭到交趾军队的伏击，大败而归。

综观内外局势，皇帝朱瞻基最终做出了及时撤兵交趾的决定。但他又怕当年平定交趾之乱的老将主帅张辅和参与平乱之事的老臣蹇义和夏原吉等人接受不了，于是先召集他们来吹吹风。宣德皇帝见到张辅，就把陈暠上呈的表文给他看，张辅匆匆读了一下，十分激动地说：“陛下，交趾万万不可放弃，这是当年将士们用无数条生命和鲜血换来的。再说这表文是黎利的奸计，我们可不能上他的当。现在应该增发大军火速进兵交趾，杀了黎利逆贼！”朱瞻基沉默不语，张辅继续说：“王通与柳升都不是将才，陛下请让老臣出马，一年之内荡平交趾，保证活捉逆主黎利！”(【清】查继佐：《罪惟录》列传卷 33)张辅刚说完，老臣蹇义和夏原吉发话了：“张将军说得很有道理，如果我们应允了黎利等人的上请，就等于说是放弃了交趾，这岂不是向他们示弱？”朱瞻基没搭话，忽而将脸转向了“两杨”，杨士奇和杨荣马上意识到，该是为皇帝“解解围”的时候了，他们说：“交趾战争以来，我大明帝国没一天安宁过，如今天下，满目疮痍。如果再要兴兵南征，臣等实在不忍心！再说寻找陈氏后人，将其立为国主，这也是当年太宗皇帝的初衷啊。现在既然已经找到了人，就应了他们所请，再加以抚慰，这样也可使我大明百姓就此过上太平日子啦！想当年汉朝放弃珠崖郡，后世人们没有不称誉的，怎么就能说是示弱了呐？”听到这里，朱瞻基几乎要叫绝了，不过作为皇帝，他还不得不稳重一番：“两位杨大臣说得很好，先帝之意，朕当然知道！”(【清】谷应泰：《明史记事本末·安南叛服》卷 22)

这次最高决策层的讨论，从人数来看正反双方打成了平局，但从实际角度来看，皇帝派占了上风，因为他有着权位方面的绝对优势。为了表示慎重和将自己打造成“圣君”的模样，第二天朱瞻基就在皇宫大殿上将陈暠的上表书递了下去，让群臣们传阅，群臣齐声高喊：“陛下之心就是祖宗之心，偃兵息民，上合天意，下顺民心！”朱瞻基当即宣布：“接受陈暠之请求，从交趾撤兵！”他说“止戈才是武的本意，只要老百姓安宁，朕才不在乎别人的议论！”随后他准备册封陈暠为交趾国王，并任命行在礼部左侍郎李琦、工部右侍郎罗汝敬等为特使，前往交趾，“赍诏抚谕”，另外还派人通知王通撤军回国。(《明宣宗实录》卷33)

可谁也没想到的是，始终与中央朝廷保持高度一致的“官二代”王通这回可比他的主子想到的还要快，没等接到皇帝的撤兵敕谕，他就擅自下令撤军。除了军队，还有大明交趾三司衙门的文武官员以及家属等等，总计有86 640人安全撤回到了祖国。(《明宣宗实录》卷34)

◉ 还政安南　修复“德南”

再说皇帝朱瞻基派出的特使南下后，走了一个月左右才来到交趾，那是大明宣德三年的年初，特使行在礼部左侍郎李琦、工部右侍郎罗汝敬想向陈暠等宣布皇帝敕谕，可问遍了所有的人，就是找不到那个叫陈暠的。最终交趾头目黎利出来说话：“陈暠得了急病，刚刚死去，要封交趾国王就封我吧！”(《明宣宗实录卷》43)这下可把皇帝特使给愣住了，他们当然不敢擅自做主了，赶紧派人飞驰北京向宣德皇帝汇报。朱瞻基听后顿时火冒三丈，但人家黎利远在万里之遥的另邦，奈何不了他。最终宣德帝不仅拒绝了册封黎利为国王的请求，而且还运用了天朝帝国的“权威”，敕令黎利他们再认真寻找陈氏后人。不久交趾回音：“陈氏后人全给杀光了，实在找不着”，并再次提出封黎利为交趾国王，皇帝朱瞻基还是没答应。这事就这么拖着，一直拖到了宣德六年六月，眼见黎利在交趾“自娱自乐”地当了3、4年实际上的国王了，不承认他也改变不了事实啊，皇帝朱瞻基的态度开始松动，但他仍放不下天朝帝国皇帝的架子，于是封‘黎利权署安南国事’即代理安南王。(《明宣宗实录》卷80)

经过 22 年血与火的洗礼，大明与安南之间的关系又回到了明初的起点上。安南虽然取得了独立，但在正式名分上还是大明帝国的藩属国，按制入贡称臣，不过大明也往往予以丰厚的金银财物回赐，两国之间大体上保持着和睦相处的关系，直至明亡。

说到这里可能有好奇的读者要问：明宣宗该不该放弃交趾？在回答问题前我们不妨来看一些数据：从永乐朝初期起大明每年从交趾拿走的土特产：漆 2 400 斤，绢 1 300 匹，苏木 5 000 斤，扇子 10 000 把，翠羽 2 000 只；而大明付出了什么呢？“交阯内属者二十余年，前后用兵数十万，馈饷至百余万，转输之费不与焉，至是弃去。官吏军民还者八万六千余人，其陷于贼及为贼所戮者不可胜计”（《明史·王通传》卷 154）。

其实《明史》的这种说法还不够精确，仅永乐朝在交趾用兵数就达 100 多万，其中第一次为平定黎季犛父子之乱而用兵 800 000 人（《明太宗实录》卷 60），第二次为平定简定之乱而增兵 240 000 人（《明太宗实录》卷 82）；第三次为平定陈季扩之乱而增兵 24 000 人（【清】谷应泰：《明史纪事本末·安南叛服》卷 22）。再看看宣德朝用兵数，第一次南征即以王通为总兵官时，仅从交趾当地征调的土兵就有 30 000 人（《明宣宗实录》卷 16）；第二次南征，柳升一路就有 70 000 人，沐晟一路军 33 000 人（《明宣宗实录》卷 26）。总计下来，永宣两朝在交趾用兵数就达 1 100 000 人。这么多人最终去向如何？史书没有更多的记录，笔者不好瞎说，但《明宣宗实录》记载说：最后撤离交趾时，明朝官民总计人数有 86 640 人回国了。（《明宣宗实录》卷 34）

用 1 100 000 青壮劳动力（这里边还没将搞运输的民工开支、粮饷和运输成本等费用计算在内）去换取每年 10 000 多把扇子等非必需品，除了给自诩为“盛世圣君”的永乐皇帝增添几分光彩外，实在是得不偿失！由此回头再来看看大明开国皇帝立下的《祖训》：“四方诸夷及南蛮小国，限山隔海，僻在一隅，得其地不足供给，得其民不足使令。若其自不忖量来挠我边，彼为不祥；彼不为中国患而我兴兵伐之，亦不祥也”（《明宣宗实录》卷 16）。我们不能不佩服朱元璋的老辣，相比之下，小朱皇帝朱棣就显得格外之浅薄与短视。而自小就被视为好皇孙的朱瞻基在交趾问题上的处理要比他的皇爷爷朱棣高明得多。尽管在交趾战争的结束、用将和撤军等具体事情上存在着一些问题，但宣德皇帝下达撤军令及其所阐述的撤军理由："但得民安，朕亦奚恤人言其与之"(《明宣宗实录》卷32)，我们绝不应该将其视为"政治秀"和外交上的软弱，而是实实在在的爱民之举，更是他恪遵祖宗成宪"德南"对外国策的务实体现，或言之在永乐时代遭受部分破坏的明初"德南"国策，到了宣德时代得以重新修复。

说到朱瞻基恪遵祖宗成宪的"德南"对外国策，在这里我们还不得不要提及其另一项重要的举措，那就是承袭皇祖朱棣的做法，有限对外开放，两遣特使下西洋。

● 遣使西洋　有限开放

我们在《朱棣卷》里头已经较为详细地讨论了郑和七下西洋及其相关的问题，笔者认为永乐年间郑和下西洋的最主要、最根本的目的，就是炫示国威、踪迹建文帝之下落和为永乐篡夺而来的血腥皇权进行美化。用《明史》上的话来说，即"成祖疑惠帝亡海外，欲踪迹之，且欲耀兵异域，示中国富强"(《明史·宦官一·郑和传》卷304)。

换成今天话来说，郑和下西洋是永乐朝一项绝对高消费的巨型政绩形象工程。每次下西洋大明帝国都要花去200万两银子，永乐朝郑和6次下西洋，大约要花去1 200万两银子(据【明】王士性：《广志绎·方舆崖略》卷1记载推算)。永乐时每石粟的价格不超过白银二钱(《明史·食货志一》卷77)。明中叶时，岁支不过300余万两，即郑和下西洋总共花费的银两为明朝中期年支出的400%。因此说郑和下西洋对于当时大明帝国来说绝对称得上是劳民伤财的"大工大役"。正因为如此，自下西洋活动开始起就遭到了很多人的质疑和反对。永乐二十年八月，当第六次下西洋船队回国后，郑和等人处于"工作重新安排"(仁宣之际郑和在南京主持修理明皇宫)的"休眠"时期，而据《明史》等史料所载，一年后的永乐二十一年夏秋之际，有关建文帝的下落可能也有了最终的答案(《明史·胡濙传》卷169)。因此很多学者认为，当时永乐帝就有不再派人下西洋的打算了。

永乐二十二年七月永乐皇帝驾崩榆木川，皇位由皇太子朱高炽继承。永乐二十二年八月丁巳日，刚刚登极的洪熙帝朱高炽就颁诏，明确宣告罢停下西洋工程和采办等大役："下西洋诸番国宝船，悉皆停止。如已在福建、太仓等处安泊者，俱回南京，将带去货物仍于内府该库交收；诸番国有进贡使臣当回去者，只量拨人船护送，前去原差去内外，官员速皆回京，民稍人等各发宁家；往迤西、撒马儿罕、失剌思等处买马等项及哈密取马者，悉皆停止；将去给赐缎疋、磁器等件，就于所在官司入库，马驼驴匹系官给者，仍交还官；系军民买办者，给还原买之人；原差去内外官员俱限十日内起程赴京，不许托故稽留；往云南、木邦、缅甸、麓川、车里等处，采取宝石等项及收买马匹等件，悉皆停罢，其给赐之物发与差来进贡使臣带去，但系朝廷差去内外官限十日内即起程回京；官军务回原卫着役，不许稽留；各处修造下番海船，悉皆停止。其采办铁梨树，只依洪武中例，余悉停罢；交趾采办金珠、香货之类，悉皆停止。交趾一应买办采取物料，诏书内开载未尽者，亦皆停止。所差去内外监督官员，限十日内即起程赴京，并不许托故稽留，虐害军民。"(《明仁宗实录》卷1上)

◉ 仁宣时期不为人注意的刘兴下西洋

这样，浩浩荡荡的下西洋活动沉寂了8年，直到宣德五年六月戊寅日，皇帝朱瞻基又重拾祖父的牙慧，下令由三宝太监郑和率领船队再下西洋。问题由此而生，为什么在相隔8年后，一直以儒家的"德惟善政，政在养民"思想(《明宣宗实录》卷38;39)作为治国理政之指导的宣德皇帝突然间要改变先前的做法？或言朱瞻基派遣郑和第七次下西洋到底要干什么？

《明史》说："宣德五年六月，(宣德)帝以践阼岁久，而诸番国远者犹未朝贡，于是(郑)和、(王)景弘复奉命历忽鲁谟斯等十七国而还"(《明史·宦官一·郑和传》卷304)。即讲朱瞻基即位好多年了，像忽鲁谟斯等远夷诸国还没有来朝贡，拜见大明帝国的太平之君呐，换句话来说，就是宣德皇帝有着乃祖朱棣一样的情结：打造万国来朝的盛世场面，因为那是盛世之时圣君治理有方的一个重要标志。还有一个不可忽视的原因，那就是郑和下西洋带回来的奇珍异宝香料等，经过8年的享用已经所剩无几了，一向特别自信又讲究品味、就连老婆都要换上极品靓丽（下章详述）的宣德皇帝当然不会再无所作为了。不过如此言辞说出来毕竟太过于露骨，于是朱瞻基就闪烁其词地说："朕恭膺天命，只嗣太祖高皇帝、太宗文皇帝、仁宗昭皇帝大统，君临万邦。体祖宗之至仁，善辑宁于庶类，已大赦天下，纪元宣德，咸与维新。尔诸番国，远处海外，未有闻知。兹特遣太监郑和、王景弘等赍诏往谕，其各敬顺天道，抚辑人民，以共享太平之福"（《明宣宗实录》卷67）。

上述宣德皇帝的最高指示概括起来为：本皇帝已经即位好多年了，你们可能还不知道，所以朕派郑和与王景弘他们来告诉你们一下。那么历史真相真是如此吗？

笔者在阅读《明实录》时发现了这样一段史料：宣德元年正月癸卯，"骁骑右卫指挥佥事刘兴等二百二十人奉使忽鲁谟斯等国还，进方物，命行在礼部计直赐钞"（《明宣宗实录》卷13）。

这是说朱瞻基登极半年后曾经奉命出使了忽鲁谟斯等国的有个叫刘兴的军官带了220人回到了北京，向朝廷进呈了忽鲁谟斯等国的土特产。宣德皇帝命令行在礼部按照土特产价值予以赏赐。问题是这个刘兴是什么时候出国的？去干什么？翻遍了《明实录》可就是找不到别的记载了。以"进方物"和"计直赐钞"7字之说来看似乎就是采购了一些海外异货，没说"老外们"派遣贡使一同来华朝见天朝皇帝，这对于一心想要把自己打扮成盛世之君的宣德帝来说当然是无法满足了。过了4、5年，见到还是"外番贡使多不至"的景象，颇有"门前冷落车马稀"之感触的朱瞻基再也忍不住了，于是就有宣德五年派遣当时已经60多岁的郑和统帅船队第七次下西洋之事。

◉ 郑和第七次下西洋（宣德六年十二月～宣德八年七月）

郑和此次下西洋不仅是整个明朝而且也是明清500多年中国朝廷官方对外主动交往的绝唱，或许是冥冥之中的直觉相告，郑和此次下西洋时一路上修庙立碑，记载其七下西洋的经过及相关情况，为我们后人留下了珍贵的史料。其中至今为人们所熟知的，有太仓刘家港天妃宫碑、福建长乐天妃宫碑(即《天妃灵应之记碑》),它们与永乐五年九月建成的南京龙江天妃宫碑(今在南京静海寺内)(《明太宗实录》卷71)一起,并称为郑和下西洋最为有名的三大天妃宫碑。

此次郑和下西洋于"宣德五年闰十二月六日(由南京)龙湾开船"(【明】祝允明:《前闻记》),然后在太仓待了数月。据《娄东刘家港天妃宫石刻通番事迹碑》上记载,该碑立于宣德六年春,也就是说立碑时郑和、王景弘还没有正式起锚开洋,而《明宣宗实录》载:"宣德六年二月壬寅日,满喇加(即今马六甲)国头目巫宝赤纳等来北京告状,说他们的国王本想亲自来朝见大明天子的,但为暹罗国所阻挡。暹罗国老欺负他们马六甲,马六甲国王想向大明皇帝上奏,但又不会写汉文,只好叫巫宝赤纳等3人偷偷地搭乘苏门答剌朝贡船来京,恳请宣德皇帝派人下敕给暹罗国王,叫他不要欺负人。朱瞻基接奏后,命令礼部赏赐了赉巫宝赤纳等人,让他们搭乘郑和下西洋船回国,并叫郑和给暹罗国王带去敕谕……"(《明宣宗实录》卷76)

由此看来至少在宣德六年二月时郑和他们还没走,张维华、潘群先生考证后认为,郑和第七次下西洋的正式开洋出国时间应在宣德六年十二月九日(张维华、潘群先生主编的《郑和下西洋》,人民交通出版社1985年6月第1版,P36)。其访问的国家至少有21个:"凡所历忽鲁谟斯、锡兰山、古里、满剌加、柯枝、卜剌哇、木骨都束、喃渤利、苏门答剌、剌撒、溜山、阿鲁、甘巴里、阿丹、佐法儿、竹步、加异勒等二十国及旧港宣慰司,其君长皆赐彩币有差"(《明宣宗实录》卷67;【明】祝允明:《前闻记》)。

不幸的是伟大的航海家郑和在此次远航中病故了,据说他的遗体由随行官兵运载回国,葬于南京中华门外牛首山。"牛首山有郑和墓,永乐中命下西洋,宣德初复命,卒于古里。赐葬山麓"(【清】同治《上江两县志》卷3)。

那么郑和此次下西洋带来了什么样的直接(成)结果?

◉ "万国"来朝　宣德"盛世"

宣德八年闰八月辛亥日,"苏门答剌国王宰奴里阿必丁遣弟哈利之汉等、古里国王比里麻遣使葛不满都鲁牙等、柯枝国王可亦里遣使加不比里麻等、锡兰山国王不剌葛麻巴忽剌批遣使门你得奈等、佐法儿国王阿里遣使哈只忽先等、阿丹国王抹立克那思儿遣使普巴等、甘巴里国王兆哇剌札遣使假思力鉴等、忽鲁谟斯国王赛弗丁遣番人马剌足等、加异勒国王遣使阿都儒哈蛮等、天方国王遣头目沙献等来朝贡麒麟、象、马诸物”(《明宣宗实录》卷105)。

象、马大家都知道，麒麟对于现代人来说有点陌生，但在古代它可是传说中的吉祥动物，其实说白了就是今天的长颈鹿，可古人不这么认为，他们说这麒麟是祥瑞之物，或言“仁兽”，只有在圣君治理下的太平盛世才会出现，古代诗歌中就有这样的描述，人们以此来歌颂圣德之君和天下升平、五谷丰登的太平盛世。

久违了，自永乐十五年永乐皇帝朱棣第四次接受“天降瑞祥之物”——阿丹国进献“麒麟”至今，已经有整整13个年头，绝对奇迹“麒麟”再次出现，用永乐朝重臣金幼孜的话来说：“臣闻麒麟，天下之大端也。帝王之德，上及太清，下及大宁，中及万灵，则麒麟见（现）”(【明】严从简《殊域周咨录·苏门答剌》卷9)。现在大明又出了“圣德之君”了，上苍再次眷顾，降下祥瑞圣物“麒麟”。不信，你看，当今皇上连他的年号都带上“宣德”的字样；再看看远夷们争先恐后地前来朝贡进献，若不是地上出了“圣君盛世”，何至如此？

面对天下出现上苍感应的“大治”喜人局面，作为臣下得赶紧向“圣德之君”祝贺，于是“行在礼部尚书胡濙以麒麟瑞物率群臣称贺”。但是作为“圣君”，你还不能心安理得地当场接受，应该要谦虚得不能再谦虚，这也是我们儒家政治理想中的“圣君”必备的基本素质。对此，从小就在儒臣们熏陶和“政治秀”高手永乐“圣君”调教下长大的朱瞻基再熟悉不过了。所以当胡濙率领群臣请贺时，他在奉天门大殿上一边笑容可掬地接受“万国来朝”、进献方物，一边又轻描淡写地回答胡大臣等：“远方之物，朕非有爱，但念其尽诚远来，故受之不足贺也”(《明宣宗实录》卷105)。

宣德帝说不爱远方之物，那干嘛费了那么大的劲、花了那么多的银子招来这么多的“老外”？政治家们在场面上的说辞千万别当真，不信你看：宣德八年闰八月，宣德皇帝朱瞻基“赐苏门答剌国王弟哈利之汉、古里国使葛不满都鲁牙、柯枝国使加不比里麻、锡兰山国使门你得枀、佐法儿国使哈忽先、阿丹国使普巴、加异勒国使阿都儒哈蛮、甘巴里国使假思力鉴、天方国头目沙献、忽鲁谟斯国番人马剌足等六十六人白金、彩币、绢布及金织袭衣、纱罗、绢衣有差，其傔从赐胖袄裤鞋有差，赐哈利之汉等冠带”(《明宣宗实录》卷105)。

10多个远夷国家组团来朝，多难能可贵啊！当然要好好地庆贺，而作为天朝上国的“宣德之君”、“盛世之主”对待远夷特使就更应该要好好地赏赐一番。不过最激动人心的还不仅于此，而是满剌加(即今天马来西亚的马六甲)国王亲自率领的由221人组成的、在当时看来绝对超级的外国使团的来朝，顿时将这股“万国朝宗”之热浪推向了高潮。

说起这个满剌加，大明的臣子们可熟悉了，整个永乐朝满剌加三代国王曾4次亲自率团来我大明朝见天子。永乐九年七月，满剌加老国王拜里迷苏剌率领了妻子与陪臣共计540多人入贡朝见(《明太宗实录》卷117)；永乐十二年九月，拜里迷苏剌的儿子即后来满剌加新国王毋斡撒于的儿沙亲自来大明向皇帝奏报国丧，曾得到明太宗的重视与厚赏(《明太宗实录》卷155)；永乐十七年(1419)时任满剌加国王的毋斡撒于的儿沙又亲率妻子、陪臣等高层朝贡使团，来大明纳贡称臣，并对永乐皇帝的支持与关怀表示感谢(《明太宗实录》卷216)。不幸的是，毋斡撒于的儿沙回国后的第六年病逝了，满剌加的王位由他的儿子西哩麻哈剌继承，大明又一度帮助满剌加度过了一段非常时期。为了表达对大明君主的感激，永乐二十二年四月满剌加新国王西哩麻哈剌亲率妻子、陪臣等组成的高级入贡使团前来中国谢恩。(《明太宗实录》卷270)

而就是这个叫西哩麻哈剌的满剌加国王在相隔9年后再次踏上了大明的国土，这可是当时宣德朝来朝远夷中级别最高的外国客人，宣德皇帝朱瞻基可重视了，甚至可以说呵护有加。

宣德八年十月，西哩麻哈剌带领他的家族成员抵达当时大明官方名义上的京师南京，负责南京留守事务的襄城伯李隆急忙派人将此事报告了北京的明宣宗。明宣宗朱瞻基相当高兴，且十分关心地指示：“夷王来朝，此乃盛事啊，只是这个时候北京天气特别寒冷，就让李隆在南京好好地招待西哩麻哈剌一行人，等过了年，春暖花开之时，再让他们到北京来！”说完，朱瞻基又觉得这样做还不够周到，于是就另外“遣人赍敕劳王，赐王及妃并头目下至傔从文绮、袭衣、绵布、靴袜、胖袄等物悉备”(《明宣宗实录》卷106)。

半年后的宣德九年四月乙丑日，“满剌加国王西哩麻哈剌者及其弟剌殿把剌头目文旦等来(北京)朝贡马及方物”(《明宣宗实录》卷110)，宣德皇帝赐宴招待满剌加国王西哩麻哈剌者等一行(《明宣宗实录》卷110)。宣德九年五月庚寅日，朱瞻基“赐满剌加国王西哩麻哈剌者及其弟剌殿把剌头目文旦等二百二十八人金银、彩币、绫锦、纱罗、绢布及金织袭衣有差，加赐国王冠带。及还，赐敕奖谕，且命工部为缮治海舟，盖昔永乐中王父举国来朝，至王益修臣职。上(指朱瞻基)嘉其勤诚，待之加厚云”(《明宣宗实录》卷110)。

就在这内外欢庆的喜悦日子，遗憾的事情却偏偏发生了。在这些远夷朝贡使者当中，有人可能不适应气候与水土而害起病来，最终就像当年永乐时代浡泥国王麻那惹加那和苏禄东国王巴都葛叭答剌那般病死于中国，不过宣德朝病死的这位远夷朝贡者可不是国王，而是比国王地位稍稍低一点，他就是搭乘郑和第七次下西洋船只来华的苏门答剌国王的弟弟哈利之汉。听到死了一个外国国王的弟弟，皇帝朱瞻基十分伤心，并且对这个事情表示高度重视，专门向大明礼部作了指示：“远夷不远万里来我大明觐见朝贡，纯粹是内心归化我中华啊，现在贡使不幸死了，我们就应该好好地厚葬他呀！”随后下令追赠死去的苏门答剌国王的弟弟哈利之汉为大明鸿胪寺少卿，“赐诰命官治丧葬，给守冢户”(《明宣宗实录》卷108)。这样的规制接近于永乐朝病死于中国的浡泥国王麻那惹加那和苏禄东国王的规格档次了，由此可见宣德帝对外国来访友人之友好和对远夷来朝的重视！

历史镜头再次重现，永乐时代倾力打造的“万国来朝”之“盛世”情景又一次出现了，宣德皇帝不是“圣德之君”还有谁是？宣德之世不是“致治盛世”还有什么时候是？看到这样的场面，有人可能会发出这样的感叹：宣德朝很开放！真的吗？历史真相到底如何？

◉ 有限开放　朝贡贸易

其实宣德皇帝朱瞻基在对外关系上奉行的是乃祖朱棣的有限开放之国策。我们在《洪武帝下》中已经论述：中国古代的对外贸易主要有“通商贸易”、“通贡贸易”和“颁赐贸易”三种形式等，明代也不例外。而朱棣时代所实行的“有限开放”主要敞开的是以官方为主体的“朝贡贸易”与“颁赐贸易”，因为“颁赐贸易”是“朝贡贸易”的变体，因此说到底永乐时代对外开放的“主戏”应为“朝贡贸易”或言有限的开放，而不是全面开放，其所严禁的主要是“通商贸易”，即中外民间自由贸易。

通观宣德朝的对外关系，这位由“魔鬼的天才皇帝”一手调教出来的好皇孙完全“克隆”了皇爷爷的做法。洪熙元年七月，他派遣行在鸿胪寺司宾署丞焦循、摄礼部郎中鸣赞卢进、摄鸿胪寺少卿等以即位诏颁赐朝鲜等国，且跟礼部尚书吕震说：“远国朝贡，固有常兮，然我祖宗以来待下素厚，今朕即位之初，凡事必循旧典，勿失远人之心”(《明宣宗实录》卷3)。半年后的宣德元年正月，行在礼部奏请宴劳外夷朝贡使臣，朱瞻基做出这样的指示：“四夷宾服，世所贵也。其使臣今不远万里而来者，皆有慕于中国饩廪，赐宴必丰，庶昭朝廷优待之意”(《明宣宗实录》卷13)。

这话说得更直白一点就是：“四夷宾服是世界上极为珍贵的事情，也是儒家政治理想中天下大治的重要标志。远夷使者不远万里来到我们中国，都是因为仰慕我中华文明！所以我们招待他们一定要周到，赏赐一定要丰厚，这样可以表明我朝廷优厚远夷的一片美意！”正因为如此，宣德朝也采取了“厚往薄来”的做法，“招惹”得远夷们有空没空就往中国跑。

洪熙元年八月，“坤城回回者马力丁、肉迷回回哈只阿黑麻、乞儿蛮回回马黑木等来朝贡马及方物”(《明宣宗实录》卷7)。没过一个月，坤城“老外”原班人马又来了，洪熙元年八月癸巳日，“坤城等处使臣马力丁等十五人进马及方物，复以马来市。”皇帝朱瞻基指示：“远人宜厚待之，凡赐钞八千五百一十锭，彩币九十一表里，杂色绢二百三十匹，绵布七十疋。赐哈密忠义王使臣赛因等二人钞币。”

(《明宣宗实录》卷 8)

宣德元年五月,"苏门答剌国王宰奴里阿必丁遣使臣巴母、满剌加国王西哩麻哈剌者遣使臣一思马、白葛达国王遣使臣和者里一思等来朝贡方物"(《明宣宗实录》卷 17)。宣德元年六月,朱瞻基"赐苏门答剌国使臣巴母等一百十七人、满剌加国使臣一思马等五人钞、纱罗、绫绢有差,仍赐正副使头目巴母等冠带及钞,给金织文绮纱罗等物,付巴母等归赐苏门答剌国王及王妃并国之头目;给金织文绮纱罗等物付一思马等,归赐满剌加国王",并"命有司具舟遣还"(《明宣宗实录》卷 18)。

……

不过有些"老外"近来好像没有永乐时代那般热情了,这也没关系,宣德皇帝很有耐心,他派人上门去请。宣德三年正月,朱瞻基"遣内官李信、林春、李贵、郭泰等赍敕及金织文绮表里往亦力把里、别失把里、亦昔阔、哈烈、马绰儿、八剌、黑城、把答失罕、撒马儿罕、赛蓝城、扫郎城、达失干城、失剌思、亦思弗罕及坤城等处,赐其王及头目,盖嘉其遣使朝贡也,以信等道过沙州、赤斤蒙古二卫,并赐掌卫事都指挥佥事困即来、指挥薛迭古等金织文绮、彩币有差"(《明宣宗实录》卷 35)。

宣德七年正月,"上(指朱瞻基)念即位以来,四方番国皆来朝贡,惟日本未至,遂命内官柴山赍敕往琉球国,令(琉球)中山王尚巴志遣人赍往日本谕之。敕曰:'昔我皇祖太宗文皇帝临御之日,尔日本先王源道义能敬顺天道,恭事朝廷,是以朝廷眷待弥厚。朕今绍承皇祖之志,广一视同仁之德,特敕谕王,王其益顺天心,恪遵尔先王之志,遣使来朝,朕之待尔一如皇祖之待尔先王,非惟一家一国受福于无穷,且使海滨之民皆得以永享太平之福,尔其钦哉'"(《明宣宗实录》卷 86)。一年半后的宣德八年五月,盼望已久的日本使者终于来了:"日本国王源义教遣使臣道远等奉表贡马及铠甲盔刀等方物"(《明宣宗实录》卷 102)。

在这个纷纷扰扰的中外交往中,宣德朝提倡与主唱的是朝贡贸易,尤其是宣德六年到宣德八年的郑和第七次下西洋和宣德八年下半年苏门答剌、古里、柯枝国、锡兰山、佐法儿、阿丹、甘巴里、忽鲁谟斯、加异勒、天方等 10 余个西洋国 66 人组团入贡以及满剌加国王西哩麻哈剌亲率221人的庞大使团来朝等，数度将朝贡贸易之热潮置身于人们的最佳兴奋点。

不过你千万别以为宣德皇帝已经完全敞开了国门，实行的是开放主义，相反他“恪遵成宪”、严厉禁止大明臣民私自下番通商。

宣德元年七月甲寅日，朱瞻基“敕缘边诸将曰：‘国家置关隘，非独以御外侮，亦虑境内亡赖或有私逸扰外夷者。盖统御之道，在彼此无扰。卿等宜体朕此心，朝夕防闲，毋纵下人私自出入，违者械送京师；若失觉察，则守关将士皆论重罪’”（《明宣宗实录》卷19）。

宣德五年八月癸巳日，“巡按福建监察御史方端奏：‘漳州府龙溪县海寇登岸，杀人掠财。巡海指挥杨全领军不救。全又受县人贿赂，纵往琉球贩鬻，请治全罪。’上（指朱瞻基）谕右都御史顾佐等曰：‘官军巡海本防外寇，亦防小人出境交通，此辈不能防盗，而又纵盗。令御史治之如律’”（《明宣宗实录》卷69）。

宣德六年九月壬申日，“宁波知府郑珞请弛出海捕鱼之禁以利民。上（指宣德皇帝）不许，遣敕谕之曰：‘尔知利民而不知为民患。往者倭寇频肆劫掠，皆由奸民捕鱼者导引，海滨之民屡遭劫掠。皇祖深思远虑，故下令禁止。明圣之心，岂不念利民？诚知利少而害多也。故自是海滨宁静，民得安居。尔为守令，固当顺民之情，亦当思其患而预防之，若贪目前小利而无久远之计，岂智者所为？宜遵旧禁，毋启民患’”（《明宣宗实录》卷83）。

宣德八年七月己未日，朱瞻基“命行在都察院严私通番国之禁。上谕右都御史顾佐等曰：‘私通外夷已有禁例，近岁官员军民不知遵守，往往私造海舟，假朝廷斡办为名，擅自下番，扰害外夷，或诱引为寇。比者已有擒获，各寘重罪。尔宜申明前禁，榜谕缘海军民，有犯者，许诸人首告得实者，给犯人家赀之半；知而不告及军卫有司纵之弗禁者，一体治罪’”（《明宣宗实录》卷103）。

……

由此看来，明宣宗完全继承了皇爷爷朱棣的衣钵，严禁民间海外或境外贸易，甚至连小民出海捕鱼也在禁止的行列。

不过话得说回来，无论是以前我们讲的朱棣还是现在讲的朱瞻基，他们这种有限开放国门的做法比起开国皇帝朱元璋中晚期的闭关自守多少要有所进步。尽管当时大明在对外关系上“主唱”

和“主演”的是朝贡贸易，在此之外充作“和声”和“配角”则是民间贸易，但就是这些“和声”和“配角”，在人们不太关注的情势下开始慢慢登场上演了。

◉ 配角登场　开发南洋

宣德初年，西北肃州等边关地区有不少境外人前来做生意，消息很快传到北京明皇宫里。皇帝朱瞻基下敕给肃州都督王贵：“听说最近有夷虏来我边关用羊和马等物做买卖，你应该戒饬下人们：与夷虏做买卖一定要按公平的市场价进行交易，不可抑低人家的价钱。钱财会牵动人心的。如果贬低了价钱，将会沮丧他们仰慕和归化我中华之心，所以说你对下人们的言行应该好好地约束，不遵者按律问罪！”(《明宣宗实录》卷 18)

宣德五年六月，北京行在户部上奏说：“坤城回回者马儿丁等前来北京朝贡，到京时将其一路携带的 16 760 石米运到了京仓中盐处。现在他们要回坤城了，说是愿将那 16 760 石米奉献给官府。陛下您说这事该如何处理?”朱瞻基听后不由得笑了起来：“这些远夷说得很好听，名义上是朝贡，实际上是来做买卖的。不是人们常说：回回人善于做生意吗，看来一点也没说错！这事这样处理：回回人来一次也不容易，他们运来的米也是需要成本的，远方来的客人，我们应该善待之，按我们现在的市场格给钱！”户部官员接旨后马上算了一下，随即付给回回人布 8 000 匹、绢 4 000 匹。这下可让回回远夷商人发了一大笔。(《明宣宗实录》卷 67)

从上述史料来看，尽管宣德皇帝朱瞻基严禁大明子民出境、出洋进行贸易，但是对于夷狄们前来大明境内做买卖还是挺欢迎、挺重视的。事实上宣德皇帝比起他皇爷爷朱棣可能还要来得开放些，有史为证：宣德元年九月，亦马剌等处女直野人木刀兀等 229 人来朝贡马。为了表彰夷虏们的一片忠心，朱瞻基当即封木刀兀为指挥佥事，脱脱出等为千百户所镇抚，并赐以冠带、文绮、表里和宝钞。事后怕人不解其意，宣德皇帝就跟侍臣们这样说道：“夷狄为患，自古有之，但从来没有像宋朝那么严重。北宋末年发生了靖康之祸，宋徽宗和宋钦宗父子两帝都当了夷狄的俘虏。后世人们每每谈起，都说北宋末年很不应该与女真族人搞什么联盟，共同伐辽，夺回失去已久的燕幽十六州。这种论调没说到点子上，要知道当时辽国的天祚帝昏庸无道，内外俱叛，进取燕幽十六州没什么不妥。更何况当时女真族正处于上升时期，击败辽国后，它势必会南下，与宋朝为邻，这是迟早的事。再说，燕幽十六州是当年宋太宗屡屡争夺都没拿下，宋朝末年趁势夺得了，这本来是件好事！要说北宋末年之祸的根本就在于王安石变法，五、六十年间北宋王朝任用的多是些搞变法的奸佞小人，因而使得法度变易，民苦征徭，军无纪律，国家政事，日陵月替，最终让夷狄们钻了个空子，招来了奇耻大辱。再说南渡以后的宋朝，用的又是一些小人，虽有岳飞一类的忠臣良将，可最终还是被秦桧等奸佞谗死，小人害国不浅啊！"说到这里，朱瞻基稍稍停了一下，然后继续说道："自古以来没听说过中原王朝政治清明、国泰民安而招致外夷之祸的。"(《明宣宗实录》卷 21)

我们将上述明宣宗的最后一句话换个角度来表述：只要我大明帝国自身政治清明、国力强盛，就不用惧怕与外夷交往。正因为有着这样的理念，朱瞻基在对待外夷来华贸易问题上持相当积极的态度，所以说宣德年间大明民间对外贸易尽管不占主导地位，但还是有所发展。

此外，我们还应看到，永宣时期在官方主唱的朝贡贸易主旋律大势下，另外还有一股充当"和声"和"配角"的特别潜流在默默地涌动着，那就是华人对南洋等地区的开发。

当年郑和下西洋所经过的地区与国家大多处于十分落后的社会发展阶段，南洋和印度洋岛上的人们赤身露体，"无寸衣着肤"(【明】巩珍：《西洋番国志・锡兰山国》)，即使靠近中国的占城国也是"不解朔望，但以月生为初，月晦为尽，不置闰分，昼夜为十更"(《明史・占城传》卷 324)。郑和下西洋秉着"宣德化而柔远人"的宗旨，给亚非各国带去了中国高度发达的文明，"宣教化于海外诸番国，导以礼仪，变其夷习"(【清】万斯同：《明史稿・郑和传》)，客观上对于这些国家和地区的社会发展与民族开化起到了积极的推动作用。

因此说郑和下西洋和永宣时期的朝贡贸易不仅提高了中国的国际地位与影响，而且还传播了中国和平主义精神和中华文明。直到 600 年后的今天，郑和下西洋还为"西洋"人民所怀念，南洋各地都有以郑和(三宝)命名的地名、寺名等,如马来西亚的马六甲三宝山、三宝亭、三宝井,印度尼西亚苏门答腊岛上的三宝庙、爪哇的三宝垄、三宝港、三宝洞,新加坡庙里的郑和大神,泰国(明代称暹罗)三宝公庙,文莱(明代称浡泥)的中国碑,柬埔寨的三宝庙,斯里兰卡的卧佛寺内有明永乐帝诏敕碑,印度南部古里的郑和立碑、三宝石刻像等,甚至非洲东海岸至今还有人说自己是郑和船队中船员的后代……

在上述这些地区与国家中,受中华文明影响最大的可能就要数南洋地区了。笔者曾在 2010 年受邀前往马来西亚(人称“大马”)。马来西亚的马六甲自古以来就是东西方交通咽喉与贸易港口,笔者留意那里的历史与文化,发现今日的马六甲体内还流淌着明代中国人的血液。

首先说说马六甲国名的来历。至今为止有关马六甲的国名有三种说法:第一,据当地马来人编写的《马来纪年》一书中所说,马六甲国名来自于一棵为马六甲王朝第一任国王遮阴的名叫马六甲的树木。但大马文人学者考证说,名为马六甲的树木属于矮型灌木,根本无法让人站在树下遮阴,因此这种国名来源说法站不住脚;第二,来自阿拉伯语“Malakat”,即集市或商业中心。据阿拉伯文献记载,这个集市最早建在海岛上,后来由于暹罗侵扰掠夺才迁到马六甲河岸边的,即今天的马六甲,因此第二种说法也不怎么靠谱;第三种说法,来自于中国皇帝的赐名“满剌加”。曾经跟随郑和多次下西洋的马欢留下了这样的记载:“自占城向正南,好风船行八日到龙牙门。入门往西行,二日可到。此处(即马六甲,笔者注)旧不称国,因海有五屿之名,遂名曰五屿。无国王,止有头目掌管。此地属暹罗所辖,岁输金四十两,否则差人征伐。永乐七年己丑,上命正使太监郑和等统〔宝船〕赍诏敕,赐头目双台银印冠带袍服,建碑封城,遂名满剌加国,是后暹罗莫敢侵扰。其头目蒙恩为王,挈妻子赴京朝谢,贡进方物,朝廷又赐与海船回国守土。”(【明】马欢:《瀛涯胜览·满剌加国》)

查《明太宗实录》,除了时间略微有误外,其他信息都没问题。明成祖赐封满剌加酋长拜里迷苏剌,即《马来纪年》中的拜里米苏拉为国王应该是在永乐三年。(《明太宗实录》卷 46)

其次，马六甲三宝山名的来历。马六甲市区有三座山，即圣保罗山、圣约翰山和三宝山，其中历史最为悠久的就是三宝山。老辈的马六甲人说，当年郑和下西洋时就曾在这山上建立官厂，跟随郑和下西洋的官兵中有人有意无意地掉队就留在了当地，成家立业，繁衍子孙，加上后来东南沿海人们尤其以福建人为多，偷偷下南洋，有人就跑到了马六甲，与当地马来人和华裔子孙一同开发南洋。他们沿用习惯的称呼——纪念郑和(又名三宝太监)下西洋而称此山为三宝山，就连山脚下的井据说也是当年三宝太监教人挖的。

再次，马六甲的镇国山碑铭。尽管现在有人否认马六甲三宝山与中国郑和有关，在《马来纪年》中就有一种说法：马六甲有个苏丹(即国王)因为很伟大，中国王(没提名字)想与他结交，便要求前来朝见的使者，将公主汉丽宝(Putri Hang Li Pol)带回去，与苏丹成亲。中国王还准备了100艘船和500名美丽的官家小姐为侍女一起南下，来到马六甲。苏丹指定他们居住在三宝山，三宝山由此而闻名。那这个叫汉丽宝的公主真有其人？她与三宝又有何种联系？语焉不详。东南亚著名历史专家许云樵形容《马来纪年》是杂凑传说和神话而成的，历史价值远不及中国的演义小说。(【马来西亚】欧阳珊：《古城遗书》，P10～50，《星洲日报》2009年8月出版)

而据当地文史学者研究，三宝山就是当年郑和下西洋时带去明成祖赐满剌加国镇国山碑立碑的地方，可惜历经荷兰与英国两个殖民时代后，当年的镇国山碑已经找不到了，但碑铭文还完整地保存在《明实录》里。(详见《明太宗实录》卷47)

其实何止这些，在今天马六甲红屋历史博物馆即郑和纪念馆里，还存放着从马来西亚民间收来的“孔方兄”铜钱，有人考证其为“郑和钱”，意思是郑和时代使用的铜钱。再说前面提到的《马来纪年》中所讲的那个远嫁马六甲的中国王公主所住的那座三宝山，被苏丹命名为中国山，跟随公主远嫁的中国随从之子孙被叫做Beduanda China，就连苏丹手下的马六甲英雄战士之名字都与“汉”有关：Hang Tuah(汉都亚)、Hang Jebat(汉日拔)、Hang Kusturi(汉卡斯杜里)、Hang Lekiu(汉力球)、Hang Lekir(汉力客)……(【马来西亚】欧阳珊：《古城遗书》，P30～35，《星洲日报》2009年8月出版)

所以不少马六甲人认为他们的祖上就是中国人，甚至有人认为其祖先是追随郑和船队来到这里定居，并繁衍生息的。大约从明朝中后期开始，尤其明清之际郑成功领导的东南反清复明斗争失败后，以李为经、曾其禄等为首的福建闽南人越来越多地迁往马六甲，他们建起了中华特色的青云亭，里边供着观音大士和关帝、天后圣母，与此同时还购买了占地 25 公顷的三宝山做义山，以便异乡游子作为最终的归属地，至今为止三宝山上还保留了 12 500 多座明清时代的华人坟墓(【马来西亚】林源瑞：《世界遗产照耀古城·漫步古城老街》，P174～204，Melaka(马六甲)Geogerapher 出版)，谁能说华人对南洋开发无功?!

总之，无论是撤兵交趾，还政安南；还是派遣郑和七下西洋，实施有限开放，打造“万国来朝”的政治形象工程，以及无意识地带动了中外民间贸易和南洋开发，永宣时期在大明域外所推行的如些举措完全可以用两个字来概括，那就是“德南”。其实朱瞻基承继皇爷爷的“德南”对外国策还不限于这些地区，同样也贯彻到了大明帝国南疆邻国地区和西南边陲。

● 以抚为主　稳固南疆

宣德元年正月，麓川和木邦等缅甸北疆小国为地界问题而发生战争，双方打得难解难分，最后各自“哭诉”到大明宣德皇帝那里。朱瞻基当即派了使臣带上敕谕，前去调解，命令他们各自安分守己，“毋相侵越”。与此同时他还叫人前往西南夷木邦、缅甸、麓川、车里、八百、大甸和老挝宣慰司孟艮、孟定、湾甸、镇康等四府州，宣谕抚慰那里的土官，“赐之纱罗锦绮有差，以其勤修职贡故也”(《明宣宗实录》卷 13)。

在朱瞻基的“宣德”与抚慰下，南疆邻国地区整体上维系着和平之格局以及与大明的友好关系，并开展了朝贡贸易。宣德三年闰四月“八百、大甸军民宣慰司及各长官司、土官宣慰使刀招散等遣头目板弄等来朝贡象、马及金银器血方物。”宣德皇帝下令，厚赐来使以及他们的宣慰司长官和土官宣慰使刀招散等(《明宣宗实录》卷 42)。宣德六年六月，八百、大甸军民宣慰司土官宣慰使刀招散等及诸长官司长官再次派遣头目板哀等130人来京晋见，朝贡大象、马匹和金银器皿等方物。宣德皇帝朱瞻基按照惯例对其仍予以厚赏（《明宣宗实录》卷80）。可一年后即宣德七年十月的一天，八百、大甸土官宣慰使刀招散忽然差人来京急报，说他们遭受波勒土西土雅的入侵，恳请宣德皇帝发兵救援。朱瞻基听后十分冷静地跟亲近侍臣说："听说八百、大甸距离云南5 000多里，属于荒服之地。而波勒土西土雅还未归化我大明，朕怎么能拿大明子民的性命给远夷们当枪使？再说我们与远夷隔得这么远，所听到的仅是刀招散的一面之词，谁能肯定就是波勒的错？眼下应该先派上使臣，带了敕谕前往那里，对双方进行好言相劝，抚慰再三，让他们敦睦邻好，保境安民。如果再有侵疆掠夺之事发生，迅速上报上来再作处置！"（《明宣宗实录》卷96）

绝对的聪明、绝对的智慧，朱瞻基在对外纷争的处理方面远远要比他的皇爷爷高出一筹。同样，在对待国内西南少数民族问题上他也极好地运用了自己的聪明智慧和政治手腕。

广西、云南、贵州和四川等省份是南中国少数民族最为集中的地方，明朝开国以后在这些地区基本上推行羁縻性质的土司制度。所谓"土司制度"就是明廷在少数民族集中的地方任命当地少数民族的头领即土司为府、州、县的行政长官，土司们为朝廷纳贡与出征，明廷保留土司们原有的特权和统治机构，并予以回贡和赏赐；而对于汉人与少数民族杂居地区，明朝则委派汉族官员与当地土司一同治理，实行"土流合治"。总之，明朝对西南边陲地区实行的是安抚怀柔政策。但这种安抚怀柔政策中并不是说就放弃了武力，对于那些对抗政府的少数民族反叛、暴动或起义，明廷予以坚决的镇压。

宣德初年，大明军在交趾战场上屡屡失利，皇帝朱瞻基打算在福建、广东、广西和四川等南中国省份大调兵。可听到消息后，南方省份的将士们大多不愿上交趾去，打那没有胜算的仗，于是就有人编造理由甚至惹出事端，企图以此来规避交趾战争。

当时四川松潘军分区千户钱宏等带领兵士，冲入藏民村寨，"逼取牛马，番人忿怨"，由此引发了藏民暴动（《明宣宗实录》卷28）。朱瞻基听到消息后就派人前去了解真相，逮捕并处死了祸乱制造者钱宏，随后相继调动韩整、高隆和陈怀等部前往松潘镇压叛乱；差不多与此同时，他还任命了通晓藏语与当地情况的鸿胪寺丞何敏为行在锦衣卫指挥佥事，令其奔赴动乱地区，与当地藏僧喇嘛一起招抚藏民群众。

由于剿抚并用、用兵及时，宣德皇帝朱瞻基最终还是较快地平定了松潘之乱。(《明宣宗实录》卷28～34)

松潘之乱时，广西柳庆诸郡少数民族也发生了动乱，他们"纠合猺獞，率众流劫"，焚毁临桂、永福、阳朔、修仁、古田等五县衙门。由于没有及时制止和镇压，情势日益恶化、扩大，一直蔓延到了距离广西城只有50多里的桂林南乡。当地军队一筹莫展，只得十万里加急上请宣德皇帝调兵增援，朱瞻基"命总兵官镇远侯顾兴祖督军往来应援"，镇压动乱。(《明宣宗实录》卷28)

但对于少数民族非谋逆与反叛的违法乱纪，出于"抚慰"的政治大局考虑，朱瞻基一般还比较宽容。宣德五年十月，巡按云南监察御史杜琮上奏宣德皇帝，说："南疆地区好多土官都有违法乱纪之事，按例就应该奏请提审鞫问，可陛下您一再告诫臣下要宽以待之，谁曾想到这些蛮夷不知好歹，更加肆无忌惮地使奸耍滑，一旦干出犯罪之事了，要么就说马上要到北京去朝见进贡，得赶紧准备方物，以此来逃避调查与鞫问；要么就以下乡了解民情为由，一走了之。一旦到了农村，便打着为政府征税敛赋的名义，搜刮百姓，横敛无厌。陛下，您看能不能就按我大明流官制的处罚条例加以论处：五品官以上犯事的，就上奏朝廷处置；六品官以下犯事的，就让巡按御史和按察司直接提问处理？"朱瞻基读完后，边将监察御史杜琮的奏章递给大明法司官员览阅，边做出这番指示："对于蛮夷之地就不能以我大明内地方式来加以治理，杜御史说得过头了，还是按照祖宗成宪去办，宽慰待之！"(《明宣宗实录》卷之七十一)

朱瞻基的这套南疆治理国策无疑是妥当的，在没有发生大规模反明叛乱的情势下，宽宥南疆地方上土司老爷们的"小错"、"小过"，安抚和怀柔少数民族，即另一层意义上的"德南"，这样就能在整体上稳固南疆，集中精力对付北疆上大明最危险也是最主要的敌人。

不过话得讲回来，稳固南疆虽然有利于大明帝国集中精力对付北疆，但多少让人有点南辕北辙与隔靴搔痒之感，而实际上为了有力抵御北方的宿怨仇敌，明初列帝还采取了“管西”和“辖东”等一系列治边国策，东西夹击，孤立和打击北方蒙古。

● 直辖东北　遣使巡边

我们在《永乐帝卷下》中已经说过，明初朱元璋在连续发动十次“清沙漠”之际就及时地注意经营辽东地区，大致到洪武晚期时，大明帝国已在那里构建起三道防线。

○ 从三道防线的摧毁到奴儿干都司的设立

第一道防线是洪武初期开始建立的以定辽都卫指挥使司为主干的东北军事防御机构。洪武八年九月改定辽都卫为辽东都指挥使司（《明太祖实录》卷 101），其包括定辽中卫、定辽左卫定辽右卫、定辽前卫、定辽后卫等军政机构（《明史·地理二》卷 41）。这些机构的相继建立，标志着大明在辽东地区统治的确立，或可视作为朱元璋时代在辽东构筑的第一道防线。

洪武晚期朱元璋又开始由辽东都指挥使司治所的辽阳向着西北方向的大宁、广宁和开原推进，沿途分封辽王朱植、宁王朱权和韩王朱松等藩王，投入重兵把守，构筑起辽东地区的第二道防线。

朱元璋在辽东构建的第三道防线就是由大宁和广宁再往北推进，设置朵颜三卫指挥使司（《明太祖实录》卷 196）。朵颜三卫指挥使司所在地是原来蒙古兀良哈部的地盘，按今天的地图来看大致在哈尔滨西南、大庆东南，换句话来说，洪武时期大明帝国在东北地区的势力最远即在松花江和牡丹江流域。（参见谭其骧主编：《简明中国历史地图集》，中国地图出版社 1991 年 10 月第 1 版，P61～62）

可谁也没想到，洪武时期朱元璋苦心经意的辽东三道防线在“靖难”之役发动后差不多全给摧垮：辽王南奔，宁王被劫，蒙古朵颜三卫被收买，并成为燕军南下的急先锋，原本铁桶一般的辽东军事防御系统几乎让口口声声自称为高皇帝“好儿子”的燕王朱棣全给毁了。

自建文四年七月篡位上台开始，朱棣就着手对辽东地区局势进行了全方位的重新布控:调整辽东及其附近地区的军政要员,对建文朝旧人实施招降,随即展开类似于现代的各军区大调动,将自己的亲信将领一一换到辽东等地的边关上去,并不时派出宦官监军;调整辽东与华北地区的军队布局,“改北平行都司为大宁都司,徙保定,始以大宁地畀兀良哈”(《明史·成祖本纪二》卷6);注意辽东地区宗教意识形态方面的控制与管理,派遣内使张信率领1 500人披荆斩棘开发长白山区和建造长白山寺,后又下令“设辽东建州卫僧纲司,命本土僧塔儿马班为都纲”(《明太宗实录》卷184);积极招抚辽东地区各族人,因地制宜设立卫所等管理机构。

在朱棣这些开发东北与加强管理的举措中影响最大的就要数奴儿干都司的创设。永乐七年闰四月己酉日,“设奴儿干都指挥使司”,“以东宁卫指挥康旺为都指挥同知,千户王肇舟等为都指挥佥事,统属其众,岁贡海青等物,仍设狗站递送”(《明太宗实录》卷91)。可不巧的是,那时漠北蒙元后裔本雅失里可汗正在调兵遣将,企图发动对大明北疆的大举侵犯。永乐君臣闻讯后立马做出反应:全力以赴对付来犯之敌,奴儿干都司机构的设置计划随之被暂搁。直到永乐八年,皇帝朱棣第一次亲征漠北,打退了东犯的蒙元残余势力后,在辽东局势稳定的情况下,于永乐九年(1411)春在特林(今俄罗斯库页岛对面的庙街,又名尼古拉耶夫斯克)正式挂牌成立奴儿干都司。皇帝朱棣“特遣内官亦失哈等,率官军一千余人,巨船二十五艘,复至其国,开设奴儿干都司”(《敕修奴儿干永宁寺碑记》)。

奴儿干都司建立后“并各卫”(《明太宗实录》卷133),迅速成为与辽东都司并重的东北地方权力机构。永乐时期对奴儿干都司高层领导即都指挥使、都指挥同知、都指挥佥事等官职实行“流官”制,如朱棣任命的都指挥同知康旺原本就是鞑靼人。而对于奴儿干都司辖区内的“中下层领导”则因地制宜地实行本土化,即几乎全用当地的原有头领,不过他们的官职任免、升降与承袭都由朝廷来决定。

○ 明廷直辖东北地区　派遣特使屡屡巡视

仁宣时期基本上承袭了永乐的做法,并加强对奴儿干都司的直接管辖。永乐二十二年十月,奴儿干都司都指挥同知康旺派遣儿子来京贡马，受到明仁宗的赏赐(《明仁宗实录》卷3下)。洪熙元年七月，奴儿干吉列迷千户速只哈奴自辽东来京贡马，并向明宣宗上奏说：他想定居北京，直接效命于皇帝。朱瞻基不仅十分愉快地答应了他的请求，而且还给予赏赐(《明宣宗实录》卷3)；洪熙元年十二月，奴儿干都司都指挥佥事佟答剌哈等来朝贡马(《明宣宗实录》卷12)；宣德元年七月，辽东奴儿干都指挥佥事王肇舟儿子王贵等来朝贡马(《明宣宗实录》卷19)；宣德二年八月，奴儿干都司都指挥同知康旺等亲自来朝进马及方物(《明宣宗实录》卷30)。鉴于奴儿干都司的中上层领导对于大明朝廷有着巨大的向心力，为了褒奖他们的一片忠心及其对东北守疆拓土的贡献，同时也为了加强大明对东北地区的管辖，宣德二年九月，朱瞻基"升奴儿干都司都指挥同知(《明宣宗实录》中此处'奴儿干'错写成了'辽东'，笔者查对《明太宗实录》、《明仁宗实录》、《明宣宗实录》等，皆记载当时康旺为奴儿干都司同知，而不是辽东都司同知，故改)康旺为都指挥使，都指挥佥事王肇舟、佟答剌哈为都指挥同知，东宁卫指挥使金声为都指挥佥事"(《明宣宗实录》卷31)。朱瞻基在给康旺等人的敕谕中明确讲，之所以给他们升官是为了褒奖他们屡次前往奴儿干边地招抚夷虏宣谕圣旨之功。

四个月后的宣德三年正月，明宣宗又令都指挥康旺，同知王肇舟、佟答剌哈等直接前往奴儿干之地，建立奴儿干都指挥使司(笔者怀疑永乐时设立极北地区特林的奴儿干都指挥使司机构此时可能已经被毁坏或湮灭，故而宣德帝要派人重建)，并赐都司银印和经历司铜印各一枚(《明宣宗实录》卷35)。宣德六年六月，奴儿干都司都指挥同知佟答剌哈病卒，按照大明流官制的规定，都指挥同知等类的高官是不能世袭的，但朱瞻基从稳定东北地区的角度考虑，特命佟答剌哈侄胜"袭都指挥佥事，仍食百户俸"(《明宣宗实录》卷80)；同年十月，又"命奴儿干都司都指挥使康旺致仕，以其子福代为本司都指挥同知"(《明宣宗实录》卷84)；宣德八年闰八月，"以奴儿干都司都指挥同知王肇舟老疾，命其子贵袭为都指挥佥事，食副千户俸"(《明宣宗实录》卷105)。

大致到宣德晚期，朱瞻基逐渐完成了对奴儿干都司中高层领导的更新换代，而这里边又渗透了宣德皇帝的政治智慧。

佟答剌哈原本是从二品的都指挥同知，他的侄儿袭职为正三品的都指挥佥事，而其享受的经济待遇依然是原来六品官的百户俸禄；康旺原本是正二品的都指挥使，他的儿子袭职为从二品的都指挥同知，而其享受的经济待遇却依然是原来六品官的百户俸禄；王肇舟原本是从二品的都指挥同知，他的儿子袭职为正三品的都指挥佥事，其享用的经济待遇也依然是原来正五品官的副千户俸禄。三人官职上都比父辈低了一级，经济上也没有与政治地位配套，宣德皇帝之所以要这么做，一来是节省些官府开支，二来留有很大空间，充分显示皇权的魅力：只要奴儿干都司中高层领导的后代们不懈奋力，大明皇帝是不会忘记你们的！

朱瞻基加强对奴儿干都司地区管理的第二个举措就是沿袭皇祖、皇父的做法，经常派人巡视东北地区。详见下表。

《永宣时期皇帝特使宦官亦失哈巡视东北奴儿干地区情况简表》

	巡视开始时间	巡视地区	情况说明	史料出处
1.	永乐九年(1411)	特林等奴儿干地区	官兵 1 000 余人、巨船 25 艘随行	《永宁寺永乐碑记》
2.	永乐十年(1412)	特林等奴儿干地区	建永宁寺和修《永宁寺永乐碑》	《永宁寺永乐碑记》
3.	永乐十三年(1415)	特林等奴儿干地区		《永宁寺宣德碑记》未载时间
4.	永乐二十年(1422)	特林等奴儿干地区		《永宁寺宣德碑记》未载时间
5.	永乐二十年到洪熙元年(1425)	特林等奴儿干地区	官军 1 500 人随行	《明宣宗实录》卷 11
6.	宣德元年(1426)	特林等奴儿干地区	官军 3 000 人随行	《明宣宗实录》卷 31
7.	宣德三年(1428)	特林等奴儿干地区	率军护送明廷颁发的银印和铜印	《明宣宗实录》卷 35
8.	宣德五年(1430)	特林等奴儿干地区		《永宁寺宣德碑记》
9.	宣德七年(1432)	特林等奴儿干地区	官兵 2 000 余人、巨船 50 艘随行	《永宁寺宣德碑记》

从上表中我们看到：自永乐九年正式设立奴儿干都司到永乐二十二年 14 年间，明廷派遣特使巡视东北总共 4～5 次，平均每 3 年左右就派太监亦失哈巡视一次奴儿干地区；而仁宣时期 10 年间

明廷大约有 5 次派遣太监亦失哈巡视东北，平均每 2 年就巡视一次奴儿干地区，其巡视的频率较前大为提高，由此可见宣德朝对东北地区的管理加强了。

奴儿干都司开设后，为了方便与保证官方公文的传递，从明朝内地到奴儿干都司大致辟有水陆两路：水陆也就是海路，自山东登莱出发，渡海后在旅顺登陆，直抵辽阳；陆路就是经过山海关、宁远、义州、广宁等，再到辽阳。到了辽阳后大致有 4～5 条路可通达奴儿干都司，其中比较有名的有开原东陆路——建州左卫等卫所的贡道，纳丹府东北陆路——建州毛怜卫贡道，开原北陆路，海西西陆路——通往兀良哈三卫之要道和海西东水陆城路站——东北各卫所的主要线路，也是辽东通往奴儿干境内最长的一条线路。（转引姜守鹏：《洪熙帝·宣德帝传》，吉林文史出版社 1996 年 1 月出版 P272～276）

正因为有着畅达的水陆交通线路，永宣时期朝廷与东北地区的联系得以加强了，两者之间的交往日益频繁。有人研究，从永乐元年到宣德十年的 33 年中，就兀良哈和女真各卫向明廷朝贡次数高达 345 次，而永乐二十年以后到宣德十年的 13 年间，兀良哈和女真各卫向明廷朝贡次数就达 142 次。（李洵、薛红《清代全史》，第 1 卷，辽宁人民出版社 1994 年版，P23）这样算下来大致是，永乐朝兀良哈和女真各卫向明廷朝贡平均每年 10 次，仁宣时期平均每年 11 次。由此可见宣德皇帝当政时明廷与东北地区的联系加强了，统治自然也得以强化。

无需更多例证，朱瞻基在“辖东”治边国策上完全继承了皇祖的做法，且有所发展。“辖东”的目的：一是为了巩固东北边疆稳定；二是为了夹击和包围北方蒙古。而要夹击北方蒙古，还必须要做好“管西”，那么朱瞻基又是如何“恪遵成宪”，实施和贯彻“管西”国策的呢？

● 隆升西北　稳控西陲

明初“管西”国策中的“西”不是仅指现在我们经常讲的西部边疆，还包括大西域地区，即今天陕西西北、四川西北、甘肃、青海、西藏、新疆以及中亚地区，或言藏区和西北边疆广大地区。《明史》对于明初“管西”国策的论述是：“初，太祖招徕番僧，本借以化愚俗，弭边患，授国师、大国师者不过四五人。至成祖兼崇其教，自阐化等五王及二法王外，授西天佛子者二，灌顶大国师者九，灌顶国师者十有八，其他禅师、僧官不可悉数。其徒交错于道，外扰邮传，内耗大官，公私骚然，帝不恤也。然至者犹即遣还。及宣宗时则久留京师，耗费益甚。英宗初年，虽多遣斥，其后加封号者亦不少。景泰中，封番僧沙加为弘慈大善法王，班卓儿藏卜为灌顶大国师。英宗复辟，务反景帝之政，降法王为大国师，大国师为国师”（《明史·西域三》卷331）。

◉ 明朝初期列帝对西域国策的演变

在《永乐帝卷》中我们已经讲述了明初50年藏区和西北边疆的治理国策，从大体角度而言，无外乎封赏藏区僧官和确立军事保障体系。但若细细说来，各朝列帝之举措又不太一样。

○ 洪武帝：派遣内地和尚造访西域和尚，设立西安行都指挥使司

洪武时期在发动北伐军事战争和进行军事战略大部署的背景下，朱元璋“命陕西行省员外郎许允德招谕吐蕃十八族、大石门、铁城、洮州、岷州等处”。洪武三年（1370）六月，当大明军一路北伐到达今天兰州附近时，“故元陕西行省吐蕃宣慰使何锁南普等，以元所授金银牌印宣敕诣左副将军邓愈军门降，及镇西武靖王卜纳剌亦以吐蕃诸部来降”（《明太祖实录》卷53）。也就是利用军事胜利的大好形势，大明先行招降了西北的故元势力，对乌斯藏等地区形成强大的军事压力与政治攻心，并及时招抚了藏传佛教萨迦派故元摄帝师喃加巴藏卜等，将其封为“炽盛佛宝国师”，还接受和任用他所举荐的乌斯藏、朵甘思等地的前元国公、司徒、各宣慰司、招讨司、元帅府、万户、千户等100多个元朝故官。随后明太祖又接受了大明河州卫的建议，招抚了当时控制着乌斯藏大部分地区的帕木竹巴政权首领、故元大司徒绛曲坚赞的侄子释迦坚赞即故元灌顶国师章阳沙加，诏令其“仍灌顶国师之号，遣使赐玉印及彩缎、表

里，俾居报恩寺，化导其民”(《明太祖实录》卷73)。接着他又加封在朵甘乌思藏地区有着很大影响力的大喇嘛答力麻八剌和故元帝师八思巴之后公哥坚藏卜分别为“灌顶国师”和“圆智妙觉弘教大国师”(《明太祖实录》卷91)

与此同时，朱元璋还利用自己进入南京城后结交的精通梵语与藏经的佛界“知己”，如南京大天界寺住持慧昙、高僧克新和明初佛学大师宗泐与智光等，让他们先后一一出使乌斯藏等西域地区，“招谕吐蕃(明代又称其为乌斯藏，笔者注)”，“图其所过山川地形以归”(《明太祖实录》卷53)。

在这些洪武年间出使西域的皇帝特使中以宗泐与智光的贡献最大。洪武十四年十一月，“僧宗泐还自西域，俄力思军民元帅府巴者万户府遣使，随宗泐来朝，表贡方物”(《明太祖实录》卷140)。这里的“西域”显然指的是西藏地区，而“俄力思”是藏语“阿里”的音译，也就是说朱元璋派了精通藏语与熟悉藏传佛教的佛学大师宗泐出使藏区，花了3年多的时间招抚了阿里地区全部及其迤西迤南广大地区。

洪武十七年二月，同样精通藏语的南京钟山西天寺高僧智光受朱元璋之命第一次出使“西天尼八剌国”等西域地区(《明太祖实录》卷159)，三年后洪武二十年十二月，“西天尼八剌国王马达纳罗摩、乌思藏、朵甘二都指挥使司都指挥搠干尔监藏等各遣使阿迦耶等来朝，上表贡方物、马匹、镔铁剑及金塔、佛经之属，贺明年正旦；僧智光等自尼八剌国使，还献马八匹，却之”(《明太祖实录》卷187)。

智光第二次出使西域始于何时？史籍缺载，但他回朝时西域群使来朝之情况倒是有记：洪武二十三年十二月庚辰日，“西蕃诸夷曰西天尼八剌国、曰灌顶国师吉剌思巴监藏巴藏卜、曰乌思藏卫俺不罗行都指挥使司、曰卬思多前司徒公哥巴思、曰乌思藏卫都指挥使司佥事班竹儿藏卜、曰分司佥事管卜儿监、曰辇思寨官喃儿加、曰哑力巴辇卜阇、曰劄唐千户端竹藏卜、曰宣慰使列思巴端竹、曰乌思藏卫镇抚朵儿只藏卜、曰班竹儿藏卜、曰汝奴藏卜、曰的瓦占寺僧星吉旦遣使札撒巴鲁等表贡方物，贺明年正旦。”(《明太祖实录》卷206)

上文中的“吉剌思巴监藏巴藏卜”今译为“扎巴监藏”，是明初乌思藏地方最有影响的地方实力集团，同时也是教派集团帕木竹巴政教合一的领袖人物，在元代即为乌思藏十三万户之一。吉剌思巴监藏巴藏卜的归化对于明朝整个乌斯藏地区的稳定起到了极大的影响。

可以这么说，到洪武中晚期为止，朱元璋通过利用自身的特殊“人才优势资源”——慧昙、克新、宗泐和智光等数位精通藏语和藏传佛教的佛学大师，沟通并抚慰了整个乌斯藏地区包括尼泊尔等，这种怀柔的招抚手段远胜于简单的军事武力威胁与征服，从而较为牢固地奠定了后来大明在乌斯藏地区近300年的统治基础。

在藏区招抚与封赏僧官的同时，朱元璋还在暗中布置和强化自身的军事势力，洪武七年七月己卯日，“诏置西安行都指挥使司于河州，升河州卫指挥司韦正为都指挥使，总辖河州、朵甘、乌思藏三卫，升朵甘、乌思藏二卫为行都指挥使司，以锁南兀即尔为朵甘卫指挥同知，管招兀即尔为乌斯藏都指挥同知。”朱元璋在给管辖河州、朵甘、乌思藏等地军事的西安行都指挥使韦正的诏谕中就说出了自己对藏区管理的心里话，“尚虑彼方地广民稠，不立重镇治之，何以宣布恩威”(《明太祖实录》卷91)。

大约到了洪武晚期，为了加强对藏区的管理，朱元璋决定对藏区政教合一的管理机构实施改造。洪武二十六年三月，“立西宁僧纲司，以僧三剌为都纲；河州卫汉僧纲司，以故元国师魏失剌监藏为都纲；河州卫番僧纲司，以僧端月监藏为都纲。盖西番崇尚浮屠，故立之，俾主其教，以绥来远人。”朱元璋还“赐以符曰：‘自古帝王致治无间远迩，设官以理庶务，稽诸典礼，复有僧官以掌其教者，非徒为僧荣也。欲其率修善道，阴助王化，非真诚寡欲淡泊自守者，奚足以任斯职，今设僧纲同授尔等，以官给尔符契，其体朕之心广佛功德化人为善，钦哉！’”(《明太祖实录》卷226)

看来朱元璋在藏区设立僧官不仅仅是要他们管理好那里的僧事俗务，而且还肩负起“率修善道，阴助王化”的政治使命。换句话来说，改造政教合一的藏区管理机构，最终的核心是为大一统帝国政治服务。

总之，朱元璋的治藏举措很得力，但多少有点矫枉过正，即淡化藏区治理中的宗教成分和增强军事防御色彩，所授的僧官与封号也仅国师、大国师一级，且被授者也只有 5 人。

洪武时的这等格局到了永乐时为之一变，朱棣对藏传佛教地区的诸派领袖、喇嘛和高级僧侣实行“多封众建”，大加崇奉。

◎ 永乐帝：“多封众建”藏僧藏官　给会念经的外来和尚大官做

永乐时期一方面沿用洪武时期的灌顶国师、大国师的称号对藏区高级僧侣继续进行封赏，据清代学者在《明史》一书中所记，其封赏的灌顶国师有 18 个，灌顶大国师有 9 个，两者相加总计为 27 个。可笔者在阅读《明实录》时作了重新统计，发现《明史》说法有误，其应该是(灌顶)国师 21 人，大国师 11 个(详见《明朝洪武、永乐、洪熙和宣德四朝封赏藏区与西北地区高级僧官简表》)，两项加起来就达 33 个，比洪武时期同级封赏增加了 660%；另一方面，洪武时期对藏僧的最高封号为大国师，可永乐时期大大地突破了这个限制，光在藏区封的王就有阐化王、护教王、赞善王、辅教王和阐教王等 5 个，将大明帝国一人之下万人之上且只有朱家皇室子孙才能拥有的“王”之称号封赏给了藏区宗教领袖，由此可见永乐皇帝的良苦用心和情有独钟了。在王之上，朱棣还封了 2 个“西天佛子”、2 个“大法王”，一个是白教噶玛噶举黑帽系第五世活佛得银协巴即《明实录》中的哈立麻；另一个是花教萨迦派故元国师、帝师八思巴之后贡噶扎西即《明实录》中的昆泽思巴。哈立麻和昆泽思巴还曾被邀请到南京来，为篡位皇帝朱棣施行“灌顶”和进行“神授君权”的现场操作表演，正应了中国一句古话：外来的和尚会念经！而对于正在迅速崛起的黄教格鲁派，其也予以一定的关注，派人几次邀请其创始人宗喀巴到京来传法，在没有取得成功的情况下，又邀请了宗喀巴弟子释迦也失来内地，并将其晋封为接近大法王地位的“西天佛子大国师”。(《明太宗实录》卷 163)

朱棣的聪明还不仅仅在于其对乌斯藏地区使用政治手腕，更多的是通过经济、交通和文化等手段，加强乌斯藏地方对中央的向心力。

政治上朱棣“多封众建”藏僧藏官：3 个大法王、5 个王、11 个大国师、21 个国师和数不清的禅师。这些都不是“空头支票”，朝廷不仅要给他们封诰、印章，还规定了相应的职官品级，如“灌顶大国师”相当于四品官，“灌顶国师”相当于五品官，禅师相当于六品官。如果他们在京城居住，大明中央财政还要支付给他们“官俸”(即工资)。

除此之外，永乐皇帝还时不时地对他们进行厚赏，尤其是这些受封者除“三大法王”因周游各地从事传法说教从而居无定所，可以不在定期朝贡之例外，其他藏区地方首领都必须履行定期朝贡的义务。一般来说，藏区入贡的多为大明所需的马匹之类的“特产”，而永乐朝廷对于入贡的回赐也相当大方，不是金银就是藏区人所喜爱的丝绸等物，其经济价值可能远远超过入贡价值。另外还进行了大规模的修建川藏道路、建立藏区“贡市”贸易和茶马互市等等，这些都在很大程度上促进了乌斯藏地区与内地之间的交流。

除了乌斯藏地区，永乐时期还注意到了对西北地区的治理。篡位之初朱棣就邀请了岷州等地的藏族高僧班丹扎西即《明实录》中的班丹札失或言班丹劄释等进京入朝，随后让他在内地长期居住。永乐八年十月，朱棣“命番僧班丹藏卜为净觉弘济国师、高日干为广慧普应国师、失剌查为慈善弘智国师、把奔等六人为禅师，各给诰印”(《明太宗实录》卷 109)。永乐十年正月，朱棣又“命国师班丹藏卜为灌顶净觉弘济大国师、禅师把奔为慧慈弘应国师，湛查为净慈佑善国师，包剌麻为净觉弘慈国师”(《明太宗实录》卷 124)。从这一年开始一直到永乐二十一年，永乐朝廷对连连遣使朝贡的西宁瞿昙寺高僧班丹藏卜、端岳藏卜和锁竹监藏等西北藏传佛教领袖进行了多次赏赐，并在他们年老时又令其侄儿三丹藏卜、锁南监藏、端岳监藏等继承大国师、国师封号，“各嗣领其事”(《明太宗实录》卷 268)。

总之，永乐朝通过非武力的经济和宗教信仰等手段笼络和制约了乌斯藏和西北地区，并以此作为维系大明中央政权同乌斯藏与西北地区的政治关系之基础。而从军事角度来看，永乐朝长足之处在于以洪武时期的西北军事布防为基础，健全“西北七卫”，这样一来使得大明西部边疆地区更加稳固。

不过话得说回来，在对待乌斯藏与西北地区的治理方面永乐朝并不是白璧无瑕的。在乌斯藏地区，永乐帝过于尊奉白教噶玛噶举派和花教萨迦派，相对少重视正在迅速崛起且拥有很大潜力的黄教格鲁派；在乌斯藏与西北边疆的"天平"两端上，朱棣又过于看重乌斯藏，相对轻视西北藏传佛教势力的影响，而这一切随着洪宣时期安定曲先之乱的平定而得到改变。

◉ 洪宣两朝隆升西北地位　使其与乌斯藏不分伯仲

○ 平定安定、曲先之乱，升赏西北僧俗界平乱人士

安定曲先之乱的肇启是这样的：永乐末年，朝廷派了中官乔来喜、邓成等出使西域，途经安定、曲先之地。大约有 5 000 人的番寇突然间包围了朝廷使团，卷走了朝廷的颁赐之物，杀了宦官乔来喜、邓成等人，扬长而去。当地地方官府与守军首领十万里加急，向北京城里刚刚登基的明仁宗报告了这一突发恶性事件。朱高炽当即下令，让陕西行都司土官都指挥李英与必里卫土官指挥康寿等中高层军官，率领军队迅速追击行凶抢劫的番寇。平日里似乎大智若愚的朱高炽聪明得很，叫当地出身的将士去追捕当地罪犯，那可稳操胜券了。当李英等率领西宁诸卫及隆奔国师贾失儿监藏散丹星吉等十二番簇之兵追到西北"七卫"中的罕东卫时，罕东卫指挥即军分区领导绰里加说：据可靠情报，干下这起劫杀皇差的惊天大案之元凶不是一般的蟊贼，而是你们安定卫指挥哈三孙散哥及曲先卫指挥散即思卜答忽等人。李英等听后顾不得休整，告别了绰里加，带了军队继续往着作案番寇逃亡的方向追去。在翻越昆仑山后，又向西追了数百里，在一个名叫雅令阔的地方，终于追上了安定卫番寇锁南等部，双方由此展开激战。李英率领将士们英勇杀敌，最终斩获敌首 480 个，生擒 700 多人，缴获驼、马、牛、羊等 14 万匹。听到李英军队胜利的消息，叛乱的另一支曲先番寇早已吓破了胆，连夜远遁，等李英整军再追时，他们已逃得无影无踪。李英看到自己带领的大明军向西走得实在太远了，加上道路险阻、供应也开始发生了困难，于是决定暂时收兵。

这就是洪宣年间西北边疆有名的安定曲先平乱大捷。(《明宣宗实录》卷 7)

大捷喜讯传开后,李英、康寿的上级领导、镇守西宁都督李昭等赶紧向新登基的明宣宗朱瞻基表功,并上奏说,要让李英、康寿等再往西去征讨叛乱番寇。朱瞻基否定了李昭的主意,下令召见李英,当得知余寇吓得往西极远之处逃窜的消息后,他马上说:"既遁则不必穷追"(《明宣宗实录》卷 7)。随后对李英、康寿等西征将士进行了丰厚的奖赏,李英由陕西行都司都指挥同知土官升为右军都督府左都督,"食禄不视事,给世袭诰命";升罕东卫土官指挥使却里加必里卫、土官指挥同知康寿、庄浪卫土官指挥同知鲁失加皆升为陕西行都司都指挥佥事,"不理司事,给世袭诰命,其余有功官军,悉次第升秩。"(《明宣宗实录》卷 10)

以上是对俗界有功之士的奖赏,但随后朱瞻基又得悉,在平定曲先、安定番寇之乱中,西北藏传佛教界领袖与高僧们也做出了很大的贡献,这倒给明宣宗提了个醒。宣德元年(1426)二月戊寅日,他"加国师宛卜格剌思巴监藏号为净慈普应大国师,仑奔宛卜查失儿监藏为弘慈广智大国师,吒思巴领占为普觉净修大国师,失迦思端宛卜为慧(慈)善真修大国师,达巴儿监参为妙慈通慧大国师,皆秩四品,给诰命、银印;剌麻着星为普善禅师,雁儿吉为普济禅师,江东巴为善悟禅师,楚儿加为玄悟禅师,锁南札为善智禅师,朵只里监藏为清净禅师,皆秩六品,给敕命、银印。"(《明宣宗实录》卷 14)

朱瞻基一口气在西北地区封了秩四品的 5 个大国师,秩六品的 6 个禅师。事情到此应该差不多,但有人向宣德皇帝报告说,在平定曲先、安定番寇之乱中,还有西番阿吉簇高层喇嘛吒思巴儿监藏带领僧侣,帮助明军征剿叛军,立有大功,理当封赏。朱瞻基听到后派人进行了核实,随即于宣德二年三月,赐赏西番大喇嘛阿吉簇弘济吒思巴儿监藏为弘妙广济大国师,赐四品银印及诰命,"嘉其有征剿安定之功也"(《明宣宗实录》卷 26)。并于宣德三年二月"遣都指挥陈通等赍敕往西番,赐弘妙广济大国师吒思巴儿监藏、安定王亦攀丹等金织袈裟、禅衣、白金、文绮、表里及纻丝、袭衣有差。"(《明宣宗实录》卷 37)

几年后，陕西行都司土官都指挥佥事李文上奏说："洪熙元年平定曲先、安定番寇之乱中还有人被漏报漏赏了。西番阿吉簇喇嘛阮丹汪束锁南藏卜等率领军队跟随李英远征，曾在安定卫雅令阔之地与叛军展开作战，且很有斩获，立有战功，尤其是喇嘛阮丹汪束锁南藏卜功劳特别大，可没想到却被大喇嘛吒思巴领占给隐瞒了，为此两人由怨恨发展到现在的公开决裂，阮丹汪束锁南藏卜先前曾带了一部分人跑到肃州盐池境去，就差一步与对方兵戎相加了。好在目下他已经意识到了问题的严重性，并有悔过的表现，今已率领部下回归原地。恳请皇上饶恕阮丹汪束锁南藏卜的妄举之过和吒思巴领占不奏功状之罪，并对他们曾经立有的功劳予以奖赏。"朱瞻基接奏后十分通情达理地说道："有功必赏，朕没什么吝惜的。"随后命有关部门按照大明规制对立有平乱之功的西北曲先、安定僧俗人士又进行一番奖赏。(《明宣宗实录》卷86)

其实在对西北曲先、安定平乱中立有功劳的僧俗人士进行奖赏之前，朱瞻基已经充分意识到了，除了依靠军事武力外，大力封赏与笼络西北藏传佛教界高层喇嘛实在是很必要。洪熙元年十二月戊寅，明宣宗"命僧录司右阐教班丹札失为净觉慈济大国师"(《明宣宗实录》卷12)。宣德元年四月，陕西临洮卫国师端竹领占等来朝贡马，受到朱瞻基厚赏(《明宣宗实录》卷16)。宣德元年十一月，"赐西宁卫国师马尔藏、临洮卫都纲已失坚藏等二百六十九人、河州卫都纲剌麻亦失藏卜、宁夏卫番僧勺思吉巴、僧会张耳力等一百四十五人……钞、彩币、表里、袭衣、靴袜有差"(《明宣宗实录》卷22)。宣德元年十一月，"升陕西临洮府及安定卫撒刺刺秃儿等处禅师端的监藏领占藏卜、赏触领占俱为国师，剌麻罗兀剌、思端巴俱为禅师，赐银印诰命"(《明宣宗实录》卷22)。宣德元年十一月，"赐西番国师锁南监藏等二百二十八人、西宁卫番僧都纲可惠等钞纻丝纱罗彩绢袭衣等物有差，仍赐智永纻丝纱罗"(《明宣宗实录》卷22)。宣德二年正月，"命安定卫撒剌秃兀儿地国师赏触领占为戒净慈应国师，给诰命银印。"(《明宣宗实录》卷24)宣德八年三月，"命河州西宁番僧剌麻孔思巴舍剌为国师，远丹巴舍罗藏卜、勺吉札思巴锁南监察俱为禅师，袭其叔及兄之职"(《明宣宗实录》卷100)。

明朝洪武、永乐、洪熙和宣德四朝封赏藏区与西北地区高级僧官简表

封赏者	封赏时间	封赏之尊号	受封喇嘛僧侣	受封影响重心	史料出处
朱元璋	洪武五年四月	灌顶国师	故元灌顶国师章阳沙加	乌思藏怕木竹巴	《明太祖实录》卷73)
朱元璋	洪武五年十二月	炽盛佛宝国师	故元摄帝师喃加巴藏卜	乌思藏	《明太祖实录》卷79
朱元璋	洪武七年正月	国师	故元和林国师朵儿只怯烈失思巴藏卜	和林(全称哈拉和林,今蒙古国内前杭爱省)	《明太祖实录》卷89
朱元璋	洪武七年七月	灌顶国师	答力麻八剌	朵甘乌思藏	《明太祖实录》卷91
朱元璋	洪武七年七月	圆智妙觉弘教大国师	故元帝师八思巴之后公哥坚藏巴藏卜	萨迦(今西藏拉萨西南)	《明太祖实录》卷91
朱元璋	洪武七年七月	灌顶国师	帕竹第悉释迦坚赞	帕木竹巴(今拉萨南)	《明太祖实录》卷188
朱　棣	永乐四年三月	灵藏灌顶国师	灵藏着思巴儿监藏	灵藏(今昌都贡觉北)	《明太宗实录》卷52
朱　棣	永乐四年三月	馆觉灌顶国师	宗巴斡即南哥巴藏卜	馆觉(今昌都贡觉)	《明太宗实录》卷52
朱　棣	永乐五年十二月	净修三藏国师	耳亦赤	凉州	《明太宗皇帝》实录卷74
朱　棣	永乐五年十二月	净戒三藏国师	八儿思	凉州	《明太宗皇帝》实录卷74
朱　棣	永乐六年五月	灌顶慈慧圆智昔应国师	僧清来	土鲁番城	《明太宗实录》卷79
朱　棣	永乐八年九月	灌顶弘慈妙济国师	绰思吉领禅巴藏卜	四川长河西(甘孜藏区康定县)	《明太宗实录》卷108
朱　棣	永乐八年九月	净慈妙智国师	掌巴监藏	四川长河西	《明太宗实录》卷108

续 表

封赏者	封赏时间	封赏之尊号	受封喇嘛僧侣	受封影响重心	史料出处
朱 棣	永乐八年九月	普济慧应国师	掌巴哈罗思巴	四川长河西	《明太宗实录》卷108
朱 棣	永乐八年十月	净觉弘济国师	班丹藏卜	青海西宁	《明太宗实录》卷109
朱 棣	永乐八年十月	广慧普应国师	高日干	青海西宁?	《明太宗实录》卷109
朱 棣	永乐八年十月	慈善弘智国师	失剌查	青海西宁?	《明太宗实录》卷109
朱 棣	永乐十年正月	慧慈弘应国师	把奔	青海西宁?	《明太宗实录》卷124
朱 棣	永乐十年正月	净慈佑善国师	湛查	青海西宁?	《明太宗实录》卷124
朱 棣	永乐十年正月	净觉弘慈国师	包剌麻	青海西宁?	《明太宗实录》卷124
朱 棣	永乐十一年二月	灌顶圆通妙济国师	哈立麻寺绰思吉监藏	乌斯藏	《明太宗实录》卷137
朱 棣	永乐十一年二月	灌顶净慈通慧国师	簇尔卜掌寺端竹斡薛儿巴里藏卜	乌斯藏	《明太宗实录》卷137
朱 棣	永乐十三年二月	灌顶慧应弘济国师	领占端竹	乌斯藏	《明太宗实录》卷161
朱 棣	永乐十六年正月	弘智净觉国师	端岳藏卜	青海西宁	《明太宗实录》卷196
朱 棣	永乐十六年正月	广济妙净国师	马儿藏	青海西宁	《明太宗实录》卷196
朱 棣	永乐十六年正月	普济净慈国师	思我失星吉	青海西宁	《明太宗实录》卷196
朱 棣	永乐十六年正月	弘慈广智国师	仑奔宛卜查失儿监藏	青海西宁	《明太宗实录》卷196
朱 棣	永乐四年十二月	灌顶圆通善慧大国师	哈思巴罗葛罗思	乌思藏	《明太宗孝实录》卷62
朱 棣	永乐五年三月	灌顶圆修净慧大国师	孛隆逋瓦桑儿加领真	乌思藏	《明太宗实录》卷65

续 表

封赏者	封赏时间	封赏之尊号	受封喇嘛僧侣	受封影响重心	史料出处
朱 棣	永乐五年三月	灌顶通悟弘济大国师	高日瓦领禅伯	乌思藏	《明太宗实录》卷 65
朱 棣	永乐五年三月	灌顶弘智净戒大国师	果栾罗葛罗监藏巴里藏卜	乌思藏	《明太宗实录》卷 65
朱 棣	永乐十年正月	灌顶净觉弘济大国师	班丹藏卜	青海西宁	《明太宗实录》卷 124
朱 棣	永乐十一年五月	灌顶圆通慈济大国师	哲尊巴	萨迦	《明太宗实录》卷 140
朱 棣	永乐十一年五月	灌顶慧慈净戒大国师	必力工瓦(止贡巴)端竹监藏	必力工瓦(今拉萨东北)	《明太宗实录》卷 140
朱 棣	永乐十一年五月	西天佛子灌顶净慈弘智广慧大国师	日托巴罗葛罗监粲	乌思藏	《明太宗实录》卷 140
朱 棣	永乐十二年正月	灌顶圆通慈济大国师	哲尊巴之父妥巴阿摩葛	萨迦	《明太宗实录》卷一百四十七
朱 棣	永乐十三年二月	灌顶慈慧妙智大国师	缘旦监昝	乌思藏?	《明太宗实录》卷一百六十一
朱 棣	永乐十三年四月	妙觉圆通慧慈普应辅国显教灌顶弘善西天佛子大国师	释迦也失	拉萨及其周边地区	《明太宗实录》卷 163
朱 棣	永乐四年三月	灌顶国师**阐化王**	吉剌思巴监藏巴里藏卜(扎巴坚赞)	帕木竹巴	《明太宗文实录》卷 52
朱 棣	永乐五年三月	灌顶国师**护教王**	宗巴斡即南哥巴藏卜	馆觉	《明太宗实录》卷 65
朱 棣	永乐五年三月	灌顶国师**赞善王**	著思巴儿监藏	灵藏	《明太宗实录》卷 65
朱 棣	永乐十一年五月	**辅教王**	萨迦派首领南渴烈思巴	思达藏(今西藏日喀则境内)	《明太宗实录》卷 140
朱 棣	永乐十一年五月	**阐教王**	噶举派领真巴儿吉监藏	必力工瓦	《明太宗实录》卷 140

续 表

封赏者	封赏时间	封赏之尊号	受封喇嘛僧侣	受封影响重心	史料出处
朱　棣	永乐十一年五月	**西天佛子**灌顶净慈弘智广慧大国师	巴罗葛罗监粲	日托(近中巴边境的西藏阿里境内)	《明太宗实录》卷 140
朱　棣	永乐十三年夏四月	妙觉圆通慧慈普应辅国显教灌顶弘善**西天佛子**大国师	释迦也失	拉萨等地	《明太宗实录》卷 163
朱　棣	永乐五年三月	万行具足十方最胜圆觉妙智慧善普应佑国演教如来**大宝法王**西天大善自在佛**领天下释教**	**白教:**噶玛噶举黑帽系第五世活佛得银协巴,即《明实录》中的"哈立麻"	萨迦、乃东、拉萨、止贡、达龙、康区噶玛等地	《明太宗实录》卷 65
朱　棣	永乐十一年五月 41 个	万竹圆融妙法最胜真如慧智弘慈广济护国宣教正觉**大乘法王**、西天上善金刚普应大光明佛**领天下释教**	**花教:**元初被封为国师、帝师的萨迦派第五代祖师八思巴之后贡噶扎西,即《明实录》中的昆泽思巴	萨迦	《明太宗实录》卷 140
朱瞻基	宣德九年六月	万行妙明真如上胜清净般若弘照普应辅国显教至善**大慈法王**、西天正觉如来自在大圆通佛。	**黄教:**格鲁派创始人宗喀巴弟子释迦耶希(又名绛钦曲杰),即《明实录》中的释迦也失	拉萨及其周边地区	《明宣宗实录》卷 111
朱高炽	永乐二十二年十月	圆觉妙应慈慧普济辅国光范弘教灌顶大善大国师	西天剌麻板的达	洮州卫(今甘南藏区东部)	《明仁宗实录》卷 2 下
朱高炽	永乐二十二年十月	圆融妙慧净觉弘济光范衍教灌顶广善大国师	僧录司右善世智光	洪永时三使尼泊尔、西藏等大西域	《明仁宗实录》卷 2 下
朱瞻基	洪熙元年六月	圆妙广智大国师	右善世端竹领占	陕西临洮(甘肃兰州南大门)	《明宣宗实录》卷 2
朱瞻基	洪熙元年十二月	净觉慈济大国师	僧录司右阐教班丹札失	岷州(甘肃定西市岷县)、北京	《明宣宗实录》卷 12

续 表

封赏者	封赏时间	封赏之尊号	受封喇嘛僧侣	受封影响重心	史料出处
朱瞻基	宣德元年二月	净慈普应大国师	宛卜格剌思巴监藏号	曲先(柴达木盆地西北)、安定等西北地区	《明宣宗实录》卷 14
朱瞻基	宣德元年二月	弘慈广智大国师	仑奔宛卜查失儿监藏	曲先、安定(甘州西南)等西北地区	《明宣宗实录》卷 14
朱瞻基	宣德元年二月	普觉净修大国师	吒思巴领占	曲先、安定等西北地区	《明宣宗实录》卷 14
朱瞻基	宣德元年二月	慈善真修大国师	失迦思端宛卜	曲先、安定等西北地区	《明宣宗实录》卷 14
朱瞻基	宣德元年二月	妙慈通慧大国师	达巴儿监参	曲先、安定等西北地区	《明宣宗实录》卷 14
朱瞻基	宣德二年三月	阿吉簇弘妙广济大国师	吒思巴儿监藏	曲先、安定等西北地区	《明宣宗实录》卷 26
朱瞻基	洪熙元年正月	必里卫慈善弘智国师	失剌查	河州、洮州地区	《明仁宗实录》卷 6 下
朱瞻基	宣德元年三月	灌顶净修弘智国师	阿木葛	乌思藏	《明宣宗实录》卷 15
朱瞻基	宣德元年三月	灌顶国师	锁南星吉	乌思藏	《明宣宗实录》卷 15
朱瞻基	宣德元年三月	国师	领占端竹	乌思藏	《明宣宗实录》卷 15
朱瞻基	宣德元年三月	国师	桑结巴高竹斡	乌思藏	《明宣宗实录》卷 15
朱瞻基	宣德元年三月	国师	领占班竹儿	乌思藏	《明宣宗实录》卷 15
朱瞻基	宣德元年三月	国师	端竹监藏	乌思藏	《明宣宗实录》卷 15
朱瞻基	宣德元年十一月	国师	端的监藏领占藏卜	西北临洮府	《明宣宗实录》卷 22
朱瞻基	宣德元年十一月	戒净慈应国师	赏触领占	西北安定卫	《明宣宗实录》卷 22
朱瞻基	宣德八年三月	国师	刺麻孔思巴舍刺	河州西宁	《明宣宗实录》卷 100

综观仁宣时期以及先前洪永两朝的历史，笔者根据《明实录》所载史料，制作了《明朝洪武、永乐、洪熙和宣德四朝封赏藏区与西北高级僧官简表》，发现洪武 31 年中封赏的国师只有 5 人，其中 4 人在乌斯藏；永乐 22 年中共封国师 21 人，其中 5 人在乌斯藏，8 人在西北，3 人在川藏地区，还有 5 人目前无法弄清楚其确切的受封地；仁宣 11 年间共封国师 10 人，其中 6 人在乌斯藏，4 人在西北。再说大国师，洪武时期封赏的大国师只有 1 人，受封者就在乌斯藏；永乐时期封为大国师的共有 10 人，只有 1 人在西北，其余 9 个受封者都是乌斯藏地区的；而仁宣时期封赏的大国师有 10 人，除智光 1 人不属于西北地区外，其余 9 个受封者全是西北地区的。比大国师级别高一层的王，在内地它绝不可能被授予朱明皇家以外人士的，洪武、洪熙和宣德都没封过，永乐封了 5 人，全在乌斯藏地区。再说大法王，洪武根本就没封过，永乐时期封了 2 个，全在乌斯藏，宣德时期封了 1 人，即崛起于西北的格鲁派创始人宗喀巴之大弟子。由此我们不难看出：明初"多封众建"藏僧藏官相对过于偏重乌斯藏地区的格局，经过两朝皇帝的努力，到了仁宣中后期得以改变，基本上达到了乌斯藏与西北地区不分伯仲的地步了。

○ 敕建或扶持建造西北三大藏传佛教寺院

宣德朝隆升西北藏传佛教地位的第二方面举措就是皇帝直接敕谕或扶持当地僧俗首领修造西北藏传佛教三大著名寺院：妙因寺、大崇教寺和瞿昙寺。

◎ 妙音寺与甘肃永登连城鲁土司

妙因寺位于甘肃永登连城——明代时为安定卫治所，这里是自甘肃进入青藏地区的交通要冲，故有西北河西门户之称，受到历代统治者的重视。元顺帝仓皇北逃之时，故元安定王脱欢来不及跟随，只好留在了河西。洪武初年大明军远征西北时，脱欢适时归降，被特别安置在安定卫，让他继续统领那里的部属，这个脱欢在《明实录》中被写成了卜颜帖木儿。洪永之际，安定卫发生了变乱，卜颜帖木儿儿子撒儿只失加为人所杀，孙子亦攀丹流亡到灵藏。永乐十一年五月，亦攀丹率领流亡的安定卫部众投奔明朝，受到了明成祖朱棣的赞赏，被封为撒里畏吾儿安定王，"俾还治本地，赐印诰及彩币、衣服等物"(《明太宗实录》卷140)，赐姓鲁，由此开始了鲁土司对安定的500多年的统治。

洪熙年间安定卫、曲先卫发生叛乱，当时的安定王也就是人们俗称的鲁土司桑儿加失夹引咎自责，并协助大明军平定内乱。明宣宗获悉后高度赞扬了安定王，并于宣德元年正月，"赐安定王桑儿加失夹等三人白金、彩币、表里、绫绢等物，仍命陕西河州茶马司赐之食茶"(《明宣宗实录》卷13)。

除了安抚和升赏安定王外，宣德朝开启后大明朝廷还对当地的藏传佛教予以相当大的扶持。

宣德元年底连城鲁土司决定在自家土司宅院旁创建藏传佛教寺院，在取得明宣宗的大力支持后，鲁土司扩大了建造规模，并于宣德二年建成了前殿。为了表示对明王朝支持和佛祖保佑的感激，该寺借"飞来佛"之因缘而取名为妙因寺，其前殿(俗称万岁殿)内开始供奉大明开国皇帝朱元璋的画像，牌位正面用汉藏梵三种文字金书"皇帝万万岁!"(赵德才:《古城连城》，永登县地方志办内部印刷，2000年，第74页)据该寺院的有关历史记载与万岁殿的建筑时间来推算，至今依然保留在大殿东西两壁上的两铺藏传佛教壁画，也应该是在大明宣德年间完成的。

正因为妙因寺有着大明皇家这样的"大背景"，加上安定连城地处青藏地区交通要冲，藏、蒙、汉等各族人民杂居于此，故而当年寺院建设时也来了个民族大融合，或言之，它虽然是一座藏传佛教寺院，但已经融入了很多汉民族文化元素和道教文化元素，因此深受各族民众的关注与爱护。自此以后，妙因寺发展为当地土司政教合一统治的核心组成部分。明中期起，妙因寺改宗藏传佛教格鲁派，据说六世达赖、五世班禅等高僧大德曾在此做过佛事，由此妙因寺成为西北地区尤其是甘青边境闻名遐迩的主要寺院。

◎ 大崇教寺与后氏土司后裔班丹札失

就在妙因寺大殿行将落成之际，宣德朝西北地区第二大著名的藏传佛教寺院大崇教寺的建设也在紧锣密鼓地进行着。而要说清楚这大崇教寺的建造，我们还不能不提及当年西北岷州地区的另一个望族后氏家族。

后氏子孙是唐朝吐蕃军将的后裔，元明时为岷州地区的土官人物。永宣时期后氏家族出了一个精通藏传佛教的高僧班丹札失，据智贡巴的《安多政教史》记载，班丹札失曾在永乐十三年(1415)建造隆主德庆林寺，作为后氏家族子嗣世袭驻锡的主寺。但因规模小，名声不显。

洪宣之际西北地区发生了安定、曲先之乱，新登基的宣德皇帝朱瞻基及时地意识到了更多培植拥护大明的西北地方势力和藏传佛教势力的重要。洪熙元年十二月，他下令将当时担任僧录司右阐教的西北后氏望族后裔班丹札失升为净觉慈济大国师。(《明宣宗实录》卷12)宣德元年朱瞻基特地降下谕旨，要求对原先班丹札失建造的隆主德庆林寺进行重修和扩建；宣德三年，寺院改造工程正式开启，明宣宗命令相关部门派出大小地方官员100多名，各部落大小土官200名，技术人员110名和军士2 005人参与建设，顿时将原本的小寺院改成为宫殿式大佛殿，“钟、鼓楼房两旁有抱厦庑堂六列，有天王殿、碑亭等，都饰以琉璃瓦和飞檐，还有廊房六十间”(智贡巴著，吴均等译：《安多政教史》，甘肃民族出版社，1989年，P643)。

该寺建造完全采用内地的建筑艺术风格，但在大殿内供奉的却是藏传佛教的佛像、菩萨、本尊、护法像，以及汉文大藏经、佛塔、唐卡等等，因此改造后的隆主德庆林寺被人视为汉藏文化融合的结晶。寺院建成后，明宣宗特赐寺名，并御制大崇教寺之碑文，由永宣时期最为有名的书法家沈粲撰写，宣德四年镌刻汉藏两种文字的“御制大崇教寺”碑立于寺院大殿旁，这一立就立了600年，直至今天，成为汉藏文化交流与融合的历史见证。

原本一个西北地区不太为人所重视的家族性寺院，由于其家族中“英才”班丹札失的特殊贡献和当时时势需要，获得了宣德朝廷的垂青与恩宠，进而变为了西北河陇地区炙手可热的名寺。寺院高层僧侣频繁往来于岷州与北京之间，经过岷州地界的大明官员也常常驻足、游览甚至朝拜，大崇教寺成为了明廷与岷州藏区诸番联系之纽带。

◎ 瞿昙寺：建文帝会跑到青海去？到底证据有几分？

宣德时期建造完成的西北地区第三大藏传佛教著名寺院叫瞿

昙寺。说起瞿昙寺，人们往往想起前几年有人提出的“建文帝出亡瞿昙寺”说（以下简称“瞿昙说”）。“瞿昙说”最早可能见诸于报端，主要理由是有人认为青海乐都县南山坳的瞿昙寺酷似故宫，甚至有人干脆称其为“小故宫”。2010年7月在南京明孝陵召开了“明建文帝踪迹国际学术研讨会”，会后出版了由明孝陵博物馆馆长周钰文主编、毛佩琦撰序的《天下说建文》一书，该书汇集了从大学教授到村支书各自撰写的文章，其中有一篇名为《明建文帝出亡青海瞿昙寺新探》（以下简称《新探》）论文引起了笔者的注意，该文通篇引用的“最为过硬”的证据，就是《明史》、《明太祖实录》和《明太宗实录》中有关明廷与青海瞿昙寺之间往来的史料（详见《天下说建文·明建文帝下落争鸣集》，南京出版社2011年7月第1版，P164～175），可笔者发现，没有一条能够与明建文帝直接或间接挂得上钩的。那么历史真相到底是怎么一回事？

据《明实录》所载，洪武二十六年二月有个叫三剌的西宁番僧到南京进贡马匹，向朱元璋奏请护持及寺额即寺名之匾额。因为这个叫三剌的西宁番僧曾经为洪武帝招降了西北罕东诸部立有功勋，加上他自筹资金在碾白南川（即今天的乐都县南山坳）建造了佛刹。兴造佛刹可是件好事，“化恶为善，佛之愿，力有如是耶！”为褒扬三剌向善慕义之行为，朱元璋御赐三剌建造的寺院名为瞿昙寺，意为“持金刚之佛寺”，并“特赐敕护持诸人”，告诫人们不要去扰害三剌他们修行，“违者罪之”（《明太祖实录》卷225）。三剌朝见后的第二月，朱元璋想到了，应该加强对西北佛教事务的管理，于是便在当地开设佛教管理机构，“立西宁僧纲司，以僧三剌为都纲；河州卫汉僧纲司，以故元国师魏失剌监藏为都纲；河州卫番僧纲司，以僧月监藏为都纲。盖西番崇尚浮屠，故立之，俾主其教，以绥来远人”（《明太祖实录》卷226）。朱元璋任用瞿昙寺僧三剌等人为大明帝国西北宗教管理者，自然是出于他对三剌等人的信任与奖赏。而从另外一个角度来讲，对于皇帝的知遇之恩，三剌等当然也不会不懂得报答，洪武三十年二月甲辰日，“西番瞿昙寺僧三剌来朝贡马”（《明太祖实录》卷250）。

从洪武朝僧三剌朝贡的时间来看，最后两次相隔了4～5年，之所以如此，可能是当时交通不便、信息不通的缘故吧。所以在进入永乐朝以后我们看到相似的状况，朱棣篡位后的第 6 年即永乐五年十月戊戌日，“西宁瞿昙寺僧班丹藏卜来朝贡马，悉赐钞币”（《明太宗实录》卷 72）。紧接着永乐六年七月，史料说西宁等卫高僧班丹藏卜等又来朝了。（《明太宗实录》卷 81）这个班丹藏卜可能就是三剌年老或圆寂后新任的瞿昙寺住持，在隔了 6 年后他代表瞿昙寺高僧们来朝见大明新天子，这也不为怪，洪武时期就曾有隔了 4～5 年来朝一次的，笔者愚钝，怎么一点也看不出瞿昙寺与大明流亡皇帝朱允炆之间有什么关系！恰恰相反，正因为看到瞿昙寺班丹藏卜等高僧敬奉、忠诚于大明新朝廷，永乐帝朱棣才于永乐八年十月将高僧班丹藏卜晋升为净觉弘济国师，并赐予了诰印（《明太宗实录》卷 109）。两年后的永乐十年正月，又将国师班丹藏卜等晋升为灌顶净觉弘济大国师（《明太宗实录》卷 124），并于当年四月，赐予班丹藏卜灌顶净觉弘济大国师之诰敕（《明太宗实录》卷 127）。11 年后的永乐二十一年十一月，“灌顶净觉弘济大国师班丹藏卜等遣人贡马”，朱棣令礼部宴赏班丹藏卜使者（《明太宗实录》卷 265）。而《新探》一文作者说：“从永乐六年七月班丹藏卜朝见明成祖后，直至永乐二十一年（1423）十一月才又遣人向朝廷贡马，期间并无一次进京朝见明成祖……”不知《新探》作者认真读过《明实录》没有？再说要是真是建文帝跑到了瞿昙寺，魔鬼皇帝朱棣还会不断地降敕，如《永乐六年瞿昙寺皇帝敕谕碑》、《永乐十六年瞿昙寺皇帝敕谕碑》，禁止人们扰害寺中修行之人？事实上他巴不得越乱越好，最好在乱中建文帝被杀了，就如当年他暗杀坚决反对他篡位的妹夫梅殷那般，来个死无对证，也免得自己老“牵肠挂肚”！而事实恰恰相反，大致到了永乐晚期，当看到瞿昙寺高僧班丹藏卜等相继年老或圆寂时，鉴于其对自己的忠诚和当时西北稳定的考虑，永乐帝随即命令班丹藏卜侄儿三丹藏卜等继承大国师等职。（《明太宗实录》卷 268）

洪熙元年十二月，“陕西西宁卫大国师三丹藏卜遣剌麻绰失吉罗罗等贡马”（《明宣宗实录》卷 12）。宣德皇帝对来使以及三丹藏卜本人都进行了赏赐，鉴于当时西北安定、曲先等地发生叛乱所带来的不利形势，以及以瞿昙寺高僧三丹藏卜为代表的西北藏传佛教势力和大明朝廷有着良好的关系，从小就十分机灵的朱瞻基迅速做出反应，更多扶持和资助三丹藏卜修缮那明初列朝不断扩建的瞿昙寺，以

此来作为凝聚西北藏区藏传佛教势力的重心地。(《明宣宗实录》卷34)

要说瞿昙寺在明初的建造,据御制瞿昙寺碑文所载,瞿昙寺最有代表性的三大殿中的瞿昙寺殿建于明洪武二十五年,宝光殿建于永乐十六年,隆国殿完工于明宣德二年。(《明宣宗实录》卷32)

隆国殿建成后,宣德皇帝专门撰写了碑文,现碑仍存于瞿昙寺内。《瞿昙寺》一书中录有碑文内容,其中讲述了朱瞻基"恪遵成宪"、隆遇瞿昙寺之动机和缘由:"若朕志所存,惟祖考在天之灵,用资福佑于无穷;惟国家宝祚之重,用隆本支于蕃盛;惟海宇生民之众,用保太平于悠久。"(谢佐:《瞿昙寺·御制瞿昙寺后殿碑》,青海人民出版社,1998年,P100~102)

此番说辞与明太祖朱元璋、明成祖朱棣敕谕一脉相承,也即表明朱瞻基继承祖先的西北边疆国策,抚慰西北藏传佛教势力与僧俗民众,终极目标就是维护和巩固大明帝国的统一!

正因为有着洪武、永乐和宣德三朝皇家的大力扶持,才会有青海乐都南山坳上那宛如明皇宫殿式样的藏传佛教寺院来。由此而言,瞿昙寺有"小故宫"之形之状,那就一点也不足为怪了。但若说是洪武时期就开始为未来的建文帝出亡作了准备,那就太过于荒唐了吧?!也正因为大明朝廷皇恩浩荡,泽被西北穷乡僻壤,这才使得瞿昙寺修行者们大为感动。为报答皇恩,他们在隆国殿供奉了万岁牌位,牌位正面以汉、藏、梵三种文字金书"皇帝万万岁",背面刻上立万岁牌位的太监姓名等等(赵德才:《古城连城》,永登县地方志办内部印刷,2000年,第74页)。如此这般,压根儿就与建文帝出亡沾不上一点儿边!就此笔者想到了这样一个话题:天下纷纷说建文,到底证据有几分?

妙因寺、大崇教寺和瞿昙寺三座在明初尤其是宣德皇帝直接敕谕或扶持下修造起来的西北藏传佛教著名寺院,犹如三颗闪烁的星星,分布于永登、岷州和乐都等西北青藏地区的交通要冲上,无声地向人们诉说着昔日的辉煌与明初尤其是宣德朝隆升西北藏传佛教的历史。

○ 邀请西北高僧来京修行、传授密宗,晋升崛起于西北的黄教格鲁派高僧

宣德朝隆升西北藏传佛教地位的第三方面举措,就是直接邀

请班丹札失等西北藏传佛教高僧到北京去修行传法，翻译藏传佛教经籍，朝廷对其进行优渥奉养。

前面讲过，由于大崇教寺的开寺住持班丹札失在大明中央与西北藏区地方政教之间的沟通和汉藏文化交流方面做出了重要贡献，因而他深受大明宣德朝廷的器重。班丹札失长期居住在北京，“所住的春华寺被誉为大隆善寺，由国库拨款重新维修佛殿，并新建佛殿的殿顶和连接的两廊、寝宫以及比丘们的住房僧寮，共有五百余间房舍”(《安多政教史》汉译本，P642)。在京期间班丹札失不仅为明宣宗翻译、校勘藏传佛经《大乘庄严宝王经》，而且还向宣德皇帝传授藏传佛教密宗礼仪、规制和修炼密法，甚至还为皇帝朱瞻基施行灌顶礼，“土猴年(1428 年，明宣德三年，戊申)，于绛芬殿给皇上(指宣德皇帝)授大轮灌顶，于便殿授无量寿佛九尊灌顶，对真实的或梦境中出现的许多障碍都以大轮瑜伽一一荡涤无遗”(《安多政教史》汉译本，第 642 页)。因为在密宗看来，修无量寿佛可保护生命不受侵害，或言能够延年益寿，而授大轮法则重在清除障碍，广求吉祥，所以无论是当时的明宣宗还是后来的明代宗都对班丹札失特别敬重。景泰三年十月壬子日，景泰帝朱祁钰“封西天佛子大国师班丹劄释为大智法王。”至此可以说西北高僧的地位几乎与乌斯藏地区的高僧达到了不相上下的地步。(《明英宗实录》卷 222)

除此之外，宣德朝还对崛起于西北的格鲁派创始人宗喀巴之大弟子、色拉寺的建立者释迦也失“情有独钟”。宣德九年六月，朱瞻基派“遣成国公朱勇、礼部尚书胡濙持节，封释迦也失为‘万行妙明真如上胜清净般若弘照普应辅国显教至善大慈法王西天正觉如来自在大圆通佛’”(明宣宗实录)卷 111)。至此，旭日东升的黄教格鲁派可以与白教噶玛噶举派和花教萨迦派并驾齐驱了，并于明中期开始逐渐地取代了后两者，成为了藏传佛教在藏区的掌权派。谁能否认朱瞻基在大明西北国策方面所作出的杰出贡献！

不过在这个过程中，宣德皇帝始终没有忘记对乌斯藏等地区的抚慰。朱瞻基当政后，模仿皇爷爷朱棣的做法，派遣特使到乌斯藏等地去宣谕慰问各派的政教领袖。宣德二年四月，“遣太监侯显赍敕往乌思藏等处，谕帕木竹巴灌顶国师阐化王吉剌思巴监藏巴理藏卜、必力工瓦阐教王领真巴吉监藏、灵藏赞善王喃葛监藏、尼八剌国王沙的新葛地涌塔、王子可般、辅教王喃葛列思巴罗葛罗监藏巴藏卜等，各赐之绒绵、纻丝有差”（《明宣宗实录》卷27）。从现藏于萨迦寺的宣德青花五彩莲池鸳鸯纹碗和传世的宣德青花缠枝莲托八宝纹高足碗等赐品来看，其无一不是稀世珍宝。由此可证，宣德皇帝对藏传佛教的喜好和对大明西疆安稳之重视！而从乌斯藏等地一方来看，整个宣德朝无论是大宝法王、大乘法王、阐化王、赞善王、辅教王、护教王，还是西天佛子、灌顶国师，等等，都和大明中央政权继续保持着良好的关系，他们定期派遣使者朝贡，接受朝廷封赏，维护西疆安定与大明一统。

但话又说回来，宣德朝大崇藏传佛教的做法并不是一点问题都没有。永乐时期藏传佛教僧人来到北京等内地后，虽然受到朝廷的优待，但一般还得要遣回。到了宣宗时就不这样了，外来的和尚会念经，可留下来了。据说当时慈恩、隆善、能仁和宝庆四寺就是宣宗朝北京地区最主要的藏传佛教寺院。这些西僧久留京师，带来的直接问题是“耗费益甚”。“宣宗崩，英宗嗣位，礼官先奏汰番僧六百九十人”（《明史·西域传》卷331）。《明英宗实录》说的数字则更大，正统元年五月丁丑日，明英宗下令“减在京诸寺番僧。先是番僧数等曰大慈法王、曰西天佛子、曰大国师、曰国师、曰禅师、曰都纲、曰剌麻，俱系光禄寺支待。有日支酒馔一次、二次、三次，又支廪饩者，有旦支廪饩者。上即位之初，敕凡事皆从减省。礼部尚书胡濙等议：‘已减去六百九十一人，相继回还本处。’其余未去者命在正统元年再奏。至是，濙等备疏慈恩、隆善、能仁、宝庆四寺番僧当减去者四百五十人以闻。’上命大慈法王、西天佛子二等不动，其余愿回者听，不愿回者其酒馔、廪饩令光禄寺定数与之”（《明英宗实录》卷17；《明实录藏族史料》，P359～359）。

明英宗上台后不久两次裁减西僧就达1 142人，可见当时解决西僧生活待遇就是大明帝国政府一项不小的财政负担！再有成群结队的西番来朝贡使，大明帝国也得要厚赏，其实这也是一笔不小的财政开支。如宣德四年十二月乙未日，“乌思藏国师领占端竹、阿木葛大国师释迦也失并大乘法王、辅教王、阐化王使臣锁南领占等五百四十二人贡马及方物”（《明宣宗实录》卷60）。来了542

人的西番贡使要行赏，他们回去时朝廷还要赐赏，并得准备好给他们的派遣者——国师、王与法王的回贡财物。这何等沉重的经济包袱啊！当然，这是后话了。

诚然，笼络和隆升西疆地区的藏传佛教势力的地位非常重要，但并不能就此而忽视了西疆尤其是西北地区的故元世俗地方势力与中央之间的关系。宣德皇帝在位时也及时地注意到了这个问题。

◉ 宣德政治笼络和经济优渥，大明西北边疆稳定巩固

永乐中期西域大国别失八里（大致相当于今天的新疆）国丧不断，大明天子朱棣屡屡遣使予以相助，就连新王纳黑只赤罕妹妹当年出嫁时的嫁妆也是永乐帝令人协助办理的。因此说别失八里与大明有着良好的关系。可偏偏没想到的是这个纳黑只赤罕当了别失八里国王一年都不到就被他的堂弟歪思给杀了，新篡位者歪思做贼心虚，生怕与纳黑只赤罕关系甚好的大明会出来伸张正义，所以就在篡位成功后的永乐十六年(1418)二月将国都从相对距离大明较近的别失八里往西迁徙，新定亦力把里（今新疆伊宁），自此别失八里国变成了明史上的亦力把里国。不过，永乐帝在对待这个问题上还十分理智，"以番俗不足治"为由，不但没去追究亦力把里内乱之事，反而还派了中官杨忠等送去很多的皇家赏物，这就等于承认了篡位者的合法地区，这下可把歪思给乐坏了，"自是奉贡不绝"(《明太宗实录》卷197～200)。宣德帝即位后，褒扬了歪思贡奉朝廷周到谨慎，并派遣使者前往亦力把里进行奖赏。而歪思也真拎得清，从不让大明有失天下共主的"尊严"，他不断地派遣手下人带上马匹到大明去朝贡，换取高出贡品几倍甚至几十倍的回贡收入。这还不算，凡是来大明的亦力把里贡使，自宣德二年起，朱瞻基多予封官，直把亦力把里人乐癫了，他们争先恐后地要到大明来。最先羡慕国王歪思的是他的母亲锁鲁檀哈敦，老太太看到国王儿子与大明朝贡贸易这样划算，就一口气连续三年派了大批贡使来大明内地。随后歪思的女婿卜赛因也实在眼馋得忍不住了，赶紧组织人马到大明去，这样热闹局面一直维系到了明英宗正统前期。

(《明史·西域四·别失八里传》卷332)

亦力把里虽然热衷朝贡大明，但它的国王歪思却不够厚道。正如当年篡位上台一般，他欺软怕硬，面对天朝大国表现出“恭敬有加”，而对于邻邦小国却是另外一副嘴脸了。亦力把里北部有小邦叫吐鲁番(今新疆东部吐鲁番一带)。吐鲁番位于大明帝国西陲边关哈密卫1 000多里，离嘉峪关2 600里，这里汉朝时是车师前王地，隋朝时是高昌国，唐朝时为西州及交河县，宋朝时又恢复高昌国名，但为回鹘所据，元朝在此设立万户府，明初其为故元地方势力。永乐时遣使往别失八里，途经此地，明朝给予吐鲁番很多的赏赐，以示安抚与笼络。当时吐鲁番万户赛因帖木儿为了表示感谢与归顺，也遣使到南京进贡玉璞，随后当地的高僧清来也率领门徒法泉等到南京来朝贡，永乐皇帝十分高兴，“欲令化导番俗，即授为灌顶慈慧圆智普通国师，徒七人并为土鲁番僧纲司官，赐赉甚厚。”从此以后，清来和万户赛因帖木儿更不敢怠慢了，贡使“来者不绝，贡名马、海青及他物。天子亦数遣官奖劳之”(《明史·西域一·吐鲁番传》卷329)。

这样美好的局面维系到永乐末年被亦力把里国王歪思给搅了。歪思凭借大邦优势撵走了当时吐鲁番酋长尹吉儿察，尹吉儿察走投无路，最终上京师向皇帝哭诉，朱棣十分同情他，任命他为吐鲁番地区的都督佥事。有了大明的靠山，尹吉儿察总算在吐鲁番站稳了脚跟，为了感谢大明天子的恩德，他一有机会就率领部落前往大明朝贡。洪熙帝当政时，他来过；一年后的宣德元年他又来了，“天子待之甚厚”，但不幸的是尹吉儿察回去不久就害病死了。儿子满哥帖木儿继位，继续与大明保持着良好关系，这样的局面一直维系到正统时期。(《明史·西域一·吐鲁番传》卷329)

吐鲁番东边邻居就是大明帝国政权直接掌控下的西北诸卫中最边缘的哈密卫，它设立于永乐四年三月，但哈密地“种落杂居”，有回回人、畏兀儿人和哈剌灰人等等，“其头目不相统属，王莫能节制”，反映在地方政权的稳定方面不尽人意。永乐皇帝曾刻意培养了一个叫脱脱的当地小王子，将其封为忠顺王，并对忠顺王府进行了改造。没想到四年不到的时间，这个脱脱暴卒了，永乐帝只好改封脱脱堂兄弟兔力帖木儿为忠义王，并赐予印诰和玉带，令其世守哈密。兔力帖木儿对此感恩戴德，不断地遣使来朝贡物贡马，有一次贡马就多达 3 500 匹，光朝廷给了他们的回贡大明宝钞就要 32 000 锭。听说明仁宗即位，忠义王兔力帖木儿赶紧派人前来贺喜。

宣德元年兔力帖木儿病卒，忠义王府派人到北京来报丧。朱瞻基遣官赐祭，并命“老王”脱脱之子卜答失里嗣为忠顺王，卜答失里十分高兴，派出使臣入朝贡马谢恩。宣德三年，聪明的朱瞻基以卜答失里年幼为名，下令让忠义王兔力帖木儿的弟弟脱欢帖木儿继承忠义王，与忠顺王卜答失里“同理国事”，由此出现了哈密两王并贡的喜人场面。当然那两王也够精明的，或一年来一次，或三四年来一次，今天说王室某某要结婚了，明天说王女要出嫁了，差的就是钱财，而宣德皇帝毫不介意，只要对方开口，有求必应。这样的甜蜜关系维系到正统五年时更加热络，居然一年中哈密三次遣使朝贡，朝廷觉得很烦，干脆给它限定一年一次。(《明史·西域一·哈密卫传》卷 329)

虽然如此，用牺牲财政来换得西疆的稳定从整体角度来看还是挺划得来的，这就是当年永乐、宣德和正统数朝西疆国策的共同心声吧！

总之，宣德皇帝的“管西”国策搞得很不错，甚至纠正了他皇爷爷的偏颇，在维护明廷与西域地区稳定关系的前提下，不仅意识到了西疆乌斯藏各政教派别势力之间的平衡，而且还注意到了更大范围内西疆与西北之间的相互平衡。正因为这样，大明西部边疆就此有了更加深厚的稳定基础，在随后的 200 余年历史中，西部边疆终未为患，虽有明初祖宗的奠基，但朱瞻基实在是功不可没。

其实，无论是“管西”还是“辖东”，朱瞻基这般“恪守成宪”的最终目的就是为了打击北方的蒙元残余势力。

● 收缩北防　天子巡边

说到北疆蒙元残余势力，人们自然会想到三个很熟悉的名字：鞑靼、瓦剌和兀良哈三卫。鞑靼是明朝人对东蒙古的称呼，其首领由退回漠北的元室后裔担任，拥有蒙古大汗称号，被蒙古人视作为正统。它北邻不里牙惕，西邻瓦剌，东边与奴儿干都司相接，东南与南边为兀良哈三卫、大明边疆。与东蒙古相对应的西蒙古，又称为瓦剌，其大致势力范围：北括乞儿吉斯（吉利吉斯），西南、南与东察哈台汗国也称别失八里后改名亦力把里和哈密卫为邻，东与鞑靼相交，东南向着大明陕甘宁边外伸展。

鞑靼的东南方向就是兀良哈三卫，三卫即为朵颜、泰宁和福余。朵颜卫在蒙古人那里称为兀良哈，它是蒙元时代的者勒蔑及其后裔统属的部落，这支部落早在成吉思汗时代就来到朵颜山放牧生息，并以此作为光荣历史而自傲，故其被人称为朵颜部；泰宁卫以翁牛特人为主干，于是在蒙古人那里就被直接称为翁牛特；福余卫原以成吉思汗幼弟铁木哥斡赤斤和侄儿额勒额勒只各台统领的乌奇叶特人为主干，所以在蒙古人那里就直接称其呼为乌奇叶特。不过，明朝人并不太了解三卫之底细，而三卫中以朵颜为最强，因此人们往往统称其为朵颜三卫或兀良哈三卫，他们的驻牧地也就被称为兀良哈地区。

◉ 洪武时期构建的大明北疆三道防线

元顺帝北逃后，朱元璋组织人马进行了北伐和“清沙漠”，洪武二十年正月癸丑日，他“命宋国公冯胜为征虏大将军，颍国公傅友德为左副将军，永昌侯蓝玉为右副将军，南雄侯赵庸、定远侯王弼为左参将，东川侯胡海、武定侯郭英为右参将，前军都督商暠参赞军事，率师二十万北伐，（征讨纳哈出）”（《明太祖实录》卷 180）。该年六月，纳哈出归降大明，辽东地区元蒙残余势力大体上被扫清（《明太祖实录》卷 182）。随后，朱元璋下令在朵颜山地区设立兀良哈三卫，直接面对漠北鞑靼或瓦剌的进攻，起到辅助性抵挡与防御的作用。这些羁縻卫所与陕西、山西正北外围地区（相当于今天内蒙古包头、呼和浩特与集宁一带）设立的镇虏卫、玉林卫、云川卫、宣德卫、官山卫、察罕脑儿卫等一样，起到“缓冲”功能，一旦失去了，也无大碍，这是洪武时期大明北疆最外的一道防线或言第三道军事防线。

北疆第二道军事防线就是洪武中晚期起在大明北疆上密布的诸王，他们是甘州肃王朱楧、宁夏庆王朱㮵、西安秦王朱樉、山西太原晋王朱棡、大同代王朱桂、宣府谷王朱橞、北平燕王朱棣、大宁宁王朱权、广宁辽王朱植、开原(今铁岭北开原市)韩王朱松等 10 多个“塞王”。(《明史・诸王二》卷 117;《明史・诸王三》卷 118)到朱元璋驾崩为止,不说他的二十子朱松因年幼尚未来得及就藩,单大宁“以善谋称”的宁王兵力就达到 80 000 人,加上辽东都司 140 000 兵士,应该讲朱元璋构建的第二道防线是相当牢固的,且富有“弹性”:其向西随时准备对付北元的侵扰,向东可以看住朝鲜的一举一动,而大明皇帝则可呆在南京明皇宫里“遥控”指挥。

洪武时期在北疆上构建的第一道军事防线,就是自西北经正北再向东北,开设了数百个军事卫所:在西北今甘肃、内蒙古和新疆东北部相接之处的军事要冲地带,洪武时期广设的卫所主要有:安定卫、曲先卫、阿端卫、罕东卫、甘肃卫、甘州五卫、岷州卫、凉州卫、西宁卫等,在甘肃镇(今张掖)设置陕西行都司,统摄这些卫所。(《明史・西域二・西番诸卫》卷 330;《明史・地理三・河南陕西》卷 42)

在大明帝国正北地区设立陕西都司、山西行都司、大宁都指挥使司等几个“大军区”统制机构。陕西都司治所设在西安,下辖宁夏卫、宁夏中卫、山丹卫、永昌卫、凉州卫、镇番卫、庄浪卫、庄浪所、洮州卫、岷州卫、靖虏卫、西安诸卫。(《明史・地理三・河南陕西》卷 42)

在陕西都司东北方向的山西大同设立山西行都司,下辖大同左卫、大同右卫、大同前卫、大同后卫、蔚州卫、朔州卫、天成卫、高山卫、阳和卫、玉林卫、东胜卫、万全左卫、万全右卫、怀安卫、怀来守御千户所等;在山西行都司南边的太原则设立山西都司,下辖太原左卫、太原右卫、太原前卫、振武卫、蒲州千户所、雁门千户所等。(《明史・兵二・卫所》卷 90)

由山西行都司向东在大宁(北京偏东北方向)设置大宁都指挥使司。“洪武二十年九月置,(治大宁卫),二十一年七月更名(为北平行都指挥使司),领卫十。”它们是大宁左卫、大宁右卫、大宁中卫、大宁前卫、大宁后卫、新城卫、富峪卫、会州卫、榆木卫、全宁卫和开平卫等。(《明史・地理一》卷 40;《明太祖实录》卷 185)

从大宁开始,大明帝国北疆逐渐延伸到了辽东地区。洪武四年设置辽东卫指挥使司,以刘益为指挥同知,负责处理辽东卫指挥使司军务。(《明太祖实录》卷 61)后又下令设立“定辽都卫指挥使司,以马云、叶旺为都指挥使，吴泉、冯祥为同知，王德为佥事，总辖辽东诸卫军马，修治城池，以镇边疆”（《明太祖实录》卷67）。洪武八年九月癸丑日，大明在辽阳将“定辽都卫（改建）为辽东都指挥使司，置定辽前卫指挥使司，以辽东卫为定辽后卫指挥使司”（《明太祖实录》卷101）。其“治定辽中卫，领卫二十五，州二”。（《明史·地理二》卷41）

到洪武晚期时，辽东都指挥使司已发展到了相当广阔的区域，其下辖主要卫所有定辽左卫、定辽右卫、定辽中卫、定辽前卫、定辽后卫、铁岭卫、东宁卫、沈阳中卫、海州卫、盖州卫、金州卫、复州卫、义州卫、辽海卫、三万卫、广宁左屯卫、广宁右屯卫、广宁前屯卫、广宁后屯卫、广宁中护卫、广宁卫、广宁后卫、广宁中屯所、广宁中左所、宁远卫、山海卫、安乐州等等。（《明史·兵二·卫所》卷90；谭其骧:《中国历史地图集》第七册(元明时期)，中华地图学社出版，1975年第1版）

从辽东都指挥使司的管辖与军事势力覆盖范围来看，它“东至鸭绿江，西至山海关，南至旅顺海口，北至开原”，可能相当于整个辽东半岛。（《明史·地理二》卷41）

这样，大致到了洪武晚期时，在大明帝国北疆上从西向东建立起了陕西行都指挥使司、陕西都指挥使司、山西行都指挥使司、山西都指挥使司、大宁都指挥使司和辽东都指挥使司等环环相扣的六大“军事区”，密布数百个卫（所），驻扎近百万的军队，构成了严密的大明帝国北疆第一道军事防线，以此来阻挡和抵御剽悍的蒙古人南下侵扰与抢掠。

在这三道北疆军事防线中最为核心的是第二道，即老朱皇帝在北疆上分封的10多个“血脉相连”的藩王所组成的强大军事战略防线，就连里边的第一道防线上的各指挥官也得听从藩王的指挥。当然这是有战事的情况下才会这样，平时大家各司其职，和睦相处。所以说朱元璋在北疆地区的布防极有水平、极富弹性，有张有弛、张弛结合。

◉ 永乐改造北方边镇，自造北疆“癌症病源”

可谁曾想到，老朱皇帝如此精心构建的北疆军事战略防线到了他的“好儿子”燕王朱棣发动“靖难”之役后就给毁了。

○ 天才皇帝开启北疆边镇防御体系

“靖难之役”距今已有600年了，读史明理者都知道，所谓“靖难”就是朱棣为了篡夺大明帝国君主之位而蓄意发动的一场内战。坦率而言，建文君臣的管理与军事能力似乎差了一点，但当时的大明朝廷确实也没有什么难可“靖”的。恰恰相反，朱棣一手挑起的“靖难之役”不仅给建文朝廷带来了灭顶之灾，而且也给当时的大明帝国制造了空前的大劫难。

除了造成巨大的经济破坏外，战争还掠夺了几十万甚至上百万无辜的生命，而最具灾难性的可能还要数老皇帝朱元璋苦心经营的大明帝国北疆军事战略防御体系被打烂了。

“靖难”开启后，朱棣燕军最先打垮北平及其附近地区的大明国防军，随后东向，从永平进入大宁，挟持宁王回北平，摧垮了大明辽东地区的国防阵营，打烂了“父皇”朱元璋苦心经营起来的大明北疆第一、第二道军事战略防线(参见《明史·诸王二》卷117)。与此同时他还通过给予财物等手段收买大宁地区的朵颜三卫，后又“选其三千人为奇兵，从战”。夺得天下以后“尽割大宁地界三卫，以偿前劳”(《明史·外国九·瓦剌·朵颜、福余、泰宁传》卷328)，由此也就摧毁了北疆的第三道军事防线。

总之，为了能圆自己的皇帝梦，朱棣竟然不顾国家与民族之安危而蓄意发动了从北京到南京的“靖难战争”，将算计了一辈子的老朱皇帝精心构建的北疆防御体系给毁了，这就大大便利了悍敌漠北蒙古的侵扰。

对此，如愿以偿篡得大明君位的朱棣在登极之后及时地注意到了北疆问题的严重性，并采取了相应的举措。我们将其概括起来说就是“抚、防、打”。

“抚”就是在北疆推行军屯基础上对前来归附的蒙古人实施安抚，或财物赏赐，或官禄利诱。明初朱元璋就在北疆大兴军屯，让驻扎在边防上的军队抽调人员开荒种田，自力更生。对于如此绝妙的边防国策，聪明过人的永乐皇帝上台后予以继续推行。永乐四年二月丁亥日，朱棣“敕山西等都指挥使司：‘方春时和，边民皆务耕种，虏或乘时侵掠，民不得尽力畎亩，宜严兵以备。寇至则捕击，无事则归屯，慎守疆场，训练军士，且耕且战，尔其慎之！'”(《明太宗实录》卷51)永乐帝朱棣还对边防军队中搞军屯的人数比例作了硬性规定，距离边关外敌近的部队留下4/10守城，6/10搞军屯，以此往内递减，北疆最内的部队全部搞军屯，并“以为定制。”(《明太宗实录》卷114)

军屯的好处在于不仅使得军粮得以就地解决，而且还能减轻大明帝国和老百姓的负担，军队也由此能够在边地长期屯扎。要是遇到战争，马上可以调兵出战，保家卫国；要是和平时期，那就是首先接待和安抚前来归降的蒙古等“夷虏”。永乐三年六月乙丑日，朱棣“敕甘肃总兵官左都督宋晟曰：'前归附鞑官阿卜都罕等八人、鞑民十九人，令尔给与畜产：官牛十、羊五十，民牛六、羊二十。比闻其中有未给受者，皆有愧恨之辞。夫归附同，而朝廷待之不同，使怀愧恨，亦非抚纳降附之道，可便如例悉给。'”(《明太宗实录》卷43)

在招抚“夷虏”中最为棘手的可能就要数对于归降“夷虏”的安置了。从洪武时期的情况来看，有将其迁徙内地居住的，也有就近安排在边地的，如洪武晚期的朵颜三卫就是一例。洪武二十二年四月，朱元璋遣使赍敕往谕，设立兀良哈三卫，以泰宁部首领阿札失里为泰宁卫指挥使、塔宾帖木儿为指挥同知、福余部首领海撒男答溪为福余卫指挥同知、朵颜部首领脱鲁忽察儿为朵颜卫指挥同知，且命令他们各领自己的部落，在各自的地盘上游牧生活。(《明太祖实录》卷196)

从长远角度来看这种就近安置的隐患还是不小，一旦鞑靼或瓦剌发起攻击，这些就近安置在边关地区的蒙古人很容易成为他们的合作伙伴。

朱棣对于归降的“夷虏”很多时候是将他们内迁。永乐七年九月朱棣下令给西北甘肃总兵官何福：“鞑靼伯克帖木儿等部属至甘肃，且勿给田土，俱令来北京扈从，渐渐移之南行，散处于便宜畜牧之处。”(《明太宗实录》卷96)

这是对于主动上门投降的“夷虏”，那么对于那些没归附者呢？明初君主尤其是朱棣十分注意策略，他派出了原先归附的“夷虏”

或与“夷虏”打过很长时间交道的臣民出外劝谕和招抚。要是还有不听招抚或始终不愿归顺甚至还时不时地跑出来捣蛋的，对于这样的“夷虏”，永乐初年迫于形势压力，朱棣不得不采取守势，但自永乐中期起就逐渐地改变了策略，以军事打击为主，不过在军事打击前从分化敌人的角度还要进行招抚。譬如朱棣在永乐八年发动第一次对漠北蒙古亲征前，为了孤立鞑靼，就于永乐七年五月乙未日，“封瓦剌马哈木为特进金紫光禄大夫顺宁王，太平为特进金紫光禄大夫，贤义王把秃孛罗为特进金紫光禄大夫安乐王，仍命所司给赐印诰。”(《明太宗实录》卷92)在永乐十二年发动第二次对漠北蒙古亲征前，为了孤立瓦剌，于永乐十一年七月戊寅日，封鞑靼权臣太师阿鲁台为和宁王，“赐金印、金盔、鞍马、织金文绮二十端、绒锦二端，又封其母为和宁王太夫人，妻为和宁王夫人，俱赐诰命冠服。”(《明太宗实录》卷141)

永乐时期对待北虏的第二种手法就是“防”，即在洪武时代建立起来的北疆军事防御基础上重新调整北方防范体系，修复“靖难”战争期间被破坏了的边关堡垒等工事，严防重守。这里有个先决前提，那就是北疆上的“塞王”内迁。朱棣曾死皮赖脸地抢夺大位，等大位抢到手了又害怕别的“塞王”或藩王学他的样，勾结北虏或外夷来个第二个“靖难”，所以自登极起，他就不断地变化各种手法，在柔柔的“亲情关怀”下抑藩、禁藩和削藩，从而使得洪武年间大行分封所造成的格局到了永乐时期为之大变。他不仅将拥有强大军事实力的藩王逐渐“架空”，而且还将北疆上的“塞王”一一内迁，这虽然有利于强化皇帝为首的中央集权，但对于北疆地区的防卫来说可不是什么好事，原本不足为虑的北疆安全问题一下子又凸显出来了。为此，永乐帝精心筹划着：由皇帝亲家或奴才去镇守边关，统领将士。登位之初朱棣就任命了自己的亲家宋晟、何福与刘贞等异姓将领和跟随他“靖难”的心腹军官前去镇守大明北疆，并派出心腹太监前去监军，由此，一变洪武边防局面，形成了一个个边镇军区格局。(详见笔者《永乐帝卷》)

○ 蒙古草原上响起阵阵马蹄声，北京紫禁城里皇帝就惊魂

朱棣上台后对北疆军事战略调整动作最大的莫过于将大宁都

司内徙于河北保定。永乐元年三月壬午日，永乐帝“改北平行都指挥使司(治所在大宁)为大宁都指挥使司，隶后军都督府设保定。”(《明太宗实录》卷 18)

大宁都指挥使司最早是朱元璋晚年建立的，洪武二十年九月癸未日，“置大宁都指挥使司及大宁中左右三卫、会州、木榆、新城等卫，悉隶之，以周兴、吴汧为都指挥使，调各卫兵二万一千七百八十余人守其城”(《明太祖实录》卷 185)。如果以军事地理来看，大宁到北京的距离与大宁到深入漠北腹地的重镇开平卫之间的距离大致相等，又与开平卫到北京之间的距离大致相等，构成了一个等边三角形。换句话来说，朱元璋晚年以北平、大宁作为大明北疆的“着力点”筑起了一个三角形的军事防御地带，它东可阻挡朝鲜或女直人随时发起的侵扰，北可最先抵御漠北蒙古的进攻，因此大宁的重镇设置与大宁军事布防实在是必不可少，朱元璋在此投入了军事重兵布防应该来说是有着相当深远的眼光。

大宁都指挥使司(后改名为北平行都指挥使司)下辖了 10 个卫(《明史·地理一》卷 40)，也就是讲在大宁的北平行都指挥使司拥有 56 000 兵力，而大宁又是宁王朱权藩邸所在地，“(宁王)带甲八万，革车六千”(《明史·诸王二》卷 117)。由此看来，洪武时期大宁这个军事巨镇布防的兵力至少也得在 14 万～15 万以上，以雄厚的军事力量来镇守大明北疆地区，并时不时地出击漠北蒙古，难怪洪武晚期大明北疆出现了安晏的局面。

可朱棣篡位上台后对于这样有利的北疆军事防御来了个全然的否定。谈迁在《国榷》中记载道：“义旗初建，首下大宁，简兀良哈三千骑为奇兵，立三千营，不忘其德，尽捐大宁地予之，割雄镇以资伏莽”(【明】谈迁：《国榷·永乐二十年》卷 17)。《明史》也说：“永乐元年三月复故名，侨治保定府，而其地遂虚”(《明史·地理一》卷 40)。更有明人直截了当地说：“割雄镇以资伏莽”，或言“养鹰而绦绁去手”(【明】陈仁锡：《皇明世法录·北狄》卷 82)。弃大宁，空其地，畀朵颜三卫，并将洪武时期设在大宁的大明军事重要机构北平行都指挥使司迁徙到了北京南面的保定府。朱棣篡位后如此北疆战略的大“调整”，不仅使得原本用于抵御外虏的塞外军事重镇大宁不攻自毁，成为了军事“不设防”区，而且还带来了一个十分可怕的后果：

大宁和兀良哈地区自此以后成了大明北疆的“癌症病源”：“泰宁、福余常与东虏合，而朵颜常与西虏合。弱则乞赏，强则要挟。少则鼠窃狗偷，众则称兵入犯。或联姻于西虏而借其势，或乡导于东虏而假其声……使我蓟边疲于奔命，此贼实为之耳”(【明】陈仁锡：《皇明世法录·蓟门·三卫属夷总论》卷57)。

更为不堪的是，自小就有严重“恋母—杀父—超父”情结的朱棣为了使自己成为“超越古今”的一代“圣主”，最终又于永乐十八年年底下令将大明帝国都城迁到时时都有可能受到夷虏侵扰和攻击的北疆线上，由此形成了“天子守边”或言“天子守(国)门”的格局。(详见笔者《永乐帝卷》)皇帝、大明朝廷与北疆军事防御几乎完全黏在一起，一旦蒙古草原上响起了阵阵马蹄声，北京紫禁城的皇帝老爷就惊魂，大明之心脏跳动几乎被北方夷虏所掌控，而掌控手段往往是通过大明北疆地区的“癌症病源”——兀良哈地区夷虏时不时地背叛来实施，“正统己巳，嘉靖庚戌，诸敌犯内，皆从此(大宁)至，则(朵颜三卫)阳顺阴逆，亦卧榻鼾睡故也”(【清】顾炎武：《天下郡国利病书》卷9)。

明末大思想家、大学问家顾炎武所说的这席话，指的是明中叶以后的事情，其实最先品尝到这个“癌症病痛”的恰恰是种下大明北疆“癌症病源”的永乐皇帝本人。

从永乐七年七月起，为了开创一个超越古今的“盛世之治”和当个名副其实的“天下共主”的“盛世之君”，朱棣调整了对待北虏的策略，将先前的“防”、“抚”改为军事打击为主，先后发动了六次对北方蒙古的战争，其中有五次永乐皇帝亲征。而偏偏就在第五次亲征过程中，由于北疆“癌症病毒”病发最终让永乐皇帝送了命。

永乐二十二年四月，朱棣率领人马对漠北蒙古进行最后一次亲征，大明军在蒙古荒原上白白“漂”了三个月，连一个北虏的鬼影子也没见着，最后连永乐皇帝本人也无心再“漂”了，于是下令班师。就在班师回京的途中，他们遭受了鞑靼和兀良哈的伏击。据朝鲜《李朝实录》所载，永乐帝驾崩于榆木川前，大明东路军曾遭到鞑靼人致命的打击，将士们有的手臂给打断了，有的脑袋瓜被鞑靼人敲碎了，连战马的脖子也给折断了，本来身体有病的皇帝朱棣看到这番惨状“劳心而崩”，因此从某种程度上来讲，朱棣几乎是战死的。而此时朱棣第五次亲征最起劲的鼓动者、北征先锋官金忠在皇帝驾崩时居然不知去向,更为糟糕的是榆木川之战后,大明军又在兀良哈地区遭遇了朵颜三卫的伏击,就连大明军中的朝鲜籍将士也有好几千人当了俘虏。(吴晗:《朝鲜李朝实录中的中国史料上编卷四》,中华书局1980年3月第1版,第1册,P318～324～325)

◉ 朱棣战死后,继位的儿孙朱高炽、朱瞻基对大明北疆战略之调整

永乐皇帝几乎战死北疆,作为天朝上国之主,尤为其一生都在孜孜不倦地追求"盛世之治"的一代雄主最后落得这般结局,这可没什么可炫耀的。他的死极有可能是中了金忠与蒙古人合伙设计的圈套,张辅、杨荣、金幼孜等这些第五次北征的主要参与人都心知肚明,但就是苦于没有直接的证据。更何况大明军连连战败,这本身也不是什么光彩的事,留下记载让后人诟病,万万不可。再有一个重要因素:永乐皇帝在外眼望大明军惨败而崩,作为随行大臣张辅、杨荣、金幼孜等难道就没责任?追究起来不说自身没命,就连家人性命都可能不保。幸好那个神秘莫测的金忠后来也没事,大家也就"相安无事"了。

对此,朱棣皇位的继承人朱高炽就一点不知道内幕?不可能!朱高炽大智若愚,但实际上是个十分精明的人。他如履薄冰地当了20多年太子,皇帝老爸为政期间出的不少问题,没谁比自己更清楚了,如今他老人家走了,就让他走吧,何必要牵涉那么多的无辜?再说老皇帝是出境作战战死的,一旦要是说出来,大明朝廷的脸可就丢大了!与其这样,还不如保持沉默吧!眼下最为重要的、压倒一切的是稳定。针对皇父第五次亲征时几乎带走了所有的兵力而造成京师空虚的不堪局面,朱高炽于永乐二十二年八月丙午日"遣书谕随征大营五军总兵官,先委宁阳侯陈懋、阳武侯薛禄,率领原随驾精壮马队三千星驰回京。若三千马队不可撤动,即于各营选精壮马队一万还京"(《明仁宗实录》卷1上)。同时为防止与自己争了20多年皇位继承人的二弟朱高煦乘机发难,他又"命驸马都尉沐昕掌南京后军都督府事,命太监王贵通率下番官军赴南京镇

守”，由南向北看住或掣肘在山东乐安的汉王。(《明仁宗实录》卷1上)

在自己顺利继承皇位后的第四天，朱高炽又马上对大明边疆重新作了军事防御部署。永乐二十二年八月己未日，他任命武安侯郑亨等四人为边疆总兵官，其中“(郑)亨镇守大同，保定侯孟瑛镇交趾，襄城伯李隆镇山海，武进伯朱荣镇辽东”(《明仁宗实录》卷1下)。

重用永乐朝跟随父皇“靖难”或多次出征的军事将领为边疆重镇守将，改境外军事进攻为边疆严防死守，朱高炽“以静制动”地收拾朱棣战死后的不堪场面，从而稳定了大明帝国北疆的局势。这一切都是在人们不经意间给轻轻松松地搞定了。不过在如何处理几乎置父皇于死地的大明仇敌鞑靼、兀良哈以及“内奸嫌疑人”金忠等人问题，明仁宗朱高炽却费了神。

大约在朱棣死后的第五个月，即永乐二十二年十一月乙亥日，朱高炽“遣使赍敕谕兀良哈官民曰：‘皇考太宗皇帝宾天，朕已钦承奉天命，继承大位，主宰天下。凡四方万国之人，罪无大小悉已赦宥。若兀良哈官民敬顺天道，许令改过自新，仍前朝贡听往来生理。’上因谕侍臣曰：‘彼有过而不宥之，既无所容，将来必为边患，吾不吝屈己，以安百姓。’”(《明仁宗实录》卷7)

那么兀良哈人犯了什么样的大过要自新？翻阅《明实录》，笔者发现，从永乐二十年八月到永乐二十二年七月朱棣归天、朱高炽即位，在这两年的时间里“兀良哈”三个字在《明太宗实录》只字未提，而在最接近永乐二十年八月提到兀良哈的就是朱棣第三次亲征漠北回归(永乐二十年七月)时，大明军对兀良哈发动了突然袭击，“斩首数百级”、“斩首虏数十人”(《明太宗实录》卷250)；“获其男女千余及牛羊马数万，并得所掠边卒男女百余人送御营”(《明太宗实录》卷250)。

自己父皇带领军队斩获了人家兀良哈那么多人，谦谦君子一般的朱高炽在上台大赦天下的情势下却要兀良哈“改过自新”，这太不吻合明仁宗的性格特征了，倒很像他的那个无赖加恶棍的弟弟朱高煦的做派。可这明明是明仁宗的敕谕，由此也可以反过来证明朝鲜《李朝实录》中记载的朱棣为鞑靼、兀良哈所害之事属实。既然属实，那为什么朱高炽就不为父皇和大明军报仇雪恨？

在笔者看来：第一，朱高炽善文不善武；第二，大明刚刚发生国丧，和谐安定才是第一要务；第三，朱高炽也怕大动干戈会给一直野心勃勃要想夺取皇位的二弟朱高煦造成作乱的间隙；第四，朱高炽治国奉行省工罢役和与民休息的政策，如果发动对境外北虏的复仇军事战争，就无法使得大明帝国真正地“拨乱反正”。再说与北虏打了一辈子交道的父皇都没玩过北虏，自己一介书生还是省省心吧！

正因为如此，朱高炽在给兀良哈发出敕谕时曾跟近侍大臣这番说道：“北虏有过而我们不能宽宥他们，一旦被逼急了，他们会上我边疆来衅事，构成边患。尤其这样，倒不如‘吾不吝屈己，以安百姓’”（《明仁宗实录》卷 7）。

委屈一下自己，也没多大了不得，只要老百姓生活能安宁就行，而要使老百姓生活安宁，势必得布控和守住好北疆。为此，朱高炽多次下令给大同、宁夏、甘肃、辽东、宣府、山海、永平、开平等处总兵官及备御官等边疆守将，要他们“整搠军马，严加提备”，“令各隘口及烟墩昼夜用心了望，谨慎谨慎，毋致疏虞”（《明仁宗实录》卷 4 上）。洪熙元年二月，明仁宗正式对全国边地主要将官颁发制谕和将军印，“云南总兵官太傅、黔国公沐晟佩征南将军印，大同总兵官武安侯郑亨佩征南将军印，广西总兵官镇远侯顾兴祖佩征蛮将军印，辽东总兵官武进伯朱荣佩征虏前将军印，宣府总兵官都督谭广佩镇朔将军印、甘肃总兵官都督费瓛佩平羌将军印，交趾参将荣昌伯陈智、都督方政佩征夷副将军印，宁夏参将保定伯梁铭、都督陈怀佩征西将军印，有旧授制谕者封识缴回”（《明仁宗实录》卷 7 上）。

◉ 边疆“一元化”制演变为“三元共存制”

朱高炽上台后正式确认的 10 位边疆地区总兵官或接近于总兵官，除了云南总兵官沐晟、广西总兵官顾兴祖和交趾参将荣昌伯陈智、都督方政外，有 6 位总兵官或接近于总兵官镇守在北疆。他们是大同总兵官武安侯郑亨、辽东总兵官武进伯朱荣、宣府总兵官都督谭广、甘肃总兵官都督费瓛和宁夏参将保定伯梁铭、都督陈怀，加上永乐时代任命的山海、永平等处总兵官遂安伯陈英（主要镇守地在蓟州)等。这样使得永乐帝战死后,大明帝国北疆上重新调整成了大同、辽东、宣府、甘肃、宁夏和蓟州等6大军事防御重镇中心。

从上述朱高炽确认的边疆军事将领来看,绝大多数是当年拥护和追随永乐皇帝"靖难"或南征北战的铁杆哥儿们,这些铁哥儿们自永乐初期起就开始独当一面,守疆护土。不过疑心病十足的永乐皇帝压根儿就没有真正信任过他们,先是"批发"自家千金与他们中的沐晟、宋晟、何福等资深边将结为亲家。可不尽人意的是,永乐皇帝纵然不分白昼黑夜没命地在内宫妹妹那里播撒种子,但其产量实在令人失望,除了早年在北京当燕王时产出的那4龙4凤外,朱棣当了皇帝后在生育男女方面简直就是"杨白劳"。不过"无所不能"的永乐皇帝有的是办法,内宫小妹妹忍受不了肉体寂寞,给他戴上绿帽子,他就将她们绑起来一一给活剐了;没有更多的女儿资源作为牵制边关大将的法宝,朱棣又别出心裁地想到了派遣自己一向满心欢喜的不男不女之人——宦官出巡监军、镇抚。"永乐初始命内臣镇守辽东开原及山西等处,自后各边以次添设,相沿至今"(【明】正德《明会典》卷110《兵部五·镇戍》,文渊阁四库全书本)。"丙戌(即永乐四年,1406年),以辽东重地,(永乐帝)命公(指内官刘顺)往镇之"(【明】王直:《太监刘公(顺)墓表》,《北京图书馆藏历代石刻拓本汇编》第51册,中州古籍出版社1989年版,第105页)。随后又派遣心腹宦官狗儿(大名王彦)接替了刘顺,"镇辽三十余年,累致捷功"(毕恭等修、任洛等重修:《辽东志》卷5《官师志·镇守内官》,《续修四库全书》第646册)。差不多与此同时,朱棣还派了太监亦失哈率领军队进师黑龙江流域,开设奴儿干都司。永乐八年,永乐帝敕令内官马靖前往甘肃巡视,并嘱咐:"如镇守西宁侯宋琥处事有未到处,密与之商议,务要停当,尔却来回话"(【明】王世贞:《弇山堂别集》卷90《中官考一》,中华书局1985年版)。同年他又"敕(中官)王安等监都督谭青等军,(中官)马靖巡视甘肃,此监军、巡视之始也"(《明史·职官三·宦官》卷74)。

"监军"、"巡视"、"镇守"这些不同的名字背后都有一个共性,那就是紫禁城里的大明天子可以端坐在权力金字塔的顶端,通过中官或"监军"、或"巡视"、或"镇守",将大明边疆守将的一举一动都掌控在皇帝自己的手心里。对此，永乐帝的皇位继承人朱高炽深娴此道，就在自己登基后正式颁谕公布各处边疆总兵官时，他又直接对分赴各地包括边关的中官之职责予以正式的确认，并授予镇守名分。永乐二十二年八月丁未日，“命太监王贵通率下番官军赴南京镇守”（《明仁宗实录》卷1上），九月乙酉日，遣镇守交趾中官山寿赍敕谕交趾头目黎利（《明仁宗实录》卷2中）。洪熙元年二月庚戌日，“敕甘肃总兵官都督费瓛、镇守太监王安……”（《明仁宗实录》卷7上）。

朱瞻基即位后“一遵成宪”，洪熙元年七月庚午日，“遣中官云仙往云南镇守”（《明宣宗实录》卷3）。宣德元年三月，“命行在礼部铸镇守交趾内官关防”（《明宣宗实录》卷15）。宣德三年九月庚子日，“命内官郭敬同武安侯郑亨镇守大同”（《明宣宗实录》卷47）。宣德四年八月乙酉日，“命太监杨庆等率神机营铳手往蓟州、永平、山海等处，同都督陈景先备御。”（《明宣宗实录》卷57）……

可以这么说原本洪武时期以塞王为核心的“一元化”边疆作战区，经过永乐破坏与重建、洪熙确认和宣德继承，逐渐确立起了以总兵官和镇守太监为核心的“二元”军事格局。但这样的“二元”格局还不稳定，暂且勿论“二元”核心能否领导和组织对北虏和外夷进行有效的军事打击，单就能否守护好边关还是个问题。

洪熙年间，“蓟州虏寇入境，劫掠人民”，向来比较温和的明仁宗朱高炽闻讯后十分恼怒，敕责山海、永平和蓟州等处总兵官遂安伯陈英及都指挥陈景先，并勒令对他们停俸。（《明仁宗实录》卷9上）可没过几天又发生了大同总兵官郑亨军机稽缓一事。洪熙元年四月，朱高炽下敕通报给各处总兵官：“军中机务贵在谨密而又不稽滞。最近大同总兵官武安侯郑亨稽缓军机，误事不小。这大概是他那里负责机务文案的人疏忽检查所导致的，朕想你们别的总兵官处不会有这样的情况吧！不过朕曾听说诸位将军军中任用的负责机务文案者多为行伍出身，军中机务文书内容尚未实行却已经被泄露，甚至还有的被传播，这恐怕是不应该的吧。眼下朕打算从文职官中挑选沉稳又有才识的文臣，给你们总兵官每人配一个，让他专门为你们管理文书，事关军中机务的今后你们一定要与他共同商议后才可实行。”三天后的洪熙元年四月戊辰日，朱高炽命令挑选出来的郎中李子谭等文臣，分别前往总兵官阳武侯薛禄等处，专理军机文书，并颁赐敕谕说："朕命将御边，其军务之殷重在严谨，而文墨所寄尤重得人。今以尔等重厚达于文理，特命往各总兵官处，凡其军中机密文书从总兵官同尔整理，必谨慎严密，不可泄漏。其总兵官调度军马，发号施令等事，尔一切不得干预，总兵官宜以礼待尔，尔亦宜循守礼法，不可轻慢，庶几协和相济，以成国事。钦哉！"(《明仁宗实录》卷9下)

派遣内官特使与总兵官共同镇守边疆军事重镇，又给总兵官配上文臣，"惟文书尔与之计议而行"(《明仁宗实录》卷9下)。宣德后朝廷派往地方上的巡抚大臣逐渐由兼管地方三司发展到了兼理边疆军务——总督制形成。至此，明初洪武时代以塞王为核心的边疆"一元化"格局演变为以镇守内官、总兵官和总督为核心的边疆"三元共存制"或言"三堂共理制"。

◉ 明宣宗对待北疆国策的修补

经过永乐、洪熙和宣德三代共同培育而逐渐成形的"三元共存制"，从根本上来说不失为铲除明初塞王独尊的"一元化"潜在威胁的一大良方，它使大明君主中央集权得到了巩固。不过这并不意味着就此解决好了大明北疆问题。尤其是永乐皇帝"自造"的兀良哈"癌症病痛"时不时地隐隐发作，给大明帝国带了无尽的烦恼，作为后来君主的明仁宗和明宣宗为此做出十分谨慎的决策。

尽管明仁宗上台执政时间一年都不到，尽管上台后所面对的是一代"雄主"留下的不堪局面，但他秉着"不吝屈己，以安百姓"的宗旨，忍辱负重，谨慎治边，维系北疆的安定。朱瞻基登极之初也采取了相对克制和理性的做法，"和谐"北疆。不过随着宣德朝政局的稳定，朱瞻基的北疆策略有所变化。综合起来，整个宣德年间大明治理北疆的国策不外乎永乐朝前期的延续和翻版，那就是"防、抚、打"，以"防"为主，"抚、打"结合。

朱瞻基对于北疆的"防"不同于他的父皇明仁宗，明仁宗朱高炽不善马背运动，一生大多数时间都在深宫大院里待着。朱瞻基可不同，他从小就喜欢且擅长骑射，引领幼军进行军事演习，又曾跟随皇祖朱棣“见习”过北疆军事战争，再加上他早早地被立为皇太孙，在登极之前朱瞻基的人生之路可谓是顺风顺水，这样的人生经历造成了他争强好胜的性格特征。但如果仔细考察宣德时期大明北疆之政的话，你就会发现明宣宗在北疆问题上几乎采取了与他自身性格特征相悖的举措——以“防、抚”为主、打击为辅，这是为何？

第一，朱瞻基登极前一年多一点的时间内，大明经历了两场国丧，先是永乐二十二年七月皇祖朱棣的驾崩，随后就是洪熙元年五月皇父朱高炽的猝死。国家连连大丧往往是君权交替最为敏感、最为脆弱的时期，聪明的君主上台后一般是不愿意大动干戈，以稳定来压倒一切，这样自己的统治权才会巩固。朱瞻基从小就机灵，这样浅显的问题他是不会看不出来的。

第二，北疆问题尤其是兀良哈等地区既是烫手的山芋，又是大明帝国的“癌症病源”区。说它是只烫手山芋，这叫扔了舍不得，也扔不掉；吃下去吧，又没那本事。说它是个“癌症病源”区也有相似的道理，将它切除吧，它可连在大明北疆边上，断了骨头连着筋；彻底整治？高皇帝治理防御之良方全给皇爷爷摧毁了，永乐朝治了20多年最后还不是越弄越糟，连皇爷爷自己都不明不白地死在了兀良哈地区，到底该怎么治？年轻的朱瞻基心里没谱。

第三，宣德初年大明君主面临南忧北患的困局。南忧有两个，一个是交趾战争打了十几年，一直没有取得彻底胜利。大明军耗在那里，大把大把的银子往水里扔，将士一个个地倒下去，这是一场没有希望和把握的战争；南忧另一个就是过去天天吵着嚷着要夺取大明君储之位的朱瞻基二叔叔在他的封地上很不老实，暗中时时准备着发难。北患就是北方边疆地区的治理问题，如果不切实际地发动对北虏的战争，皇爷爷那般神武尚且落得那样的不堪结局，更何况现在我宣德朝开启之初的敏感时期，那是断然不可轻举妄动的。所以尽管朱瞻基也可能知道皇爷爷驾崩的真正缘由，尽管自己个性中一向争强好胜，但面对现状，为了集中精力对付和解决南忧问题，聪明的朱瞻基来了个更为现实的做法，姑且沿用皇爷爷前期和皇父治政时期对待的北虏政策，以防为主。

洪熙元年七月，征虏前将军镇守辽东总兵官武进伯朱荣奏请：

“兀良哈朵颜卫鞑官指挥哈剌哈孙等按例应该要来朝贡了，可谁知却一直躲着不见身影，抑或他们还有贰心，陛下您看要不要派都指挥唐琦等人前去侦察一番，要是真是他们怙恶不悛的话，我就让唐琦等人把他们给逮了？”朱瞻基答复：“古代君主驭夷的聪明做法就在于来不拒，去不追。现在虽说兀良哈地区的人好久没来朝贡了，但他们也没来我大明北疆扰边呀，我们轻率地对他们用兵，这可不是古代圣贤所倡导的怀柔之道。不过这些夷虏向来多诈，你们千万不可小看了他们。朕敕至日起，你好好地整肃队伍，谨慎提防，不要去计较他们来不来朝贡。”(《明宣宗实录》卷 4)

改元后的宣德皇帝依然将这“来不拒、去不追”的治边方略作为一项基本的北疆国防政策。宣德元年七月朱瞻基对大明兵部尚书张本做出这番指示：“虏好鼠窃，但防守周密，来则击之，去则勿追，保境安民，此为上策。”(《明宣宗实录》卷 19)

纵观整个宣德朝，这项北疆基本国策一直都没变。宣德七年四月，甘肃总兵官都督刘广上奏说：“先前鞑靼脱脱不花等 20 余户人家来降我大明，可没过多久他们又叛逃了。最近一段时间他们老在我们铁门关西一带转悠，在下想派一些兵士将他们逮了，可不知陛下您的意向如何？”朱瞻基接奏后跟兵部尚书许廓等人说：“夷虏性情多变，很难驯服，随他们去吧！朕向来宽待他们，来者不拒，去者不追。现在刘广讲，就那 20 多户人家，要发兵去围捕，值吗？白白劳费精力，还是确保境内百姓安逸生活为上策吧！你们兵部马上发文给刘广，叫他不要轻举妄动，慎固封守城池就行了。”(《明宣宗实录》卷 89)

正因为有“来不拒、去不追”这样的北疆国防思想做指导，所以整个宣德朝在防御上下了很大的工夫，具体说来主要在以下几个方面：

◯ 注重北疆边防工事与城池的整修

宣德元年六月，负责巡边的阳武侯薛禄曾上奏《备边五事》，其中提出了“缘边旧有烟墩、墙垣、壕堑多已倾颓，宜令郑亨、谭广各按分地督兵修筑”的建议(《明宣宗实录》卷 18)。宣德四年十一月，宣府总兵官都督谭广也曾上奏，提出了整修北疆军事工事的建议：

"缘边墩隘为雨所坏,今冬令难修,恐贼窥伺入寇,欲分缘边诸卫神铳手之半,与各卫马队相无分布西阳河至龙门口诸屯堡,以备不虞。"皇帝朱瞻基随即予以了批准。

宣德年间整修的北疆军事防御工事规模最大的,可能莫过于独石城及其附近的军事防御系统。鉴于永乐朝放弃大宁所带来的严重后患,大明北征前哨开平孤悬北方,三面受敌,军械与粮饷连连告急,北方蒙古人又时不时地发起攻击。宣德初年,开平备御都指挥唐铭等北疆守边将领几次向明宣宗提出了修筑独石城以作后备的建议。一向比较注意节省民力的朱瞻基在广泛听取众人的意见后,最终于宣德二年下令动工兴造。(《明宣宗实录》卷 28)

独石城修成后,负责北疆巡视的阳武侯薛禄发现,北疆防守还是存在着问题,于是他就上奏明宣宗,说:"独石城修好后果然能解决好多问题,但它及其周围的军事地理位置实在太重要了,光一座独石城是守不好的,应该在最为紧要的雕鹗、赤城、云州、独石等四站修建城堡,估计要用工匠和民夫 50 000 人,防护官军 10 000 人,工地医生 20 人,恳请皇帝批准。"(《明宣宗实录》卷 65)

这样的用工规模在整个仁宣时期是超常规的,但朱瞻基从稳固边疆守备、确保长治久安的角度最终还是批准了。

事后他在皇宫左顺门与群臣们谈起他的边防固守观点时,这样说道:"朕曾经巡视北疆,发现北京北边重镇宣府居然是座土城,于是就问陪同巡视的军官们:'这土城能长久吗?'他们告诉朕:'每年遇到大雨,城墙就会坍塌颓坏,上级领导随即就命令我们赶紧找人修复。'朕一直在想这个问题:凡事应该做得稳妥些,更何况是城墙了。土城不行,就用砖头砌,砖头城墙总该牢固了。虽说这样做,一时很费人力财力,但总比屡坏屡修要强多了。只是在建造砖头城墙时要注意,不要太过于劳民。"随后他下令给宣府总兵官谭广,让他在农闲时征发老百姓修建宣府砖城。同年朱瞻基还命令大明工部:"边城有坏,须即发民助修,非此毋擅劳民力。"(《明宣宗实录》卷 84)

○ 勾补逃军和清理军伍,充实北疆国防军

其实宣德朝在进行北疆硬件建设——修筑城池、堡垒等防御

工事的同时，还相当注重软件建设，即《明实录》中所说的“清理军伍”，简称“清军”。明朝的清军是从什么时候开始的？目前还没有统一的说法。据《明实录》记载来看，正式出现“清理军伍”字样的是在明宣德初期，其实清军开始得更早。在正式开始“清理军伍”之前，大明帝国已经开启了“清军”的第一步“勾军”。而所谓“勾军”就是明廷派出专门人员前往逃亡军人的原户籍处去勾补逃亡军士，人们将之简称为“勾军”。那么为什么要勾军？这就要从明朝的军制说起。

◎ 逃军与勾军

朱元璋开国后建立专业户籍制度，农民有专门的民户，工匠有专门的匠户，军士有专门的军户，一旦被定下某个专业户后，世代相袭不好变更。就拿军户来说，老子是当兵的，儿子不管长成啥模样，即使是弱不禁风的书生还得要当兵。按照老朱皇帝的理想，军户世袭制建立以后，被编入军队的军士们按照政府的指令开赴边关去屯守，大致是三分人守城、七分人屯田，这样的军制起到了一举两得的作用，既守疆护土，又屯田自给，不仅减轻了农民的沉重经济负担，而且还能减少兵役对农民的侵扰。

理想归理想，具体实施起来可就问题多多了。由于明初实行右武抑文之国策，武将们的子孙可以通过荫官即靠着父祖辈的军事功勋继续为军中武官，而普通兵士除非建有特别的军事功勋，一般都没有什么出头的日子，他们只好世代受军官们统治和奴役。而明初“两祖”又都是武夫出身，对于军官们的一般违法犯罪都比较宽容（谋反罪除外），这样的“祖制”惯例沿袭下来所造成的后果十分可怕，明朝军队尤其是边疆国防军腐败得相当之快，军官们常常利用职权克扣军饷和军用物资，士兵待遇低下，有时甚至连温饱都成问题。宣德初年开平、大同、山海等边疆地区，军士的皮裘狐帽和胖袄裤鞋等生活必需品常常得不到及时的供给（《明宣宗实录》卷9，卷11）。而军中将领往往侵占屯田，奴役士卒为其劳作，原本具有相对独立个体的军士沦为了军官的私人奴仆，加上国家下派修筑军事防御工程或为朝廷提供边地柴炭等劳役，兵士们终年都得不到休息。尽管宣德皇帝当政后及时地免除了“边卫军士岁办柴炭”等类的杂役(《明宣宗实录》卷 14),但没有从根本上解决问题。每况愈下的生活和日益繁重的负担,迫使军士们自找生路,一些头脑活络的人就乘着别人不注意时偷偷地溜了,逃军问题由此而形成。

逃军最早可能是在洪武中晚期就有了,到了永宣之际日趋严重。逃军越多,意味着军中兵士越少,军队战斗力就会大受影响。为了保障大明帝国的强盛,永宣时期帝国政府就开始勾补逃军。但要是追补不到逃军的话,那就得上逃军兵士原籍军户中再找一个男丁来顶替,以此来保持军队的人数与规模。可这样的勾军却带来了一大堆问题。

洪熙元年闰七月,有一个在军中服役了四十多年的老书生范济给新上台的宣德皇帝上书,指出了勾军的积弊。他说:大凡卫所派出勾军的差官有 6～7 人,百户所派出的也有 2～3 人,此类差官都是平日里与卫所军官混得很熟的青壮年军士,他们畏惧被征派去干别的苦差役而表现得特别‘积极向上’,并以丰厚的财物贿赂管事军官,取得勾军的美差。一旦到了逃军原籍的州县那里,他们就耀武扬威,虐害里甲。基层里甲不敢得罪这些军爷,不仅好酒好菜笑脸相迎,而且还要奉送一些金银财宝。要是某户人家真有可勾补的人丁,只要你有钱奉送,勾军军爷就会说,该户人家人丁死光了,无可勾军;而真正无军可勾的,你又不肯或无钱‘孝敬’,那么勾军军爷就会留宿不走,有的人已经违限两三次,但只当什么事也没发生;更有甚者在外勾军时,突然发现某家妇女长得标致,干脆就在那里成个家。等到回到部队里时,这些勾军者往往会将搜刮来的钱财孝敬给他们的长官,至于有没有按照勾军要求勾补到人,符合不符合朝廷之规定?谁都朦朦胧胧,含含糊糊。有时勾军者带回来的人丁数还不及派出去的勾军者人数,你说我大明军队能不缺军士?!”(《明宣宗实录》卷 6)

范老书生的上书揭开了大明勾军的黑幕,原本有着美好愿望的一项举措没想到带来了这么多的负面效应。这还不是问题的关键所在,皇帝朱瞻基所关心的是勾军为什么没有成效?在随后陆陆续续的各地奏本中,人们有意或无意都提到或揭露了军队的混乱与腐败。在经过半年左右的“调研”后,朱瞻基终于于宣德元年正月做出了一项重要的决定,派遣吏部侍郎黄宗载、户部侍郎郝

鹏、刑部侍郎樊敬等 15 人到各地去清理军伍，由此揭开了大明历史上大规模的清军帷幕。(《明宣宗实录》卷 13)

◎ 清理军伍(简称“清军”)

军伍不清也罢，一清发现问题越来越多，原本派出的 15 个高官已经不够用了。宣德三年正月，行在兵部尚书张本向皇帝朱瞻基上奏，要求增派朝廷官员。明宣宗接受了张本的建议，抽调了六科都给事中、各道掌道监察御史共计 14 人分赴各地去清理军伍。(《明宣宗实录》卷 35)清军一开始，明廷就制定了《清军事例》8 条，作为清军活动的工作规范准则，可不久就发现这些“规范准则”远不够用。宣德三年二月明廷公布新定《清军事例》11 条，加上原先的 8 条，总计共有 19 条。谁知用了一年多后又发现其不够用了，于是明廷于宣德四年八月将清军条例再次增加了 22 条，同时还公布了勾军条例。(《明宣宗实录》卷 57)

清军，又名清理军伍、清理军务，主要是清查花名册与军队实际人数和粮饷数，以此来清除军中的腐败与军官的贪污，进而正确地掌握全国军事、屯田和卫所等具体状况。但由于涉及的面相当之广，从军队到地方，从北疆到两广，几乎每个地方都在开展清军，所以“清”出来的问题也特别多。首先是被清军者不配合，由于明朝军队实行的军屯制是一种落后的生产军事方式，它以国家掌控着大量的空地为前提，但明朝开国数十年后，随着社会的发展和军中权贵势力的膨胀，军屯制下的主要生产资料——屯田首先遭受了侵夺和占有，而生产者兵士由于地位低下，又常常被军官们私自奴役，军屯制开始土崩瓦解了，出于生存的本能和对生活的向往，军屯制下的兵士纷纷逃亡，由此带来了勾军问题。勾军又不是简单地征发民丁，按照制度规定，一旦成为了军户就得子子孙孙世世代代当那被人奴役的大兵，因而人们听到勾军唯恐避之不及。这样一来，越想勾军越是够不到军士，但上级的命令与指标又不能不完成，于是由勾军引发出来的清军活动开始危害到了社会底层。

宣德五年十二月，直隶苏州知府况钟向明宣宗上奏，描述了清军对苏州百姓带来的侵害：长洲县(即今天吴县)同知张徽秉承中央派出的御史李立之意，在军户户籍勾补不到军丁的情势下，将同名同姓的或远房亲属或户绝财产继承人都当做了清军勾补的对象，一次就勾补了朱阿狗等 1 210 人，外加上次勾得的陈阿多等 682 人，这近 2 000 号人呼天喊地、凄凄惨惨，苏州底层社会人心惶惶。对照清军条例，他们多不属于勾补对象。恳请皇上另派公正御史和给事中到苏州来重新审核。（《明宣宗实录》卷 73）

情况更为糟糕的是，有的朝廷御史一旦到了地方上开始清军时就为所欲为，欺压百姓，甚至殴人致死。宣德六年监察御史赵俨受命到河南清军，当地基层里老可能不太买他的账，赵俨一怒之下居然杖死 9 人。（《明宣宗实录》卷 76）

虽然上述一类事件在政治清明的宣德时期最终都得到了公正的处理，但从中我们也能看出明初勾军、清军所带来的危害及其所遇到的阻力。事实上清军问题在宣德后期就不了了之了。由于军屯制的破坏，宣德以后大明朝廷不得不以一种相对合理的军事制度——募兵制来代替军屯制。不过我们也不能完全否认朱瞻基君臣实施清军所带来的积极作用，至少通过清军，清除了军队和地方的一些积弊，勾补了部分军士，一定程度上充实了宣德朝大明军事实力，尤其对于维护当时集结全国军事力量重心的北疆地区的稳定具有积极的意义。

○ 将大明北征前哨由开平往南移至独石

说到大明北征前哨由开平南移至独石，很多研究者往往将历史之责归咎于朱瞻基身上，说他没有皇爷爷的眼光和胆识，收势北疆，但笔者在阅读了《明实录》后发现，历史真相完全不是那么一回事。

前面讲过，洪武中晚期构建完成的北疆防线有三道，其中以边疆诸“塞王”为核心，环环相扣，我们姑且称其为“塞王”军事战略线。从整个北疆军事地形来看，这条“塞王”军事战略线由两个图形组成：一个是从宁王驻守的大宁到燕王藩邸北平再到大明北征前哨开平构成的 U 形，另一个是从开平经宣府、大同再到由晋王藩邸太原和秦王藩邸西安组成的半弧形。综合 U 形和半弧形构成的大明国防线（也可理解为北疆两组三角形军阵，详见笔者《洪武帝卷下》），我们可以看到两个明显的凸形点，一个是大宁，另一个就是开平。开平是在洪武二年六月己卯日，由明初有名的军事将领常遇春等率军攻下的，因此常遇春后来被朱元璋追封为开平王(《明太祖实录》卷43)。而攻克大宁则比拿下开平还要早(《明太祖实录》卷46)，尽管后来大宁几易其手，但一旦掌控在大明手里，大明军北征没有一次不取得重大胜利的：洪武三年五月，左副将军李文忠率军北伐进攻应昌，“获元主嫡孙买的里八剌并后妃宫人，暨诸王省院达官士卒等，……惟太子爱猷识理达腊与数十骑遁去。文忠亲率精骑追之，至北庆州，不及而还。师过兴州，遇元将江文清等率军民三万六千九百余人来降，至红罗山又降其将杨思祖等一万六千余人”(《明太祖实录》卷52)。洪武二十年六月，大将军冯胜率军北伐，逼降纳哈出部“凡四万余，并得其各爱马所部二十余万人、羊、马、驴驼、辎重亘百余里”(《明太祖实录》卷182)。洪武二十一年四月，大将军永昌侯蓝玉率军北伐，追击元主至捕鱼儿海，获其“次子地保奴、妃子等六十四人及故太子必里秃妃并公主等五十九人……又追获吴王朵儿只、代王达里麻平章八兰等二千九百九十四人，军士男女七万七千三十七口……马四万七千匹、驼四千八百四头、牛羊一十万二千四百五十二头、车三千余辆”(《明太祖实录》卷190)。

我们来再看永乐朝的六次北征的战况：首次是由朱棣“靖难”第一功臣丘福统兵北征，什么战果也没捞到，反将10万大明军将士的命给弄丢了。为此永乐皇帝暴跳如雷，随后连续发动了五次亲征，第一次亲征带了50万兵力，在漠北荒原折腾了几个月，满打满算俘获或斩杀敌人大约在600人(《明太宗实录》卷105)；第二次亲征也带了50万兵力，满打满算歼敌人数不超过10 000(《明太宗实录》卷152)；第三次亲征带去将士数十万，杀敌在1 000人以下，俘获也在1 000人左右(《明太宗实录》卷250)；第四次亲征带去了30万兵力，白白北漂了三个月，除了接受一个来路不明的名叫也先土干即后来的金忠率领的小股部众投降外，几乎是“颗粒无收”(《明太宗实录》卷264)；第五次亲征那就更惨了，连永乐皇帝自己也几乎战死在战场上。(朝鲜《李朝实录》卷4)

拨开篡位暴君上台后制造的层层迷雾，综观洪武、永乐两朝的北征史，荣辱对比昭然若揭。由永乐朝北征屡屡失利的“光荣史”，人们不难看到，那个被当今某些人捧上天空的永乐皇帝朱棣除了大话连篇、好大喜功、擅长窝里斗、嗜好杀人、酷爱糟蹋女人外，几乎没多大军事才干。除此之外，我们还能看到什么？为什么洪武朝北征连连取胜，而永乐朝却乏善可陈，甚至连永乐皇帝的小命也丢在了北疆？

笔者认为有一个十分重要的原因，那就是永乐帝登极后"弃大宁，空其地，畀朵颜三卫"，将大明帝国北疆隐形"癌症病源"兀良哈置身的三面都能看住和控制住的"U"形或称三角形北疆国防线改成了半弧形国防线；原本无论兀良哈还是鞑靼南下进攻或侵扰大明北疆一下子就容易进入的"U 形口袋"的口子被小朱皇帝大大地打开了，北虏们就此可以大显身手，与大明军玩起猫抓老鼠的游戏了，这就是永乐朝每次北征都无大获的一个极其的重要原因。

还有一个也是一直为人们所忽视的事实，那就是小朱皇帝朱棣改变了老朱皇帝朱元璋的"U 形"或称三角形国防线后，大明北疆原本两大凸出的军事着力点大宁与开平顿时失去了相互的支撑。尤其是开平由原本大明北征的前哨或言直刺北虏的尖刀，一下子变成了光秃秃地竖立在旷野里的没有可靠依托的"稻草人"。一旦北虏南下，不仅很快就可威胁到原先属于内地的蓟州、永平、山海一线；而且由于开平孤零零地凸现（距离北京长城一线约有300 里左右），三面都可能受敌，缺乏原先屏障内地之活力，这样便使得北京正北的永宁、开平和西北的宣府、兴和、大同一线也容易受到攻击。于是，为了防止北虏可能发动的进攻，从永乐到洪熙，大明北疆上逐渐形成了辽东、蓟州、宣府、大同、甘肃、宁夏等的六大总兵官统领的军事重镇区（《明仁宗实录》卷 7 上）。换言之，从永乐时代起，大明帝国的北疆国防线已经在事实上内移了，只不过当时人们不曾留意吧了。

糟糕的还不仅于此，北疆国防线内移后，开平的处境越发尴尬。明宣宗朱瞻基即位后的第三个月即洪熙元年七月，阳武侯薛禄就向宣德皇帝报告了开平的困境，并委婉地建议将开平卫内迁到独石。他说："北京正北、宣府东北方的雕鹗、赤城、云州、赤云、独石等五个军事站都暴露于旷野，开平卫军男女老少都在这一带种田，一旦北虏发动进攻，无城可守。而开平与独石相距五个军事站，虽说有城墙，但很不坚固；从独石到开平不下 300 里，一路上荒无人烟，往来传输很不方便，倘若将开平卫移到独石，让镇守宣府的都督谭广率领官军筑城守备，这样的话或许能解决问题了。”朱瞻基接奏后十分谨慎地批示：“开平极边，废置非易事，当徐议。”（《明宣宗实录》卷 4）

一年后的宣德元年六月，北疆巡边大将军阳武侯薛禄在给宣德皇帝上奏的《备边五事》中再次提议，将开平卫从多伦西北迁往独石。他说：“兴和、保安右卫及开平一路闵安诸堡经常受到虏寇侵掠，而开平卫驻地及其附近的环州、威虏诸堡虽说位居冲要，但地远势孤，倘若兴师动众修筑大工事，则耗费巨大，加上开平卫家眷都居于此，每月供给都很困难，不如筑城独石，将开平卫移到独石去，然后抽调精锐 2 000 人，分为两班，每班 1 000 人，自带粮食，前往开平，轮流戍守。这样既可免除馈送之劳，又可加强开平的防御。”朱瞻基看完奏章后没表态，只是“命公侯大臣议之。”（《明宣宗实录》卷 18）

又是一年后的宣德二年五月，开平备御都指挥唐铭等给宣德皇帝上奏说：“开平卫驻地孤城荒远，连烧饭之类的柴火都要兵士们出城经过艰辛采集才可得到。但一旦出了城，随时随地都可能冷不丁地遇上北虏，而开平四周又没有别的城堡可援助的，所以最好的办法是皇上增派官军神铳营来开平一起守备。”读完唐铭的奏章后，宣德皇帝没辙，只好将此事交予曾经叱咤交趾战场的太师英国公张辅和文武大臣集体讨论。大家讨论来讨论去，最终还是觉得宣德元年六月薛禄提出的将开平卫内移到独石的方案最为妥当。朱瞻基大体上接受了大家的观点，但没有迅速部署下去实施，只是命令阳武侯薛禄在护送运粮上开平的间隙，筹划一下如何在独石修筑新城等事宜。（《明宣宗实录》卷 28）

那么究竟为什么每隔一年左右都有重量级的军政大臣要上书请将开平卫南移？

第一，开平卫位居北京正北 300 多里以外，无论军需还是民用之供给都十分困难。

洪熙元年九月，同在北疆驻守长安岭的指挥阎贵等上奏宣德皇帝，要求朝廷抓紧时间给守关军士发皮裘狐帽。朱瞻基由此想到了开平和大同等极边诸卫同样也需要呀，于是下令一同下发皮袭狐帽(《明宣宗实录》卷 9)。两个月后，开平备御都指挥使唐铭上奏说："守护本卫将士'年久衣弊'，请朝廷下发胖袄裤鞋"。没过几天，又是这个开平备御都指挥使唐铭上奏说："军士们的盔甲、弓刀及金鼓、旗号等都坏了，恳请朝廷赶紧补给"(《明宣宗实录》卷 11)。宣德元年七月，开平卫上奏说："按照朝廷的规制，本年度应该给兵士们发放冬衣、布花，但本卫现有的棉布就不足支付，而往日储存用来购买马匹的布绢倒是有不少，恳请朝廷恩准，用布绢来代替棉布支付给将士们"(《明宣宗实录》卷 19)。一年不到的时间里，朝廷多次下发军需物质给开平卫，居然还不够，这里边不排除军官们克扣和贪污，还有的就是运输供给困难，常常造成无法按规定如数运达。

最能说明问题的可能要数粮食运输了。宣德三年三月戊申日，行在户部奏："开平粮料不足，请发在京军民于宣府运二万石接济"(《明宣宗实录》卷 40)。皇帝朱瞻基批准了，派了阳武侯薛禄充总兵官、清平伯吴成为副总兵率领官军数万人护送粮饷运往开平。这 20 000 石粮饷够开平卫军士吃多长时间？不知道。宣德四年三月，大明又开始新一轮的运粮，明宣宗还是派了老将薛禄一路护送。完成使命后薛禄向朱瞻基汇报说："已经运了 1 500 石粮饷足够开平官军 8 个月吃用了，其余的等边地草木茂盛时再运"(《明宣宗实录》卷 52)。从上述两段史料中至少我们可以得出两点：第一，运往开平的粮饷和军用物资不是随时都可以运的，它有季节性；第二，开平卫粮饷需用巨大，大到了什么地步？1 500 石？薛禄说了，要等草木茂盛时再运，这说明开平卫一年用粮远不止 1 500 石。那么究竟是多少？据宣德五年四月丁酉日阳武侯薛禄上奏所言："开平岁运粮四万石，人力不齐，请令行在兵部、五府议其用力多寡，立为定例"(《明宣宗实录》卷 65)。我们可知开平卫每年运粮不下 40 000 石。而要运输这 40 000 石粮食到开平去的运输成本是多少呢？《明实录》没作直接的记载，但行在户部官的一席话倒是给了我启发。宣德元年四月，行在户部上奏给宣德皇帝，说总兵官阳武侯薛禄领军巡边到开平，发现那里需要豆子 10 000 石，但眼下正是农忙，不能征发民力去搞运输，请皇上征发北京郊区的卫所

10 000 名军丁，去将那 10 000 石豆子运往开平去(《明宣宗实录》卷16)。由此我们可以推算出：1 个运输者大致能运 1 石粮食到开平，开平卫每年需要 40 000 石粮食，光搞运输的人就要 40 000 人，这还不含薛禄率领的一路护送的军士人数。从中我们也可以看出，支撑孤零零的开平卫真可谓是劳民伤财！

第二，开平卫驻地条件艰苦，谁都不太愿意到那里去驻守。

宣德元年十月戊寅日，皇帝朱瞻基曾对行在户部尚书夏原吉说："开平极边，天气早寒，商旅不通，布帛难得，其军官俸钞未支者，即以内库所贮颜色布运给之，不可稽缓"(《明宣宗实录》卷 22)。连皇帝都在说开平卫气候恶劣，条件不好。所以说生活习惯于农耕文明下的大明将士一般都不太愿意到这个已经孤悬于游牧区内的极边卫所长期驻守。宣德元年六月行在大理寺向宣德皇帝上奏说："开平卫指挥同知方敏长期驻守在独石附近的赤城，就连办理公务都不愿到开平去一回。前阵子有些勾补到的逃军要押赴开平，方敏自己不去，居然还不派专人押送而让公差百户何闰顺便带去，不料途中发生了 7 个勾来的逃军再次逃跑的事情。请皇帝陛下严厉处置玩忽职守的方敏。"朱瞻基可能考虑到没人愿意在极边地带久留的因素，所以最终还是宽宥了方敏(《明宣宗实录》卷 18)。但方敏似乎并不领情，他借故抱怨所受待遇的不公，宣德四年上书给明宣宗说："臣所守之地正临极边，一有夷虏来攻或偷袭的迹象，就得马上派人飞报，至今为止不知有多少个来来回回。可行在兵部连个脚步费都不给，我们这里道路艰难啊！"朱瞻基看完奏章后跟兵部官员说："飞报边警，岂是小事？而令徒步以归，是不达事体轻重。自今悉如甘肃、宁夏例与之。"(《明宣宗实录》卷 56)

正因为军人们都不太愿意驻守开平，朱瞻基君臣就不得不"返聘重用"退休老将。宣德元年三月有个叫杜福的指挥使 60 岁到龄，按理说应该可以退休养老了，但开平千户杨洪等向宣德皇帝上奏说："杜福久在开平，勇敢有才，练达兵务，善抚士卒，乞令仍守开平。"宣德皇帝正愁着没有合适的人选来代替杜福，接到杨洪的奏章后，他马上批复：让杜福儿子继承父职，杜福退而不休，任致事官，协助都指挥唐铭守护开平卫。(《明宣宗实录》卷 15)

宣德中期朝廷调万全都指挥使唐铭、都指挥佥事卞福轮番领军戍守开平，可没过多久，卞福眼睛出了大问题，按理说这对于边疆守护很不利，卞将军要么专门养病，要么调往没有军事告急的内地，但明廷最终仅仅是将他从开平调到了独石。由此可见当时北疆尤其是极边卫所谁都不太愿意去，因此说调用军将是件很不容易的事。(《明宣宗实录》卷 89)

第三，开平卫孤悬蒙古腹地，极易受到攻击，随时都有被端掉的可能。

由于朱棣弃大宁，畀朵颜三卫，南移北平行都指挥使司至保定府，使得兀良哈一带成了“不设防区”，这就为鞑靼和朵颜三卫南下提供了更为广阔的空间，也使得开平卫孤悬于蒙古腹地。原本与大宁彼此可以相互声援的开平自此以后三面临敌，极易受到威胁与攻击。洪熙元年十一月，鞑靼权贵阿鲁台派人南下贡马，有人传言阿鲁台要进攻开平和兴和。朱瞻基闻讯后立即指示北疆沿边总兵官武安候郑亨、都督谭广等加强戒备，同时选调都指挥同知李信、都指挥佥事路宣等镇守开平南方的淮安卫与定边卫。(《明宣宗实录》卷 11)

这样的事情在永宣时期经常发生，一旦有虏警，开平守将就赶紧上报，“时开平备御都指挥唐铭等屡奏，虏寇出没近境”(《明宣宗实录》卷 28)。开平神经绷紧，连带运输军需物质到开平的大明运输部队也处于高度的戒备状态。宣德初年开始，朱瞻基就命令负责北疆巡边的阳武侯薛禄佩镇朔大将军印充总兵官、清平伯吴成充副总兵率师防护粮饷运赴开平。有了薛禄军的重兵护送，运输是得到了保证，但并不能保证开平等极边卫所免受北虏的侵扰。宣德二年七月的一天，薛禄与吴成护送的运输军粮经过艰辛跋涉快要到开平卫时，忽然听前方有人来报:开平城正遭北虏抢掠！薛禄叫上一部分骑兵火速赶到开平卫城下，不料北虏已经抢完逃跑了，有三个跑得慢的给薛禄逮住，当即审问。这一审才知，大部分抢掠者早已往开平东南方向撤离了。薛禄率领将士马不停蹄人不下鞍地拼命追赶，足足追了 300 里左右，大约到了一个朵儿班你儿兀的地方，他下令暂时停下，昼伏夜出侦察敌情，最终发起突然袭击，斩杀北虏数十人，俘获甚多。(《明宣宗实录》卷 29)

这次开平突然遭遇掳掠幸亏遇上了薛禄运粮护送队的及时救

急，但不可能一年365天天天都有这样的巧事呀，所以说到底还得要靠驻扎开平卫军队自身了。那么开平卫到底驻扎了多少人马？史书没有记载清楚，笔者估计，既然称卫了，大致就有一个卫的兵力5 000～6 000人吧。按理说人数不少了，但它是深入蒙古腹地的孤城，一旦战事起就有腹背受敌的可能。更让大明北疆国防军头疼不已的是，北虏有时不去惊扰开平，而是神不觉鬼不知地绕过它，直接流窜到开平正南方300里左右的大明北疆长城一线进行抢劫。宣德四年六月，北虏掳掠赤城、独石(《明宣宗实录》卷55)，十一月，北虏又偷袭了赤城、独石邻近的雕鹗(《明宣宗实录》卷59)，这些原本作为到达开平卫的前哨且与开平卫城彼此遥相呼应的边塞城堡遭劫时，开平卫城浑然不觉，一无反应，由此开始它不断遭受人们的非议和诟病。

一个远及敌人腹地又不能起到真正打击敌人作用的前哨阵地开平，还值不值帝国政府用高昂的成本代价给予其“输血”、维系生命？从洪熙元年薛禄大将军的上奏到宣德四年北疆将士的普遍议论，主张将开平卫南移的呼声日益高涨。此时，对开平非议已经顶住了四、五年的宣德皇帝朱瞻基也感到，无论从军事实际形势还是国计民生角度都不能再打肿脸充胖子了，应该实实在在地面对皇爷爷留下的尴尬边疆遗产！宣德五年六月，北京西北、宣府东北的独石、云州、赤城、雕鹗四个军事城堡修筑完毕，朱瞻基命令兵部尚书张本前往独石，与阳武侯薛禄等商议将开平卫由多伦附近南移到独石等相关事宜。最终议定，以独石堡为开平卫的大本营，且屯且守，并组织精兵2 000人，由都督冯兴总负责，都指挥唐铭、卞福各领一班1 000人，自带粮料前往开平原址更番戍守，增加独石堡等地的军事防御。(《明宣宗实录》卷67)

这就历史上争论不休的开平卫南移的全部经过。从表象来看，好像是朱瞻基将太祖朱元璋、皇爷爷朱棣的国防线给内缩了，但从实际角度来讲，历史之责不能归咎于朱瞻基，而应该是他的爷爷朱棣。朱瞻基南移开平卫，做了件实事，不仅没有过错，相反更加有利于加强北疆长城一线的军事防务。

其实朱瞻基的务实守边还不仅仅体现于此，整个宣德年间，明宣宗还十分注意同北疆蒙古之间的贸易关系，或者按照明朝祖制的说法——“抚”。

宣德时期明朝同北方蒙古之间的贸易大致有两种：一种是朝贡贸易，据《明实录》记载，西蒙古瓦剌在宣德年间共计 7 次遣使来朝贡马（《明宣宗实录》卷 11,63,71,73,86,89,112），东蒙古鞑靼也有 5、6 次（《明宣宗实录》卷 47,59,61,86,99）；另一种贸易形式就是边贸，据宣德六年正月甘肃总兵官都督刘广向宣德朝廷上奏所言：鞑靼、瓦剌都来边贸卖马，他要求朝廷给他各色绵布 100 000 匹作为买马费用（《明宣宗实录》卷 75）。由此可见当年双方边贸还是相当成规模的。那么大明真的需要那么多的马匹吗？笔者在《永乐帝卷》中曾对永乐末年大明马匹数做了考证，永乐二十二年明王朝马匹总数为 1 736 618（《明仁宗实录》卷 5 下），平均 0.6 个士兵就拥有一匹马了，（《永乐帝卷》下，P623）大明根本不缺马，那干嘛还要买马？宣德六年十月宣德皇帝跟侍臣的一席话给我们解开了秘密，他说：“朝廷非无马、牛而与之为市，盖以其服用之物皆赖中国，若绝之，彼必有怨心。皇祖许其互市，亦是怀远之仁”（《明宣宗实录》卷 84）。

不过话得讲回来，仁宣时期虽然确立了以“抚”和“防”为主的北疆边防策略，但这并不意味着大明就一味地防和守，宣德三年明宣宗朱瞻基还曾发动了一次对兀良哈的军事打击，这就是我们下面要讲的明宣宗北巡问题。

◉ 明宣宗的三次北巡

说起明宣宗北巡，以往研究者常常将其看做是风流天子的军事旅游，至于重创兀良哈一事似乎属于巧合。那么事实真相到底如何？

○ 明宣宗第一次北巡——宣德三年(1428)八月

事情还得从永乐皇帝驾崩榆木川讲起。我们在《永乐帝卷》考证了永乐帝第五次亲征后留下的几大谜团：第一，大明军在返回途中为什么会中埋伏，损伤惨重？第二，从永乐二十年八月也就是朱棣第三次亲征重创兀良哈以后，在《明实录》中有两年的时间里只字不提“兀良哈”三个字，直到朱高炽登基后的半年左右才出现“兀良哈”名字，且整个历史记载内容都是明仁宗在训斥兀良哈三卫，中间到底发生了什么？第三，朱棣情有独钟的鞑靼投降首领也先土木（后被永乐帝赐名为金忠）为什么在皇帝遭到伏击时不见了踪影？笔者曾援引朝鲜《李朝实录》等史料做了研究分析，认为很有可能是金忠与鞑靼、兀良哈三卫串通好了陷害永乐帝，但就是没有直接的证据。更有一个在当时看来是十分忌讳的问题：那就是皇帝几乎是战死的或言被战争气死、吓死的，大明帝国多丢脸！这对于随驾大臣无论是武将张辅等还是文臣杨荣、金幼孜等都不是什么好事情，至少说他们没有尽到保护好皇帝的职责，如果问责起来吃不了兜着走。幸好后来形势没有进一步恶化，幸好后来金忠自己也“平安”地回到了当时大明帝国的首都北京。聪明过人的明仁宗随即对于参加北征和护驾的五军总兵官、公、侯、伯、都督包括英国公张辅、忠勇王金忠等 26 人进行了赏赐，只当什么事也没发生。（《明仁宗实录》卷 1 下）

但随后《明实录》的有段记载却耐人寻味：永乐二十二年九月辛丑日，朱高炽晋封忠勇王金忠为太子太保，让他一人领两份俸禄。生怕近侍大臣异议，明仁宗就跟负责大明帝国人事安排的吏部尚书蹇义说了这么一番话：“朕嗣位以来，文武大臣皆有进职，此人在列不无希觊之意，亦宜有以慰安其心。”仁宗皇帝的这段指示是话中有话，而蹇义的回答也是很有意思：“漠北归附之人，居京师者甚众，今皆瞻望朝廷待此人如何，虽赐赉已厚，然名爵亦宜略示优待，此怀远之道也。”蹇义说得很委婉，没有点穿：皇帝啊，您这叫封的什么官爵？不伦不类！当然咯，您怀柔远夷的宗旨，臣等还是领悟的。朱高炽怕大家误解，就进一步解释说：“朕要是封金忠为其他官爵，那些夷虏都不太懂，只有三公中的太子太保一类他们都知道是高官，朕‘但不令预职事耳’”（《明仁宗实录》卷 2 下）。

可惜没多久仁宗皇帝就死了，随后便是比仁宗皇帝还要机灵、城府还要深的明宣宗登基了。明宣宗涵养功夫超一流，上台以后只字未提他对于皇爷爷朱棣死因的疑惑，也丝毫没有表现出对兀良哈和金忠的半点怀疑。因为父皇朱高炽已经给兀良哈三卫下发了宽宥罪行的诏书，新皇帝朱瞻基落得做个顺水人情和“安乐王”。

而兀良哈三卫自宣德皇帝上台后也开始活跃了，不断地遣使朝贡进献马匹，朱瞻基每遇上三卫来献都是厚加赏赐。不过这个过程中有两个方面值得注意：第一，兀良哈三卫贡马除了洪熙元年七月一次是福余与泰宁两卫贡使一起来朝贡外，其他的都是泰宁与朵颜两卫结伴来京，而福余往往是单独来朝贡的；第二，宣德元年十一月，福余等卫故鞑官都指挥佥事喃不花儿子卜兰乞等上奏朝廷，请求继袭父亲的职位。行在兵部官员跟皇帝朱瞻基说："福余卫都指挥佥事喃不花原来的官职是指挥使，后来才升为都指挥佥事，按例就让他儿子继承指挥使一职？"但朱瞻基不同意，他让喃不花儿子继袭的是都指挥佥事。而朵颜、泰宁两卫的指挥同知等官员的子孙 16 人则按原例继承，也就是说没有让他们子孙往高一级官职继袭就任。(《明宣宗实录》卷 22)

而对于忠勇王金忠，宣德朝更是优渥有加。洪熙元年十二月朱瞻基特别关照行在户部，对于太子太保忠勇王金忠的年俸禄 1 000 石要按时支付，并解释说："彼挈家来归，待之宜厚，且他无所营，所恃者俸禄耳。米麦宜以时给之，勿令不足，庶称皇祖怀柔远人之意。"(《明宣宗实录》卷 12)

朱瞻基不仅对金忠好，而且还对前来投靠明朝的金忠蒙古老乡和他的原来部属也特别优厚，每遇他们对官爵继承与俸禄要求之类的朝请，宣德帝都毫不含糊地予以照顾，还惟恐不周。当时南粮北运很艰辛，在京许多官员的官俸有相当一部分在南京支取，朱瞻基想到这事后就跟大明财政部部长夏原吉说："听说忠勇王金忠部属鞑官都指挥把罕等 77 人的官俸一直是在南京领取的，很不方便啊，外夷归化者应当予以优待。这样吧，把罕等 77 人的官俸从今以后就由北京支给！"(《明宣宗实录》卷 40)

这样优待外夷的背后明宣宗到底是不是打消了对归降北虏的怀疑呢？我们一时很难作出回答。

不妨先来看看当时的朱瞻基在忙什么？洪熙元年五月即位，稳定压倒一切；宣德元年平定高煦之乱和调兵安南平乱；宣德二年撤军交趾，还政安南……这些都是当时大明政坛大事中的重中之重，忙到了宣德三年上半年，朱瞻基又在着力完成两件大事：废皇后胡氏，立贵妃孙氏为后；随后处置安南战争失败的善后之事。一直忙到了这一年的夏秋之交，稍稍停顿，宣德皇帝又做出了一项令人不解的举措——北巡，这就是明史上宣德皇帝第一次北巡。

翻阅《明实录》，宣德皇帝的第一次北巡似乎一点预兆都没有。宣德三年八月癸巳日，明宣宗在奉天门跟公、侯、伯、五军都督府都督说："胡虏每岁秋高马肥必扰边，比来边备不审何，似东北诸关隘皆在畿内。今农务将毕，朕将因田猎亲历诸关，警饬兵备，卿等整齐士马以俟。"上述这段说辞换成今天大白话来说就是：每年秋季胡虏都要来扰边，我将带领大家乘着这个农务将要结束的时候到东北边关去巡视一下，你们多准备准备人马！

四天后明宣宗钦点蹇义、夏原吉、杨士奇、杨荣、胡濙、王骥、施礼、吴中、凌晏如、杨溥、姚友直、王文贵等在京部院的一二把手、亲近侍臣一同扈从随驾，留下驸马都尉广平侯袁容、少师隆平侯张信、行在兵部尚书张本、礼部尚书兼华盖殿大学士张瑛、户部尚书郭敦、都察院右都御史顾佐等居守北京，处理日常事务，并下令制定《留守事宜》。又是四天后，明宣宗带领数万大明军，穿着鲜艳的军服、盔甲从北京正式开拔，往东北方向进发，渡过潞河，驻跸虹桥。第二天来到了三河县东草桥，当地的三河县官闻讯后赶紧前来朝见。明宣宗面谕：一路上看到秋收时节大水为患，百姓日子不好过，你们身为地方父母官应该好好地抚恤。并传令军中将士，沿途毋得扰害百姓，违者治罪！（《明宣宗实录》卷46）

大明军出发后的第三天来到了蓟州境内，见到山川明秀，四处田野金灿灿的丰收景象，朱瞻基一下子心情爽透了，自言自语道："假如别的地方也是这样子的话，朕还有什么可担忧的！"当天驻跸蓟州西边的五里桥。蓟州文武官吏和地方耆老赶紧前来朝见，明宣宗笑逐颜开地与大家攀谈，最后少不了下谕，勉励大家居安思危，注意社会和谐。

第四天，朱瞻基率领大军来到了石门驿喜峰口。刚到就有守关大将派人前来飞报："大约有10 000多兀良哈人侵边，已经穿过大宁，经由会州，将要进入宽河地带。"宣德皇帝听后哈哈笑："这是老天爷让这些兀良哈虏寇来送死的！"随即他下令部队驻扎石门驿东边，并召集诸位高级将领，讨论迎敌作战方案。诸将纷纷请缨出击，也有人主张再增加些兵力。可朱瞻基却十分自信地说道："这些兀良哈孽虏能兴什么风浪？只想他们估摸着我大明没有什么防备，故而才敢来扰边。要是他们知道朕在此的话，早就吓得屁滚尿流了。现在我们必须要活捉这些人，千万别让他们跑了。只是前出喜峰口，道路狭窄且险峻，只能骑兵通过，如果要等上诸将一并进发的话，恐怕就要耽误时机了。这样吧，朕领 3 000 铁骑打头阵，出其不意，必定捉住他们！”有将领说：“3 000 铁骑太少了，不够用！”皇帝朱瞻基说：“兵在于精而不在于多，3 000 精兵足够擒敌了，诸军随后跟上。”（《明宣宗实录》卷 47）

宣德皇帝第一次北巡，还没到过喜峰口，却先知先觉：喜峰口一带道路狭窄且险峻，说得头头是道，让人觉得好不奇怪，可更多的奇怪的事情还在后头。按照兵书所言：兵贵神速，既然要袭击兀良哈人，那就得立马挑选将士，火速前进！可当天朱瞻基却没有这么做，舒舒服服地在石门驿睡了一宿。第二天队伍继续开拔，走到遵化县时，皇帝才从军中挑选 3 000 精兵，各人带上 10 日干粮和 2 匹马，就地待命。第三天，皇帝朱瞻基命令驸马都尉西宁侯宋瑛、武定侯郭玹、丰城侯李贤以及文臣扈从者于暂驻地遵化静候，只带上大学士杨荣随驾，随即率领 3 000 名精兵向着喜峰口方向赶去，当夜驻跸滦阳驿东。第四天驻跸喜峰口内，第五天才出喜峰口。这天晚上皇帝命令将士们嘴里衔着小木棍，系好盔甲，藏好矛戈，马不停蹄地赶了 40 里路，来到距离兀良哈人营地只有 20 里的宽河时，敌哨发现了，不过他们没太当回事，只以为是大明边疆国防军巡边呐，于是就纠集人马来战。朱瞻基立即下令将 3 000 精兵分为两翼，自己一马当先，连续射杀了敌人前锋 3 人，两翼紧紧跟上，顿时飞箭如雨，落入敌虏之中，敌虏稍稍往后退了一下，但 3 000人马毕竟太少了点，兀良哈人要有 10 000 多名，他们仗着人多势众又开始疯狂进攻。宣德皇帝看到这等态势，赶紧下令神机铳发炮，威力无比的神机铳顿时将兀良哈人打得人仰马翻，死伤过半，余下的纷纷退去。朱瞻基带领数百个骑兵乘胜追击，逃亡中的兀良哈人忽然发现：追赶他们的大明军中扯的一面大大的黄龙旗，一下子心里更慌了神，连逃的勇气也没了，直嘀咕：完了，今天碰上大明天子亲征了！好汉不吃眼前亏，赶紧下马请降。这就是明代传为佳话的明宣宗第一次北巡中的宽河大捷。

不过在这里请大家注意的是，朱瞻基此次亲征打得太准了，且还是皇帝自己带的头，不像他皇爷爷最后亲征时那样，由投降过来没多久的鞑靼小头领也先土干即金忠做先锋。那么这时的金忠在哪儿？就在朱瞻基率领的3 000精兵将士当中。看到皇帝打了大胜仗，金忠和他的外甥都督把台出来主动请示，要求皇帝批准他们率领人马清剿兀良哈营地与老巢。朱瞻基立即爽快地答应了，但近臣却偷偷地提醒宣德皇帝："金忠等本来就与这些兀良哈人一类的，陛下您同意他们的请求，恐怕是肉包子打狗有去无回啊！"朱瞻基听完后宛然一笑："去留任由他们吧，朕拥有天下，难道少了他们俩就不行啦？如果他们老早就想走了，即使我把他们整天留在身边，但终有一日他们还是要走的。"近臣又说了："陛下您要放他们走的话也不能全放，至少留一个吧！"朱瞻基听后不以为然："朕以诚心待之，遣即俱遣，留一人乃使之蓄疑矣，朕待此二人素厚，大马识豢养之恩，况人乎？彼当有以见报。"没过几天，金忠他们回来了，带来了俘获的虏寇数十人、马百余、牛羊数百。(《明宣宗实录》卷47)

宽河大捷的当天，宣德皇帝下令让驸马都尉西宁侯宋瑛等移营前进，驻跸冷岭。第二天朱瞻基率领大军驻跸会州，并在那里度过了一个令人心花怒放的重阳节，不时有人来报，又抓获了兀良哈虏寇，才情天子明宣宗一时诗兴大发，亲制诗歌慰劳将士们，大家兴奋得跳起舞来了。会州成为宣德北巡的兴奋高潮点、凯旋之象征，无论是皇帝还是大臣和将士都对它依依不舍，大伙儿在那住了五天，直到宣德三年九月壬戌日才离开。回途的第二天，皇帝朱瞻基忽然想起要赶紧回北京，因为要不了几天就要到了孟冬庙享的日子了，皇帝还必须亲祭。于是他命令都督任礼、太监杨庆等率官军二万人留下来，等待其他各路到齐后再回，自己则率领部分人马先行班师。3日后来到喜峰关，听说当地有只老虎危害百姓，宣德皇帝布置将士们进行了围猎，并亲自射杀了老虎，此时的宣德皇帝又一下子成为了为民除害的大英雄，在回京路上到处都是莺歌燕舞。班师后的第10天，朱瞻基终于带着浑身的喜悦与兴奋回到了北京。(《明宣宗实录》卷47)

以上是宣德皇帝第一次北巡的全部经过，历来没人质疑过什么，不过笔者在反复阅读这段历史时发现以下几个疑点：

第一，朱瞻基到达石门驿时接到边关飞报，发现蒙古兀良哈敌情，按理说应该马上出击，但宣德皇帝似乎不紧不慢，心里笃定得很，直到第五天才出喜峰口，然后便是风驰电掣地出击。问题是朱瞻基凭什么这么笃定？

第二，宽河大捷时金忠及其外甥主动请战，宣德皇帝对近臣说的那些话到底什么意思？朱瞻基真的信任金忠他们？如果信任，第一次北巡后按理应该给立有战功的金忠等人升升官爵，但事实没有，是不是明宣宗领悟了父皇朱高炽对金忠处置的深刻含义？

第三，明宣宗这次北巡为什么一开始就往东北方向跑？当时正在崛起和走向强盛的不是鞑靼，也不是兀良哈，而是西北的瓦剌！就算不去攻打日益强大的瓦剌，宣德帝先到西北边疆巡视一下也可吓唬吓唬西北夷虏，可朱瞻基却最先不到那里，而是往东北方向去？到底为什么？更有，怎么这么巧就在那里遇上了兀良哈虏寇？后来皇帝又两次北巡，怎么就没这样的巧合？

第四，此次北巡中有两个人物似乎很关键，宽河大捷时随驾的唯一近侍文臣是年近花甲的杨荣，此人恰恰是当年跟随永乐皇帝第五次亲征的随从大臣；还有金忠，本是蒙古人，明宣宗攻打蒙古，为什么不让他当先锋引路呢？

宣德皇帝第一次北巡后，《明实录》中有关明朝与兀良哈之间关系有两段文字记载引起了笔者的注意：宣德四年三月，“朵颜等卫头目完者帖木儿等来朝贡马，上嘉其诚，宥其前过，凡家属被获者悉还之，升完者帖木儿为都指挥同知，余升秩有差，且赐敕戒之曰：‘自今宜严吏部曲，毋为寇盗，庶几大军不出，尔得永享太平，苟或不遵，仍蹈前过，不有人祸，必有天殃，其敬慎之’”（《明宣宗实录》卷52）。宣德五年二月癸未日，“福余卫都指挥安出猛古乃歹都等奏云：‘朵颜、泰宁二卫所部近尝作过边境，臣等恐其贻累，故远避去。今蒙谕抚，皆已复业，然虑彼作过者，终将累良善，臣已遣人诘责劝诱，使改过自新，如其不悛，臣等请自击之。’”上嘉之，特赐敕奖谕之曰：“尔守法效忠，朕悉知之，彼若能改过，亦可宽宥，如稔恶不悛，听尔发兵剿之”（《明宣宗实录》卷63）。

将上述史料尤其画线部分通读一下，我们就不难发现，明宣宗第一次北巡征讨的兀良哈不是朵颜、泰宁和福余三卫整体，而是前两者。朱瞻基镇静自若地出击兀良哈，且准确无误地打得他们丢盔弃甲，很有可能就是通过福余这根内线。宽河大战作战现场由杨荣随驾也极有可能是宣德皇帝为皇爷爷报仇雪恨而刻意安排的历史见证人。至于金忠，向来心思缜密的朱瞻基没让他当先锋，实际上就是为了验证一下皇爷爷的驾崩与金忠“玩失踪”到底有没有关系。当然最为主要的还是，朱瞻基极有可能通过福余等内线事先掌握了有置永乐皇帝于死地之嫌疑的兀良哈其他两卫朵颜和泰宁的行动轨迹，以突然袭击的方式，不仅解了国仇家恨，而且还大大地振奋大明北疆守边将士的士气，对于维护和巩固国防具有积极的意义。

虽说朱瞻基第一次北巡动了武，人们也看到了他身上留存的永乐帝尚武遗风。但从大明国防之根本策略角度来说，宣德皇帝不同于他的皇爷爷，除了为了大明和皇爷爷复仇，痛击兀良哈外，整个宣德年间他的另外两次北巡几乎成了和平军事之旅了。

○ 明宣宗第二次北巡——宣德五年(1430)十月

宣德五年十月丙子日，32 岁的宣德皇帝下达北巡敕谕，命令丰城侯李贤、都督张升、兵部尚书张本、都察院右都御史顾佐等留守北京，太监杨瑛、林景芳、李和等主守皇城内外，“一应事份与丰城侯李贤等同心计议”。当天朱瞻基就带了人马从北京开拔，向西北方向进发。第二天驻跸龙虎台，晚上设宴款待英国公张辅、成国公朱勇、尚书蹇义、学士杨士奇、杨荣、金幼孜、杨溥等文武大臣，气氛十分融洽。第三天度居庸关，在岔道围猎，宣德皇帝打到野鹿，让近侍宦官带到北京去，慰问皇太后母亲张氏。与此同时他还叫“遂安伯陈英、武进伯朱冕、太监刘顺等循例出境烧荒”。第六天大军驻跸雷家站，因为前方是有名的军事要隘鸡鸣山。当年朱瞻基跟随皇爷爷北征瓦剌时经过此地，所以他十分认真地将随驾文臣杨士奇、杨荣、金幼孜、杨溥等找来谈话，告诫大家：明日要经过的鸡鸣山险关狭道，我们一定要谨慎，速度不能快。说着说着，大家说到了当年唐太宗下令经此地去征辽东的事情。朱瞻基感慨道：“唐太宗自恃英武，多次发动远征，从鸡鸣山出发的那次远征损失可不小咯！”群臣回答：“后来太宗皇帝也很后悔啊，其实这也可为后世帝王提供鉴戒!”朱瞻基听到大臣们这般说话,微笑道:“这山好像在元顺帝时崩裂过? 有人说山崩是元朝完蛋的预兆,诸卿以为如何?”群臣说:“元顺帝是亡国之君,即使山不崩,他的天下也会自行垮掉。”听到这里,朱瞻基满心欢喜:“诸卿此言正合朕意,历朝历代圣帝明王在世时好像都有灾异凶变,这跟国家亡不亡好像没有直接的关联,江山社稷的安危贵在君主仁与不仁啊!”

从宣德君臣的这番谈话中我们很容易看出,一心想要成为仁德之君的朱瞻基推崇的是和平主义守边政策。而当时大明西北边疆外的瓦剌正处于重新整合和正在崛起的时期,尚不足对大明构成威胁,相反为了完成自己的蒙古统一大业,瓦剌首领脱欢还时不时地遣使朝贡大明,主动“示好”。正因为如此,大明宣德皇帝也就往西北边疆走了一圈,视察一番边关,最远走到宣府西北的洗马林就开始折回了,前后总计花了 17 天的时间就完成了第二次北巡。(《明宣宗实录》卷 71)

○ 明宣宗第三次北巡——宣德九年(1434)九月

第二次北巡后过了四年,也就是宣德九年九月,朱瞻基又发动了第三次北巡,方向与上次相同。九月癸未日重阳节,宣德皇帝赐宴文武群臣后就带领队伍从北京出发,经由唐家岭、龙虎台、居庸关、岔道、怀来、雷家站,宣府之泥河、万全、安家堡,最远还是走到洗马岭。诸将请求出关去打击北虏,宣德皇帝没同意,他说:“北虏们不来扰边,我们何必要去痛击他们?”并说:“朕此次是来巡边的,不是来围捕虏寇的。再说朕已经派人到他们那里去抚慰了,现在突然间发起进攻,这岂不让朕失信于天下吗?”

尽管朱瞻基拒绝了众将主动出击的请求,但大获全胜的喜悦憧憬还是让他活动了心眼。当天夜里,他命令手下人将杨荣找来,说:“白天将士们都在说,乘着北虏没有注意,我们就发起袭击,可望大获全胜,杨爱卿意下如何?”杨荣听后直摇头,说:“北虏十分狡诈,经常派人在远处了望,今天我们车驾到此,说不准他们早就看到且躲起来了。假如我们出兵了,没什么收获,岂不偷鸡不到蚀把米!”朱瞻基听后觉得杨荣讲得很有道理,当即赐酒,并从根本上打消了出击西北夷虏的念头,转而就下令班师回京,总计花了 26 天

时间就完成了第三次北巡。(《明宣宗实录》卷 112～113)

以上就是宣德年间明宣宗三次北巡的经过。不可否认朱瞻基的三次北巡轻松、愉快,来也匆匆去也匆匆,确实让人感觉他在搞军事旅游,尤其是他两次西北之行都是几乎路过开平卫南迁的独石地带。对于这样一个新建的北疆边防防御城堡区域,大明的“官五代”居然没有切实地过问、巡察,这不能不说是一大失误。还有,对于西北地区正在崛起的瓦剌新权贵脱欢的统一蒙古也没有引起足够的重视。朱瞻基这些失误都为后来自己的儿子明英宗的土木堡之役埋了祸根。

不过话得讲回来,朱瞻基摒弃了皇爷爷朱棣中后期的不切实际的主动进攻北虏之策略,务实坚守北疆,尽管多少带有收势国防的色彩,但他不断巡边,对于北疆将士坚守北方边防起到了积极鼓励的作用,我们不能一并抹杀其积极的方面。还有就是宣德皇帝的这种务实和平主义边防国策为他孜孜追求的“宣德致治”创造了良好的环境。

那么宣德时期真的达到了历史上人们一直所公认的“致治”地步了?请看下章。

第8章 太平"盛世" 风流天子

不像唐朝有广为人知的"贞观之治"和"开元盛世"，也不像清朝那样有所谓的"康乾盛世"，明朝给现代人们的感觉往往是一片黑暗，明朝的皇帝十个九个昏，乏善可陈，更没有没什么盛世之治可言。若真是这样，那明朝为什么比清朝还要长寿呢？若不是，那明朝的盛世在哪个时期？近来有人一拍脑袋说"永乐盛世"，笔者认为，永乐时期算不上明朝的盛世，大明帝国真正的黄金时期应在风流天子明仁宗、明宣宗当政时代。不过即便如此，这个时代还是问题多多，清代著名文学家蒲松龄笔下的"蟋蟀皇帝"原型就是风流皇帝朱瞻基，如此种种，到底应该怎样来看待大明帝国的太平"盛世"？

● 仁宣之世 太平"盛世"

清代已降，大多数历史学者认为，仁宣时期是大明帝国的"致治时期"。可近数十年来由于众所周知的原因，不少治史者认为，历史上所谓的"仁宣致治"是封建史学家吹出来的，明朝压根儿就不存在过什么鼎盛时期，那么历史真相到底如何？

在探求真相之前，我们先来搞清一个概念，什么叫"盛世之治"或言"太平盛世"？

历史上的太平盛世往往是指某朝代的黄金时代，它常常表现出王朝鼎盛时期的诸多特征，譬如政治清明、国泰民安、经济殷实、法律宽平、军事强盛和对外开放以及社会和谐，等等，从某种程度上来讲，就是传统中国人理想中的“小康”。由此我们不妨来考察一下明朝仁宣时期是否达到了历史上公认的“致治”或言“盛世”境地？（因本书1～3章详述了“洪熙之政”，为节省篇幅，本章主要讨论宣德时期）

◉ 德礼治国　政治吏清

前面我们已经说过，宣德皇帝从一开始即位就打着“恪遵成宪”和“敷宣德意”之旗号，“克致太平”（《明宣宗实录》卷50）。朱瞻基确立这样的治国理政指导思想主要有两个方面的原因：

第一，鉴于永乐中晚期开始出现的社会危机日益严重，朱瞻基因势利导地继承父皇明仁宗的治国宗旨，稳固已经扭转了的大明航向，变尚武重刑为尚德宽刑，实行真正的文治。

我们在《永乐帝卷》中全面考察了永乐时代大明帝国的实际状况后发现，经过所谓的“盛世圣君”朱棣22年的南征北讨和不断地做大做强，大明已经是精疲力竭，危机四伏。如果再不改变治国方略的话，后果就不堪设想。就在这个关键时刻，继承永乐帝位的明仁宗适应时势之需要，骤然果敢地改变了大明的航向。可惜明仁宗当政不到一年便撒手尘寰，留下了无数的悬念与变数。而十分有幸的是随后继位的明宣宗在治国方略上有着乃父相近的理念，他因势利导地继承明仁宗的治国宗旨，稳固已经扭转了的大明帝国航行方向，变武治为文治，进一步夯实大明帝国的根基。

第二，朱瞻基从小就深受中国传统儒家思想与知识的熏陶，上台执政后他所依靠的主要高级智囊决策层又是一批饱读儒家经典的文臣儒士，如杨士奇、杨荣、杨溥、胡濙、夏原吉、蹇义等。宣德皇帝与这些文臣爱好相同，情趣相投，关系融洽，所以整个仁宣时期正统儒家的德礼治国思想自然成为了那个时代的主旋律。

儒家学派创始人孔子在阐述自己的为政主张时曾这样说：“道之以政，齐之以刑，民免而无耻；道之以德，齐之以礼，有耻且格”（《论语·为政》）。其意思为：主政者如果以刑罚来统一要求人们，那么只能暂时性制止人们不犯罪，而不能使大家懂得犯罪是可耻的，因此也就不能从根本上消除犯罪；如果主政者以德礼来统一要求人们，这就能使人们意识到犯罪是可耻的，进而自觉不犯罪。从儒家祖师爷的这段话中我们可以看出，孔子不是不要政刑，而是反对迷信政刑，再说白一点就是主张重德轻刑或言德主刑辅。

自在即位诏书中向天下臣民宣布“为政所重，以德及人”那一刻始(《明宣宗实录》卷1)，朱瞻基就贯彻了这种正统儒家的德礼为本的治国思想。

○ 赖婚案件惊动皇帝大人

宣德元年，有个叫姜通的安东中屯卫指挥佥事向宣德皇帝上奏说：“两年前犬子姜裕与朔州卫指挥使周忠的女儿周氏订了婚，按理说这是板子上钉钉子的事，可没想到平阳王选王妃时居然将周氏给选中了，弄得小臣家现在亲也没法成不了，恳请皇上主持公道！”

两男抢一女或言一女二嫁本来是常有的事情，而从上奏者姜通地位来看，他既不如周忠，更无法与平阳王相比。这案件里边不排除女方家长周忠想攀高枝而故意赖婚的成分，可这高枝又不同于一般，对方是皇帝的直系亲属，现在的问题关键就看新皇帝朱瞻基如何处理了。

宣德帝读完姜通的奏章后，令人将主管大明德礼教化等工作的行在礼部尚书胡濙叫来，作出了这样的指示：“‘婚姻，人道之始，风教所关。’唐朝贞观年间唐太宗要娶郑仁基女儿为妃，当听说郑家小姐已经许配给人了，他就马上叫停。人们每每提及唐太宗，都要称赞他的‘贞观之治’，之所以为‘之治’，也就是极重德礼教化的缘故吧！既然周忠的女儿已经许配给了姜家，从维护纲常礼仪角度来讲，那就不能赖婚改嫁了，让平阳王另行选妃吧！”(《明宣宗实录》卷16)

一个在现在人看来小得不能再小的民事婚姻案件，最终居然惊扰了皇帝老爷才得以解决，除了案件的当事人身份有些特殊外，还有一个重要的原因，那就是在以儒家思想作为治国理政之指导的传统社会里，最为看重的可能就要数德礼教化了。朱瞻基说婚姻是人世间道德伦理的开端，就明确表达了他对传统礼仪教化重要性的清晰认识。宣德七年六月，朱瞻基在《御制官箴》的《礼部箴》篇中这样说道："圣人立极，法天出治，为治之本，莫大于礼。"（《明宣宗实录》卷92）

以圣人为榜样，以德礼作为治国之本，这等治政思想贯彻于朱瞻基的整个政治生涯。宣德九年三月的一天，朱瞻基在与侍臣探讨两晋历史教训时就曾这样说道："晋武帝司马炎虽说是西晋王朝的开创者，但他立国没有多少远见，制定的典章制度也不合适，江山社稷所托付非其人，加上对于羌、胡、鲜卑等戎寇没有处理得当，任其杂处，一旦祸起萧墙，戎寇随即作难，西晋王朝随即一命呜呼。东晋仅仅立国而已，贼臣乱子比比皆是，朝政陵夷，国势衰微，之所以能延续上百年之久，'亦有贤人为之用也。'"接着他又说："古先帝王维持天下，以礼教为本，两晋风俗淫僻，士习浮薄，先王礼乐教化于是荡然，岂久安之道哉？"（《明宣宗实录》卷109）

在朱瞻基的言论中涉及到"以礼教为本"的治国理想之重要手段，就是要任用贤人和循官良吏来治理国家，体现在具体治政过程中则为仁宣时期选贤任能、厘清吏治，严明考核、淘汰冗官，改进科举、整顿学校，严格荐举、慎用吏员，注重官德，理性监察、整顿风纪，等等。

那么最终效果怎么样？据《明宣宗实录》所载：当时全国共有159府，大约有1/4以上的知府都是由宣德朝廷谨选出来的循官良吏出任，其中多数人后来还被载入了《明史·循吏传》中；还有整个仁宣时期几乎每年每月都有这样的事情发生，地方耆老和百姓或上奏或赴阙，要求留任当地的循官良吏。对此，皇帝朱瞻基不仅应允了民情，而且还对那些深受百姓爱戴的地方循吏升秩增禄，奖赏褒扬。（详见本书第6章《仁宣时期为老百姓所喜爱的地方官留任复职情况简表》）用今天话来说，这既顺应了百姓的愿望，适时地回应了民声，又在事实基础上唱响了政治场的正气歌与主旋律，对于净化大明帝国政治风气有着积极的影响。

仁宣时期此等治平政治格局的形成果然有着很多的因素，但其中有一条相当重要，那就是皇帝朱瞻基所信赖和重用的大臣基本上都是些正人君子。

◯ 永宣朝著名阁臣“三杨”

内阁是宣德朝的智囊决策机构，以杨士奇、杨荣、杨溥为代表的阁臣都是历经明初政治风浪的朝中元老。三杨原本都是平民或言草根出身，通过科举考试、荐举而逐渐跻身于大明高级公务员的行列，他们熟悉社会底层生活与百姓疾苦，有着一定的社会阅历，又屡经政治风浪，因而在错综复杂的政治形势下他们都能保持着清醒的头脑，把握住正确的大方向。

在“三杨”中杨士奇尽管学历文凭最低，大致相当于大学本科，但他识大体懂大局，擅长行政工作，性直又有雅量，能容忍别人之过，被人美誉为“贤相”。史书记载说：“（杨）士奇处心公正，论事存大体，在上（皇帝）前有德者必扶，有过者必掩；取人必先德行而后才能，且博询于众论，故所荐皆名士。”（《明英宗实录》卷 114）

◯ 机敏杨荣的是与否

“三杨”中的杨荣是永宣时期最为机敏、最有谋略的朝廷决策大臣。他精明果敢，能谋善断，尤其是在临时决策和军事方面有着杰出的才能，因而深得永乐皇帝的器重与厚爱，朱棣每次北征都要将他给带上。在永乐朝那个人人自危的岁月里，唯独杨荣自始至终都能绕过政治场上的惊涛骇浪而得以保全。不过，此人有个毛病：就是容不得人。永乐年间，由于皇帝朱棣数次北征，而杨荣不仅随驾充当军事参谋机要、协助决策，而且还数次受命前往甘肃、宁夏等北疆地区“规划军务”，巡视北防。因此对杨荣来说，“边将贤否，厄塞险易远近，敌情顺逆”等等都了如指掌。据传从永乐时期起边关将领每年都要给杨荣送良马。

宣德皇帝即位后听说了此事，专门去问杨士奇。杨士奇说：“杨荣通晓边关军事防务，小臣对此望尘莫及。陛下不要因为杨荣大人的一点小失误而太在意！”听到这里，朱瞻基反倒乐了：“杨荣曾几次在朕面前说你与夏原吉的坏话，现在你倒反而为他开脱？”杨士奇笑了笑，回答道：“愿陛下就像宽容小臣的不是那样，宽恕杨荣大人的过失吧！”这事后来传到了杨荣的耳朵里，他顿时感到万分羞愧，而杨士奇却更是大度地只当什么事也没发生，两人相处得

十分融洽。看到两位重臣这般识大体、顾大局，皇帝朱瞻基高兴透了，不断地给他们俩赏赐。（《明史·杨士奇传》卷148）

○ 质直廉静的杨溥为皇太子白白坐了10年冤枉监狱后……

“三杨”中的杨溥是仁宣时期皇帝亲信大臣中较为特殊的一个，他为人正派，但性格很内向，宁静淡泊。虽说他与杨荣同为建文二年的进士，同时被授予翰林院编修，但在随后的人生道路上这“两杨”有着很大的不同。永乐初年杨溥被任命为太子洗马即东宫老师，伺候皇太子朱高炽读书。有一次朱高炽读《汉书》，竭力称赞汉朝大臣张释之之贤。在旁的杨溥听了插话说：“张释之果然贤能，但要不是汉文帝宽仁，哪能有张释之实现治国平天下之宏愿的机会呀！”朱高炽听后不停地点头称是。随后杨溥开始收集和整理汉文帝实施宽仁举措一类的史实，将它们编辑好后送给朱高炽阅读。在那个血雨腥风的年代里，老实本分的杨溥格外谨慎，尽心辅助皇太子朱高炽，但即使这样还是招来了莫名的牢狱之灾。那是永乐十二年那年，本来做事就磨磨蹭蹭的皇太子朱高炽派遣属僚黄淮等前去迎驾，不知怎么的这些人迟缓了一下，魔鬼皇帝朱棣顿时暴怒，下令将黄淮等逮到北京，打入大牢。刚好有个叫金问的东宫属官也在其内，而永乐皇帝朱棣又不认识金问，他更越发怀疑皇太子背着他搞什么小动作，于是就下令一一追问，最后连累到了杨溥，杨溥也由此被关入了锦衣卫大牢。当时环境相当恶劣，杨溥家穷，家里人到牢里送饭有一顿没一顿，有时几天都不送；加上魔鬼皇帝朱棣喜怒无常，杨溥随时都有生命之忧。可他全然不当一回事，在狱中每日读书不止，十年下来，居然将经史子集读了几遍。（《明史·杨溥传》卷148）

杨溥坐了十年的冤枉监狱，直到朱棣死、皇太子朱高炽上台后才被放出来。正因为有着这段非同寻常的经历，朱高炽夫妇在掌握了大权后充满了对杨溥等人的感激与怜悯之情。杨溥一出狱，朱高炽就任命他为翰林学士。

洪熙元年明仁宗特建弘文阁，让杨溥执掌阁事，实际上为另立一个内阁班子。皇帝朱高炽还亲授一枚合印给杨溥，并跟他说：

"朕让您老辅佐,还不仅仅于知识学问,更多的是通过您等广泛了解百姓之事,用作治国参考。您要是有什么想说的,就以这枚合印封识好上呈给朕。"不久明仁宗又晋升杨溥为太常寺卿。至此,杨溥已经位列杨士奇、杨荣等重臣的行列,只是由于他性格恬静,淡泊名位,严谨操守,处事公平,故而深得朝中同僚甚至皇帝的尊敬。

宣德初年,杨溥主动提出撤销弘文阁,明宣宗不仅接受了他的建议,而且还将他召入了内阁,与杨士奇、杨荣、金幼孜等同埒。宣德九年杨溥被升为礼部尚书,继续兼任内阁大学士。史书曾说"(杨)溥质直廉静,无城府。性恭谨,每入朝,循墙而走。诸大臣论事争可否,或至违言。溥平心处之,诸大臣皆叹服。"(《明史·杨溥传》卷148)

"三杨"共同辅政的局面一直维系到了明宣宗死后明英宗登基十余年,"时谓士奇有学行,荣有才识,溥有雅操,皆人所不及云"(《明史·杨溥传》卷148)。可以这么说,"三杨"完全可以跻身于明宣宗所说的"贤人"或言"贤臣"的行列了。

◯ 稳重能臣蹇义和夏原吉

其实除了"三杨"外,仁宣时期的"七卿"即六部和都察院首脑官,大多也是循官良吏。

吏部尚书蹇义可谓是比"三杨"资格还要老的明初五朝老臣。他是洪武十八年的进士,入仕后最初被授予中书舍人,因奏事合乎洪武皇帝口味而受到关注。朱元璋问他:"你姓蹇,是不是蹇叔的后代?"蹇义拼命磕头,就是嘴里不敢说是。朱元璋看到他诚恳又笃义,就将他的名字改为蹇义,并御笔手书其名。

蹇义在任上干了三年,按例应该换个岗位,可皇帝朱元璋不同意,特地下令要蹇义干满九年即明代的考满,并说:"朕将来要重用蹇义的。"九年考满时,高皇帝果然留下蹇义,作为自己的近侍。而蹇义从此就更加小心谨慎,从早到晚侍候在朱元璋的身边,从未做出什么令高皇帝不快的事情。

正因为高皇帝很喜欢蹇义,建文帝登基后就破格提拔蹇义为吏部右侍郎(相当于人事组织部副部长)。可能使建文帝做梦也没想到的是,自己这么抬举蹇义,蹇义却在"靖难之役"之后投降了敌对的燕王朱棣。朱棣十分很高兴，马上把蹇义的职务由吏部右侍郎升为左侍郎，几个月后干脆就任命他为尚书即组织部部长，从此蹇义在组织部部长的位置上一干就干了30年，从爷爷皇帝朱棣一直干到孙子皇帝朱瞻基。(《明史·蹇义传》卷149)

蹇义当上组织部长后比较敢直言，那时魔鬼朱棣刚刚篡位成功，他一反建文新政，且矫枉过正。对此，蹇义看不下去了，他就上奏说："减损或增加什么贵在合乎时宜，前朝改制果然不当，但现在一定要全然恢复洪武旧制，也未必全合适啊！"随后他从容不迫地列举了好几件事情，娓娓道来。朱棣听得很认真，不停地夸赞蹇义说得好，并接受了他的意见。永乐二年朱棣下令，让蹇义兼任太子詹事即东宫老师，凡是皇帝有什么传谕给皇太子的，一般都由蹇义来递交，而蹇义又能想方设法将皇帝御旨传达清楚，因此无论是皇帝朱棣还是皇太子朱高炽都十分敬重他。朱棣北巡时，蹇义等受命辅佐皇太子监国，朱高炽依靠"熟典故，达治体"的蹇义处理军国之事。当时建文旧臣能不被猜疑而受到重用的，除了蹇义还有就是户部尚书夏原吉，朝廷内外往往并称其为"蹇、夏"。永乐十九年朱棣委派26位朝廷大臣分巡天下，蹇义受命巡视南京应天等府。巡视期间，蹇义探访民间疾苦，罢黜扰害百姓的文武官吏好多人，向皇帝上奏，条陈兴利除弊之事多达几十件。永乐末年蹇义因受皇太子之事牵连而被皇帝朱棣打入锦衣卫大牢，但不久就被放了出来。(《明史·蹇义传》卷149)

正因为有着这段特殊的经历，蹇义与皇太子朱高炽之间的感情笃深。朱高炽登基后对臣下第一个加官晋爵的就是蹇义，将他晋升为太子少保，后又升为少师。除此之外，洪熙帝还给了很多的赏赐，甚至亲赐玺书，予以极度的褒扬与勉励。当时享受如等荣耀的除了蹇义外，还有一人就是杨士奇。面对这样的情势，永乐朝宠臣杨荣心里可不踏实了，他找了个机会在洪熙帝面前数落起蹇义与杨士奇的短处。明仁宗当场没吭气，但自此从心底里看不大起杨荣，又暗暗地为蹇义与杨士奇"鸣不平"。有一次明仁宗看到左右没人，就跟蹇义说了杨荣数落他短处的事情。没想到蹇义听后不仅没生气，反而落落大方地应答道："我想杨大臣也不会有什么，或许是周围的人故意毁誉杨大人，还望陛下慎察！"明仁宗听到这里，意识到自己在持重老臣面前说漏嘴了，于是赶紧改口说："我也不大相信杨荣会是那样的人。"

明仁宗当政不到一年就驾崩了，转眼到了宣德时代，这个时期蹇义与夏原吉等历经明初五朝的老臣依然在发挥着重要作用。宣德元年平定高煦之乱、宣德二年撤兵交趾，宣德三年明宣宗北巡，蹇义与夏原吉、杨士奇、杨荣等老臣都曾参与决策。可能是在北巡途中年轻皇帝看到了，从朱明皇家曾祖朱元璋时代就开始工作的蹇义与夏原吉太过于苍老了，怕他们应对不了吏部和户部那种繁重冗剧的工作，从优老待贤的角度出发，他下令让蹇义、夏原吉退居二线，担任皇帝的顾问，参与国事决策讨论而不直接主管部务，但继续享受他们原先的经济待遇。宣德四年朱瞻基任命郭琎代为吏部尚书。(《明史・蹇义传》卷 149)

但退居二线的蹇义并没有闲着，帮助宣德皇帝整理天下臣民建言章奏，而明宣宗对蹇义也格外尊重，曾赐予一枚'忠厚宽宏'的银章。宣德七年下令给有关部门，在北京文明门旁为蹇义盖了一座新房，供其颐养天年。蹇义后来一直住在那儿，并活到了宣德十年。

综观蹇义的一生，史书有这样的评述："(蹇)义为人质直孝友，善处僚友间，未尝一语伤物。(杨)士奇常言：'张詠之不饰玩好，傅尧俞之遇人以诚，范景仁之不设城府，义兼有之。'"(《明史・蹇义传》卷 149)

○ 厚重勤敏的大明组织部新部长郭琎

一句话，蹇义是个历经大明数朝政治风浪的正人君子，而继任他的吏部尚书之职的郭琎也不赖。郭琎，永乐时代太学生出身，后出任过永乐时代的吏部左、右侍郎。明仁宗登基后，命郭琎兼任詹事府少詹事。宣德初年郭琎受命执掌北京行在詹事府。因此说郭琎也算得上是个老臣了，但资历方面比不上蹇、夏和"三杨"，还有在个人学问方面似乎也差了一点。为此，当明宣宗提出让郭琎接替蹇义之位时，大臣杨士奇反对，可这回朱瞻基没接受，只是让郭琎先代理主持吏部工作一段时间，发现其很能胜任后，就正式任命他为尚书即部长。

其实郭琎也有他的长处：史书说他“厚重勤敏”，这正是当人事组织部长所应当具备的。至于当官的，未必要有多大的学问，更大可不必像当下无耻官员那般，人人都有一张令人炫目的博士文凭，个个都是无所不能的“通才”。人家郭琎为人实在，当了吏部尚书后干好自己的本职工作，他发现新科进士书生李贤是个了不得的人才，由此提拔他为吏部主事，就是让李贤在他的手下当个司局级干部，精心培养，后来李贤果然成了一代“名相”。

要说当时郭琎的权限有多大，绝非有当下“我爸是李刚”那般，因为仁宣时期省长布政使、市长知府一类的人选一般是由三品以上的京官推荐，监察干部御史和知县一类的是由五品以上的京官推荐，所以说郭琎手中的人事权有限，但他无怨无悔，做好做实自己的工作。当时经常发生这样的事情，某地方官任职到期了，当地的耆老和百姓要么上书，要么赴阙，要求朝廷留任该地方官。这种事对于地方官来说可谓是一箭双雕的好事：有人要求自己留任，即使留不成，落得个好官名声，说不准还能到别处去升官发财；要是朝廷应允了小民的请求，按照宣德朝的常规做法，五品知府留任，其经济待遇升为正三品的，何乐而不为呢？而作为人事组织部长的郭琎十分敏锐地觉察到了这里边可能潜在的问题，他上奏给宣德皇帝，要求皇帝下令，对小民上奏请求留任的官员之政绩进行复核、检查，防止官场的“托儿”。皇帝朱瞻基当即接受，并下令予以施行。(《明史·郭琎传》卷157)

可以这么说，继任蹇义为吏部尚书的郭琎是个忠于职守的正派官员。在这样的皇帝和这样的官长主持下，大明吏部与政治场总的来说还是比较清明的。

◯ 亲孝身廉的大明财政部新部长郭敦

吏部以外最为重要的朝廷机构就要数户部，户部相当于今天的财政部。仁宣之际户部尚书由前朝元老夏原吉担任，皇帝朱高炽、朱瞻基父子对其都十分敬重。宣德三年夏原吉退居二线，但明宣宗仍让他担任名义上的户部尚书，直至宣德五年他去世。在此期间皇帝朱瞻基相继任命了郭敦和郭资等人同时担任尚书之职，主持户部的实际工作。

郭敦，洪武时期的太学生出身，曾任户部主事，后被外调为浙江衢州知府，因在当地实施惠民之政，深受百姓爱戴。永乐初年因受案件牵连被罢官，衢州百姓听说后，自发地组织起来，到南京向皇帝朱棣奏请，要求宽宥郭敦之罪，但遭到了拒绝。不过幸运的是，后来有个大臣向朝廷推荐了郭敦，说他廉正又有才干，皇帝朱棣一发善心，下令让郭敦增补为监察御史。不久又将其外调为河南、陕西左参政。永乐十六年朝廷重臣胡濙举荐郭敦，说他不仅有才且还颇有大臣风范，于是永乐皇帝再次将郭敦召回朝廷，让他担任礼部右侍郎兼太仆寺卿，与给事中陶衎一起巡抚顺天即今天的北京地区。永乐末年郭敦跟随朱棣北征，担任督理军饷之职。

明仁宗当政时，郭敦升任为户部左侍郎，兼詹事府少詹事。宣德初年升为户部尚书之职，名列老尚书夏原吉之下。那时陕西发生特大旱灾，宣德皇帝委派郭敦与隆平侯张信一起前往陕西，会同当地三司官员进行赈灾救济。经过多方调查与实地考察，郭敦向朝廷请示蠲免逋赋、赈济贫民、考黜贪吏、罢不急之务等方面几十件事情，均得到了宣德皇帝的批准。一年后回京主管户部事务，他抑制地方藩王兼并民田，对老百姓开垦荒地实行不纳税的奖励，建议南粮北运以瓜洲、仪真为“界”，地方百姓将粮食运往瓜洲、仪真，再由军队里的士兵将粮食运往北京，如此一来，军民两便。

总之，继任夏原吉的户部尚书郭敦也是一位好官，史书论郭敦“事亲孝，持身廉”，一个地地道道的君子，要是同僚做了什么不仁不义之事，郭敦会不顾情面厉色呵斥，且不依不饶，直到对方认错为止。(《明史·郭敦传》卷157)

○ 刚毅刻板的财政部另一部长郭资

与郭敦几乎同时为户部尚书的郭资也是个循吏，史书说他“治钱谷有能称”。为此，宽厚的明仁宗曾向杨士奇打听过郭资这个人到底怎么样？杨士奇说：“郭资是洪武十八年的进士，属于老知识分子，性格刚毅，为人正派，不说他自己就是别人在工作中要是有点私心杂念的话，他也绝不会容忍。就是有个毛病，太过去恪守制度，陛下您多次下诏蠲免租赋，迟迟不执行的就是他。”说白了，郭资为大明皇帝很把家，确实是个合适的财政部长。(《明史·郭资传》

卷 151）

郭敦、郭资为户部尚书时，朱瞻基同时还任命了黄福、胡濙两位老臣兼任户部尚书。黄福是明初有名的清官循吏，明宣宗曾评价他“六卿中谁伦比者?”（《明史·黄福传》卷 154）

○ 谨慎宽厚的数朝能臣胡濙

而胡濙更是谨慎宽厚的老臣。永乐年间，他接受皇帝朱棣的特殊使命，秘密寻访建文帝，因有功而被擢升为礼部左侍郎，后被外调南京任职。明仁宗当政时，胡濙任行在礼部侍郎，曾力言建都北京非便，请求还都南京，“省南北转运供亿之烦”，很得洪熙帝的喜爱。后来转为太子宾客，兼南京国子祭酒。

明宣宗即位后，胡濙再度被调为礼部左侍郎。当时礼部的一把手是佞臣吕震，不过此人在宣德朝干了一年不到就病死了，礼部尚书一职就由胡濙来接任。宣德六年，皇帝朱瞻基任命胡濙兼任户部尚书之职。从当时的实际情形来看，胡濙的这个兼职可能就是大的方面把把关，户部具体的细务可能不一定会管了，但即使这样，他还是受了不少的冤枉气。宣德中期，朝廷各种开支逐渐增多，而各地灾异报告也接连不断，皇帝朱瞻基每次接到奏报，几乎都不假思索地批复：蠲免租赋！诏书下达后，胡濙总要估算一下国库的收支情况，有时还会顶着不执行，为此宣德皇帝很为恼火，几次下敕训斥胡濙。幸好胡濙“节俭宽厚，喜怒不形于色，能以身下人”，这样一来矛盾不至于升级。不过从皇帝角度来讲，明宣宗毕竟也是个明君，一旦静下心来，还是从心眼里感激胡大臣，于是给予其恩遇与赏赐也源源不断。有一次，明宣宗宴请胡濙、杨士奇、夏原吉和蹇义等四大臣，席间他不无得意地这样说道：“海内无虞，卿等四人力也!”（《明史·胡濙传》卷 169）

○ 宽仁的司法部长金纯

宣德朝的刑部尚书最初是由老臣金纯担任。金纯，洪武时代国子监生出身，由当时吏部尚书杜泽推荐，出任吏部文选司郎中。洪武末年外调为江西布政司右参政。朱棣篡位后，吏部尚书蹇义推荐，金纯出任刑部右侍郎，相当于司法部副部长。不过他并没有在刑部待多久，就受朱棣指派上湖广去采木，营造北京城，后又多次跟随朱棣北巡。永乐九年起金纯与宋礼等一起主持疏通会通河，解决南粮北运难题。永乐十四年升为礼部左侍郎，两年后升为尚书，永乐末年受命巡抚四川。

明仁宗即位后，金纯被调任工部尚书，没过几个月再次被调为刑部尚书。宣德三年金纯患病，皇帝朱瞻基派了御医前去治病，并格外恩遇金纯，让他在家好好养病，不用每日参加朝参。那年初夏时分，宣德皇帝下令，要求包括刑部在内的司法系统清理监狱，以免天热人多犯人被热死。可就在这时，有人向皇帝报告说，刑部尚书金纯说是有病，却几次与朝中同僚豪饮，按律应该予以惩处。朱瞻基听后十分恼怒："金纯说是生病，朕体谅他，叫他不用朝参，没想到他私下里喝酒喝得这么起劲，太不像话了！"随即令人将金纯逮捕，打入锦衣卫大牢。不过过了一段时间，宣德皇帝念及金纯为老臣，加上没有太大的过错，因而也就从轻发落，刑部尚书肯定是当不成了，再来朝中上朝影响肯定也不好，最终让他退休完事。

金纯担任刑部尚书时间不长，前后不超过四年，但实际影响还是蛮大的。明仁宗曾经跟金纯说："这些年来法司部门往往罗织罪名，动不动就给说说话的人按上诽谤罪名，'自令告诽谤者勿论'。"金纯遵照明仁宗的指示精神，命令手下人鞫审刑狱一定要宽仁，不能动不动就用刑具捶打犯人，所以说金纯为刑部尚书期间，犯人们的待遇相对有了保障，没听说过有什么犯人冤死或病死监狱的，因此说金纯也够称得上是个循吏啊。(《明史・金纯传》卷 157)

○ "过劳死"于自己工作岗位的大明总检察长、刑部尚书胡概

金纯被迫退休后，刑部尚书之职空了两三年。宣德中期朱瞻基提拔熊概担任此职。熊概，永乐九年进士，曾任监察御史。永乐十六年，被擢升为广西按察使，后调为广东按察使。洪熙元年他以广西按察使官衔与布政使周干、参政叶春等巡视南畿和浙江。那时江南地区形势十分严峻，周干等在江南考察了一年左右，找出了问题的症结：土豪劣绅肆虐作恶，地方官府官非其人。回到北京后，他向皇帝做了汇报与请示。当时明仁宗已死，继位的宣德皇帝擢升熊概为大理寺卿，命他和叶春一起巡抚江南，江南巡抚的设立

自此而始。

熊概到任后整肃吏治、抑制豪强，围捕对抗官府的豪恶数十人，将他们一一装入囚车，令人押送北京，同时还灵活调剂地方上的赎罪米 24 000 石给地方驻军，解决了军粮的燃眉之急。明宣宗听说以后喜上眉梢，但地方奸民却如丧考妣，他们到处找人，向朝廷诬告所谓的熊概罪行。

宣德二年由大贪官刘观主持的行在都察院向宣德皇帝告状，说熊概与叶春在江南作威作福，放纵官兵扰害百姓。皇帝朱瞻基当场没表态，却暗中派遣监察御史潜下江南调查，发现全是子虚乌有，自此以后明宣宗更加信赖熊概和叶春等人，他不断地赐发玺书，对他们进行褒扬和奖励。而熊概等并没有因此沾沾自喜，相反更加小心谨慎，凡是在江南地区所要推行的兴利除弊之举措，他都一一上报给明宣宗。当时朝廷派了不少特使到江南来，不是什么督办造纸的，就是要买什么铜铁的，熊概以江南连年水患为由向皇帝禀告，请求罢免此类扰民的皇差。因此说熊概也是个有着很好口碑的循吏。宣德五年回朝复命后没多久，皇帝朱瞻基调熊概为都察院右都御史，专门负责南京都察院事务。

宣德八年行在都察院一把手顾佐患病，明宣宗急调熊概赶赴北京，代理行在都御史，兼署刑部尚书之职。即使为代理和兼职，熊概工作起来依然是一丝不苟，甚至废寝忘食。宣德九年十月的一天，熊概主持刑狱复审，从早上一大早开始一直干到午后，忙碌到了连吃点东西垫垫肚子的功夫都没有，忽然间感觉天旋地转，两眼发花，没一会儿就不省人事，终于“过劳死”于自己的工作岗位上。(《明史·熊概传》卷 159)

○ 廉价尚刻的大明国防部长张本

宣德前期兵部尚书由张本担任，此人为洪武时期国子监生出身，出仕后任江都知县。“靖难”战争后期，燕军南窜打到扬州时，张本举城归降，被朱棣授予扬州知府之职，不久擢升为江西布政司右参政。四年后召为工部左侍郎，可随后的永乐年间张本官宦生涯并不平坦，因案件牵连或奏牍书衔失误而遭劾贬，虽为皇帝朱棣所宽宥，但仍降职为工部右侍郎，后又改为刑部右侍郎。曾受命负责整治大运河北段漕运，跟随永乐皇帝北征，督运军饷。

明仁宗即位后，张本被提升为南京兵部尚书兼掌都察院事，因上书进谏颇为朱高炽赞赏，调任为北京行在兵部尚书。宣德皇帝当政后，张本曾参与平定高煦之乱，审理追查高煦同党。随后负责主持清理军务，提出了纠正清军扰民的建议，得到了明宣宗的赞赏。开平卫南迁独石后，张本受命前去巡视，规划防守事宜，回京奏报，很得朱瞻基认可，并受命兼管户部。因为多年从事兵部尚书工作，张本熟悉边防事务，晚年曾向明宣宗提出，将丝麻布帛运往边疆，以此来购买粮食，储存边疆，做好军事防备。宣德六年张本病逝于任上。

对于张本，《明史》有言："本廉介有执持，尚刻少恕"。说尚刻少恕主要是指他在审理朱高煦同党案犯时过于苛刻了一点。不过整体而言，张本还算得上是个不错的部长，一生很简朴。有一次永乐皇帝宴请近臣，每人都赐予一个银器，唯独张本没份。朱棣当着大家的面跟张本说："人们都喊你'穷张'，给你银器也没用。"由此看来张本的简朴是出了名的，连皇帝也知道。(《明史·张本传》卷157)

张本死后，兵部尚书由许廓和王骥担任。许廓是宣德朝不错的循吏，而王骥尽管是进士出身，但他"长身伟干，便骑射，刚毅有胆，晓畅戎略。"有这样的文武双全者担任兵部尚书，恐怕在当时文人成堆的宣德朝与正统朝中还是绝无仅有的。(《明史·王骥传》卷171)

仁宣时期的工部尚书吴中也是个老臣，尽管此人在建筑营造方面颇有才干，但他却是出了名的贪官污吏。宣德三年，吴中为了讨好宦官杨庆，居然用公家材料营造杨庆府第，后被人告发，吴中被捕入狱。但最终明宣宗因念及吴中为老臣的情分而宽宥了他，并让他继续担任工部尚书之职(《明史·吴中传》卷151)。不过好在当时工部还有两名同职务的尚书，一个就是历经明初五朝的有名贤官黄福，另一个则为李友直，朱瞻基的这般人事安排想必是为了牵制贪官吴中吧?!

宣德朝初期"七卿"中的都察院长官为大贪官刘观。宣德三年刘观因贪赃枉法而遭到了法办，都察院的一把手换上了大清官顾佐，由此开始了大明政治场上的大整顿，官僚队伍中腐败风气一时得以遏制。

综观仁宣时期,在儒家德礼治国思想的指导下,在"蹇、夏"和"三杨"等一批朝廷正直重臣的辅佐下,朱高炽、朱瞻基父子不仅扭转和稳固了大明帝国的航向,变尚武重刑为尚德宽刑,实现了真正的文治。而且还谨选守令,整肃风纪,廓清政治,使得当时的大明闪现出"政清官廉"或言"政治吏清"的喜人局面。

◉ 纳谏进言　君明臣直

从政治层面角度来讲,判断王朝的某个时期是否进入了太平盛世,不仅要看其统治阶层主干队伍是否具有良好的素质与才能,而且还应该观察其是否存在着一个相对开明的政治氛围和容忍空间,套用人们习惯的说法,那就是是否出现了"君明臣直,纳谏进言"。

明初"二祖"是大家公认的绝对专制之魔王,生活在那个时代的人们动辄得咎,随处都能嗅到的是令人不寒而栗的血腥味和随时都会招来无端的牢狱之灾或杀人灭族之大祸。仁宣时期的重臣杨士奇、夏原吉、杨溥等人都曾尝过这样的劫难苦果。

○ 注意进谏艺术的永宣朝著名直臣杨士奇"纠编补漏"

杨士奇出身贫寒,江西泰和人。早年父亡,母亲改嫁罗氏,杨士奇曾改姓罗,后来才复姓杨。青少年时代的杨士奇十分好学,但生活却是颠沛流离,先是在家乡附近教书糊口,后来到湖湘地区去做私塾老师,在江夏待了很长的一段时间。他边教书边自学,学问随之大长。建文初年,朝廷搜罗文人儒士编撰《明太祖实录》,当时的杨士奇已被人推荐去当官学里的教师,就在赴任之前,建文朝大臣王叔英向朝廷推荐了杨士奇,说他有治史之才,随即召入翰林院担任编纂官。没过多久,朝廷主管干部人事的吏部对翰林院学士等儒臣进行了考核,吏部尚书张纮发现杨士奇写的策文特别好,赞美他为奇才,上奏定其为第一。建文帝接受了张纮的上奏建议,授予杨士奇吴王府审理副官之衔,但仍令其在翰林院工作。

"靖难"军打到南京时,杨士奇与其他 28 个建文大臣投降了朱棣。鉴于当时压倒性多数的建文大臣不肯就范,看到杨士奇等极少数人归降，篡位皇帝朱棣顿时如获至宝，随即提拔杨士奇为翰林院编修，在随后创建内阁时，又将他选入了内阁，使其成为永乐朝的内阁重臣。永乐二年朱棣立朱高炽为皇太子，又选杨士奇为左中允即皇太子佐官，后升其为左谕德。由此开始杨士奇与大明“官三代”朱高炽之间的深度交往。(《明史·杨士奇传》卷148)

杨士奇为官任职十分严谨，回到家里从不谈论公事，即使是在至亲好友面前也从不透露分毫。魔鬼朱棣当政时暴戾无常，杨士奇举止恭谨，每逢皇帝提问诘难，他便从容不迫地予以应答，且十分中肯切题。别的同僚要是有什么窘态或小失误，杨士奇总是设法为其开脱。广东省布政使即省长徐琦原本是京官，赴广东就任后不久要回京办事，他就带上一些岭南特产，想分赠给朝廷中原先的同事。这本是一件小得不能再小的事情，谁知被人告发了，且告密者很是厉害，徐琦要赠送土特产的官员名字一个不落地给记录了下来。永乐皇帝拿到名单后看了又看，忽然发现原本朝中很有影响的杨士奇怎么没有被列入其中？于是下令召杨士奇入宫来问个究竟。杨士奇一听是这个事情，马上就解释说：“徐琦到广东就任时，群臣都曾写诗作文相赠送，当时小臣刚好身体不适，没能一起去送别徐琦，所以说就算名单上没有小臣的名字也属正常。现在不知道名单上所列的这些人还是否会接受徐琦赠送的土特产呢，再说一点点土特产，我想徐琦也不会有其他的意思吧。”听了杨士奇的这番解释，狐疑雄猜的朱棣顿时感觉自己做得太过了点，于是下令将那份名单给烧了。(《明史·杨士奇传》卷148)

永乐时期杨士奇的工作有两个方面：一是作为阁臣，参与决策；另一个是作为东宫老师，辅佐皇太子朱高炽监国，这是项风险极高的政治差使。由于永乐帝不喜欢自己的长子朱高炽，偏心二儿子朱高煦和三儿子朱高燧，于是围绕未来大明君位之争夺时而暗波汹涌，时而惊涛骇浪，而身处斗争漩涡的杨士奇却始终能处事不惊，从容不迫。先是永乐十二年由于汉王朱高煦进谗，永乐帝朱棣北巡南还以东宫迎驾迟缓为由，将黄淮等东宫属官尽下狱中，杨士奇因为当时不在场，朱棣宽宥了他。当永乐帝问起皇太子迎驾迟缓的原因时，杨士奇边叩首边回答：“皇太子孝敬陛下始终如一，凡事有所迟缓的都是臣等之罪。”朱棣听后当场就消了火，但行在大臣不断地上奏说："既然东宫属官有罪，怎么能独独宽宥了杨士奇?"于是朱棣下令将杨士奇打入锦衣卫大牢里，可没多久又将他放了出来。

杨士奇的聪明在于明着说公道话，而不去触及不该说的话题。但他偏偏遇到的是一个有着极端偏执心理且十分残忍的雄猜之主，所以倒霉与"中招"在所难免了。永乐十四年，朱棣又一度北巡南还，听说自己的爱子朱高煦在他离开南京期间干了许多谋逆不轨的勾当，他就问东宫辅臣、吏部尚书蹇义有没有听说过这事，蹇义不作答。朱棣又问杨士奇，杨士奇不紧不慢地说："小臣与蹇义都是东宫的属僚，外边的人都不敢替臣等两人讲汉王的事情。既然今天陛下问起这事，小臣就直说了。汉王两次受命就藩，可他却一直不走。如今听说陛下您将迁都北京，他却上请留守南京。汉王的意图陛下您还是细细地品味一番吧!"这回杨士奇可"直"到了底。皇帝朱棣听后沉默了好一阵子，最后怏怏回宫。没过几天，汉王朱高煦谋反不法之事暴露出来，朱棣下令削了他的两个护卫，并强令他之藩。可从本质上而言，这场没有硝烟的战争还没有结束，永乐二十年，朱棣北征回京，以东宫属僚辅佐有缺为名，再次将杨士奇等打入锦衣卫大牢，又没过多久把他给放了出来。(《明史·杨士奇传》卷148)

可以这么说，尽管十分谨慎，但在那个魔鬼肆虐的年代里，正人君子杨士奇为皇太子朱高炽白白地坐了两次锦衣卫大牢。也正因为如此，明仁宗夫妇俩十分感激、敬重和信赖杨士奇，一上台就提拔杨士奇为华盖殿大学士、少傅。

有一次明仁宗在便殿上与蹇义和夏原吉等讨论政事，远远望见杨士奇向便殿走过来，他就跟身边的蹇、夏两位重臣说："新任华盖殿大学士来了，一定会有直言进谏之语，你们俩不妨一起听听!"只见杨士奇上殿行礼后直奔主题说开来了："陛下，您颁发每年减少上供物品的诏书才两天，后宫惜薪司就传旨说，要征收80万斤枣子，这岂不是与陛下前面的恩诏相抵牾了。"朱高炽一听杨士奇讲得十分在理，马上传旨再减半，征收枣子40万斤。皇帝朱棣死后按照那时的服制，至少得穿27天的丧服，至于以后各朝都可以灵活机动一点。当时专门主管此类事情的大明礼部尚书吕震主张服完 27 天丧后就可换上常用服饰了，可大臣杨士奇认为不行，短短的 27 天丧期不足以表达人臣的悲痛与思念之情，因此主张延长服丧期。吕震听后暴跳如雷，厉声斥责杨士奇。重臣蹇义见到此番情景，赶紧出来打圆场，提出了兼顾两种意见的主张，并上奏新登极的明仁宗。第二天也就是服丧期满后的第一天上朝，明仁宗依然是披麻戴孝地临朝，而大臣中唯独杨士奇和英国公张辅穿了丧服来上朝。朝仪结束后，明仁宗跟左右近侍说："大行皇帝棺椁还没下葬，做臣子的怎能忍心脱去丧服呢？大臣杨士奇坚持得对啊。"随后提升杨士奇为太子少保，没过几天又让杨士奇晋升为太子少傅。

永乐末年大明官方拥有 173 万匹马，差不多平均 2 个士兵拥有 1 匹马，这么多的马匹靠谁来饲养呢？一部分是军队自己饲养，还有很大一部分就由民间来领养，这可是一项十分沉重的负担。由于当时大明军队重点布守北京为中心的北方，民间领养官马自然重点落在北京，因而北京周围的老百姓都被折腾得精疲力竭。即使这样还有很多的军中官马无人饲养，当时兵部尚书李庆看到各地地方官正在北京朝见新天子，顿时就来了灵感，他上奏给新皇帝，建议将军队中没被领养的马匹交予各地地方官去饲养，每年向他们征收一匹小马驹。杨士奇听说后十分生气，马上进谏给明仁宗，说："朝廷选贤授官，不是让他们去养马的，如果要他们去养马，那就是贵畜贱士，将来后世人们不知会怎么看待我们?!"皇帝朱高炽没应答，杨士奇又讲了一遍，朱高炽还是没表态。而后朱高炽到了思善门，命人将杨士奇找来，跟他这样说道："过去的那些事朕怎么会真忘了呢，只是听说吕震、李庆之流不喜欢杨爱卿等，朕生怕当场接受了您的建议后，他们会集体攻击爱卿您，朕也不想使您的好建议就此被废了，所以才两次没吭气。好了现在朕有说话的由头了。"说完朱高炽从黄袍的袖口里拿出了一份奏章，是陕西按察使陈智上奏的。陈按察认为，让各地地方官领养官马绝对是个损招，试想：让按察司官来饲养太仆寺主管的官马，这岂不是让监察官受制于"养马官"？朱高炽当即指示杨士奇，就以陈智的上奏为话题，马上草拟敕令颁行下去，否定地方养马的提议和主张。听到皇帝这番话语，杨士奇感动得老泪纵横，不停地叩首谢恩。

不久到了洪熙元年的新年元旦，按照常规，新年伊始应该好好庆贺一番，佞臣吕震上奏给仁宗皇帝，提议新年元旦庆贺应用上乐队好好地喜庆一番，但当时老皇帝朱棣死了还不到半年，按照那时的守孝规矩就不应该这么搞。杨士奇和黄淮等大臣听到吕震的提议后马上上奏反驳，朱高炽没吱声，杨士奇再上奏，明仁宗还是没吭气，就这样耗着。一直到了半夜时分，宫中有人出来，走到大殿当中跟等候在那里的杨士奇说："杨大人，皇上说他十分赞成你的建议！"第二天，朱高炽单独召见杨士奇，十分感慨地说："吕震每做一件事，都会让朕误入歧途。要不是杨爱卿你们几个及时进谏的话，朕可能后悔莫及啊！"随后下令让杨士奇兼任兵部尚书，一人享受三份俸禄，以示荣宠。可杨士奇没有全接受，他辞掉了俸禄数额最大的兵部尚书那份，从而获得了朝野的一片赞誉，由此更使得明仁宗对他刮目相看。(《明仁宗实录》卷6下;《明史·杨士奇传》卷148)

有个叫舒仲成的监察御史曾经得罪过朱高炽，当时还是监国的朱高炽没把他怎么的，但这个过节却一直存在着。现在朱高炽当了皇帝了，就想好好地整治一下舒仲成。杨士奇听说后赶紧进谏道："陛下即位没多久，又曾下诏说，对于忤逆圣旨者既往不咎！可陛下您现在却突然要对舒仲成治罪，这岂不是告诉天下人：新皇帝的诏书不可信！由此，惧怕的人恐怕不是一个，而是一大批了。当年汉景帝宽容地对待得罪过自己的大臣卫绾，不也很好吗！"杨士奇的一席话说得明仁宗很不好意思，最终决定不对舒仲成治罪了。

有一天，有人跟明仁宗说，大理寺卿虞谦经常泄露朝中机密。朱高炽听到这话顿时火就上来了：这还了得，国家机密事务要保密，这是一个大臣应尽的义务，可这个虞谦太不像话了，不教训他一下还怎么能治理好朝政？想到这里，明仁宗下令将虞谦的官职降一级。大臣杨士奇听说后不干了，给明仁宗上奏说："虞谦有没有泄露机密就凭某人一句话就给他定性降秩，这似乎不太合适吧。以老臣之见，虞谦书生出身，不大像那种分不清是非的人呀！"朱高炽听后觉得杨士奇讲得很有理，于是就下令撤销对虞谦降秩的处理决定，恢复其原有的品秩。

可能是由于自己深受刚愎自用的暴君父皇的长期迫害，朱高炽上台后很注意倾听臣下的不同意见，甚至多次号召大臣们向他进谏。有个叫弋谦的大理寺少卿是个直臣，他响应仁宗皇帝的号召，洋洋洒洒写了数千字，上书给明仁宗。明仁宗拿到后先浏览了一遍，然后交给礼部尚书吕震等，让他们仔细议议看：弋谦提的这些意见中到底有哪些是可行的。但吕震是个出了名的佞臣，也是永乐时代的宠臣，现在那个叫弋谦的大理寺少卿居然罗列了那么多朝廷的不是，这岂不是公然否定"伟大的"永乐皇帝既定的基本路线？于是他纠集了贪官大坏蛋刘观等人，向新皇帝朱高炽上奏，说弋谦上书一派胡言，犯有欺罔之罪。朝中一些刘观的部下、专门从事监察工作的御史见到此番变数的出现，也纷纷出来弹劾弋谦，一时间舆论汹汹。(《明仁宗实录》卷7下)

结果明仁宗有点吃不大住了，下令让弋谦暂时不要来参加朝参活动。谁知这下流言可更加厉害，有人说仁宗皇帝要治弋谦的罪了。大臣杨士奇听说后心里十分着急，他找了机会向朱高炽进言："大理寺少卿弋谦是响应陛下您的号召而进谏的，如果现在要治弋谦之罪的话，那么朝中群臣就会从此噤若寒蝉！"明仁宗听了杨士奇的这席话，茅塞顿开，随即下令恢复弋谦的朝参活动，并将其官位升为都察院副都御史，位近刘观。而后明仁宗又降下敕书，检讨自己对弋谦事情处置不当之过。(《明史·杨士奇传》卷148)

明仁宗当政时期正是大明拨乱反正年代，由于永乐朝创设了诽谤罪，实行恐怖统治，进而使得大明帝国上下弥漫着浓烈的奴才献媚气息。在这样的氛围当中，要想将国家推向致治的境地，不仅仅要大家精诚合作，而且更需要君明臣直。这种事说来容易，做起来可不易。有一次有人上呈了一份歌颂当今天子治理下的大明帝国天下太平的奏章，请求皇帝好好地庆贺一番。上朝时明仁宗拿了这份奏章给大臣们看，习惯于永乐时代唱赞歌的大臣们一见到庆贺天下太平的上请奏章就特别来劲，吵吵嚷嚷地议论起如何搞好庆贺活动。唯独大臣杨士奇一言不发，见到满朝的人们吵嚷得不像样了，他终于忍不住大声喊道："启奏陛下，当今天下苍生虽然开始沐浴到了皇帝陛下您的恩泽，但那些被判充军和迁徙的罪犯还没回到他们的家里，展望四野，满目疮痍，底层百姓连吃饭都成问题啊，怎么能现在就说天下太平无事啦？要说太平无事恐怕还要努力一段时间!”杨士奇话音刚落,明仁宗就说:“杨爱卿说得好!”随即他转过头去跟吏部尚书蹇义等大臣说:“朕一直真诚地对待你们,希望你们辅佐好朕治国。可至今为止,只有杨爱卿上书进言五事,你们这些人怎么就没得意见要提的?难道真是朝廷之政没什么失误的?天下真是太平无事?”仁宗皇帝的一席话,说得大臣们一个个低下了头,脸顿时红到了耳朵根。(《明史·杨士奇传》卷148)

可惜的是这样一位虚心纳谏的明君在位时间太短了,只有10个月。不过就这在常人看来没什么了不得的10个月,他扭转了大明帝国一唯歌舞升平的政治风气,更为有幸的是,随后继位的明宣宗继承了他父皇广开言路的好传统。在登基即位诏书中,朱瞻基开门见山地提出:“言路所以广视听达民隐,自今朝廷政务或有不便及军民利病当除者,诸许人陈言,勿有所讳。”(《明宣宗实录》卷1)宣德初年他还跟大臣们这般说道:“致理之道,莫尤于广言路。盖天下之大,吏治得失,民生休戚,人不言,朝廷何由悉知?古人谓明主视天下犹一堂,满堂饮酒,一人对隅而泣,则一座之不乐。若令天下有匹夫匹妇不得其所,实为君德之累。凡有建言民瘼者,卿等勿讳言,或激切亦其心发于忠,若以其言激切而弃之,孰肯进言?卿等宜悉此意,凡言之善者即以闻,庶几有补于治”(《明宣宗实录》卷41)。

◯ 宣德皇帝听说即将上任的外交特使原先是“拉链门”事件的男主角,立即收回成命

从上述“最高指示”中我们可以看出,朱瞻基将广开言路当作是否是圣君治国的一个重要标志。不过这样的皇帝宏论在历史上比比皆是,我们不能光看他怎么说的,而要看他怎么做的。

前文已述,宣德元年皇叔朱高煦公然发动叛乱,宣德朱瞻基御驾亲征,手到擒来,活捉高煦及其家眷。事涉另一个皇叔赵王朱高燧。当时大臣张瑛等人主张立即发兵河南彰德,端了赵王府完事。当朝老臣有两种决然相反的观点:大臣杨荣十分赞成张瑛的主张,而杨士奇却坚决反对。杨荣曾是永乐朝的宠臣,而朱瞻基又是皇爷爷朱棣的最爱,因此在感情天平上朱瞻基自然倾向杨荣。但在

听取了杨士奇那无懈可击的反对意见后，宣德帝最终还是采纳了他的观点。(《明史·杨士奇传》卷148)

处理完了汉王、赵王之事后，宣德朝廷就着力解决安南问题。当时朝廷也有两种不同的意见，一种就是蹇义、夏原吉和张辅为首的“强硬派”，坚持在安南用兵到底；另一派就是杨士奇、杨荣为首的“务实派”，主张迅速结束战争，从安南撤兵。皇帝朱瞻基从实际出发最终采纳了杨士奇等“务实派”的主张，但也顾及了蹇义等老臣的面子，决定委派蹇义推荐的能言善辩的伏伯安作为安南议和特使这事差不多定了。突然大臣杨士奇又提出了反对意见，他说：“伏伯安是个小人，言不忠信，声名狼藉，即使安南这样的蛮貊之邦也不可让他去，否定会玷污了我大明帝国的声誉。”那么杨士奇说这番话有没有依据？

据《明仁宗实录》所载，这个叫伏伯安的人原先还是个大官，曾任永乐朝工部右侍郎即建设部副部长，因受命督运木材上北京，路过通州时，在通州驿舍歇歇脚，忽然发现通州驿丞的老婆貌若天仙，于是他就开始发动强大的攻势，不用说“我爸就是李刚”，就凭着自己建设部副部长的头衔，外加上嘴上涂了一层蜜，就足足“镇服”了美人。美人给驿丞老公戴了绿帽子，没想到的是自己原本想跟着伏副部长过好日子的计划还没来得及设计好，刚烈的驿丞老公在闻听传言后就迅速地结束了美人的性命。原本的“拉链门”事件顿时闹出了人命案，伏副部长因此受到了处置。被罚作为役夫去筑城，直到明仁宗登基大赦天下时才被赦回复职，但新皇帝是个正人君子，岂能容纳此等小人在朝？最终伏伯安还是被贬为荊门州知州。(《明仁宗实录》卷1下)

这回吏部尚书蹇义提名伏伯安，可能主要考虑是他的口才与能力，但马上遭到了杨士奇的坚决反对。明宣宗在了解真相后，迅速撤销了原决定，另外改派特使，赴安南议和，“于是弃交阯，罢兵，岁省军兴钜万”。(《明史·杨士奇传》卷148)

宣德中期，江南巡抚周忱上书给宣德皇帝说：“华亭与上海两个县的东部地区濒临东海，地高的地方只能种植黄豆，且还得要有雨水才能有所收获；西部地区邻近太湖，因为地低只能种植水稻，且还得要雨水少，碰到多雨就糟了，因此洪武时期政府征收秋粮就以棉布来折收，可永乐年间改为一律征收稻米，这下百姓们可遭罪了。上海、华亭境内外河流众多，一旦雨水过大，河水泛滥，加上潮汐时不时地侵蚀，老百姓本身日子就不好过，哪能完成得了政府的税粮指标？因此恳请皇帝陛下开恩，将这两县原定的官田税粮数额 279 000 多石改轻些，参照民田租税为准。如此下来，这儿拖欠的税粮有望征收得到。”

明宣宗命令行在户部会同相关官员对周忱的建议展开讨论，太子太师郭资等马上反对，且套用习惯做法来个上纲上线，他说：“（周忱）欲减官田古额，依民田科收，缘自洪武初至今籍册已定，征输有常。忱欲变乱成法，沽名要誉，请罪之。”宣德皇帝朱瞻基听到这里实在忍不住了，他说：“朕委派周忱巡抚江南，让他专门负责解决江南税粮拖欠问题，现在他提出了这么个方案来，也是他分内应该说的呀。大臣们朝议认为不可行也就罢了，何必要动不动治人罪呢。你们这些人是想堵塞住朕的言路吗？周忱没有错，不可治罪。至于其他的就按你们所议的去做吧！”（《明宣宗实录》卷 77）

宣德朝广开言路的例子还有许多。最为常见的，那时地方上某个循吏任满要离职，朝廷吏部甚至皇帝朱瞻基都已经做出了新的人事安排了，但只要有地方百姓出来请求留任，明宣宗往往会下令，收回成命，满足百姓们的要求。还有宣德年间几乎每年每月都有地方灾异发生，一旦地方灾异报告送达朝廷，朱瞻基总会接受臣下的建议，迅速下令赈灾救济，或派人核实情况，蠲免赋税。

在这个过程中大臣杨士奇起的作用特别大，史书说：大凡明宣宗接到地方上的水旱灾异报告，总要召集杨士奇等大臣进行讨论，随后下诏宽恤百姓，减免受灾地区的租税和官马缺额。而杨士奇就乘机上请明宣宗蠲免逃民赋税，减少官田税粮数额，清理滞狱，平反冤案，省工罢役，以此来广泛地宣传皇帝的“仁心德意”。两年后，一心想致力于“太平盛世”的明宣宗忽然想起了什么，就问杨士奇：“宽仁恤民诏书朕已下了好久，现在还有没有什么要宽恤的？”杨士奇回答道：“皇上以前的恤民诏书基本上都已经下发下去了，就减少官田税额一项户部老顶着不执行。”朱瞻基听后很不高兴，愤然说道：“这项诏令就算今天开始执行，谁要是还顶着，就按律论处。"乘着此番情势，杨士奇又赶紧上请朱瞻基下令，安抚逃民，严察贪官污吏，宽宥被处以极刑的罪犯的子孙，使他们有参加科举仕进的机会，号召朝廷内外重臣推荐优秀人才充实大明官僚队伍等等，这些都被明宣宗一一采纳。"当是时，(宣德)帝励精图治，士奇等同心辅佐，海内号为治平……有所论奏，帝皆虚怀听纳。"(《明史·杨士奇传》卷148)

有一次朱瞻基跟翰林学士杨溥："沧海之大，皆由江河之助。古之君臣更相戒饬，所以克致太平，号称明良。若为君者不资于臣，为臣者不赞辅其君，欲求善治未之有也。然比来臣下往往好进谀词，令人厌之。卿亦宜勉辅朕于善道。"杨溥对答道："臣受国厚恩，敢忘报称。"朱瞻基说："但觉朕有过举直言无隐，是即为报矣！"杨溥赶紧叩首，且说道："自古直言非难，而容受直言为难。陛下乐闻忠言如此，臣等不敢不尽心。"(《明宣宗实录》卷50)

以古代贤君良臣做标杆，致力于太平之治，宣德皇帝与大臣杨溥之间的共识是纳谏进言，杨溥说要尽忠报答国之厚恩，朱瞻基的意思是，你们做大臣的只管直言进谏、知无不言，那就是对朝廷的忠诚和最大的报答了。那么朱瞻基真是一个纳谏如流的贤明圣君？

就实而言，明宣宗比起乃父明仁宗可能要差一些。洪熙时期的政治语境是几乎什么都可以讲的，但宣德时期似乎是有所禁忌：第一，还都南京问题似乎是不能谈的。明宣宗在执行父皇的遗嘱时是有选择的，对于还都问题他既不说不还，也不说还，就这么一直拖着，实际上他是反对还都南京的；第二，对于建文君臣问题似乎也不能谈，这样使得明仁宗开始的为建文君臣平反活动戛然而止；第三，对于明宣宗个人短处、要害那就更不能触及了。

○ 皇太孙老师教书太认真反受不测

朱瞻基为皇太孙时，戴伦与林长懋当他的老师，这两位仁兄都是由地方州县学的老师出身，教育起学生来特别认真。那时朱瞻基还是个少年，很好动，皇爷爷朱棣一介武夫，尽管知道读书要从娃娃抓起，但也没忘让爱孙学点武事。据说朱瞻基还特别喜欢马背上射箭，且武艺高强，至于读书么"有空"就读一点。戴伦与林长懋两个书呆子看不下去了，时时劝告少年朱瞻基："殿下春秋方富，不宜荒学问而事游畋！"其中的戴伦更有非得要将未来天子教育成千古大儒的宏愿，他一看到朱瞻基游玩戏耍就上前去教育，后来见到屡教无效就向永乐皇帝奏了一本。朱棣接到奏本后没立即发火，而是寻找机会。有一天，朝中没什么大事，刚好皇太孙侍立在旁，永乐皇帝问了："现在教你的是哪个先生呀？"朱瞻基一听这问话顿时心里就有数了，赶紧回答说："戴伦戴先生！"朱棣没继续问下去，而是从身边取来戴伦的奏疏递了过去，皇太孙朱瞻基看了奏疏头皮都发麻，由此从内心恨透了戴伦。(《明史·戴伦传》卷162)

转眼间朱瞻基登基即位了，按照惯例，新皇帝即位后就应该厚待他的东宫老师。朱瞻基什么事情都可能忘了，唯独没忘的是他青少年时代读书生涯中两个得罪过自己的老师。但出于遵循传统惯例，他最初还是擢升戴伦为兵部侍郎，可这个戴老先生还是拎不清自己到底有几斤几两，看到新天子上台后旧习难改，依然热衷于游玩打猎，他那一根筋又犯了，屡屡直谏，弄得年轻天子实在心烦，干脆来个眼不见为净，一纸诏令下发，命令戴伦参赞交趾军务，就是叫老书生到交趾战场去当军事参谋。另一个老师林长懋曾跟随朱瞻基出镇南京，但在朱瞻基回京继承帝位的过程中因为他走路走慢了，被学生皇帝逮住了把柄，外放为郁林知州。皇帝的老师遭到如此的待遇，自然心里不舒服了。有人发现了"秘密"，上告给了宣德皇帝。朱瞻基听后毫不含糊地下令，将两个口出怨言的老先生逮捕起来，押赴北京，打入锦衣卫大牢。刚烈的戴伦哪受得了这等待遇，抗辩不已。皇帝朱瞻基闻讯后暴跳如雷，命人捶打戴伦，活活地将戴伦给打死了，而后还不解恨，令人抄了戴先生的家。而林长懋似乎识相一点，没那么反应强烈，他一直被关着，直到自己的学生皇帝朱瞻基死了明英宗当政时才被放出来，那时林长懋已经坐了10年的监狱。(《明史·林长懋传》卷162)

○ 监察御史陈祚劝宣德皇帝不要游玩，要多读读书，没想到反将自己送进了监狱

从戴伦与林长懋的悲剧来看，自即位起年轻天子朱瞻基一心想要当个太平盛世之君，但他自身家族里那偏执的遗传基因和"圣

君”品格的缺失，决定了直臣进谏具有很大的局限性，谁要是拎不清这一点，谁就倒大霉。苏州有个读书人叫陈祚，是永乐年间的进士，出仕后他曾任河南参议，因与周忱等人联合上疏，反对明成祖朱棣迁都北京而被一抹到底，贬谪为均州太和山佃户。明仁宗上台后重新被启用。宣德年间出任监察御史，他向明宣宗提了好多兴利除弊之建议，都被一一采纳了。在这样的情势下，书生气十足的陈祚自以为遇上了儒家经典中的理想圣君，大有不把当今皇帝“打造”成“一代圣君”誓不罢休的决心。他上书给宣德皇帝，说如今天下太平，皇帝不应该乐此不疲地游猎玩耍，而要勤于圣学，尤其是宋代理学大师真德秀的《大学衍义》，圣上不妨多读读。一直自命不凡有着极高自负的朱瞻基哪儿受得了臣下这般进谏，顿时破口大骂：“这小子居然说我没读过《大学》，如此瞧不起我，我不能不杀他！”幸好在场的学士陈循是个正人君子，听到皇帝这般暴怒，他赶紧跪下磕头，宽慰解释道：“陈祚是个俗里俗气的书生，一直远处穷乡僻壤，不知道陛下您无书不读的。”听到这样顺耳的话，朱瞻基稍稍息怒了点，但最后还是下令将陈祚逮捕入狱，并连坐了陈祚家人十多口。（《明史·陈祚传》卷162）

刚好那时朱瞻基令人扩展西内皇城，兴修离宫。刑部主事郭循见此，顿时觉得这与宣德皇帝一向宣称要省工罢役的宗旨相悖，他就立即进谏劝阻。朱瞻基感到郭循说的话带有讽刺味道，一个小臣胆敢说朕口是心非，这还了得，于是下令将郭循逮到大殿上来当面诘问，没想到郭循抗辩不屈，拒不认错。最终皇帝朱瞻基还是将郭循关入了大牢，直到明英宗即位后他才被放出。（《明史·郭循传》卷162）

不过话得说回来，在大明帝国历史上明宣宗与他的父亲明仁宗、伯父建文帝还有后来的明孝宗等，都算得上是比较好的皇帝，虽然他比不上明仁宗那般从善如流，但拒谏事例也仅上述几个吧。总体而言，仁宣时期政治宽松，言路敞开，君明臣直，纲纪修明，大明已经开始走向儒家理想中的“致治”。

当然，判断一个王朝某个时期是否属于太平盛世，不能仅从政治层面，还得要从经济与社会等多角度来考察，要看它的经济有没有发展，老百姓生活是否有保障，国家是否保持安宁？我们先来看看仁宣时期大明经济的到底如何?

◉ 经济发展　国泰民安

由于连年的征战和无休止的大工大役所带来的经济破坏，永乐末年的一天，一向傲慢无比的魔鬼皇帝朱棣在奉天门颇为无奈地跟户部、都察院官员这般说道："昔太祖时钞法流通，故物贱钞贵，交易甚便。"再看看现在"物价腾踊"，钱钞大坏。(《明太宗实录》卷251)洪熙元年四月，新即位的明仁宗在跟太常寺卿杨溥说事时也这样说道："今民间诸物，视洪武时直(通值)率增数十倍。"(《明仁宗实录》卷9下)

物价上升了几十倍，大明经济已经到了崩溃的边缘，换句话来说，永乐皇帝给仁宣两帝留下的是个烂摊子。难怪朱高炽、朱瞻基父子两帝在即位之初都确立其工作重点为省工罢役、蠲免赋税、赈灾济荒、劝农垦荒……以此来稳固国本，恢复与发展大明经济。

那么经过仁宣两代十余年的努力，大明经济发展到底如何?我们在《朱棣卷下》中曾经讲过，考察传统社会某段时期内经济是否发展很重要的一个标志就是看人口数量有没有增长。在前章我们说到了宣德年间平均户数为9 807 845户，平均人口数51 529 801人，它们都没有超过永乐时期的最高数字(永乐元年户数为11 415 829户，人口数为66 598 337口，但实际上这是建文时代的成果)，而与永乐年间的平均数大致相平。

不过笔者在此要强调的是，光从人口数量还不足以看出社会经济是否发展了，因为在苛捐重赋下的自耕农常常面临着破产的命运，时不时地沦落为四海为家的流民。流民一旦死了，他原先的户籍可能没被吊销，而他流落在外时所生下的儿女只要不回原籍，就成了不上国家户籍的"黑户"，这跟现在打工者在外地生崽是一回事，因此说要判断一个王朝某个时期的经济是否发展了还得要看其他的方面，其中生产力的提高带来的粮食产量的增长是传统社会中经济发展的一个十分重要的标杆。

经过10余年的不懈努力，仁宣时期大明粮食产量有很大的提高，请看下表:

宋朝至明初和仁宣时期粮食产量变化简表

	地区	每亩米粮产量	合市亩、市斤	史料出处
宋仁宗	苏州	2～3宋石	591.706～887.559市斤	《范文正公全集·答手招陈广事》奏议上
宋孝宗	绍兴	2宋石	591.706市斤	《朱文公文集·奏救荒事宜状》卷16
宋理宗	绍兴	2宋石	591.706市斤	租1石折合,【清】阮元:《两浙金石记》
明初	陕西	1.5明石	590.962市斤	《天下郡国利病书》原编18册
明仁宗	昆山	2明石	787.95市斤	租1石折合,《日知录》引周千
明宣宗	泾阳	3～4明石	1 182～1 576市斤	清官修《续文献通考·田赋考》卷3

宋代的亩不同于明代的亩,宋代的石也不同于明代的石,宋代的亩合0.849市亩,明代的亩合0.871市亩;宋代的石合0.664 1市石,明代的石合1.073 7市石。(吴承洛:《中国度量衡史》1957年修订版)又,120斤为1市石,则宋代的1石合79.692市斤,宋代的2石合159.384市斤;而明代1石合128.844石,明代2石合257.688市斤。

将上表数字进行折算,宋代每市亩产量为295.853市斤,明代每市亩产量为393.975市斤,由此可以看出明代粮食产量比宋代增加了108.122市斤,增长率为57.59%。

我们再将仁宣时期的粮食产量与明初做个比较:明初每1明亩产量为1.5明石,到了宣德时期每1明亩产量增长到了3～4明石,增长了200%～250%。(以上参见姜守鹏:《洪熙帝·宣德帝传》,P201～203,吉林文史出版社1996年1月第1版)

经济是发展了,但民生与社会状况如何?

洪熙元年十月,即朱棣死后一年多,湖广布政司左参议黄泽上言十事,如实地描述了当时的实际:"今丁男疲于力役,妇女困于耕耘,富者怨征敛之繁,贫者罹冻馁之苦。且边鄙之间盗贼未息……";"南征北讨,师出连年,辎重马牛,耗散钜万,又江北困于营造,江南疲于转输,城池圮坏器械不修……"(《明宣宗实录》卷10)

对此仁宣两帝采取了以下举措,关注民生,稳定社会:

◯ 修复社会基层制度,“敷宣德意”以致太平

底层草根出身的开国皇帝朱元璋深知“民乱”之根本,因而从明朝开创起就花大力气建立了严格的基层管理制度。他甚至还派出部队到社会底层去清查户口,协助制定赋役黄册,“户部洪武三年十一月二十六日钦奉圣旨:‘说与户部官知道,如今天下太平了也,止是户口不明白哩。教中书省置天下户口的堪合文簿户帖,你每户部家出榜,去教那有司官将他所管的应有百姓,都教入官府附名字,写著他家人口多少,写得真,著与那百姓一个户帖,上用半印堪合,都取堪来了。我这大军如今不出征了,都教去各州县里下著绕地里去点户比堪合,比著的,便是好百姓,比不著的,便拏来做军。比到其间,有司官吏隐瞒了的,将那有司官吏处斩,百姓每自躲避了的,依律要了罪过,拏来做军。钦此。除钦遵外,今给半印堪合户帖,付本户收执者。”(【明】李诩:《戒庵老人漫笔·半印堪合户帖》卷1,中华书局1982年2月北京第1版,P34)

几乎与此同时,明太祖还让大明国子监监生等协助官府丈量土地,制订鱼鳞图册,以此作为征收税粮的依据。至于税粮的缴纳与输送,平民出身的皇帝标新立异地创设粮长制,即让一个税粮区内缴纳税粮最多的大户充当粮长,带领中小户自备盘缠与运输工具,将税粮押运到官府指定的地点,以此来消除中间环节中官吏的盘剥,基本上解除了底层百姓的疾苦。

针对元末天下大乱起自于民间和社会全方位腐败之特点,朱元璋还在基层推行了“里老”制度和申明、旌善制度等。即在乡间推举一位德高望重的年老长者,让他来宣传皇帝的最新指示,劝课农桑;在旌善亭内表扬好人好事;在申明亭内鞭挞坏人坏事,美化社会生存空间。这就是明代人常常津津乐道的“洪武旧制”。

可经过“靖难战争”和永乐年间的南征北讨以及一个个不断做大做强的政绩形象工程的折腾,大明帝国不仅国力财力消耗殆尽,而且连社会基层组织与制度也受到了极大的破坏。洪熙与宣德交替之际的洪熙元年七月,巡按四川监察御史何文渊上奏给新登极的宣德皇帝,说:“我朝太祖高皇帝曾经下令,让天下各州、县设立年老有德长者即‘老者’,叫他们专门负责乡间地头的民事纠纷与

争端，劝民为善，惩恶除暴，净化社会风气，这本来是一举数得的好办法。可近年来各地所立的'老者'都不是当地德高望重的，有的来自于衙门里淘汰出来的'老油子'仆隶，有的来自于逃避官府差遣和课税的老投机分子，当地县官根本不问其岁数与品德，就让他们充任'老者'。这些人一旦当上'老者'，就凭借官府的权势，肆虐乡里，有的利用民间诉讼乘机大捞一把，有的拿了官府公文胡乱解释，任意索取和摊派，胡作非为，颠倒是非；有的遇上上级官僚来检查时，巧言令色，将上级领导当做木偶似地搬弄，变乱白黑，挟制官府等等，凡是此类'老者'都应该按律处置。目前各地州县都存在着这样的问题，由此，小臣恳请皇帝陛下下令给全国各地，严加禁约。"朱瞻基阅完奏章后，随即下谕给行在户部官员："必申明洪武旧制，选年高有德者充(之)，违者并有司，皆寘诸法。"(《明宣宗实录》卷4)

尽管宣德皇帝十分重视，专门下达了敕谕，要求各地"修复"乡间里老制度，但大明原先的社会底层基础已经被破坏，土地兼并势头逐渐抬升，淳厚的社会风气也开始霉变，所以全国各地并没有认真地执行明宣宗的指示精神。为此，宣德四年十一月的一天，明宣宗在临朝之际就十分严肃地跟都察院右都御史顾佐等人说："洪武时期设立里老制度本来是件大好事，它劝善惩恶，分辨是非，美化风俗。可近来朕多次听说，有好多地方的乡间里老不务正业，专门为官府当'差遣官'，生事扰民，挟制官吏，肆意贪赃，没人敢拿他们怎么的，人们讽刺地称其为'没有挂印的御史'。你们都察院应该马上揭榜禁约，今后乡间里老只能按太祖皇帝的《教民榜例》行事，若有违反的，就让巡按御史、按察司逮来审问治罪；若相关官府衙门不遵朝廷命令，不作为或失职，也让巡按御史、按察司一同治罪。"(《明宣宗实录》卷59)

但此时的大明基层机制已经是按下葫芦浮起瓢了，由巡按御史、按察司一同关注社会基层，虽说能暂时遏制住乡间里老的"胡为"，但申明亭与旌善亭制度层面却出问题了。宣德中期陕西按察佥事林时上言二事，其中之一就是讲了全国各地普遍存在着这样的问题："今各处(申明、旌善)亭宇多废，民之善恶不书，无以惩劝，凡有争斗，小事不由里老，辄赴上司，狱讼之繁，皆由于此，请兴举旧制，庶几民风可厚，狱讼可省”。宣德皇帝接受了林时的建议，下令给有关部门：“陕西按察佥事林时上书所讲的都是洪武旧制，你们应该下文下去，命令各地迅速恢复申明制度和旌善制度”。（《明宣宗实录》卷86）

其实何止里老制度、申明亭制度和旌善亭制度出了问题，还有事关大明经济命根子的社会基层制度——粮长制也已经变形了。洪武时期的粮长一般是由有实力有品德的人来充任，可到了永宣时期变成了由害民者来充任。洪熙元年闰七月，曾受命于明仁宗考察江南民情的广西右布政使周干回到北京，向新皇帝明宣宗描述了粮长作奸的手法：每当到了征收税粮季节，粮长们往往在各里设立仓囤，用事先私下造好的大于官府标准斛五倍的大斛作为衡器，收取各农户的税粮。农户老实，不知这大斛比官方斛要大得多，就老实巴交地把税粮给缴了。随后粮长们再用官斛计量税粮，按照官府额定的税粮数交与小民装载、运输，至于运输过程中的损耗或发生的意外全由运输小民负责，所以一旦出点什么事，运输者常常是家破人亡，而粮长们却可以坐收渔利。（《明宣宗实录》卷6）更有胆大包天的粮长嫌大斛进小斛出的致富速度太慢，就直接侵盗税粮。宣德初年浙江湖州就有这么“大胆”粮长侵吞了一大笔的税粮，皇帝朱瞻基知道后毫不犹豫地下令处斩，并敕谕户部尚书夏原吉等：“凡设粮长，必择有恒产之家，有廉耻之人，则能爱惜身家，必无此弊。”（《明宣宗实录》卷27）

粮长制度、申明亭制度、旌善亭制度、里老制度……这些基层社会制度的修复虽说都是为了稳固帝国统治的最底层的根基，但也不可否认其内含有对弱势群体的关怀。一个社会治理得好不好，不能看统治者怎么自吹的，而应该看看这个社会对于弱势群体是否有所关怀。在笔者看来，仁宣时期之所以被人称颂，十分关键的一个因素就是那时很在意弱势群体。譬如仁宣时期恢复朱元璋时代的预备仓制度，及时救济受灾百姓；还有一项举措一直被人们所忽视的，那就是修复洪武时代公费医疗服务系统。

宣德三年三月的一天，行在礼部尚书胡濙上书宣德皇帝，说：“在外府、州、县旧设惠民药局，洪武间官置药材，令医官医者在局。凡军民之贫而病者给医药，今虽有医官医者而无局舍药材。宜令有司亦于农隙修药局，遵洪武之法行之，庶不负朝廷惠恤军民之意。”明宣宗当即批准了胡濙的上奏，命令地方政府修复在各地设立的惠民药局即相当于公费医疗服务点，配备药材和吃公家饭的医生，让贫困者就近看病，也看得起病。明宣宗甚至还下令各地监察御史和按察司官对此进行巡视、检查和监督。(《明宣宗实录》卷40)

仁宣两帝如此关爱底层小民，不知道当下狂言“住不起房子就拉倒，看不起病就不要看！”的权贵富豪们看了有何感想！

仁宣时期在实施关注民生、发展经济和稳定地方与社会的一系列治政中影响最大的，可能就要数当时朝廷对帝国财税中心江南地区的整顿和改革，具体做法是派遣清官况钟出任苏州知府，整顿“天堂”社会秩序和委派周忱巡抚江南、总督税粮，舒缓南粮北运问题。

◯ 派遣况钟出任苏州知府，整顿“天堂”社会秩序

上有“天堂”，下有苏杭。自古以来每当人们说及大一统帝国各地发展的差异时，都会毫无争议地将苏、杭视为富甲天下的好地方。这里的苏、杭可不仅仅指的是苏州、杭州，而应该指江南地区。“苏”字后面往往跟着另外一个字“松”，即“松江”，也就是今天上海市。“苏、松”连用究竟起于何时，今没得考证，反正自明初起这对“难兄难弟”就在大明君臣那里屡屡被提及，其频率之高恐怕居于全国各地之首，而直接触动到大一统帝国君主神经系统的大概是在洪熙与宣德之间。好皇帝明仁宗在位时就听说苏松出问题了，但问题严重到了什么地步？朱高炽不清楚，于是他就派了广西右布政使周干到江南苏、常、嘉、湖等府考察民情与社会。数月后周干回到北京，向新即位的明宣宗报告说：“苏州等处人民多有逃亡者，询之耆老，皆云由官府弊政困民及粮长、弓兵害民所致”(《明宣宗实录》卷6)。原来“天堂”里的老百姓日子不好过！什么原因造成的？周干说了三个方面的原因：

第一，粮长制的异化所带来的危害。“粮长之设，专以催征税粮，近者常镇苏松湖杭等府无借之徒，营充粮长，专掊克小民，以肥私己”；而小民们却因此“亡身破产”，“连年逋负”(《明宣宗实录》卷6)。

第二，异化巡检制带来的危害。周干说，明初开国时在各地设

立了巡检司，由各府、县官府主持，从弓兵中抽调人员来当巡检员，用以盘诘奸细，缉捕盗贼，维护地方治安。可如今巡检司却成了地方上权贵富豪们"创收"敛财的工具。巡检员不再从弓兵中选取，而是由地方豪强说了算，这些豪强往往派遣他们的干儿子或家人来当巡检员，专门在地方上设卡，坑害百姓，强取田地，要是碰到小民穷得实在什么也没有，只要他家里还有妻女，巡检员也不管三七二十一就强行霸占。你要是稍稍不顺他们的意愿，就被扣上私贩食盐和拒捕的罪名，马上遭到一大帮子衙门兵丁的围捕，然后他们就以多浆快舡将你送到官府去。而到官府要是有官员提出异议，这些巡检员就以庇护私贩食盐罪犯的罪名来压人，要知道私贩食盐可是一项重罪，所以一般人都避之不及，最终就任由他们去。于是所谓的"私贩食盐"的罪犯就被押赴京城，途中"绝其饮食，或戕害致死，小民畏之甚于豺虎"(《明宣宗实录》卷 6)。

第三，江南重赋。周干说："江南诸府好多老百姓都逃亡了，我问乡间父老，这是为什么？他们告诉我，都是政府重赋所逼的。像吴江、昆山等地的民田租赋，旧制每亩上交 5 升；小户人家租种大户人家田地的每亩要交私租 1 石(即官田租赋的 1 倍)。后来因为大户私田被没官了，就按照私租 1 石减 2 斗，也就是收取 80%。原先赏赐给公侯驸马他们的顶级良田，每亩旧租也是 1 石，但后来他们出事了，田地被没入官府，官府的田赋就按照私租的比例即每亩 1 石来征收。田赋取私租 1 石的 80%，老百姓已经承受不了了，更何况现在要征收到 1 石，即 100%(约每亩上交粮食近 400 市斤，不论年份荒熟)。如此下来，老百姓要么饿死，要么就逃亡，除此之外，别无他路啊！仁和、海宁和昆山等地还经常遭受海水倒灌的侵害，官民田受灾的就有 1 900 多顷，这些地方 10 多年前的田赋还没有收上来。田地浸泡在海水里，这田赋从何而来？皇上，您就将没收之田、公侯还田等类的官田之田赋一律就以 50%起收，每亩不要超过 6 斗，至于被海水浸泡的田地，就一律免征赋税了，只有这样，江南的老百姓才会有安宁的日子"(《明宣宗实录》卷 6；《明史·食货二·赋役》卷 78；据黄云眉先生的《明史考证》对原文作了校正)。

江南重赋在明初是有过变化的。暴君朱元璋因为痛恨苏南人民拥护张士诚政权而实施十分歹毒的政策：重赋江南，将江南人压得几乎喘不过气来。宽仁之君建文帝当政后纠正了洪武暴政，下诏强调："国家有惟正之供，江、浙赋独重，而苏、松准私租起税，特惩一时之顽民，岂可定则以重困一方？宜悉与减免，照各处起科，亩不得过一斗。田赋既均，苏松人仍得户部。"(【明】朱鹭:《建文书法拟》正编，5页;《明史·恭闵帝本纪》卷4)但魔鬼朱棣篡位以后恢复"祖制"，重赋江南，加上迁都北京，从而使得江南人民再次坠入水深火热之中。明代文人张瀚记载说："国朝岁供军储四百万，大抵取给江南。"(【明】张瀚:《松窗梦语·宦游纪》卷1)但实际上这400万石运往北京的粮饷还仅仅是官粮和军粮，民粮根本不在其中，"天下岁运米至京师者有四百余万，民粮不在其数。"(【明】陆釴:《病逸漫记》)额定北运粮为400万石，其实这当中还不包括"损耗"与人力费用。明代中后期文人学者说，南粮北运的成本费用大约是额定北运粮的100%(事实上远不止)，也就是说江南人民不仅要负担400万石的"爱国粮"本额，还要承担400万石粮食北运的成本费，两项总计高达800万石，为永乐迁都前的800%，这是何等残酷的剥削！

重赋江南的直接结果是江南人民背井离乡，流落四方，国家直接掌控的自耕农数量急剧减少。如苏州府下属的太仓州洪武二十四年编造黄册时，在籍户数为8 986户，到了宣德七年时只剩下1 569户，而实际核查下来只有738户，也就是说逃剩下来的人只是原来人口数的8%，还不到洪武时期的一个零头！自耕农的大量逃亡不仅带来了经济的严重破坏与社会治安问题，而且还造成了江南地区拖欠政府的赋税急剧增长，直接影响到了大明帝国的经济命脉。洪熙帝委派的特使广西右布政使周干在巡抚江南后就沉重地向朝廷提议："慎选贤才授守令之任，抚字存恤，仍命在廷大臣一员往来巡抚。"(《明宣宗实录》卷6)

宣德五年五月，朱瞻基擢升况钟等九位正直能干大臣出任江南等地的地方知府，其中行在礼部郎中况钟为苏州知府，户部郎中罗以礼为西安知府，兵部郎中赵豫为松江知府，工部郎中莫愚为常州知府，户部员外郎邵旻为武昌知府，刑部员外郎马仪为杭州知府，刑部员外郎陈本深为吉安知府，监察御史陈鼎为建昌知府，监察御史何文渊为温州知府，"俾驰驿之任"，一场以江南为重心的地方整顿与改革正式拉开了帷幕。(《明宣宗实录》卷66)

在上述这些地方知府中，苏州知府况钟的改革与整顿最出色，也最为著名。

况钟，江西人靖安人，刀笔吏出身，但此人很有才干，最初在老家靖安县任礼曹吏，因办事干练深得知县俞益器重。九年考满时俞益将其推荐给了当时的礼部尚书吕震，随即在吕震手下任礼部仪制司主事，官居六品。吕震是个佞臣，但相当有才干，永乐朝时他曾身兼三部尚书，在这样的领导手下干活不出事就算不错了，但况钟精明练达，不仅胜任工作，而且还赢得了吕震的关注。九年考满时升为仪制司郎中，官居五品。要知道况钟生活的年代，正是大明从洪永的"尚武"向仁宣的"文治"转折时期，满朝官员的学历不是相当于今天的硕士就是博士，最起码也是本科，而况钟却什么也不是。若非他有杰出的才干，想必也不会引起酷爱文词的仁宣两帝的重视。朱瞻基还是皇太孙时就曾对况钟有好感，即位以后大胆重用也属必然。

宣德五年，苏州等江南重地缺知府，皇帝朱瞻基接受吏部尚书蹇义与礼部尚书胡濙等重臣的举荐，擢升况钟、赵豫等为苏、松诸府知府，由此况钟主持的苏州地方改革与整顿正式开启(《明史·况钟传》卷161)。综合起来看，况钟的苏州改革与整顿主要包括以下几个方面：

第一，整顿吏治

自古以来人们常说："豪猾舞文为奸利，最号难治"，而况钟一上任偏偏就从整顿吏治下手。由于自己是吏员出身，对于衙门里奸吏们玩的小把戏十分清楚，况钟刚上班办理公务时，吏员们站在他的周围，拿了各式各样的文本、案牍让他批示，他假装什么也不懂，左顾右问，然后按照群吏的意愿批签文案，再交付下去执行。吏员们发现这个新任知府很好糊弄，顿时就心花怒放。没想到三天后突然接到命令，况知府要当面说事。

只见知府大堂上端坐的况钟况大人一改三天前的模样，他高声呵斥："前某事应该办，可你们阻止了我；某事不该办，你们却强行要我去做。你们这些人舞文弄墨、颠倒黑白、欺上瞒下……来人呐，将这几个害民坏政的蠹虫拉下去捶杀！"接着又将贪赃暴虐、庸暗懦弱的属僚全部予以清退，"出贪墨者五人，庸懦者十余人"，一时苏州府上下为之震动。随后况钟又亲自清查和审理一些较大的贪污案件,处死了好几个贪官污吏,选拔了一些正直廉正之士担任各级官吏,苏州吏治面貌焕然一新。(《明史·况钟传》卷161)

第二,削减赋役

不论开国皇帝朱元璋歹毒的动机究竟是什么,但江南重赋居于全国之首这是不争的事实。而在重赋的江南各地当中苏州重赋又居其首。换言之,明初苏州是暴君朱元璋、朱棣父子恶政的重灾区。这“重”到了怎样的地步?苏州府属7县每年要缴纳帝国政府田赋2 810 000石,几乎占了全国税粮的1/4,这还仅仅是上缴的税粮。永乐迁都北京后,苏州等地的江南小民缴纳税粮就要跑到山东临清去,1石税粮运输成本和杂费、损耗等就得花上3石(况钟改革前),也就是说永乐开始苏州府属7县每年起码得奉献11 240 000石粮食,这个数字大致相当于全国税粮的总额,但还不包括苏州地区老百姓的吃用,由此可见当时苏州府县的百姓生活是何等之艰难!连他们的骨髓油都得给朱棣等榨干了。

魔鬼皇帝朱棣迁都北京和继续重赋江南之恶行,除了给苏州等江南地区经济带来毁灭性的破坏外,还给自己的帝国政府财税收入留下了一个巨大窟窿——江南等地连年拖欠税粮,拖欠最为严重的就数苏州府县。况钟就任知府前四年,苏州拖欠的税粮多达7 600 000石。为此,况钟上奏朝廷,请求适当改征宝钞,但为户部官所否定。不过,从此后蠲免和减征之事还是有所发生。

况钟还上奏说:“近来敬奉皇帝诏令,招募老百姓租种官民荒田,官田按照民田科则标准征收租税,无人耕种的田地,请求皇上免除其赋税额。如昆山等县老百姓由于死亡、迁徙和从军而除去民籍(实为农民户籍)的共有33 400多户,所遗留下来的官田为2 980多顷,应减去赋税149 000多石。其他官田被海水淹没了,但它们的赋税额却依然存在,小臣想依照陛下诏书之规定办理。我们苏州府管辖七县,共计秋粮2 779 000多石,其中民田税粮只有153 000多石,而官田税粮多达2 625 000多石,有的田地1亩征收的税粮高达3石,轻重不均已到了如此的地步!洪武、永乐时期,朝廷下令让苏州府县给北方各驿站出马役,前后多达400多匹,约定好3年发遣回还,可如今已经30多年了。按照朝廷的规定,马死了就要百姓来赔付补充，如此下去苏州百姓永无休宁！工部要征收3梭阔布800匹，浙江省11个府只要上缴100匹，而苏州一府就要缴纳700匹，请求皇帝陛下敕令有关部门妥善处理这些事情。”明宣宗接奏后，都一一批准了况钟的请求。（《明史·况钟传》卷161）

况钟还与巡抚江南的周忱“联手”，悉心计画，上奏宣德皇帝，减免苏松等江南地区的赋税，总计有70多万石，这在一定程度上舒缓了江南民生与经济。

第三，设仓济农

那时有个大清官叫周忱的受命于宣德皇帝，巡抚江南，督办税粮。周忱是个杰出的理财家，他在江南各地创设济农仓，每年储存粮食多达几十万石，除了用以赈济当地灾荒外，还可用来代缴民间杂办赋役和拖欠的租税，江南百姓甚得其惠。而在苏州，由于况钟知府的大力支持，济农仓惠民尤为到家。（《明史·况钟传》卷161）

第四，除去民患

况钟出任苏州知府时，朝廷派了清军御史李立到苏州、常州等地勾补逃军。由于立功心切，李立来到苏州后工作极端粗暴。苏州府同知张徽秉承李立之意，凡军户已绝的，就以推寻同名同姓及疏远族属和承继产业的人补充军役，如果谁要是有异议或不同意，张徽立即动用酷刑，迫使平民填补军籍。由于军籍还不如民籍，大约有1 200号受屈的小民在一个叫朱阿狗的长洲县民带头下向苏州知府况钟告状，诉说冤情。况钟受理后代替小民们上诉朝廷，皇帝朱瞻基与兵部尚书张本商议后，委派了侍郎成均前来苏州调查审核，最终使得酷吏罢职，160多人免充军役，1 240人只限于本人补充军役，民众甚欢。况钟还罢黜了苛烦细则，制定教民条文，凡是有不利于老百姓的事情，他立即上奏给朝廷，请求除去。（《明宣宗实录》卷73）

当时大明军纪松弛，军队里的官兵经常出来扰害地方百姓，苏州卫、太仓卫以及浙江等地卫所之官兵时不时地到苏州等地行凶抢劫。况钟命人张贴告示，鼓励受害者检举揭发犯罪者，对于苏州府范围内的违法官军坚决予以逮捕法办，对于外府为害官军则进行围捕，然后押送京城交与朝廷处理。就此扰民官军闻听况钟之名无不害怕,社会治安顿时好转。

以前,朝廷派出的内使宦官经常上苏州来采办锦绣织造和购买花木禽鸟,他们一旦来了,苏州府中僚佐以下的官吏要是侍候不周或不到位,就立马遭受凌辱毒打。地方有些卫所官兵也时不时地出来欺凌百姓。可自况钟到任之后,这些恶行劣迹忽然见不着了。即使有上级官员或其他省的官吏经过苏州地界的,他们莫不从内心敬畏况钟。(《明史·况钟传》卷161)

第五,稳固秩序

针对当时地方组织功能不断腐坏,况钟在苏州建立"四簿"制度:第一种叫善恶簿籍,两本本子,专门记录乡民们的善恶之举,用以劝善惩恶;第二种叫通关勘合簿,专门记录出纳的,防止有人行奸作伪;第三种叫纲运簿,专门记录运输的,防止运输者在运输途中做手脚,侵盗财物;第四种叫馆夫簿,防止不合理的需求。

况钟不遗余力地为苏州兴利除害,铲锄豪强,扶植良善,稳定秩序,深得民心,于是当地百姓将其奉若神明。(《明史·况钟传》卷161)

第六,兴修水利

苏州、松江、嘉兴和湖州四府向来被人称为"天堂"腹地,但其境内有六条大湖:"太湖、傍山、杨城、昆承、沙湖、尚湖,广袤凡三千余里,久雨则湖水泛溢,田皆被溺,湖水东南出嘉定县吴淞江,东出昆山县刘家港,东北出常熟县白茆港。"永乐初期大臣夏原吉曾受命治水江南,疏浚河港,一时民受其利。但随着时间的推移,许多河道港口都已淤塞,影响了当地的农业生产与百姓生活。况钟奏请朝廷委派一员朝廷大臣,调集江南诸府民力,利用农闲时间进行全面疏浚。皇帝朱瞻基接受了建议,命令他与巡抚侍郎周忱一起预算用工情况,随后征集民力兴修太湖等水利工程,况钟为苏州等地的农业经济发展与百姓生活安宁做出了贡献。(《明宣宗实录》卷95)

第七,重视文教

况钟虽然自己是刀笔吏出身,但他却十分重视学校教育,礼敬文人儒士,寒门书生很多人都受到了他的帮助。

有个叫邹亮的读书人写了首诗,送给况钟。况钟读后觉得邹亮很有才,打算举荐他出仕为官。不料有人写了匿名信,极度诋毁邹亮。况钟知道后愤愤地说:"写匿名信诬陷邹亮,这岂不是叫我更快地帮助邹亮成名吧！”于是他就上奏朝廷举荐了邹亮，邹亮随即被授予吏、刑二部司务，后又当上了监察御史。

当初况钟为吏员时，吴江人平思忠也是以吏员起家，任吏部司务，曾有恩于况钟，况钟一直深深地记得这份恩情。出任苏州知府后，况钟多次邀请平思忠来叙寒。两人相见时，况钟对平思忠表示得十分恭敬，且要求平思忠的两个儿子到自己手下来做事，他是这样解释的："不是我没有仆隶和跑腿的人，就是想报答平公当年之恩！”而平思忠也不赖，尽管家里一直很穷，但他从不因为自己曾经有恩于况钟而开口请托，人们都称赞他俩是贤德之人。

正因为况钟在苏州除民患，施善政，勤谨廉洁，两袖清风，故而被人誉为“况青天”，深受民众喜爱。在出任苏州知府不久，况钟曾遭母丧，按制将要回家守孝三年。可苏州百姓舍不得他，前往朝廷请求留任。皇帝朱瞻基下诏，命况钟戴孝起复留职。明英宗正统六年，况钟在任上已满期，理应升迁，但苏州百姓听说后 20 000 多人自发前往巡按御史张文昌那里，请求再次留任况钟。最后朝廷下诏同意百姓们的请求，进况钟食正三品俸禄，继续留任苏州知府。第二年况钟死于任上，苏州府县黎民百姓闻听噩耗，相聚哭悼，并立祠致祭。

况钟一生刚正廉洁，孜孜爱民，在他前后出任苏州知府的没一个能比得了他。(《明史·况钟传》卷 161)正因为如此，苏州等地的江南人民一直铭记着这位难得的好官，传统戏剧《十五贯》中的故事并非一定真实，但它可视为老百姓怀念和歌颂况钟“况青天”的最好例证。

○ 委派周忱巡抚江南，总督税粮，舒缓南粮北运问题

几乎与委派况钟出任苏州知府同时，明宣宗朱瞻基还任命了周忱为巡抚，总督江南税粮，整顿江南秩序。

周忱，况钟江西老乡，但他不是靖安的，而是吉水人。永乐二年进士，被选为翰林院庶吉士。第二年，皇帝朱棣挑选二十八名新进士进入文渊阁学习，当时年少的周忱没在这“二十八宿”中，但他向永乐皇帝自请，愿随“二十八宿”共学，朱棣赞扬他有志向，并答应了他的请求，这样原来的“二十八宿”又多了一个周忱，因而他被

人称为“挨宿”(【明】陆容:《菽园杂记》卷 6;祝允明:《九朝野记》卷 2)。永乐十年,周忱出任刑部主事,后被提升为刑部员外郎。洪熙改元之际,调为越王府右长史。周忱前半生中有 20 年的时间都是在郎署宦海中度过的,纵有经世之才,却无法得以施展,人们都不大把他当回事,只有朝中大臣杨士奇、夏原吉和杨荣等知道他有才干,对他十分器重。

宣德初年有人推荐周忱出任地方知府,夏原吉反驳道:“这是寻常的工作调动,怎么能充分发挥周君的才干呢!”此议遂止。转眼到了宣德五年九月,鉴于全国各地田赋财税紊乱不堪,影响了大明的财政收入,而一向被视为帝国财赋中心的江南地区情况尤为严重,仅苏州一府拖欠国家的税粮累计为 8 000 000 石(以《明史·况钟传》中的数据为 7 600 000 石,笔者注)。明宣宗朱瞻基觉得还非得要派一个十分有才干与能力的重臣到江南去,才能扭转局面。大学士杨荣、杨士奇和尚书夏原吉等一致推荐周忱为合适的人,皇帝朱瞻基随即提升越王府长史周忱为工部右侍郎,巡抚江南诸府,总督税粮。这一年周忱刚好 49,已近知天命的岁数,一代财税专家“横空出世”。(《明史·周忱传》卷 153)

明朝建立前,朱元璋在东扩过程中遭到了张士诚政权的拼死抵抗,最终花了巨大的代价才拿下苏州,由此,朱皇帝特别痛恨为张士诚守御的苏州军民。开国后明太祖将张士诚功臣子弟、豪强大族和当地富民的私人田产没收为官,即所谓的官田,田赋征收就以原先高于私田的田租额来收取,以示对苏州的惩罚,“故苏赋比他府独重”。苏州的官田、民田租税额高达 2 770 000 石,而其中的官田租税额居然为 2 620 000 石,当地百姓实在不堪重负。

除了苏州,松江(即今天的上海市)、嘉兴和湖州等地原本都是张士诚的根据地,因此明朝建立后,这一带被没收为官的官田很多,赋税也很重。加上中国历代统治者治国只顾眼前利益,常常丢弃原先已经被开发或被破坏了的经济文化中心,一代代如猴子掰玉米似地变化着建都重心,这样使得明朝建立时大一统帝国可供搜刮的地区越发减少,各地能自保就算不错,只剩下了江南这片宝地。江南土地肥沃,百姓勤劳,经济富庶,自然也就成为帝国统治者眼中的“唐僧肉”。明初“二祖”开始的帝国统治者对江南实施苛政重赋和不断加码就是有着这样不可告人的和无法理喻的心理动机。

按理说,明初建立黄册制度和鱼鳞册制度的目的是为了“均赋役”,防止社会失衡。但册籍每隔十年才重修一次。而在这十年里各家各户的贫富、人丁消长的变数很大,“贫者富,富者贫,地或易其主,人或更其业”(【明】丘濬:《大学衍义补》卷13)。因此时间一久,册籍上的记载与户丁、土地的实际就对不上号了,豪民污吏乘机使奸耍滑,舞文弄墨,采取诡寄、花分、挪移等方式将赋役重负转移到细民小户的头上。

上述这些都不仅使得江南经济遭受巨大的破坏,而且也影响到了大明财政收入。最令帝国统治者敏感与头疼的是江南地区税粮拖欠越来越严重,明宣德前期仅苏州府拖欠的税粮就多达了7 600 000石(《明宣宗实录》卷74),当地百姓陷入了生活的绝境之中。大清官、财税改革家周忱就在这样的情势下接受宣德皇帝的重托,巡抚江南。

周忱到江南后,召集当地父老,了解税粮拖欠的原因与百姓疾苦。百姓们伏地痛苦说,都是官田税额太高,人们承受不了,加上赋役负担不均,财大气粗的豪门富民不肯缴纳税粮的加耗,官府就向小民征收,因而造成了这样的格局:富的越来越富,穷的越来越穷,小民没法生活下去,于是纷纷逃亡,税额拖欠由此也就越积越多。

周忱在了解清楚情况后,上疏给宣德朝廷,要求将过于重赋的苏、松两府官田税额按照相对较低的民田税额收取,以此来舒缓苏松地区的民力与经济。他还给户部官写信,反映苏松地区户口锐减的情况与原因,请求朝廷“不拘通例,别立一法”(【明】周忱:《双崖全集·文集·与行在户部诸公书》卷3)。没想到遭到了主管户部的太子太师郭资和尚书胡濙的一番痛斥:“缘自洪武初至今籍册已定,征输有常。(周)忱欲变乱成法,沽名要誉”,非但如此,他们还要追究周忱的“变乱祖制”之罪。皇帝朱瞻基尽管没有处置周忱,但对周忱提出的苏松减赋之建议也没有采纳(《明宣宗实录》卷77)。于是周忱只好在有限空间里发挥他的聪明才智,对江南经济实行改革。周忱的江南改革大致有以下几个方面:

第一，创“平米法”

“平米法”意味着公平合理、负担均平之意。具体地说，当时征收税粮时实际上有两种，一种叫“正米”，即按照政府额定的税粮数缴纳的就称之为“正米”。但“正米”上缴缴到哪里？北京还是南京？当时都有规定的，缴到北京的这可遭罪了，运费少不了，加上路上损耗：鼠雀吃食、水中漂没、腐烂等等，统称起来叫“耗米”。那时问题最大的就是这耗米，耗米额常常是正米的一倍或两倍，所以人们都想方设法予以回避，豪民富户有钱有门路的，往往勾结官府和督办税粮者，逃避支付耗米，于是耗米重负就落在小民头上。周忱改革从这一“根”上入手，不论官田还是民田，不论富户官绅还是小老百姓一律都要缴纳耗米，“令官、民田并加耗”(【明】李赘《续藏书·经济名臣·周文襄公》卷15)，即按照一定的比例分摊，随同正米一起征收。这样一起征收来的正米与耗米统称为“平米”。

平米法另外一项内容就是修改赋税征收方法。周忱下令，凡是科税比较重的田地缴纳时可以“折色”，所谓“折色”就是将税粮折换成宝钞、银两或其他的实物。因为当时大明宝钞已经大为贬值，因此说税粮“折色”缴纳实际上是减轻了缴纳者的负担；而凡是科税较轻的田地则必须缴纳“本色”，即以白米、糙米完税，这样江南地区税粮过重的官田之负担相应减轻了。

宣德八年江南地区首次广泛推行平米法，其直接的效果为当年度税粮征收满额完成。

第二，设“济农仓”

通过平米法征收起来的平米，除去正米交给国家和使用部分耗米支付运费与运输途中的盘缠外，还有积余即人称的“余米”，余米怎么处理呢？周忱下令设立“济农仓”，存放余米。宣德七年江南大丰收，宣德皇帝诏令江南诸府县以官钞平价买米储存，苏州府官仓一下子得米290 000石。当时大明公侯的禄米、军官们的俸禄都由南京户部支出。苏州、松江两府的百姓将税粮运抵南京的，每石加出耗米费用6斗，周忱奏请皇帝批准，各府自行支给，付给船主运费1斗，剩下5斗，通算起来共有400 000石，用官钞一次性买进，这样前后积储米粮共计有700 000石，存放于各地的济农仓里，凡是纲运、运输过程中的大风漂没和强盗中途抢劫后的损失，都由这里借用支出，到了秋收时通过加耗来征收补偿此数，还与官仓。

除此之外，余米还用于开支地方各种公费和弥补赋税亏欠，类似于今天单位里的小金库，不过周忱搞的“小金库”不仅征得了皇帝的同意，而且还取之于民用之于民。一旦地方上要修建什么公共设施，譬如修圩、筑岸、开河、濬湖等支出，上面又不拨钱来，周忱他们就从这里面开支。

济农仓还可以用于自耕农的借贷，但官府一定要对该借贷者进行“验资”，“验资”要件是借贷者必须是中下等农户以及他的资产——田地有多少，然后再确立贷出的米粮数额，目的大概是防止恶意“贷款”。“贷款”的收回就在当年度秋收时与税粮耗米一起征收；如果碰上荒年，那就再“贷款”，来年收回，这样就减少了高利贷的盘剥。一旦有人“贷款”不还，官府就再也不贷给他。周忱将此立为条文约定，上奏给朝廷，受到宣德皇帝的大力称赞。

济农仓还有一个用途，那就是一旦某地发生灾荒，人们可以调用附近的济农仓予以及时救济。因此说，济农仓的设立实在是一项惠及民生、造福地方之善举之措。因此史书说：“终忱在任，江南数大郡，小民不知凶荒，两税未尝逋负，忱之力也。”（《明史·周忱传》卷153；《明宣宗实录》卷94）

第三，统一量器

在周忱改革前，基层粮长和地方衙门督粮官吏往往玩弄这样的鬼把戏：在小民缴纳税粮时，他们使用大斛收进，如此一来，收取到的税粮要远远超出小民应缴的税粮额；而在交付给政府官仓储存时又换上了小斛，这就叫“大斛进小斛出”，粮长和督粮官吏从中大获其利。周忱通过走访，了解到了症结，他上奏朝廷，让工部监制标准量器——铁斛，下发到江南诸府各县，作为收纳税粮的统一标准量器，以此来杜绝大入小出的弊政，保障了平米法的有效实施。（《明史·周忱传》卷153）

第四，精简粮长

为了保障平米法的有效实施，周忱还对粮长制进行改革。旧制正副粮长共有三人，每年七月，他们一起上南京户部去领取税粮收取堪合凭条，然后回到乡里开始收纳税粮，一旦收取工作完毕，三人又得一同上南京户部交差，来来往往的费用与盘缠都分摊到小民头上。周忱下令将粮长减为正、副各一人，轮番上南京领取勘合，税粮收取完工后，有关衙门统一收取粮长手里的堪合，然后再交到户部去，这样大为减轻了老百姓的负担。(《明史·周忱传》卷153)

第五，创赡盐仓

通过设立济农仓，推行平米法及其相关举措后，周忱的江南经济改革取得了很大的成功，赢得了举国上下的阵阵喝彩。尤其是在那大明君主新旧交替的宣德、正统年间，能臣周忱几乎被人奉为无所不能的"神臣"。

正统初年，淮安、扬州发生灾荒，盐业亏损，朝廷下令，让周忱巡视淮、扬。周忱到当地考察一番后上奏给明英宗说："淮扬确实是灾情不轻，百姓生活岌岌可危。小臣恳请，让苏州诸府从济农仓中拨出1万～2万石'余米'运往扬州盐场去，冲抵明年的田租；而让扬州专门从事盐业生产的灶户将自己生产的食盐交给当地的官府，官府收纳了他的食盐后再发放米粮，即纳盐给米，这样一来两地百姓均能获利。"朝廷同意了周忱的建议，随后下令予以实施。当时米贵盐贱，按照周忱的方案，官府一下子积聚了不少食盐，而扬州百姓又能及时获得了粮食，真可谓"公私大济。"

由于周忱在解决淮扬灾荒、盐课亏损问题上展现出了相当的才能，英宗朝廷随即下敕，命令周忱监管江南盐业"老大难"——松江盐课。周忱接管松江府盐课时，华亭、上海两县拖欠的盐课已达630 000引，大批灶户因忍受不了重负而纷纷逃亡。周忱认为田赋应该滋养农夫，同理，盐课也应该滋养盐丁，也就是说都不应该成为扰民害民者。他寻找问题的症结，上疏朝廷，提出方便灶户生产与生活四件事，获得朝廷支持。朝廷命令周忱迅速实施，就此为松江灶户节省运输损耗，得米32 000多石。随后周忱又仿效济农仓之法，设立赡盐仓，增补逃亡灶户的数量，"由是盐课大殖"(《明史·周忱传》卷153)。

第六，改革漕运

朱棣迁都北京后，江南税粮运往北京越发艰难，百姓负担格外沉重。周忱在推行江南经济改革时，就十分注意着力解决南粮北运之难题。他从源头考察，发现江南诸府的各县在收取税粮时都没有固定的官仓，常常是粮长家就是税粮的暂时存储仓库。对此，周忱不无感慨地说："这就是税粮征运押解中的弊病产生的由头！"随后他下令各县在近河边设置仓囤，每囤设立粮头和囤户各1人，名为辖收。税粮6万～7万石以上地区的设粮长1人，名为总收。老百姓带上官府的税粮凭证押送税粮到官方设立的仓囤，官方公职人员验粮，粮长只是按时来一起参与、监督罢了。接下来的步骤是设立拨运、纲运两本簿籍，拨运簿主要记录实际支拨起运的税粮数额，事先算好运输到北京、通州官仓的运输及各种损耗费用，并提前支付给运输者，实际上等于运费定额承包；纲运簿的使用是这样的：事先不发费用，运输路上运输者先自己垫付，并直接记录下来，回来时就以纲运簿上的记录拿回运输中垫付的各种费用，官府主持用平米法中得来的"余米"来支付。在支拨起运后多余下来的"余米"放入官方设立的济农仓内，到第二年余米多的就征收60%的耗米，第三年余米多的则征收50%的耗米，如此循环下来，"民所费视旧减三之一"，即老百姓的负担一下子减轻了1/3（《明史·周忱传》卷153；《明宣宗实录》卷94）。这是南粮北运源头之改革。

周忱对漕运第二步改革是将"支运"改为"兑运"。所谓"支运"是指宣德以前的漕运采取这样的方式：先是农民自备船只将税粮运输到各指定的官仓，然后再由各军卫所官军分段接力运抵京师，就像蚂蚁搬家似搬运，因此又被人称为"搬运法"。"支运法"在明初盛行主要是当时大明都城在南京，所以全国主要产量区——江南老百姓不觉得怎么劳苦费神。但朱棣迁都北京后，江南人民可受足了罪。一来搬运距离远，往返时间长，耽误了农事；二来运输成本急剧加大，"率三石致一石"，按照明朝定制，每年要从江南运送4 000 000粮食上北方（【明】张瀚：《松窗梦语·宦游纪》卷1），依照这一数额计算，江南人民每年将有16 000 000石粮食或言血汗铺就了大一统帝国京师的繁华与庄严，江南人苦！江南人冤！

为此，周忱与总督漕运的平江伯陈瑄共同商议，将"支运法"改成"兑运法"，实行军民联手运输。具体做法是，先由各地农户将税粮运到淮安或瓜洲等地河岸边，交兑给当地驻军领运，再由漕军也称南军（北军是指北疆备边的军队）负责运抵北京等地。运往淮安的农民每石税粮加征耗米5斗即加征了50%；运往瓜洲的农民每石税粮再加征5升即加征100%。就近交兑官仓或交予南京军队(不过长江)的农民，每石税粮加征过江耗米2斗，并要垫付芦席与折米5合。漕运军要是由于大风大雨受阻误期后到，就由当地州县官府垫付米粮。除此之外，还在瓜洲水岸边设立官仓临时储存北运米粮，起运后多余的米粮支给守护官仓者食用，以此减少费用，“由是漕费大省。”(《明史·周忱传》卷153)

第七，兴利除弊

周忱巡抚江南期间还利用经济杠杆对诸多方面进行了整饬，兴利除弊。

① 折换金花银：当时京城百官的每月俸禄都由官员拿了朝廷给的俸帖，可能类似于现代的工资条到南京去领取。米价低的时候，俸帖上的7～8石税粮仅能换得1两银子。周忱上奏朝廷，请求检查重额官田和极贫下户的夏秋两税，准许其换成金花银，米4石折合成银子1两，然后让他们将折换来的金花银作为税粮解送到北京，以便官府兑支官员的俸禄，这样老百姓的支出费用减少了，而官员的俸禄也能在北京直接支取，正是“民出甚少而官俸常足”(《双崖全集》卷首)，一箭双雕。(《明史·周忱传》卷153)

② 折收布匹改重量为长度：除了折合银两外，税粮也可折合成布绢。嘉定、昆山诸县每年缴纳税粮时是缴布匹的，每匹布重3斤折抵税粮1石。等到解送时，见到纱线粗的布匹十有八九被剔除出来，为此老百姓叫苦不迭。周忱知道后上奏朝廷说：“纱线细的布匹一定重量轻，价格就高。现在收税是以布匹重量为标准，那么老百姓就不大会去纺织成细纱布匹。小臣恳请陛下下令，今后收取作为税粮的布匹不论其重轻，只要求符合一定的长度与宽度就行了。”朱瞻基觉得很有道理，就批准了周忱的奏请。(《明史·周忱传》卷153)

③ 整饬江南马政：明朝立国始推行马政，经过几十年风风雨雨后，弊端百出。江南地区百姓有这样一项负担，即每年都要向南京与北京供应与运输马草。马草本不值多少钱，但一路运输可费钱财了。周忱发现后上奏给宣德皇帝，请求将缴纳与运输马草改为缴纳银子，每束马草折合银子3分。如此一来带

些小银子上北京可省心了，至于缴纳到南京的，则可带上银子上南京地区购买就行了。皇帝发现周忱讲得合情合理，也就批准了他的请求。

朱元璋开国时规定，田粮收入多的江南地区“富户”按照政府的佥派，定时上凤阳等地去养马，充当驿站的马夫，想以此来减轻朱皇帝家乡百姓的负担，殊不知给江南“富户”带来了大劫难。不说“富户”北上当马夫的花费开销，就驿马的饲养也足以拖累甚至压垮“富户”。周忱奏请朝廷同意，改革江南富户异地养马法：在每年秋粮征收时适当加征耗米，以耗米来兑换银子，然后再交与北方官府，让他们直接出钱雇佣马夫，这样一来大为减轻了江南富户“马夫”的沉重负担。将田赋征收与徭役支出灵活地结合在一起，周忱实际上开创了明代赋役合征之先河。所以有人说周忱是明代了不起的经济改革家，我看差不多。

马政中另一项弊政就是各郡驿马一旦耗损了都由百姓来负担。明初规定，各府驿站的驿马和一切费用都由一个被人称为“马头”的人负责提供，一旦驿马及其相关的配套设施有所耗损了，都由“马头”来向百姓征收费用再去购买补偿。事实上这是一项变相的税收负担。周忱下令废除原来的做法，江南各地百姓在缴纳秋粮时以每亩缴纳 1 升 9 合的“加耗”，用作驿马损失补偿。在缴付给“马头”时要先核定好驿马的等级，分上、中、下三等，等级高的，多给耗米，等级低的少给，由此节省了开支，减轻了民众的负担。(《明史·周忱传》卷 153)

第八，兴修水利

周忱在江南地区进行一系列兴利除弊活动中有一项举措惠及民生与社会时间很长，那就是疏浚吴淞，兴修水利。《明史》说：周忱“常诣松江相视水利，见嘉定、上海间，沿江生茂草，多淤流，乃濬其上流，使昆山、顾浦诸所水，迅流驶下，壅遂尽涤。”其他史料则记载得更为详细，说正统六年，松江即上海地区海水倒灌，农民大受其害，因为海水倒灌会导致粮食无法正常耕种与收获。周忱在奏请朝廷同意后，从济农仓的“余米”中开支，征发 10 000 多名民夫在海水倒灌的缺口浙江海盐修筑捍海海塘，用了 5 年的时间终于修浚完工，自此以后，“海竟不能为患”(【明】李贽：《续藏书》卷 15)，江南出现了物阜民康、“公私饶足”的喜人局面。

周忱的江南经济改革之所以能获得很大的成功，在笔者看来大约有下列三个方面因素：

第一，周忱改革从基层百姓利益角度出发，赢得了广泛的社会基础

周忱巡抚江南刚上任那年，江南发大水，太湖地区一片泽国，不说收回历年拖欠朝廷的税粮，就连当年度的新粮到哪里去征收还是个问题。好多看好戏的人说起了风凉话，给周忱送了一个外号，叫“周白地”，意思是说他当上巡抚，江南汪洋一片。可周忱并不气恼，而是微微一笑，说：“今年叫我周白地，明年让你看到米铺地。”周忱为人坦率，平易近人，上任之后首先去找昔日朋友苏州知府况钟了解情况，寻找问题的症结；他深入民间，从不骑马和带上随从，走到田间地头，就与农夫农妇谈天说事，耐心地听取他们的生活疾苦，甚至还会替他们出点子、寻找解决问题的办法。时间一久，彼此之间熟悉了，就像家里的父子亲人一般，老百姓有什么事都乐意同周忱讲，而周忱也从百姓那里得到了第一手信息。

周忱还平和对待下属，即使是那些低级闲杂官吏，他也会坦诚听取他们的意见，及时采纳他们的好建议。闲暇之际，周忱常常一人骑马，走街串巷，微服私访，甚至还会到长江入海口吴淞江边走走，不知实情的人看见了还以为他是寻常百姓，不知他是朝廷重臣巡抚大人。有人看到堂堂巡抚大人这般“没档次”，就不阴不阳地说：“周公不如胡公”，胡公指的是周忱之前巡抚江南的胡概，又名熊概，他于朱瞻基即位之初受命到江南来整饬秩序，《南昌府志·名臣志》说胡概“按常、镇、苏、松、浙东诸郡，扶植单弱，威名赫赫。”《明史》也说“概用法严，奸民惮之”(《明史·胡概传》卷159)。周忱明白讥讽者的话意，但他一点也不生气，相反还笑着说：“胡卿是奉旨来江南祛除民害的，而朝廷给我的敕旨只说是安抚军民的，前后巡抚的使命不同啊！”

绝非虚假答词，周忱将自己的工作重心定位于安抚军民：松江官田税粮额重，请求依民田起科；吴淞江畔沙涂柴场百余顷荒地，请求募民开垦；丹徒、丹阳两县长期没于江水的田地，请求蠲免赋税；无锡官田赋税白米太重，请改征租米……除松江一事外，周忱

的这些上请都得到了朝廷的批准，这样为民请愿的好官自然会赢得民众的支持。因此说，周忱的江南改革之成功是有着深厚的社会基础。宣德中后期，周忱"以九载秩满，进左侍郎。六年命兼理湖州、嘉兴二府税粮，又命同刑科都给事中郭瑾录南京刑狱。"(《明史·周忱传》卷153)

第二，周忱改革的成功有着极强的政治后盾

不仅明宣宗与明英宗这最高统治集团支持周忱改革，周忱巡抚江南"历宣德、正统二十年间，朝廷委任益专。两遭亲丧，皆起复视事。忱以此益发舒，见利害必言，言无不听"，而且朝中还有一批执政大臣如杨士奇、杨荣等人适时声援，周忱"其因灾荒请蠲贷，及所陈他利病无算，小者用便宜行之，无所顾虑。"更有地方上一些循官良吏对周忱改革予以积极的配合。当时苏州知府况钟、松江知府赵豫、常州知府莫愚、同知赵泰等都是当时宣德朝很有才能的地方循吏，周忱跟他们"推心咨划，务尽其长"(《双崖全集》卷首)，即充分发挥他们各自的积极性与聪明才智，尤其是苏州知府况钟，"凡忱所行善政，策皆协力成之"(《明纪·宣宗纪》)。正因为有着这样的政治后盾与支持，周忱的江南改革才会"事无不举"，进展顺遂。(《明史·周忱传》卷153)

第三，周忱确有治国济民之才，且素质高——高学历、高素质、高智商

作为一个政治家，周忱拥有良好的素质，这个素质不应仅指我们耳熟能详的那种与中央保持一致的政治觉悟，而且还有着那执著的"民为邦本"之儒家理想治国的政治理念与信条，这在当以"敷宣德意"为治国宗旨的宣德朝，确实是赶了个"天时"。巡抚江南，苏州知府况钟、松江知府赵豫、常州知府莫愚、同知赵泰等又都是周忱政治同道伙伴，这叫"地利人和"。但光有这些恐怕只能当好个大官，而成就不了他的千古美名。

如果套用现代时髦话来说，周忱才真正称得上是"三高"人才，除了高素质外，他还有高学历、高智商和高情商。史书说进士出身的周忱机灵聪明，天赋极高，记忆也好。钱谷巨万，他只要扳扳指头就能算得一清二楚。可以这么讲，明朝前期要说理财，恐怕没人能够超过他。

周忱有个习惯,他有一本本子专门记录每天的天气。当时江南各地税粮押解与运输十分忙碌,有人动起了小脑筋想浑水摸鱼,就跟周忱说:某日我押送税粮,可没想到在长江里遇上了大风,一船的米粮全翻到江里去了。周忱听后不紧不慢地拿出自己的天气日记本一查,说:"你在撒谎,那天江中没风。"听者惊呆得一句话也说不出来。

有个奸民故意搞乱过去的卷宗,想从中获利,他就拿了卷宗让周忱判定。周忱略微瞄了一眼,然后就跟奸民说:"这件事某年某月某日你找过我,我为你判定了,你还敢拿它来欺骗我?!"一下子将奸民"震"得无话可说。

明英宗正统年间,朝廷重新修建永乐末年被天火烧掉的三大殿,派遣钦差上江南征集 10 000 斛牛皮胶,用以宫殿粉刷与彩绘。碰巧周忱有事上北京,途中与钦差不期而遇了。钦差不停地催促周忱赶紧折回去办那牛皮胶的差事,可周忱不仅不回,还让钦差与他一同赶往北京去。到了北京,周忱令人将官方仓库里大量多年贮存即将朽烂的牛皮取出来煮胶,然后直接送往北京三大殿工地。等办完事回江南后,周忱又让人买了一大批牛皮补充北京仓储。

土木堡之变后,北京危急,当国者想烧掉通州诸仓,以免落入瓦剌之手,喂饱了敌人。刚好周忱那天也在场,他听后十分认真地说:"通州一带的官仓有数百万石粮食都是南粮北运辛辛苦苦运来的,多少血汗?就一把火烧了,岂不太可惜!这么多粮食足够供京军一年的军饷,还不如让将士自己去取了,一会儿的工夫便可将那些粮饷给搬个空空的,何必要烧个精光!"后来为了对付瓦剌人的进攻,明代宗下令急造盔甲数百万副。周忱测算一下,用浇铁的方式工作量太大,于是奏请改用浇锡。明代宗同意他的建议,没几天几万副盔甲就造好了。(《明史·周忱传》卷 153)

景泰初年,江北发生大饥荒。都御史王竑从周忱那里贷米三万石,周忱为之计算,来年夏收,以十万石收成偿还,江南江北由此两相获益。

周忱有才不仅仅在于理财,而且还能恰到好处地运用他的极高情商或言政治技巧来"润滑"朝廷与百姓之间的关系,既"敷宣德意",又体恤下情、施惠小民。济农仓开设后,周忱用"余米"给贫困农民进行无息贷款，约定好还期。但即使是无息贷款，一旦到了还期，还是有许多贫困的江南农民没法偿还，周忱对他们也不追讨，这某种程度上也帮助了宣德皇帝"敷宣德意"。而在每年税粮征收完毕，即过了正月中旬，周忱又让人下发公文，放粮"贷款"，并在公文中这样说："这些米粮是老百姓交给朝廷多余下来的，现在将要还给老百姓，大家要努力种好朝廷的田地，秋来时再向朝廷缴粮纳税！"本来对立的双方，经过周忱的"润滑"变得和谐起来了。由此，不仅朝廷不用为重赋江南的税粮拖欠再那么费神，国库收入开始丰腴，而且江南老百姓的日子也慢慢地好过起来了。各府余米越来越多，"公私饶足，施及外郡"(《明史·周忱传》卷153)。

不过话得讲回来，无论是主持江南经济改革的周忱还是前面讲过的主持苏州改革的况钟，他们都不是完美无缺，况钟曾因误听谣言，将良吏吴县县丞赵浚当做阘茸无能的庸官，送交朝廷处置。吴县1 800名老百姓自发组织起来向巡抚侍郎成均诉说实情，幸亏宣德朝君明臣直才得以纠正(《明宣宗实录》卷87)。同样，巡抚周忱尽管十分有才，人品素质均属上佳，但他的改革只是治了标，而没有对帝国制度的根本如重赋江南和南粮北运等国策方面进行实质性的改造，当然这些都已经超过了周忱的权限与工作的范围了。

但不管怎么说，宣德朝委派理财家周忱巡抚江南与大清官况钟出任苏州知府等，着力解决全国财税中心也是全国赋税重灾区江南的积弊和南粮北运的困苦，"消炎"、纾缓大明帝国经济心脏地区和经济供血动脉上的巨大"肿痛"，这些与全国性整顿格局相匹配——仁宣时期谨选了一批廉正得力的大臣充当地方府州县长官，且对地方官员严加考核和监察，造就了大明地方上循官良吏辈出的喜人局面。正因为有着周忱、况钟等一大批循官良吏的不懈努力，维护了地方社会稳定，安定了民生，发展了经济与生产，大明国泰民安的"仁宣之治"才得以出现了朝廷君明臣直外，地方官员贡献甚多焉！

◉ 明刑慎罚　政平刑清

明初立国朱元璋确立了"乱世用重典"的司法精神，不仅兴起了一场又一场政治运动，使用极端残酷和卑鄙的手段，将一切可能的或潜在的危险分子和异己分子送到了阴曹地府里，而且还恬不知耻地将自己御断的"大案要案"汇编成《大诰》四编，颁发到全国各地去，作为司法机构问刑断案的依据或言司法判例，凌迟、洗刷、剥皮……在唐宋时代已经被废除的酷刑都一一恢复使用。直到洪武末年，可能从长安久治的角度考虑，朱元璋发布了这样的敕令：从今以后司法机构审案断狱一律以相对宽平的《大明律》为准。

建文上台后一改洪武酷政，推行宽仁的建文新政，大明帝国迎来了和煦的春天。可随着"靖难战争"的结束和朱棣篡位的成功，已经消失了四年之久的极端恐怖主义再度肆虐：诛灭十族、肢解活人、"洗刷"犯人、油煎犯人、火烧活人、宫刑、剥人皮、"瓜蔓抄"、轮奸"女犯"、挖祖坟……《明史》说得很到位："（永乐）帝以篡得天下，御下多用重典。"（《明史·奸臣·陈瑛传》卷308）

就此可以这么说，明初那50年大明帝国的子民们基本上都是生活在恐怖主义中，何谈法律宽平、明刑慎罚。

自仁厚的明仁宗即位开始，大明司法领域开始转向。针对永乐时代普遍存在的用法严酷、株连甚多和法外用刑等种种极端现象，明仁宗下令：用法尚宽；不可株连过多，除犯谋反、大逆的依律连坐外，"其余有犯，止坐本身"；严禁法外用刑，"尤不许加人宫刑"；取消诽谤罪；公正断案，"务崇宽恕"……（《明仁宗实录》卷8下）十分可惜的是，明仁宗还没有来得及充分施展他的政治抱负，就匆匆地离去了。

幸好即位的皇太子朱瞻基有着与乃父相似宽恕的司法宗旨。宣德初年，明宣宗在给各地布政司、按察司、直隶府、州及巡按御史的敕谕中这样说道："夫理讼之道，当究实情，使有罪者不逃刑，无罪者不遭枉，将横民自戢，良民自安，诉讼自简，而政平刑清矣。"（《明宣宗实录》卷54）

我们将上述"最高指示"概括一下，即为明刑慎罚，政平刑清。那么实际上做到了吗？

从宣德时期任用的司法官僚来看，大体上都过得去，他们一般对案件都能审理清楚、审理到位，但也有疑案、冤案产生。按照当时的规定，一旦产生这样的案件就得上送朝廷，特别重大案件或由部院大臣集体会审或由皇帝亲自鞫问。朱瞻基聪明、机灵，很多疑案、冤案到了他的手里一下子就给弄清楚了。

有一次，北京行在大理寺上奏说："通州学仓(专门用于支付通州学校教育费用)里的麦子全部支出了，当地的学正(县学教师)刘畯叫人将学仓打扫一遍，结果从各种缝隙里头扫出了一些麦子来，大约有5斗，按理说，这是公家的财物应该归公，可刘畯却偷偷地自己笑纳了。现在有人出来举报，根据《大明律》的规定，若以私吞公物罪起诉，那就应该判处其徒刑；但若以盗粮罪起诉他，那就应该判处其斩刑，家属发往边疆戍边。小臣愚昧，不知该怎么判决？"皇帝朱瞻基听后沉默了一会儿，然后这样说道："因为5斗弃物而杀了一个人，这讲不过去了。这样吧，让那个贪图小便宜的刘畯戴罪还职，继续回县学教书，给他扣一年的俸禄(即工资)"(《明宣宗实录》卷80)。既没杀罪人，更没有判处其人家戍边，宣德皇帝从宽地处理了。

又有一次，行在大理寺卿虞谦上奏说："地方上发生了一起案件，有人偷偷地将官马给杀了，且还将它吃了精光。案发后，官府衙门按律将其判处绞刑，小臣吃不准，这样判决合适不合适？"皇帝朱瞻基一听就来气了："因为杀了一匹马而要杀一个人，这太过头了吧！免除那案犯死罪，将他发往边地去戍边。"(《明宣宗实录》卷9)

宣德末年，福建发生了一起强盗案，有50名案犯被判处死刑，其家眷将被发往广西边卫充军。案件审理了结后，福建地方衙门上奏给朝廷，等待最终核准。皇帝朱瞻基知道后下敕给福建三司衙门和当地的巡按监察御史，说："50名强盗罪犯虽然都已经服罪了，但你们一定要再认认真真地会审一下，确实无所冤屈了，再作处置；要是有稍稍不合事实、不肯真正服罪的，就要让他们将冤情讲出来，弄明白；至于罪犯家属按例应该发遣的，未成年的男孩就不必发往边卫，将他们弄到南京锦衣卫那里去学门手艺，多少也能养活自己，女的要是没有丈夫的以及60岁以上不愿发遣的，全放了算了。"(《明宣宗实录》卷112)

宣德皇帝亲自鞫狱或指导司法案件的判决，尤其注意对于一些重大案件、冤案、疑案的谨慎裁定，体现了宣德朝的"恤刑慎罚"的司法精神。其实这样的司法精神自宣德朝开启时就通过诸多的方式与途径得以贯彻执行，譬如：制“定诬告之人、老幼残疾男妇罚钞赎罪例”，坚决打击与制止诬告歪风；区别对待不同情况的越诉，以所告之事是否得实作为对越诉者的处置依据，纠正禁止越诉的不合理的因素，使受冤民情得以上达；修正以罚代法的刑罚制度；严禁枉杀无辜和淹系滞狱；禁止虐待罪犯和相对宽待重刑犯家眷；皇帝亲自鞫问断案与平抑冤狱，等等。（详见第6章）

宣德初年起皇帝朱瞻基为了贯彻“恤刑慎罚”的司法精神，还养成每年都要1～2次御裁清狱的习惯。宣德二年五月，朱瞻基在仔细审阅了三法司上呈的录囚报告后曾作出了这样的批示：“凡是犯叛逆、强盗和杀人等重罪的不可宽宥，一律按《大明律》论处外，其他如误杀人、工作失误造成巨大损失等一类杂犯死罪的皆可减轻处罚，判处徒罪以下或以徒罪、流罪、笞罪、杖罪不同程度罚役做工。”当天他就判决发遣了2 190个罪犯。一天之内处置了那么多的罪犯，会不会使得真正的罪犯逃脱了处罚？皇帝朱瞻基是这样解释的：“与其杀无辜的人，倒不如使我法制受点影响，这些罪犯要是能改过自新，自此以后成为良善之人了，岂不是件美事啊；倘若他们怙恶不悛，终归逃不了我大明法律的制裁。”随后他援引历史上的致治之君唐太宗的事例，说道：“唐太宗贞观年间曾下令废除斩足酷刑，禁止使用鞭刑鞭背，就这么一位人们公认的明君还为自己曾经错杀张蕴古而后悔不已，所以说为君者用刑不可不慎！”（《明宣宗实录》卷28）

从那以后，明宣宗几乎每年都要在春秋两季进行御裁清狱，笔者曾制作了《宣德元年～宣德九年皇帝朱瞻基御裁清狱简表》，从表中可以看出，宣德年间皇帝朱瞻基亲自审阅三法司复审关押罪犯报告（即三法司所进系囚罪状）后最终判决发落罪犯数为，宣德元年1次，3 000人；宣德二年4次，600＋2 190＋2 465＋800＝6 055人；宣德三年，4次，400＋600＋507＋1 635＝3 142人，宣德四年2次，170＋2 200＝2 370人；宣德五年1次，17人；宣德六年1次，800人；宣德七年，2次，1 000＋170人＝1 170人；宣德八年1次，5 000人；宣德九年2次，87＋1 300＝1 387人。九年中皇帝朱瞻基御裁清狱总计囚犯人数为22 941人。（以上参见本书第6章）因此有人将朱瞻基称为明代继朱元璋之后第二位特别重视司法审判的皇帝，我看一点也不为过。

综上所述，宣德时期司法领域里基本上做到了恤刑慎罚、政平刑清。

◉ 国力强盛　疆域辽阔

明朝综合国力哪个时期最为强盛？好多人会脱口而出：永乐时代！不错，从纯军事角度来讲，永乐时代不仅是整个明朝最为强盛时期，而且当时的永乐帝国还是世界上最为强大的帝国。可军事强盛并不意味着综合国力强盛，殊不见当年的苏联是世界上公认的军事超级大国，但它的综合国力远不能与另一个超级大国美国相比。因此在笔者看来，考察一个国家或王朝的综合国力不能光看它的军事力量，还应该关注其政治是否和谐、宽松，经济是否发展，社会是否稳定、国民或言臣民是否安居乐业等各种因素。我们以此来纵观大明帝国近 300 年历史，就不难发现仁宣时期可谓是综合国力最为强盛了。当然这个强盛的根基最为关键的还在于明初君主培植，而仁宣两帝最大的功绩就在于及时地调整了大明帝国的错误航向，适应时势地成就了一番事业，清代学者谷应泰曾一针见血地指出："仁、宣之治，非高、成不开；而高、成之政，非仁、宣不粹也"；"然高、成肇造，享国长久，六七十年之间，仓廪赡足，生齿繁殖，而兵革数起，脱剑未祀。后之哲王，但当愉愉煦煦，抚摩疮痏，斲雕为朴，废觚为圆，是所尚矣。语有之，承平之主，与戡乱异。假令永乐以前，施仁、宣之政，则行军而用乡饮；洪熙以后，用高、成之治，则无疾而食乌喙也。故余以仁、宣之朝，专务德化，虽曰度量，盖亦有时势焉"（【清】谷应泰：《明史记事本末·仁宣致治》卷 28）。

在祖宗的基业中最为引人注意的可能就要数大明之疆域了。众所周知，明代疆域最初是由洪武奠基的，永乐时扩展到最大。史书说，永乐末年"威德遐被，四方宾服，明命而入贡者殆三十国。幅陨之广，远迈汉、唐。成功骏烈，卓乎盛矣"（《明史·成祖本纪三》卷 7）。这是讲永乐末期的疆域：东自大海，西至（大）西域，南起辽阔的南海海域，北抵大漠。大明帝国幅员辽阔到了超越汉、唐帝国，四方远夷无不宾服，入朝进贡国家总计有 30 多个。

而仁宣两帝继承的正是这般广厚的疆域遗产，并在此基础上进行了合理性调整：撤兵交趾，还政安南，甩掉大明帝国沉重的包袱；内迁开平卫，务实加强北疆防备，强化西北、东北边疆统治。虽说仁宣时期的疆域比前代略为缩了些，但这是在挤兑永乐朝的“肥皂泡泡”。从实际角度来讲或许比前朝来得更稳定，且仍不失为幅员辽阔，有明一代后来再也没有超过。明人曾这样认识那时代综合国力与辽阔疆域的：“我朝国势之尊，超迈前古，其驭北虏西蕃，无汉之和亲，无唐之结盟，无宋之纳岁币，亦无兄弟敌国之礼，其来朝贡，则以恩礼待之。其朝鲜、安南、琉球、日本、占城、暹罗、满剌加诸国，乌思藏、童卜韩、胡奴儿干诸司，朵颜，赤斤、阿端、卜剌罕诸卫，奉法尤谨，朝廷待之，恩礼亦有加焉。呜呼，盛哉！”（【明】敖英：《东谷赘言》）

总之，仁宣时期的大明德礼治国，政治清平，君明臣直，纲纪修明，经济发展，国泰民安，明刑慎罚，政平刑清，国力强盛，疆域辽阔……《明史》曾这样评述“仁宣致治”的，说那时“吏称其职，政得其平，纲纪修明，仓庾充羡，闾阎乐业，岁不能灾。盖明兴至是历年六十，民气渐舒，蒸然有治平之象矣”（《明史·宣宗本纪》卷9，本纪第9）。

我看清人对仁宣时代的这番论述与评价还是比较符合实际的，且很为中肯。不过，笔者在此要加一句：“仁宣致治”实际上并不限于仁宣时代，它还下延到了明英宗正统初年，当然这已经不在本书所要讨论的范围了。

● 白璧有瑕　“盛世”隐患

尽管“仁宣致治”取得了较大的成就，但白璧有瑕，“盛世”时代隐患多多。综合起来来看大致有如下几个方面：

○ 拒不还都与重赋江南

由于仁宣时期相继即位的明仁宗与明宣宗推行了相似的治国策略，因而后世人们常常将他俩不加区分地等量齐观。其实从历史真实的角度来看，明仁宗要比儿子明宣宗更有魄力，他一上台就不断地下发诏令，力矫永乐酷政与暴政。虽然天不假年，但在临终前他还不忘留言，要实施宽政于民的重大决策——还都南京，解决"南北供亿之劳"(《仁宗皇帝实录》卷10)。按照古代规制，后来皇帝对于前皇帝的遗嘱、遗言，应当予以不折不扣地贯彻执行。可明宣宗即位后对父皇的遗嘱尤为强调还都南京问题却三缄其口。洪熙元年六月辛亥日，刚刚上台没几天的朱瞻基在给南京守备襄城伯李隆的敕谕中这样说道："勋臣受先皇帝付托之重，守备南京，厥任匪轻，其免赴京朝贺，凡事同守备太监郑和、王景弘计议，昼夜用心，整肃军伍，严固守备，审察机微，以防不虞，……以副国家委任之重，钦哉。"(《明宣宗实录》卷2)

这是明宣宗登基后第一次谈到南京问题，概括起来一句话，就是让李隆好好地守住南京，只字不提他父皇已经启动了的还都南京之事(见前章)。但人世间常常会出现这样的怪事：你越是想回避的人或事越是偏偏出现了。洪熙元年七月，曾受命于明仁宗修复南京皇宫的行在工部尚书吴中向新皇帝朱瞻基请示："大行皇帝生前想及早还都南京，让小臣抓紧时间整修南京宫殿，小臣召集了应天等府成年民夫5 500人，加班加点地干着，可工程实在繁重，恐怕一时难以完工，有负于先帝的重托。因此小臣在此奏请陛下下令，再征调10 000民夫，每3个月换一轮，粮饷与赏钱按照以往的例规给付。"朱瞻基回答："正农成收成之时，岂可尽用其力，但令五千人更代为之，足矣。"(《明宣宗实录》卷3)

吴中的请示是在农历七月，相当于现在的公历八月，朱瞻基体恤农民，重视农业。这确实不假，《明宣宗实录》中经常有着这类恤民罢役的记载，但在这样的记载中，对于一些重大工程，朱瞻基常常会在"最高指示"的最后加上一句：等秋后再征夫服役或秋后再说。我们回头再来看看上述朱瞻基对吴中上请的最后批示："就让那5 000多民夫轮流在南京宫殿干干活够了！"

前朝皇帝急不可待要还都，当朝皇帝这般漫不经心，一切都在不言之中。原本洪熙时代十分积极主张还都的朝廷大臣胡濙、陈瑄等似乎看出了其中的名堂，可远在千里之外一直以"齐家治国平天下"为己任而积极争取"有为"的老书生，却并不明了已经变化了的大明朝廷风向，有个叫尹崧的湖广岳州府华容县书生响应新皇帝即位诏中的号召——"自今朝廷政务或有不便及军民利病当除者，诸许人陈言，勿有所讳”(《明宣宗实录》卷1)，他上书直言三事，其中的第一件事就是要宣德皇帝“正洪基”，还都南京。他说：“昔太祖高皇帝龙飞淮右，肇基江左，建极三十余年，宠绥四方，和辑万民，制度文为，比隆上古，继以太宗、仁宗嗣承大统，悉遵旧章，建立两京，用仿周制，震威胡虏，华夷清宁，长策远虑，固当世守。然南京则江山雄固，水陆兼通，国用所需，民力易办，供输漕运与夫四方朝贡，道理适均，天下咸以为便。乞命勋旧将臣于北京训练精锐，缮修城池，坚利甲兵，广开屯田，聚积粮储，以备边防，皇上回銮南京，则深慰军民之望。”明宣宗看了尹崧的上书后未置可否，最后将其交给北京行在礼部官员，让他们讨论讨论。(《明宣宗实录》卷6)

新皇帝朱瞻基虽说年轻，但从小就在“狼窝”里长大，又由魔鬼皇帝朱棣一手调教出来，因而学起皇爷爷的那套权术十分在行。先皇帝明仁宗让人修缮南京皇宫，要还都金陵，且在遗嘱中予以特别强调。作为先皇帝的继承人可万万不能公然违背和不执行，于是在下令让人继续修复南京皇宫的同时，明宣宗还公开表态说：“南京，国家之本，所系所重，朕夙夜在念”(《明宣宗实录》卷10)。既然如此，那就赶紧还都呀！宣德元年年底，负责留守南京的襄城伯李隆派人上北京请示：“南京皇宫及其相关建筑的修缮工作大致要完成了，民夫放归？官军留下就地操练？向平江伯陈瑄所借的运粮官军7 000人也给还？”宣德皇帝批示：“从之”，即就以你请示的做吧！(《明宣宗实录》卷22)

南京皇宫快修好了，原本还都最大的显形障碍没了，该是执行仁宗皇帝遗嘱的时候了？勋贵李隆没问下去，皇帝朱瞻基更是不愿提及。就这样，还不还都南京在宣德朝这种犹抱琵琶半遮面的氛围当中给“拖”了过去。那么朱瞻基为什么不愿意还都南京？在笔者看来：

第一，朱瞻基与父亲朱高炽不同，他对南京的感情不如对北京那么深。父亲朱高炽即位后派他来南京镇守，但他很不乐意，晃晃悠悠走了好久；可回北京时却是全然另一副模样。

第二，朱瞻基从少年时代起经常跟随皇爷爷朱棣北巡，甚至还远征蒙古，爷孙俩生活在一起的时间较长。从人生成长角度来讲，年轻小辈很容易受到长辈的影响，因此无论是生活习惯还是审美情趣，等等，朱瞻基或许更多地倾向于具有蒙古血统的皇爷爷朱棣那种类型。

第三，迁都北京是皇爷爷朱棣的决策，而朱瞻基的地位与荣耀几乎都是由皇爷爷朱棣生前钦定好的，作为皇爷爷基业的“正宗传人”能改变他老人家钦定的国都吗？当然不能！

第四，皇爷爷朱棣曾想以北京作为天下中心，开创一个“四方远夷无不来朝”的“盛世”帝国，可惜他老人家的宏愿没能真正实现，尤其北方虏狄要比南方蛮夷与海上倭寇更具危险性，重新构建和打造“万国朝宗”的“盛世之治”首先就得立稳北疆重镇北京，这样才能将大明帝国推向与贞观之治相媲美、甚至比它更好的“宣德之治”，一向被人视为“太平之主”的朱瞻基始终有着这样的情结。

翻阅《明宣宗实录》，有个有趣的事情引起了我们的注意：登基后的朱瞻基开口闭口就会说及唐太宗。譬如洪熙元年八月即朱瞻基上台后的第四个月，北京行在工部上奏，“宫廷内府可能要用上9 000匹丝绸织品，就让苏杭等府小民们来完成这项织造差事？”动辄就要上万匹丝织品，宣德皇帝听了很不舒服，随即指示：“内府供应之物虽说不能缺少，但也应该体恤民力啊，眼下老百姓生活很艰难，9 000匹太多了，减掉一半！”说到这里，朱瞻基稍稍停了一下，随后又跟工部尚书吴中等人说：“贞观时期，大臣魏征每次向唐太宗进言，都以体恤民力为宗旨，你们应该体悟其中的含义啊！”(《明宣宗实录》卷7)5个月后的宣德元年三月，负责巡边的太子太保阳武侯薛禄上请，打算将万全右卫城迁徙到城七里宣平堡。朱瞻基又援引贞观年间唐太宗拒绝上请修复古长城为例，随即批示：“此役姑止”(《明宣宗实录》卷15)。此后的治国理政过程中，朱瞻基大约每年都有四五次援引唐太宗的“贞观之治”来论理说事。毋庸置疑，朱瞻基就是要把宣德之世打造成能与“贞观之治”相媲美、甚至比它更好的“宣德之治”。而要想实现这样的理想与宏愿，在朱瞻基看来，那就非得定都北方尤其是皇爷爷钦定的大本营——北京不可，非得立都北疆首先震住最具危险的北方虏狄不可！至于皇父朱高炽体恤江南百姓还都南京之遗嘱只要作些技术性的处理，既不宣布废弃不用，又不马上执行，时间一长，事情不就给拖“黄”了！聪明过人的宣德皇帝就是这么“聪明”地拖着，识趣的大臣们为了与中央朝廷保持高度的一致，也就不再提当年的往事了。于是，还都南京最终成了不了之事。

但现实治国实际中却有十分棘手的事情迫使宣德皇帝不得不要面对的，那就是大明帝国经济心脏地区和经济供血动脉上的巨大“肿痛”——重赋之下的江南快要到了崩溃的边缘以及南粮北运所带来的巨大的灾难。对此，明宣宗采取了“消炎止痛”的办法，委任周忱、况钟等一批循官良吏巡抚江南、出任地方府州官，整顿吏治，抑制豪强，蠲免赋税，改革经济等等。但如等举措也仅能收到一时之效，且相当有限，当时苏州拖欠税粮高达 8 000 000 石，而明宣宗“屡下诏减官田租……减至七十二万余石”(《明史·周忱传》卷153)。也就减免了 9%，这还算是比较开恩了，松江即今天的上海就没减，后来苏州也再没有遇上这样的“好事”了。这里边有个根本性问题，即苏州等地江南重赋的制度层面却没有丝毫触及，“苏赋比他府独重。官民田租共二百七十七万石”(《明史·周忱传》卷153)，苏州近 3 000 000 石税粮究竟是个什么样的概念？今人很难理解，我们不妨来看看，宣德时期全国税粮平均数为 30 182 233 石(梁方仲《中国历代户口、田地、田赋统计》，上海人民出版社 1980 年 8 月第 1 版，P188)，也就是说一个苏州府要负担全国税收的 1/10。

对于这样的恶制度，朱瞻基压根儿就不愿意去触及，以此来保障他的大一统帝国的根本利益。更为可怕的还不仅于此，重赋之下的苏州等江南地区人民还得要将税粮运往到官府指定的地点。洪武时期定都南京，苏州等江南地区人民就近运粮，问题还不是很大。可自永乐迁都后，巨大灾难顿时降临到了江南人民的头上。前文已述，除了税粮正额外，运输费、损耗费等等都大得吓死人，“时漕运，军民相半。军船给之官，民则僦舟，加以杂耗，率三石致一石”(《明史·周忱传》卷 153)，这就是说 1 石江南税粮运到北京，要花费 3 石的成本费用，苏州税粮额定为近 3 000 000 石，那么运到北京苏州人民就得掏出 12 000 000 石粮食，这哪像是政府向老百姓收税，简直是土匪、强盗一般的打劫。虽说经过周忱改革，南粮北运由“支运法”改成“兑运法”，“由是漕费大省”，但随着宣德皇帝的远去与江南巡抚周忱的职务调离，江南人民又重新坠入了苦难的深渊。

由此，人们不难看到，口口声声说要宽政于民的“坦白老油条”明宣宗，对于明初制定的重赋江南恶制度坚持不改的直接后果是：尽管仁宣时期海内升平，百姓安业，但有着良好历史经济基础的苏州等江南地区却始终没有迅速地发展与繁荣起来，相反当地人民以各种各样的形式反抗着政府的恶政。

宣德七年十月，负责南粮北运的总兵官平江伯陈瑄上奏说：“近浙江等都司所属绍兴等卫所选运粮少壮军士不足，仍以老弱代之，又有中途逃匿者共六千余人。”(《明宣宗实录》卷96)

按照明代的兵制，1个卫大约6 000人左右，陈瑄说绍兴等卫逃了6 000多人，就是说绍兴等卫的运粮者逃得几乎没了。

宣德九年二月也就是朱瞻基死前的一年，苏州知府况钟向朝廷上奏说：昆山县因为靠近太仓卫，当地老百姓不愿意承受繁重的税粮及其运输负担，纷纷采用脱漏户口的办法来规避赋役。他们通常给太仓卫的军官旗校送礼送钱，任意认下军队中的兵士为“亲属义男女婿”等，“追取赴卫，实不当军，俟再造黄册，复以老幼还乡于别里，附籍带管。原户赋税累里邻代偿”(《明宣宗实录》卷108)。昆山县老百姓宁愿冒着被当作军户（军户可以免税）的危险，却也要逃避自身民籍所无法忍受的重赋。

由此可见，明朝开国起确立的重赋江南之恶政，经由永乐迁都北京已演变成为江南地区永久性的大劫难。在明知重赋江南与南粮北运所带来的巨大灾难面前，有着极高天赋的一代“明君”宣德皇帝就是不愿从制度上予以根本性的解决。因此说朱瞻基在大明帝国走向“盛世”的历史进程中所起的作用也只不过是润滑剂而已。江南地区的真正复苏与发展一直要延缓到了明中后期才开启，那时君主专制对地方上的强控制已大为减弱了。

不过话得讲回来，要说明宣宗所起的积极作用是微乎其微的，甚至有像网上一些人说得那样，他是个吊儿郎当不务正业的游乐皇帝，这也太过头了！在大明走向“盛世”的历史进程中，为了舒缓帝国经济心脏地区和经济供血动脉上的巨大“肿痛”，朱瞻基从“技术”层面还是做了一些努力，譬如，前文已述的委派周忱、况钟等循官良吏实施江南经济整顿与财税改革，等等，还有一个重要的举措，那就是整顿和推广纳米赎罪，减轻南粮北运重负。

◯ 纳米赎罪与吏治腐败

纳米赎罪是指除了杀人、反逆、强盗等特大犯罪外的一般犯罪的犯人在判决后，明朝政府允许他们按照规定的额度，将米粮运输到边关或北疆等指定的地方，以此来减轻罪犯的刑事处罚，同时也在一定程度上纾缓南粮北运的压力与边关粮食告急问题。

据《明实录》所载，纳米赎罪开启于明洪武时期，明朝第三位皇帝朱棣对其尤为热衷。洪武三十五年八月也就是建文四年八月，历时四年的"窝里斗""靖难"战争刚刚结束，大明帝国满目疮痍，深受战争之祸最为深重的北方地区子民们嗷嗷待哺，魔鬼兽性的篡位皇帝朱棣目睹了这一切，特发善心，下令恢复与医治北方地区的战争创伤，"上(指朱棣)初以北平军饷不继，欲出狱囚输米赎罪以给之，且省馈运之劳，命法司议。"(《明太宗实录》卷 11)

这段史料告诉我们这样几个信息：第一，永乐时期纳米赎罪的纳米终极地主要是北京和北疆；第二，纳米赎罪的主体是大明帝国的罪犯；第三，纳米赎罪直接受益者有两个：一个北京地区的军队，另一个为犯罪者；间接受益者为被南粮北运所折磨的江南人民。那么永乐时期纳米赎罪具体有什么标准呢？"一代圣主"下令让法司部门的官员集体讨论，讨论的结果是以永乐皇帝的"最高指示"形式予以公布："除十恶、人命、强盗及笞罪不赎外，其他杂犯死罪的罪犯输纳米粮 60 石到北京，流罪(类于充军罪)三种等级一律输纳米粮 40 石；徒罪 1 年输纳米粮 10 石，1.5 年输纳米粮 13 石，2 年输纳米粮 16 石，2.5 年输纳米粮 20 石，3 年输纳米粮 25 石；杖罪五种等级：杖 60 的，输纳米粮 4 石，杖 70 以上的每一个等级加 5 斗米粮。输纳米粮完成，官府立马放人。(《明太宗实录》卷 11)

纳米赎罪条例公布后，明眼人一看就知道，这是永乐皇帝急功近利的治国"妙方"，它为有钱有势的特殊阶层逃脱法律制裁大开方便之门，同时也给无权无势的贫困罪犯带来了劫难，"有贫不能致米者，往往忧戚死。期欲生之，乃速之死。"对此，后来永乐朝廷不得不修订纳米赎罪条例，规定："自今凡人命、十恶、死罪、强盗、伤人者依律处决，其余死罪及流罪，令挈家赴北平种田；流罪三年，死罪五年，后录为良民；其徒罪令煎盐，杖罪输役，如故自愿纳米赎

罪者，听仍选；徒罪以下，罢黜官，假以职名，俾督民耕种三年，有成绩实授，无成仍坐原罪。”(《明太宗实录》卷12)

这个修订后的“纳米赎罪条例”施行了3年，到了永乐三年七月，为了加快建成永乐新都北京和迅速地“做大做强”，由当时的户部尚书郁新上奏提出，增加罪犯纳米输粮的数额，将原来最高输粮数即死刑罪犯纳米60石一下子升到了110石，几乎增长了100%，其他各等罪刑的罪犯纳米数额也依次有了大幅度增长，一向被后世人们美誉的永乐皇帝在接奏后毫不犹豫地批准了这个方案。(《明太宗实录》卷44)

永乐三年“纳米赎罪新条例”的最大“亮点”就在于官方经济收益最大化。在那个不断“做大做强”的疯狂年代里，大明帝国的公务员们都以空前的热情投入到了开创“永乐盛世”的大潮中，至于纳米赎罪等类的省刑恤命举措是否真正起到了政治宣传的那个效果？罪犯们是否真能忍受得了这样的经济与劳力重负？从未有人过问！“纳米赎罪新条例”一用用了7年，直到永乐十一年时，各种渠道反馈来的信息：纳米赎罪的罪犯们实在不堪重负！于是永乐皇帝只好命令大明都察院副都御史李庆等人再次核定《运粮赎罪例》，随后并予以了公布。该《运粮赎罪例》规定：最高输粮数即死刑罪犯纳米由原来的110石降回到了60石；流罪由80石降回到了40石；徒罪3年的为35石，2.5年的为30石，2年的为25石，1.5年的为20石，1年的为15石；杖罪为10石，笞罪为5石，全都运往北京官仓缴粮。无力运粮纳米的罪犯发往天寿山服役种树，且讲明贫困死刑犯终身种树，其他的罪犯以此减等。(《明太宗实录》卷140)

此次修订后的《运粮赎罪例》相对而言，比较切合实际，所以后来一直被沿用。

与纳米赎罪几乎称得上是“孪生姐妹”或言纳米赎罪的变体，则为“输作赎罪”。“输作赎罪”在明初尤其洪永时代也被广为使用。永乐十年十月，皇帝朱棣“敕刑部、都察院、大理寺出系囚之轻者输作赎罪”(《明太宗实录》卷133)。这样的赎罪方式用今天话来讲，相当于劳动改造。

那么当时输作赎罪和纳米赎罪的罪犯究竟有多少？史书没有

专门统计，但笔者注意到了这样的一段史料：永乐十三年二月乙未日，朱棣下令“释工作囚徒四千九百余人。”(《明太宗实录》卷 161)

皇帝一次下令就释放了输作赎罪的犯人达 5 000 人，以此作为参照，估计纳米赎罪的犯人至少也应该有 5 000 人，若以最高纳米数即死刑罪犯纳米 60 石为计，北京可得米 30 000 石，若以最低笞罪罪犯纳米数 5 石为计，北京至少也可得粮 25 000 石，我们取两者的平均值为 27 500 石。明代刑罚规定：笞、杖、徒、流、死五刑，笞刑五等，杖刑五等，徒刑五等，流刑三等，死刑二等(《明史·刑法一》卷 93)，共计 20 等，这样可以大致推算出当时纳米赎罪的米粮总数额不会少于 20×27 500 石＝550 000 石(以前文所述一次释放输作赎罪的犯人 5 000 人为参照系数)。永乐时代定制的南粮北运额数为 4 000 000 石，那么纳米赎罪的米粮总数额应该不少于南粮北运的 13%，应该说这是一个不可忽视的经济数。

难怪精明的朱瞻基在登基以后推行蠲免赋税和省刑慎罚等一系列举措时不仅不废除有损于司法严肃性的纳米赎罪法，反而加以了推广。宣德二年七月，明宣宗降敕给南京刑部、都察院、大理寺，要他们根据永乐时期《运粮赎罪例》的精神，将犯有不同罪行的罪犯发落为纳米赎罪，并提出了新标准：纳米运粮终极点为南京，犯有死罪的官吏纳米运粮 100 石，普通军民纳米运粮 80 石，流罪的纳米运粮 60 石，徒罪 3 年的纳米运粮 50 石，2.5 年的纳米运粮 40 石，2 年的纳米运粮 35 石，1.5 年纳米运粮 30 石，1 年的纳米运粮 25 石；杖罪 100 的纳米运粮 20 石，杖罪 90 的纳米运粮 15 石，杖罪 80 的纳米运粮 12 石，杖罪 70 的纳米运粮 10 石，杖罪 60 的纳米运粮 8 石；笞罪 50 石的纳米运粮 6 石，40 的纳米运粮 5 石，30 的纳米运粮 4 石，20 的纳米运粮 3 石，10 的纳米运粮 2 石。(《明宣宗实录》卷 29)

由于纳米地点不同，南北出现了不同的纳米赎罪标准和新的不公平，这就给司法等部门的执法带来了不便。为了维护司法的严肃性和公平性，更为了渲染宣德皇帝标榜的“敷宣德意”、实施“仁德”之政的治国精神，宣德四年正月丙子日，宣德朝廷制定了新的《纳米赎罪例》：“凡纳米赎罪，南京水运良便，北京陆运颇难。今斟酌定拟北京法司并直隶、河间等八府及河南、山东逮至官吏军民人等杂犯，死罪以下纳米于北京仓。依今定例：杂犯死罪五十石，流罪比死罪减十石；徒罪五等，徒三年者三十五石，以下四等递减五石；杖罪五等，杖一百者十石，以下四等递减一石；笞罪五等，笞五十者五石，四十减一石，三十比四十减五斗，二十比三十减一石，一十比二十减五斗。南京法司及湖广、江西并江南直隶太平等府州县，所问杂犯，死罪以下官送北京，吏典军民人等纳米于南京仓，依见行例。浙江并直隶苏、松、常、镇四府及江北直隶凤阳等府州县所问杂犯，死罪以下官送北京，吏典军民人等纳米于淮安仓，其徐州纳米于临清仓，俱依南京例，死罪官吏一百石，军民减十之二，流罪比死罪减十之四。徒罪五等，徒三年者五十石，二年半者四十石，以下三等递减五石；杖罪五等，杖一百者二十石，九十者十五石，八十者十二石，七十、六十比八十递减二石；笞罪五等，笞五十者六石，以下四等递减一石。纳毕，杂犯死罪武职调卫，文职官吏皆罢为民。流徒罪，武官还职，文官降一等，吏改拨。笞杖罪，文武官吏人等各还职役；再犯者依律科断。其监守盗粮，挖揽物货与逃亡军囚、夫匠、厨子等项及力不能纳米者，依旧例断。”（《明宣宗实录》卷50）

但自古以来中国就是个大一统国家，各地的情况有着很大的不同，尤其边疆地区更是错综复杂，如果一律套用一套标准，那肯定不合适。为此，从宣德二年起根据各地边疆的具体实际，制定适合于各地边疆的“纳米赎罪条例”，如：宣德二年七月，行在刑部、都察院奏定《岷州、洮州、河州、临洮纳米赎罪例》（《明宣宗实录》卷29）；宣德三年三月定《陕西西安府纳米赎罪例》（《明宣宗实录》卷40）；宣德四年二月定《陕西、宁夏诸卫罪人加米赎罪例》（《明宣宗实录》卷51）；宣德五年九月更定《在外罪囚赎罪例》（《明宣宗实录》卷70）；宣德五年十一月定《宁夏纳米赎罪例》，（《明宣宗实录》卷72）；宣德五年十一月，定《辽东纳米赎罪例》（《明宣宗实录》卷72）；宣德六年七月定《四川纳米赎罪例》（《明宣宗实录卷81》），等等。到宣德晚期为止，全国边疆地区大体上都有了各自的《纳米赎罪例》，确立了就近纳米输粮制度，短期内解决了边疆各地粮食紧缺问题。

不过从长期角度来讲，纳米赎罪对于大明帝国的政治、司法等方面的影响不啻为饮鸩止渴。富人们尤其是不知深浅的“富二代”

违法犯罪了,什么罪也不用受,无非是家里的经济损失点。权贵们一旦犯法了,也不要紧,舍得花钱就是了。只要不被官方定为谋反等类的大罪与贪污罪(明宣宗开始明确规定,文官犯贪污死罪的不得再起用),要不了多少天,就照样回衙门里去当他的官,享他的福。

永乐二十二年十月,大明通政使司劾奏:兴化知县李逊苛刻苦民,由其儿子出面向老百姓索要金、银、锦、绮等财物,终因罪行败露而被捕,事情牵连到知县李逊头上。李逊辩称自己根本就不知情,更没有出面索要,所以不能以贪赃罪来论处他。洪熙朝大臣反复讨论,最后议定:沿用永乐时代的做法,要么让李知县输作赎罪,要么让他纳米赎罪,完事后他便可回衙门继续当官了。新即位的仁宗皇帝听后很不高兴,他说:“近年人情敢肆行犯法者,恃有罚工作之令,故有财者悉得幸免。自今凡有罪者,死生轻重一断如律,庶几有所惩劝。”(《明仁宗实录》卷3上)

明仁宗坚决反对输作赎罪和纳米赎罪,主张一断如律。可惜的是明宣宗没有继承父皇明仁宗理性的治国理念,而是隔代传承了皇爷爷朱棣的功利主义,大行输作赎罪和纳米赎罪,无意间为大明帝国的吏治恶化打开了潘多拉魔盒。

这绝非危险耸听,我给大家举些例子来说明问题。永宣之际有个循吏叫宋礼,朱棣篡位那年他被提拔为左侍郎,相当于副部长,到永乐十年左右升为尚书即部长,永乐二十年病逝,史书说宋礼“卒之日,家无余财”(《明史·宋礼传》卷153)。当了一辈子的官,其中10年当的是副部长,10年是部长,这些官衔在当时大明官场都够高的了,但宋礼死时居然没有积蓄。要是宋礼活下去,一不小心犯了什么事,拿什么来赎罪?

宋礼死得早没赶着,说明不了问题,我们再来看看另外一个例子:有个省部级好官叫周干的一不小心“犯事”了。永乐二十二年即朱棣死的那一年正月,刑部右侍郎张本、都察院左都御史刘观及浙江等道监察御史、六科给事中交章劾奏广西右布政使(相当广西副省长)周干,指摘他“旷官弃政”,请求永乐皇帝将其法办。朱棣随即下敕,把周干关进了锦衣卫大牢。周干到底有没有犯下懈怠公务之罪呢?从洪熙、宣德时期他的为政行状来看,周干不大可能是旷职废事的，相反他是个好官，好官一般都比较清廉，周干似乎也不例外，最终可能因为他没钱而被处以输作赎罪。(《明太宗实录》卷 267)

周干输作赎罪未满一年，明仁宗上台当政了，好皇帝重视人才，将周干官复原职，且委派他巡抚江南八府。幸亏周干当初被处以输作赎罪而不是纳米赎罪，从而也就没有留下什么经济欠债，也幸亏周干是个好官，复职后一如既往地为君分忧，为民操劳。要是他是坏官呢？复职后就成了“还乡团”了，羊毛出在羊身上，要想偿还先前纳米赎罪所欠下的巨额债务，只有一条路可走，那就是前些年天天萦绕在人们耳边的那套“美妙致富经”：“靠山吃山，靠水吃水”。官员的“山、水”无非是利用自己手中的职权不断地创造经济效益，再直白一点就是贪污或变相贪污。所以从某种程度上来说，贪污也罢、变相贪污也罢，实施者果然可恶，但更可恶的是制度的罪恶！问题是一向自我感觉良好的朱瞻基不仅没有他老爸朱高炽那般政治远见，而是与他皇爷爷朱棣一样短视，这就为后来的吏治之坏大开了制度的方便之门。

○ 自然政治与宦官横行

说到吏治腐败问题，读者朋友自然会联想起，前面阐述的“仁宣之治”中不是已经说过，宣德年间注意选贤任能，加强监察，吏治得以澄清么。既然这样了，哪来宣德时期的吏治腐败问题？这就要涉及“人治”与“法治”的问题。“法治”是现代化的概念，在传统社会里真正的法治是不存在的，我们不能苛求古人。古人有的是“人治”，“人治”这个概念在当今日益开化的社会里已变得越发令人讨厌，且越发模糊。为此，笔者认为，毋宁称之为“自然政治”。自然政治是相对于自然经济而言的，众所周知，自然经济是以一家一户为单位、男耕女织的生产和生活方式之经济，因而也被人们惯称为小农经济。小农经济下的社会主要生产者小农除了缴纳政府的赋税外，就是满足自身家庭的基本生活需要，无需或少需外在交换，处于一种相对封闭的自给自足的自然状态，故而人称其为自然经济。

◎ 自然政治是传统社会政治腐败的根本

与自然经济相对应的政治形态应该就是自然政治，在笔者看来，自然政治应该具有如下几个特征：

第一，它是由无数个小农通过强权政治而组建而起来的，其途径是“暴力革命”，胜者为王败者外寇，枪杆里面出政权。再说白点，与动物界的血腥拼搏与竞争之自然法则没多大差异；

第二，通过玩弄权术，哄骗或驱赶人们进行博弈，最终使自己登上了权力的顶峰，成为了独一无二的君主，他（包括一大帮子走狗帮凶和御用文人）便开始巧言令色地欺骗天下之人，恬不知耻地自称自己及其政权是世界上最为公平、公正的化身，代表了最广大人民的根本利益，代表了先进文化的前进方向，代表了社会生产力的发展要求，并由此对一切异己分子和不同政见者实行野蛮的打击，直至消灭，从而牢牢地掌控话语权，成了真理的代言人。

第三，在财产与财富分配方面，专制君主包括他的统治集团不仅不断地搜刮与占有天下之财富，而且还通过国家垄断的形式，占有最为有利的国家公共资源。此两者极端例子：其一，自汉代实行盐铁国有化起，历代统治者只要发现哪个最能赚钱的且永久能赚钱的，就宣布其为国有化，茶叶、瓷器到后来的铁路、航空、通信……无一不如此；其二，帝王的后宫制度，凡是当上帝王了，天下美色皆归其任意享用，哪怕是从民间征来宫中干活的奴仆或战争中的女俘虏，只要皇帝或皇子看上了，就可以“天经地义”地强行“临幸”一番，这与自然界动物圈内王者同任何雌性动物都拥有交配之特权有何两样？！

第四，自然政治的传承是世袭制和变相世袭制，龙生龙凤生凤，老鼠儿子去打洞。为了防止这里边可能出现的变故与混乱，千百年来人们“发明”了嫡长子继承制和荫官制。嫡长子继承制本身就是一种自然法则，不管你有多大的本领，按照从嫡母娘胎里出来的自然顺序为准；荫官制是以父祖辈的“功勋”与官衔为根本，普通民众子弟没有资格与其相比，也就是说在你出生前自然就“定好”了的。

第五，自然政治运行的特点是既有名义上的帝国统一法律，但王者或言皇帝的意志或命令又常常高于法律，谁要是不按照帝国“一把手”王者或皇帝的意思去做，那就吃不了兜着走，由此长期的积淀造成了行政权大于一切，即绝对强权政治，这样的政治格局随着一代王者或皇帝的留去而存亡，即所谓的一朝天子一朝臣。

以自然政治之特征来观察、思考仁宣时代的“盛世之治”下为何还会问题多多，腐败除而不清？一切疑惑似乎皆可释然。

尽管明朝自建立起就颁布了统一的帝国法律，但开国皇帝朱元璋压根儿就没有照着执行，《大明律》外他颁发了《大诰》四编，法外有法，一个比一个残酷，一个比一个随性。再说吏治，洪武时期建起了一整套的政治官僚制度，但朱元璋常常以自己的敕令来代替制度。譬如为了根绝官僚政治可能带来的腐败，洪武九年八月，朱元璋颁发诏令：“凡在官者，其族属有丽于法，听其解职还乡里。”这是讲，官员家属一旦犯法了，该官员就得辞官还乡。那时刚好江阴县令饶玄德家人犯了点事，按照洪武皇帝新近下达的诏令，饶县令不得不要向有关部门辞官回乡，由此明代中后期文人李诩不无感慨道：建国初年我朝是那般重民轻官，而“在今则官势重而民命轻矣！”(【明】李诩：《戒庵老人漫笔·在官有族犯皆去职》卷一，中华书局1982年2月北京第1版，P36)

但这并不意味着那时的腐败与贪渎就得以根治了，尤其是制度的缺陷与漏洞为吏治腐败提供了绝佳的温床。幻想靠着专制者的“最高指示”进行彻底的清淤解毒，那无疑缘木求鱼。

李诩赞叹的那一条皇帝诏令不说到了他生活的那个万历时代，就在永宣时期已见不着了。不过宣德皇帝朱瞻基毕竟还算是个明君，他对吏治的重视多少还带有点明太祖之遗风。宣德五年十一月，有监察御史出来劾奏：“刑部尚书赵豇、右侍郎俞士吉年老怠事，他们的下属耍奸使滑，奸毙纷出，作为长官不能有效地制止，恳请皇上将赵、俞二人治罪。”没有管住部下的胡为，就得治罪官长，这似乎太过了点，皇帝朱瞻基没有照准，而是命令赵尚书和俞侍郎提前退休。(《明宣宗实录》卷72)

这事本身应该来说是令人欣喜的，但细细想来，如果其他的官僚也有类似的事情发生，还得要靠皇帝发个诏令才能解决？皇帝一定还得是个明君？制度层面能不能制定得更为精细点？能不能制定成包括皇权在内都有一定的制约机制？这些都不是我们传统社会里人们所深层思考并着力予以解决的，自古以来中国人嗜好的是“人治”，这也是传统儒家的政治理想。朱瞻基在即位后的第三个月就跟臣下谈到了自己的治国思想：“天下之治，必赖贤才，古之大臣，皆以进贤为首务。卿等今居此任，必当为朕择才。若官得其人，民安政举，卿等岂不流誉后世！”(《明宣宗实录》卷 6)皇帝要求自己的下属都是贤才，就不愁天下不能大治了，可天下何其之大，百官都能贤否？能不能就像某些人自吹的那样，代表着最广大臣民的根本利益？这是不难回答的问题。

我们再继续看看，尚属明君的明宣宗又能贤明到何种地步，明察秋毫，绝对价值中立？

罗汝敬是永宣时期的老臣，朱棣时代他就出任翰林院侍讲，与有名的直臣侍读李时勉同列，可能是因为教过朱高炽和朱瞻基的缘故吧，此人在宣德二年就被提升为行在工部右侍郎，很受重用。曾受命处理交趾停战后事，提督运河运木(《明宣宗实录》卷 66)，宣德六年二月又受命前往陕西处理屯田事务(《明宣宗实录》卷 76)，皇帝朱瞻基对他很信任，让他在陕西一待就待了三年。可到了宣德八年底时，这位老先生出事了。巡按御史刘敬向朝廷劾奏，说：“罗汝敬本来是奉命到陕西提督军卫屯种的，可他却利用职务之便收受甘州诸卫金银器皿等物，任由各卫军官盗取军队屯粮达 1 000 多石，致使国家蒙受了很大的损失，恳请皇上将其治罪。”罗汝敬听到风声不对，赶紧将自己收受的一部分赃物上交出来。可御史发现罗汝敬没有全交，值钱的好东西给隐瞒了。皇帝朱瞻基知道后下令，让大明都察院的官员专门审讯罗汝敬受贿案。在铁的事实面前，罗汝敬最终认罪，按律他被判处绞刑。可皇帝朱瞻基舍不得，对该案作出这样的批示：“姑系狱，俟春处治。”(《明宣宗实禄》卷 107)

可关到第二年春天过后，还是没有执行对罗汝敬的死刑。宣德九年初夏，皇帝改主意了，下令：“行在工部右侍郎罗汝敬坐受赇，免死充为事官，仍提督陕西屯田。”(《明宣宗实录》卷 110)

本来要处死的犯有受赃之罪的罪犯，一转眼几个月过去后又重新上任了，不受任何制约的皇权或言自然政治，才是败坏吏治的罪魁祸首！尽管宣德时期整顿吏治，廓清政治，但说到底就好比是割草，腐败毒草长长了，割一割，好看多了，这就是传统社会里人们常常乐谈的仁宣“盛世”美景之真实背影。因此说要想根除腐败，就得要解决专制主义问题，欧洲近代启蒙思想家孟德斯鸠说得好：“绝对的专制，绝对的腐败！”

而宣德时期君主专制主义恰恰有所加强，玩转“三权”，开启督抚，刺察吏治，广布阉竖，尤其是后者最终导致了宣德时期宦官势力的迅速膨胀，催化了大明政治与社会的腐败。

○ 异化皇权——宦官势力开始猖獗

从一般常理来说，像朱瞻基这样一个很有学养的“明君”，应该对宦官的危害有着清晰的认识，可为什么他却偏偏喜欢与重用这些不男不女之人？这就要从明初宦官开禁说起。

朱元璋、朱允炆两位君主抑制宦官，可到了篡位皇帝也就是朱瞻基的皇爷爷朱棣开始，情况大变了，“靖难”篡位得力于宦官，边疆监军重用宦官，刺察百官与潜在的政治危险也要委任宦官，甚至“踪迹建文”、“耀兵异域、示中国富强”(《明史·宦官一·郑和传》卷304)这么重大的差事，都要由宦官来负责完成，更不用说其他的跑个腿、办个事了。从用下来的情况来看，似乎效果还不错，皇家奴才们忠实地执行永乐皇帝的意志，不仅将事情全给办好了，而且皇权也得到了强化。之所以如此，大致有以下几个原因：第一，永乐时代宦官这个“潘多拉魔盒”刚刚被打开，宦官之患不可能立即显现；第二，永乐时代的大珰宦官不多，且很多是跟随朱棣“打天下”过来的，像狗儿、郑和等，他们对自己的主子还是十分了解的，不敢肆意妄为，更何况像郑和和王景宏等宦官，人品素质还算不错；第三，永乐帝既是历史上少有的强势皇帝，也是以残忍闻名的魔鬼暴君，永乐年间再“亲密”的大臣一旦被怀疑为忤逆的或“不忠”的，都没得好结果；即使是那些给永乐皇帝带来无限快感与欢悦的宫中妹妹，只要她们不顺这位共用老公之心或不忠、叛逆，其结局极端悲惨——永乐年间就有 3 000 号宫中妹妹被活剐。杀鸡给猴看，长期生活于权力斗争漩涡之中的宦官个个都是猴精，他们当然不会在强势皇帝、魔鬼君主前面犯浑了。由此而言，永乐时代宦官们被用得很“好”。“存在的就是合理的”，这样的哲理恐怕不仅仅是现代人才知道，永乐皇位的继承者朱高炽、朱瞻基目睹了事实——只要皇帝能驾驭住，宦官不仅能用，且能用好。

正因为如此，朱高炽、朱瞻基父子俩在各自登基后都十分重视对宦官的重用，尤其是自命不凡、感觉良好的朱瞻基更是把宦官当做治国理政与生活娱乐的“润滑剂”与“万能胶”。前章已述，由于宦官最高管理机构司礼监从永乐时代起就拥有了独立的人事权，宣德时期的宦官又获得了批红权，他们还有受命镇守边关、领军监军、出使域外、采办财物，等等，那时的宦官真可谓是异军突起，出现了一个尤为奇特的现象：由于宦官是专制皇权的延伸和异化，而皇权又是不受任何制约的，于是腐败就此滋生蔓延。当时凡是宦官渗透的领域，腐败事件往往层出不穷。不过话得讲回来，宦官毕竟又不是皇帝本身，是皇帝的奴才，故而那时宦官势力即使再大也得受到皇权的制约。这样似乎悖论的两极，交汇成了一个独特的“景观”——宣德时期在皇帝视线之外或视野盲区，宦官势力十分猖獗，甚至为非作歹，祸害一方。最为典型的有两种差遣：一类是出使采办；一类是镇守监军。

我们先讲出使采办。出使采办本是内监派出的活，由皇帝奴才宦官受命后出使到地方去直接采办，按理来说也没多大了不得，但中国自古以来就是个极权专制的国家，凡事皆取决于上。地方小官小吏或许一辈子也见不了多大的世面，更不用说普通百姓或许一辈子都没走出过自己土生土长的那个村子，加上中国历代推行强权政治与恐怖主义，所以中国普通民众一般都怕官。即使是没有什么官职的官僚家的奴才，在一般人的眼里也可能了不得得很，不是有句俗语，叫宰相门前五品官。宰相是正一品，他家府前看门人是五品官？不是的，而是说宰相权力也有被异化的时候，连看门人都有五品官的能量。同理，宦官是皇帝的奴才，那他的权势更是不得了了。

永乐大开宦官之禁，派遣他们四处采办，“中官马骐以采办至（安南），大索境内珍宝，人情骚动，桀黠者鼓煽之，大军甫还，即并起为乱。”安南反叛原因很多，但宦官马骐的施虐无疑是安南之反的导火索。（《明史·外国二·安南传》卷321）

宣德初年宦官张善奉命前往饶州监造瓷器，仗着皇差特使的身份,“贪黩酷虐”,致使“下人不堪”忍受,但他全然不予理会,反而越发妄为,最终胆子大到了将烧造的皇家御用瓷器随意送人的地步。不料有人将事情捅到了皇帝那里,朱瞻基下令将其“斩于都市,枭首以徇。”(《明宣宗实录》卷 34)

就在张善被处死差不多同时,皇帝朱瞻基还处理了另一起宦官案件,案件的主犯就是前面我们讲过的侯泰。当初山东地方上有人上奏朝廷,揭发汉王朱高煦有谋反之嫌。宣德皇帝就派了侯泰前往山东乐安传送谕书,名为宽慰汉王,实为侦查其动向。哪料到这个侯泰首鼠两端,脚踩两只船,回到朝廷后并没有向宣德皇帝如实汇报情况,当朱瞻基问他情况如何时,他说:汉王绝无谋反之状。后来汉王之乱被平定,朱高煦也被逮捕入京,按理说朱瞻基应该要追查侯泰的失察之罪,可谁知宣德皇帝不仅没有深究其责,反而还予以了重用,派他上直隶(南京)去,为大明皇家选驸马。这下可美死了侯泰,皇帝特使的头衔使得他越发不可一世,到了天高皇帝远的南方,侯泰又开始乱来了,他擅作威福,肆意索要钱财,凌虐地方官吏。有个叫董纯的义勇前卫经历,也算得上是个军队里的中下级官员,不知怎么地他得罪了侯泰,让侯泰给活活打死了。有人实在看不下去,上奏给了宣德皇帝。朱瞻基这才突然想起,侯泰犯有“前科”,于是他把当时负责监察与司法的都察院一把手刘观找来,作出这样的指示:“侯泰以前曾跟朕说过,汉王绝不会谋反,差一点误了朕之大事。现在他犯的那些破事只能算作是小事,对于这样的奴才是不能用了,但也不可饶了他。”最终下令将侯泰关到锦衣卫大牢里去,可就是没将其处死。(《明宣宗实录》卷 33)

对犯有“失察”前科且身负命案的宦官,朱瞻基作出的那番指示,乍听起来,让人感觉莫名其妙,但细细想想,其内含着只要不触及皇权与皇帝的尊严,我朱瞻基就会一如既往地喜欢与重用宦官。那么明宣宗为什么会特别喜欢这些不男不女之人?在笔者看来大约有四个方面的原因:第一,皇爷爷永乐帝开始重用宦官并没有给大明朝廷带来什么“不好”(前文已述);第二,永乐时代重用佞臣、酷吏陈瑛、纪纲等,可到头来他们没有一个不想造反的。因此除了宦官,其他人都不是很可靠,动不动就会危及皇权;第三,朝臣再贴心,总与皇帝有段距离。再说仁宣时期随着文职化进程的逐渐完成，大明文官队伍蔚为壮观，这果然可喜，但这些文臣饱读经书，头脑里装满了儒家的政治理想，太过于正经，远没有宦官那么容易“变通”；第四，宦官天天吃住在内廷，皇帝要他们办些事来不仅十分方便，关键还在于他们能揣摩出本皇帝所需要的和未曾想到所要的，且没有拖家带口之累，办起事来绝密又令人舒心。

有个叫袁琦的宦官是朱瞻基小时候的玩伴，他头脑活络，伶牙俐齿，从很早起就深得朱瞻基的喜欢。每次朱瞻基要想办什么事，这个袁琦就给他办得好好的，且对外人还守口如瓶，因此朱瞻基从心底里喜欢这个“光屁股长大的兄弟”。一转眼，当年的皇太孙变成了当今的皇帝，“光屁股长大的兄弟”袁琦也跟着显摆起来了，升为内廷中权位仅次于司礼监的宦官机构内官监太监。人们常说儿时的伙伴才知己呐，这不，如朱瞻基肚子中蛔虫一般的袁琦一上台就“身手不凡”，当今圣上喜欢骑射、喜欢画画、喜欢书法、喜欢写诗、喜欢戏曲、喜欢美女、喜欢斗蟋蟀……袁太监就派内使们外出一一给“寻觅”。“寻觅”这个词太好听了，其实就是强行索取、搜刮与抢劫。如果一个地方弄不到就换一个地方，反正当今天下就是咱老哥儿们的天下，于是从北京往河南、山东、江南、江西、湖广、福建、广东、广西、四川、云南等各地都派出了内廷特使。能当上这样内廷特使的可不是一般人，个个都是猴精，否则这样“美妙的”皇差怎么会落到他们的头上？大家谁都懂得，办好皇差果然要紧，但孝敬自己的内廷主子袁琦更是马虎不得。因此在这些内廷特使看起来只要是值钱的、好玩的，统统地都要掠走，他们“凌虐官吏军民，逼取金银等物，动累万计”，弄得各地“吏民含冤无诉，归怨朝廷”。后来事态越来越恶化，影响也越来越大，终于宣德皇帝知道了。考虑到袁琦派出的内廷特使在各省基本上都有，分布实在太广，朱瞻基分派太监刘宁、御史张骏、李灏等前往直隶苏松诸郡，御史蒋彦广往福建，胡智往湖广，施信往江西，高超往广东，刘祯往广西，胡敬往河南，于奎往南京，郭原往河间，唐慎往直沽，梁轸往四川、云南……籍没赃物，缉拿罪人。其中前往广东等地的钦差查出：袁琦内使阮巨队、阮诰、武莽、武路、阮可、陈友、赵谁、王贵、杨四保、陈海等打着为朝廷办事的名义，敲诈勒索，中饱私囊，就阮巨队家中的金银多得以万计，锦绮宝货遍地，最让皇帝朱瞻基无法忍受的是，阮巨队家中还有类似宫廷的金玉器皿等违法逾制用品，审讯下来得知这些东西都是杨四保和陈海等宦官搞来的，简直是无法无天，朱瞻基怒不可遏，下令将袁琦凌迟处死，阮巨队等 10 个内使押赴菜市斩首。(《明宣宗实录》卷 85)

在苏松诸郡利用办差之机贪暴作恶的内使裴可烈也被械送北京，打入锦衣卫大牢。可能是做的坏事太多了，人们都恨他，在狱中没多久就被狱卒给搞死了。

袁琦同伙马俊刚好从外地办差回京，走到河北良乡时，听到袁琦出事了，他自知罪孽深重，不敢继续向前，于是就在馆驿上吊自尽。朱瞻基听到消息后，愤愤说道："此正与袁琦同恶害吾民者"，随即命令锦衣卫派人前往良乡，将马俊的尸体给戮烂，首级悬挂于菜市口。

前往南京办理皇差的中官唐受纵恣贪酷，残害军民，也被朱瞻基下令逮捕，凌迟于市，枭首示众。(《明宣宗实录》卷 84)

尽管宣德皇帝及时地惩处了一些罪大恶极的作孽宦官，但无法迅速平息社会各阶层对于阉竖们的愤恨。当时有个奇特的现象，那就是人们见了嘴上没胡子的不男不女之人，就要发怒动粗。

前文讲过，皇帝朱瞻基派遣特使太监刘宁，与监察御史一同外出缉拿作恶内使，籍没赃物。在他们回京的途中经过一个叫故城的地方歇了歇脚，没想到从那故城县城里突然蹦出一个人来，只见他走路东倒西歪，且满身酒气，但一听人们说，有太监来了，他就立马打起精神，扒开人群，直接走向太监刘宁，见到刘公公嘴上没毛，他也不管三七二十一，抡起拳头，一顿暴打。在旁的监察御史一看情势不对，想解释和阻拦也来不及了，后来一打听才知，此人正是故城县县丞(可能相当于县委公办室主任)陈铭。陈铭这人性格暴烈，但为人很正，他早就对作恶宦官看不顺眼了，就是一直没找到合适机会教训教训他们。这下可好，瘾过了但闯下了大祸，无故殴打皇差。监察御史要治他的罪，但又怕引起当地的民愤，最后只好把陈铭一同逮到了北京，让皇帝来处理。

朱瞻基多聪明，一听说是陈铭酒后打错了人就宽宥他。可怜清谨忠良的刘宁就因为自己也是太监，白白招来了一顿暴打。不过事后皇帝朱瞻基也彻底明白了究竟是怎么一回事，他一面让自己的亲信太监王瑾传令给各地宦官,立即悬崖勒马,停止作恶,改邪归正;一面敕谕都察院右都御史顾佐等,让他们发布告示,鼓励各地军民检举揭发作恶宦官之罪行,对于为虎作伥者绳之以法。(《明宣宗实录》卷 85)

与上述内廷宦官出使采办有着较大类似的第二种典型外出差遣叫镇守监军。镇守监军是指永宣时期皇帝指派信任的宦官到边关或军政要地去,名义上是协助那边关或军政要地的主要领导加强守护,实际上是起到监军的作用。永乐开始皇帝为加强对军政主要领导的监视而实行的宦官监军形式已经十分多见,大明北疆军事重地那时几乎都有太监在监军,只不过当时没有固定的名称而已。到了宣德时期,宦官镇守与监军更加广泛,不仅在大明北疆上广布开来,而且渗透到了南方的广西、云南、贵州等地区,由此宦官镇守监军之患也逐渐显现。

用宦官监军说到底是皇帝不信任边关将领,为了监视好边将,皇帝想尽了办法,要将边关上的一部分军权分给自己信任的奴才。明朝永乐年间发动了对安南的平乱战争,战争中明军夺得了杀伤力很强的热兵器神机铳炮,且在战后将精通神机铳炮技术的安南俘虏组织起来,进行专门制造。由于当时军事战争中的主要武器还是冷兵器,因此具有很大杀伤力的热兵器神机铳炮算得上是很先进的武器了,谁要是掌握了它,谁就掌握了军事胜利的主动权。为此大明皇帝不仅在这种武器制造上进行严控,而且在运输、使用和保管等方面也从严把关。为了对付北方蒙古人的骚扰和可能发动的突然袭击,明朝在北疆上配备了大量的先进武器神机铳炮,只是没有直接交给边关大将,而且让镇守边镇的监军太监专门负责,明宣宗还对监军太监做了指示:"尔专守护铳炮,遇有儆急则用,凡军马调度征戍之事,悉从总兵守备官处置,尔不得纤毫干预,但违朕命,必罪汝。"(《明宣宗实录》卷 8)

这话是告诫出镇边关的宦官不要干涉边疆军事。但要是掌握了先进武器的这些监军太监不听边关将领的命令和指挥,那该怎么办?皇帝老爷并没有直接授予边关将领处置权,再加上这些出外镇守的太监都代表的是皇帝,哪个人都不敢说他什么,于是边镇宦官越发神气活现。宣德四年七月,宣府镇守神机铳炮内官王冠率领部分官军护送内官海寿到龙门，一路上十分张扬，吃吃喝喝，威风得很，最后他醉倒在农民家里。暗中侦查的蒙古人发现后，突然间发起了袭击，杀了王冠和千户陈谅等，还掠走了牛、马等财物。皇帝朱瞻基闻听此讯，非但不追究宦官们的责任，反而谴责都督谭广："王冠擅自出关，你作为总兵官为什么不阻止？"随即下敕给大同总兵官武安侯郑亨、蓟州守备都督陈景先、密云都指挥蒋贵等，要他们加强戒备，不许宦官擅自外出，但"内官在边者挟势恣肆，非总兵所能制"，对此，皇帝朱瞻基避而不谈该怎么处置了。(《明宣宗实录》卷56)这就使得宦官为害边关之事屡见不鲜。宣德七年六月，副总兵都督方政上奏说："掌握火器部队的镇守太监萧愚擅作威福，私役戍兵，任意干扰边镇军政事务。下官曾想调用神机铳炮，不想萧愚不仅不给，还破口大骂，并擅自调军出境。"明宣宗接奏后降敕给萧愚，严责其违反禁令，擅奴戍兵，私调军伍，并再次强调：你作为边镇内官，只管火器铳炮部队，其他一切边防事务都要听从方政总兵官的处置，最后还告诫说：要是再怙恶不悛的话，本皇帝"必诛不释。"(《明宣宗实录》卷91)

从上述"最高指示"中可以看出，宣德皇帝本人似乎对边镇镇守太监管得还算严厉，但他对于十分关键的神机铳炮部队调度权的问题却未作明确指示，实际上就是不让边镇将领掌握着这支先进武器部队。这样一来，边镇的镇守太监惧怕的只有千里之外的皇帝，而对于名义上节制和管辖他的边镇将官说到底是不放在眼里的，这就为边疆不靖埋下了很大的隐患。

而事实上宣德时期边疆不靖之隐患还不仅仅于此，更大的在于大明军队自身的腐败。

○ 军队腐败与瓦剌崛起

明朝开国时大明军队所向披靡，一个十分重要的原因就是军纪严明，甚至可是说这种严明到了极致的地步。譬如，朱元璋军队刚攻下婺州时，为了稳定秩序与节省粮食，军中颁布了禁酒令，不仅禁止饮酒和买卖酒，就连民间酿酒也不许。可大将胡大海的儿子没将此当回事，私自酿酒，触及了军纪。朱元璋知道后十分恼怒，下令按令正法。有人赶紧出来劝谏："胡大海将军正在浙东前线打仗，一旦听到自己的儿子被杀，会不会就此叛变投敌？”朱元璋斩钉截铁地说：“宁可使胡大海叛我，也不能使我的军纪受到破坏！”话音刚落，他亲自斩了胡公子，整肃了军纪。（《明史·胡大海传》卷133）

正因为有着这样铁一般的军纪，大明军才一路凯歌，频频传捷。

大明军纪的破坏开始于篡位皇帝朱棣时代。永乐四年，张辅、沐晟等率领80万大军进兵安南。战争一开始，大明军势如破竹，尤其是木丸江战役、富良江战役等，斩敌数万。在连连取胜的情势下，作为主帅的张辅却最先破坏军纪，滥杀无辜。对此，永乐帝朱棣仅在事后给他发了个敕令，加以制止：“今交趾已平，如有反侧，必当剿灭，然宜戒饬将士，不可滥及无辜，虽凶逆之家，其幼稚男子皆不可杀，但驱入内地，或为民，或为奴。惟执兵拒敌者，必杀不释。”（《明太宗实录》卷73）

永乐二十年，礼部尚书兼都察院事吕震劾奏：“总兵官都督朱荣镇守辽东，可他不好好地做好军事防范工作，致使北虏乘隙来袭，杀伤我边疆军民，劫夺我边地牲畜。小臣恳请陛下将朱荣和辽东都司官并广宁备御都指挥王真、周兴等，交法司部门审讯治罪。”可皇帝朱棣没听从吕震的奏请，仅下令吓唬吓唬朱荣：姑且记下他们的罪行，让他们立功赎罪吧！（《明太宗实录》卷245）

尽管永乐时期大明政治十分严酷，但魔鬼皇帝对军中将领却极为宽厚。就实而言，经过了“靖难战争”、交趾战争和北征蒙古战争，永乐时代的军事领导阶层不乏其人，但可能是由于当年“靖难”中结下的生死之交的缘故吧，也可能是考虑到一下子处理三个高级将领，或许会带来边关守卫领导阶层的不稳，最后朱棣都宽宥了他们。可这样的宽宥结果却给后来的大明皇帝树立了很不好的榜样。

仁宣时代是承平之世，军事人才不易发现，中高级军事将领显得相对“紧缺”，加上仁宣两帝承袭了祖宗的“右武”精神，终使大明军队中呈现出腐坏加剧的局面。

宣德初年，朱瞻基曾跟大明监察院官员这般说道：“祖宗待军官恩意特厚，虽已得罪，犹思保全，此成宪，当百世守之”（《明宣宗实录》卷 47)。既然已获罪的军官都能受到优厚的待遇,更别提在职军官了,有着大明皇帝这顶"保护伞",犯点事也没什么大不了的。

朱瞻基即位后的第四个月,有监察御史上章劾奏:"宁阳侯陈懋虽然拥有朝廷赐予的府第,可他还不满足,利用皇上刚即位不清楚情况,妄自奏请,将觊觎已久的都督袁瑀旧居占为己有,恳请皇上对擅自妄请的陈懋明正于刑。"看了奏章,明宣宗尽管很不高兴,但他还是这样说道:"袁瑀是前朝旧臣,他的府第陈懋竟然也忍心要抢夺,那更不用说普通百姓的房屋与财物了。朕姑且饶了他这回,让人把御史的弹劾奏章送到军营中去,让他好好看看,反思一下自己。"(《明宣宗实录》卷 5)

新皇帝一上台对于贪婪不法的高级军官陈懋居然这般处置,军中有权有势者顿时心里就有了底了。于是侵占军屯田地和私役军卒、民匠等腐败之风在部队里逐渐盛行起来,各地军官们纷纷靠着自身的"优势资源",争先恐后地走上了"致富"之路。

宣德四年陕西岷州卫有个普通的士兵叫雷霖的上书给明宣宗,描述了当地的不堪现状:"岷州卫山口,旧设关隘哨备用军千五百人,今多为管军官私役,仍于岷州调集民丁五百余人,助军巡守,妨废农业,甚为民患。"军官们让手下士兵为自己干私活,搞经济创收,至于军士本职巡边守关的事务则让老百姓来承担。小兵兵雷霖实在看不下去又无可奈何,只好上书恳请皇帝下令,让兵、农各司本职。朱瞻基闻讯后轻描淡写地回答:"从之",就是说依了雷霖之请。至于有没有真正落实下去,只有天晓得了。(《明宣宗实录》卷 55)

其实当时不仅私役军民和侵夺屯田极为普遍,还有侵占公物、行贿受贿在军中也十分猖獗,就连高级军官也干起了这种不耻的勾当。前章讲过,应城伯孙杰曾受命到直隶州府县去,检查官方马匹烙印状况,可能相当于今天清点国有财产。他走到盱眙县时,当地的县丞刘安向他送礼行贿,不料被人告发,因为事关皇亲国戚,皇帝朱瞻基就让公、侯、伯、文武大臣共同会审此案。案件不审则已,一审就牵涉到了另一个重量级的军中高官薛禄,即宣德年间经常代理宣德皇帝巡边的那个军队高级领导。朱瞻基闻讯后下令:对于薛禄的事情不要再追问下去!按理说作为臣子的薛禄为此应该在上朝时要向皇帝谢罪,可他压根儿就没这么做。监察御史李笴和给事中贾谅实在看不惯，上奏弹劾薛禄，皇帝朱瞻基却十分“大度”地说道：“武臣不懂得礼制，就原谅他吧！”(《明宣宗实录》卷 65)

伴随着经济犯罪的增多，大明军中的刑事等其他方面的犯罪也层出不穷。

山西镇武卫指挥同知冯镇可能是看到皇帝有宦官侍候很神气，他也想过过瘾，于是就丧尽天良地将自己的义子给阉割了，不料为人告发，逮捕入狱。巧合的是，这时的冯镇害起病来了，要不要请医生给他治病？都察院右都御史顾佐吃不准，便上请宣德皇帝。朱瞻基回复：“武夫愚昧啊，他们建立功勋很难，但违法犯罪很容易。这个叫冯镇的军官本来没什么了不得的，朕也不想宽恤他，只是祖宗厚待武官之规制不可不依啊！”(《明宣宗实录》卷 51)

四川都指挥使司长官徐甫在审理军界案件时一时动怒，命令手下人对疑犯施以杖刑，没想到最终将疑犯给弄死了。当地负责监察的四川按察司官员据实向上作了奏报，恳请朝廷将徐甫按律论罪。皇帝朱瞻基接奏后指示：让徐甫如实自述！徐甫接旨后向朝廷作了这般陈述：“按照上级规定，我们四川都司派了一批兵丁押运军粮前往松潘去，不料走到半道上有好多兵丁扔了军粮便逃，有的兵丁已经逃了 3 次。小臣当时实在恼火，命令手下人对他们各施杖刑 40 下。没想到有的兵丁可能体质差，受刑后伤口迅速发烂，没几天就死了。小臣确实犯了过失杀人之罪，任凭皇帝陛下发落。”朱瞻基看了徐甫的“悔罪书”后居然没有追究，仅让右都御史顾佐发文下去，要徐甫等以此为戒，保证以后不犯。(《明宣宗实录》卷 57)

谭广是永乐时代的老臣，曾经跟随朱棣“靖难”，后位居军中高官，永宣之际出任宣府总兵官。有一次在处理案件时，因一时恼怒他杖杀了下属军官万全都司经历萧翔，为监察御史与给事中所劾奏。皇帝朱瞻基听后这般说道：“汉朝大将军卫青统兵在外时，要是军中将士违法犯罪了，他决不轻易杀戮，一定得上请皇帝处置，那时的人们都称赞卫青知礼啊。擅作威福，绝非是一个良臣所为。谭广，一介武夫，不学也不懂礼法，朕念他长久守边、勤劳忠诚，姑且饶了他这回。都察院，你们将监察御史和给事中的弹劾奏章封起来，派人送到宣府去，让谭广自己看看，引以为戒！”(《明宣宗实录》

卷 98)

正因为有着这样一系列对军官犯罪的宽宥，大明军中的犯罪才越来越严重，花样越来越多。

宣德中期宁夏左屯卫指挥使张泰上奏朝廷，检举揭发他的上级领导太子太保、宁夏总兵官陈懋所犯下的罪行。陈懋即前面我们讲过的那个洪熙元年被人告发而终为宣德帝所宽宥的那个边关高级军官。正因为有着皇帝的格外开恩，陈懋的胆子越来越大，他派了 200 多个军士开了 30 多条船只出境去捕鱼、采木，想多搞些额外的收入。哪料到鱼没捕到，他的军士 10 多人反让蒙古人给捕去了。捕鱼不成，创收未得，陈懋又想起了做远距离贸易生意，他派了 20 多个军士，给他们每人配备 2 匹马，带了一大堆的银子，经过长途跋涉前往杭州去，购买紧缺商品，然后载回宁夏，高价出售，大获其利。即使这样，在陈总兵看来，赚钱速度还是慢了点，风险也不小。鉴此，他想到了利用自己手中的“优势资源”，好好地予以开发。

宁夏是个好地方，俗称“塞上江南”。那时大明军大搞军屯，屯田粮由当地驻军负责收藏，至于屯田粮的确实数字，一般外人都不得而知，只有当时的军中领导等少数人才掌握。陈懋是那里军队的一把手，他指使军中掌管军屯粮食的簿记官与会计等人，弄虚作假，将屯田粮丰收改为歉收，“多余”的粮食一下子就变为陈懋一伙人的私有财物。有人偷偷地注意了一下，从宣德二年起到宣德五年，陈懋与都指挥阎俊等高级军官盗卖屯田粮食多达 19 000 石，虚卖延庆等府通关计粮 240 000 石，其收入全部被私吞。陈懋还擅自役使手下军士为他抢夺来的 3 000 多顷屯田土地耕种，霸占当地老百姓的水力资源；他还与都指挥阎俊合伙，派出 900 多辆车子，运载大明帝国专控的食盐前往西安、平凉等地倒卖……

堂堂一个边关总兵官几乎变成了北疆宁夏走私集团的黑老大，其底下宁夏左屯卫指挥使张泰实在看不惯了，他上奏给皇帝，请求处置陈懋等人。没想到明宣宗接奏后作出这般批示：“陈懋所犯的错误有这么多吗？要真是这样的话，还可以让他守边?！我们不能仅凭一个人的话就立即处理了陈懋。姑且先将张泰揭发的事实抄下来，给陈懋送一份去，让他自己讲讲，有没有犯下这等罪行，

然后再作处置。”(《明宣宗实录》卷 76)

一次次让陈懋等高级军官自律、自查、自醒，实际上就是纵容了他们的违法犯罪，于是陈懋等越发胆大妄为了。几个月后，又有人出来揭发他新犯的罪行。行在工部侍郎罗汝敬上奏说：宁阳侯陈懋派了家奴贩卖私盐，放任底下掾史祁杰等人贪污施暴，棰死军人；还有他串通手下宁夏卫指挥王真、镇抚韩成、千户杨杰等人，虚出通关仓粮，以军中屯田粮腐烂为名，折耗处置军粮多达千万石，恳请皇帝陛下令人将其捉拿问罪。

事态的发展看来越来越严重，宣德皇帝这才不得不下令给行在都察院，让他们派一个监察御史，会同户部官员前往宁夏去，追理仓粮。但对于陈懋所犯之事，朱瞻基特别关照监察御史，要查实后直接上报给他皇帝本人。(《明宣宗实录》卷 83)

行在都察院接旨后，派了监察御史凌辉等到宁夏，查得陈懋犯罪事实：陈懋与他的儿子合伙私吞没收赃银赃物如珠宝、纻丝、马、驴、牛、羊等多达万计，盗卖军中粮食 7 000 多石，盗取官米中盐 6 700引。就这些数据来看，陈懋可以称得上是当时大明军中最大的贪污犯了，这还不包括他的其他犯罪事实。这下皇帝朱瞻基可得要好好处理了？没想到的是他还一味地纵容，仅下令让都察院将监察御史凌辉上奏的奏章封好，送给陈懋看，并让他迅速返京自述事实。这时监察御史程富、给事中年富等人实在愤怒不已，他们轮番上奏，要求严惩大贪污犯陈懋父子。可皇帝朱瞻基就是不接受，还这样解释道：“陈懋所犯罪行固然很多、很重，但朕念他是勋戚大臣，姑且就饶了他，至于他的儿子，也放了他吧！而他们盗取和盗卖钱粮赃物等，你们都察院得好好追查下去。”(《明宣宗实录》卷 96)

半年后，有人向朱瞻基奏报说：陈懋贪污的钱物好多都被他消费掉了，没法追回。明宣宗批示：既然没法追回，也就不要再追了！(《明宣宗实录》卷 99)就这样，宣德朝最大的军队贪官陈懋直到朱瞻基去世都一直安然无恙地稳居军中高位，美哉美哉地享受贪渎来的钱物，快活每一天。

就在北疆宁夏总兵官陈懋不断犯事时，南疆广西地区军界有个叫顾兴祖的恶棍总兵官也在不断地施恶，形成了南北军中“大腕”军官腐败“遥相呼应”之势。

朱瞻基刚即位那阵子，行在都察院上奏：原广西都指挥同知葛森的“二奶”许氏上告说，镇守广西的总兵官镇远侯顾兴祖耽色贪财，朘削官军，大修第宅，广拓园池，逼取葛森旧居府第，霸占葛森“三奶”，欺凌寡弱，实为南国一大恶霸，恳请朝廷将顾兴祖逮捕治罪。宣德皇帝看完奏章后说了这样一番话：“总兵大臣在外应该是靖除寇虏，安抚百姓。如果顾兴祖果然做了那些不法犯罪的事情，本皇帝也不会轻饶他的；不过我大明朝廷更应该注意稳定之大局，怎么能仅凭一个妇道人家的话而治罪一个边关大将，姑且叫顾兴祖先自述一下吧！”（《明宣宗实录》卷9）

顾兴祖自述否？从《明实录》的记载来看，似乎没有。这事一直拖了近两年，直到宣德二年四月，巡按广西监察御史汪景明再次劾奏顾兴祖和指挥张珩等贪虐十五事，这时皇帝朱瞻基才下令给都御史刘观：“先将指挥张珩等人逮捕问罪，如果真的涉及顾兴祖的话，你们都察院赶紧向本皇帝奏报！”（《明宣宗实录》卷27）可能是自己手下军官被逮而引发的震动效应，这回顾兴祖可老实一点了，他赶紧向皇帝坦白了自己所做的那些事。哪料到朱瞻基获悉后不仅不处理，反而跟都御史刘观这样说道：“既然顾兴祖已经坦白了，你们就不要去治他的罪了！让他自己改过自新，如果不改，我们再治他的罪也不晚！”（《明宣宗实录》卷28）

宣德皇帝的这般处置，宠坏了边关大将顾兴祖。宣德二年，交趾战争进入最后的关键时刻，大明军在前方战场连连失利，交趾军攻破隘留等关，围攻丘温，形势十分危急。就在附近镇守广西的总兵官顾兴祖却见死不救，致使丘温城内的大明军队惨败。至此，宣德皇帝有点上火了，下诏逮捕顾兴祖，有关顾兴祖的罪行这时才被全部揭发出来：受命镇守广西边关的总兵官顾兴祖本职是保家卫国，维护边疆安全，可他在家国危难之际，专干欺上瞒下的勾当。那时广西发生了韦万黄领导的暴动，朝廷命令顾总兵迅速进兵围剿。可顾兴祖却去找了个替死鬼，斩首示众，并欺骗朝廷说，韦万黄暴乱已经被平定。那么作为军事总兵官的顾兴祖不务正业，他到底在干什么？巡按到当地的监察御史经过艰辛的调查终于查得：顾总兵特有经济头脑，精通“有权不用，过期作废”的道理，充分享受人生。他让手下指挥张珩等假借军务为名,向广西当地少数民族的土官敲诈勒索金银 2 500 两、马匹 100 多匹,强占民居,威胁逼娶民间美女……

铁证如山,看来不给这个顾兴祖点颜色看看,实在太不像话了,于是皇帝朱瞻基下令,将顾兴祖押往北京来,让公侯大臣们另外推举大将代替他的总兵职务。因为事关总兵官犯罪,朝廷组织了三法司官员与公、侯、伯、都督等在午门外共同会审顾兴祖,顾兴祖对自己所犯的事实供认不讳,宣德三年闰四月他被打入锦衣卫大牢。可一年半后皇帝朱瞻基又"突发善心",以顾兴祖为功臣后代为借口,宽宥了他所犯的罪行,让他回家去只管享受国家的优厚俸禄,不用上班做事,美哉快活也!宣德八年明宣宗又启用镇远侯顾兴祖,令其监督牧马。(《明宣宗帝实录》卷 29,34,42,58,101)

宣德朝还有个不断犯事、屡遭弹劾却又不断被提拔的高级军官,他叫陈怀,也是"官二代"。正因为有着这样过硬的背景,陈怀做起事来就没什么害怕的了。宣德元年,镇守北疆的参将都督同知陈怀私自派遣手下骑兵 20 多人出境,不料为坚持原则的手下军官守备指挥张善所制止。陈怀恼羞成怒,心想一个小小的守备指挥居然敢拦阻自己的上级领导,真是吃了豹子胆了,于是他下令对张善施行杖刑。可怜张善因为坚持原则,白白给"官二代"的高级军官打了一通,想起来就觉得自己比窦娥还要冤。但是没办法,谁叫自己的官衔不如人家的大,而且还没有好爸爸!张善正气着,有人为他打抱不平了,同在北疆镇守的保定伯梁铭实在看不惯,将陈怀的不法之事上奏给朝廷。当时还是都察院左都御史的刘观向皇帝朱瞻基做了请示,要求追究陈怀的罪责。可宣德皇帝不乐意,他说:"陈怀是朝廷大臣,姑且先让他自述一下所犯之事!"(《明宣宗实录》卷 16)

本来大家要追查的是陈怀,没料到三个月后有个监察御史叫石璞的出来劾奏,指控曾经揭发陈怀罪行的宁夏参将保定伯梁铭挟诈营私,私放军士回乡做买卖和出境捕获野马营利,又屡次派遣其手下掾史向士兵索要钱物,不修城池,不谨斥堠。石御史最后恳请朝廷,速将梁铭逮捕入狱,明正其罪。皇帝朱瞻基读完弹劾奏章后说:"梁铭的北疆同僚都督同知陈怀前几天已经上奏弹劾过了,有些军士也上书说梁铭贪渎。朕宽宥他，让他改过自新，要是实在改不了，那朕就要治他的罪了。”随后他命右军都督同知陈怀佩征西将军印，镇守宁夏，宽宥保定伯梁铭之罪，任命他为宁夏参将。(《明宣宗实录卷》19～20)

两个“官二代”高级军官相互指控，可谁都毫毛未损。皇帝的纵容，终使纨绔“官二代”越发不可一世了。宣德五年五月大明十三道监察御史交相劾奏：已调任为四川总兵官、左都督陈怀因为多次干涉地方事务，与四川当地的布政司和按察司衙门长官发生冲突，只要地方官员一有小错，他便肆意凌辱，引发了官场人们极大的不爽与反感。皇帝朱瞻基以陈怀是行五出身为由，为他开脱，同时令人将御史们的弹劾奏章封好后送到四川去，让陈怀自我反省，并降敕给他，进行说服教育。(《明宣宗实录》卷 66)

明宣宗对“官二代”的高级军官这般宠爱，可把他们给宠坏了。就在皇帝敕书送出没多级，又有人上告陈怀，说他利用职务之便收受贿赂，包庇犯人，放纵家人侵夺官军屯田 240 顷，私吞军队屯田籽粒，霸占军中兵士之妻和外甥女做他的小妾；每次早晨官员有公务要请示，他一定要人家向他行施叩头大礼；四川地方官员要与他商议事情，他也让人家跪着，一直到他的文书将他的指令读完，下面跪着的官员才可起身站立，就好像朝堂上的朝议一般；要是哪个官员不小心忤逆了他，他开口便骂，出手便打，就连他自己军中的佥事柴震等中高级军官都曾受到过他的侮辱。

陈怀的言行犹如皇帝一般，明宣宗朱瞻基听说后终于发怒了，命人赶赴四川去，将陈怀拿下，押回北京，打入大牢。随后宣德皇帝命令朝廷大臣共同会审陈怀，审讯结果很快出来了，成国公朱勇等上奏宣德皇帝说：“先前人们指控陈怀所犯的罪行都属实，陈怀本人也认罪，按律应该将其处斩，敬请皇帝陛下圣裁！”朱瞻基发话，先将陈怀关在行在都察院监狱里。四个月后的宣德九年二月，明宣宗罢除陈怀的行在右军都督府左都督之职，令其在家闲居。(《明宣宗实录》卷 108)

陈怀是上述三个犯罪“官二代”高级军官中受到处置最为严厉的一个，不过至多也就是被撤销军中职务而已，仍享受优厚的物质生活待遇。

那么有没有真正受到严厉处置的犯罪“官二代”？有，他叫陈恭，因为父辈跟随魔鬼朱棣“靖难”打内战有功，年纪轻轻的陈恭就当上了中都留守司都督。中都凤阳本没有什么特殊的，也不是边关要塞，就因为大明皇帝的老家在此，所以这个地方在明朝显得很特别。按理说当上中都留守司都督是个“美差”，行政级别高但又没有什么军事危险，好好地干上一段时间，不仅自己老有所靠，子孙还可享受福荫。可这个陈恭就是心急，他等不及了，要想在自己手里极快地致富起来，于是就利用自己的职务之便盗用官木，克扣军士口粮 2 000 多石，强占军士田地 10 多顷，奴役当地军民耕种，为他陈家创收，共计收到小麦 3 000 多石。但这些毕竟都是“苦”来的钱，最好钱来得轻松点。轻松莫过于受贿和私吞没收钱财，据后来查得，陈恭该项收入就不下 200 两白银。钱有了，就要好好地享受，陈恭擅自征发军士 680 人和工匠 70 人，轮番为他家建造豪宅。一切都弄停当了，陈恭又听人说，自家府第再好也好不过大明皇家皇陵的风水啊，最好沾一点皇陵的灵气，有权不用过期作废，陈恭十分明白这个道理，他叫人盗取圜丘、方丘和皇陵墙外的树木，移植到自家的屋前屋后，平整皇陵前的马鞍山巅，据说这样做了就能将皇气改向，对陈家有利；他还命人将中都凤阳城内千步廊木材拆下，用于自家的楼居建造。除此之外，陈恭还强取所部女子为妾婢……简直就是个恶贯满盈明火执仗的强盗。

有人将陈恭的恶行揭发到了朝廷，朱瞻基命人前往凤阳当地去一一核实，然后再将陈恭逮捕入京，让公、侯、伯、都督、尚书、三法司、掌科给事中、掌道御史等朝廷大臣共同审理。审讯结果，人们控告的罪行都得到了证实，陈恭本人也表示服罪，这下皇帝朱瞻基可真发大火了，说：“（陈）恭罪至重，法不可宥，但念其父在皇祖靖难时多效忠力，恭亦从征有劳，姑宥死，杖一百，戍辽东边卫，仍籍其家。”（《明宣宗实录》卷 85）

陈恭最终被抄家戍边，可谓是宣德朝被处置得最为严厉的、也是唯独受到重重严处的“官二代”高级军官。之所以如此，关键在于陈恭的所作所为，已经动到了大明皇陵的皇气，这是那个时代人们所极为禁忌的，陈恭又偏偏胆大到了与皇家比高低的地步，因此受到严惩，势在必然。至于其他几个高级军官犯事，充其量贪点钱财、糟蹋些民间妇女，对于皇权没什么影响，故而朱瞻基也懒得去深究。

与此形成鲜明对比的是，明宣宗对文官们的要求可严多了。有个叫刘清的行在鸿胪寺丞，因为帮家乡人办事，在工部接受了别人赠送的白银 2 两，居然被判处绞刑死罪。虽然朱瞻基出面恤刑宽免，但最终还是将他罢职为民。(《明宣宗实录》卷 110)再看看大贪官陈怀和陈懋等，他们的贪污几乎是刘清的几万倍，却居然仍在大明军中担任高级领导。宣德皇帝对于军官们的这般纵容，说到底就是要他们守护好大明的江山社稷，防止与剿灭外来的或内在的任何势力之危险。

可事实恰恰相反，朱瞻基的"美好"设想并没有换来美好的结果，对军中"官二代"犯罪的纵容，最终导致了大明军队越来越堕落。

军队堕落，宦官横行，吏治腐败，土地兼并，流民增多，钞法大坏，纸币贬值……自宣德后期起这些有损于大明君主专制大一统帝国的"无组织力量"逐渐开始交汇到了一起，而恰恰此时大明北疆强敌西蒙古瓦剌却在暗暗地提升自身的实力。有个叫脱欢的瓦剌首领乘势统一了蒙古，其子也先继位上台后又雄心勃勃地想重开"大元一统天下"之局面(有关瓦剌也先的崛起，我们将在《正统帝卷、景泰帝卷》中详述)。历史的有趣就在于，这个时候的大明风流天子朱瞻基似乎注意到了问题潜在的危险，却没有引起足够的重视，因为这位极度自负又风流倜傥的太平天子将自身更多的精力放在了追逐人生品位上，由此演绎出了历史上尴尬的一幕。

● 风流天子　品位人生

明宣宗朱瞻基自来到这个世上起似乎注定就是个宠儿，因为出生于魔鬼朱棣决意造反的前夜，从而在他的身上笼罩上了一层神秘的天意色彩，又因为是嫡长关系，加上自身天资甚好，所以在篡位皇帝的儿孙辈中十分自然地脱颖而出。父亲、母亲疼，爷爷、奶奶爱，叔叔、姑姑亲，因此说童年、少年时代的朱瞻基绝对生活在阳光灿烂的日子里，是当时世界上最为幸福的人。

等到他逐渐长大时，接受的又是当时世界上顶级优质教育，皇爷爷不仅罗织了当时大明一流的文臣学士充当他的老师，而且还让他熟习骑射，操演与指挥上万人的幼军。在皇爷爷北巡时还曾带上他，让他亲历一番守疆护土的艰辛，甚至还叫他留守北京，在大臣夏原吉的辅佐下当起了少年实习天子来。等到被立为皇太孙时，朱瞻基已是个文武双全的杰出少年了。

优越的政治地位，优越的生活品质，优越的自身天赋，优越的人生坦途，这一切使得朱瞻基在明朝前期列帝中十分另类。

由于“生在甜水里，长在红旗下”，前辈们餐风饮露、舍身亡命的江山开创与事业博弈早已完成，建章立制也无需劳神费心，太平天子的使命就是要“恪守成宪”、“敷宣德意”，用通俗一点的话来说，即将祖宗的既定政策用足用好，稳固江山社稷，然后就是好好地享受生活，品味人生。在这些方面朱瞻基似乎悟性特别好，他讲究爱情品位、讲究文化品位、讲究生活品位。

◉ 风流皇帝的爱情品位：将美丽“二奶”扶正，让“大奶”“光荣退休”

说起朱瞻基讲究爱情品位，人们自然会想起宣德年间的“换后闹剧”。听说时下官场有句顺口溜：“家中红旗不倒，外面彩旗飘飘。”意思是讲你在外面搞再多的女人也没事，但家中的“大奶”即老婆千万不要轻易说换就换，否则的话，就让你吃不了兜着走。其实，这话是劝诫人的，现在搞了很多女人甚至上百成千个的，还写了性爱日记的、收集体毛的，等等，只要不被人挂到网上去，照样能升官发财。这种事要是在传统社会里那就十分难得、更是极为难堪，即使你贵为至尊，也要遭受诟病。而明朝前期的这位太平天子偏偏就在这个问题上犯过错，那就是“换后”，将“二奶”扶正，让“大奶”光荣退休，去当什么仙姑。见此，有人可能要说：作为皇帝先娶了“大奶”，几年后发现了极品“二奶”，顿时就嫌弃原来的黄脸婆了。要真是这样说的话，那就冤枉了太平皇帝朱瞻基了。

○ 孙美女：有了金册，还要金宝

由于自小就生活在三宫六院佳丽如云的环境里，朱瞻基的感情生活很丰富，见的女人世面也广。但再广也有无奈，就是那些与自己差不多岁数的漂亮“姐姐”或“妈妈”级别的都不能碰，她们不是皇爷爷专用的，就是父皇专享的。尽管在宫廷三个男人中就数他最“奔腾”，但男欢女爱的空间可能最小，且一般还得在皇爷爷、父皇的安排或应允之下才可以进行。按照当时的礼法与规制，朱瞻基的正式女人由当时的大家长皇爷爷朱棣做主。朱棣给爱孙选了一个山东济宁姑娘，名叫胡善祥的做第一夫人。胡善祥的父亲叫胡荣，他生育了至少 3 个女儿，大女儿胡氏在洪武时期入宫为女官，父亲胡荣因此而被授予锦衣卫百户之职，可能就是挂挂职而已，不做具体的什么事。(《明史·外戚·胡荣传》卷 300)

朱棣“靖难”篡位后发现胡氏才色双全，顿时就起了淫念，随后便将她纳为宫妃。这样一来，胡家就与大明皇家成了亲家，胡氏的妹妹就少不了要与大明第一人家有所接触。在这个过程中胡氏的三妹胡善祥让永乐皇帝给看上了，不过他不是为自己，而是为他的爱孙朱瞻基考虑的。永乐十五年三月朱棣提升年轻的老丈人胡荣为光禄寺卿，随后册封胡荣三女胡善祥为皇太孙妃，差不多同时又命胡荣儿子胡安为府军前卫指挥佥事，让他不用上班就能领薪水，专门侍陪皇太孙。因此从胡家姐妹角度来说，她们嫁的是祖孙俩，即朱瞻基应该喊皇爷爷朱棣为“连襟”呐。(《明太宗实录》卷 186)

与封胡善祥为皇太孙妃的同时，还有一个姓孙的美人胚子被封为皇太孙嫔。皇太孙嫔比皇太孙妃地位稍稍低一点，也就是人们常说的“二奶”。少年朱瞻基娶到的这个“二奶”孙氏，说来要归功于他的外婆彭城伯夫人，这个彭城伯夫人就是当时皇太子朱高炽的丈母娘，诚孝皇后张氏的老妈。老太太为山东永城县人，因为女儿当时为皇太子妃，有事没事经常往女儿那里跑跑。尽管女婿不得他自家老爷子永乐皇帝喜欢，但老太太彭城伯夫人的女儿张氏却很让魔鬼皇帝刮目相看的。因此老太太来到大明宫中时，很多时候朱棣还是知道的，甚至有时心情好他还会与亲家说上几句。老太太彭城伯夫人每次到宫中都要瞎扯一些，见到大明宫中美女如云，她就说起自己老家山东永城县主簿孙忠家生了一个美如天仙的小女孩孙氏。起初人们以为老太太唠叨，也没当回事，但说多了，大家都有好奇心，就让老太太将那美如天仙的小女孩孙氏带来看看。等带来看了以后，没人不说这女孩长得好的，且人还十分机灵，嘴巴也甜。永乐皇帝听说后决定将小女孩孙氏留在宫中，由彭城伯夫人女儿皇太子妃张氏抚养，那时孙氏10多岁。10多岁的小女孩再过几年就懂得人世间的那些事了，从后来宣德皇帝同母亲张太后之间亲密的母子关系来看，青少年时代的朱瞻基与老妈皇太子妃张氏之间走动与联系肯定也少不了，而张氏身边偏偏有个人见人爱的美人胚子孙氏，加上她伶俐又有心机，相必当时的少年朱瞻基早就给她勾魂摄魄或初尝云雨了，这样的事情在明清宫中是不稀奇的。问题是在永乐十五年册立皇太孙妃嫔时，朱瞻基做不了主，由大家长皇爷爷拍板，可能当时朱棣考虑到"美女是祸水"的古训，也可能考虑到自己使用胡荣大女儿蛮称心的，同时也顾及爱孙的个人喜爱，最终定局：将大臣胡荣三女儿胡善祥定为皇太孙妃，即"大奶"，而将美艳孙氏定为皇太孙嫔，即"二奶"。(《明史·后妃一·宣宗孝恭孙皇后传》卷113)

转眼间几年过去了，皇爷爷朱棣作古了，父皇朱高炽也匆匆走了，当年的皇太孙朱瞻基即位称帝，而皇太孙妃胡氏也由此升格为皇后，皇太孙嫔孙氏升格为贵妃。贵妃与皇后相差一级，这对自小天生丽质又一直受到皇太孙老公宠爱的孙氏来说，无论如何也接受不了，是自己不如人家皇后胡氏漂亮还是侍候老公不如她周到？每想到这些，孙氏就愤懑不已，但不敢也不宜公开地表露出来。人们常说漂亮女人多草包，其实不然，不是还有说法：美女蛇。不过将孙氏说成美女蛇似乎太过了头，但她确实十分精明，还工于心计。要说男人么，你要是硬向他要什么，他还不一定会心甘情愿地给你，他贪图我们女人美色，我们何不好好地利用这些契机来实现自己的宏愿！孙氏打定主意，就从自己的皇帝老公朱瞻基身上下工夫。每当老公需求什么，她就满足他什么，从不让他不高兴；即使要表达自己心里委屈时还得要哭成泪美人似的，让男人好不怜爱，这时发话，男人没有不缴械的。

而与此相比，胡皇后就缺了这招，见到自己皇帝老公"恪守成宪"、无所事事，游手好闲，甚至还要出外溜达溜达，美其名曰巡游天下，作为皇后的她终于忍不住了，开始规劝皇帝丈夫。哪知道自小没经过挫折的皇帝丈夫就此对她产生了不满与厌烦，尽管说不出胡皇后有什么不对的，但朱瞻基还在自己的母亲张太后面前牢骚满腹，痛斥皇后多事。

一个女人顺心舒服，一个女人烦心难受，对比下去，原本就与孙美女有着一定感情基础的朱瞻基情感天平逐渐发生了倾斜。再说每次见到孙美女那眼泪汪汪楚楚动人的样子，怜香惜玉之感涌上心头，朱瞻基觉得，让孙美女当贵妃真是太憋屈她了，太为难她了。过去皇爷爷当道，自己做小辈的开不了这个口，现在自己就是大明第一人，还有什么不能做的？想到这些，朱瞻基内心一阵亢奋。不过孙美女似乎很冷静，她提醒皇帝丈夫，上头还有个老太后张氏呐。孙贵妃的提醒不是多余的，因为尽管现在皇帝是朱瞻基，但名义上还有更高级别的张老太后在啊，凡国家与朝廷之大事、要事还真不能跳过她，否则的话有你好看的了。所以当孙贵妃说出自己的担心后，朱瞻基还真的耐下性子与孙美女好好地策划了一下。

自小受到母亲的关爱，即使长大了还时不时地往老妈那里跑，名为看望、问候老妈，实际上就是去看孙美女，但不论怎么说，朱瞻基对老妈的脾气还是挺清楚的。有一天，宣德皇帝乘着向老妈问安之际，抱怨起对胡氏与孙氏名位处置不公的事情。他说："当初皇祖为孩儿选皇太孙妃嫔时，胡氏为妃，孙氏为嫔，名位相差还不大；可如今朕登基即位了，一个为皇后，一个为贵妃，一个有册有宝，一个有册无宝，两者相差实在太大了。孩儿在此恳请皇太后母亲大人能否赐给孙氏一个金宝，这样也好让她与皇后胡氏在名位上差不多？"

按照明代的规制，做皇后的有册有宝是指她不仅拥有受封皇后的金册，即相当于当今国人热烈追捧的证书，而且还有一枚金印即图章，美名为金宝。而做皇贵妃的却只有金册即贵妃证书，表示她开那店接待皇帝是有照经营，可没有金印即金宝。这样的做法是很有道理的，因为皇后是六宫之主，后宫有什么事要有人做主批准，这个批准人就是皇后，明嘉靖时就连皇帝夜里在哪个女人那里过夜都要由皇后加盖金印，即使你再受皇帝宠爱的贵妃也要受皇后的领导安排。而一向精明透顶但让孙美女的美艳与眼泪迷了魂的朱瞻基却故意混淆是非，将不应该类比的两件事情捏在一起，像不懂事的小孩子向父母亲提出无理要求一般。

再说张太后尽管算不上出身名门，但自从进入魔鬼皇帝家门以后可算是见了大世面了，她目击了无数个惊涛骇浪，靠着自己的贤惠与聪明以及恰逢时势地生了一个“有出息”的儿子，最终为自己的丈夫赢得了皇位，并为眼前“出息”儿子的登基尽了她所有的力。这是一个历经风雨的老太太，也是一个有着远大眼光且把握得住大局的老太太，儿子和那个长得比狐仙还要美丽的孙氏在自己眼皮底下老早就有那一腿子的破事，别人不知，张老太太可一清二楚了，古人云：知子莫若父，父不在了，知子就由母了。就凭儿子那个精明劲会弄不清皇后、贵妃哪个应该有册有宝？这事骗谁？骗鬼吧！不过张皇太后更清楚，眼前自己的这个宝贝儿子是从小就被惯养的，他的禀性：不达目的决不罢休，且胆大妄为，就说他老子的死到底是不是他指使作恶的，传闻很多，在他即位一年不到的时间里这些风言者现在都见不着了，小子内心狠得很，幸好他还算拎得清，即位以后“恪守成宪”、“敷宣德意”，大明这艘巨轮沿着他老子改行的方向继续前进着；再说不就是小子要为自己心爱的女人挣一枚金印么，算了，只要他不过分瞎来，就由他去吧！于是孙贵妃盼望已久的金印也名金宝在强势老公的操作下十分轻松地来到了自己的手中。大明朝贵妃有金宝之制自此而始。（《明史·后妃一·宣宗孝恭孙皇后传》卷113）

○ 铁树开花——孙美女“生”出皇长子

孙美女在取得金宝后偷偷地狂喜了一阵子，渐渐恢复了平静。人一旦平静下来就容易发现问题，原来这个金宝远没有皇后的那枚管用，后宫里边的主子还是那个让她看了浑身都要妒忌死的胡皇后。乘着自己年轻、漂亮，赶紧将自己的优势资源用足、用好，孙美女打定好主意，还在自己的皇帝丈夫身上下工夫，一句话让他感到舒适满意。而此时的朱瞻基也确实感到孙贵妃魅力不减当年，再看看那个满脸一本正经的胡皇后，越看越不舒服，越看越不满意，这是本皇帝最大的缺憾，好马要配好鞍呐，我朱瞻基堂堂的大明第一人，配以绝色美人做皇后还差不多。于是有着这般心思的大明第一人家夫妇俩就开始策划新一轮的行动目标——“换后”。

自古以来皇帝就一人，皇后也仅一人，这倒不是说皇帝性伙伴少，相反他可以拥有 N 个，但要管理后宫、代表王朝“国母”的只能一人。既然是 ONLY ONE，现在只有一个办法，那就是废掉现有的胡皇后，立孙贵妃孙美女为后。可要废掉皇后总得有借口呀，最好在胡皇后身上找出什么明显的短处来，那么废黜起来的就不费吹灰之力了。于是朱瞻基与孙美女暗地里使劲地给胡皇后找茬，可找了好久也没找着。后来想到了，胡皇后多年不育，没有给皇上留下一个子嗣，也就是说不能给皇帝传宗接代了，就凭这一条理由，足够将胡皇后给废了。可仔细一推敲，问题又来了，胡皇后没生育，孙美女孙贵妃也没生过孩子呀，就以此条理由废了胡皇后，孙贵妃能扶正？这简直就是天方夜谭，一时间“换后”行动陷入僵局。

中国有句古话：事在人为！我们老祖宗实在聪明透顶，明朝人也不例外，尤其那个有着极高天赋的大明第一人在这样的小问题犯困，那才叫做笑话了。别人不清楚也没法弄清楚，宫中哪个女人不能碰了，已经有身孕了，我朱瞻基还会不知！自己或贴心宦官只要向孙美女稍稍露点口风，不就万事大吉了。而孙贵妃也是自小就精明透顶，在得悉有个宫女有喜后，马上也对外宣称自己怀上了，按照时间的推算，每过一段时间给自己肚子上多包裹一些衣服。等到了那个宫女哇哇叫着要生产了，自己也来个依葫芦画瓢，在贴身宫女和宦官的协助下，神不觉鬼不知地将宫女生的男孩抱到自己这里来，然后就对外报喜了。

听到自己心爱的美女“二奶”“生”了儿子，宣德皇帝可高兴透了，这是一件双赢的事情，儿子是自己的血脉，只不过从这个娘身边抱到了另一个“娘”身边，怎么说都是我们老朱家的种子；对于孙贵妃来说，那可更划算了，现存“捡了”个儿子，这就是后来的明英宗朱祁镇。至于那个“倒霉蛋”宫女不仅白吃 10 月怀胎之苦，就连自己的小命也给人搞没了，谁叫她没名位，谁叫她那么倒霉的！这种事在最高统治阶层中时常会发生，也是最大的政治！讲政治就要心黑，自此以后再也没有谁弄得清楚皇长子朱祁镇的真正生母，孙贵妃与丈夫朱瞻基装了一辈子直至死都没泄露半点秘密，让后来的明英宗一生都在寻找自己的心理母亲。（《明史·后妃一·宣宗

孝恭孙皇后传》卷113）

心仪的美女贵妃“生”了皇子，皇帝丈夫就越发疼爱孙贵妃了。宫廷上下只要不是傻子，谁都明白下面开场的便是什么戏了。为了与中央朝廷保持高度的一致，宣德朝有些政治觉悟高的大臣在皇长子生后的第八天，就纷纷上疏给宣德皇帝，请求早立皇太子，以正国本；更有着特别嗅觉的一些“国家栋梁”上请皇帝改立孙贵妃为后。其实这两种观点是一个意思，“立嫡以长”和“母以子贵”是那个时代的传统规制，所以，事情演绎到这一步，“换后”也就成了个时间问题。

○“二奶”扶正，“大奶”下岗

此时的胡皇后目睹了一幕幕，心里已经明白了怎么一回事。要说生孩子又不是我做女人的一个人的事，你皇帝老不到我这里来，叫我一个人怎么能生！再说即使我迎头赶上，加班加点赶出一个小皇子来，也为时已晚，傻子都能看出来，皇帝老公的心没向着我，一切努力都是徒劳的，尤其这样空耗着，倒不如识趣点。想到这些，胡皇后就上表给丈夫皇帝，说自己有病，又没能给陛下生下一男半女，有愧于皇后的称号，请求陛下早定国本，立皇长子为太子，改立孙贵妃为皇后。

对于“大奶”的如等高风亮节，朱瞻基着实欣喜不已，但没有想到的是，她这一手来得这么快，马上准了她？不，胡皇后毕竟没什么错，再说我老妈张皇太后对她还十分喜欢；不准吧？煮熟的鸭子又飞了，这叫什么事！哪究竟怎么办？朱瞻基权衡了半天，来个高招，拖着不表态。

而此时的孙贵妃也没闲着，尽管朝廷上下主张改立皇后的人越来越多了，但重量级的人物除了皇帝老公外，还真没什么人出来说话。尤其是皇帝老公头上还有个婆婆、大明帝国名义的最高统治者张皇太后，她可还没表态，千万不可低估了她的能量啊，就连自己的皇帝老公还得要听听她的，至少说形式上是这样的。而要想使得自己的皇太后婆婆同意这事，目前看来似乎是不太可能的，因为孙贵妃十分清楚，尽管自己十分漂亮、精明，但婆婆更喜欢本分、大方的胡皇后。对了，胡皇后，就是她，十多年的情敌，只要她不吵不闹，想必皇太后婆婆也不会咋的。一等猴精的孙贵妃想清楚了这里边的关系后，就对外公开地讲：“皇后现在有病是暂时的，病好了自然会生育的，我的孩子怎么能抢在皇后孩子的前头呐？”（《明史·后妃一·宣宗孝恭孙皇后传》卷113）

“二奶”孙贵妃这出戏一唱，示意皇帝丈夫赶紧跟上。可这回明宣宗朱瞻基却显得迟缓了，不，确切地说不是迟缓，而是他在观察和权衡各方面的反应，寻找最佳的行动方略。城府极深的宣德皇帝十分清楚：事情发展到了这一步，还有两大关必须要过，一关就是前面讲的老太太张太后；另一关就是文武重臣，尤其是以杨士奇为代表的有着一定威望的朝中大臣，他们可是正统观念的代表，自己所干的事情是反传统的，一旦将事情正式摊开来了，如果他们执意反对，那就十分难堪了。因为自古以来“宠艳妃而废元妃”不仅被人们视为君主的一种极大的失德行为，而且还会被当做荒淫无道之君的一大罪证，记入身后的历史之中，遭受后世人们的诟病与唾骂。朱瞻基从小熟读历史，深知这里边的厉害，自己一心想要当个太平盛世圣君，千万不能在这样“小节”上给弄砸了。但要杨士奇为代表的朝中大臣等改变观念，支持自己，谈何容易！不过转而朱瞻基又想到，在上述两大难关中，自家老妈那一关相对要好过。做儿子的这么多年了熟悉老妈的脾气，只要我没做太过头的事情，在大局上没什么过不去的，老太太还是很好说话的。自本朝高皇帝开国立下严禁后妃外戚干政的“祖制”以来，马皇后、徐皇后，还有如今俺老妈张皇后没有一个不遵守的，她们都是有口皆碑的好皇后，不，俺老妈还是当今的好太后，只要我处理得当，她会同意我的。老妈一同意，我再找朝中大臣谈事，要是他们执意反对，我就用皇太后的名义去压他们，迫使他们就范。

朱瞻基拿定主意后就去找自己老妈张皇太后，他说：“孙贵妃生了皇长子，群臣纷纷上疏，要求早立国本，胡皇后也曾这么上请，并且她还要我更立皇后。皇太后母亲大人，您看这事怎么办才好？”名为请示，实为迫使皇太后母亲就范，朱瞻基真是精明到了家。再说张皇太后历经那么多的风浪，对于这样的“小儿科”难道她看不懂吗？不可能！但她更清楚自家皇帝儿子的个性与处事风格，他拿定主意要做的事情谁也阻挡不了，再说这事不仅仅是家事，还涉及“国本”，后妃、外戚不得干政，这是祖训中规定的，祖宗规矩不能坏在俺的手里。既然朝臣们都说要立国本、换皇后，当事人胡皇后也自请更立，方方面面似乎都没什么不妥的，于是她就勉强同意了。

有了皇太后母亲的同意，皇帝朱瞻基心里可踏实多了，余下的一关就是要找朝中重臣商谈这事。谈妥了就让这些重臣出面，上请更立皇后，这样便可使自己甩掉那令人诟病的“宠艳妃而废元妃”之恶名了。朱瞻基算计着，找了个时间，将张辅、蹇义、夏原吉、杨士奇、杨荣等朝中重量级的大臣找来谈话，他首先给大家“引引路”，开导开导：“朕 30 岁还没有儿子，如今幸亏孙贵妃为朕生了一子，总算让朕看到了希望。母以子贵，自古就有，只是中宫皇后不知该怎么处置?”随后他就列举了中宫胡皇后无子等几件“过失”事情。

听到皇帝这番言语，一向“警敏”的杨荣立马意识到，这是表明自己紧密团结在皇帝为首的朝廷中央周围的最好时候，于是赶紧上奏说：“陛下，就凭您刚刚说的那些事就足够可以将胡皇后给废了。”谁想，宣德皇帝没吭气。自从宣德元年平定高煦之乱结束时，杨荣提出袭击赵王府的建议遭到否定后，“警敏”杨大臣在皇帝那里的说话分量已大为降低，朱瞻基更看重的是处事妥帖的杨士奇等人，但这时的杨士奇却低着头不说话。宣德皇帝只好换个角度来说事：“废掉皇后在前朝有过先例吗?”蹇义回答说：“有过，宋朝仁宗皇帝就曾将郭皇后降为仙妃。”朱瞻基还想听听下文，可蹇义不讲了。他只好转过脸去问张辅和夏原吉，张、夏支支吾吾，“这个，这个，容小臣再想想。”朱瞻基一看这等情势，就不能不问问杨士奇了，他可是个懂大局、拿得稳的重臣，只要他开口了，十有八九就是个金点子。

再说杨士奇本来就不想说了，但现在皇帝点名要他讲，自己就不能不讲了，他说：“臣子对于皇帝与皇后，就好比是儿子对待父母一般。如今中宫胡皇后就是母亲，我们群臣就是儿子了，做儿子的哪敢商议废除母亲大人的事情呐!”朱瞻基做梦也没想到，自己心目中的首席内阁大臣会说出这番话来，简直是给自己当头一闷棍。尽管心里很火，但还是抑制住了，为了心爱的美人，他只好耐着性子再去问问平时比较听话的张辅与夏原吉等人，张、夏依然支吾着："这是大事，请容许小臣再好好考虑考虑。"一听这话，朱瞻基知道自己都白努力了，于是就更换一下话题，假装无知地问道："更立皇后之事不会遭受外界非议吧？"一向胆小谨慎的蹇义这时却回答道："这种事自古以来都有过，哪来什么非议！"听到这话，杨士奇终于忍不住了，冲着蹇义说道："宋仁宗废了郭皇后，孔道辅、范仲淹率领一群的台谏官上疏反对，数十人遭到了贬黜罢官。史书上至今还记在着这贬事，怎么说没有非议！"(【清】谷应泰：《明史纪事本末·仁宣致治》卷28)

杨士奇的一席话顿时将"废后"商议的气氛推到了极点，大伙儿最终不欢而散。出了宫门，杨荣、蹇义就跟夏原吉和杨士奇说："皇上老早就想废掉胡皇后了，我们臣下拦也拦不住的。"曾与少年朱瞻基"零距离"朝夕相处过的夏原吉马上应对道："眼下就是要好好商议一下，如何安排好中宫胡皇后。"杨士奇依然一脸的不悦，听到同僚们的这般议论，他愤愤不平地说："今天大家听到的中宫胡皇后的过失，没有一条够得上废黜罪名的。"

大伙儿议论着，唯独一向"警敏"的杨荣后来不吭气了，回到家里，他整理了一下白天所发生的事情，发现问题的根结就在皇帝没有"废后"的充分依据和罪名。根据自己的政治信条："事君有体，进谏有方，以悻直取祸，吾不为也"(《明史·杨荣传》卷148)，杨荣开夜车，反复琢磨和编造了一些胡皇后的严重罪名，写在纸上，然而揣进怀里，随时准备将皇帝的恩宠给重新夺回来。

杨荣等爷爷辈的老臣毕竟是看着孙儿辈的朱瞻基长大的，他们熟知，这个皇帝少爷不达目的是决不会罢休的。果不出所料，第二天宣德皇帝在西角门又召集杨荣、杨士奇商议，一见到"两杨"，朱瞻基就开门见山地问："你们商议得怎么样？"杨荣一听到这话，还没等杨士奇开口，他就赶紧将隔夜赶好的胡皇后"罪状"条递了上去，上面列举了中宫过失"罪状"20条，全是诬蔑诋毁之词，并颇为得意地说："陛下，就凭此可以将胡皇后给废了。"朱瞻基赶紧接过来，看了二三条，脸色突然变了，他反问杨荣："什么时候皇后做过这样的恶事，难道宫中就没神灵明鉴？"然后他转过头去问杨士奇："杨爱卿，你为什么不说？"杨士奇说："汉光武帝废后后曾下诏书说:这可不是国家的什么有福之事;宋仁宗废后后也曾十分后悔,愿陛下慎重考虑。”朱瞻基听到这里,心里很不愉快,随后君臣之间怏怏而别。

过了几天,宣德皇帝又召见杨士奇,他知道杨士奇很正统,但处事能顾大局,只要他能转过来,就会为本皇帝策划出一个完善的方案,所以朱瞻基才不厌其烦地要找杨士奇谈话。听到皇上召见,杨士奇当然十分清楚叫他干什么,心想顶到现在为止也就他一个朝中重臣了,作为臣下想要力谏皇上,尤其是这个由魔鬼皇帝调教出来的大明皇家少爷谈何容易,于是他想到了另外的法子。一见到皇帝问他那事,他就马上反问皇上:“这种事,陛下您不妨去问问皇太后,她老人家说不定有什么主张呐。”杨士奇本想将皇帝的无理取闹这个球踢给皇太后,让皇帝老妈来管管这个事。可他没想到的是,自已刚一说完,宣德皇帝马上来了一句:“杨爱卿,实话告诉您,朕与你们说的这事,正是皇太后她老人家同意了的。”这下可将杨士奇给雷倒了。

至此,朱瞻基见到火候也差不多了,有一天乘着空隙在文华殿单独召见杨士奇,屏退左右,然后轻声问道:“杨爱卿,时到今日,您看这事该怎么处理为合适?”听到皇帝不依不饶地问话,杨士奇一脸的痛苦,但又不能不回答,于是他沉默了一阵子,然而反问朱瞻基:“中宫皇后与贵妃娘娘两人关系怎么样?”宣德皇帝说:“两人好着呐,相亲相爱,就像亲姊妹似的。不过朕更看重皇长子,有算命的说中宫皇后命中注定无子,朕只不过想让皇长子的母亲能正其名,以示两个姐妹有点区别。现在中宫皇后病愈已经一个多月了,但贵妃娘娘还是每日都要去探望一番,慰藉十分殷勤。”听到这里,杨士奇马上插话:“就赶紧乘着现在皇后有病和病愈之际,设法开导开导皇后,让她主动辞去皇后的名位。这样一来,一个辞让退位,一个晋升进位,合乎礼数啊,陛下的恩眷又不会受到影响!”宣德皇帝听到这话,不由得由衷敬佩杨士奇的忠诚,于是赶紧以此行事。

没过几天,宣德皇帝又召见杨士奇,眉开眼笑地说:“杨爱卿,您上次的主意太好了,经过一引导,皇后欣然辞让,孙贵妃坚决不接受,皇太后也不同意皇后辞位。可是皇后她就是不肯,铁了心要辞让。”听到这席话，老臣杨士奇不无感慨地说道：“如果真是这样的话，那么就恳请陛下平等对待两位皇后吧。过去宋仁宗废了郭皇后，但待她还是恩意加厚。”朱瞻基明白杨士奇的话意，马上像犯错小学生向老师做保证似地说道：“好的，朕决不食言！”（【清】谷应泰：《明史纪事本末·仁宣致治》卷28）

至此，跨越前后三年的大明第一人家里“二奶扶正”闹剧总算告个段落，宣德三年三月，明宣宗下诏更换皇后，先前皇后胡氏搬出正宫，迁往长安宫，赐号静慈仙师；孙美女孙贵妃如愿以偿地登上皇后的宝座，满脸络腮胡子的朱瞻基这匹大明顶级好马终于配上了孙美女这个好鞍了，大明皇家“极品”爱情总算有了个“圆满”的结果。

○ 风流皇帝与风流欠债

可这样的结果明显眼人一看便知其中的蹊跷，尽管皇帝诏书中冠冕堂皇地说：皇后主动辞让，但谁都不相信这是事实，人们更愿相信胡皇后是被逼无奈，“后无过被废，天下闻而怜之”。宣德皇帝老妈张皇太后更是觉得儿媳妇胡氏受屈，都是荒唐儿子干的好事，做老妈的能说什么呢，只好自己出面善待胡氏，经常将她召到清宁宫里来，与自己同住。内廷举行宴会，张太后特地将胡氏的座位安排在孙皇后之上，弄得孙皇后很不开心，但碍于婆婆张太后的面子也不好发作，再说从后来孙氏当上皇太后后的所作所为来看，其实这孙美女也算不上十分厉害的女人，所以这样怪异、尴尬的后宫场面一直维系到了正统七年张太后驾崩为止。闻听爱怜、保护自己的婆婆张皇后仙逝，静慈仙师胡氏哭得死去活来，大约过了一年左右他也循着婆婆的足迹而去了。（《明史·后妃一·宣宗恭让胡皇后传》卷113）

为了自己理想中的品位爱情，宣德皇帝与孙美女居然无中生有，导演了一场场闹剧，真可谓是风流透顶，明宣宗也因此而被人称为“风流皇帝”。风流皇帝的如此之举给后来的大明帝国历史带来的影响至少有两者：第一，新上台的孙美女孙皇后尽管算不上什么坏女人，但在英宗、代宗当政的非常时期，明显没有大局观念的她所作出的一些决策实在蹩脚，影响了大明帝国政局沿着理性的轨道前行;第二,开创了大明帝国历史上废立皇后的先例,就在明宣宗死后没多久,发生了土木堡之变,随后上台的明代宗在执政期间就曾仿效老子的做法,将看不舒心的汪皇后给废了,一定程度上也影响了政局的稳定。

对于这种“拆了屋顶放风筝”——光顾风流不计后果的做法,作为一代政治家、一生想当太平圣君的朱瞻基难道就没一点意识到问题的潜在危害吗？据《明史》所载,后来明宣宗不无悔意地这样说道:“此朕少年事”。(《明史·后妃一·宣宗恭让胡皇后传》卷113)

看了朱瞻基与孙美女的几近疯狂的举动,当今人们或许为他们如痴如醉的爱情大唱赞歌,其实大可不必。就在风流皇帝导演“废后”闹剧前后,还有几十个美女专职给大明第一人提供愉悦的性服务,她们是惠妃何氏、贤妃赵氏、惠妃吴氏、淑妃焦氏、敬妃曹氏、顺妃徐氏、丽妃袁氏、淑妃诸氏、充妃李氏、成妃何氏和贤妃吴氏(即后来景泰帝的母亲)等。(《明史·后妃传一》卷113)

见此,有人可能要说,这也没什么了不得的,皇帝玩女人再正常不过了。问题在于朱瞻基十多岁就开始享受男女之欢,可最后的收获却十分可怜,只留下了2男2女。2男,一个就是明英宗,另一个就是明代宗即景泰帝;2女,一个为顺德公主,另一个为常德公主。(《明史·公主传》卷121)

可以这么说,明宣宗子嗣稀少,还不如他那个连走路都要有人扶的老爸朱高炽,朱高炽倒是生育了17个儿女,其中有10个儿子:嫡长子朱瞻基、2子郑王朱瞻埈、3子越王瞻墉、4子蕲王瞻垠、5子襄王瞻墡、6子荊王瞻堈、7子淮王瞻墺、8子滕王瞻垲、9子梁王瞻垍、10子卫王瞻埏。(《明史·诸王传四》卷119)女儿7个,她们是嘉兴公主,庆都公主、清河公主、真定公主、德安公主、延平公主,德庆公主(《明史·公主传》卷121)看到明仁宗这么高产,有人可能认为,他肯定有很多的女人,可据《明史·后妃传》所载,明仁宗名下有品位的女人只有1个,即诚孝皇后张氏,当然实际性玩伴肯定不止这个数。但无论怎么说,历来被人传为好色又病快快的明仁宗在后宫播种的命中率,可要比他的儿子明宣宗要高得多。

我们再来看看朱瞻基的画像与历史记载,这个满脸络腮胡子活像蒙古草原上牧民头领的大明宣德皇帝既能文又善武,身体好着呐，这就奇怪了，那他为什么会子嗣稀少？

翻阅朝鲜的《李朝实录》，我们发现，就在父皇朱高炽大丧期间的宣德元年，28 岁的明宣宗朱瞻基就迫不及待地向朝鲜索要 10 岁以下的处女，用现代人时髦话来讲，中国美女玩腻了，玩得没劲，要玩就要洋妞，且一定要是处女。因为多次催促，弄得朝鲜国王私下里牢骚满腹："初丧使人求处女，意实急急。然至今不率归者，岂非中国待其终制也。"（吴晗辑录：《朝鲜李朝实录中的中国史料（一）上编卷四·世宗庄宪大王实录一》，中华书局 1980 年 3 月第 1 版，第 1 册，P334）

由此可见，明宣宗纵欲是不争的史实，两性相悦又要讲究好马配好鞍，忙里偷闲四处耕耘，这些叠加在一起恐怕才能堪称大明太平之主、风流皇帝所讲究的爱情品位之全部含义吧。

从上述朱瞻基对情爱与性爱品位的追求与迷恋史实中，人们不难看出，其真可谓是不达目的誓不罢休。与此相比，朱瞻基在生活品位的讲究方面却更为有过之而无不及。

◉ 风流皇帝的生活品位

由于出生在大明第一人家，"天生圣主"，自来到这个世上起，绫罗绸缎、锦衣玉食、山珍海味、天上飞的、地上跑的，人世间只要能见到的好东西，朱瞻基就早早开始享用了。不过他有个优点，除了美女不与人分享外，一般来说，只要是地方上上贡的什么珍异特产、飞禽走兽、美味佳肴，他都会孝敬自己的皇太后母亲等亲人长辈，甚至在他出巡边关打猎打到野禽时，也要派人送往北京张皇太后那里，为天下人树立第一孝子贤孙的好榜样。有时朱瞻基还会将别人上贡的新奇珍品赐予朝中重臣一同分享。譬如宣德四年四月，南京进献鲥鱼，宣德皇帝除了用以奉先殿祭祖和孝敬母亲张皇太后外，余下的分赐给大学士杨士奇、杨荣、金幼孜等，另加赐醇酒、御制诗等，以示对朝中老臣的敬重与厚爱。（《明宣宗实录》卷 53）

○ 风流皇帝喜欢洋妞、洋餐——朝鲜豆腐

其实这样的事情在宣德皇帝看来是小儿科，或者说根本不在眼里，他所追求的远不止这些，要的是新、奇、怪。有史料记载：朱

瞻基可能吃腻了中国菜，却对朝鲜菜情有独钟，尤其是朝鲜厨师烹制的豆腐。前面说过，就在父皇大丧期间，朱瞻基还多次派遣宦官前往朝鲜去索要处女，并同时提出要会烧朝鲜菜的女仆，如明宣宗宣德元年1426年，"三月丙午，使臣尹凤、白彦来赐彩币，尹凤钦传宣（宣德帝）谕曰：'你去朝鲜国对王说，年少的女儿选下者，等明春着人去取。'又钦传宣谕曰：'选拣会做菜的女仆进献。'"（吴晗辑录：《朝鲜李朝实录中的中国史料（一）上编卷四·世宗庄宪大王实录一》，中华书局1980年3月第1版，第1册，P330）

宣德九年（1434）朱瞻基在给朝鲜国王的敕谕中再次提出，索要十几个朝鲜厨娘："王先次所遣来制造膳羞妇女，皆调和精美，造办便捷，而做豆腐尤精妙。后次所遣来者虽佳，然均不及前者。敕至，王可更选巧慧妇女十数人、令巧习制作馔羞及造豆腐之类，悉皆精熟如前次所遣者，待后遣中官到国中就带来京。"（吴晗辑录：《朝鲜李朝实录中的中国史料（一）上编卷五·世宗庄宪大王实录一》，中华书局1980年3月第1版，第1册，P330）

至于宣德皇帝玩的，那更不用说了，他从小就被武夫皇爷爷宠大的，骑射最为拿手，还有就是他喜欢放鹰捕猎，一旦玩起来就像东北地区的鹰把手那样，戴上护套，肩上扛着猎鹰，埋伏在荒郊野外，等到猎物出现，立即放飞猎鹰捕猎，玩得就是刺激。当然作为皇帝有此爱好，那就大可不必像鹰把手那样，自己捕获和训练猎鹰，反正有人专门进贡着。据说当时进贡给宣德皇帝的猎鹰有海东青、罗黄鹰、儿子黄鹰、笼黄鹰、皂鹰……海东青等主要产于中国东北地区和朝鲜，《李朝实录》中有记载，当时有专门的护鹰使从事护送朝鲜产的猎鹰上北京，孝敬给宣德皇帝，宣德皇帝也少不了要对护鹰使等大加赏赐一番。

除了放鹰捕猎，朱瞻基还很可能喜欢游戏豹坊里的动物。《明实录》记载中宣德五年五月，专门饲养狮、豹的豹坊勇士强占北京居民的民房，被宣德皇帝知道后打了105杖，并且还被枷号了。这说明明代皇家豹房至少在明宣宗时代还是蛮成规模的，否则豹坊勇士怎敢如此大胆胡为？（《明宣宗实录》卷66）

○"蟋蟀天子"："促织瞿瞿叫，宣德皇帝要"

在宣德皇帝所有的玩乐嬉戏中最令其痴迷的可能就要数斗蟋

蟀了。起先朱瞻基可能就在北京附近地区选取一些蟋蟀玩玩，玩了一阵觉得不过瘾，他就派遣宦官到各地去采办，并秘密敕令地方官协助办理。堂堂一国之君居然如顽童般地玩耍，各地小民百姓可遭罪了，海内骚然。苏州产好蟋蟀老早就闻名，宣德皇帝听说后，给苏州知府况钟下了密诏，要他协助内官安儿、吉祥从当地逮上 1 000 蟋蟀进贡(【明】王世贞:《弇州史料后集·国朝从记一》卷 31)。况钟有没有完成任务，不得而知，但从况钟与皇帝的那层亲密关系来看，很可能是况大人遂了风流皇帝的心愿。据说当时驻守苏州的军队将士，一天到晚就忙着为宣德皇帝捕蟋蟀，甚至将捕到蟋蟀多少比作杀敌人数，记为军功，有着此项特长的人为此还得了世袭的军官职衔。苏州百姓为了完成官府摊派的皇差而天天去找蟋蟀，荒废了自己的本业不说，还有的被逼出了人命来。由于皇帝催逼急促，苏州地方政府一再提高蟋蟀价格，据说当时一只好的蟋蟀可以卖得十几两黄金。苏州西郊枫桥有个粮长，因为苏州府衙催逼得紧，他实在没办法，只好将自己乘坐的一匹好马去换了一只蟋蟀，放在了家里，因为手头还有别的事情，他就急急忙忙出门去了。粮长走后，他的大奶、二奶(古时候叫妾)越发好奇，觉得不可思议，一匹良马居然换回一只蟋蟀，这是一只什么样的蟋蟀，比十几两黄金还要贵重？两个女人一嘀咕，最终决定打开蟋蟀盆盖，看看这只价比黄金的蟋蟀到底长成啥模样？谁知她俩刚打开一点点盖子，蟋蟀就跳了出来，赶紧找啊，可再怎么认真找，就是找不着。这下大奶、二奶吓坏了，等于家里十几两黄金没了不说，皇差怎么完成呢？两人越想越害怕，最终双双上吊自尽了。

粮长回到家中看到如此悲惨的一幕，实在无法忍受沉重的打击，更害怕因为没完成好皇差将要带来的灾祸，干脆自己也上吊了。一时间家里抬出了三副棺材，好不令人恻然(【明】皇甫录著《皇明纪略》)。清代文学家蒲松龄在他的名作《聊斋志异》中有一篇《促织》的短篇小说，就是根据上述枫桥粮长家的悲剧故事改编而来的。

宣德时期苏州百姓中流传着:"促织瞿瞿叫，宣德皇帝要"，这个顺口溜一直流传到了明清之际，明末著名文人沈德符在他的《万历野获编》中就这么记载道。(【明】沈德符:《万历野获编·技艺》卷 24)

○ "政府引导产业":蟋蟀盆、宣德炉

宣德皇帝嗜好斗蟋蟀,故人称其为"蟋蟀天子"或"促织天子"(促织为蟋蟀的雅名)。上有所好,下必有效,明朝斗蟋蟀风气开始越演越烈,而与斗蟋蟀相关的"政府引导产业"也就油然而生——蟋蟀盆。"宣德时苏州造促织盆,出陆墓、邹莫二家。曾见雕镂人物,妆采极工巧。又有大秀、小秀所造者尤妙,邹家儿女名也,久藏苏州库中。"(【明】李诩:《戒庵老人漫笔·陆墓促织盆》卷1;中华书局1982年2月第1版,P9~10)明朝从此以后蟋蟀盆价格大增,甚为珍贵,据说其与宋朝的宣和盆不相上下。

与蟋蟀盆相近性质的还有朱瞻基喜欢玩赏与收藏的宣德炉,这也是当时"政府引导产业"。宣德炉是由金、银、铜、铁等多种金属烧制而成,形似圆鼎,上有耳眼,炉腹镂刻花纹和云龙纹,原先是由六道工序烧制而成,但宣德皇帝还嫌不够,向官府工场提出了要经过12道工序精制作,由此而制作成的宣德炉不仅颜色多,如茄皮色、棠梨色、褐色,而且造型美观,艺术精致独特,具有极高的工艺观赏价值与收藏价值。(【清】饶智元:《明宫杂咏》卷2)

◉ 风流皇帝的文化品位

由玩赏宣德炉,人们自然会联想到宣德皇帝的第三个品位讲究即文化艺术追求。在明朝前期的皇帝中,朱瞻基可能是接受文化艺术教育最多,也是最好的一位帝皇,尽管他的父皇朱高炽的文化素养也不错,但比起朱瞻基来可没得那么多的空闲时间,永乐朝中期开始他就为父皇朱棣充当治政助手或言下手,还时不时地监国理政。而朱瞻基这时正值青少年进学时代,尽管他的屁股似乎坐不大住,但天资甚好,加上皇爷爷、父皇的督促,朱瞻基接受的知识教育从整体上来看可能是列帝中最为全面、也是最好的一个,他琴棋书画诗文辞词无所不通,完全可以堪称中国古代比较突出的知识型皇帝。

从流传至今的史料来看,朱瞻基的作品有:①《宣宗文集》44卷,诗集6卷;②《宣庙御制历代臣鉴》37卷;③《御制官箴》1卷;

④《外戚事鉴》5 卷。

在朱瞻基的所有艺术作品中，可能就要数他的绘画艺术成就最高了，花鸟画、人物画、山水画……几乎画坛每个领域他都有涉足，流传至今比较有名的作品有：《武侯高卧图》、《爪鼠图》、《三阳开泰图》、《花石狸奴图》、《戏猴图》、《折枝竹石图》等，实际上远不止这些，恐怕要有几百幅。从今日我们看到的朱瞻基绘画作品来讲，无论是构图，还是笔法和技法都达到了极高的造诣，与当时的一流画家不相上下。

朱瞻基的书法主要是学习了当时顶级书法家颜清臣和沈度（【明】沈德符：《万历朝野获编·宣宗御笔》补遗卷 1），其楷书清丽潇洒，尽管略带皇家宫廷的柔媚气息，但不失为书法上乘之作。

在文学方面朱瞻基也有一定的贡献，他的诏令、训词、政论、碑文、游记、赋、杂文和散文较多被保留了下来，这中间除了诏令一类经由杨士奇等文臣起草、润色外，绝大部分都是由他亲笔所作，较为有名的代表作有《御制帝训》和《东征记》。同时朱瞻基还是一位有才气、有造诣的宫廷诗人。流传下来至今为止尚有《大明宣德皇帝御制集》44 卷，从文体角度来讲其有五言诗、六言诗、七言诗，还有词令和词等，总下来不下于 1 000 首。

朱瞻基的这些书画诗文主要是于他的宫廷生活与皇家公务空闲之际应兴而作的。有送给他喜欢的宦官，也有赠与他敬重的大臣。内容主要是以宫廷生活为题材，自然造化给予他的创作源泉相对较少，因此有人认为，这样的宫廷文化艺术与那时时兴的“台阁体”（文学史上将仁宣时期以“三杨”为代表的阁臣所撰写的那些歌功颂德、粉饰太平而艺术平庸、缺乏活力与生气的诗文称为“台阁体”）是相匹配的，不无几分道理，但我们绝不能因此而否定了朱瞻基的文化艺术造就。

除了上述这些文化艺术外，朱瞻基对音乐也十分喜爱与精通，经常在宫中或御花园中弹奏一些音乐曲子，他还广招教坊司的歌舞演员，极尽享受，据《明实录》记载：英宗皇帝当政后一次性释放宣德时代的“教坊司乐工三千八百余人为民”（《明英宗实录》3；【明】沈德符：《万历野获编·列朝》卷 1）。

如此看来，朱瞻基不仅是位杰出的宫廷书画家、文学家、诗人，而且还是音乐、歌舞、戏曲爱好者或言音乐演奏家，甚至还是个优秀的艺术鉴赏家。在他的文化艺术创作过程中，朱瞻基时常研究古书、古画、古乐，甄别真伪，同时还与当朝的艺术家探讨。纵观明朝历史，朱瞻基可能是大明列帝中文化素养最高、最有才气、最有艺术成就的一个皇帝。

讲究爱情与性爱品位、讲究生活品位、讲究文化艺术品位，宣德皇帝朱瞻基确实可以称得上是个有品位的皇帝，加上其自身个性十分鲜明，胆大妄为、做事干练，喜欢起来一定要做成，甚至要做到极致。这些性格特征在讲究生活品位和讲究文化艺术品位的过程中，同时带来了大明宫廷差遣和皇使的增多、忙碌以及宫廷经济与宫廷文化的繁荣。从《明实录》的记载中时不时见到宣德皇帝与宫廷妹妹、皇太后母亲以及朝廷重臣们一起欢度佳节、游玩皇家园林等场面，就此而言，比起明初土老帽"二祖"来，这位大明皇家公子哥儿不仅品位要高多了，而且还有更多的人情味。这可能就是即使明宣宗再任情做事，挥舞皇权魔棒，甚至引起宇内骚然，但在人们的记忆中他还是被视为盛世"明君"的一个重要原因吧。

可当宣德帝将自己的个性特征在爱情与性爱品位方面极致发挥时，其直接的结果不仅仅是大明内外一个接一个漂亮妹妹沐浴皇恩雨露的问题了，更多的是风流天子自身身体透支。

◉ 风流皇帝的纵欲与短寿

翻阅朝鲜《李朝实录》和中国明代文人笔记，我们可以肯定地说，纵欲是明宣宗朱瞻基人生旅途中的最大喜好。纵欲的结果，不仅使得宣德皇帝子嗣稀少，而且还将他的小命也给玩丢了。

《明实录》记载说，宣德九年十二月甲子日，"上(指宣德皇帝)不豫"，朱瞻基这次病倒的时间还比较长的，4 天后的丁卯日"文武群臣诣左顺门问安"，7 天后的己巳日，"文武群臣诣左顺门问安"，一直到了第 10 天的壬申日，还没有起床，那天刚好立春，按例要举办新年贺礼的，结果因为皇帝病了没起床而"免贺礼，文武群臣诣左顺门问安"(《明宣宗实录》卷 115)。第 11 天也就是宣德十年正月癸酉(初一)日，"上不豫，免正旦贺礼，命百官朝皇太子于文华殿"

(《明宣宗实录》卷115)。第12天即正月甲戌日(初二)宣德皇帝降敕给行在工部及南京守备襄城伯李隆、太监王景弘等以及南京工部,对于相关事宜作了交代,第13天降敕给辽东总兵官都督佥事巫凯及掌辽东都司都督佥事王真、镇守太监王彦、阮尧、民门副杨宣等,嘱咐"用心抚恤军士,严加操练,备御边疆",第14天即正月乙亥(初三日)37岁的宣德皇帝归天,临终遗言:"朕疾今不复起,盖天命也。其命长子皇太子祁镇嗣位,诸王宗室悉遵祖训,谨守藩国。嗣君年幼,惟望圣母皇太后朝夕教训;尔文武大臣尽心辅导,家国重务必须上禀皇太后、皇后然后行。丧礼以日易月。"(《明宣宗实录》卷115)

从生病到最后驾崩,朱瞻基的死可不像他的父亲朱高炽那样,连遗嘱都来不及留下,而是持续了半个月,比较从容地立下遗愿、敕谕、遗嘱,看来他杀的可能性几乎是没有的。那么宣德皇帝到底得了什么绝症而一命呜呼?《明实录》没说,没说有两种可能:御医看不懂什么病,但即使这样,史书一般都会留下记录,描写其症状,可《明实录》在有关朱瞻基的病因病状方面只字未提,只字未提就有可能涉及到第二种可能,那就是说不出口,什么事说不出口?皇帝是作爱作死的,不仅皇家脸面丢尽,整个大明帝国也没什么光彩的。其实当时当事人风流皇帝朱瞻基挺清楚自己得了什么病,"朕疾今不复起,盖天命也"(《明宣宗实录》卷115)。根据我们传统中医研究来看,过度纵欲最终会导致做爱者尤其男人的快速死亡,《金瓶梅》里头的西门庆也是这样死去的,不过再快速也会持续几天,而不像朱高炽那样连遗嘱都来不及留下。

风流皇帝,天生太平之君,极致地享受极品人生,最终将自己小命丢在美女们的石榴裙下,真可谓"做鬼也风流",不知九泉之下的朱瞻基还会不会再风流倜傥了?

太平皇帝、风流天子走了,37岁正直壮年,生命戛然而止,他所掌航的"盛世"大明帝国又会走向何处?请看《大明帝国:正统、景泰帝卷》。

后 记

2012年7月从美国做讲座回来就接到安徽电视台编导韩德良先生的电话，让我赶紧奔赴合肥，去录制《郑成功》的节目。等完成节目回到家里时，儿子高考成绩也出来了，底下就是陪着公子选学校和选专业，与此同时还接受媒体记者的造访与采访。稍稍空下来了，就想起先前的《大明帝国》系列中《洪熙、宣德帝》一书应该做个完整的交代——将书稿的最后章节完成掉，修改整个书稿。大约到2012年11月底时，我终于完成了书稿的第5次校稿，自以为没什么大错，心里重负顿时减轻了些，只想稍稍放松一下，没想到又接到两个很有分量的电话：一个是南京市委宣传部“市民学堂”、南京广电集团专门栏目王健小姐打来的，说是“市民学堂”在新年来临之际将采取全媒体的形式与世人见面，邀我去讲讲明朝与南京的历史；另一个电话是东南大学出版社杨澍先生打来的，他给我布置了一项更为艰巨的任务——全媒体出版我的《大明帝国》系列。说实在我对此是既高兴又犯难，高兴的是先前出版的6册《大明帝国》系列著作经过几年的思考，有些地方得修改修改，犯难的是6册《大明帝国》书籍加上这次出版的《洪熙、宣德帝》卷上、下两册，总字数就可能要多达300万字，不说修改，就是再读一遍也要不少时间啊。时间不够，就向休息空间要，还有一个就是东大出版社的老朋友们给我“减负”，顿时间我的心中石头落了地。余下来的事情就是如何搞好全媒体的出版了。

既然是全媒体新版，那么纸质媒介出版也该有个新模样啊。承蒙海内外朋友的错爱，拙著《大明帝国》系列书籍发行很广，反应也很热烈，有读者朋友给我写来了热情洋溢的信件，还有的给我打电话，鼓励我继续写下去，最出乎我意料的是，至今为止，澳大利亚国家图书馆(National Library of Australia)、美国国会图书馆(Library of Congress)以及哈佛大学(Harvard University)、哥伦比亚大学(Columbia University in the City of New York)、普林斯顿大学(Princeton University)、加利福尼亚大学(University of California)、斯坦福大学(Stanford University)、芝加哥大学图书馆(University of Chicago)、弗吉尼亚大学图书馆(University of Virginia)等世界一流的高等学府都收藏了我的《大明帝国》系列著作。历史文化传播越出了国界，引起了老外们的兴趣，我无论如何也得要注意一下，表示一下！经与东大出版社商议，此次全媒体新版《大明帝国》系列书名作了一些简化与修改，且全部打上中英文，包括目录，至于正文中英文对照，恐怕不是我一人一时所能完成得了的。

能有今天这样的收获，我要衷心感谢的是原南京市委宣传部叶皓部长，南京市委宣传部曹劲松副部长，南京市委宣传部网控中心的龚冬梅主任，中央电视台池建新总监，原南京电视台陈正荣副台长，新闻综合频道傅萌总监，江苏教育电视台张宜迁主任、薄其芳主任，东南大学出版社江建中社长、张新建总编，南京市政协副主席俞明博士，南京广电集团谢小平主任，南京阅江楼风景区管理委员会韩剑峰主任，新华报业集团的邹尚主任，南京明孝陵博物馆张鹏斗馆长，南京静海寺纪念馆田践馆长，南京阅江楼邱健乐经理，南京市社科院李程骅副院长与社科联的陈正奎院长、严建强主任、顾兆禄主任，南京市新闻出版局的蔡健处长，南京市档案局徐康英副局长、夏蓓处长，福建宁德市政协主席郑民生先生，宁德市委宣传部吴泽金主任，蕉城区统战部杨良辉部长等领导的关怀；感谢中央电视台裴丽蓉编导、徐盈盈编导、戚锰编导，江苏电视台公共频道的贾威编导、袁锦生编导，江苏教育电视台的苍粟编导、夏恬编导、赵志辉编导，安徽电视台公共频道的制片人张环主任、制片人叶成群、舒晓峰编导、唐轶编导，海外中心的吴卓编导、韩德良编导、张曦伯编导、李静编导、刘小慧编导、美女主持人任良韵，南京广电集团王健小姐，南京电视台制片人熊晖主持人周学先生、编导刘云峰先生、李健先生、柏新民先生、卞昌荣先生，南京电视台十八频道主持人、我的电视节目搭档吴晓平先生，江苏广播电视总台的吕凤华女士、陆正国先生，新华报业集团的黄燕萍女士、吴昌红女士、王宏伟先生，《现代快报》的刘磊先生、胡玉梅女士，《金陵晚报》的郑璐璐主任、于峰先生，金陵图书馆的袁文倩主任和郁希老师，南京静海寺纪念馆的钟跻荣老师，东南大学出版社的刘庆楚分社长、谷宁主任、丁志星女士、彭克勇主任、丁瑞华女士、马伟先生、杨澍先生，南京明孝陵向阳鸣主任、王广勇主任和姚筱佳小姐，江苏省郑和研究会秘书长郑自海先生和郑宽涛先生，北京师范大学教育学院孙邦华教授，南京大学王成老师和周群主任，南京理工大学人文学院李崇新副教授，南京财经大学霍训根主任，江苏经贸学院胡强主任和吴之洪教授，南京艺术学院孔庆茂教授，南京总统府展览部刘刚部长，南京出版社卢海鸣副总编，南京城墙办朱明娥女士，福建宁德三也农业开发有限公司董事长池致春先生，原徐州汉画像石馆馆长武利华先生和无锡动漫协会会长张庆明先生，南京城市记忆民间记录团负责人高松先生等朋友给我的帮助与关怀。（至于出版界朋友对我的帮助，那实在太多了，怕挂一漏万，干脆就一个也不谢了）

当然还要感谢吾师王家范老师、刘学照老师、王福庆老师、杨增麒老师、张保垣老师和原江苏省宣传部常务副部长王建邦先生等曾经对我的谆谆教诲与帮助，也衷心祝愿诸位师长健康长寿！

除了国内的师友，我还要感谢 United Nations（联合国）Chinese Language Programme 何勇博士、美国 Columbia University（哥伦比亚大学）东亚图书馆王成志主任、美国 Stanford University（斯坦福大学）Visiting Scholar Helen P. Youn、Stanford University（斯坦福大学）的 Hoover Institution Library & Archives（胡佛研究院图书馆及档案馆）主任 Thu-Phuong Lisa H. Nguyen 女士和 Brandon Burke 先生、美国纽约美中泰国际文化发展中心总裁、著名旅美艺术家李依凌女士、美国（CHN）总监 Robert Ko（柯伊文）先生、泰国国际书画院院长李国栋、日本关西学院法人代表阪仓笃秀教授、世界报业协会总干事马英女士和澳门基金会理事吴志良博士、澳门《中西文化研究》杂志的黄雁鸿小姐等海外师长与友人对我的关心与帮助。

此次出版配有英文书名翻译，在此要感谢我的老朋友王轶军副编审、范祖民副教授、陈梅玉副教授等的热心帮助与全程把关，目录译文要感谢舒金佳小姐的鼎力相助。

这里还要特别补谢一下我的老朋友张平先生，他是心理学方面的研究专家。20年前我们就认识，当时孩子都小，走动也不多，但我们的友谊却十分深厚。在《大明帝国：永乐帝卷》中我创新运用分析心理学来剖析永乐皇帝的人格心理，可内心却一直打鼓似地，因为自己毕竟不是心理系毕业的，写作跨专业系列专著还是第一次，所以书稿完成后就交予张平先生把关，他说没问题了，我才算心里有了点底。可最后书出版时我连谢谢都忘了，尽管这样做很俗套，但朋友之情却是没齿不敢忘啊！

顺便说明一下：本著依然采用史料出处随后注的方法，做到说史决不胡说、戏说，而是有根有据。本书稿原有所有史料全文，总计字数约达90万字左右，后考虑到篇幅太厚和一般读者可能阅读有困难，最终决定将大段古文作了删除，大多只保留现代文。也承蒙东南大学出版社朋友尤其谷宁主任和马伟先生、杨澍先生的关爱，本书依然拥有现在这个规模（估计有70万字）——可能是目前为止仁、宣皇帝传记中最厚的了。如读者朋友想核对原文作进一步研究，可根据书中标出的史料出处一查便是。

最后要说的是，下列同志参与了本书的图片收集、资料整理、文稿起草等工作，他们是马宇阳、陈友初、吴艳萍、顾友彪、车侠、伏毅、马允成、殷风娟、薛镇芬、徐建华、朱险峰、陈瑾、高建平、陈昊、车云飞、刘世梅、万发军、车超、金太霞、万时绪、顾介凤等人。

马渭源

于南京大明帝国黄册库畔

2013年3月17日　第4稿